SCIENCE OF PUBLIC ADMINISTRATION

제4판

행정학 원론

백승기

제4판 머리말

제3판 출간 이후 4년 만에 제4판을 선보이게 되었다. 그 사이 우리의 행정환경에도 많은 변화가 있었다. 급변하는 행정환경을 이해하는 데 조금이라도 도움을 줄 수 있는 유용한 도구로서의 행정학원론을 기대하며 개정 작업에 임했다.

이번 개정 작업을 통해 장별로 수정되고 보완된 내용 중에서 중요한 부분을 살펴보면 다음과 같다. 우선 독자들의 편의를 위해 표 목차와 그림 목차를 새로이 삽입하였다. 제1장에서 각종 통계 수치를 최근 통계자료로 대체하였다. 제3장에서는 신제도주의 부분에서 사회학적 제도주의를 중심으로 수정·보완했고, 포스트모더니티 이론 부분을 새로이 추가했다. 제4장에서는 효율성과 능률성이 충돌 시 해결 방안에 대해 오쿤(A. Okun)의 주장을 소개했다. 제5장에서는 고위공직자비리수사처 설치에 대해 싱가포르, 홍콩, 대만의 경험을 소개했다. 제6장에서는 시장실패와 정부실패의 해결방안을 표로 제시했다. 책임운영기관의 운영 실태에 대해 보충 설명했고, 미국의 NRA와 수정헌법 제2조를 보충 설명했다. 이 밖에 정책의제 설정의 세 가지 모형에 대해 그림을 추가했으며 또 메이(P. J. May)의 정책의제설명모형을 추가 설명했고, 정책결정모형에서 회사모형을 새로이 추가했다. 마지막으로 타당성 부분에서 기준타당성과 구성타당성에 대해 비교적 상세한 설명을 추가했다.

제7장에서 민쯔버그(H. Mintzberg)의 조직이론에서 조직모형을 그림으로 제시했다. 또 상황변수 중 규모 부분에서 해당 그림을 추가했고, 기술 부분에서 우드워드(J. Woodword)의 이론을 새로이 추가했다. 그리고 퍼로우(C. Perrow)의 이론에서는 '기준'을 추가 설명한 뒤 그림을 제시했고, 톰슨(J. D. Thompson)의 이론에서는 해당 그림을 추가했다. 그리고 공공기관에 대해 구체적으로 설명하고 해당되는 표 두 가지를 추가로 제시했다. 동기부여 부분에서 핵크맨과 올드햄(J. R. Hackman & G. Oldham)의 직무특성이론을 새로이 그림과 함께 추가 설명했고, 리더십 부분에서는 허쉬와 블랜차드(P. Hersey & K. Blanchard)의 그림과 피들러(F. E. Fiedler)의 그림을 추가했다. 마지막으로 조직과 환경 부분을 새로이 추가하여 에머리와 트리스트(F. Emery & E. Trist)의 환경유형 분류를 소개하고, 이어서 스캇(W. G. Scott)의 조직이론과 애스틀리와 반드밴(Astley & Van de Ven)의 조직이론

을 그림과 함께 설명했다. 제8장에서는 우리나라 대표관료제에 대해 상세히 보충 설명했고, 고위공무원단 내용을 보충 설명했다. 그리고 인력공급 예측단계에서 전이행렬 개발 과정을 새로이 추가했으며, 경력평정과 가점평정을 새로이 추가했다

그 밖에 공무원연금제도에 대해 비교적 상세히 보충 설명했으며, 직위해제와 직권면직 및 공무원노조와 공무원직장협의회를 비교 설명했다. 제9장에서는 루빈(I. S. Rubin)의 실시간 예산운영모형(RTB 모형)에 대해 설명했고, 국가재정운영계획과 예산총액배분자율편성제도, 지방정부의 예산과정에 대해 보충 설명했다. 그리고 발생주의, 복식부기제도의 발전 과제를 새로이 추가했다. 제10장에서는 전자정부의 개념 설명을 위해 기술결정론과 사회결정론을 새로이 추가했고 정보통신전략위원회에 대해 보충 설명했다. 최근의 전자정부 추진정책을 기본계획과 실행계획으로 구분하여 설명하였고, 유비쿼터스정부 추진 상의 난제에 대해 새로이 추가했고, 정부 3.0의 실패 요인을 추가 설명했다. 제11장에서는 자치조직권 부문에서 기준인건비제를 추가 설명했고, 주민감사청구제도를 새로이 추가했다. 주민소환제에 대해 보충 설명했으며, 지방재정 부분을 비교적 상세하게 보충 설명했다. 그리고 지방채에 대해 추가 설명했으며 재정위기관리제도와 긴급재정관리제도를 새로이 추가하여 비교 설명했다. 제13장에서는 규제개혁 부분에서 단말기 유통구조 개선법에 대한 설명을 새로이 추가했고, 최근 시행에 들어간 「규제 샌드박스」제도에 대해 추가 설명했다.

초판이 발간된 지 벌써 10년에 가까운 시간이 지나갔다. 행정학을 대학에 들어 와서 처음 접하는 신입생들에게 행정학원론의 중요성이 얼마나 큰지를 잘 아는 저자로서는 적지 않은 책임감을 가지고 저술했고 또 개정 작업에 임해 왔다. 그럼에도 불구하고 여전히 책 곳곳에 부족한 점들이 보이지만 또 기회가 주어진다면 고치고 또 고쳐 나가도록 하겠다. 아무리 작은 일이라도 그러하지만 이번 개정 작업도 여러분들의 도움에 힘입은 바 크다. 날이 갈수록 어려워지는 출판 환경 속에서도 흔쾌히 개정 작업을 허락해 주신 피앤씨미디어의 박노일 사장님과 좋은 책을 만들기 위해 정성을 다해 주신 편집부의 김인숙 과장님을 비롯한 피앤씨미디어 관계자 여러분들께 깊이 감사드린다. 지금까지 이 책을 아껴 주신 독자들께도 마음 깊이 감사드린다. 그리고 지난 40년 가까운 세월 동안 무뚝뚝하기만한 맏사위를 그래도 옆에서 잘 지켜 봐주시고 격려해 주고 계시는 장필재, 곽정옥 두 분 어른께 깊은 감사와 존경의 마음을 올리고 싶다. 이 책을 두 분께 바친다.

2019년 1월

저자 백승기 씀

제 3 판 머리말

제2판 출간 이후 5년 만에 제3판을 선보이게 되었다. 제3판을 내는 지금 마음은 초판을 내던 그 때와 똑같다. 급변하는 행정 현실을 조금은 생동감 있는 방식으로 독자들에게 다가갈 수 있으면 하는 바램이었다. 지난 초판과 제2판을 통해서 독자들로부터 받았던 성원에 감사드린다. 제2판 출간 이후 많은 법규가 개정되었고 각종 행정 현실도 크게 변화되었다. 금번 제3판을 출간하는 데 있어서 이러한 변화된 내용을 반영하고, 또 제2판의 미비한 부분을 가능한 한 보완하려고 힘썼다. 이번 책에서 수정되고 보완된 내용을 간단히 소개하면 다음과 같다.

제1장에서 2015년 3월 현재 정부조직과 공무원정원을 소개하고, 법률우위와 법률유보 부분을 보완했다.

제2장에서 행정학의 분화기 부분에서 1990년대 이후 부분을 추가했다.

제3장에서 뉴거버넌스 부분에서 피터스(T. J. Peters)의 4가지 모형을 추가했다.

제4장에서 백지신탁과 취업제한제도부분을 바뀐 규정에 맞게 수정 및 보완했다.

제5장에서 내부고발 부분을 보완했다.

제6장에서 정책의 구성요소 부분을 추가했으며, 정보의 비대칭 부분에서 대처수단으로 '건강유지비' 정책을 추가했고, 정책의제설정을 위한 기법으로 SWOT분석을 추가했다. 그리고 사이버네틱스(Cybernetics) 모형을 추가했으며, 정책집행의 유형을 추가했다.

제7장에서 조직의 분류에서 민쯔버그(H. Mintzberg)의 분류를 추가했고, 조직구조의 결정요소로 상황변수를 추가했다. 그리고 생게(P. M. Senge)의 학습조직을 추가했다.

제8장에서 중앙인사기관과 지방자치단체의 인사기관을 보완했다. 근무성적평정 부분을 보완했으며, 공무원 징계부분과 소청심사 부분을 보완했다.

제9장에서 기타 예산의 종류를 추가했고, 예산과정에 대한 설명을 바뀐 법규에 따라 보완했다. 그리고 성과관리제도를 좀 더 세분화하고 관련 내용을 보완했다.

제10장에서 전자정부의 추진과정과 추진체제를 보완했고, 전자정부의 문제점과 개선방안 부분을 보완했다.

제11장에서 지방재정 부분과 자치경찰제 부분을 보완했으며, 지방공기업의 적자 운영 실태를 설명했다.

제13장에서 행정개혁 모형을 추가했고, 규제개혁사례로 서울반도체 사례를 들어 설명했고, 인사개혁 사례도 추가했다.

위에 적은 내용들이 추가되면서 과연 어느 정도로 알찬 연구물이 되었는지 확신하기는 어렵다. 앞으로도 부족한 능력이지만 꾸준히 연구를 계속하여 이 책을 보다 더 충실한 것으로 만들어 가려고 한다. 독자 여러분들의 아낌없는 질책을 진심으로 바라 마지않는다.

끝으로 이번 책 많은 부분의 토대가 되었던 수많은 선행연구자님들의 귀한 연구업적에 고개 숙여 감사드리며, 또 갈수록 어려워지는 출판 여건에서도 흔쾌히 제3판 출간을 허락해 주신 피앤씨미디어 박노일 사장님과 그리고 무더위 속에서도 편집에 많은 수고를 해 주신 김인숙 과정님을 비롯한 피앤씨미디어 관계자 여러분들께 뜨거운 감사를 드리고자 한다.

2015년 7월
가야골에서
저자 씀

제2판 머리말

초판이 출간된 이후 여러 가지 부족한 점이 있음에도 불구하고 많은 호응이 있었다. 저자로서 반갑고 감사한 마음을 갖게 되지만 그에 앞서 무거운 책임감도 느끼게 된다. 이번 제2판에서 수정 보완된 부분 중 주요한 내용은 다음과 같다.

우선 제1장에서는 행정의 개념, 정부 개념 부분을 보완하고 정부구조 부분은 최근 통계자료로 바꾸면서 정부조직 도표를 새로 추가했다. 아울러 행정의 공간적 맥락 부분도 보완했다. 제2장에서는 관방학 부분을 보완하고 신행정회의를 제1차, 제2차 회의로 구분하여 보완 설명했다. 제3장에서는 신제도론과 뉴거버넌스 부분을 보완 설명했다. 제4장에서는 롤스의 사회정의론에 대항하는 왈츠(M. Walzer)의 주장을 추가했고, 행정윤리 부분을 보완했다. 제5장에서는 행정책임 유형별 특징에 대해 구체적인 설명을 보완했다. 제6장에서는 정부실패의 극복방안을 보완 설명하고 있고, 비공식적 참여자로 정당을 새로이 추가하고 있다. 아울러 정책집행 상의 순응과 불응을 추가했고, 정책집행의 성공사례 및 정책평가의 논리도 추가했다. 특히 평가와 관련하여 균형성과표(BSC)에 대한 간단한 내용도 언급했다. 제7장에서는 조직효과성 측정방법을 추가했고, 매트릭스 조직을 그림과 함께 보완하고 있다. LPC 부분과 조직혁신 부분도 보완했다. 제8장에서는 2010년부터 새로운 공무원연금제도가 시행에 들어감에 따라 그에 따른 변경 내용을 설명하고 있다. 그 외 대표관료제, 중앙인사기관, 고위공무원단, 직무평가기법 등을 보완하고 있다. 아울러 능력발전 부분을 경력개발, 교육훈련, 근무성적평정 등으로 새로이 구성하고 그 내용들을 보완했다. 그리고 우리나라의 인력관리계획모델을 추가했다. 제9장에서는 계획예산제도를 보완했고 예산결산특별위원회 위상 문제도 살펴보았다. 제10장에서는 유비쿼터스 부분을 보완했으며, 제11장에서는 총액인건비, 자치교육, 자치경찰 부분을 보완했고, 주민발안 부분을 새로이 추가했다. 제12장에서는 공기업 부분을, 제13장에서는 행정개혁의 접근방법을 보완했고, 새로이 행정개혁의 과정을 추가했으며 아울러 규제개혁 부분을 보완했다. 끝으로 각종 최근 기출문제를 실어 독자들의 실전 대비에 도움이 되도록 했다.

전체적으로는 기존의 틀을 유지하면서 초판의 미비한 부분을 보완하려고 노력했으나 아직도 미진한 부분이 적지 않으리라 생각한다. 부족한 부분은 계속해서 보완해 나갈 생각이다.

끝으로 어려운 출판 환경에서도 제2판 작업이 가능하게 해 주신 도서출판 대명의 최창언 사장님께도 깊은 감사의 말씀을 드린다.

2010년 6월
가야골에서
저자

머리말

행정학은 무척 재미있을 수 있는 학문 영역이라는 것이 필자가 가지고 있는 가장 기본적인 생각이다. 그 이유는 행정학이 주로 다루고 있는 대상 영역이 대단히 역동적이고 변화무쌍하기 때문이다. 주지하다시피 우리를 둘러싸고 있는 행정 환경은 국내외적으로 급변의 소용돌이 속을 항진하고 있다. 이러한 변화의 흐름을 독자들과 함께 인식하고자 하는 목적으로 이 책을 만들게 되었다. 행정이 우리 생활과 밀접한 관계를 가지고 있으므로 행정부가 무슨 일을 어떻게 하고 있는가를 독자들이 체계적으로 이해할 수 있도록 하기 위해 필자 나름대로 행정학 전반에서 필요하다고 생각하는 부분들을 빠뜨리지 않고 언급하고자 했다.

필자는 학교에서 정책학을 강의하고 있다. 어떻게 보면 전문적인 분석 능력을 갖춘 전문가(expert) 양성에 관심을 더 많이 가지고 있는 셈이다. 그런데 그러한 전문가는 어떠한 특정 사안에 대해 가장 많이 알고 있다고 할 수 있으나(to know everything about something) 자칫하면 부분만 알고 전체를 모르는 즉 나무만 보고 숲은 보지 못하는 우를 범할 수도 있다. 이번 행정학원론 저술 작업은 학생들이 우리 사회의 각종 문제나 사안 전반에 대해 어느 정도 아는 사람(to know something about everything)이 될 수 있도록 하는 데 주안점을 두었다.

우리가 행정학을 배우고 공부하는 이유는 무엇인가? 공직 진출을 위한 수단으로서 행정학을 학습한다는 현실적 목적 이외에 문제해결 능력의 함양에 또 다른 목적을 두고 있다. 모건 스텐리(Morganstanley) 같은 회사에서 국가나 기업을 평가할 때 가장 중요하게 평가하는 요소는 문제해결능력이라는 말을 들은 적이 있다. 행정학에서 다루는 대부분의 공공문제들은 문제의 성격이 매우 복잡한 것이므로 이러한 문제를 풀어보는 과정을 통해 다른 사람들에 비해 더 많은 문제해결 능력을 키울 수 있을 것이다.

이 책을 통한 행정학 전반에 걸친 폭넓은 이해는 독자들에게 그러한 능력을 키워줄 것이라는 기대를 가지고 작업에 임했다. 그러나 집필이 끝나고 보니 당초 의욕과는 달리 미흡한 부분이 많이 보인다. 학생들에게 점증모형을 설명할 때로 기억되는데 "교차로 건너는 것만 신경을 쓰다 정작 어디로 가는지는 모른다"는 표현이 오늘 저한테도 적용될 수 있지 않을까 한다. 몇 몇 군데 국내 교과서에서 소개되지 않고 있는 부분을 처음으로 소개한다는 즐거움도 있었지만 눈에 띄는 부족한 부분은 앞으로 계속 보완해 나갈 생각이다. 필자는 지난 번 「정책학원론」(개정판)에서 독자들로부터 환대를 받았다. 그 같은 환대는 오늘 이 새로운 작업을 진행하는데 가장 큰 힘이 되었기에 이 자리를 빌려 다시 한번 감사드리고자 한다.

본서는 총 3편으로 구성되어 있다. 제1편에서는 행정학의 기초이론이 설명되는데, 행정학의 학문적 성격, 행정과 환경, 행정학의 발달과정, 그리고 행정학의 접근방법 및 최근 주요 행정이론들이 소개된다. 제2편은 주로 행정이념, 윤리 그리고 행정책임과 행정통제에 대한 설명이다. 어떻게 하면 공무원 부패를 줄일 수 있게끔 행정윤리를 확보할 수 있을 것인가에 대해 고민해 보았다. 제3편은 행정의 이론과 실제로서, 먼저 정책과정에 대한 설명과 정책 사례로는 농어촌구조개선사업을 가지고 정책집행 과정을 분석하고 있다. 다음으로 조직에서는 조직이론의 전개 과정을 살펴본 뒤, 조직문화, 조직구조, 조직행태, 그리고 조직변동에 대해 상술하고 있다. 인사에서는 인사행정의 제도적 기반을 설명하고 구체적인 인적 자원의 관리로 확보, 능력발전, 평가, 보상의 순으로 나누어 살펴본 뒤 공무원의 신분보장과 공무원단체 등의 공무원의 행동규범에 대해서도 설명하고 있다. 재무에서는 예산제도와 예산과정으로 구분하여 자세히 언급한 뒤 어떻게 하면 예산 및 회계제도를 개혁할 수 있을 것인가에 대해 프로그램예산과 발생주의와 복식부기 등을 방법으로 다루고 있다. 다음으로 전자정부에서는 전자정부와 행정서비스를 보고 우리나라 전자정부의 추진 과정 및 과제를 살펴보고 있다. 그리고 미래의 전자정부의 형태로 유비쿼터스정부를 제시하고 있다. 지방자치에서는 지방자치의 본질을 살펴보고 지방자치단체의 종류와 구성, 자치권, 지방재정 등을 살펴보고 있다. 공공서비스에서는 정부와 민간으로 구분하여 서비스 공급방식을 살펴보고 서비스공급의 혁신에 관해서도 알아보았다. 마지막으로 행정개혁에서는 선진국의 행정개혁 사례를 살펴보고 이것이 우리나라에 주는 시사점에 대해서도 알아보고자 했다.

이 책은 대학의 학부 학생들이 행정학을 배우는 데 적합한 책이 되도록 집필하고자 했다. 부디 이 책이 행정학을 공부하는 학생들에게 조금이라도 도움이 되기를 바랄 뿐이다.

이 책의 완성에는 여러분들의 도움이 컸다. 저에게는 두 분 은사님이 계신데 한 분은 전 연세대 교수이셨던 이극찬 교수님이다. 요즈음도 안부를 여쭈면 늘 맑고 큰 목소리로 환하게 말씀해 주시는 교수님께 엎드려 이 책을 바치고자 한다. 또 한 분 은사님은 國立臺灣大學의 蕭新煌 교수님이다. 바다 건너 있는 제자가 잘 되기를 변함없이 바라고 계시는 교수님께도 이 책을 바친다.

긴 작업이었지만 소중하고 고마운 분들이 옆에 계셔서 가능했다고 생각하고 깊이 감사드린다. 어려운 출판 여건 속에서도 이 책의 출간을 흔쾌히 허락해 주신 도서출판 대명 최창언 사장님께도 감사의 인사를 드린다.

2009년 1월
가야골에서
저 자

차 례

제 3 편 행정의 이론과 실천

제6장 정 책

제7장 조 직

제9장 재 무

제10장 전자정부

제11장 지방자치

제12장 공공서비스

제13장 행정개혁: 미래의 청사진

제 1 편
행정학의 기초이론

CHAPTER 01

행정의 본질

제 1 절 행정의 의의

1. 행정의 개념

'행정(public administration)'이란 무엇일까? 교통행정, 보건행정 등에서 보듯이 우리가 일상생활 중에도 자주 접하게 되는 단어가 바로 행정이라는 용어지만, 막상 행정이 과연 무엇인가라는 질문에 접하게 되면 분명한 대답을 못하게 되는 경우가 많다.

역사적 과정을 보면, 전제군주국가에서는 모든 국가작용이 군주권의 발동이었고 행정이란 개념은 찾아볼 수 없었다. 그러다가 근대법치국가가 형성되면서 권력분립이 시도되고 그에 따라 군주가 장악하고 있던 국가권력이 입법·행정·사법으로 나눠지면서 비로소 행정의 개념이 논의된 것이다. 그러나 행정이 무엇인가에 대해 명확한 정의를 내리기란 쉬운 일이 아닌데, 그 이유는 공공행정의 활동 범위가 매우 넓고 그것이 일상생활에 미치는 영향 역시 매우 크기 때문이다. 그럼에도 불구하고 우리는 현실적 필요에 의해 행정을 몇 개의 문구로 정의하곤 하는데, 이때에는 왈도(D. Waldo)의 아래 설명에 유념해야 할 것이다. "행정을 몇 개의 문구로 정의하려 하면 필히 약간의 추상적 문자나 개념으로 정의내려야 하고, 이들 추상적인 문자나 개념 역시 필히 또 다른 추상적인 문구로 정의내려야 하게 된다. 이렇게 되면 오히려 행정의 실제 상황에 대한 이해를 모호하게 만든다"(Waldo, 1987: 250).

행정학에서 행정의 개념은 일반적으로 광의의 행정 개념과 협의의 행정 개념으로 나뉜다. 광의의 행정은 목표 달성을 위해 취해지는 고도의 합리성을 수반한 '인간협동행위'이다. 대학이나 병원 등의 조직이 제대로 운영되기 위해서는 구성원들이 서로 합리적인 협동행위를 할 필요가 있는데, 이를 행정이라고 부른다.[1)]

그러나 협의의 행정은 정부 조직을 대상으로 한다. 간단히 말해서, 사행정은 경영으로 부르고, 우리가 말하는 것은 공공행정으로 이 경우의 행정이란 공무를 집행하는 것이다. 유민봉(2016: 9)은 영어 "public administration"에서 public이 공공가치를, administration이 관리를 의미한다며 행정의 개념을 '공공가치를 추구하는 관리(administration that is public)'로 정의하고 있다. 그리고 세프리츠(Shafritz, 2007: 6~28)는 행정을 ⅰ) 정치적 정의, ⅱ) 법적 정의, ⅲ) 관리적 정의, ⅳ) 직업적 정의 등의 네 가지 차원에서 설명하고 있다. 최근에는 정부의 일과 민간의 일을 엄격하게 구분하지 않고 공공(public)이라는 개념을 통해서 양자를 모두 포함하는 '거버넌스(governance)로서의 행정'이 강조되고 있다(정용덕, 2001: 10).[2)]

이처럼 행정에 대한 개념 정의가 어려운 것은 행정현상도 시대와 국가에 따라 다르고, 그리고 현대사회에 있어서 확대되어 가는 행정수요에 대응해 나가기 위하여 행정기능이 양적으로 증대되고, 질적으로 변화되어 가기 때문이다.[3)] 따라서 행정의 개념이 역사적으로 어떤 변천을 거쳐 왔는가를 살펴보는 것은 행정의 의미를 보다 명확하게 규정하는 데에 도움이 될 수 있을 것이다.

2. 행정 개념의 역사적 전개

절대왕정이 형성되면서 중앙집권적 관료체제가 만들어지게 되고 이에 따라 체계적인 행정이 그 모습을 드러내게 되었다. 그러나 이 시기의 행정은 절대왕조를 지키기 위한 도구에 불과하다는 한계를 가지고 있었고, 근대적 의미의 행정은 19세기 이후에 시작되었다. 이때의 행정 개념은 행정법학적 행정 개념과 행정학적 행정 개념으로 나누어 고찰할 수 있다.

---

1) 왈도(D. Waldo)가 행정을 "공공의 목표를 달성하기 위한 인간의 협동행위"라고 해석하는 것이 광의의 행정 개념에 속한다.

2) 정용덕(2001: 1~13)은 '공공성'의 구현방식으로서의 행정을 들여다보면서, 행정을 공공의 문제(public affairs)를 해결하기 위한 집합적 노력 가운데 하나로 정의한다. 국가 주도에 의한 공공문제 해결이 아니라, 시장과 시민사회의 역할 증대에 따른 거버넌스(governance)로서의 행정을 강조한다.

3) 나이그로(F. A. Nigro)는 행정의 개념 정의가 어려운 이유로 ⅰ) 행정의 한계가 불분명하고, ⅱ) 근래에 행정의 내용이 계속 확대되고 있는 것을 들고 있다(1965: 3).

1) 행정법학적(行政法學的) 행정 개념

행정법학적 행정 개념은 아래 세 가지 학설로 나뉘어져 논의되었다. 첫째, 삼권분립적 공제설은 행정을 국가작용 가운데서 입법과 사법을 제외한 나머지의 모든 국가작용을 총칭하는 것으로 본다.[4] 이 학설은 행정의 개념을 지나치게 수동적으로 정의하고 있다는 한계가 있으며, 또 현대 행정의 적극적 기능들을 제대로 설명하지 못하게 되는 단점이 있다.[5] 국가의 통치기관을 입법기관·사법기관·행정기관으로 나누어 행정을 행정기관이 행하는 작용이라고 보는 기관양태설과 유사하다.

둘째, 국가목적실현설은 행정을 국가가 법질서 아래서 국가목적 또는 공익을 직접적·구체적으로 실현하기 위하여 행하는 적용으로 보고 있다. 목적설이라고도 불리는 이 학설은 행정 개념에 관한 한 진일보한 것이라고 할 수 있으나, 행정을 국가목적 실현을 위한 수단적 존재로 파악하고 있다는 한계가 있다.

셋째, 법함수설은 순수법학적 입장에서 행정을 일반적 법규범을 집행하는 법적 작용으로 파악하려는 입장이다. 즉 법규범의 개별화인 집행은 사법과 행정으로 구분되는 것이 아니라 일반적 법규범의 적용인 간접행정과 공무원에 의한 법규범의 준수인 직접행정으로 나누어진다는 것이다(김종희, 2005: 27). 그러나 현대국가의 행정은 법이 인정하는 재량권의 범위 내에서 자기의 창의에 의하여 합목적성이나 사회정의를 추구하지 않으면 안 될 경우가 적지 않음을 간과하고 있다(신두범, 1988: 7).

그런데 행정법학은 행정법이라는 법적·제도적 구조를 통하여 행정현상을 다루기 때문에 다분히 형식논리에 얽매이기 쉽다. 행정법학적 행정 개념은 대체로 권력분립을 전제로 하여 행정을 법규의 구체화 수단으로 인식하고 있다. 이렇게 되면 법 만능주의로 빠져 법적 과정과 절차를 중시하고 정작 법이 달성하고자 하는 궁극적 목적은 망각하기 쉽게 된다. 또 법적 절차를 강조하다 보면 행정의 적시성을 놓치기 쉽다. 결론적으로 행정기능이 양적으로 확대되고 질적으로 변화된 오늘날에는 행정 개념으로서 받아들이기에는 타당성이나 의의가 퇴색되고 있다.

---

4) 입법, 사법, 행정 영역을 구분하기 위하여 한 가지 쉬운 예를 들어보자. 국회가 도로교통법을 만드는 작용이 '입법'에 해당하고, 지방경찰청장이 사인(私人)에게 운전면허를 내주는 것은 법률을 집행하는 작용으로 '행정'이 되고, 어떤 사람이 운전면허시험에 합격했는데도 불구하고 지방경찰청장이 운전면허 발급을 거부한다면 거부처분의 취소를 구하는 행정소송을 제기할 수 있고 법원이 재판을 하게 되는데 법원의 이러한 재판작용이 '사법'이 된다(홍정선, 2012: 3).

5) 공정거래위원회가 출자총액제한제도를 위반한 기업체에 대해 과징금을 부과하는 것에서 볼 때 행정이 준사법적 기능도 하고 있음을 알 수 있다.

2) 행정학적(行政學的) 행정의 개념

19세기 말 이후 미국을 중심으로 행정학적 행정 개념에 대한 논의가 활발히 이루어졌는데 그 주요 내용은 다음과 같다. 첫째, 행정관리설은 행정을 공공사무의 관리 차원에서 보는 것으로 주로 행정학 발전의 초창기에 주장되었다. 행정의 분야는 사무의 분야라고 했던 윌슨(W. Wilson)이나, 행정은 국가목적을 실현하기 위한 사람과 물자의 관리라고 했던 화이트(L. D. White)가 대표적 학자들로서, 이들은 행정목적으로 가치판단 같은 것은 고려하지 않고 다만 행정수단의 기술적 합리화와 능률화에만 관심을 나타냄으로써 행정의 기술적 내지 관리적 측면을 강조하고 있다.

둘째, 통치기능설은 전통적 행정학에 반발하는 입장이다. 1930년대 세계대공황과 뉴딜정책 등을 배경으로 행정기능이 확대되는 시기에 등장한 것으로, 행정의 개념을 정책의 집행·관리에 한정하지 않고 나아가 정책형성기능까지 담당하는 것으로 보고 있다. 애플비(P. H. Appleby)는 행정은 정책결정이라고 하였고, 디목(M. E. Dimock)은 통치는 정치와 행정, 즉 정책형성과 정책집행으로 이루어지는데 양자 간의 과정은 상호 배타적이 아니라 협조적이라고 하였다(Dimock, 1937: 243).

셋째, 행정행태설은 행정을 공동목표를 달성하기 위한 조직인들의 협동적·합리적 활동으로 본다. 즉 행정을 공공문제 해결을 위한 의사결정과정으로 보고 있다. 행정행태설은 행정의 과정이라는 측면에 초점을 맞추고 있어 행정과 경영의 차이를 인정하지 않는다는 점에서 행정관리설과 유사하지만, 행정학의 과학성을 제고하려 하며, 가치중립적 관점을 지닌다는 점에서 차이가 난다. 대표적인 학자로 사이먼(H. A. Simon)을 들 수 있다.

넷째, 발전기능설은 행정을 사회 및 국가 발전의 문제해결자로 본다. 통치기능설과 기본입장은 같지만 사회문제나 갈등에 직면하게 되었을 때 이에 대처하고 해결하는 것만이 아니라 더욱 적극적으로 발전정책을 추진하려고 한다는 점에서 다르다. 이러한 입장을 취하는 대표적인 인물로 와이드너(E. W. Weidner)와 에스만(M. J. Esman) 등을 들 수 있다.

다섯째, 70년대 정책화기능설은 행정의 정책형성기능을 강조하는 입장으로 행정을 공공정책 형성에 중요한 역할을 하는 정치과정의 일부로 파악한다. 1960년대의 격동기 사회문제를 가치중립적인 행태주의가 해결하지 못한다는 비판에 따라 등장한 사회적 적실성(relevance)과 실천(action)을 강조한 후기 행태주의나 정책과학 등의 입장이다. 대표적인 학자로는 H. Lasswell, Y. Dror 등이 있다.

여섯째, 신공공관리설은 행정에 시장원리와 민간부문의 경영기법을 도입한 것으로서 전통적 관리방식에 비해 경쟁, 성과, 고객을 강조한 면이 두드러진다. 신자유주의 기업가적 정부론으로 볼 수 있는데, 대표적인 인물로 오스본과 게블러(D. Osborne & T. Gaebler)를 들 수 있다.

일곱째, 뉴거버넌스론(신국정관리설)은 행정을 정부의 독점적 통치나 지배가 아닌 정부와 준정부·비정부조직, 비영리·자원봉사조직 등 다양한 사회세력에 의한 참여적·협력적 공동생산으로 파악한다. 대표적인 학자로 R. A. W. Rhodes, H. G. Frederickson 등이 있다.

3. 행정과 경영

1) 의　의

최근 정부개혁을 추진하는 과정에서 '행정의 경영화' 또는 '기업형 행정'이라는 용어를 흔히 볼 수 있다. 이것은 정부부문에 시장 원리와 경쟁 원리를 도입하여 보다 나은 공공서비스를 제공하자는 데 있다. 그러나 행정과 경영은 엄격히 구분되므로 양자의 특성을 잘 이해할 필요가 있는데, 행정과 경영의 유사점과 차이점을 인식하게 되면 '행정의 경영화'의 의미와 한계를 분명히 이해할 수 있다.

우리가 행정(administration)을 '주어진 목적을 달성하기 위한 인적·물적 제자원의 효율적 이용'이라고 본다면, 양자 간의 차이는 그렇게 크다고 할 수 없다. 다만, 공행정의 경우에는 권력적·공익적 요소가 강하게 나타나고 있으며, 사행정의 경우에는 이윤추구적 요소가 더욱 부각되는 상대적 차이를 말할 수 있다.

2) 양자의 유사점과 차이점

먼저 유사점을 보면, 첫째, 관리기술면에서 양자는 각각 목적은 다르나, 그 목표달성의 극대화를 도모하는 관리기술이 거의 비슷하다. 양자 모두 능률주의를 지향한다.

둘째, 관료제적 성격을 띤다. 사적 조직이 대규모화됨으로써 관료제적 성격을 갖게 됨에 따라 공행정과 사행정이 유사하게 된다.

다음으로 차이점을 보면, 첫째, 목적에 있어서 공행정의 목적은 국민에 대한 봉사라 할 수 있는데 대해, 사행정의 목적은 이윤 추구라 할 수 있다. 즉, 정부가 수익사업을 할 때는 공익을 해치지 않는 범위 내에서 수행해야 한다.[6)]

---

6) 공장 설립에 있어 기업은 가장 경제성이 높은 지역을 선정하겠지만 정부는 지역 간 균형발전을 고

둘째, 공행정은 법령에 입각하여 상대방의 의사에 관계없이 강제를 가할 수 있는 수단을 보유하고 있지만,[7] 사행정의 경우에는 계약관계에 있을 뿐 강제력에 의한 의무이행을 강제할 수 없다. 공행정은 예산 집행이나 자원의 사용 등 모두 헌법이나 법률의 테두리 안에서 진행된다. 공행정은 이처럼 법적 제약을 받기 때문에 환경 변화에 적응하는 능력이 경영에 비해 뒤떨어진다. 공행정은 명문규정에 의하여 행동하고 법률적 권한 없이는 행동하지 않는데 비해(Don't go unless I tell you go), 사행정은 법률이 금지만 하지 않고 있으면 행동한다(Go until I say stop)는 점에서 차이를 나타내고 있다(Gortner & Nicholson, 1997: 56~76).

셋째, 정치권력적 성격에서 공행정은 본질적으로 정치성을 내포하고 있어 정당, 이익단체, 국민 등에 의해 영향 및 통제를 받는다. 이에 반해 사행정의 정치성은 상대적으로 약하다.

넷째, 독점성에서 공행정은 공공서비스를 제공하는 과정에서 경쟁자가 없는 독점성을 가지나, 사행정은 자유로운 시장진입이 보장된다. 공행정은 경쟁이 없으므로 서비스의 질이 낮아질 가능성이 높다. 그러나 최근 거버넌스 개념의 영향으로 행정서비스의 독점적 지위가 완화되는 추세가 나타나고 있다. 이러한 양자 간의 차이를 표로 나타내면 다음과 같다.

〈표 1-1〉 공행정과 사행정의 차이

	행정	경영
목적	공익 추구	이윤 극대화 추구
정치권력적 성격	공권력을 배경으로 한 행정 기능 수행	강제력과 권력 수단 없음
독점성	경쟁자 없는 독점성	자유로운 시장 진입
영향 범위	모든 국민이 대상	고객에 한정
평등성	모든 국민은 법 앞에 평등	고객 간 차별 대우 용이
법적 규제	엄격한 법적 규제	직접적인 법적 규제 없음

려하여 비록 경제성은 다소 떨어지더라도 낙후된 지역을 개발하기로 결정할 수 있다. 행정은 효율성을 무시하지는 않지만, 형평성·민주성·절차성 등을 더욱 강조한다. 형평성이 결여된 정부 서비스는 국민으로부터 위임받은 권력을 행사하는 경우가 아니기 때문이다.

7) 토지수용에서 잘 나타나고 있다. 토지소유자가 수용을 거부하고 싶어도 정부는 토지수용의 합법적인 권한을 행사할 수 있다. 2002년에 '공익사업을 위한 토지 등의 취득 및 보상에 관한 법률'이 제정되었는데, 이는 헌법에서 "공공 필요에 의한 재산권의 수용·사용 또는 제한 및 그에 대한 보상은 법률로써 하되, 정당한 보상을 지급하여야 한다"(제23조 제3항)는 규정을 실현하기 위한 것이다.

3) 양자 간의 상호관계

공행정(公行政)은 사행정(私行政)에 비해 그 규모가 방대하고 활동범위가 넓어 사행정에 많은 영향을 미친다. 우리나라의 경우, 정부 세출이 국민총생산(GDP)에서 차지하는 비중이 2008년에 30.0%에서 2014년에는 32.3%를 차지하고 있는 상황에서 공행정이 사행정에 미치는 영향은 당연히 대단히 크다. 하지만 사행정 분야도 크게 성장했는데, 우리나라 2017년도 정부예산 규모인 405조 5천억 원과 비교해 재계 1순위인 삼성전자라는 단일 기업의 2017년 연간 매출액이 무려 239조 5천억 원을 기록하고 있는 데서도 잘 알 수 있다.

그 결과 오늘날 양자 간의 한계를 명백히 설정하기는 곤란하다. 양자가 혼합된 제3섹터가 대두되면서 공행정과 사행정이 더욱 더 긴밀한 협조관계를 형성하게 되었기 때문이다. 제3섹터는 지방정부와 민간기업이 공동으로 참여하여 공공서비스를 공급하는 형태이다. 환경보전시설, 녹지, 휴가 시설 등에 있어서 지방행정수요가 급격하게 증가하고 있는 바, 이러한 행·재정수요에 대응함에 있어서 지방자치단체의 재정능력의 한계를 극복하고 민간부문의 자본과 경영능력을 활용하기 위해 필요하다.

4. 행정과 정치

행정은 기술적·관리적 성격을 띠고 있고 능률을 최고의 가치로 삼고 있기 때문에 정치로부터 분리되어야 한다는 것이 정치행정이원론이며, 반면에 정치와 행정의 밀접한 관계 내지 불가분성을 주장하는 것이 정치행정일원론이다. 정치행정이원론에서 보듯이 정치와 행정은 확연히 다른 면을 가지고 있다. 첫째, 정치는 국가의사의 결정기능이고, 행정은 그 결정된 의사의 집행기능이다. 둘째, 정치는 통치과정에서 투입(input) 과정에 해당하는 기능이고, 후자는 산출(output) 과정에 해당하는 기능이다(최창호·정세욱, 1989: 39~40).

그러나 양자가 전혀 별개라는 의미는 아니다. 정치행정일원론에서 보듯이 행정은 정치와의 관련 하에서만 그 진정한 의미가 파악된다. 복잡한 사회문제를 해결하는 데 있어서 의회정치가 그 한계를 보여 주면서 전문가 집단인 행정 관료가 이를 대신함으로써 행정이 정치적 역할까지 떠맡아야 하는 현실이다(정원식, 2003: 47). 양자 간에는 실제로 중첩되는 현상을 볼 수 있는데, 구체적으로 보면, 행정 관료들이 정책결정을 하고 법률안을 작성하며, 위임입법을 통해 행정상의 입법을 하고 있는 것을 볼 수 있다.

제 2 절 행정학의 학문적 성격

1. 행정학의 연구 대상

행정학은 정부에 관한 학문의 성격을 가진다. 즉 정부는 행정학 연구의 장소(locus)적 의미를 지닌 연구대상이 된다. 물론 정부가 행정학의 연구대상이지만 여기에서 일어나는 모든 현상들이 행정학의 연구대상이 되지 않는다. 예를 들어 경제부처에서 행하고 있는 경제정책은 경제현상을 다루는 경제학에서 다루어야 한다. 이 경우 행정학은 경제부처의 조직을 어떻게 구성할 것인가, 인력 확보는 어떻게 할 것인가 그리고 예산 관리는 어떤 방식으로 운영할 것인가 등을 다루게 된다.

다음으로 연구의 초점(focus)은 연구자가 가장 관심을 가지고 알고자 하는 연구의 핵심적인 내용이다. 연구 초점은 연구범위 상에 설정된 하나의 가장 좁은 연구대상이라 말할 수 있다. 예컨대, 지방공기업을 분석하고자 할 때 연구의 목적이 경영성과의 파악에 있다면 연구 초점은 기업이윤이 되어야 할 것이다.

2. 행정학의 성격

1) 사회과학으로서의 행정학

행정학은 사회과학의 한 분과 학문이다. 연구 대상인 행정현상이 사회현상의 일부에 속하기 때문이다. 독자적인 분과 학문이 되려면 고유한 연구 주제가 있어야 하고, 그 분야의 현상을 설명할 수 있는 이론이 정립되어 있어야 하며, 그 개념적 경계가 뚜렷해야 한다.

그런데 행정학의 경우, 응용사회과학이므로 다른 학문으로부터 많은 지식을 빌려오고 있어[8] 정체성에 대한 의문이 제기되기도 한다. 행정학의 학문적 독자성을 인정하기 어렵다는 정체성의 위기론(identity crisis)이 그것이다. 그러나 연구 대상이나 주제가 다른 학문과 구별될 수 있으므로 행정학을 하나의 분과 학문으로 인정하는 데에는 어려움이 없을 것이다.

---

8) 이러한 이유로 행정학은 차용학문(a borrowing field)으로 불리기도 한다(Fredrickson, 1980: 16).

2) 행정학의 전문직업적 성격

순수학문들에 비해 행정학은 전문성을 지닌다. 그러나 행정의 전문직업적 성격의 인정 여부를 놓고 다소간의 논란이 있다. 사실 행정가는 의사나 법률가에 비해 전문직업적인 성격이 다소 떨어지는 것이 사실이다. 행정학 전공 졸업생이 모두 공무원이 되는 것도 아니고 자격증을 얻는 것도 아니다. 그러나 행정학은 의학과 마찬가지로 현실의 병을 진단하고 그에 맞는 처방을 내리는 것이 중요한 과제 중의 하나이다. 특히 현대 행정은 날로 복잡해지고 있어 행정가들에게 보다 많은 전문성을 요구하고 있기도 한다. 따라서 이와 같은 행정가를 양성하는 것을 중요한 목표로 삼고 있는 행정학에 대해 일정 수준의 전문직업적 교육의 성격을 인정할 수 있을 것이다.

3) 행정학의 기술성과 과학성

어떤 학문이 과학과 기술 중 어느 측면에 더욱 중점을 두느냐에 따라 그 학문의 과학성과 기술성이 논해질 것이다.[9] 행정학의 기술성을 강조하는 사람들은 행정현상은 인간 활동에서 비롯한 현상인 만큼 보편적인 원칙이나 법칙이 있을 수 없다는 점에서 행정학이 기술에 해당한다고 말하고 있다. 행정문제에 대한 처방과 실천 위주의 기술성을 강조한 대표적인 인물로 마르크스(F. M. Marx)와 세이어(W. S. Sayre)를 들 수 있다. 그들은 행정학이 순수한 과학성을 띠면 띨수록 실천적 타당성이 없다고 지적하고 있는데, 이들의 견해는 후기 행태주의와 그 맥락을 같이 하며 뒤에 신행정학으로 연결된다. 과학성보다 가치판단의 문제를 더 중시하였고, 문제해결과 처방의 실천성 등을 강조하였다는 점에서 정책학 발전에 기여하게 된다.

다음으로 행정학에서 과학성이란 왜(why)를 중심으로 설명성·인과성·객관성 등을 강조한다. 행정학의 과학성 문제는 행태주의에 의해 고무되었는데, 행태주의는 제도나 구조보다 인간의 행태에 관심을 가진다. 가치와 사실을 엄격히 구분하고 사회과학의 연구방법에 있어 과학적 연구방법을 사용할 것을 강조한 것이다. 과학적 지식은 현상을

---

9) "행정(학)은 과학인가 기술인가"라는 글에서 박종민이 강조하는 것은 만일 art가 기술이 아니라 인문학으로 번역되었다면 그래서 "행정학이 과학인가 기술인가"가 아니라 "행정학이 과학인가 인문학인가"로 질문이 표현되었다면 연구방법과 주제, 연구의 성격, 교과과정, 학술지의 성격 등이 현재와 달랐을 것이라는 것이다. 만일 "행정학이 과학인가 혹은 인문학인가"로 번역이 되었다면 행정학의 인문학적 성격이 과학적 성격과 더불어 논의되었을 것이다. 불행히도 "행정학이 과학인가 기술인가"로 번역되다 보니 인문학적 성격은 완전히 배제되고 행정학의 과학적 및 기술적 성격만 논의되었던 것이다. 인문학적 성격이 기술적 성격과 다르다는 점을 생각하면 그러한 오역이 한국 행정학의 연구방향에 왜곡을 초래했다는 것이다(박종민, 2008: 13).

설명할 뿐만 아니라 예측하고 심지어 통제하는 데 도움이 되는데 행정학은 이런 과학성을 추구한다. 그러나 행정학의 과학성은 자연과학의 그것과는 다르다. 행정현상은 자연현상과 달리 사람의 자율적 의지, 합리적 계산, 비합리적 감정, 주관적 가치 등이 복합적으로 작용하여 나타난다. 그런 현상에서의 '어느 정도의 규칙성'을 의미하는 것이지 '100% 법칙성'을 의미하는 것은 아니다(유민봉, 2016: 50).

대표적인 학자로는 사이몬(H. A. Simon)과 랜도(Martin Landau)를 들 수 있다. 사이몬은 논리실증주의에 바탕을 두어 경험적 접근방법을 주장하였으며, 초기 행정학자들의 행정관리를 위한 원리들은 과학적이지 못하고 단순한 속담에 불과하다고 비판하였다. 랜도는 기술 위주의 학문은 그때 그때의 즉각적인 문제 해결에 대한 처방만을 일삼기 때문에 연구결과가 단편적이라는 한계를 가진다며, 행정학이 학문적으로 발전하기 위해서는 문제해결의 처방에 머물러서는 아니 되며 과학적 연구결과에 따른 지식의 축적이 필요하다고 하였다.

결론적으로 행정학은 과학만도 아니고 또 기술만도 아니며 양면성을 가지고 있다. 다만 중점을 과학성과 기술성 어느 쪽에 두느냐는 입장의 차이에서 오는 것일 뿐이다. 양자는 긴밀한 상호 보완관계를 유지하고 있는데 이는 기술성이 강조되면 될수록 과학성은 더욱 더 요구되고 있는 것에서 찾아 볼 수 있다.

4) 보편성과 특수성

역사·문화적 특수성을 초월해서 적용할 수 있는 이론이 일반이론이라 한다면 행정학에서 이를 찾아내기는 어려운 일이다. 제2차 세계대전 후 미국이 많은 신생국이나 후진국의 발전을 위해 미국의 행정이론에 바탕을 둔 제도나 기술을 지원했다. 그러나 이러한 제도나 기술이 그 나라의 현실에 맞지 않았던 것이 좋은 예이다. 즉 보편성의 한계가 드러난 것이다.

이처럼 행정학에서는 시·공간을 초월하는 보편적 이론의 구축이 어렵고 특수한 상황에 맞는 특수이론이 많은 형편이다. 어떤 국가들의 정치체제나 환경이 다르면 그에 따라 행정현상도 다르게 나타나는 것은 당연한 일이다.

외국 이론의 무비판적 수용도 문제이지만 그렇다고 해서 외국 이론은 그 사회에 관한 보편적 언명이기 때문에 우리 상황에는 전적으로 맞지 않다는 생각도 문제이다. 따라서 외국의 이론을 수용하는 경우 그것이 우리 여건에 적용 가능한지에 대한 검토가 이루어져야 한다.

5) 행정학의 가치판단과 가치중립성

막스 베버(M. Weber)는 윤리적 가치판단은 가치철학의 문제이지 경험과학인 사회과학의 방법이 될 수 없다고 했다. 이처럼 사회과학 연구에서 몰가치적인 객관성을 강조하는 것은 나름대로의 의미를 가지지만, 행정학이 현실의 행정문제를 해결하려는 실천적 성격을 강력히 띠고 있어 가치판단의 개입은 필수불가결한 것이다. 학문의 궁극적인 목적은 바로 실천성에 있다 할 것이다.

그러나 이러한 생각에 너무 지배되어서는 안 된다. 행정학자들이 사회과학으로서의 행정이론을 발전시키는 일을 제쳐 두고 개인적 '감'(感)에 의한 정책개발에만 급급하면 행정학이 사회과학으로 발전하기보다는 기법들의 총체로 전락할 가능성도 있는 것이다(임도빈, 1996: 39). 이 점에 대해 쉬발리에(Jacques Chevallier)는 행정학이 사회과학성을 확보하기 위해 탈피해야 할 세 가지 명제를 제시하고 있다. i) 실용주의에 대한 거부: 실용주의는 당장 적용이 가능하지 않은 주제는 관심영역에서 제외한다, ii) 규범주의에 대한 거부: 사회과학은 존재의 세계를 연구해야 하는데 행정연구를 당위의 차원으로 가져가는 것은 잘못된 것이다, iii) 이념적 기생충에 대한 거부: 행정학이 특정 이데올로기에 기생충 노릇을 할 가능성이 있다 등 세 가지 거부가 있어야 한다는 것이다.[10)]

제 3 절 정부와 행정

1. 정부의 개념

정부(government)의 어원은 라틴어의 *guvernare*와 그리스어의 *kybernan*에서 나왔는데, 이 단어들은 배를 저어나간다 또는 방향을 잡아 이끌다 등의 의미를 지니고 있다(김태룡 외, 2006: 23). 그런데 정부의 개념을 어떻게 설정할 것인가는 쉬운 작업이 아닌데, 어떤 관점에서 보느냐에 따라 정부의 개념은 달라지기 때문이다. 정부를 공식적인 제도로 볼 때, 광의의 정부는 공권력을 행사하는 모든 기관인 입법부·행정부·사법부를 총칭하는 의미가 되지만, 협의의 정부를 보면 행정부가 입법부와 사법부와 대립되는 의미

10) 쉬발리에(Jacques Chevallier)의 세 가지 명제에 대한 구체적인 설명에 대해서는 임도빈, 1996: 34~38을 참조 바람.

로 사용된다. 또한 나라마다 개념 정의가 다른데, 영국이나 프랑스에서는 정부를 의미할 때 입법부·사법부·행정부를 포괄하는 의미로 받아들였다. 그러나 독일에서는 집행기관만을 의미하고 일본에서도 정부라는 개념이 내각 또는 행정부에 해당하는 협의의 의미로 사용된다. 우리나라도 헌법상으로는 정부의 의미가 협의적으로 사용되고 있는데, 헌법 제3조에서는 정부를 대통령과 행정부로 구성되는 협의의 의미로 규정하고 있어 입법기관과 사법기관은 배제되는 실정이다(김태룡 외, 2006: 23~24).

한편, 이념에 따라 정부의 범위가 달라지는데, 대표적인 것이 진보주의와 보수주의의 대 정부관이다. 진보주의자들은 자유를 열렬히 옹호하지만, 평등을 증진시키기 위한 정부의 실질적인 개입을 허용한다. 즉, 소외집단에 대한 지원정책, 의료보장 등에 더 많은 정부의 규제를 선호하는 것이다. 반면에 보수주의자는 기본적으로 자유시장을 신봉하고 정부를 불신한다. 소외집단에 대한 지원정책을 선호하지 않으며, 경제문제에 대한 정부개입을 반대하며 오히려 자유방임적 자본주의를 옹호한다.[11]

2. 국가특성의 변화와 행정

정부 활동을 말하는 행정을 제대로 이해하기 위해서는 국가의 발달과정을 이해하는 작업이 우선되어야 한다. 여기서는 그 변화과정을 최소국가 → 행정국가 → 신행정국가의 순으로 알아본다.

1) 최소국가

절대국가가 취한 중상주의 정책은 산업의 보호를 위해 적극적인 간섭을 하지 않을 수 없었던 데에서 취해진 것이었다. 절대군주의 지배하에 개인의 인권과 자유는 침해받지 않을 수 없었다. 그러다가 두 차례의 산업혁명을 거치면서 자유와 평등에 입각한 근대 민주주의가 태동하고 시민혁명에 의해 새로운 근대적 국가를 성립시키게 된다. 이는 야경국가로서 국가의 역할을 개인의 자유와 재산보호에 국한함으로써 공공영역을 최소화하려고 했다. 경제는 '보이지 않는 손'에 의해 저절로 이루어진다고 여겼기 때문에 정부의 필요 이상의 간섭은 불필요하다는 인식이 지배적이었다.

11) 진보주의자와 보수주의자 간의 입장 차이를 잘 나타내는 아래 영문 자료를 참조 바람. "They(political conservatives) resist government efforts to promote equality beyond assuring equal opportunity to participate in the nation's decisions. Political conservatives are more likely to be concerned with process equity. … (Political liberals) are more likely than others to favor government intervention to promote the equitable distribution of society's resources. Political liberals are likely to identify with the concept of outcomes equity"(Lee & Anderson, 2008: 121).

2) 행정국가

행정국가란 입법·사법·행정의 삼권 중에서 행정권이 다른 것보다 상대적인 우위성을 가지는 국가를 의미한다. 즉, 행정의 본래 기능인 정책집행기능을 확대하여 정책결정기능까지 담당하는 형태로 18세기와 19세기를 입법국가 시대라고 한다면 20세기는 행정국가 시대로 부를 수 있다.

산업화와 자본주의화가 심화되면서 나타났던 각종 사회문제를 자유방임적 국가운영을 하던 최소국가로는 해결하기 어려운 상황이 전개되었다. 그리고 의회로써는 거시적인 방향 제시는 가능하지만 개별적인 문제에 대한 대안 제시에는 역부족이었고, 복잡한 문제에 대한 해결책 제시에는 관료들의 전문성과 기술성이 요구되었던 것이다.

행정권의 강화 내용을 보면, 우선 입법권은 의회에 있으나 실제로는 법률의 대부분이 행정부에 의해 제출된다. 또 위임입법권이 증대되고 있는데 그에 따라 행정부의 자유재량권이 크게 확대되고 있다. 그리고 준입법권·준사법권을 갖는 각종 위원회가 발달되었다.

문제는 행정부 주도의 국가발전은 발전 속도의 차원에서 바람직할지 모르나 사회 각 분야의 균형적 발전이라는 측면에서는 부정적인 면이 있다. 그리고 행정의 능률성을 추구하는 나머지 민주성을 소홀히 취급할 우려가 있다.

3) 신행정국가

신행정국가란 행정국가에 대한 비판에 직면하여 행정국가의 역기능을 시정하기 위한 대안으로 등장한 개념이다. 우선 행정국가를 보면, 시장실패(市場失敗)로 등장한 이후 행정 중심의 국가발전은 행정국가를 더욱 공고히 하는 결과를 낳았다. 그러나 행정국가 이념에 잠재해 있는 '강력한 행정부'는 그것에 주어진 권력을 남용함으로써 공공의 법적 혹은 도덕적 책임성을 저해하는 경향이 있다는 것이다. 그 결과 사람들이 점차 '작은 정부와 적은 세금(less government and lower taxes)'으로 더 잘할 수 있다는 생각을 하게 되었다. 이에 따라 이들 거대 정부에 대한 비판이 제기되었는데, 이러한 국민의 불만은 1978년 미국 캘리포니아 주민들의 '주민발의 13(Proposition 13)'[12]에서 표출되었다. 1979년에 63억 달러 세금의 감세로 캘리포니아 주에서는 522,000명이 민간부문에서 고용이 창출되었는데, 이것은 예산감축으로 인하여 도시정부가 감축한 100,000명에 비하면 5배 이상의 고용이 증대된 것이다. 이에 따라 행정서비스를 공공부문이 공급할 때

12) 주요 내용은, ① 재산세율을 그 재산시장가치의 1%로 한정시킴으로써 약 57%의 재산세를 절감시킨다. ② 삭감된 지방세 수입을 보충하기 위하여 새로운 주세를 설치하기 위해서는 주 의회의 3분의 2 이상의 동의를 얻어야 한다(이성복, 2004: 393 재인용).

효율성을 따지게 된 것이다(Poole, 1979: 21). 신행정국가의 특성을 보면, 우선, 국가의 역할과 권한이 감소되는 경향이 포함되어 있다. 첫째, 적극국가에서 규제국가로의 전환이다. 적극국가는 소득 재분배와 경제안정화를 주요 기능으로 삼고, 이를 주로 국가의 세입과 세출에 관한 재정정책 수단을 통해 수행하였다. 반면에, 규제국가는 소극적 의미의 시장실패를 시정하는 일에 치중하면서, 그것을 재정정책보다는 규칙 제정과 금융정책 수단을 통해 수행하려고 한다. 이러한 정책수단의 차이로 인하여 정책결정과정의 특징이 달라지는데, 적극국가는 정책에 대해 직접적인 책임을 지나, 규제국가는 정책에 대해 간접적인 책임을 진다(정용덕, 2001: 289).

둘째, 복지혜택 제공자에서 시장형성자로 전환된다. 부(富)를 재분배하고 복지정책을 수행하는 '혜택의 제공자' 역할은 다소 감소하고, 시장형성기능을 통해 국가의 공적 권력의 경계가 더 팽창하고 있다.

다음으로 국가운영방식에도 변화가 있다. 첫째, 의회정체에서 분화정체로의 변화이다. '장관책임과 중립적 관료제'가 전통적인 의회정체모형의 특징이라 한다면 분화정책모형에서는 장관책임과 중립적 관료제보다는 거버넌스(governance)를 특징으로 한다. 분화정체모형에서는 장관책임과 정책네트워크가 활성화되고 정부 간 관계가 재설정되면서 국가기능이 위로는 국제기구로, 아래로는 행정단위로, 외부로는 지방정부로 방출되는 분화정체의 특징을 보인다. 정부의 중심부가 단편화, 분산화, 상호의존성이 심화되는 특징을 가지고 있다.

둘째, 시장화에서 제도적 분화로 전환된다. 즉, 신자유주의 확산은 국가주의에서 시장주의로의 전환을 가져왔지만, 시장이 기능하기 위한 제도적 메커니즘이 확보되어야 하며, 이러한 제도적 규율을 국가에 의한 획일적인 통제방식이 아니라 다양한 주체들의 연계망을 통해 확보할 수 있다.

3. 정부의 구조

법적·제도적 접근방법에 따르면, 광의의 정부는 국가 통치기구를 의미하며, 입법·사법·행정의 삼권분립 구조를 이룬다. 협의로는 입법부와 사법부를 제외한 행정부를 가리키며, 행정부의 조직구조는 다시 헌법기관과 비헌법기관으로 나눌 수 있다. 헌법기관은 설립 근거가 헌법에 규정되어 있기 때문에 기관의 영속성이 보장되고, 비헌법기관은 법률의 제정 및 개정에 의해 조직 개편을 행할 수 있다. 중앙행정기관은 부(部), 처(處), 청(廳)으로 구성된다.

행정 각부의 장은 국무위원이어야 하며, 국무총리의 제청으로 대통령이 임명한다. 행정 각부의 장은 소관 사무의 결정 및 집행권을 가지며, 부령을 제정·공포하는 권한 등을 가진다.

또 정부는 관할 범위에 따라 중앙정부와 지방정부로 구분된다. 1991년 지방의회가 구성되고 1995년 지방자치단체의 장을 주민이 직접 선출함으로써 군사정부에 의해 중단되었던 지방자치제가 부활되었다. 지방정부는 계층구조가 광역자치단체와 기초자치단체의 2층제로 되어 있다. 광역자치단체에는 특별시·광역시와 도·특별자치도·특별자치시가 있으며, 기초자치단체에는 시·군·자치구가 있다. 그리고 지방자치단체는 집행기관과 의결기관으로 구성되어 있으며, 권력분립주의 원칙에 입각하여 기관대립형을 택하고 있다. 정부부문에는 정부부처 외에 정부기업이 있다. 정부기업이란 정부 부처 형태의 공기업을 말하는데 조달청이나 국립중앙극장 등이 이에 해당한다. 또 준정부부문에서는 2007년부터 발효된 「공공기관의 운영에 관한 법률」에 의한 공공기관이 있다. 이 법 제5조에서 공공기관을 공기업, 준정부기관, 기타 공공기관 등으로 구분하고 있다. 그리고 공기업과 준정부기관은 직원정원이 50인 이상인 공공기관 중에서 지정하도록 하고 있다.

4. 정부의 역할과 기능

1) 정부의 역할

일반적으로 정부의 역할을 말한다면, 정부는 아래 3R의 역할을 성실히 수행해야 한다. 즉, 대응적(Responsive): 일반대중의 요구에 반응, 대표적(Representive): 일반대중의 이익을 대표, 책임적(Responsible): 정부가 해야 할 일을 완성하는 책임 등이다.

그런데 정부의 역할을 정부와 시장 간의 관계에서 볼 때, 정부는 규칙제정자, 지원자, 규제자로 구분할 수 있다. 정부의 역할을 규제자와 지원자의 관점에서 본다면 아래 네 가지 유형으로 구분할 수 있다. ① 자유방임주의형: 정부의 시장에 대한 규제와 지원이 거의 없는 경우로서 이 때 정부의 역할은 규칙 제정자에 국한된다. ② 중상주의형: 정부의 규제는 거의 없는 상태에서 정부의 강력한 지원이 있는 경우로서, 정부는 지원자 역할을 수행한다. ③ 가부장주의형: 정부가 규제와 지원을 동시에 강력하게 하는 경우이다. ④ 입법주의형:[13] 정부의 지원은 약한 대신에 강력한 정부의 규제를 받는

13) 이명박 전 대통령은 과거 당선자 시절에 "도저히 믿어지지 않지만 골프장 하나 만드는 데 부처와 지방자치단체로부터 받는 도장이 770개라고 한다"면서 말레이시아의 경우 "원스톱 서비스로 외국기업

〈표 1-2〉 정부의 역할 유형

구분	강한 규제	약한 규제
강한 지원	가부장주의	중상주의
약한 지원	입법주의	자유방임주의

경우로서 정부는 규제자 역할을 수행한다(김태룡 외, 2006: 52).

2) 정부의 기능

정부가 하는 일을 보면, 우선 활동영역별로 법과 질서유지기능, 국방 및 외교기능, 경제적 기능, 사회적 기능, 교육·문화적 기능 등이다. 활동과정의 성질별로 보면, 기획·집행기능, 규제·조장·중재기능 등이다. 기획·집행기능에서 기획기능은 정책결정이나 계획 수립을 위한 기능을 말하며, 집행기능은 이미 결정된 정책이나 계획을 집행하기 위한 기능을 의미한다. 과학기술부나 기획예산처는 주로 기획기능에, 검찰청이나 국세청 등은 집행기능에 치중하고 있다고 할 수 있다. 그리고 규제·조장·중재기능에서는 최근 각종 이익집단의 이익 표출이 심해지고 있는 상황에서 중재기능이 중시되고 있다(이종수 외, 2005: 53).

5. 정부의 운영 실태

1) 정부조직의 팽창

정부조직이 대(大) 정부로 가고 있는 것을 가리켜 '확장증(pathology of expansionism)'이라 부른다(Mackenzie, 1986: 250). 우리도 예외가 아닌데, 우리나라의 중앙행정기관 수는 1948년의 11부 4처에서 출발해 계속 늘어났으며, 2008년 1월 노무현 정부에서는 18부(部) 4처(處) 18청(廳)의 편제로 구성되었다가 이명박 정부에서는 2010년 3월 19일 현재 15부 2처 18청으로 축소되었다. 박근혜 정부에서는 2015년 3월 31일 현재 17부 5처 16청이었다가 문재인 정부 들어 2018년 현재 18부 5처 17청으로 구성되어 있다. 문재인 정부 들어 행해진 주요 정부조직 변화로는 중소기업청이 중소기업벤처부로, 대통령경호실이 대통령경호처로, 소방청과 해양경찰청이 신설되었다.

공무원 1인당 국민 수로 보면, 1960년의 105.32명에서 1990년 현재 52.4명으로 감소해, 지난 30~40년간 전체 인구증가에 비해 공무원 수가 2배가량 늘어났음을 확인할

허가에서 공장 하나 나오는 데 불과 2~3개월이면 착공할 수 있다"고 했다(조선일보, 2008. 2. 6).

〈표 1-3〉 공무원 정원(2018)

구 분		정 원
합 계		**1,048,831**
행정부	소 계	1,022,813
	국 가	638,611(60.9%)
	지 방	384,202(36.6%)
입 법 부		4,064
사 법 부		18,803
기타 헌법기관		3,151

자료: 행정안전통계연보.

수 있다.[14] 공무원 수 팽창은 특히 노무현 정부에서 심했는데, 출범 직전인 2002년에 비해 2007년 말 공무원 정원은 8만 3,866명이 늘어서 97만 3,859명이 되었다. 2018년 현재 우리나라 전체 공무원 정원은 <표 1-3>에 나타난 바와 같다.

<표 1-3>에서 보는 바와 같이 2018년 현재 우리나라 전체 공무원 정원은 104만 8천 831명으로 2017년 대비 1.9%가 증가했다. 이 가운데 지방자치단체 공무원은 31만 6천 853명으로 전년 대비 3.1%가 증가했다.

물론 OECD 국가들의 정부인력 규모와 비교할 경우 우리의 전체인구 대비 공무원 수는 낮다. 2013년 OECD 통계에 의하면 조사 대상국 26개국 가운데 전체 취업인구 대비 공무원 수의 비율은 한국이 가장 낮은 국가로 나타났다. 덴마크가 34.89%를 기록했고 우리나라는 취업인구 100명 가운데 공무원이 약 8명을 차지하는 것으로 나타났다(김태룡, 2017: 226~227). 그러나 정부투자기관, 공단, 협회 등 정부산하단체와 각종 공공기금을 포괄하는 준정부부문의 고용인력 수가 많아, 우리나라 공공부문의 전체 인력규모는 결코 만만치 않다고 볼 수 있다.[15] 여기서 우리가 분명히 인식해야 할 것은 공무원을 어떻게 정의하느냐에 따라 공무원 인력 수가 달라진다는 점이다. 만약 공무원의 정

14) 공무원의 수는 업무량의 증가와 관계없이 증가한다는 파킨슨 법칙(Parkinson's Law)의 형성 배경은 1914년과 1928년 사이에 영국 해군 군함의 수는 거의 68% 정도 감소하였고 해군의 전체 직원의 수도 32% 정도 줄어들었는데도, 군함과 해군을 관리하는 행정공무원의 수는 오히려 늘어났다는 것이다. 물론 오늘날 우리나라에서도 이러한 현상을 볼 수 있는데 지방의 군(郡)의 경우 군의 인구는 줄었으나 군의 공무원 수는 오히려 늘어나는 것이 이에 해당한다.

15) 공공기관과 공기업 등 준공무원과 각 시·도 광역단체와 기초단체의 지방공사 및 각종 사업단별 고용인, 직업군인까지 합한다면 사실상 공무원 수는 160만 명에 달할 것으로 알려졌다(디지털타임스, 2015. 5. 15).

의를 공공업무를 수행하는 일원으로 확대해서 해석한다면 공공기관 인원까지 공무원에 포함시켜야 할 것이다. 이럴 경우 우리나라 공무원 인력 수는 결코 적다고 할 수 없을 것이다.

특히 우리나라에서 문제가 되는 것은 지방공무원의 수가 상대적으로 적다는 점이다. 앞의 <표 1-3>에서 알 수 있듯이 2018년에 지방공무원이 전체 공무원 중에 차지하는 비율이 36.6%로서, 이 수치는 2015년의 36.7%보다 줄어든 것이다. 대개 선진국은 국민서비스의 강화를 위해 지방공무원의 수가 월등히 많은 데 비해, 우리는 역으로 국가공무원이 많아 아직도 중앙-지방 간의 행정권한 및 기능 재배분에 문제가 많이 있음을 보여준다.

재정규모도 팽창하여 2006년도 예산규모는 2005년보다 6.5% 늘어난 221조 4천억 원이며, 2009년에는 284조 5천억 원, 2018년에는 471조 원을 기록하고 있다. 한편 국민 1인당 세금 부담액은 2005년의 333만 원에서 2008년에는 436만 원, 2012년 535만 원, 2013년 550만 원, 2016년 580만 원으로 각각 증가했다.

2) 정부 팽창에 대한 시각

앞서 살펴본 대로 현대정부가 해야 할 일이 크게 늘어나면서 정부규모가 팽창하는 것은 피할 수 없는 일이다. 그런데 문제는 아래 요인들로 인해 정부실패가 초래될 수 있다는 것이다.

(1) 편익과 비용의 절연(絶緣)

국민은 정부가 제공하는 공공서비스가 당연히 저렴할 것이라는 조세환상(tax illusion)을 가지는데 이것이 정부규모를 팽창시키는 요인이 된다. 그리고 서비스의 편익은 강조되면서도 그 비용은 무시된다. 이렇게 되면 비용의 고려 없이 서비스 수요만 무분별하게 표출되기 쉽고, 따라서 필요 이상의 서비스를 공급하기 위한 정부규모의 팽창이 불가피해진다.

(2) 테크노크라시(technocracy)의 한계

기술전문성에 근거한 기술관료통치는 정치인들의 비전문성 때문에 더욱 더 크게 국정관리에 영향을 미친다. 그러나 이들이 전문성을 앞세워 권력을 남용하게 되면 문제가 생기는데, 혹자는 정책결정권까지 행사하는 기술관료제를 독선관료제(administocracy)로 부르고 있다(이도형, 2007: 126).

(3) 공무원의 기회주의적 속성

공무원은 덜 일하면서 혜택은 더 많이 받으려는 이기적 행태를 보이는데, 그러한 공무원의 기회주의적 속성의 예를 보면 다음과 같다.

먼저, 위인설관(爲人設官)이다. 기능상 불필요한데도 단지 사람을 위해 무리하게 조직 내에 자리가 만들어지는 것을 말한다. 공직사회에 만연된 인사적체를 해소하기 위해 시도되며, 조직 외적으로도 산하기관이나 해외로의 파견관직 신설 등이 행해지는 것도 부처 내의 한정된 보직으로는 이들을 다 수용할 수 없기 때문이다. 노무현 정부에서 청와대 '리더십비서관'직은 당시 비서관이 대사(大使)로 나가게 되자 단 7개월 만에 폐지되었다(이철규, 2007: 149). 재경부를 보면, 임시 조직인 기획단 덕분에 국장급 9개, 과장급 22개의 자리가 생겼다. 더구나 이들 조직들은 일몰시한이 정해지지 않고, '관련 사안이 종료될 때까지'라는 모호한 상태로 운영되고 있다.

다음으로 예산극대화 현상을 들 수 있는데, 관료들은 개인적 효용 극대화를 추구하는 주체로서 이들이 승진, 명성 등 자기 이익의 극대화를 위해 예산을 극대화한다고 분석한다. 그 결과 정부산출물은 적정수준보다 평균 2배나 과잉생산 된다는 것이다. 관료들이 이처럼 예산극대화에 익숙해지면, 이른바 연성(軟性) 예산제약[16]이 나타나 예산제약이 느슨해진다.

제 4 절 행정과 환경

1. 행정환경

군부정권 시절 군(軍)은 가장 중요한 행정환경이었다. 그러다가 1987년 10월 26일 선언을 거치면서 정치, 경제, 사회 등의 각 분야가 행정에 영향을 미치기 시작했다. 물론 행정도 이들 분야에 영향을 미치는 상호작용이 이루어졌다. 이처럼 행정환경이란 행정 바깥에 존재하는 것들 중 행정과 상호작용을 하는 것들을 총칭하는 개념으로 이해하고자 한다. 행정 바깥에 존재한 상황들 중에는 국내적 상황도 있고, 국제적 상황도 있다. 글로벌 시대에는 국제적 상황이 국내 행정에 중요한 환경으로 등장하는데, 우리

16) 연성예산제약(soft budget constraint)이란 예산집행에 대한 책임소재를 묻는 시스템의 부재로 인해 관료들이 국민의 세금을 함부로 다루는 것을 말한다.

나라 농림행정에 '도하개발어젠더협정'(DDA)이 큰 영향을 미치는 것이 그 한 예이다.[17] 국내적 환경 중에는 국민의 의식수준이 크게 나아짐에 따라 행정의 대응성이 크게 요구되고 있는 것을 들 수 있다. 아래에서는 행정환경 요소인 정치, 법, 경제, 사회문화적 맥락에서 살펴보고자 한다.

2. 행정의 정치적 맥락

1) 의 의

행정체제는 정치체제의 하위체제라 할 수 있으며 정치 없이 행정은 있을 수 없다고 말할 수 있다. 정치적 환경인 대통령제와 내각책임제 중 어느 쪽 성격이 강한지, 대통령과 국회 그리고 사법부 간의 역학 관계는 어떠한지 그리고 중앙과 지방 간의 권한배분이 어떠한 상태에 놓여 있는가 등이 행정의 중요한 환경을 형성하게 된다.

민주국가에서 행정은 법률에 의한 행정이다. 법률은 정치적 과정을 통해 만들어지므로 행정에 있어 정치의 영향력은 상당히 크다. 정치가 행정에 영향을 미치는 방법은 다음 세 가지로 정리할 수 있다(이철규, 2007: 27~33). 첫째, 정책결정을 통한 관여이다. 정책결정에 있어 정치의 영향력이 강조되는 한 행정 관료의 영향력은 줄어들 수밖에 없다. 그러나 입법부가 더 이상 정책결정권을 독점할 수 없게 되면서 관료들도 중요한 정치적 행위자로 등장하고 있다. 둘째, 가치판단을 통한 관여이다. 국회의원이나 장관이 공익에 따라 판단하는 것이 아니라 자신이 처한 여건과 환경에 따라 판단을 하게 되면 행정에 부정적인 영향을 미치게 된다. 셋째, 활력과 쇄신을 통한 관여이다. 정치인은 변화, 문제 제기를 즐기지만 행정인은 조용, 안정을 선호한다.

2) 정치환경의 변천

(1) 민주성과 능률성

행정의 탈정치화 모형(depoliticized model)이 강조되면서 공무원의 정치적 중립성은 정치의 오염을 막는 도구가 되었다. 그러나 탈정치화 모형이 지나치게 이상적이라는 것

---

17) 농업 압박 요소로 두 가지를 들 수 있다. 하나는 DDA 협상에 따른 관세율 변화에 따라 농림수산업의 생산이 크게 감소할 것이다. 수출대상국의 시장이 더 크게 개방됨에 따라 경쟁력이 높은 제조업의 생산이 더 크게 증가하고 이에 따라 생산요소가 경쟁력이 낮은 산업에서 경쟁력이 높은 산업으로 이동하기 때문에 경쟁력이 약한 산업의 생산이 더 크게 감소하기 때문이다(정재호·박순찬, 2007: 44). 다른 하나는 쌀 시장 개방인데, 주식인 쌀에 대해 1995년부터 2004년까지 10년간 쌀 시장 개방 유예에 이어 다시 2014년 7.96%의 최소시장접근(MMA) 조건으로 2005년부터 2014년까지 10년간 개방 유예를 받았지만 언제까지 이를 계속할 수 없다는 점이다(박덕영, 2006: 98).

은 지방자치단체장의 정치적 영향을 최소화하기 위해 도입된 미국의 시지배인(city manager) 제도가 대도시에서 사라진 것에서 잘 알 수 있다(이철규, 2007: 34).

그러나 시대가 진행되면서 관료들의 민주성이 문제되는 상황에 직면했다. 행정권은 더욱 비대해져 국민의 국민에 의한 국민을 위한 정부가 아니라 관료의 관료에 의한 관료를 위한 정부로 바뀌어 갔다. 관료들은 공익에 부합하는 일도 자신들의 사익에 반하면 외면하였는데, 혹자는 이를 제도적 관료제(institutional bureaucracy)라 불렀다. 국민에 의해 부과된 과업보다 자신의 제도화된 이익을 더 추구하려 하는 관료제는 관료들의 권한을 크게 증대시켰다. 이에 관료제에 대한 정치적 통제의 필요성이 대두되기 시작하였다.

(2) 우리나라 정치환경의 변화

우리나라의 경우, 김영삼 정부까지는 관료지배의 통치 양상은 지속되었고, 행정에 충격적인 환경은 존재하지 않았다. 그러다가 김대중 정부 들어 최초로 야당이 집권하면서 행정환경은 변화했다. 노무현 정부에서는 대통령 중심의 일원적 과거 정치환경은 급속히 다원화되면서 안정적 정치환경에 변화가 일기 시작했다. 입법부의 권한과 책임이 강화되었고 이에 따라 관료집단은 혼란스러워졌으며, 과거 대통령 중심의 일원적 정치환경은 급속히 다원화되고 있다고 하겠다.

행정의 경우 많은 부분에서 행정의 정치화를 탈색시킨 것은 사실이나, 오히려 정치권력에 대한 잠재적 저항 세력으로 등장함에 따라 정치와 행정의 통합성은 아직 완성되지 않은 상태라고 할 수 있다(김태룡, 2017: 71).

3) 정치환경의 문제점

전문성이 결여된 국회의원에서 정치환경의 문제점을 발견할 수 있다. 공천 과정을 보면, 여전히 계파 보스의 입김이 강하게 작용하고 전문성은 크게 중요하지 않았는데 이에 따라 유권자들이 공천에 보내는 신뢰도 높지 않았다.

또한 국회의 정보·정책 지원체제의 미흡을 들 수 있다. 국회 예산정책처의 기능을 확대하고, 현재 상설특별위원회로 되어 있는 예산결산특별위원회를 상임위원회로 전환하는 등의 노력이 필요하다.

3. 행정의 법적 맥락

1) 법 환경의 의의

법치행정의 관점에서 볼 때 법 환경이 어떠하냐는 매우 중요한 의미를 지닌다. 법은 행정을 직접적으로 규율하기 때문이다. 정치, 경제, 사회 환경이 행정에 간접적인 방법으로 영향을 미치는 것과 다르다. 사실 법이 없으면 행정이 어디로 갈지를 모른다. 법이 없으면 공무원은 허가를 해 줄 수도, 규제를 가할 수도, 과태료를 물릴 수도 없다. 법은 행정을 예측 가능하게 해주고, 존립근거와 절차를 정해준다.

2) 행정과 법의 관계

정부는 법에 의해서 만들어진 기관이다. 법은 합법적 권위의 원천이며 이를 통해 행정활동을 정당화하는 기능을 수행한다. 따라서 법은 행정의 근거와 한계를 설정하며 행정활동의 기준으로 기능하며, 행정의 책임성 확보를 위한 도구이기도 하다. 또한 법은 행정과정과 절차에 대한 통제기능을 수행하는데, 행정절차법(行政節次法)이 그에 속한다.

우선 '법률우위의 원칙'을 들 수 있다. 이것은 국가의 행정은 합헌적 절차에 따라 제정된 법률에 위반되어서는 아니 된다는 것을 의미한다. 법률의 우위의 원칙으로 인해 대통령이나 장관은 법률에 위반되는 대통령령이나 부령을 만들 수 없고, 법률에 위반되는 행정행위는 무효나 취소의 대상이 된다는 것이다. 법률의 우위의 원칙은 행정의 종류와 내용을 불문하고 적용되는 법원칙이다. 그리고 '법률유보의 원칙'에 의해 법률에 의한 수권을 받은 때에만 행정행위를 할 수 있다. 즉, 행정권의 발동에는 법률의 근거가 필요하다는 것이다. 예를 들어 "광역도시계획은 도시계획위원회의 의결을 거쳐 국토교통부장관이 결정한다"고 정해져 있을 때에만 국토교통부장관이 광역도시계획을 결정할 수 있다.[18]

그러나 사실적으로는, 오히려 행정이 법을 형성하는 경우가 대부분이다. 입법부의 전문성 부족으로 인한 행정입법이 그것인데, 행정입법은 법률의 보충적 기능의 원칙이다. 위임명령과 집행명령으로 구성되는 행정입법에서 행정부가 법률에 위배하면서 대통령령, 부령 등을 제정하기도 한다. 이 경우 사법부는 사법심사를 통해 위법한 행정작용을 통제하게 되는데, 우리나라의 사법심사제도로는 행정소송제도, 대법원의 위헌법률심사청구제도, 명령·규칙 등의 위임입법과 행정처분 등에 대한 위헌·위법심사제도 등이 있다.

---

18) 법률의 우위의 원칙은 모든 행정에 적용되지만, 법률의 유보의 원칙은 모든 행정에 적용되는 것은 아니다. 1) 헌법에서 개별적으로 "법률에 정하는 바에 의하여"라고 규정하는 경우에는 반드시 법률의 근거가 있어야 한다. 2) 헌법에서 개별적으로 "법률이 정하는 바에 의하여"라고 규정하는 경우가 아닐지라도 헌법 제37조 제2항에 의하여 국민의 자유와 권리를 제한하는 행위를 하기 위해서는 반드시 법률의 근거가 있어야 한다.

3) 법 환경의 문제점

(1) 법과 현실의 괴리

우리나라는 해방 후 법을 만드는 단계에서부터 외국의 관련 규정을 참고하여 외국의 이상적인 가상세계를 법제화하는 경향이 있었다. 법과 이상의 괴리는 법에 대한 신뢰성을 떨어뜨린다. 법이 보편성을 갖기보다 상황에 따라 달리 적용되어 '유전무죄 무전유죄'라는 자조 섞인 말이 나돌기도 했다.

(2) 법 만능주의 풍조

우리는 흔히 법이 마치 만능인 것처럼 받아들이는 경향이 있다. 그러나 타당성을 결한 법이 엄정성만을 강변할 때 그 법은 인간을 옥죄는 쇠우리(iron cage)로 전락하게 되고, 법으로서의 권위를 잃게 된다.

(3) 법의 도구화 경향

형사소송법상의 기소편의주의는 범죄가 성립하고 소송조건이 완비된 경우에도 검사가 반드시 기소를 강제당하지 않는다(형사소송법 제247조의1)는 기소·불기소에 관한 재량권을 인정받는 제도인데, 이 제도가 정치적으로 악용될 소지가 있다. 또 사면제도(赦免制度) 역시 문제가 있는데, 사면이 너무 자주 이뤄지면 국민들 사이에 사법부를 경시하는 풍토를 만들게 한다.

4) 법 환경의 개선책

입법부의 전문성 확보를 위해 상임위 변경을 제한하는 방법이 필요하며, 상임위원의 임기도 2년에서 4년으로 늘려야 한다. 그리고 관료이기주의를 제도적으로 막기 위해서 일몰규정(sunset regulation)의 일상화를 들 수 있는데, 이것은 필요 없게 된 각종 규제가 계속 남는 것을 막아준다.

장기적으로 감사원과 법제처의 국회 이관을 적극 검토해야 한다는 의견이 개진되고 있다. 감사원은 회계검사와 직무감찰을 하는 대통령 소속인데(헌법 제97조), 헌법 개정을 통해 회계검사 기능을 국회로 넘기자는 것으로 물론 실현 가능성은 희박하겠지만 이러한 주장이 나오게 된 배경을 음미해 볼 필요가 있을 것이다.

4. 행정의 경제적 맥락

1) 경제환경의 의의

우리나라는 지척에 중국이라는 거대한 국가를 이웃하고 있다. 우리 사회의 몇 부분을 제외하고는 거의 우리를 따라잡고 있다고 해도 과언이 아니다. 무서운 기세로 치고 올라오는 이러한 것이 우리나라의 핵심적 경제환경이 되고 있으며 이러한 경제환경이 행정에 미치는 영향은 대단히 크다.

행정은 사회가 필요로 하는 공공서비스를 공급해야 한다. 그리고 경제체제를 위한 기본질서를 만들어 주어야 하는데, 이러한 과정에서 행정과 경제 간의 상호작용이 형성된다. 정부와 시장 그리고 최근 대두되고 있는 네트워크 간의 관계가 어떻게 설정되느냐에 따라 행정의 역할이 달라지게 된다.

2) 행정과 경제의 관계

자본주의의 발전에 따른 제반 사회문제의 해결에 행정이 보다 적극적으로 개입하게 되었다. 케인즈는 대공황 시 행정의 적극적인 역할을 강조했다. 우리나라도 60~70년대에는 정부가 깊숙이 개입했던 것처럼 개발도상국가에서 경제 성장을 위한 행정의 역할은 지대한 것이었다. 그러나 경제 규모가 확대되면서 정부 개입은 오히려 걸림돌로 작용하기도 했으며 그에 대한 반응은 작은 정부로 나타났다. 이처럼 경제적 요인이 행정의 규모와 기능에 큰 영향을 미치는 것이다.

3) 경제환경의 문제점

정경유착과 부패를 이용한 기업 성장 과정으로 인해 국민들 간에 반기업정서가 팽배하다. 사실 부실기업 인수나 신규 사업자 지정 등에서 권력－관료－대기업 간에는 철의 삼각지대가 구축되었다. 관료들은 기업으로부터 퇴임 후 자리 보장을 받는 상황에서 공정하고 합리적인 정책결정이 어려워지는 것이다.

또 지나친 정치적 고려가 정책의 우선순위를 왜곡하기도 한다. 성역으로 간주되는 농업지원정책이 그 대표적인 경우로 지나친 정치적 고려는 결국 근시안적인 정책을 양산한다.

4) 대　책

시장과 정부는 상호 대체적 관계인 것으로 인식되어 왔다. 즉 시장 아니면 정부라는 이분법적 사고가 지배해 왔다. 그러나 시장실패를 시정하기 위한 정부개입이 실패로 끝나는 현황을 보면서 시장실패와 정부실패를 함께 교정할 수 있는 제도로서 소개되는 것이 뉴거버넌스, 즉 네트워크 거버넌스이다. 네트워크 거버넌스에서는 정부와 시장은 서로 대립적인 존재가 아니라 상호간에 협력하고 신뢰하는 존재로 파악된다.

이것의 핵심은 정부가 민간부문과 비영리부문 간의 협력적 네트워크를 적극적으로 활용하여, 공공서비스의 공급과 공공문제의 해결을 하려는 것이다. 거버넌스는 전통적 행정국가의 정부실패와 신공공관리(NPM)의 시장실패 가능성을 극복하기 위한 새로운 대안이다.[19] 앞서 언급한 바 있지만 뉴거버넌스에는 불확실한 사회문제를 관료제 단독으로 대응하거나 시장(市場)에 방임하는 것보다 다양한 주체가 공동으로 유연하게 대응하는 것이 더 효과적일 것이라는 기대가 내재해 있다. 정부－시민사회－시장이 상호 의존적이고 자율적인 연결을 통한 네트워크를 통해 공공문제를 해결할 것을 강조하고 있는 것이다(김종미·김항규, 2006: 63).

5. 행정의 사회적 맥락

1) 사회환경의 의의

과거 권위주의 정부 하에서는 행정환경으로서의 사회환경은 그다지 복잡하지 않았다. 그러나 민주화가 진행되면서 국민들의 참여 정도가 높아지고 기본권에 대한 인식도 달라짐에 따라 행정이 해결해야 할 또 다른 문제들이 생겨나고 있다.

현대사회는 복합사회로서 하나의 영역에서 일어난 일이 다른 영역에 영향을 미치게 된다. 복합사회이므로 사회환경이 행정에 영향을 미치는 것은 자명한 일이다. 컴퓨터와 통신기술이 결합하여 정보의 수집·가공·처리·축적·전달 능력이 획기적으로 증대되면서, 정보의 가치가 산업사회에서의 물질이나 동력 이상으로 중요해지고 있다. 그리고 소득수준과 교육수준의 향상에 따라 문화에 대한 국민적 수요도 크게 늘어나고 있다.

2) 사회변화와 행정체제의 변화

먼저 정보화사회의 영향을 보면, 첫째, 정보유통 속도와 정보처리 속도가 빨라지면서 정책결정 과정에 국민이 직접 결정할 수 있게 된다. 사이버 공청회[20]를 통해 원격민주주의가 실현되는 것이 그 예이다. 둘째, 정보화는 행정의 집권화를 초래하기도 하지만, 유연성 증대와 다품종 소량생산체제로의 변화를 요구하고 있어, 사회 및 행정체제의 분절화·분권화 경향을 초래한다(정용덕, 2002: 281).

---

19) 신공공관리는 신자유주의에 입각한 정부혁신 이론으로 시장 중심적 경영방식을 공공부문에 도입하고 있다. 효율성은 제고할 수 있지만 사회의 소수집단에 대한 배려가 줄어들 가능성이 높다는 비판을 받고 있다.

20) 사이버공청회 혹은 전자공청회는 공청회 개최 14일 전까지 일정한 사항을 통지해야 하며, 공청회와 병행하여서만 전자공청회를 실시할 수 있다.

정보화사회 이외에도 사회적으로 NGO 활동이 활성화되는 것을 들 수 있다. 우리의 경우 정치성향이 강한 시민단체가 많은 것이 특징이기는 하나, '공공기관의 정보공개에 관한 법률'이 1996년에 제정되게 된 것은 전적으로 시민단체의 공이었다고 하겠다(이철규, 2007: 57). NGO가 양적으로 증가하였을 뿐만 아니라, 분석적이고 전문적인 능력을 갖춤에 따라 정책과정에 대한 NGO의 참여기회와 영향력이 확대되고 있다. 이처럼 정책과정에 대한 영향력이 증대한 이유로 NGO가 공익을 추구하는 대의명분과 탈물질적 가치를 중시하는 이데올로기로 인하여 중산층의 지지를 동원했던 것을 들 수 있다(Barry, 1999. 박상필, 2002: 149~150 재인용).

한편, 사회적으로 문화행정의 중요성이 점차 부각되고 있다. 행정서비스의 수요자로서의 일반 국민들은 이전의 "요람에서 무덤까지(from the cradle to the grave)"에서 "자궁에서 무덤까지(from the womb to the tomb)"로 욕구가 확대되고 있다. 문화적 욕구의 충족도 이런 맥락에서 이해되는데 고객지향적 정부는 개발이 아니라 문화에 의해서도 가능하다.

문화행정을 추진하는 과정에서 정부의 역할에 대해서는 "정부는 지원하되 간섭하지 않는다"는 '팔길이 원칙(arm's length principle)'이 있다. 이는 영국에서 발달한 것으로 예술 지원 사업을 추진하는 과정에서 정부와 정치적 영향으로부터 일정한 거리를 유지해야 한다는 것인데(정홍익 외, 2008: 28), 하지만 최근 들어 문화산업이 미래 전략사업으로 규정되면서 정부의 보다 적극적인 정책적 지원이 요구되고 있다.[21)]

6. 행정의 공간적 맥락

1) 분권화

지방화란 중앙정부 중심의 질서에서 탈피하기 위해 시도되는 지방의 자율과 분권운동으로 규정될 수 있다. 종래의 단순 산업시대에는 국가 경영의 모든 계획과 집행이 중앙정부에 의해 획일적으로 주도되었다. 그러나 정보화·세계화·포스트모더니즘의 도래와 같은 현대사회의 구조적 변화는 분권화된 체제를 요구하고 있다. 즉, 획일적인 중앙정부의 통제만으로는 각 지방의 다양한 수요에 대응하기 어려워졌다. 지역사회에서 민관협력적 파트너십 및 작은 지역단위 정부가 보유하는 유연성과 쇄신성이 탈산업화

21) 세계 문화산업의 시장 규모는 2002년부터 2010년까지 연평균 6.3%씩 성장을 예상하고 있으며, 국내 4대 엔터테인먼트산업의 연평균 성장률은 22.8%로 예측되고, 반면 국내 7대 전통산업의 성장률은 3.3%로 예측되고 있다(정홍익 외, 2008: 223~224).

의 시대의 내생적 발전모델에 있어서 보다 적합하다는 인식에 기인한다.

과제로는 지역 간의 과도한 경쟁이 생길 여지가 많아짐에 따라 지방자치단체 간의 갈등을 원만히 해결하기 위한 중앙정부의 조정기능이 강화되어야 한다.

2) 세계화(globalization)

세계화란 "인간과 물자, 기술과 정보 등 총체적인 문화가 국경을 초월하여 상호 침투함으로써 모든 국가 간, 민족 간의 상호의존성이 깊어지는 경향"을 말하는 것으로 "국경 없는 무한경제의 전개"라 할 수 있다.[22] 오마에 겐이치(大前研一)는 자신의 저서 「국민국가의 종말(The End of the Nation State)」에서 4I, 즉 투자(investment), 산업(industry), 정보기술(information technology), 개별소비자(individuals)의 자유로운 이동이 국민국가의 중재자 역할을 불필요한 것으로 만들 것이라고 예측하였다(오마에 겐이치, 1999). 그에 따르면 국가 사이의 경계가 실질적으로 해소되고 국경을 유용한 경계선으로 여기던 경제논리가 없어진 국경 없는 세계를 형성된다는 것이다.

세계화의 특징으로 i) 새로운 시장(new market): 글로벌 소비시장의 형성, ii) 새로운 도구(new tools): 인터넷 등 미디어 네트워크, iii) 새로운 규율(new rules): WTO를 중심으로 하는 다자간 협정 등, iv) 새로운 주역(new players): 강력한 힘을 가진 국제기구나 시민단체의 등장을 들고 있다.

세계화의 효과를 보면, 세계화는 자본주의 정치경제를 아래 두 가지 방향으로 이끌고 간다. 하나는 초기자본이 생산성격에서 금융자본(financial capital)로 전환되고, 다른 하나는 국가자본주의(national capitalism)에서 글로벌자본주의(global capitalism)[23]로 바뀌고 있다.

한편, 세계화는 행정체제가 시장경쟁 원리를 극대화하는 방향으로 움직이도록 영향을 미칠 것이다. 세계화는 민간 기업뿐 아니라 공공조직까지도 경쟁 환경에 노출시킴으로써 환경에 보다 민감하고 신축적인 체제로의 개혁을 하도록 요구하고 있다. 한편, 이와 관련하여 파라즈맨드는 다음과 같은 말로 행정인의 각성을 요구하고 있다(Farazmand,

---

22) 세계화와 국제화는 서로 다른 개념이다. 국제화(internationalization)는 벤덤(Jeremy Bantham)이 1780년대에 국제적이라는 용어를 말한 지 200년이 지난 1980년대에 비로소 유행한 용어이다. 국제화는 국가관계의 강화를 뜻한다. 국제화의 결과 국가 간에 서로 폭넓은 영향을 주고받았지만 격리되는 지역이 존재했다(Baylis & Smith, 1997: 15). 그러나 세계화는 사회관계가 거리나 경계에 관계없이 획득되는 과정을 의미한다. 따라서 사람들은 점차적으로 하나의 지구에 살게 된다.

23) 글로벌자본주의의 유행은 다국적기업을 성장·발전시키게 되고 이에 비례해서 국가는 하찮은 존재 심지어 과거의 개념으로 전락하게 되며 따라서 공공행정도 종말을 고하게 된다고 말하고 있다. 그러나 이와 달리 글로벌자본주의가 초국가거버넌스기구(Supra-state governing agencies)를 탄생시켜 국가 통치의 부족한 점을 보충할 것으로 보는 견해도 있다(Farazmand, 1999: 509).

1999: 517~519). "세계화 이후 민영화가 추진되면서 세계 각국의 최고 정책결정자들의 부패를 심심찮게 목격할 수 있고 또 시민참여의 공간이 위축되는 것을 볼 수 있다. 행정인은 이러한 위축에 저항해야 하고 다국적기업의 견제에서 벗어날 수 있어야 한다."

CHAPTER 02

행정학의 발달 과정

현대행정학은 두 가지 다른 출발점과 학문적 전통을 토대로 하여 형성, 발전되어 왔다. 그 중 하나는 독일 행정학이다. 독일 행정학은 관방학을 그 근원으로 하는데 행정과학으로 볼 수 있느냐는 의견 대립이 있기는 하지만 고유사무의 처리를 국가가 담당한다는 의미에서 근대적 행정의 출발로 볼 수 있을 것이다. 다른 하나의 출발점은 미국 행정학이다. 독일 행정학이 행정법 위주로 흘러가면서 미국 행정학이 현대 행정학의 본류를 차지하고 있는 것이다.

제 1 절 유럽의 행정학

1. 근대정부의 생성

중세시대는 흔히 암흑시대라 불린다. 인간들은 신(神)의 노예이자 농노(農奴)였다가 르네상스와 종교개혁을 거치면서 인간성을 재발견하게 된다. 이제 사람들은 모두 자기 삶의 중심이 되었다. 그러나 이런 개인적 권리만 주장하면서 홉스가 말하는 '만인의 만인에 대한 투쟁' 상태[1] 혹은 '공유지의 비극' 상황이 도래할 우려가 커졌다. 여기서 '자유의 사회성' 개념, 즉 자신의 권리와 자유가 중요한 만큼 타인들의 자유와 권리도 중요하다는 것을 인식하게 되었고, 여기서 근대적 의미의 정부가 생성된 것이다.

---

1) 전쟁 상태의 사악한 인간들에게는 리바이어던(Leviathan)이라는 초인간적 괴물이 필요하다. 홉스에 의하면 이 괴물은 모든 사악한 인간들을 단숨에 정리하여 질서를 잡을 수 있다. 이 역할을 맡아야 하는 것이 바로 정부라는 것이다.

2. 관방학

1) 내 용

유럽 행정학의 기원은 관방학(官房學)이 그 출발이다. 관방학은 16세기 중엽~18세기 말엽까지 독일에서 발달하여 오스트리아로 이어져 중시되었다. 그 당시 영국에서는 중상주의가, 프랑스에서는 중농주의 정책이 활발하여 통일국가의 면모를 갖추었으나, 독일과 오스트리아는 그러지 못한 상태에서 부국강병을 통한 통일국가를 이루기 위한 목적으로 관방학이 성립되었다. 관방학은 절대군주가 다수의 영주를 지배하기 위한 통치학으로서, 중상주의 시대에 독일의 왕실 재정을 확보하려는 목적으로 성립하였으며, 근본 사상은 행복촉진주의적 복지국가관이었다. 3세기 동안에 걸쳐 계속된 관방학은 프리드리히 빌헬름 1세가 1727년 독일의 할레(Halle)대학과 프랑크푸르트 암 오데르대학에서 관방학과를 설치한 이전과 이후를 기준으로 전기와 후기로 구분된다.

전기에는 주권신수설의 영향을 강하게 받았고, 절대군주제 유지를 위한 재정학에 초점을 맞추었다. 공공복지의 사상적 기초를 신학에서 찾았고, 왕실재정과 국가재정을 구별하지 않았다. 따라서 관방학은 재정학 및 경제정책과 구별되지 않았다. 그러다가 후기에서는 공공복지의 사상적 기초를 계몽전제주의를 배경으로 한 경찰국가 체제의 정비와 함께 초기 재정학 중심의 관방학이 분화의 과정을 거치면서 경찰학이 하나의 독립된 학문으로 분화하기 시작했다.

유스티(J. H. G. von Justi)는 국가의 목적을 국부의 증대와 유지, 그리고 국부의 유효한 사용으로 구분하여, 전자는 정치학과 경찰학에 의해, 후자는 재정학에 의해 다루어진다고 하였다. 또한 유스티는 국가재산의 증대와 유지를 다루는 정치학과 경찰학을 구별했다. 정치학은 국가재산 유지의 전제가 되는 대내외적인 안전의 문제를 다루고, 경찰학은 국가재산의 증대와 유지를 그 임무로 한다는 것이다. 경찰학에서는 국가목적을 실현하기 위한 합목적적인 국가 활동을 경찰(Polizei), 즉 행정으로 인식하게 된다. 그러다가 프랑스대혁명이 발발하면서 시민의 권리문제가 중요한 관심사로 대두되면서 절대군주제 하에서 발달한 경찰학의 학문적 정당성에도 지대한 영향을 미치게 되었다. 그에 따라 경찰학은 행정법학으로 대체하게 되고 행정법학의 등장은 관방학의 쇠락을 가져왔다. 몰(R. von Mohl)로 대표되는 행정법학의 등장은 법치국가의 이념 하에 행정에 대한 본격적인 법적 접근의 시작을 의미하는 것이었다(이종수 외, 2008: 106).

2) 평 가

관방학은 민족적 통일국가 수립에 기여하였으나 다음과 같은 비판을 받고 있다. 경찰학 또는 관방학을 일종의 행정학이라고 하는 것은 국가목적 또는 국가이념을 실현하기 위한 국가활동이 '행정=경찰'로 인식되었기 때문이다. 그러나 당시의 관방학은 절대군주를 위한 통치기술의 수준이었고, 기계적 권력장치로서 경찰국가에 봉사하는 것에 불과하였다(김종희, 2005: 52). 그 외 독자적인 학문체계를 갖추지 못했던 것도 취약점으로 지적된다(박용치·송재석, 2006: 43).

3. 슈타인 행정학

1) 시대적 배경

1806년 나폴레옹전쟁으로 프러시아가 멸망하자 절대주의 국가로부터 법치주의적 자유주의 국가가 탄생된다. 이 때 슈타인(L. von Stein)은 단순히 절대군주를 보호하기 위한 관방학은 시대적 변화에 맞게 변해야 함을 주장한다. 그는 관방학의 근본 개념이었던 경찰을 국가의사의 형성 활동인 헌정(憲政)과 국가의사의 실현 활동인 행정(行政)으로 구분한 뒤, 헌정을 행정보다 우위에 두었던 공법학을 비판하고, 형식적 헌정의 실현에서 나타나는 사회적 모순을 해결하는 행정이 헌정보다 우위에 있다고 보았다. 그리고 헌정은 행정의 활동 없이는 무의미하다는 주장을 하고 있다.

2) 내 용

슈타인은 기존 관방학의 체계에 비판을 가하고 독자적인 행정 체계를 시도하였다. 슈타인 행정학의 기본 틀은 국가와 사회의 분리, 그리고 국가의 역할을 완수하기 위한 조직 내지 기능으로서의 헌정(사회→국가)과 행정(국가→사회)의 분리에 기초해 형성되어 있다(이종수 외, 2005: 115).

첫째, 유스티의 경찰 개념을 헌정과 행정으로 분리하였다. 헌정은 행정을 포함하지 않으며 헌정은 국가의 고유한 의사이고 이것은 행정활동 없이는 공허하고 동시에 헌정 없이는 행정은 권력을 결여하게 된다.

둘째, 헌정은 가치적인 정책결정·형성 단계, 행정은 사실적인 정책집행 단계로 파악하였으며, 공법학에서처럼 헌정의 절대적 우위로 이해하지 않고 헌정과 행정은 서로의 입장에 따라 양자 간에 서로가 우위를 점하는 상대적 우위성을 주장하였다.

셋째, 행정을 적극적으로 개념화하여 외무·군무·재무·법무·내무행정 등 다섯 분과로 나누었다.

3) 평 가

슈타인이 시민사회적인 행정과학을 창시했음에도 불구하고 그의 일대만의 행정학으로 끝나고, 독일은 행정학의 정통적 위치를 미국에 양보하는 입장으로 전락하게 된다. 그것은 당시 독일에서는 마이어(Otto Mayer) 등에 의해 법치국가 이념이 지배적 이데올로기를 형성하고 있었기 때문이다.

이처럼 슈타인 행정학은 공법학 때문에 크게 발전하지 못하였으나, 그의 체계적 이론과 기초적 관념은 새로운 시대의 주목을 받고 등장한 행정법학의 발전에 이바지하였다. 또 헌법의 실현으로부터 야기될 수 있는 사회적 모순을 보충하고자 하는 의미에서 행정을 헌정보다도 상위에 놓고자 애쓴 점은 현대행정학에 대한 선험적 의의를 내포하고 있다고 할 수 있다(박용치·송재석, 2006: 45).

제 2 절 미국 행정학의 발달 과정

미국은 오늘날 전 세계적으로 확산되어 있는 행정학의 생성, 발전에 선도적인 역할을 해 오고 있다. 따라서 미국 행정학의 발달 과정이 현대 행정학 자체의 발전과 거의 동일시된다. 미국 행정학은 무국가성 또는 약한 국가성을 전제로 발전해 왔으며, 그에 따라 미국 행정학은 다원주의적 국가론에 입각한 행정이론 체계를 발전시켜 왔다고 할 수 있다.[2)]

1. 미국 행정학 성립의 사상적 토대

미국의 행정학은 연방정부의 초대 재무장관이었던 해밀턴(Alexander Hamilton)의 행정철학과 제3대 대통령 제퍼슨(Thomas Jefferson) 및 제7대 대통령 잭슨(Andrew Jackson)의 민주행정 사상을 그 성립의 기초로 하고 있다(정원식, 2003: 41~42).

2) 독일 관방학과 비교할 때 미국 행정학의 가장 큰 차이점은 행정학이 국가의 존재를 전제로 하지 않는다는 무국가성(statelessness)인데, 우리와 같이 강력한 '국가성'을 가진 국가에 국가 자체를 배제한 미국 행정학을 그대로 적용하는 것은 무리가 따를 것이다.

1) 해밀턴의 능률적 행정관: 고전주의

능률적인 강력한 중앙정부와 중앙집권적 행정의 필요성을 주장하였다. 해밀턴은 지방통치기구들의 알력을 국가의 종합적 계획과 목표달성에 방해요소로 간주하였던 것이다. 그의 이러한 생각은 1930년대 위기 시, 대통령부 설치를 제안한 브라운로위원회 보고서로 연계되었다.

2) 제퍼슨과 잭슨의 민주적 행정관

해밀턴이 행정사상을 국가주의 가치에 두었다면 제퍼슨은 주로 국민을 위한 행정 가치에 초점을 두었다. 그는 소박하고 단순한 정부를 선호한다고 말하고 있으며 정부의 권위에 구속되기를 거부하면서 개인의 자유와 인간성의 자유 및 개인의 행복 추구에 관심을 가졌던 것이다.

3) 메디슨의 신고전주의

메디슨(J. Medison)의 신고전주의는 덕성과 이기심을 함께 지닌 인간의 양면성에 주목하여 인간 본성의 복잡성 때문에 다양한 이익집단이 창출될 것으로 예측하였다. 정부는 경쟁적 당파의 중재자이며, 행정 과정은 삼권분립에 기초한 견제와 균형의 과정이라 보았다.

2. 발달 과정

1) 행정학의 태동기

건국 후 미국 정치체제는 제퍼슨주의가 지배했었다. 제퍼슨은 시민의 자유와 기회를 보장하기 위하여 행정분권화를 강조하였으며, '최소의 행정이 최선의 행정(government is best when governing least)'이라는 민주적 행정사상의 기초를 세우는데 공헌하였다.[3] 한편 잭슨은 행정의 부패와 타락이 공직의 장기적 보유에서 발생하므로 이를 방지하기 위한 공직의 로테이션의 필요성을 주장함으로써 민주적 행정관을 확립하였으며 이를 위하여 엽관제(獵官制: spoils system)를 시행하였다. 그러나 엽관제로 말미암아 비능률과 낭비가 초래되었는데 이는 전문성이 없이 정부에 들어 온 정당인들이 복잡하고 까다로운 문제를 담당하게 되어 행정의 무능이 극에 달하게 되었던 것이다.

---

3) 국가주의적 집권적 목적을 선호하는 해밀턴은 하향식 조직관점을 가지고 있는 반면에, 제퍼슨은 민주적 분권화에 기초한 국민 중심의 상향식 조직관점을 지향하고 있다.

이에 진보주의운동이 전개되어 1881년에는 전국 공무원제도 개혁연맹이 13개 주의 협의회 형식으로 결성되었고, 1883년에 펜들턴법(Pendleton Act)이라는 공무원법이 제정되어 행정의 정치적 중립이 천명되었으며, 실적주의 인사제도가 도입되었고, 행정의 전문성을 확보하기 위해 시험제도를 통해 공무원을 채용하였다. 이러한 진보주의 개혁운동에 참여했던 윌슨(W. Wilson)은 1887년에 행정의 연구(the study of administration)라는 논문에서 정치행정이원론을 주창했다.[4] 그는 행정의 중요성을 "헌법을 제정하는 것보다 이를 실행에 옮기는 것이 점점 더 어려워지고 있다(it is getting to harder to run a constitution than to frame one)"라는 말로 나타내고 있다(1941: 484). 행정은 사무(business)의 분야이므로 정치적으로 중립적인 서비스를 제공해야 한다는 것이다.[5]

윌슨이 논문에서 주장하는 바는 크게 두 가지이다. 하나는 사회가 점점 발달됨에 따라 정부기능도 더욱 복잡해지고 있다. 정책결정기구인 정치제도뿐만 아니라 정책의 집행기구인 행정의 중요성도 더해지고 있다. 따라서 행정에 대한 적극적이고 체계적인 연구가 필요하다. 다른 하나는 미국의 행정은 유럽에 비해 낙후되어 있으므로 유럽의 발달된 행정체계를 도입하여 미국의 정치체계와 어울리게 발전시켜 나가야 한다.

그는 미국의 민주적 정치와, 비민주적인 군주제 하에서 발달한 유럽의 행정이 조화될 수 있는가에 대해 가능하다며 이러한 주장을 뒷받침하기 위해 정치·행정이원론적 입장에서 논의를 전개하고 있다. 민주적 정치와 비민주적 행정이 결합 가능한 것은 정치와 행정이 분리되어질 수 있기 때문이다. 행정은 일종의 사무(business) 영역이고, 기술적 영역이다. 즉 어떻게 하면 최소의 비용으로 최대의 효과를 거둘 수 있는가 하는 능률성의 문제를 연구하는 학문이다. 행정에 대한 연구는 이러한 기술적 문제를 다루어야 한다며, 기술로서의 행정적 문제는 어느 나라에서나 공통적으로 제기되고 있고, 정치구조와는 관계가 없다는 것이다.[6] 정치와 행정을 엄격히 구분해야 한다는 정치행정이원론을 토대로 형성된 행정학은 과학적 관리법 및 고전적 조직이론과 접목되면서 독

---

4) 윌슨은 이 논문에서 다음과 같이 말하고 있다. "행정은 응당 정치 영역 밖에 있어야 한다. 행정문제는 정치문제가 아니다. 정치가 행정을 위해 일하기도 하지만 정치는 공무기관의 활동을 조종해선 안된다. 정치는 국가의 비교적 보편적인 활동을 말하며 이에 비해 행정은 국가의 개별적이고 특수한 작업을 말하며 비교적 세부적인 활동이다." 윌슨의 '행정의 연구'라는 논문의 자세한 내용은 Political Science Quarterly, Vol. 56, Dec. 1941: 481~506을 참조 바람.

5) 윌슨은 행정의 이념을 효율성이라고 규정하고 있다. 말하자면 정부를 효율적으로 운영하는 것이 행정의 목표가 되어야 한다는 것이다. 그가 주장하는 효율성은 조직 내부의 효율적 운영으로서 정부 운영방식을 개선하여 궁극적으로는 정부를 일반 기업체처럼 운영하자는 것이었다(Caiden, 1982: 33).

6) 행정이 정치와 관계가 없는 기술적인 것이라는 점을 칼을 가는 기술로 비유하여 "만약 내가 어느 강도가 칼을 정교하게 가는 것을 본다면, 나는 그가 그 칼을 갖고 살인을 하려는 의도는 제외시킨 채 그의 칼 가는 기술만을 빌려올 수 있다"라고 기술하고 있다(오석홍, 2005: 83).

자적인 학문영역을 구축하게 되었다. 초대 미국정치학회장을 역임한 굿노(F. Goodnow)도 정치행정이원론을 체계화했는데, 그는 정치는 국가의 의지를 표명하고 정책을 구현하는 것이며, 행정은 이를 실천하는 것으로 양자를 구별했다. 이러한 그의 주장은 이후 시정개혁운동의 방향을 설정하는 데 큰 도움이 되었다.

그런데 윌슨의 정치행정이원론은 경험적·실증적 이론이라기보다는 규범적 이론이다. 실제 현실에서 정치와 행정이 구별될 수 있다기보다는 엽관제의 폐해를 극복하고 정치로부터 중립적인 행정을 구현하기 위해 '정당정치'로부터 행정을 분리하는 것이 필요하다는 규범적 성격이 강했다(이종수 외, 2005: 70). 이러한 윌슨의 행정학적 위치에 대해 부정적인 견해가 없는 것은 아니다. 특히 스틸만 같은 이는 "윌슨의 논문이 공헌한 바가 행정의 개념을 소개한 정도에 불과한 것이 아니라고 한다면, 그것은 이 논문의 영향력을 지나치게 과장한 것"이라고 했다(Stillman, Ⅱ, 1973: 588).

2) 정통행정학의 성립·발전기

초기의 행정학은 정치와 분리된 행정의 영역에 과학적 연구 방법을 적용함으로써 조직과 관리의 원리를 발견하고자 하였으며 능률을 행정의 최고 지도이념으로 생각하였다. 이와 같이 미국 행정학은 1920년대에서 30년대에 걸쳐 능률에 기초한 관리를 주장하는 정통행정학의 모습을 갖추게 되었다. 행정관리론은 크게 두 가지 계보로 나눌 수 있다(이종수 외, 2005: 122~123). 하나는 사무관리론으로, 각종 사무표준화와 관련 제도를 마련했고, 절약과 능률을 중시했다. 다른 하나는 조직관리론이다. 조직관리론에서 말하는 능률적인 관리 활동의 내용은 귤릭(L. Gulick)이 제시한 POSDCoRB로 집약될 수 있다. POSDCoRB는 기획, 조직, 인사, 지휘, 조정, 보고, 예산의 7대 기능의 첫 글자를 따서 만든 것이다.

이와 같은 행정관리론은 최초의 행정학 교과서인 화이트(L. D. White)의 「행정연구입문」에서 학문적으로 종합되어 정통행정학을 구축하게 되었다. 또 행정학 보급의 확대와 행정대학원 설립을 배경으로 1939년에 미국행정학회가 창립되었다.

3) 정치행정일원론의 제기

뉴딜정책과 제2차 세계대전을 거치면서 전통적인 정치와 행정의 구분은 비현실적인 것이 될 수밖에 없었다. 이에 정치행정일원론자들은 정치행정이원론을 비판하면서 행정을 정치로부터 분리시키기도 어렵거니와, 실제로 행정은 정치과정에 깊숙이 관여하고 있다고 본다. 따라서 행정이 핵심적 정치기능을 실질적으로 담당하고 있는데도 불구하고, 정치적 책임을 묻기 위하여 행정에 정치가 개입하는 것을 허용하지 않는 정치

－행정 분리론은 결국 국민에게 아무런 책임도 지지 않으면서 권한만 행사하는 반민주적인 논리에 불과하다는 비판을 가한다(정정길, 2005: 51).

정치행정이원론의 비현실성이 비판을 받게 되자 이원론을 전제로 하여 가치중립적인 원리를 탐구했던 행정관리론에 대한 비판도 제기되었다. 특히 사이먼(H. A. Simon)은 행정관리론의 전문화의 원리, 명령 통일의 원리, 통솔 범위의 원리 등이 과학적인 실험을 거치지 않은 격언(proverb)에 불과하다고 논박했다. 그는 의사 결정이 행정의 핵심이며 행정 과정은 바로 의사 결정 과정이므로 절약과 능률보다는 합리적 결정이 더 중요하다고 간주하였다. 행정학의 연구방법이 좀 더 과학적이어야 한다면서 새로운 정치행정이원론을 주장했다. 이들은 행정현상을 가치판단적인 것과 사실판단적인 것으로 엄격하게 구분하고, 행정의 연구는 정책 결정 등과 같이 가치판단을 요하는 것은 배제하고 사실판단적인 것만을 대상으로 할 것을 주장했다. 애플비(P. Appleby)는 1949년의 「정책과 행정」(Policy and Administration)에서 정책과 행정은 하나의 순환과정으로 파악해야 한다고 전제하고, 정책의 문제와 행정의 문제는 서로 배타적으로 취급되기보다는 오히려 전체적인 문제로서 다루어야 한다고 정치행정연속론을 역설했다.

이들은 초창기 정치행정이원론과 같이 행정의 정책 결정을 부정하는 것은 아니고 이를 인정하면서도 사실과 가치를 분별하고 행정학의 과학화를 위해 사실적인 것만을 연구대상으로 삼았던 것이다.

이에 대한 비판도 없지 않은데, 첫째, 사이먼의 행정과학은 행정학의 정체성 문제를 야기했다. 행정학의 연구대상을 행정조직이 아닌 일반조직으로 확대함으로써 로커스(locus)를 잃어버리고, 가치문제를 제외함으로써 연구의 초점(focus)도 잃어버리게 되었다.

둘째, 논리실증주의 한계로서 권력현상과 가치판단 문제가 빠져 버린 의사결정 중심의 조직이론은 현실의 행정조직에 적용되기가 어렵다. 또한 행태중심의 연구는 제도의 중요성을 망각하게 만들었다(정정길, 2005: 59~60).

4) 행정학의 분화기

행정기능 및 행정학의 영역은 확대되었으나, 확대된 영역의 실제와 연구를 통합할 수 있는 지배적인 패러다임은 나타나지 않았다. 이와 같이 지배적인 패러다임의 부재로 인하여 1950년대부터 행정학은 사회학, 인류학, 심리학, 경영학, 경제학 등 다양한 인접 학문으로부터 영향을 받아 다원화되었다. 1950~60년대의 비교행정론, 발전행정론, 신행정론, 70년대의 공공선택론, 80년대의 기업경영의 논리를 정부에 도입하려는 신공공관리론, 90년대의 뉴거버넌스 이론 등이 이에 해당한다.

(1) 1950~60년대

발전행정론은 와이드너(E. Weidner)나 에스만(M. Esman) 등에 의해 행정이 국가발전 목표의 달성을 위해 정치를 비롯한 경제·사회의 변동을 유도해 나가야 한다는 행정우위론의 입장에서 제기되었다. 개발도상국가의 시급한 국가발전을 위해 행정조직이 주도적인 역할을 해야 하는 것은 이해될 수 있으나, 행정이 정치를 이끌고 나가야 한다는 데에 이르면 행정에 대한 정치통제의 민주성 원칙에서 벗어난다는 점에서 비판을 받고 있다.

신행정론은 1960년대 후반에 논의되기 시작했는데 행정의 정책결정 기능을 적극적으로 요청하면서도, 이의 관료주의화를 견제하기 위해 이념으로서의 형평성[7]을 강조하고 수혜자로서의 시민 참여를 강조하고 있다. 아울러 행정조직의 문제를 다룬 신행정론자들은 반계서적·반관료제적 성향의 조직구조설계를 처방하고 조직과 개인의 도덕성을 강조하였다.

(2) 1970년대

이 시기에는 정부의 능력과 성과에 대한 불신이 나타나기 시작했다. 재정 압박과 재정 적자에 따라 정부실패의 개념이 등장했다. 작은 정부라든지 민간부문의 관리기법 도입의 대두도 이러한 맥락에서 이해될 수 있다. 오스트롬의 공공선택론도 이 시기에 등장하여 정부를 공공재의 생산·공급자로 규정하고 있다.

(3) 1980년대

1980년대에는 신보수주의가 부활하여 '작은 정부'를 구현하기 위한 공무원 인력 감축, 정부 지출 삭감, 민영화 등의 논의가 활발해졌다. 이러한 민간화의 흐름은 그 후 1990년대 '정부재창조운동'의 시발점이 되었다.

1980년대 이후 신보수주의 정부에서 행정의 관리적 측면이 강조되고, 정치행정이원론이 재등장하면서 행정학의 새로운 접근방법으로 신공공관리론이 개발되었다. 민간부문에 비해서 정부부문이 지나치게 비효율적이라고 평가하고, 민간부문 관리방법의 도입을 통한 능률성 제고를 강조했다.

---

7) 이들은 사회적 형평성을 추구했다. 신행정론자들은 능률과 절약에 앞서서 사회적 형평성의 증진을 위해 행정이 앞장서야 한다고 주장하였다. 그들은 행정이 특혜받지 못하고 불리한 위치에 있는 소수의 편에 서서 그들의 정치적 지위와 경제적 복지의 향상을 위해 노력하여야만 사회적 형평성을 구현할 수 있다고 하였다(오석홍, 2008: 57).

〈표 2-1〉 1차 신행정회의와 2차 신행정회의의 비교

	1차 신행정회의	2차 신행정회의
강조점	사회적 형평을 강력히 요구	민주제도의 개선을 부드러운 태도로 주장함
행정환경에 대한 인식	낙관적	제한적 희망(constrained hopefulness)
관심 미래의 범위	장기적	단기적

한 가지 강조하고자 하는 것은 1988년에 개최되었던 제2차 신행정회의이다. 제1차 회의는 왈도(D. Waldo)가 주관했고 당시 소장학자 33인이 참가했는데 2차 회의 때는 이들 중 32명과 새로운 학자 36인 등 총 68명이 참가했다. 2차 회의에서는 25편의 논문이 발표되었고 일부는 PAR 49권 2기에 게재되었다. 주요 논점을 보면, 공공철학의 강조를 들 수 있는데, 줄곧 공공행정의 중심에는 공공행정철학이 자리하고 있는데도 불구하고 소홀히 다루어졌다는 것이다(Brown, 1989: 215). 그리고 사회적 형평을 강조했는데 효율성이 공평·정의와 결합하지 못하면 조직내부 사람 간에 질투와 질시로 효율성을 갖지 못한다. 마찬가지로 행정효율이 사회적 공평과 결합하지 못한다면 그 행정효율은 누구를 위한 서비스인가를 묻고 있다.

(4) 1990년대 이후

오스본(D. Osborne)과 게블러(T. Gaebler)는 1992년 저서 「정부재창조론(Reinventing Government)」에서, 공공부문에 시장원리인 '경쟁'을 도입하고 관료적 형식주의에서 벗어나 사명감을 가지고 국민을 고객으로 최우선시하는 기업가적 정신을 도입해야 한다고 주장한다. 기업가적 정부의 이분법의 형태는 정부형태가 관료제의 정부 행정에서 기업가적 정부, 즉 신공공관리(NPM)의 모습으로 변화해야 하는 양상을 나타낸 것이다.

정부도 공공서비스 공급에 하나의 경쟁 주체로서 민간부문 또는 사회부문과 동등한 입장에서 경쟁해야 하는 것이다. 이들에 의하면 정부는 더 이상 직접 노를 젓기보다 방향타를 조정하는 역할만을 담당해야 한다는 것이다. 방향타를 조정하는 기능은 정책과 전략을 수립하고 정책목표를 구체화하는 것을 포함한다. 반면 노젓는 기능은 정책의 실질적인 집행이고 공공서비스의 전달이다. 정부재창조는 정책의 실질적인 집행이나 서비스의 전달은 시장계약자에게 맡기고 정부는 정책방향이나 전략 혹은 목표를 설정하는 일에 전념하도록 만드는 것이다(박종민·정무권, 2009: 18).

20세기 중반에는 시장실패(market failure)에 대한 대응으로서 정부의 개입(government

intervention)의 확대가 이루어졌다. 정부의 능력에 대한 신뢰가 극에 달하여 사회의 거의 모든 부분에 정부의 입김이 강한 거대정부(big government)가 주종을 이루어 왔다. 그러나 20세기 종반에 들어서며, 각국 정부들은 여러 가지 이유로 그 한계를 드러내게 되었고 어디에서나 '작은 정부(small government)' 움직임이 거세게 일어나고 있다. 그 자리를 메우는 기제로서 '협치(governance)'가 부상하여 여러 측면에서 중요한 공헌을 하고 있다. 즉 정부 개입의 강화는 또 다른 정부실패(government failure)나 정책실패(policy failure)를 초래했으며 이에 대한 대응으로서 최근 협치(協治)가 새로운 패러다임으로 논의되고 있다.

협치를 논의하는데 있어서 제솝(Jessop, 2000)은 시장과 국가의 이원론에서 출발하여 시장실패와 국가실패를 모두 극복하는 새로운 방식으로 이해하고 있다. 즉, 국가와 시장 양자가 모두가 다양하고 복잡한 경제적, 정치적, 사회적 문제를 다루는데 실패하여, 이들의 대안으로 협치가 시장과 국가 중간의 방식으로서 제3의 길로 나타난 것이라 주장한다.

제 3 절 한국 행정학의 전개

1. 행정학의 도입

1) 일제시대의 행정법학적 행정학

일제시대 한국의 행정은 일본 학자들이 연구한 행정법 이론과 제도가 거의 일방적으로 적용되었다고 할 수 있다. 일제는 행정법을 우리나라에 도입하여 이를 조선총독이 발하는 제령(制令)의 형식으로 적용하였다. 이는 행정법을 우리나라에 대한 강력한 통치수단으로 이용하고자 하는데 있었지, 행정법의 적용을 통해 공권력의 발동으로부터 우리나라 국민의 권익을 보호한다는 취지가 전혀 없는 착취적 식민지 행정법이었다(김종미·김항규, 2006: 68).

2) 해방 이후의 미국식 행정학

(1) 행정법학과 행정학의 병존

해방이 되었음에도 불구하고 일제시대 관료제의 유산이 남아 있어 여전히 행정법학적 행정학이 지배적이었다. 공법학의 테두리 안에서 행정학에 대한 연구와 강의가 이루어졌다.

(2) 미국식 한국 행정학

미국의 영향으로 한국 행정학은 1954년부터 사회과학적인 행정학으로 전환하기 시작하였다.[8] 1955년에 우리나라 최초의 대학 교재용 행정학 저서인 「행정학」이 정인흥(鄭仁興) 교수에 의해 출간된 이후 행정학은 급격한 양적 팽창을 거듭하였다. 그 후 1956년에 한국행정학회의 전신인 한국행정연구회가 창설되었고, 또 1959년에 서울대학교 행정대학원이 설립되면서 행정학 연구가 본 궤도에 올랐다. 1980년대 중반 이후부터는 행정정보화에 대한 연구가 시작되었고, 1990년대 이후에는 신제도론, 딜레마이론, 신공공관리 등 다양한 영역에서 연구가 진행되었다.

한편 1980년대부터 1990년대를 지나오면서 '한국적 행정이론'의 개발을 위해 외국의 행정학 이론을 들여오더라도 그것을 무비판적으로 받아들이지 말고 한국의 실정에 합당하게 적용하여야 한다는 인식이 일반화되었다.

2. 우리나라 행정연구의 과제

한국의 행정학이 지나치게 미국 행정학 일변도로 발전해 왔다는 근본적인 문제를 가지고 있다. 앞서 언급한 대로 미국 행정학의 큰 특징이 무국가성(無國家性)인데 한국의 행정에는 다원주의적 요소보다는 비다원주의적 요소가 더 지배적으로 존재한다는 것이다. 미국 행정학은 개별 행정조직 내부의 효율성과 민주성에 초점을 둔다. 따라서 그것이 위치하는 국가와 시민사회 간 맥락과의 연계 없이 행정조직의 효율성을 강조할 때 발생하는 문제는, 무국가성을 토대로 하는 미국 행정학에 비해, 강한 국가성을 토대로 하는 한국 행정에서 훨씬 더 심각할 것이다(정용덕, 2001: 71).

그렇다면 한국 행정 연구의 현주소는 어떠한가? 김호정은 한국 행정학의 위기를 신공공관리론으로 인해 행정학의 범위가 축소된 데서 찾거나, 과도한 계량적 연구 때문에 위기가 발생했다고 진단한다면 잘못된 것이라고 본다. 그는 위기의 원인을 행정학자에서 찾고 있다. 특히 60~70년대 발전행정 시기에 관변학문과 수단적 학문의 성격이 강했던 결과 찬밥, 더운 밥 가리지 않고 정부 프로젝트에 매달리는 통에 행정학이 "정

8) 대표적인 것이 국제협조처(ICA)이다. 미국 정부의 ICA 프로그램에 의해 서울대와 미국 미네소타대학 간에 교환프로그램이 체결되었으며, 그 후 상호간에 폭넓은 인적 교류를 실시했다(박우서 외, 2005: 142).

부용역학"이라는 경멸적 별칭으로 불리게 되었다는 것이다(김호정, 2008: 215).

이보다 앞서 김영민은 '한국 행정학의 반성'이라는 논문에서 "현대 행정학의 성립이 전적으로 당시의 미국 정치 상황의 산물이라고 한다면, 미국과는 전혀 다른 정치 상황을 갖고 있는 우리나라에서의 행정 연구는 정치를 주어진 여건으로 전제하고 그 전제에서 행정 연구를 할 것이 아니라, 먼저 정치와 행정 간의 '특수 한국적' 관련성을 규명하는 노력을 했어야 했다"고 반성하고 있다(김영민, 1996: 41).

발전된 외국의 이론을 취사선택하여 수용시켜야 할 뿐만 아니라 한국적 현실에 맞게 소화시키고 그 토대 위에 새로운 한국적인 이론을 개발시켜야 할 것이다. 이제 토착화의 단계를 지나 행정학의 한국화를 촉진하는 논의가 본격적으로 이루어져야 할 것이다.

'쓸 만한 무기가 없는 행정학'이라고 통렬한 비판을 가하고 있는 김정하는 학문으로서의 행정학이 실제 행정에 쓰일 수 있는 행정모델을 정립하기보다는 각종 기법을 소개하는 학문으로 전락하고 있다고 비판을 가하고 있다. 그는 행정학자들이 행정현장의 문제점을 해결할 수 있는 방안을 만들어 행정실무자에게 제공할 때 행정학은 '쓸모 있는' 학문이 될 것이라고 강조하고 있다(김정하, 2016: 42~43).

CHAPTER 03

행정학의 접근방법과 최근의 주요 행정이론

제 1 절 행정학의 접근방법

1. 행태론적 접근방법

1) 의 의

사회과학에서 다양한 접근방법을 받아들이지만 아직까지 과학적 방법이 지배적인 영향을 미치고 있다. 사회과학 분야에서 과학적 방법에 가장 충실한 접근방법이 행태론적 접근방법이라고 할 수 있다. 행정학에서 행태론적 접근방법을 처음 주장한 사람은 달(R. A. Dahl)과 사이먼이며, 특히 사이먼의 「행정행태론」(1957)은 행태론적 접근방법을 행정학에 확립시키는 데 크게 공헌하였다.

행태론적 접근방법(behavioral approach)은 사람의 행태에 연구의 초점을 맞추고 있다. 과학적 관리론이 조직의 구조나 경제적 유인에 기계적으로 반응할 것이라는 가정을 하고 있지만, 행태론적 접근방법은 이를 부정하고 있다. 행태론자는 제도나 법률이 행정의 중요한 측면이긴 하지만 이들이 행정의 실체는 아니라고 주장하며, 행정학의 주요 관심사가 되어야 하는 것은 정치·행정제도 내의 행정인의 행위나 활동이어야 한다고 본다. 이 접근방법은 인간행태의 인과관계를 경험적·실증적으로 밝힘으로써 인간행태를 설명, 예측, 통제하려는 목적을 가지고 있으며, 이러한 인간행태에 대한 올바른 이해의 토대 위에서 조직의 효과성을 높이기 위한 관리의 유용한 지식을 얻고자 한다.

2) 특 징

(1) 인간행태의 강조이다. 과학적 관리자들은 조직구조를 합리적으로 설계하면 인간의 행동은 자동적으로 통제되고 조직의 효과성을 높일 수 있다고 보았다. 그러나 행태론적 접근방법은 조직구조에 대한 기계적 반응을 부정하고 인간 개인의 사회적·심리적 측면을 연구의 대상으로 삼았다.

(2) 종합학문적 접근방법이다. 행태론적 접근방법에는 다양한 학문이 활용된다. 예를 들어, 인류학의 문화연구가 행정문화 연구에, 심리학이 공무원의 직무태도 연구에 도움을 주고 있다. 행태론적 접근방법은 어느 한 학문 영역에 고유한 접근방법이라기보다 여러 학문에 다양하게 이용되어 거기에서 얻은 지식이 서로 교류되고 활용되는 데 기여할 수 있다.

(3) 과학적 방법의 적용이다. 첫째, '인간행태의 규칙성'을 가정한다. 불규칙하게 변화하는 행태에는 과학적 방법의 적용이 불가능한데, 인간행태에 규칙성이 있다고 본다. 둘째, 이러한 형태의 규칙성을 경험적으로 관찰함으로써 가설을 검증한다. 경험적 관찰에 의한다는 것은 연구자의 주관적 가치가 개입되지 않은 가치중립적 입장에서 현상을 객관적으로 관찰할 것이 요구된다. 셋째, 변수 간의 정확한 '인과관계'의 규명이다. 하나의 변수가 다른 변수에 미치는 순수한 영향을 관찰하기 위하여 관찰 대상을 실험집단으로 하고 그 외는 통제집단으로 분리하는 다양한 실험설계 방법이 행태론적 접근방법에서 적용된다. 넷째, 검증된 이론의 일반법칙성을 추구한다. 일반법칙성이란 연구대상 집단에게만 이론이 적용되는 것이 아니라 대상 이외의 개인이나 집단에게도 보편적으로 타당함을 의미한다.

사이먼은 행정현상에 대한 경험적 연구와 방법론적 엄격성을 통해 행정학의 과학화를 기할 수 있다고 보았다. 특히 그는 행정현상을 의사결정 과정으로 파악하고 행정가의 행위도 따지고 보면 모두 의사결정과 연결되어 있다는 것이다.

우리나라에서는 1960년대에는 법적·제도적 접근방법이 주류를 이루었으나 1970년대 학문성을 형성하여 가면서 행태론적 접근방법이 행정학자들의 가장 주된 접근방법이었음을 보여주고 있다(강신택, 1987: 3~32).

3) 평 가

행태론적 접근방법은 행정학의 과학화, 정체성 위기를 극복하는 데 크게 기여하였으나 1990년대 말부터 이 방법의 한계점으로 인한 비판이 다음과 같이 제기되었다.

첫째, 인간의 외면상의 객관적 행태를 관찰하고 설명하기는 하지만 그 행태의 진정한 내면적 의미를 파악하는 데 한계가 있다.

둘째, 가치와 사실을 엄격히 구분하는 것은 연구실에서는 가능할지 모르나 그것이 현실의 생활과정에서는 어렵다. 경험적으로 같은 현상으로 관찰된 것이라도 그 이면의 가치를 생각하면 서로 다르게 해석해야 할 경우가 많이 있다. 눈물을 흘리는 현상이라도 슬퍼서 우는 경우도 있고 기뻐서 우는 경우도 있는 것이다(유민봉, 2006: 24).

셋째, 기술 및 방법에 지나치게 치중하여 조작주의를 초래한다. 즉, 계량화하기 쉬운 부분만을 연구하고 자료 조작의 가능성을 가지고 있다.

넷째, 행정학의 정체성 상실이 우려된다. 행정학의 연구대상을 행정조직이 아닌 일반조직으로 확대시킴으로써 소재(locus)를 잃어버리고, 또 가치문제를 제외함으로써 연구의 초점(focus)도 잃어버리게 되어 행정학의 정체성 문제를 야기하였다. 연구대상만으로 보면 정치학과는 구분이 되지만, 경영학과는 구분이 되지 않은 상태를 만들어 버린 것이다.

이러한 행태론에 대한 비판은 그 후에 이스턴(D. Easton)이 제기한 후기행태론에서 적실성(relevance)과 행동(action)이라는 두 개념 속에 잘 나타나고 있다. 학문은 사회문제 해결에 도움을 줄 수 있어야 하며, 과학자의 연구결과는 정책을 통해 구현되도록 해야 한다는 의미이다.

2. 생태론적 접근방법

1) 의 의

이것은 행정체제와 이를 둘러싸고 있는 환경 간의 관계에 연구의 초점을 두는 방법이다. 가우스(J. M. Gaus)는 행정에 영향을 미치는 환경적 요인으로서 국민, 장소, 과학기술, 욕구와 사조, 재난, 개성 등의 일곱 가지를 들고 있다. 리그스(F. W. Riggs)는 사회를 발전단계에 따라 농업사회(agraria) → 프리즘적 사회(prismatic society) → 산업사회(industria)로 구분하였다. 행정에 영향을 미치는 다섯 가지 환경[1]과 사회분화의 정도를 중심으로 하여 농업사회와 산업사회를 제시하고, 이들의 중간영역에 전이사회로서의 프리즘적 사회를 설정하였다.

프리즘적 사회는 전통적 가치관과 서구 산업사회의 다양한 가치관이 혼재되어 있는 사회를 가리킨다. 그는 과도기적 사회의 현상을 프리즘에 통과하는 빛이 굴절되어

1) 다섯 가지 환경은 ① 정치체제, ② 경제적 기초, ③ 사회구조, ④ 이념적 요인, ⑤ 의사소통 등이다.

다양한 빛을 발하는 것에 비유하였다. 그는 프리즘적 사회의 특징으로 다음과 같은 것을 들고 있다(Riggs, 1964: 267~285).

① 가격의 불확정: 재화의 가격이 정해져 있기는 하나, 실제 거래가격은 판매자와 구매자의 유대관계, 협상력, 권력 등 환경적 요인에 의하여 달라진다.

② 다분파성과 붕당: 학연·지연·혈연 등에 의하여 결속되는 공동체가 많아 대립, 투쟁이 심한 다분파 현상이 만연하고, 이로 인하여 겉으로는 현대적 조직형태를 갖추고 있지만 붕당적 성격을 띠고 있다.

③ 이질 혼합성: 차이가 많은 제도, 체제, 관행, 견해 등 이질 혼합적 특성이 동시에 존재한다.

④ 형식주의: 공식적 규범과 그것의 실제 적용 간에 차이가 많고, 제도와 실제의 차이 내지 불일치가 심하게 나타난다.

⑤ 비능률: 관료의 권력은 상대적으로 크지만 행정능률은 낮다.

⑥ 양초점성: 관료들의 권한 행사가 법적으로는 상당한 제약을 받게 되어 있으나, 현실적으로는 관료들이 여전히 큰 영향력을 행사한다.

그는 이 모형을 신생국에 적용하였다. 프리즘적 사회에서는 그 구조의 다양성 때문에 정치, 행정, 사회, 경제체제와 같은 하위모형을 만들 수 있는데, 이 때 신생국 행정체제의 일반적 특징을 파악하는 데에 적절한 관료제 모형으로 사랑방 모형(sala model)을 제시하였다.[1] 사랑방 행정의 가장 큰 특징 중의 하나가 바로 행정부패의 제도화이다. 뇌물을 주는 자 쪽에서 보면 뇌물은 부패가 아니라 일종의 세금으로 본다. 경제거래에 있어서 비경제적인 요소가 개입하고 있는 체제인 '바자 캔틴 모델(bazaar canteen model)[2]'이 행정과의 관계에서도 나타나서 뇌물도 일종의 세금으로 생각하게 되는 것이다. 기업가들은 큰 액수의 세금감액을 실질적으로 받는 대신에 세무공무원에게 일부를 뇌물로 바치게 된다. 부패한 관료들도 당연히 상관에게 상납을 해야 좋은 자리를 유지할 수도 있고 승진도 할 수 있는데 이런 식으로 부패는 제도화된다(정정길, 2005: 85).

2) 평 가

생태론적 접근방법의 장점은 행정을 어느 국가, 어느 시기에나 적용할 수 있는 보편적 이론으로 보지 않고 문화적·환경적 차이, 시공의 차이에 따라 특수성을 지니고 있는 것으로 파악하게 하는 중요한 지적 사고방식을 제공하였다. 즉, 특정 사회의 포괄

1) 리그스는 농업사회의 관료제 모형으로 안방 모형(chamber model), 산업사회의 관료제 모형으로 사무실 모형(office model)을 제시했다.

2) 상품의 가격이 구매자와 판매자의 상대적인 권력에 따라 변동한다.

적 행정현상과 현상의 존재 이유를 설득력 있게 설명해 준다. 특히 살라(Sala) 체제는 비교행정 연구의 발전에 지대한 기여를 했다고 평가할 수 있다.

단점으로는, 첫째, 생태론적 접근방법은 모형 자체가 구조기능론적 분석에 입각한 균형론의 성격을 띠고 있어 사회변동을 충분히 다루지 못하고 있다. 행정을 환경의 피동적 존재로 보는 결정론적 입장을 취함으로써 행정의 적극적이고 주체적인 역할을 무시하였다. 따라서 발전의 역동성을 논하기 어렵다. 둘째, 행정현상을 환경과 관련시켜 진단과 설명은 잘 하지만, 행정이 추구해야 할 목표나 방향을 전혀 제시하지 못하고 있다

3. 체제론적 접근방법

1) 체제의 의의

(1) 체제의 개념

서로 무관한 개체를 모아 놓은 전체는 체제가 아니다. 부분들의 관계가 무작위하게 움직이는 것이 아니라 일정한 관계를 가지고 질서를 유지할 때 비로소 체제가 만들어지게 되는 것이다.

(2) 개방체제의 특성

① 항상성(Homeostasis): 개방체제는 에너지의 유입과 생산물의 유출은 계속되지만 그 특징은 변하지 않는 안정 상태를 추구한다.[3)]

② 부(−)의 엔트로피(entropy): 개방체제는 외부로부터 에너지와 기타 자원을 받아들여 엔트로피를 낮추려는 부(負)의 엔트로피(negative entropy), 즉 조직이 해체·소멸로 가는 작용을 방지하는 기능을 가지고 있다.[4)]

③ 등종국성(equifinality): 목표에 도달하는 방법은 여러 가지가 있다는 것이다. 이를테면 기업이 이윤을 남기기 위해 의류판매시장을 통할 수도 있고 또 달리 전자제품 판매시장을 통할 수도 있다는 것이다. 특정 목표를 달성하도록 내부구조가 고정되어 있는 폐쇄체제와는 달리, 개방체제는 신축적인 전환과정을 가지고 있기 때문에 투입 자원과 전환과정을 달리하여 동일한 최종 상태에 도달할 가능성

3) 예를 들면, 우리 몸의 체온이 비정상적으로 올라가게 되면, 땀을 흘려 체온의 상승을 막도록 하는 어떤 신체적 기능이 작용하게 되는 것을 들 수 있다.

4) 엔트로피란 "자연소화, 부패, 혼돈, 무질서, 와해로 가는 경향, 부분이 소멸되어 다른 것으로 대치될 수 없는 경향"을 의미한다. 외부에서 에너지를 받지 못하는 폐쇄체제와 달리 개방체제는 외부에서 에너지를 계속 받으므로 체제를 유지할 수 있다. 즉 개방체제는 이러한 부정적 엔트로피의 특징을 가지고 있는 것이다.

이 있다.

④ 전체성(holism): 하위체제들은 독립된 경계를 지니면서도 상호 의존적 관련성을 갖기에 전체로서의 통합관계를 분석해야 올바른 이해가 가능하다고 본다.

(3) 개방체제의 모형

개방체제는 체제를 둘러싼 환경으로부터 체제의 유지에 필요한 자원을 투입으로 받아들인다. 체제는 이들 투입요소를 받아들여 환경에 대응하고 또 체제의 목표를 달성하기 위해 체제 내부의 여러 부분들이 상호 작용하여 투입요소를 산출물로 전환시켜 환경에 내보낸다. 산출은 다시 환경에 작용하여 새로운 투입으로 환류되어 전환과정에 반영된다.

(4) 체제의 기능

체제의 생존을 위해 체제 내의 하위체제들이 어떠한 기능을 수행해야 하는가를 말한다. 파슨스(T. Parsons, 1960)는 모든 체제는 체제의 균형과 존속을 위하여 기능적 필수요건으로서 적응, 목표달성, 통합, 유지 등의 네 가지 기능을 가진다고 밝혔다.

① 적응기능(Adaptation): 환경의 변화에 적응하기 위하여 외부로부터 자원을 동원하고 체제의 정당성을 확보하는 기능이다.

② 목표달성기능(Goal attaintment): 체제가 추구할 목표를 정하고, 목표달성을 위하여 구체적인 활동을 수행한다.

③ 통합기능(Integration): 체제를 구성하는 여러 하위체제들 간 또는 개인들 간의 활동을 통제하고 조정하여, 이들 간 협동적 행위를 유도하고 연대성을 유지하기 위한 기능이다.

④ 유지기능(Latency): 체제에 정당성을 제공하는 가치, 신념, 규범 등의 문화양식을 만들어 내고, 보존하며, 전수해 가는 기능이다.

2) 특 징

첫째, 전체성의 시각에서 본다는 것이다. 부분이 체제 전체의 목표달성과 어떠한 관계를 가지고 있는가의 관계적 측면에서 부분을 바라보는 것이다.[5)]

둘째, 환경의 영향을 중시한다는 점이다. 체제는 환경과의 전체적 맥락 속에서 주어진 역할을 얼마나 잘 수행하느냐에 따라 체제의 생존력이 결정되는 것이다.

셋째, 체제 내의 구성요소 간의 상호 연관성을 강조한다. 체제는 부분들 간의 유기

5) 예를 들어 5명이 모여 농구팀을 만들었다고 하자. 농구팀 전체의 실력은 개개인의 능력보다는 이들이 수비와 공격의 위치에서 형성한 팀워크에 의하여 설명되는 것과 마찬가지이다(유민봉, 2006: 33).

적 관계로써 형성된다. 체제론은 이들 부분들의 관계를 거시적·전체적 관점에서 순환적이며 상호작용적으로 파악한다.

3) 적용의 한계

문제점으로는, 첫째, 체제의 유기체적 존속을 강조하므로 체제 내의 갈등을 일탈적인 것으로 인식한다. 따라서 이 접근방법은 정태성 내지 보수성을 지니고 있다는 비판을 받는다. 현상의 정태적인 측면을 분석하는 데는 유용하지만, 현상이 복잡하고 불확실하게 변화하거나 체제가 환경을 적극적으로 유도·발전시켜 나갈 필요가 있는 상황에서는 그 유용성의 한계가 있게 된다(유민봉, 2006: 34). 정치적으로 안정된 서구의 경우에만 적용될 수 있는 모형이다.

둘째, 행정체제의 구성요소 간의 경계가 현실적으로는 구분이 불분명하다. 즉 경계가 물리적으로 분명하게 구분되는 것이 아니라 사변적이고 개념적으로 구성된다. 따라서 체제를 구성하는 개인의 주관적 시각에 따라 다양하게 체제의 경계가 그어질 수밖에 없다.

4. 제도론적 접근방법

이는 행태주의에 대한 반발로서 그러면서도 현상학과 구별되는, 구조주의적 접근법에 포함시킬 수 있는 하나의 방법론 또는 접근법이다. 신제도주의의 기본 인식은 제도가 중요하다는 점이다. 이는 행태주의에서 중시하는 개인보다 개인이 처한 환경인 사회적 맥락을 더 중요하게 본다는 의미이다. 물론 환경을 중시하는 이론들로 체제이론이나 상황론 등이 있으나, 이들이 행태주의적 관점을 바탕에 깔고 있는데 비해 신제도주의는 개인을 둘러싸고 있는 제도의 의미를 파악하려는 구조주의적 관점에 선다는 점에서 차이가 있다(김문성, 2004: 103). 한편 전통적인 제도 연구에서는 공식적인 사회제도 자체를 연구대상으로 하여 주로 제도의 개념과 속성을 분석했던 데 비해 신제도주의는 제도가 개인에 미치는 영향이나 개인의 유인체계에 미치는 제약을 분석하고자 한다.[6)]

1) 전통적 방법: 법적·제도적 접근방법

이 방법은 법이나 제도를 통해 사회현상의 변화를 설명하는 입장으로서 이상적인

6) 제도는 크게 세 가지로 구분할 수 있는데, 첫째, 구체적인 조직, 둘째, 가족제도와 같은 특정 사회 내에서 설정된 인간관계, 셋째, 개인들 상호간의 구체적인 관계에 질서를 부여하기 위해 사용하는 규칙들이다. 이들 중 신제도주의적 접근방법에서의 제도는 세 번째를 의미한다(이목훈, 2007: 77).

제도를 법제화하면 안정적인 사회질서가 유지될 것으로 믿었다. 단점으로는 법과 제도 이면에서 움직이는 동태적인 측면을 고려하지 못한다는 것을 들 수 있다.

2) 신제도주의(New Institutionalism)

신제도주의는 개인의 행위에 초점을 두는 행태주의와 그 연구 방법이었던 방법론적 개체주의 문제점을 극복하기 위해 나온 것으로, 사회의 제 현상을 설명하는 데 있어 제도를 사람과 동등한 위치 내지는 상위의 독립변수로 고려하는 입장이다. 신제도주의 접근방법의 행정학적 적용은 주로 공동의 자원을 사용하는 분야의 연구에서 이루어진다. 예를 들면 어장, 목초지, 관개시설, 다리, 주차장, 도로와 같은 공공시설은 모든 사람이 사용하게 되면 혼잡하여 효율성이 떨어지게 되므로 제도적 장치를 통한 운영이 필요할 것이다(정철현, 2004: 139). 사실 투입−전환−산출의 메커니즘으로 행정현상을 설명하는 것은 많은 한계를 지니고 있었다. 신제도론은 그동안 외생변수로 다루어져 오던 정책 혹은 행정환경을 내생변수와 같이 직접적인 분석대상에 포함시킴으로써 좀 더 종합적이고 분석적인 연구에 기여한다(이종수 외, 2008: 155).

이러한 신제도주의의 유형에는 역사적 제도주의, 사회학적 제도주의 그리고 합리적 선택 제도주의가 있다.

(1) 주요 내용과 특성

① 역사적 제도주의

역사적 제도주의의 핵심적인 내용은 개인의 행위는 제도적 맥락 속에서 형성된다는 것이다. 역사적 제도주의는 합리적 선택 신제도주의나 사회학적 신제도주의에 비해 국가, 권력 그리고 역사라고 하는 보다 거시적 테마에 초점을 둔다. 역사적 제도주의는 동일한 상황에서 국가 간에 서로 다른 정책을 채택하고 정책효과도 다르게 나타는지에 대한 설명변수로서 역사적으로 형성된 각국의 제도에 주목한다. 이러한 관점에서 역사적 제도주의는 기존의 기술적이고 몰역사적인 정책 연구를 극복할 수 있는 중요한 분석틀을 제시하고 있다고 할 수 있다.

역사적 신제도주의는 분석수준 면에서 방법론적 개인주의보다는 전체주의(holism)의 입장을 취한다. 제도가 인간행위를 지속적으로 제약하기 때문에 개인의 합리적 선택만으로는 행위를 설명할 수 없고, 개인의 선호와 의사결정도 제도의 산물이며, 제도적 규칙과 과정이 선호와 의사결정을 왜곡시킬 수 있다고 본다. 그리고 역사적 제도주의는 정책적인 지속성을 설명하기 위해, 경로의존성(path dependency)이라는 또 다른 개념을 만들어 냈다. 정책적으로 내려진 어떤 선택이나 결정이 이후의 결정에 계속적으로 작용함으로써 특정한 경로를 이룬다는 논리이다(김태룡, 2007: 354). 현재의 제도 및 구조가 정치행위자들로 하여금 이미 확립되어 있는 정책경로를 따르도록 하기 때문에, 비점증적인 대규모 변화가 발생할 가능성이 희박하다는 논리이다. 제도가 경로의존성을 띠는 이유에 대해 아이켄베리(G. J. Ikenberry) 등은 새로운 제도적 구조가 다수의 집단이나 개인에게 혜택을 가져다 준다고 하더라도 변화로 인한 비용과 미래의 불확실성이 현존 제도를 유지하려고 하는 유인을 만든다고 보고 있다(김행범·구현우, 2014: 119 재인용).

② 사회학적 제도주의

사회학적 제도주의는 신제도주의에서 제도의 개념을 가장 넓게 해석하는 입장이다. 제도를 규칙이나 절차뿐만 아니라 전통과 관습 그리고 문화를 포함해서 이해한다. 제도의 공식적 측면보다는 규범, 문화, 상징체계, 의미 등 비공식적 측면에 초점을 맞춘다. 이 이론체계에서 제도변화는 유형동질화의 과정으로서 파악되는데, 이는 제도변화의 원천을 효율성의 추구에서 찾는 것이 아니라 사회적으로 적절하고 정당하다고 인정받는 구조와 기능을 닮아가는 과정으로서 파악하는 것이다(하연섭, 2002: 343). 닮아간다는 의미의 동형화는 다음 세 가지 방식으로 나타난다. 첫째, 강압적 동형화는 어떤 조직이 의존하고 있는 다른 조직이 소속된 사회적 기대에 의한 압력의 결과로 나타난다. 둘째, 모방적 동형화는 불확실한 환경 하에서 다른 성공적인 조직을 본받으려는 동기에서 발생한다. 셋째, 규범적 동형화는 전문직 종사자들에게 나타나는데 이들은 문제를 보는 시각이 비슷하고 동일한 방식으로 행동하기 때문에 동형화가 발생한다.

나아가 사회학적 제도주의는 존재론적인 의미에서 사회구조가 행위자에 우선하는 것으로서, 개인에 의해 사회가 만들어지는 것이 아니라 사회가 개인을 창조한다는 것이다. 그리고 행위자의 이익이나 선호는 단지 주어진 것이 아니라 사회적으로 형성된 것으로 본다. 이처럼 사회학적 제도주의는 제도의 변화에서 개인의 역할을 전혀 인정하지 않는데, 바로 이 점이 합리적 선택 제도주의와 뚜렷하게 구분되는 점이다.

③ 합리적 선택 제도주의

합리적 선택 제도주의는 합리적 선택이론을 제도 연구로 확장시킨 것이다. 합리적 선택이론은 사회현상을 개개인의 합리적 선택의 행위가 합쳐진 결과라고 해석한다. 합리적 선택이론은 개인을 이론의 핵심으로 하고 이들에 대해 방법론적 개인주의, 합리주의 그리고 경제인을 가정한다. 합리적 선택 제도주의는 신경제학에서 강조하듯이 제도의 존재 이유를 조직의 거래비용 감소에서 찾고 있다

순수한 합리적 선택이론은 개인에 대해서만 관심을 가지고 제도 자체는 중요한 변

수로 간주하지 않는다. 그러나 제도를 포함한 합리적 행동을 제약하는 조건을 함께 고려하여야 보다 현실 적합한 이론을 구성할 수 있게 된다. 각 개인은 합리적이며 자기이익을 추구하지만, 각 개인의 합리성이 집단적 차원에서 결합되면 결코 합리적이지 않은 결과를 창출할 수 있다고 본다. 이러한 집합적 행동의 딜레마를 해결해 주는 역할을 하는 것이 제도이다. 개인의 행위를 제도가 구조화시킬 수 있다(하연섭, 2002: 341~342). 합리적 선택 제도주의에서 개인들은 자기 이익을 극대화하기 위해 수단적으로 행동하지만, 제도가 부하하는 제약 속에서만 합리적 선택이 가능하다(김태룡, 2007: 349). 합리적 선택이론에 제도의 역할을 접목시키고 또 그것을 공공부문에까지 확대 적용한 것이 공공선택론이다(유민봉, 2006: 41).

합리적 선택 제도주의의 주요 이론을 보면, 먼저 코즈(R. H. Coase)의 이론을 들 수 있다. 그는 계약을 체결하고 가격을 조정하는 데 있어 거래비용이 수반되기 때문에 거래비용을 낮추기 위해서는 재산권의 설정이 중요하다고 강조한다. 또 윌리엄슨(O. Williamson)은 시장보다는 위계질서를 통해 거래비용을 최소화할 수 있는 경우는 거래에 있어 불확실성이 높고, 합리성의 제한 강도가 강하며, 기회주의가 발생할 가능성이 높으며, 거래대상의 자산전속성이 높을 때라는 것이다(송윤현, 2016: 291). 그리고 노스(D. C. North)는 행위자들이 조화와 협력을 어떻게 이루어 나갈 것인가에 대하여 논의하였다. 제도는 사람들 사이의 상호작용을 형성하도록 인간이 고안한 제약조건으로서 이에 따라서 인간의 선택의 폭이 달라진다는 것이다. 불확실성을 제거하고 타인과 안전한 거래를 확보하기 위하여 거래비용[7]을 낮추는 것이 중요한다. 거래비용을 낮출 수 있는 제도가 존재하는 국가가 발전할 수 있는 것이며, 이러한 국가가 바로 선진국이라는 것이다.

(2) 신제도주의에 대한 평가

이 접근방법이 제도가 사회경제적 변화의 종속변수일 뿐만 아니라 독립변수이기도 하다는 점을 부각시킨 것은 긍정적으로 평가할 수 있으나, 다음과 같은 비판을 받기도 한다(김태룡, 2007: 359~361).

첫째, 사회현상을 설명함에 있어서 역사적 제도의 중요성에 대해서 이론적 관심을 불러일으켰으나, 제도가 인과관계의 유일한 요인이라고 주장하기는 어렵다. 제도 이외의 다른 변수에 대해서 소홀히 다루고 있다.

---

7) 노스는 거래비용을 사전적 거래비용과 사후적 거래비용으로 구분했다. 전자는 정보탐색비용, 교섭비용, 계약 체결 비용으로 구성되며, 후자는 감시비용, 계약 집행 및 손해배상청구비용, 재산권 보호비용으로 이루어진다(송윤현, 2016: 303).

둘째, 역사적 제도주의에서는 제도의 지속성과 경로의존성을 지나치게 강조한 결과, '제도적 결정론(institutional determinism)'의 오류에 빠져 제도가 변화하는 인과기제를 설명하는 데에는 한계를 나타내고 있다. 물론 '결절된 균형'[8] 등과 같은 개념을 사용하여, 특정 제도가 급격한 변화에 의해 중단될 수 있는 가능성을 인정하고는 있지만, 무엇이 이러한 제도의 근본적인 변화를 초래하는가에 대해서는 제대로 정립된 이론이 없다.

셋째, 사회학적 제도주의를 보면, 제도 자체의 범위를 지나치게 확대하고 있어 문화결정론 내지 제도결정론을 야기할 수 있다는 비판을 받고 있다. 또 이것은 디커플링(decoupling) 현상을 한계로 가진다. 이는 실제 도입 목표와 운영 간의 괴리를 의미한다. 즉, 사회적으로 정당성이 부여된 제도나 행동양식에 대해 표면적으로는 제도적 압력에 순응하여 새로운 제도를 도입하면서도, 실질적으로는 그 취지에 맞게 운영하거나 활용하지 않음으로써 제도 도입과 실질적 운영 사이에 괴리가 발생하는 것을 말한다.

5. 현상학적 접근방법

1) 의 의

현상학은 후설(Egmund Husserl)에 의해 체계화된 철학 사조 중의 하나이다. 관찰, 실험, 법칙화 등의 물리적 방법이 모든 학문의 참된 방법이 될 수 있다는 자연주의에 대한 비판에서 비롯되었다. 그는 객관주의, 실증주의 등으로 불리는 자연주의의 근본 오류는 물리적 대상과는 근본적으로 다른 존재양식 및 인식방식을 지니는 대상들을 물리적 대상처럼 취급하는 데 있다고 했다.

현상학은 인간의 마음속에서 일어나는 현상의 본질을 중요시하는 이론으로, 인간의 내면세계는 겉으로 나타난 표출에 대한 관찰만으로 포착되는 것이 아니라는 것이다. 이 접근방법은 인간의 의도적 행위(action)와 표출된 외면적 행태(behavior)를 구별하고, 정작 관심을 기울여야 할 분야는 전자인 의도적 행위라는 것이다.

---

8) 역사적 신제도주의는 제도변화를 설명함에 있어서 사회관계와 제도를 재형성하는 역사적 전환점에 주목한다. 이 전환점을 통해 단절되었던 제도가 위기극복 이후 다시 제도적인 균형상태에 돌입하게 되는 '결절된 균형(punctuated equilibrium)'이 이루어진다(권기헌, 2008: 518). 크랜스너(Stephen D. Kransner)의 결절된 균형 모형은 안정적으로 유지되던 제도가 전쟁이나 공황과 같은 외생적인 사건에 의해 촉발된 '결정적 전환점(critical junctures)'에 이르러서는 기존의 경로에서 벗어나 급격하게 변할 수 있다는 것을 상정한 모형이다. 하지만 전쟁이나 공황은 간헐적이고 비선형적인 과정이기 때문에 점진적인 제도변화를 설명하지 못한다는 한계가 있다(구현우, 2009: 46~47).

2) 특 징

현상학에서는 현상의 두 가지 의미, 즉 ⅰ) 정신현상으로는, 인간의 행동은 내면세계나 의식세계의 산물로서 외면적 행태보다는 행위자의 내면적인 의도가 중요하며, 수동적 자아가 아닌 능동적 자아를 도출한다. ⅱ) 사회현상으로는, 인간의 행동은 개체로서 이루어지는 것이 아니라 사회구성원 간의 자유로운 의사소통에 의한 감정이입작용을 토대로 한 사회적 현상으로서, 원자적 자아가 아닌 사회적 자아를 도출한다. 개인과 사회는 상호작용한다. 즉, 인간은 사회화된 혹은 공유된 규범에 의해 행위에 의미를 부여하며, 이러한 행위들은 사회적 사실을 다시 형성하는 것이다.

행정학 연구에 현상학적 접근방법을 도입한 연구는 하몬(M. Harmon)의 행위이론(action theory)이다. 행정학 연구에 이 방법을 적용한 예를 들어 보면, 공공부문 혁신에 대한 현상학적 접근을 들 수 있다. 공공부문 혁신에 대한 현상학적 접근은 조직이 얼마나 생산적이며 효율성을 달성하고 있는가를 묻기 이전에, 조직이 인간의 의미세계를 올바로 반영하고 있고, 인간의 지향적 의지가 조직행동 과정에서 소외되지 않고 실현되고 있는지를 먼저 주목한다. 조직의 근본 물음을 배제한 채 단지 수단적 측면으로만 접근하는 합리주의적 접근 성향을 비판한다.

공공조직이나 정책이 물화(物化)되어 인간으로부터 소외될 때, 조직과 정책은 인간이 성찰적 실천으로 변화시킬 수 없는 대상으로 여겨진다. 조직변화는 단지 합리적 분석을 할 수 있는 과학자 집단이나 소수의 전문가 집단만이 가능하게끔 여겨진다. 반면, 조직과 정책이 대상자 또는 각각의 이해관계자들의 상호주관적 의미의 공유로 인식된다면 조직과 정책은 이들에 의해 변화되고 조정될 수 있다(김선명, 2005: 11~12).

3) 평 가

현상학적 접근방법 역시 그 장점과 한계를 가지고 있다. 우선 장점으로는, 과학적 연구방법을 통해서는 파악하지 못했던 인간의 주관적 관념, 의식 및 동기 등의 의미를 더 적절하게 다루고 이해할 가능성을 제시하여 연구의 적실성을 높일 수 있다(이종수 외, 2005: 168). 단점으로는 조직 내의 개별적 행위들에 대해서는 설명을 잘 할지 모르지만, 조직의 전체성을 파악하는 데에는 미약하다는 지나치게 미시적이라는 단점을 안고 있다.

6. 포스트모더니티 이론

1) 의미와 배경

포스트모더니티는 진리의 기준은 상대적이라고 간주하면서 인간의 이성과 주체성에 대한 신뢰 및 합리성을 반대한다.

2) 이론의 특징

포스트모더니티는 상상, 해체, 탈영역화, 타자성 등의 핵심개념을 포함한다. 포스터모더니티 행정이론은 실증주의 행정이론의 한계와 모순을 인식했고, 담론을 통한 발전 가능성을 모색하는 촉매 역할을 했다는 점에서 그 의의를 찾을 수 있다. 모더니즘이 만들어진 '안정된 존재와 결과'를 중시한다면 포스트모더니즘은 '행동과 만들어져 가는 과정'을 중시한다.

3) 주요 이론

(1) 팍스와 밀러(C. J. Fox & H. T. Miller)의 담론이론

소비자주의와 초현실성으로 대표되어지는 포스트모던적 현실 속에서는 대의민주주의는 더 이상 작동하지 않는다. 공동체주의로도 시민적 공동체를 만드는 데 기여하지 못한다며 '담론'을 통해 정책을 펼쳐야 한다고 주장한다. 참여의 수에 있어서는 적정 수 담론을 강조한다. 하버마스(J. Habermas)의 의사소통이론에 의하면 행정현상이 관료제가 아니라 담론을 통해서 창조되어야 한다고 주장한다. 즉 담론을 통해 시민적 공동체를 형성해야 한다는 것이다.

(2) 파머(D. J. Farmer)의 성찰적 언어분석

합리적 해석이란 자기모순성을 지니기 때문에 상상력, 해체, 탈영역화, 타자성이라는 것을 통해 행정을 이행할 것을 촉구하였다. 여기서 상상은 합리성이 중요했던 모더니즘과 달리 규칙에 얽매이지 않으며 상상에 의해 문제의 특수성을 인정한 것이다. 상상은 규칙에 얽매이지 않는 행정의 운영을 기반으로 한다. 고정되고 보편적인 행정이 아니라 각 상황에 맞는 특수한 행정을 의미한다. 막스 베버의 관료제 모형에서 합리성이 인간 사고의 촉매적 역할을 하듯이 포스트모더니티에서는 '상상'이 그 역할을 할 수 있다는 것이다. 해체는 텍스트의 근거를 파헤치는 것이다. 보이는 것이 진실이 아닌 상황에서 객관성이나 실증주의를 추구하는 것이 무슨 의미가 있는 지를 묻는다. 탈영역화는 지식의 경계가 사라짐에 따라 학문 교류와 다양한 접근을 할 수 있게 된다. 모더니티에서는 지식의 구조가 뿌리를 중심으로 통합되어 있었다면 포스트모더니티에서는 뿌리는 없고 지식은 분산화되어 있으며 다원적 차별성을 인정한다. 그리고 타자성은 타인을 인식적 타인이 아닌 도덕적 타자로 인정한 것이다. 특히 타자성은 경직된 관료제의 모든 의사결정을 공동체에 개방하고 시민들의 요구에 더욱 가까이 다가갈 수 있게 한다.

4) 비 판

과학에 대한 지나친 비판은 자칫 좌절과 무기력으로 흐를 수 있다. 포스트모더니즘이 순수한 해방의 가능성을 훼손함으로써 사람들을 허무주의, 정적주의(quietism), 혹은 무관심의 세계로 초대하고 있다고 지적하고 있다(임의영, 2016: 212). 현실비판은 뛰어나나 불합리한 행정현상에 대해 구체적인 대안을 제시하지 못하는 한계를 지닌다.

제 2 절 최근의 주요 행정이론

1. 신공공관리

1) 특 성

신공공관리(NPM: New Public Management)의 가장 중요한 특성은 행정에 시장원리와 민간부문의 경영기법을 도입해서 보다 효율적이고 국민의 요구에 더 잘 대응할 수 있도록 하는 것이다. 신공공관리는 관료제 중심의 전통적 관리방식에 비해 특히 경쟁, 성과, 고객을 강조하는 면이 두드러진다(유민봉, 2006: 154). 경쟁이 있어야 효율성이 있다며, 성과를 달성하는 과정에 대하여는 재량을 부여하되 결과에 대하여는 분명한 책임을 묻는 관리방식이다.[9] 신공공관리론에서는 새로운 정부모형을 '기업가적 정부'로 규정하고 있다. 기업가적 정부모형으로 우리에게 잘 알려져 있는 오스본과 게블러(D. Osborne & T. Gaebler)가 제시한 10가지 정부개혁의 내용은 다음과 같다. 정부는 노젓기 대신에 '방향잡기'로, 직접 서비스 전달 대신에 '권한 위임'으로, 투입보다는 '결과' 지향적 정부로, 지출보다는 '수익형 정부'로 변화해야 한다는 것이다. 이러한 논의를 바탕으로 관료제

9) 이 외에 후드는 다음과 같은 신공공관리의 7가지 요점을 제시하고 있다(Hood, 1991: 3~19). ① hands-on professional management, ② explicit standards and measures of performance, ③ greater emphasis on output control, ④ a shift to disaggregation, ⑤ a shift to greater competition, ⑥ a stress on private sector styles of management practice, ⑦ discipline and parsimony in resource use.

〈표 3-1〉 전통적인 관료제 정부와 기업가적 정부의 비교

기준	전통적인 관료제 정부	기업가적 정부
정부의 역할	노젓기 역할	방향 잡아 주기 역할
행정의 가치	형평성, 민주성	효율성, 효과성
서비스 공급 방식	독점적 공급, 행정 메커니즘	경쟁 도입, 시장 메커니즘
행정 주도 주체	관료 및 행정기관 중심	고객 중심

자료: 이종수 외, 2008: 157의 <표 4-2>를 재작성.

정부와 기업가적 정부를 비교하면 <표 3-1>과 같다.

2) 한 계

첫째, 가장 큰 한계는 효율성을 지나치게 강조하는 과정에서 민주주의 책임성이 결여될 수 있다는 우려이다. 신공공관리는 기업가형 공공리더(public entrepreneur)를 강조하지만 그것은 기업에 적합한 것이지 행정에 적합한 것은 아니다. 행정은 시간이 걸리더라도 이해당사자의 동의를 구하는 절차적 민주성이 중요하기 때문이다(유민봉, 2006: 159). 영국학자 그린우드 등에 의하면, 공공책임, 공평, 합법성과 다양성의 네 가지 관점에서 보면 공공부문과 개인부문 간에는 분명한 차이가 있으며, 따라서 공공부문을 개인부문의 관리방식으로 처리할 수 없다고 말하고 있다(Greenwood & Wilson, 1989: 7~10).

둘째, 행정의 역할을 정치와 분리된 것으로 규정하려는 시도는 시민들 역시 정책결정 과정에 참여하는 기회를 제약함으로써 행정가들을 시민들로부터 고립시켜 왔다. 그리고 신공공관리론은 시민들을 단순히 행정기관의 고객으로 격하시키는 심각한 위험을 내포하고 있다(김명환, 2007: 281~283).

이 외에도 쉐터(H. Schachter, 2007)는 신공공관리론의 한계로 아래 두 가지를 제시하고 있다. 하나는 반정치적 편견(antipolitical bias)이고, 다른 하나는 역량과 인센티브에 대해 지나치게 단순화된 모형(an oversimplified model of capacity and incentives)이다. 심지어 박스(Box) 같은 이는 신공공관리론은 비록 상대적으로 최근에 생겨난 것으로 평가되지만 실제로는 이미 지난 세기에 등장했던 여러 형태의 관리개혁적인 요소를 승계한 것에 지나지 않는다고 본다(Box, 2001: 611).

결론적으로 신공공관리론은 관료제 패러다임과 차별화되는 대안을 제시하고 있다는 점에서 긍정적으로 평가할 수 있으나, 효율성만을 지나치게 강조하여 관료제 역량 극대화와 관료제에 대한 민주적 통제의 조화를 저해하는 결과를 초래할 수 있다는 측

면에서 전통적인 행정학의 관료제 패러다임을 성공적으로 대체했다고 할 수 없다(이명석, 2007: 19).

3) 신공공관리에 대한 도전: 블렉스버그선언(Blacksburg Manifesto)

이 선언은 관료제를 변호하고 있으며, '작고 아름다운 정부'를 반대하고 있다. 이 선언은 1970년대 말부터 1980년에 걸쳐 행정과 행정가에 대한 필요 이상의 과도한 공격을 초래한 당시 미국의 사회적·정치적 상황을 비판하고 행정이 스스로 정당성 및 위상을 회복할 수 있는 규범적·윤리적 방안을 제안하는 것이었다. 1981년 미국 레이건(Ronald Reagan) 대통령은 취임연설에서 "정부는 이제 사회문제를 해결하는 도구가 아니다. 왜냐하면 정부 그 자체가 바로 사회문제이기 때문이다"라고 했으며, 공공행정이 통치과정에서 차지하는 지위는 날이 갈수록 저하되었다.

이러한 상황에서 굿셀(Charles T. Goodsell) 교수가 집필한 「The Case for Bureaucracy」(1994)를 토대로 상호 간에 토론을 거쳐 만들어진 이 선언의 주된 내용을 보면, 첫째, 관료집단의 대표성과 전문적 권위: 민주정치에 있어서 관료집단의 대표성은 민선단체장이나 국회의원에 비교해 결코 떨어지지 않는다고 본다. 왜냐 하면 관료집단의 구성원들이 구조상 사회의 각계 계층, 연령, 교육, 성별 등의 분포상황을 반영하기 때문이다. 그리고 이들은 전문적인 권위를 가지고 있으며 장기간 근무하여 귀중한 노하우를 가지고 있다. 둘째, 시장메커니즘이 만능이 아니다. 시장이 결코 만능이 아니며 정부는 반드시 개입해야 한다는 입장이다. 따라서 작고 아름다운 정부나 작지만 효율적인 정부를 반대하고 있다.

2. 뉴거버넌스론

1) 개 념

'정부에서 거버넌스로(from government to governance)'라는 말에 압축되어 있듯이 최근 행정의 개념은 공공문제의 해결과 이를 위한 정부 외의 공사조직들의 연결 네트워크를 강조하는 경향이 있다. 이러한 행정의 개념은 '거버넌스로서의 행정'을 의미하며, 정치·행정학 분야에서 거버넌스(governance)의 등장은 공공문제를 해결하는 데 정부도 실패하고 시장도 실패한 역사적 사실에 기인한다.[10]

10) 자본주의 시장경제는 절차적 합리성을 추구하고, 지속적인 이윤 극대화라는 능률성을 목표로 삼는다. 반면에 정부는 실질적 합리성을 추구하고, 정책목표를 효과적으로 달성하려고 노력한다. 거버넌

지금까지 우리는 정부 주도의 행정에 익숙해졌다. 그러나 예측 가능했던 기존의 행정환경에 비해, 오늘의 행정환경은 무질서, 상호의존성, 혼돈, 예측 불가능성을 특징으로 한다. 특히 날로 지방화, 글로벌화해 가는 현대 행정환경 속에서 정부 주도적 정책결정체제는 여러 한계를 보이기 쉽다. 따라서 현실적으로 정부 주도적 행정에 모든 것을 맡길 수 없고, 이에 따라 정책네트워크를 통한 새로운 행정의 틀이 만들어지고 있는 것이다.

거버넌스라는 개념이 등장하게 된 것은 전통적인 행정학이론의 처방에 근거한 행정이 사회문제를 해결하는 존재라기보다 '사회문제 자체'가 될 수 있다는 문제의식에서 비롯되었다. 거버넌스의 핵심은 정부가 민간부문과 비영리부문 간의 협력적 네트워크를 적극적으로 활용하여, 공공서비스의 공급과 공공문제를 해결하려는 것이다. 거버넌스는 전통적 행정국가의 정부실패와 신공공관리(NPM)의 시장실패 가능성을 극복하기 위한 새로운 대안이다.[11] 거버넌스에는 불확실한 사회문제를 관료제 단독으로 대응하거나 시장(市場)에 방임하는 것보다 다양한 주체가 공동으로 유연하게 대응하는 것이 더 효과적일 것이라는 기대가 내재해 있다.[12] 정부－시민사회－시장이 상호 의존적이고 자율적인 연결을 통한 네트워크를 통해 공공문제를 해결할 것을 강조하고 있는 것이다(김종미·김항규, 2006: 63). 살라몬(L. M. Salamon)은 뉴거버넌스 개념의 토대로 네트워크 이론을 들고 있다. 그는 네트워크 개념은 민주국가의 복잡한 정책결정 상황을 이해하는 데에 도움을 준다는 것이다. 왜냐하면 현대 정책결정 권력이 여러 행위자들에게 분산되어 있기 때문이다(Salamon, 2001: 13). 한편, 피터스(B. Guy Peters)는 전통적 정부모형에 대비되는 뉴거버넌스에 기초한 정부개혁 모형으로 시장적 정부모형, 참여적 정부모형, 신축적 정부모형, 탈내부규제 정부모형을 제시하고 있다(김행범·구현우, 2014: 378~379 재인용).

스체제는 이렇게 정부와 시장이 서로 독립된 형태로 존재할 때 나타날 수 있는 한계점을 극복하기 위해서 이 양자를 합리적으로 통합할 것을 요구한다(Coulson, 1977: 107~113. 이대희, 2007: 140 재인용).

11) 신공공관리는 신자유주의에 입각한 정부혁신 이론으로 시장 중심적 경영방식을 공공부문에 도입하고 있다. 효율성은 제고할 수 있지만 사회의 소수집단에 대한 배려가 줄어들 가능성이 높다는 비판을 받고 있다.

12) 뉴거버넌스는 시장 및 시민사회와의 신뢰와 협동에 기초한 보다 많은 참여와 조정, 연결 및 네트워크를 강조하는 개념이다. 뉴거버넌스는 '소수의 관료 지배'에 의한 조정 방식도 아니고, 시장 중심의 가격이나 경쟁에 기초한 '보이지 않는 손'에 의한 조정 방식도 아닌, 신뢰와 협동에 기초한 참여와 네트워크에 의한 조정과 문제해결 방식을 강조하고 있다(권기헌, 2009: 37 재인용).

(1) 시장적 정부모형

이 모형에서는 독점을 문제로 진단한다. 이 경우 구조의 면에서 분권화를 이룩하고, 관리의 면에서 성과 중심의 관리기법을 적용하고 민간부문의 관리기법을 도입하며, 공익의 기준으로는 비용이 적게 드는 상태로 간주한다.

(2) 참여적 정부모형

이 모형에서는 계층제의 존재를 문제로 진단한다. 이 경우 구조의 면에서 공공조직을 평면조직으로 개편하여 최상위층과 최하위층 간의 단계를 줄이려 하고, 관리의 면에서 조직의 하위계층의 참여를 통한 총체적 품질관리와 팀제를 중시하며, 정책결정의 면에서 탈계층화된 체제를 지향한다. 공익의 기준은 행정체제가 산출해 내는 산출이 아니라 산출과정에서의 상하 관료의 참여 및 협의를 잘 확보하는 것으로 본다.

(3) 신축적 정부모형

이 모형에서는 영속성의 존재를 문제로 진단한다. 변화하는 사회 안에서의 적절한 대응은 정부가 가져야 할 기능이라 생각하지만, 공공부문에서 조직의 영속성(permanence)은 과거의 사회적인 프로그램들을 제도화하는 경향으로 나타난다. 과거부터 현재까지 제도화되어 있는 조직이나 이 조직 내의 정책들은 빠르게 변화하는 사회환경 속에서 탄력적으로 대처하지 못하여 경직되어 있는 상태로 존재하게 되어 있다. 신축성 있게 대처하기 어려운 이러한 정부운영 방식에 신축적 정부운영 모형의 구조는 가상조직의 형태를 갖추어야 하며 관리방식은 일시적(temporary)이며 적응적인 인사관리의 형태가 될 것이다. 공익의 기준으로는 정부의 적은 활동비용과 조정을 삼는다.

(4) 탈내부규제 모형

이 모형에서는 관료제 내부의 지나친 규제를 문제로 진단한다. 내부규제라는 말은 아마도 번문욕례(red tape)[13]와도 동일한 생각으로 볼 수 있다. 이 경우 구조의 면에서 특정한 제안은 없으나, 관리의 면에서 관리의 재량권을 확대하고, 정책결정의 면에서 기업가적인 정부의 결정 방식을 강조한다. 창의성과 활동주의를 공익의 기준으로 삼는다. 이상 설명한 피터스의 정부개혁 모형을 표로 정리하면 다음과 같다.

---

13) 불필요한 규정과 복잡하고 겉치레의 서류절차를 흔히 범문욕례, 즉 레드테이프(red tape)라고 한다. 레드테이프는 비용을 수반한다. 업무가 지체되고 서류를 작성하는 데 노력과 시간이 수반된다. 불필요한 규정을 제거하는 방법으로는 주기적인 규정 검토를 통해 불필요하다고 생각되면 폐기하거나 수정하는 방법이 있다.

〈표 3-2〉 피터스의 정부개혁 모형

구분	시장모형	참여모형	신축 모형	탈내부규제 모형
기존정부의 문제점	독점	계층제	영속성	내부규제
구조적 대안	분권화	수평적 조직(평면조직)	가상조직	(특정 제안 없음)
관리적 대안	성과급, 민간부문의 기법	TQM, MBO, 팀제	가변적 인사관리	관리 재량권확대

2) 특 성

뉴거버넌스는 신공공관리와 비슷한 역사적 배경을 가지고 있지만 그 내용에서는 몇 가지 차이를 찾을 수 있다.

첫째, 신공공관리가 정부 내부의 관리의 문제를 다루는 반면, 뉴거버넌스는 시장 및 시민사회의 외부 주체와의 관계에서 정부의 역할과 기능을 다룬다. 다시 말해 신공공관리가 프로세스 개혁과 같은 행정개혁 차원이라면, 뉴거버넌스는 외부 주체들과의 관계 변화와 같은 정부개혁 차원의 논의로 비교할 수 있다(유민봉, 2016: 166).

둘째, 신공공관리와 뉴거버넌스는 모두 노젓기(rowing)보다 정부의 방향잡기(steering) 역할을 중시하지만 신공공관리는 정부를 방향잡기의 중심부에 놓는다. 이에 반해 뉴거버넌스는 기본적으로 권위·집권·주도와 같은 불평등한 힘의 관계가 아니라 평등한 관계에서 함께 하기를 추구한다. 신공공관리가 수직적 구조와 위에서 아래로(top-down) 방식의 명령체제였다면, 거버넌스는 수평적 구조와 네트워크에 기초한 조정의 통치체제로 볼 수 있다.[14)]

3) 한 계

이상에서처럼 거버넌스는 정부 주도적 행정을 보완하며 현대 행정의 새로운 맥락으로 대두되고 있는 것은 사실이다. 그러나 아직은 하나의 생성적 개념(a emerging concept)이자 초기형태의 이론(proto-theory)으로서, 행정의 모든 부문에 골고루 적용될 수 있을 만큼의 보편적 가치를 가지지 못한다는 한계를 갖고 있다(이도형, 2006: 47). 이를 구체적으로 보면 다음과 같다(유민봉, 2016: 170).

첫째, 뉴거버넌스가 개혁의 구호 내지는 수사로 흐를 가능성이 높다. 구체적 방법

14) 이명석은 시장을 '보이지 않는 손(invisible hand)'이라면, 거버넌스는 자발적 협력에 의한 사회적 조정이라며 '보이는 협력하는 손(visible handshake)'이라고 했다(이명석, 2007: 21).

론, 그리고 현실적합성에 대한 이해 없이 새로운 개혁의 수사로 사용하고 무엇인가 있을 것 같은 환영에 현혹될 가능성을 배제할 수 없다.

둘째, 뉴거버넌스가 신공공관리의 효율성 차원보다 상위인 민주적 책임성을 강점으로 부각시켰지만 논리적으로 오히려 책임성 확보에서 가장 취약할 수도 있다. 뉴거버넌스의 행위자들이 서로 대화하고 합의를 도출한다면 실질적인 민주적 책임성은 확보되겠지만 합의가 안 되고 표류하는 경우 책임을 물을 근거나 소재가 명확치 않다.

셋째, 상호신뢰가 구축되지 않은 상태에서는 대등한 관계의 네트워크는 커뮤니케이션의 혼란에 빠지기 쉽다.

그리고 우리가 소홀히 하지 말아야 할 것은 여러 집단들 간의 사회 네트워크적 협동행위로 행정을 파악하게 되면서 행정이 지나치게 광범위하게 되어 학문대상으로 간주하기 어렵게 될 수 있다는 점이다. 연구대상과 방법 등에 있어 보다 정교한 작업이 요구된다 하겠다.

3. 신공공서비스 이론

1) 의 의

덴하트(R. Denhardt)와 덴하트(J. Denhardt)는 2000년 PAR에 "The New Public Service: Serving Rather than Steering"이라는 논문을 발표한 후 행정학계로부터 주목을 받았다. 이들은 2003년에 저서 「The New Public Service: Serving, not Steering」을 발간하여 전통적 공공행정과 신공공관리와 비교하면서 신공공서비스의 의미를 더욱 더 명확히 하고 있다. 신공공관리가 행정의 역할을 방향잡기(steering)라고 하는 것에 반해 신공공서비스는 이에 동의하지 않고 서비스를 제공하는 것(serving)이 가장 중요한 행정의 역할이라고 본다. 양자의 주요 특징을 비교하면 <표 3-3>과 같다.

이것은 정부로 하여금 기업가를 닮으라며 지나친 능률성 이념을 강조해 온 신공공

〈표 3-3〉 신공공관리론과 신공공서비스론의 비교

구분	신공공관리론	신공공서비스론
관료의 반응대상	고객	시민
정부의 역할	방향잡기	봉사
관료의 동기유발	기업가정신	사회에 기여하려는 욕구

관리적 사조에 대한 반작용의 결과로 등장한 패러다임이라고 할 수 있다(김태룡, 2007: 398). 즉, 경영적 방식으로 정부가 운영되어서는 안 되고 대신, 관료와 시민들의 참여와 민주적인 방식에 의해 운영되어야 한다는 입장이다.

신공공서비스 이론(new public service theory)의 관점에서 보면 행정가들은 공공조직을 관리하거나 공공정책을 집행할 때, 자신들이 시민에게 봉사하고 권한을 부여해 주어야 할 스스로의 책임성에 중점을 두어야 한다는 입장이다(김태룡, 2007: 22). 즉, 신공공관리라는 이름 아래 시민들은 배제된 채 관료들에게만 집중되었던 권력을 정부의 원래 소유주인 시민들에게 되돌려 주어야 한다는 것이다.

2) 내 용

주요 내용을 보면, 이 이론은 기업가적 정신보다 시민정신(citizenship)과 공익이 지니는 가치가 좀 더 상위개념임을 강조한다. 관료의 반응대상도 신공공관리론에서는 고객이었지만 신공공서비스 이론에서는 시민으로 본다(Denhardt & Denhardt, 2003: 38~39). 그들은 상호 보완적인 일곱 가지의 기본원칙을 제시하고 있다(오석홍, 2005: 819~825).

(1) 고객이 아닌 시민에 봉사

시민은 단지 고객이 아니라 정부와 상호작용을 갖는 정부의 주인이라는 점이다. 시민은 정부가 시민의 비용으로 어떤 중요한 일을 하는지를 결정한다. 이러한 점에서 정부는 단지 개인고객들의 이익보다는 더 큰 공익에 대해 대응해야 한다.

(2) 공익의 추구

신공공관리론에서는 개인고객이 시장체제에 근거하여 자신의 이익을 좇아 결정을 내린다고 보기 때문에 공익을 고려하지 않는다. 그러나 신공공서비스론에서는 시민들의 참여와 대화를 촉진시켜 시민들의 공유된 가치에 근거하여 공익을 정의내리는 역할을 행정가들이 해야 한다고 본다.

(3) 시민의식(citizenship)의 강조

정부는 정책과정에 대한 적극적인 시민참여의식을 촉진시키는 역할을 담당해야 한다. 이러한 시민참여는 민주적 거버넌스의 필수적인 요건이다. 정부는 기업가적 정신의 발휘에 초점을 두기보다는 거버넌스 사회에서의 시민참여의식 증진을 위한 적극적인 역할을 담당해야 한다.

(4) 전략적인 사고와 민주적인 행동

기존의 신공공관리론에서는 정책집행을 공공관료가 아닌 민간시장부문으로 이전하는 것이었다. 그러나 신공공서비스론은 정책집행 과정에서의 시민참여와 공동체사회 구축에 초점을 두고 있다. 공동체사회에서는 공공관료와 시민 모두 상호 간의 신뢰와 협력을 토대로 문제를 파악하고 해결책을 집행하는 데 공동의 책임감을 갖는다.

(5) 책임성이 단순하지 않음을 인식

공공관료들은 민간부문에 비해 책임성에 대하여 더 많은 관심을 기울여야 한다. 민주적 정책과정에서의 궁극적인 책임성 시스템이 갖는 목적은 시민의 선호와 필요에 대해 정부의 대응성을 보장하는 것이다.

(6) 방향잡기보다는 봉사

신공공서비스 이론은 정부가 사회를 통제하거나 새로운 방향으로 조종하기보다는 시민들이 공유된 이익을 도출하고 실현하도록 돕는 리더십을 발휘해야 한다고 제시한다. 통제 중심인 전통적 리더십이 아닌 시민에게 봉사하는 책임성을 발휘해야 한다.

(7) 생산성보다는 사람에게 가치 부여

생산성 증대, 성과측정 등을 위한 시스템은 조직관리시스템으로서의 중요한 기능을 수행하지만, 장기적으로 볼 때 인간가치에 대한 관심이 부족한 경우에는 제 기능을 발휘하지 못하게 된다. 따라서 조직은 인간을 존경하는 가운데 협동과정과 공유된 리더십을 통해 운영될 때만이 성공할 수 있다.

3) 평 가

이처럼 신공공서비스 이론은 다른 모형들에 비해 규범적 모형에 속하는데, 효율성이나 생산성 등의 가치가 중요한 것이 아니라 민주적 시민정신이나 공익 같은 규범적 가치가 보다 중시되기 때문이다. 따라서 신공공서비스론은 참여행정·민주행정의 실현에 일정 정도의 기여를 하리라 생각된다.

이 이론에 대한 비판도 있다. 행정의 규범적 가치가 지나치게 강조됨으로써 행정에서 요구되는 전문성과 효율성 등이 경시된다는 것이다. 즉 행정의 규범성을 지나치게 강조한 나머지 공익을 보다 효율적·효과적으로 실현하는 전문성이 요구된다는 점을 소홀히 했다고 하겠다(김태룡, 2007: 409).

제 2 편
행정이념, 윤리와 행정통제

CHAPTER 04 행정이념과 행정윤리

행정이념이란 행정이 추구해야 할 가치, 즉 행정이 추구하고자 하는 바람직한 상태를 의미한다. 다시 말하면, "무엇을 위한 행정이냐?"라는 질문에서 무엇에 해당되는 개념이다. 가치는 본질적인 가치와 비본질적인 가치로 구분되는데, 행정이 추구하는 사회적 가치도 본질적 행정가치와 수단적 행정가치로 나누어 설명할 수 있다(이종수 외, 2005: 185). 전자는 행정을 통해 이루고자 하는 궁극적 가치로서 정의, 공익, 형평, 자유 등이 포함된다. 후자는 본질적 가치를 실현하는 것을 가능하게 하는 가치들인데 합법성, 민주성, 능률성 등이 해당한다.

제 1 절 행정이념

1. 본질적 가치

1) 공 익

(1) 의 의

공공부문에서 무엇이 공공가치를 실현하는 데 더 효과적인가 하는 판단의 기준이 되는 것이 공익이다. 공익(public interest)이란 공공의 이익으로서 행정이 지향하는 최고의 가치라고 할 수 있다. 그렇다고 공익이 단순한 규범적 주장이 아니라 행정의 근거가 되는 각종 법 규정에 실제로 명시되어 있다. 예를 들어, "환경부장관은 영업정지가 주민의 생활 그 밖의 공익에 현저한 지장을 초래할 우려가 있다고 인정되는 경우에는 영업정지 처분에 갈음하여 2억 원 이하의 과징금을 부과할 수 있다"(수질환경보전법) 등이 이에 해당한다.

(2) 실체설과 과정설

공익(public interest)이란 공공의 이익으로서 행정이 지향하는 최고의 가치라고 할 수 있다. 공익에 대한 정의는 크게 공익의 실체를 인정하는 실체설과 하나의 실체라기보다는 다수의 이익들이 조정·타협되어 가는 과정이며 그 과정을 거쳐 얻어진 결과로 보는 과정설로 나눠진다.

① 실체설

공익을 이상적인 규범으로 간주하고 사익을 초월하는 절대적인 선(善)과 같은 것으로 본다. 실체설에서는 공익은 사익의 단순한 총화가 아니다. 실체적이고 적극적인 공익 개념인 것이다. 실체설은 사익과 구별되는 공익이 있어야 한다는 점에서 행정의 지향점을 분명히 하는 장점이 있다.

② 과정설

과정설은 사익을 초월한 별도의 공익은 존재하지 않으며 공익이란 사익의 총합이거나 사익 간의 타협 또는 집단 상호작용의 산물로 본다. 공익은 여러 사회집단의 대립·투쟁·타협 등을 통해서 결과적으로 다수의 이익에 일치되는 공동의 이익으로 간주된다. 최근 다원화되고 민주화되어 가는 행정환경에서 볼 때 공익을 실체보다는 과정설의 입장에서 바라보는 것이 적절하다. 이처럼 과정설에 따르면 공익은 다수 이해관계자의 타협의 산물이며 민주적 조정과정을 통해 얻어진 것이된다. 이 경우 공무원의 행동은 스스로 무엇이 사회에 가장 이익을 가져올 수 있는가를 결정하는 것이 아니라, 서로 경쟁관계에 있는 모든 이해당사자들의 이익을 조정하고 타협시켜 만족스런 결과가 나오도록 돕는 촉매자 내지 조정자 역할에 그치게 된다.1)

2) 형평성

(1) 의 의

형평성(equity)은 정책효과나 정책비용이 누구에게 얼마만큼 돌아가느냐를 고려하는 기준이다. 사회가 점차 민주화되면서 배분적 정의와 관련되는 이 기준의 중요성은 더 커지고 있다. 형평성의 의미는 여러 가지로 사용될 수 있으나 일반적으로 형평성이

1) 과정설에는 다음과 같은 단점도 있다. 다수의 의견을 중심으로 합의를 도출하기 때문에 포퓰리즘과 같은 '다수의 횡포'가 발생할 수 있다. 또한 권력의 크기에 따라 공익이 결정되기도 하는데 집단의 응집력이 강한 이익집단일수록 협상과정에서 자기들의 이익을 우선시할 우려가 있다.

란 "정책효과와 정책비용의 사회적 배분이 배분적 정의에 합치되는 정도"로 볼 수 있다(노시평 외, 1999: 221). 정책의 비용을 부담하는 예를 들어보면, '차량10부제'의 경우 절약되는 석유자원의 혜택이 누구를 위한 절약인가를 분명하게 제시해야 한다. 절약되는 에너지는 어떠한 경로를 통해 시민에게 되돌아오는지를 알리고 이를 위한 시책도 동시에 제시되어야 한다. 또 다른 예로 쓰레기 소각장으로 인해 받게 될 정책비용을 보상할 정책사업, 예를 들면 지역 주민의 무료 건강진료제도나 의료보험료 면제사업 등을 시행해서 그 지역 주민들에게 실질적인 혜택을 제공할 수 있는 사업을 제도화해야 한다(이해영, 1997: 186).

(2) 규범적 정당성

롤스(John Rawls)는 1971년에 펴낸 「정의론(A Theory of Justice)」에서 '공정(公正)으로서의 정의(justice as fairness)'를 제시했다. 원초적 상태에 처한 합리적 개인은 정의의 두 원칙을 채택할 것이다. 1원리는 평등한 자유의 원칙(principle of equal liberty)으로서, 모든 사람들은 다른 이들이 향유할 수 있는 것과 같이 가장 기본적인 자유의 권리를 최대한 향유할 동등한 권리를 가지고 있다는 것이다(each person is to have an equal right to the most extensive total system of equal basic liberties compatibia with a similar system of liberties for all). 2원리는 사회경제적 불평등은 다음 두 조건에 맞도록 조정되거나 허용될 수 있다는 것이다. 즉, 차등의 원리와 공정한 기회 균등의 원리이다. 먼저 차등의 원리는 '최소극대화의 원칙(maximin principle)'으로 불리는데, 사회적·경제적 불평등은 가장 불리한 위치에 있는 자의 후생을 극대화하고 기회의 평등을 확보할 수 있도록 이루어져야 한다는 것이다. 다시 말해, 원초상태의 결정된 원칙이 아닌 불평등한 가치배분을 하려면 이는 최소 수혜자에게 유리한 경우에만 그 정당성을 인정받을 수 있다는 것이다. 최소극대화의 원칙은 이들 계층에 적극적 배려를 하지 않을 경우 다시 사회 불안은 증대된다는 것으로 그의 이론은 현실 민주정치 운영에 이론적 근거를 제시한 것으로 볼 수 있다. 공정한 기회균등의 원리는 모든 사람에게 직위와 장소 등의 기회가 개방되어 있을 때, 사회적이고 경제적인 불평등은 정당화될 수 있다는 원칙이다. 즉 상대적 평등의 개념과 같은 것으로 기회균등이 존재하는 조건하에서만 불평등이 용인된다는 것이다.[2)]

2) 이러한 롤스의 생각에 대해 왈츠(M. Walzer)는 평등(equality)에 대한 또 다른 관점을 제시하고 있다. 롤스는 사회적 부정의의 기원을 사회의 기본가치들에 대한 구성원들 간의 소유의 불평등에서 찾고 있다. 그래서 최소수혜자에게 최대의 혜택을 부여하여 독점의 구조를 완화하고자 했다. 이러한 정형화된 원칙이 사회의 모든 영역에 관철되어야 한다는 거대이론의 형식을 취하고 있다. 이에 대해 왈츠는 거대이론이 사회의 다양한 영역들의 제도적 혹은 관습적 자율성과 순수성을 침해할 것이라는 비판을 제시하고 있다(임의영, 2009: 6~8).

그리고 1원리와 2원리가 충돌할 때에는 1원리가 우선한다. 그것은 1원리에 담긴 인간의 기본적 자유의 권리는 어떠한 사회경제적 이익과도 교환할 수 없다. 2원리 안에서의 충돌 시는 기회균등의 원칙이 차등의 원칙보다 우선한다.

(3) 한 계

최근 정부가 국가유공자에 대한 공무원 시험 가산점을 축소했던 데에서 볼 수 있듯이, 사회적으로 불리한 위치에 있는 사람을 돕기 위한, 즉 사회적 형평을 실현시키기 위한 노력은 현실적으로 많은 장애가 있다. 사회적 형평이란 어느 개인이나 집단에게 이익을 주는 반면 다른 사람의 이익을 침해할 수 있기 때문이다.

2. 수단적 가치

1) 합법성

합법성(legitimacy)은 행정이 법의 테두리 내에서 이루어져야 함을 말한다. 국민의 의사를 대표하는 의회가 제정하는 법에 의하여 행정권의 자의적 발동을 억제함으로써 법적 안정성을 확보하려고 했다. 이것은 국민이 공무원의 잘못에 대하여 직접 책임을 물을 수 없는 상황에서 공무원에게 국민의 대표기관이 제정한 법에 복종하도록 한 것이었다.

현대 행정국가에 들어 합법성이란 이제 법 규정의 문자를 그대로 따르는 소극적 의미가 아니라 법의 정신, 즉 의회의 입법의지를 따르는 적극적 의미를 가진다. 모든 사람에게 예외 없이 획일적으로 적용하는 법의 안정성보다 상황에 따라 신축성을 부여하는 법의 적합성을 강조한다(유민봉, 2006: 126).

2) 능률성

능률성(efficiency)은 투입과 산출의 비율을 나타내는 개념이다. 즉, 정책을 집행하는데 투입되어야 할 비용과 이러한 정책의 집행으로 산출될 산출의 비율로 정의된다. 이 기준에서는 목표가 아무리 많이 달성되었다고 해도 비용이 지나치게 많이 소요되면 그 대안은 바람직하지 못하다고 판단하게 된다.

따라서 능률성 기준에 의해 대안을 평가하게 되면 정책효과뿐 아니라 정책비용까지 고려하여 대안을 선택할 수 있다는 장점이 있다. 이러한 능률성 기준을 정책분석 과정에서 적용할 수 있는 좀 더 구체적인 기준으로 발전시킨 것이 파레토 최적화 기준이다. 파레토 최적 상태는 자원배분의 효율성을 의미하지만, 그것이 분배의 형평성을 확보해 주는 것은 아니라는 한계를 지닌다.

3) 민주성

행정의 민주성(democracy)은 국민과의 관계와 관료조직 내부의 의사결정 과정의 두 가지 측면에서 논의된다(이종수 외, 2005: 195~196).

첫째, 국민과의 관계에서, 행정의 민주성이란 행정이 국민 의사를 존중하여 국민의 요구를 수렴하고, 이를 행정에 반영시킴으로써 대응성 있는 행정을 실현하고, 국민에게 책임을 지는 책임행정을 구현하며, 일부 특수계층의 행정이 아닌 국민 전체를 위한 행정을 의미한다.

둘째, 행정조직 내부에서의 민주화를 보면, 조직 내의 민주화를 위해서는 구성원을 기계적 존재로 보지 말고 인간의 비합리적·감정적·사회심리적 요인을 중시하여 관리가 행해질 것을 요구한다. 즉 Y이론적 인간관에 입각한 인간관리 방식을 말하는 것이다.

그런데 민주성을 또 다른 관점에서 볼 수 있다. 절차적 민주성과 실체적 민주성으로 구분하여 볼 수 있다. 절차적 민주성은 절차적으로 적법성과 타당성을 가지고 있느냐는 것이다. 실체적 민주성은 참여의 정도, 숙의의 정도,[1] 합의의 정도 등을 가지고 평가하게 된다.

3. 민주성·형평성과 능률성 간의 갈등

능률성은 행정의 본질적 가치라기보다는 수단적 가치이므로 민주성에 우선하여 능률성을 추구할 수 없다는 건 당연한 주장이다. 그러나 양자를 배타적 관계로 보는 입장에서는, 민주성을 추구하다 보면 결정이 지연되어 결과적으로 능률성이 저하된다고 한다.

그러나 민주성을 무시하고 능률성만을 추구하면 장기적으로 볼 때 결국 비효율적인 결과를 가져 온다. 핵폐기물 처리장 입지 선정에서 보듯이 주민에게 정보를 제공하지 않고 최종 장소를 발표함으로써 처음부터 공개적으로 프로젝트를 진행했을 때보다 훨씬 더 큰 정치적·경제적 비용을 치러야 했다.[2]

---

1) 숙의란 정책결정 전에 충분한 토론을 거치는 것이다. 하버마스는 숙의민주주의(deliberative democracy)라는 용어로 이를 강조하고 있다.

2) 핵폐기물 처리장 입지에 대한 부안군민들의 반대 의사표시는 명백했다. 이를 무시한 부안군수의 입지유치에 대한 결정과 바로 이어진 정부의 입지결정 발표는 과거의 밀어붙이기식 정책결정 관행에서 벗어나지 못하고 있음을 보여주고 있다. 당시 주민들의 의견반영은 없었으며, 주민들의 반대를 각종 언론매체를 통해 지역이기주의로 몰아갔다(채원호·손호중, 2004: 196~197). 위도는 주민 참여

형평성과의 관계는 배타적으로 볼 수 있다. 효율성은 총이익의 극대화를 강조하고 있고 그 안에서 분배의 불균형이 무시되는 것이 일반적이다. 분배에 있어 능률성을 대표하는 말이 '선택과 집중'인데 만약 연구기금을 몇몇 우수대학에 집중 지원하면 지방대학의 위기는 더욱 심화될 것이다. 단기적으로는 능률성이 우세해 보이지만 장기적으로 이러한 차등이 사회적 불만을 초래하고 부익부 빈익빈으로 인한 국민통합을 해치는 등 형평성과 민주성에도 부정적인 영향을 야기할 수 있다.

그렇다면 형평성과 능률성이 충돌할 경우 어떤 해결 방안이 있는가? 여기에 대해서는 오쿤(A. Okun)의 견해를 참조할 필요가 있다. 그는 능률성과 형평성이 상충할 경우, 능률성은 정당하고 공평한 사회를 이루기 위한 수단이기에 형평성을 지나칠 정도로 희생시키면서까지 능률성을 추구하는 것은 수단이 목표보다 중시되는 '목표의 전환' 현상을 초래할 수 있다고 본다. 이러한 맥락에서 능률성은 형평성의 제약 하에서 추구되어야 하며, 그것을 희생시켜서는 안 된다는 것이 그의 주장이다. 그는 완전한 평등을 주장한 것이 아니라 사회구성원으로서의 정상적인 생활을 훼손할 정도의 빈곤이나 박탈을 해소하는 것이 중요하다고 보았다. 그는 평등에 합리성을 부여하고 효율에 인간적인 면을 더하는 방식으로 둘의 상충적인 관계를 타협시켜야 한다고 주장한다. 그 해결책은 평등 제고로 인한 편익이 효율 감소로 인한 비용과 일치한 지점까지 평등을 제고함으로써 효용을 극대화하는 해결책에서 찾는다. 그 이상으로 평등을 추구하면 비용이 과도해지기 때문에 전체 사회의 효용이 떨어진다는 것이다(Okun, 1975).

이러한 논리를 대형마트와 영세상인 간의 갈등 문제에 적용해 본다면, 다른 것을 다르게 취급하는 것이 공평하다는 수직적 형평성을 확보하기 위해 소상공인 같은 사회적 약자를 보호하는 것이 우선되어야 한다. 그런 다음 거시적 차원에서 합의한 사회적 약자에 대한 보호 이외의 사항에 대해서는 대형마트에게도 적극적인 영업활동의 자유를 보장해야 한다.

라는 관점에서 다음 세 가지 문제점이 지적되었다(박순애·이지한, 2005: 81). ⅰ) 산업자원부는 2003년 6월의 2차 부지선정공고에 지방의회의 동의를 요한다는 규정을 삭제하여 단체장이 지방의회의 동의 없이 유치신청을 할 수 있도록 공고를 변경하였다. ⅱ) 2003년 7월 9일 부안군의회의 표결결과 반대 7표, 찬성 5표로 유치신청이 부결되었음에도 불구하고 주민들의 의견을 수렴하는 과정을 거치지 않고, 위도에 유치한다는 기자회견을 가짐, ⅲ) 산업자원부는 주민 의견을 수렴하는 절차로 단 두 차례의 설명회와 단 한차례의 공청회만 가졌다.

제 2 절 행정윤리

1. 행정윤리의 의의와 중요성

행정윤리(administrative ethics)란 공무원이 행정업무를 수행하면서 지켜야 할 행동규범인데 이러한 행정윤리의 정의에는 다음과 같은 특징이 내포되어 있다(이종수 외, 2008: 200~201).

첫째, 행정윤리는 행정 업무와 관련된 윤리를 의미한다. 공무원이 공적인 행정 업무와 관련하여 지켜야 할 가치 기준이다.

둘째, 공무원은 국민 일부의 봉사자가 아니라 국민 전체에 대한 봉사자로서 공익을 추구해야 한다.

셋째, 행정윤리는 적극적으로 행정이 추구하고자 하는 바람직한 가치까지 포함하는 가치 함축적인 규범적 개념이다.

넷째, 공무원은 전문적 지식의 함양을 통해 행정의 질을 높여야 한다는 의무도 준수해야 한다.

행정윤리는 공무원이 뇌물을 받는 행위나 문란한 사생활을 금지하는 수준에서 그치는 것은 아니다. 더 중요한 것은 행정행위는 곧 의사결정이라고 할 때, 공무원이 행하는 모든 의사결정은 크든 작든 모두 국민들에게 윤리적 영향을 미친다는 점이다. 예컨대 어떤 공무원이 뇌물을 받았다는 사실 자체보다는, 이러한 공무원이 예를 들어 서울 근교에 러브호텔 건축 허가를 해 줬을 때 이로 인하여 국민들이 갖고 있는 윤리 상태에 영향을 미치게 된다는 점이 더 중요하다는 것이다(임도빈, 2002: 71).

2. 공무원 부패

1) 공무원 부패의 개념

공무원 부패란 "공무원이 자신의 직무와 직·간접적으로 관련된 권력을 부당하게 행사하여 법규나 도덕규범을 위반해 사익을 추구하거나 혹은 공익을 침해한 행위나 혹은 그 결과"라고 하거나, 간단히 말해 부패는 '공익'을 배반하는 행위의 하나라고 할 수 있다(이종수 외, 2008: 202).

2) 공무원 부패의 유형

공무원 부패는 아래 세 가지 기준에 따라 구분할 수 있다(이종수 외, 2008: 204~ 206).

(1) 부패 발생의 수준: 개인부패와 조직부패

대부분의 부패 유형인 개인부패는 금품수수, 공금 횡령 등으로 개인 수준에서 발생하는 부패이다. 이에 반해 조직부패는 부패에 여러 사람들이 조직적으로 연루된 경우이다.

(2) 부패의 제도화 정도: 일탈형 부패와 제도화된 부패

일탈형 부패는 개인의 윤리적 일탈에 의해 발생한다. 그런데 제도화된 부패 혹은 구조화된 부패는 예를 들면 인·허가와 관련된 업무를 처리할 때의 '급행료'나, 혹은 은행에서 자금을 대출받을 때 '커미션' 지불이 이에 해당한다.

(3) 부패의 영향: 백색부패와 흑색부패

선의의 거짓말처럼 선의의 목적으로 행하는 부패 행위를 백색부패(white corruption)라고 한다. 예를 들면, 국민의 동요를 막기 위해 경제상황이 심각한 데도 불구하고 금융위기가 전혀 없다고 하는 것이다. 또 우리 사회에서 흔히 '떡값'이라는 명목으로 관용되는 적은 액수의 뇌물 수수 관행이 이러한 유형에 속하는데, 이러한 백색부패는 사회체제에 심각한 파괴적 영향을 미치지 않는다. 이와 반대로 부당하게 사익을 추구하는 부패 유형은 흑색부패(black corruption)로서 사회체제에 명백하고 심각한 해를 끼치는 부패로 구성원 모두가 처벌을 원한다. 회색부패(gray corruption)는 백색부패와 흑색부패의 중간 점이지대에서 발생하는 유형의 부패로서, 사회구성원 가운데 일부 집단은 처벌을 원하지만 다른 일부 집단은 처벌을 원하지 않는다.

3) 공무원 부패의 원인

(1) 개인적 차원

인간 본연의 심리적 측면으로서 사회적 일탈행위이다. 성취욕, 자아성취 동기 등으로 인해 공무원들이 자신의 권한을 고객에게 위임해 주고 이에 대한 반대급부를 고객으로부터 받게 되는 것이다.

(2) 조직구조적 차원

법제도적 장치의 미비, 관료의 법률적 재량행위의 오·남용, 관료 통제장치의 미흡 등으로부터 유래되는 부패현상을 말한다.

(3) 환경적 차원

두 가지 측면의 부패행위가 생성되기 위해서는 여러 환경적 여건이 성숙되어야 한다. 정치행정문화의 후진성, 정경유착과 공직사회 기강의 해이 등이 이에 해당한다.

4) 한국 관료부패의 현황

국제투명성기구에 따르면 우리나라의 부패인식지수(CPI)는 2013년에는 전체 177개국 중 46위였는데, 2016년에는 오히려 더 퇴보하여 52위를 기록해 아시아의 네 마리 용(龍) 중에서도 가장 부패한 것으로 나타나고 있다. 2016년 부패인식지수에서 싱가포르는 7위, 홍콩은 15위, 대만은 31위를 기록했다. OECD 회원국 35개국 중 29위라는 부끄러운 성적을 기록해 이에 대한 개선책이 시급히 요구된다고 하겠다.

공무원 유형별 징계 실태를 보면, 경찰·소방공무원의 징계 비율이 가장 많은데, 이는 규제 감독, 인·허가 권한이 많은 법률적 특성 때문에 연유한 것으로 보인다.[3] 그리고 국가공무원과 지방공무원 비교에서 보면 지방공무원의 징계 비율이 2배 이상 높은데, 이는 주민과의 접촉 기회가 많고 최근 권한의 지방이양에 따른 결과로 이해된다(한국부패학회, 2004: 92).

문제점을 보면, 공직자윤리법의 시행에 있어 현재 공직자윤리위원회는 공직자윤리법을 담당하고 국민권익위원회는 부패방지법과 관련된 업무를 당당하고 있다. 이처럼 공직자윤리법의 집행을 담당하는 기구가 공직자윤리위원회와 국민권익위원회로 양분되어 있어 전문성이 상실되고 정책 추진에 상승효과를 기대할 수 없다. 또 공직자윤리법은 각 기관의 장에게 상당한 권한을 위임하고 있으며 행정안전부 장관에게 총괄업무를 관장하게 하고 있어 집행기관의 분산이 문제되고 있다. 구체적인 실태를 보면, 공직자윤리법 제17조에 의하면 해당 공직자(일반직은 4급 이상, 조세 업무 등은 7급 이상)는 퇴직일로부터 3년간 퇴직 전 5년 이내에 소속한 부서의 업무와 밀접한 관련이 있는 사기업이나 법인, 단체에 취업할 수 없다고 되어 있지만 현실은 지켜지지 않고 있는데, 그 이

3) 비리 공무원에 대한 징계는 여전히 '솜방망이' 징계에 그치고 있다. 한나라당 박재완 의원에 따르면, 보건복지부와 식품의약품안전청 일부 공무원들이 업무와 관련된 접대와 향응을 받았지만, 최고 징계는 '감봉 3개월'이었고 상당수는 국가공무원법상 징계가 아닌 주의와 경고에 그쳤다(문화일보, 2007. 10. 17). 2003년에서 2007년까지 유죄가 확정된 뇌물사범 중 집행유예율은 평균 52.6%, 선고유예율은 평균 9.3%에 이르고 있어 실형 선고율은 40%대에도 미치지 못하고 있다. 그런데 2010년 3월 31일부터는 금품을 수수한 공무원의 경우 징역형뿐만 아니라 수수금액의 2배에서 5배의 벌금을 함께 부과받게 되었다(특정범죄가중처벌 등에 관한 법률 제2조). 그리고 2009년 4월부터 개정된 국가공무원법이 시행에 들어가면서 상황이 달라질 것으로 기대된다. 징계 종류가 현행 5단계에다 강등을 넣어 6단계가 되며 징계에 따른 승진·승급 제한 기간도 현행보다 늘어나게 된다.

유는 취업 승인 여부를 각 기관장이 판단하게 되어 있기 때문이다.[4] 그 실태를 보면, 2013년부터 2018년 6월까지 재취업을 신청한 퇴직공직자 3,184명 가운데 2,391명이 취업 가능과 취업 승인 판정을 받았다. 통과된 비율이 무려 83.1%나 되는데, 특히 기획재정부와 한국은행 같은 곳의 경우 통과율이 100%를 기록했고, 국정원, 감사원, 검찰청 같은 이른바 권력기관 출신 직원들의 통과율도 90%를 넘고 있어 문제점으로 지적되고 있다(서울신문, 2018. 10 .17).

3. 행정윤리의 확보 방안

1) 윤리적 정부

윤리 기반에 기초한 '윤리적 정부'는 "공무원의 부적절한 행동을 억제하고, 부적절한 행동을 발견하며, 도덕적 분위기를 증진시키는 유리 온실과 같은 개방된 정부"로서, 사익을 위하여 공적 비용을 지출하지 않는 정부이다(이종수 외, 2005: 229).

2) 윤리 확보 방안

현재 정부가 행정윤리를 확보하기 위해 채택하고 있는 여러 제도 중 여기서는 백지신탁, 공무원 행동강령, 공직자 재산등록과 공개, 퇴직공직자의 취업제한 등에 대해 알아보고자 한다. 첫째, 백지신탁(blind trust)이다. 공직자가 보유하고 있는 주식을 신탁기관에서 관리하되, 어떻게 관리되고 있는지를 신탁자가 모르도록 하기 때문에 '백지'라는 용어를 사용하고 있다. 공직자윤리법 제14조의4(주식의 매각 또는 신탁)를 보면, "공개대상자등"[5]은 본인 및 그 이해관계자 모두가 보유한 주식의 총 가액이 1천만 원 이상 5천만 원 이하의 범위에서 대통령령으로 정하는 금액을 초과할 때에는 초과하게 된 날부터 1개월 이내에 주식을 매각하거나 등록기관에 신고하여야 한다. 다만, 주식백지신탁 심사위원회[6]로부터 직무관련성이 없다는 결정을 통지받은 경우에는 그러하지 아니하다.[7] 둘째, 정부는 2003년부터 '공무원 행동강령'을 제정, 시행하고 있다. 1980년에

4) 공직자윤리법 제18조에 따르면, 취업심사대상자가 퇴직일부터 3년 동안 취업제한기관에 취업을 하려는 경우에는 퇴직 당시 소속되었던 기관의 장을 거쳐 관할 공직자윤리위원회에 취업이 제한되는지를 확인하여 줄 것을 요청하여야 한다.

5) 주식백지신탁 대상자들은 재산공개 대상자와 기획재정부, 금융 관련 부서 및 금융감독위원회 소속의 4급 이상 공무원들이다.

6) 주식백지신탁 심사위원회는 인사혁신처에 있다.

7) 이 제도가 국회에서는 무용지물로 나타났다. 19대 국회가 개원한 2012년 5월 이후 본인과 가족 소유의 주식을 백지신탁한 의원은 6명이었으나, 실제로 매각이 성사된 경우는 한 건도 없었다. 공직자윤

선포된 공무원 윤리헌장이라는 이름으로 선언적으로만 존재하던 청렴의무를 부패방지법에 근거하여 법적 의무로 승격시킨 것이다. 직무관련자로부터의 선물·향응만을 금지하는 데서 나아가 직무와 관련이 없는 사람들로부터도 일정액을 넘는 선물이나[8] 향응은 받지 못하게 하였다(오석홍, 2006: 202). 셋째, 재산등록 및 공개제도를 보면, 공직자윤리위원회는 등록재산을 심의하고 이들 중 공개의무자의 재산을 공개한다. 일반직 공무원의 경우 4급 이상 공무원은 모두 등록의무자이고, 1급 이상이 되면 공개의무자가 된다.[9] 세무공무원의 경우 7급 이상이면 등록의무자가 되고, 3급 이상이 되면 공개의무자가 된다. 등록할 재산은 본인, 배우자, 직계 존비속 소유의 모든 재산이다. 재산에 대한 등록 및 공개 범위를 공직자와 그 배우자 및 미성년인 피부양자로 한정하고 있는 미국의 법규와는 달리 우리는 그 대상에 직계존비속까지 범위에 포함시키고 있어 더욱 엄격한 기준을 적용하고 있다. 하지만 공직자윤리법 제12조 제4항에는 피부양자가 아닌 직계존비속의 경우 재산신고사항의 고지를 거부할 수 있으며 고지거부율이 30%에 가까워 이 제도의 실효성을 두고 논란이 있다(박흥식. 2008: 257).[10] 넷째, 취업제한제도를 보면, 개정된 공직자윤리법 제17조에서 해당 공무원과 공직유관단체의 임직원은 퇴직일부터 3년간 퇴직 전 5년 동안 소속하였던 부서 또는 기관의 업무와 밀접한 관련이 있는 일정 규모 이상의[11] 영리를 목적으로 하는 영리사기업체나 또는 영리사기업체의 공동이익과 상호협력 등을 위하여 설립된 법인·단체에 취업할 수 없다고 규정하고 있다.[12] 다만, 관할 공직자윤리위원회의 승인을 받은 때에는 그러하지 아니하다. 이 제도는 재직 중 특정 업체에 특혜를 주는 행위를 사전에 예방함으로써 공무 집행의 공정성을 확보하는 데 그 목적이 있다.

리법에 따르면 신탁주식은 수탁기관이 60일 이내에 매각하도록 돼 있다. 하지만 매각이 성사되지 않을 경우 무제한 기간 연장을 허용, 백지신탁제도의 실효성을 떨어뜨리고 있다(한국일보, 2015. 4. 28).

8) 선물신고제도는 공직자 또는 그 가족이 외국 정부나 외국인 또는 단체로부터 직무와 관련해 미국 화폐 100달러 이상이거나 국내 시가로 10만 원 이상의 선물을 받을 때에는 소속 기관장에게 신고하도록 하고, 신고된 선물은 국고에 귀속하도록 하고 있다.

9) 등록의무자로는 대령 이상의 장교, 총경 이상의 경찰공무원, 소방정 및 지방소방정 이상의 소방공무원 등이 있고, 재산공개 의무자로는 중장 이상의 장관급 장교, 치안감 이상의 경찰공무원, 소방정감 이상의 소방공무원 등도 이에 해당한다.

10) 고지거부율은 2014년의 경우에도 별다른 변화가 없었다. 고위공직자 2,338명 중 모두 685명이 부모나 자녀, 손자녀의 재산을 공개하지 않았다(한겨레신문, 2015. 3. 27).

11) 공직자윤리법 시행령 제33조 제1항에 따르면, 취업제한기관의 규모 및 범위로 1) 자본금이 10억 원 이상이고 연간 외형거래액이 100억 원 이상인 영리를 목적으로 하는 사기업체, 2) 연간 외형거래액이 100억 원 이상인 법무법인, 회계법인, 외국법자문법률사무소, 3) 연간 외형거래액이 50억 원 이상인 세무법인 등이 있다.

12) 종전의 '부서의 업무'에서 '부서 또는 기관의 업무'로 업무관련성을 판단하는 기준이 확대되었다.

현재 상황에서 보다 효과적으로 행정윤리를 확보하기 위해 다음과 같은 방안들이 고려될 수 있다(Cayer, 2004: 70~71; 이종수 외, 2005: 234).

첫째, 정부의 투명성 확보가 요구된다. 현재 정보공개법이 운영되고 있지만 실천성이 미약하므로 이를 좀 더 전향적으로 개정하여 국민들에게 충분한 접근권을 보장할 수 있어야 한다.

둘째, 내부 윤리관리 시스템의 정비가 필요하다. 윤리는 공무원 개개인의 문제가 아니라 조직 차원에서 체계적인 대응이 요구되는 분야이다. 기관 내부의 자체감사 시스템의 활성화가 필요하다.

셋째, 윤리 관련 법제도의 정비가 필요하다. 자율적 노력에 의한 윤리 제고도 필요하지만, 윤리 관련법과 제도를 체계적으로 정비하는 것도 윤리의 제고를 위해 필수적으로 요구된다.

CHAPTER 05

행정책임과 행정통제

제 1 절 행정책임과 행정통제의 의의

행정책임이란 행정관료가 일정한 기준에 따라 행동해야 할 의무를 말한다.

행정책임은 통제의 원천과 통제의 정도라는 두 기준에 따라 위계적, 법률적, 정치적 그리고 정책적이라는 네 유형으로 구분한다(김문성, 2004: 335). 여기서 통제의 원천(source of control)은 행정기관의 내부적 통제인가 외부적 통제인가의 구분이며, 통제의 정도(degree of control)는 통제의 강약을 의미한다.

첫째, 위계적 책임(hierarchical accountability)은 하위관료가 자신의 업무성과에 대한 상위자의 기대에 부응할 의무이다. 군대가 전형적인 예로 엄격한 감독·보고체계에 따

통제의 강도 \ 통제의 원천	내부	외부
강함	위계적 책임	법률적 책임
약함	정책적 책임	정치적 책임

자료: 김문성, 2004: 335.

[그림 5-1] 행정책임의 유형

른 위계적 책임을 강조한다.

둘째, 법률적 책임(legal accountability)은 관료제의 외부기관, 즉 입법부나 사법부에서 만든 헌법, 법률 등을 준수해야 하는 의무를 말하며, 이를 어길 경우에는 강력한 법적 제재를 받게 된다.

셋째, 정치적 책임(political accountability)은 관료와 상호작용하는 외부 행위자들의 기대에 대한 대응성을 의미한다. 행정을 고객에 대한 서비스로 본다면 대응성의 중요성은 더욱 강조된다.

넷째, 정책적 책임(policy accountability)은 전문적 책임으로서 고위 정책결정자는 적절한 정책적 판단을 할 것으로 기대된다.

한편, 쿠퍼(T. Cooper)는 책임 있는 행위를 구성하는 요인을 네 가지 범주로 나누어 설명한다. 개인적 속성, 조직구조, 조직문화, 사회적 기대 등이 그것인데, 개인적 속성에는 윤리적 의사결정 기술, 정신적 태도, 덕(virtues), 전문직업적 가치 등이 포함된다. 조직구조에는 분명한 책임, 협조적 배열, 다양한 채널, 참여절차 등이, 조직문화에는 본보기, 행위를 위한 규범, 상징 등이 포함되며, 마지막으로 사회적 기대에는 일반대중의 참여와 법과 정책 등이 영향을 미치는 요인으로 논의된다(Cooper, 2006).

또한 행정책임은 제도상의 책임성(accountability)인가, 아니면 그때 그때의 행동에 있어서 공동사회의 민중감정에 직접 대응하는 책임(responsibility)으로 자각해야 하는 지에 대해 논란이 있다(김종미·김항규, 2006: 55~56).

행정국가화 현상에 따른 행정권의 강화 내지 행정재량의 증대는 행정관료들의 정치적 역할을 더욱 커지게 하고, 이로 인해 관료들의 정치·행정적 역할에 대한 통제의 필요성은 더욱 중요시되고 있다. 그런데 행정관료들이 주어진 책임성을 자율적으로 행한다는 보장이 없기 때문에,[1] 이를 확실히 하도록 하기 위해 여러 가지의 통제방법이 강구되고 있다.

행정통제(administrative control)는 행정의 책임성을 확보하기 위한 수단으로서, 공무원 개인 또는 행정체제의 일탈에 대한 감시와 처벌을 통해 행정성과를 달성하려는 활동을 말한다(이종수 외, 2005: 240). 이처럼 행정통제는 공무원이 업무 수행 중에 생길 수 있는 잘잘못을 따져보고 잘못이 있으면 시정해 나가는 것이다. 사실 정부의 일은 대부

1) 공무원 부패를 결정하는 요인들 간의 관계는 C=M+D−A라는 공식으로 나타낼 수 있다(Klitgaard, 1997: 500~501). 즉, 부패는 독점(monopoly)과 재량(discretion)의 정도를 더한 것에서 책무성(accountability)의 확보 수준을 뺀 것만큼 발생한다고 볼 수 있다. 다시 말해, 누군가가 특정의 재화나 서비스에 대해 독점적 권력을 보유하고 있고, 사람들에게 그것을 제공하는 데 재량을 행사하고, 그에 대해 책임을 묻기 어렵다면 부패가 발생하는 경향이 있다.

분 경쟁 사각지대에 있고, 이러한 상황에서 행정관료들이 주어진 책임성을 자율적으로 행한다는 보장이 없기 때문에, 이를 확실히 하도록 하기 위해 여러 가지의 통제방법이 강구되고 있다.

제 2 절 행정통제의 유형

행정통제의 방법은 외부통제와 내부통제가 있는데 외부통제는 정치적 통제의 성격을 띠고 있는데 비하여, 내부통제는 기능적 통제의 성격을 띤다. 종래에는 외부통제에 보다 많은 비중을 두었으나, 오늘날과 같이 행정이 고도의 전문성이 요구됨에 따라 외부통제의 한계가 지적되면서 내부통제로 중점이 옮겨지고 있는 추세이다.

길버트(C. E. Gilbert)는 통제자가 행정조직 내부에 위치하는가, 아니면 외부에 위치하는가에 따라 내부통제와 외부통제로 나누었다. 그리고 통제방법이 법률 등으로 제도화되었는가 여부에 따라 공식적 통제와 비공식적 통제로 구분했다(Gilbert, 1959). 이종수 외, 2008: 212 재인용). 이처럼 길버트는 행정통제를 통제자의 위치와 제도화 여부에 따라 다음과 같이 네 가지 유형으로 구분하였다. 각 유형에 해당되는 우리나라의 행정통제 방법을 연결하면 다음과 같다.

〈표 5-1〉 우리나라의 행정통제 방법

	외 부	내 부
공식적	입법부에 의한 통제 사법부에 의한 통제	청와대에 의한 통제 감사원에 의한 통제
비공식적	민중통제 시민참여에 의한 통제 언론에 의한 통제	행정윤리의 확립 동료집단의 평가와 비판

1. 외부통제

견제와 균형을 위한 삼권분립 정신에 따라 행정부의 행정행위에 대한 입법부와 사법부의 통제가 중요한 의미를 지닌다.

1) 입법통제

입법통제는 국민의 대표기관에 의한 통제이기 때문에 다른 어느 통제보다도 더 중요한 의미를 가진다. 입법통제는 대통령제와 의원내각제와 같은 국가의 통치구조에 따라 상이한 형태를 보이고 있으나 대체로 다음과 같은 방법으로 행정관료들을 통제하고 있다.

국민의 대표기관인 의회는 ① 입법활동, ② 예산심의 등에 의한 재정통제, ③ 행정에 대한 비판·감독과 조사, ④ 해임건의·탄핵소추와 인사에 대한 동의 등을 통하여 민주통제에 있어서 가장 중요한 역할을 담당한다.

(1) 입법권에 의한 통제

우리 헌법 제40조는 "입법권은 국회에 속한다"고 하여 입법활동은 국회의 고유권한임을 명시하고 있다. 이에 따라 행정기관의 조직 및 활동은 입법권에 의해 구속받고 있다.

(2) 재정적 통제

헌법 제54조 제1항에 "국회는 국가의 예산안을 심의·확정한다"라고, 또 제59조에서는 "조세의 종목과 세율은 법률로 정한다"고 명시되어 있다. 의회는 정부가 편성·제출한 예산안의 수정·삭감의 결정, 결산심사 및 조세에 대한 통제와 같은 재정적 권한을 통해 행정부를 통제·감시하는 기능을 수행한다.

(3) 국정에 대한 통제

의회는 국정 전반에 관하여 통제권을 행사하는데, 이에는 국정감사권, 국정조사권, 탄핵소추·해임건의 등이 해당한다. 국정감사는 행정 전반에 관하여, 국정조사는 특정한 행정사안에 대하여 실시한다. 또 국회는 대통령을 비롯하여 국무총리, 국무위원, 행정각부의 장, 감사원장 등이 직무를 집행함에 있어 법률을 위배한 때에는 탄핵의 소추를 의결할 수 있다. 임명동의안, 해임결의안을 통한 통제와 고위 공무원에 대한 인사청문회를 통한 통제가 있다.

(4) 입법통제의 한계

입법통제는 국민의 요구에 민감한 의원들에 의한 외부적·제도적 통제라는 점에서, 개인적 리더십에 의존하는 내부통제나 비제도적인 민중통제보다 우월하다고 볼 수 있으나 다음과 같은 한계가 있다(김종희, 2005: 563).

① 전문성 부족: 행정은 전문화·복잡화되었으나 의회는 이에 대응할 수 있는 전문적

지식과 정보가 부족하다. 법률안 제출이 행정부가 압도적으로 많고 예산삭감률이 극히 낮은 것이 이를 말해 준다.

② 의회조직 및 의석 문제: 통제장치도 여·야 합의가 있어야 가동되기 때문에 실질적인 통제기능을 수행하기 어렵다.

③ 관심부족: 정치인들은 국민 전체의 이익보다는 특수이익을 대변하는 경우가 많다. 정치인들은 행정상의 절약과 능률보다는 자신들의 재선을 위하여 선거구와 공천에 관심을 많이 두며, 전반적인 정책보다는 재선과 관련 있거나 개인적으로 관심 있는 분야에 더 치중한다. 이러한 경향이 지속되는 한 입법통제는 약화될 수밖에 없다.

2) 사법통제

(1) 의 의

사법통제에는 크게 두 가지가 있다. 하나는 국민이 행정에 의하여 위법 또는 부당하게 권익을 침해당한 경우 이를 구제하는 것이며, 다른 하나는 행정명령의 위헌·위법 여부를 심사함으로써 사법부가 행정을 통제하는 것이다(김종미·김항규, 2006: 264).

(2) 방 법

그 방법으로는 ① 법에 위배되거나 부당한 행정작용으로 인하여 권익을 침해당한 경우 이를 구제하기 위한 행정심판 및 행정소송을 내용으로 하는 행정쟁송제도, ② 법원에 의한 명령·규칙·처분의 심사,[2] ③ 헌법재판소에 의한 위헌심판[3] 등을 들 수 있다.

(3) 한 계

사법통제가 실효를 거두기 위해서는 사법부가 스스로의 권능과 전문성을 확보하느냐에 달려 있는데 현실적으로 사법통제의 일반적인 한계는 다음과 같다(김종희, 2005: 564~565).

① 전문성의 결여: 행정재량권의 범위가 계속 확대되고 전문화됨으로써 사법통제에 한계가 있다. 의료사고에 대한 재판이 그 좋은 예이다.

② 사후적 조치: 사법통제는 행정기관의 행위에만 국한되므로 행정기관의 부작위나 비능률에 대해서는 법원의 통제가 미치지 못한다. 그리고 구제된다 하더라도 행

2) 명령·규칙·처분이 헌법이나 법률에 위반되는 여부가 재판의 전제가 되는 경우에는 법령심사권에 의하여 이를 심사한다.

3) 헌법소원 사건이 계속 늘어나고 있음을 알 수 있는데, 2001년의 경우 헌법소원이 1,028건이 접수되었지만, 2006년에는 1,681건으로 크게 증가했다(이철규, 2007: 404).

정이 이미 이루어지고 난 후의 사후조치이다.[4]

③ 시간 등의 문제: 행정소송에는 시간이 많이 걸리고 비용이 많이 들며 절차가 복잡하여 일반국민에게는 큰 부담이 된다. 특히 대법원에까지 올라가는 경우가 많아 국민의 권익 침해를 신속하게 구제하는 데에는 한계가 있다.

④ 독립성 문제: 법원의 독립성과 공정성이 보장되지 않으면 국민이 권력·인력·경제력을 가지고 있는 정부를 상대로 재판하여 구제받기가 어렵다.

3) 민중통제

민중통제란 일반국민들이 서비스 공급자들에게 압력을 가함으로써 행정활동에 대한 책임성을 확보하도록 하는 것이다. 그 방법으로는 첫째, 선거권의 행사, 둘째, 이익단체의 구성, 셋째, 시민단체 활동, 넷째, 여론의 조성과 작용,[5] 다섯째, 시민의 행정참여 등을 통하여 행정을 주로 간접적·비공식적으로 통제하는 것을 의미한다. 근저에는 내부통제와 외부통제에서 통제자나 피통제자들이 기득권을 유지하려는 측면에서는 한통속이 되어 자신들의 이익 극대화를 추구한다는 우려가 깔려 있다.

최근에는 주민소송제가 도입되어 이 방면에서 진일보한 모습을 보이고 있다. 이전에는 지자체가 잘못된 행정이나 불법·비리로 예산을 낭비해도 이를 막거나 시정시킬 방법이 없었다. 그러나 2006년 1월부터 시행된 주민소송제를 통해 지자체의 위법한 재무회계행위에 대해 소송을 제기할 수 있다. 주민소송을 내려면 그전에 반드시 주민감사청구를 거쳐야 한다.

4) 옴부즈만(Ombudsman) 제도

옴부즈만은 정부에 의해 부당한 취급을 당한 개별 시민의 행정 불만을 조사하고, 그 불만에 정당성이 있을 때 구제책을 강구해 주는 의회의 고급직원들을 말한다(이도형, 2007: 418). 옴부즈만을 흔히 호민관이라 부르는데, 그 이유는 개인이 거대한 행정부에 맞서 자신의 권리를 지키기란 실로 어려운 일이다. 경제력이 부족하거나 고위권력층에 연고가 없는 소시민은 맞서 싸우는 걸 포기할 수밖에 없는데, 이 때 별다른 경비를 받

4) 행정에 대한 사후 구제성을 보완하기 위하여 제정된 것이 사전적 행정구제 방법으로서의 행정절차법이다. 우리나라는 1998년 1월부터 행정절차법이 시행되고 있다. 이것은 행정작용이 이루어지기 전에 사전적으로 이해관계인들의 절차적 참여를 보장함으로써 행정의 적법성·타당성을 확보하고 권익 침해의 가능성을 사전에 봉쇄하기 위해 마련된 법적 장치이다.

5) 여론이 정책과정에서 효과를 가져 오기 위해서는 다음과 같은 특성들을 갖추어야 한다. 첫째, 여론의 분포가 집중성을 띠어야 한다. 둘째, 강도가 커야 한다. 셋째, 안정성이 있어야 한다. 넷째, 실현 가능성이 있어야 한다. 다섯째, 여론의 강력한 전달자와 적당한 전달방법이 있어야 한다(정원식, 2003: 162~163).

지 않고 소시민들의 권리를 보호해 주기 때문에 이들을 호민관(護民官)이라 부르는 것이다.

1809년 스웨덴에서 실시된 이후 여러 나라에서 효과적인 행정통제 방법으로 도입하고 있으며, 우리나라도 이와 유사한 것으로 '국민고충처리위원회'[6]가 있었다.

옴부즈만은 법적으로 확립되고, 기능적으로는 자율적이며, 입법부와 행정부로부터 독립되어 있다. 그 권한을 보면 독립적 조사권, 시찰권, 소추권 등이 있다. 세 가지 중 전자의 두 가지는 대부분의 나라에서 인정하고 있지만 소추권은 인정하지 않는 것이 보통이다.[7] 이 제도의 기본 성격은 우리나라의 청원이나 진정과 비슷하다. 사실 이 제도가 간접적 통제에 그치기 때문에 적극적으로 시민의 권리를 보장해 주지 못한다. 시민의 권리를 침해한 행정기관에 권고 정도로 그치기 때문에 행정기관이 시정하지 않을 경우 다시 다른 행정통제를 고려해야 하므로 시민의 입장에서는 시간 낭비가 되는 것이다. 하지만 큰 비용 부담 없이도 국민의 권리구제를 가능하게 하므로 행정소송을 제기할 만한 경제적 능력이 없거나 권리 위에 잠자는 서민들의 피해구제에 좋은 방법이다. 또 관청의 독선적 자세를 견제해 행정운영 개선의 계기가 될 수도 있다. 다만 우리나라의 경우 국민권익위원회의 고충처리부가 옴부즈만적 기능을 수행하고 있지만, 국민권익위원회가 행정부 내에 설치되어 본래의 옴부즈만과는 거리가 있다는 점에서 개선을 필요로 한다.

2. 내부통제

1) 상부기관에 의한 통제

(1) 감사원에 의한 통제

감사원은 대통령 직속기구로서 헌법적 지위를 보장받고 있다. 한국의 감사원은 회계검사와 직무감찰을 수행하는데,[8] 최근에는 여기에 추가하여 성과감사의 강화가 요청

---

6) 국민권익위원회는 국민고충처리위원회와 국가청렴위원회, 국무총리 행정심판위원회 등의 기능을 합쳐 2008년 2월 29일에 설립되었다.

7) 이것이 옴부즈만을 이빨 빠진 감시견(watch dog without teeth)으로 부르는 이유이다.

8) 회계검사와 직무감찰은 행정통제의 수단이라는 점에서는 동일하지만, 본질적으로 다음과 같은 차이가 있다. 첫째, 회계검사는 의회의 재정통제권과 관련되는 것으로 국가예산을 사용하는 모든 기관이 그 대상이 된다. 그러나 직무감찰은 공무원의 비위를 규찰하기 위한 제도로서, 주로 행정부의 내부적 통제수단으로 사용되므로 입법부나 사법부는 그 대상에서 제외된다. 둘째, 회계검사는 합법성에 중점을 두고 회계책임과 관련이 없는 직무상의 책임에 관해서는 영향을 주지 않는다. 그러나 직무감찰은 적극적으로 새로운 행정조치를 강구하고, 행정운영의 개선과 향상에 기여하는 것을 목적으로

되고 있다.

감사기능의 효율화를 위해서는 실질적인 감사권의 독립과 중립성이 확보되어야 한다. 즉 인사상의 독립과 예산상의 독립이 필수적이다.

(2) 청와대와 국무총리실에 의한 통제

대통령은 국무총리나 중앙행정기관의 장의 명령이나 처분이 위법 또는 부당하다고 인정할 때에는 이를 중지 또는 취소할 수 있다(정부조직법 제11조). 대통령에 의한 통제는 지속적이고 일상적으로 이루어지기보다는 일시적으로 불시에 이루어지는 암행감사의 성격을 띠고 있다. 이는 주로 검찰, 경찰 등 사정활동을 통해 이루어지고 있으므로 매우 강력하다.

국무조정실에서는 2001년 5월부터 시행된 평가기본법에 따라서 정부업무를 평가했다. 이 법에 의해 국무조정실에서는 중앙행정기관 평가, 지방자치단체 평가, 특정 과제 평가, 자체평가, 중앙행정기관의 소속기관 평가를 실시했다. 그러다가 2006년 정부업무평가기본법이 도입되면서 각 부처의 자체평가를 강화하고 국무총리실의 평가는 사후적이고 한정적인 것으로 축소했다.

2) 규칙과 절차에 위한 통제

법률에 의한 행정은 법률우위와 법률유보를 내용으로 한다. 법률우위란 법률이 행정행위를 지배한다는 말로서, 허가나 면허와 같은 모든 행정행위는 법률에 따라야 한다. 법률유보란 법률에 근거가 있어야 한다는 원칙으로서 모든 행정근거는 법률에 미루어야 한다.

행정은 법률 이외에도 행정입법에 의해서도 통제를 받는다. 행정입법에는 대통령령, 부령 이외에도 훈령, 예규, 고시, 공고, 지침 등 형태가 다양하다. 전자를 법규명령, 후자를 행정규칙이라 부른다. 법규명령은 각 부처 → 법제처 → 국무회의를 거쳐 제정되지만, 행정규칙은 각 부처가 자체적으로 제정하기 때문에 제정 절차가 간편한 대신 잘못될 가능성도 그만큼 커진다는 점에 유의해야 한다.[9)]

'공공기관의 정보공개에 관한 법률'에 의거해 행정기관에 대해 정보의 공개를 청구

한다(감사원법 제20조).

9) 2000년 국회법 개정을 통해 상임위원회의 행정입법 검토 제도를 확보하였다. 국회법 제98조의2는 각 부처의 행정입법의 제출을 의무화하고, 이를 상임위원회에서 검토하고 있다. 미국의 경우, 의회 거부권을 행사해 오다가 현재는 의회심사권을 활용하고 있다. 1996년 의회심사법의 제정을 통해 모든 행정기관들의 규칙들은 의회와 회계검사원(Government Accountability Office)에 제출하도록 되어 있다. 의회는 이러한 규칙들에 대해 합동부인결의(Resolution of Disapproval)를 채택함으로써 그 규칙을 거부할 수 있다(송병철, 2007: 58).

할 수 있다. 행정기관은 청구를 받은 날로부터 10일 이내에 공개 여부를 결정하여야 한다. 행정기관의 정보 미공개 및 부분공개 결정에 대하여 불복이 있는 사람은 당해 행정기관에 이의신청할 수 있다. 이의신청이 받아들여지지 않았을 때에는 행정심판 또는 행정소송을 제기할 수 있다.

이 밖에 국민감사청구제도가 있다. 2001년에 도입된 것으로 19세 이상의 국민이 300인 이상의 연서로 감사원에 청구한다. 청구된 사항에 대해서는 국민감사심사위원회가 감사 실시 여부를 결정한다. 지방자치단체에 대하여는 주민감사청구제도가 있다. 주민들은 지자체의 위법, 또는 공익에 반하는 행정에 대해 상급기관에 감사를 청구할 수 있는데, 청구인 수는 시·도는 500명, 인구 50만 이상의 대도시는 300명, 그 밖의 시·군 및 자치구는 200명을 넘지 아니하는 범위에서 조례로 정하는 주민 수 이상의 연서로 감사를 청구할 수 있다.

제 3 절 행정통제의 한계와 통제력의 향상 방안

1. 행정통제의 한계

1) 난해하고 산만한 법규

행정통제의 가장 일반적인 결함은 통제의 기준이 분명치 않다는 것이다. 법률에서부터 훈령이나 지시에까지 기준들이 한결같지가 않다는 것이다. 규정 자체도 혼란스럽고[10] 여기에 담당 공무원들의 자의적인 해석이 들어가면 일관성 있는 통제를 하기가 어렵다(이철규, 2007: 413). 감사기관마다 감사 기준이 다르고, 또 감사관마다 감사 기준이 다르면 일관성 있는 행정통제가 이루어질 수 없는 것이다.

2) 정부 팽창

행정부는 방대해졌지만 이를 통제하기위한 국회나 법원의 역할은 미미하다. 국회는 정부의 방대한 정보와 전문성을 따라가지 못하고, 법원은 행정비리에 순발력 있게 대응하지 못한다. 단순한 법률지식만으로는 행정의 다양한 편법, 탈법, 위법 현상을 효

---

10) 지방재정법에 보면 충용(充用)이란 용어가 사용되었다. 무슨 말인지 쉽게 이해가 안 되어 '사용'으로 바꾸었다.

율적으로 통제할 수 없다.

3) 경쟁 사각지대

대통령이 무소불위의 권력으로 정책을 지시하는 경우 행정통제는 거의 이루어지지 않는다. 구조적으로 청와대와 국가정보원 등은 외부통제를 거의 받지 않으며 국방부의 경우도 예외는 아니다. 즉 이들 기관은 경쟁이 없고 자연 통제도 없다. 그리고 준공공부문의 조직과 예산이 증대하여 인력은 국가공무원의 60%, 예산은 국가예산의 140%에 달함에도 불구하고(이철규, 2007: 419), 이들이 계속 통제 영역의 바깥에 남아 있다는 점도 문제이다. 이들 기관은 주무관청의 감독과 통제만을 받도록 법제화되어 있을 뿐만 아니라, 관련 부처들은 대외적으로 공개하기 어렵거나 공식적인 예산 반영이 곤란한 업무는 이들 기관을 통해 추진하는 경우가 많다(이종수 외, 2005: 251).

4) 형식적 통제

공무원의 일상적인 부패에 대한 사정기관의 통제 의지가 약한 편이다. 공무원의 의식은 아직도 적당주의와 형식주의에서 벗어나지 못하고 있으며, 행정통제는 일회성으로 태풍이 지나가기만 기다리면 된다는 사고방식과 재수 없게 걸렸다는 생각이 팽배해 있다. 사법당국도 국가를 위해 헌신한 공로를 참작한다는 명분으로 관용을 베풀고 있다. 솜방망이 통제가 통제를 무력하게 한다. 시화호 담수화 계획은 1997년 5천억 원을 날리는 것으로 끝났지만 아무도 책임을 진 사람이 없다(이철규, 2007: 420).

공무원의 소극적인 사고와 관련 있는 법조항으로 국가공무원법 제57조를 들 수 있다. 이 법 제57조에 따르면 공무원은 직무를 수행할 때 소속 상관의 직무상 명령에 복종하여야 한다고 되어 있어 상관의 지시가 위법한 경우에도 따르지 않을 수 없는 경우를 볼 수 있다. 상관의 지시가 명백히 위법할 때에는 이의를 제기하거나 따르지 않아도 되게 해야 할 것이다.

2. 행정통제력의 향상 방안

1) 행정 관여 범위의 축소

규제완화와 법령 수 줄이기를 들 수 있다. 전자의 경우, 일과 사람이 줄어들면 행정권의 남용과 일탈도 같이 줄어들 것이다. 따라서 효율적인 행정통제를 위한 일차적인 접근방법은 불필요한 행정 관여를 줄이는 것이다. 일을 줄이기 위해서는 규제 완화 내지 규제 철폐가 대안이다. 후자의 경우, 법령 수를 줄여야 한다. 대부분의 행정법규는 규제를 목적으로 하고 있는데, 기존의 불필요한 규정을 정리하는 가장 좋은 방법은 일몰규정의 제정이다.

2) 행정통제기능의 향상

첫째, 행정정보 공개제도의 활성화이다. 정부가 가지고 있는 정보를 국민과 공유하는 일은 정책의 투명성을 높이고 행정통제를 자연스럽게 가능하게 하여 부정부패를 방지할 수 있다는 점에서 중요하다. 또한 행정정보 공개의 제도화는 행정책임의 확보와 함께 통제비용을 상당한 부분 축소할 수 있다는 장점을 가진다(이종수 외, 2008: 220~221).

둘째, 행정절차법의 활용이다. 행정절차란 대민행정을 미리 시민들에게 알리고 그 의견을 들어 처리하게 함으로써 행정을 민주화하자는 절차를 말한다. 행정절차법은 그러한 절차에 관한 기본법으로서 우리나라는 1996년에 행정절차법을 제정하여 1998년 1월부터 시행하고 있다. 행정절차는 열린 행정과 투명행정을 통해 비공식 절차에 의한 불공정성과 정실에 흐르기 쉬운 폐단을 제거하는 동시에 행정과 시민 간의 분쟁을 원천적으로 방지하는 데 의의가 있다. 아울러 시민을 행정에 참가시켜 행정 객체로만 인식되던 시민의 지위를 행정 주체로 끌어올리는 의미를 지니고 있다.

행정절차법의 적용은 한정된 행정영역에만 적용되고 있다. 처분절차, 행정상 입법예고 절차(제4장), 행정예고절차(제5장), 행정지도절차(제6장) 등에 관해서 규정하고 있다. 이는 정당한 법의 절차를 통해 행정재량권의 범위를 축소하는 데 목적이 있다. 행정절차법이 당초의 의도대로 적극적으로 활용된다면 사전적인 행정통제를 위한 효과적인 방법이 될 것이다.

3) 내부고발의 활성화

내부고발인(whistle-blower)이란 조직구성원으로서 언론이나 국회 등의 외부인에게 내부의 불법행위를 알리는 사람이다. 과거 충남 연기 군수의 부정선거 폭로 사건과 감사원 이문옥 감사관에 의한 '수서비리' 폭로, 국군보안사의 학원사찰 폭로 등이 대표적인 예이다. 2002년 1월부터 실행에 들어간 부패방지법에 내부고발인을 보호하는 규정이 들어 있다. 내부고발인 보호에 관한 업무는 대통령 소속 부패방지위원회에서 하고 있었는데, 부방위는 내부고발에 대한 실질적인 조사권을 갖고 있지 않았으므로 자체적 조사를 하지 못하고 감독기관에 신고를 이첩하게 되어 있었다. 지난 2003년 우리신용정보 직원으로 내부고발을 했던 현준희씨는 다시 그대로 돌아간다면 절대 내부고발은 하지 않을 거라고 했다. 회사에서 쫓겨난 건 물론이고 법정투쟁 비용을 대느라 수천만 원의 빚까지 졌던 그로서는 당연한 생각일 것이다(한국일보, 2006. 10. 24).

2011년에 제정된 현행 '공익신고자 보호법' 제14조는 누구든지 공익신고자에게 공익신고를 이유로 어떠한 신분상·행정적·경제적 불이익 조치를 할 수 없으며, 위반 시 최대 2년 이하의 징역 또는 2,000만 원 이하의 벌금에 처한다고 규정하고 있다. 이처럼 내부고발자에 대한 보호 수준이 지속적으로 강화되고 있지만, 적용 범위가 공직사회의 법률위반에 한정되는 등 개선해야 할 점 또한 적지 않다. 일례로 2018년에 논란이 되었던 사건으로서 한국가스공사의 내부고발자가 감사원에 감사를 요청했으나 이를 받은 감사원이 내부고발 사실을 가스공사에 알려 주었던 일이 있었다.[11] 이는 우리나라에서 내부고발자의 신분 보호가 전혀 되지 않고 있음을 잘 말해 주는 것이다.

4) 감사시스템의 재정비

자체감사 기능의 활성화가 필요하다. 궁극적이고 실질적인 통제는 내부통제에 있다는 점에서, 이를 위해 가장 우선적으로 자체감사 기능을 확대하고 활성화하는 것이 필요하다. 현 지자체의 자체 감사기구는 기관장의 직속기관으로 설치돼 독립성과 전문성에 한계가 있으며 시민이 참여하는 시민감사관제도 실질적인 효과를 거두지 못하고 있는 실정이다.

스위스의 IMD가 공개한 '세계경쟁력 2015' 보고서에서 싱가포르는 세계 3위 국가로 평가됐다.[12] 아시아 국가 중 싱가포르가 가장 부패도가 낮은 이유는 바로 중대하고 복잡한 부정행위의 철저한 추적조사 및 신속한 기소활동을 강화하기 위해 설립된 중대비리조사청(SFO: Serious Fraud Office)[13]이 있기 때문이다.[14]

---

11) 2014년에 통영에서 일어났던 굴삭기 침수 사고 당시 해당 기지 본부장이 이를 숨기고 사고를 축소하려 했던 일에 대해 내부고발자가 감사원에 사건 감사를 요청했다. 그런데 내부고발자가 2017년 7월에 가스공사 감사실에 갔다가 자신이 감사원에 냈던 서류가 가스공사 감사실에 놓여 있는 것을 발견하게 된다. 내부고발자의 인적 사항이 고스란히 외부로 노출된 것이다(SBS, 2018. 10. 22).

12) 싱가포르는 인구가 530만명에 불과하지만 세계은행이 발표한 2014년 국가별 1인당 국민소득 순위에서 4위를 차지했다. 세계은행에서 선정한 기업환경평가 순위에서도 8년 연속 1위를 지켰다. 이 발표에서 우리나라는 25위를 기록했다.

13) 싱가포르 중대비리조사청의 결정은 법무장관에게 책임을 지지 않아 철저하게 독립성을 보장받는다. 관련자들에게 문서의 제출, 정보의 제공, 그 외 문서들의 존재 또는 소재에 대해 질문하여 답변을 요구할 수 있다. 그리고 기관에 출석하여 답변하는 자는 자신에게 불리한 경우에도 반드시 진술해야 하며, 중대비리조사청법은 엄격한 법적 직무특권을 제외하고는 모든 직무상의 비밀보호 의무를 제척하고 있다. 이 외에 중대비리조사청법상 기관의 수사 방해, 기록의 파기·변경·은폐 또는 수색에 저항하는 자는 범죄행위로 기소될 수 있고 이러한 위반 행위는 실형이나 벌금형, 또는 병과로 처벌된다. 이 외에 중대비리조사청의 직원은 법원의 영장 없이 신분증의 제시만으로 비리혐의자뿐만 아니라 제3자, 민간기관이라 할지라도 조사요원의 자료수집, 증거 및 증언 확보 등 비리조사에 필요한 모든 사항에 대해 협력을 요청할 수 있다.

14) 싱가포르에 모기가 없는 것은 청렴한 관료 덕분이라는 말에 저자는 고개를 갸우뚱한 적이 있다. 그

반면 우리는 부패사건 신고를 접수했을 때 국민권익위원회의 일은 신고내용을 검토해 감사원이나 검찰, 해당 행정기관으로 이첩하는 것이 전부이다. 국민권익위원회에 조사권을 부여해야 하며 그리고 부패소추기구의 강화가 요구된다. 현재 부패추방 활동을 담당하는 기관들로는 국무총리실, 행정안전부 감사관, 각 기관의 감사부서, 감사원, 검찰, 국민권익위원회 등 무척 많지만, 이 중에 어느 기관이 그 중심적 역할을 담당해야 하는지가 아직은 불투명하다. 홍콩의 부패척결의 성공요인이 윤리법을 집행하는 하나의 독립된 기관에 강력한 권한을 부여한 것임을 참고할 필요가 있다.[15] 우리 사회도 2010년에 소위 '스폰서 검사'[16] 문제가 불거지면서 사회 일각에서는 고위공직자들의 비리를 다루는 공직자비리수사처와 같은 기구의 신설을 강력히 주장하고 있다.

문재인 대통령은 2017년 11월 1일 국회 시정연설에서 고위공직자비리수사처 설치 법안 처리를 당부하며 "이 법안이 통과된다면 대통령인 저와 제 주변부터 공수처 수사 대상이 될 것"이라고 말한 바 있다. 피의자를 영장 없이 48시간 구금할 수 있는 점이 가장 강력한 무기가 되고 있는 싱가포르나 홍콩의 사례를, 또 독립성이 완전히 보장되지 못한 대만의 염정서의 실패 사례를 우리의 공수처 설치 과정에 참고해야 할 것이다.

러나 설명을 듣고 난 뒤 난 고개를 끄떡였다. 공무원들이 업자들의 집요한 설계·구조 변경 로비와 뇌물 공세를 물리치고, 모든 하수구의 경사를 물이 괴지 않게끔 절묘하게 조절해 만들었기 때문이다(OK times 162호, 2007년). 싱가포르 공무원들의 보수를 보면, 2007년도에 세 번째 봉급 인상을 단행해 국무총리의 경우 우리와 비교하면 약 10배 가까운 보수를 받으며, 각부 장관들도 우리와 비교해 약 8배의 보수를 받고 있다. 그 대신 부정부패에 연루되면 상대적으로 더 엄격한 제재를 받게 된다.

15) 홍콩의 염정공서(廉政公署: ICAC)가 1974년에 설치되었는데, 이는 당시 홍콩 경찰 최고책임자였던 Peter Godber이 뇌물수수를 하고 영국으로 도피하자 시민들의 불만이 극에 달하였고 이를 해결하기 위해 설치된 것이다. 염정공서의 중심을 차지하고 있는 집행처의 수사관들은 수사과정에서 상당한 정도의 권한을 행사할 수 있다. 예컨대 사전영장이 없어도 위반자를 체포할 수 있고, 위반사항에 대한 증거가 없어도 가택수사를 할 수도 있다. 염정공서의 반부패활동이 효과적이라고 평가한 응답자는 2003년에 67.3%로서 지난 12년간 평균 70.5%를 차지함으로써 대다수의 홍콩 시민들은 염정공서의 활동을 긍정적으로 평가하고 있다(최진욱, 2005: 329~331). 반면 대만에서는 2011년에 염정서(廉政署)(AAC)가 출범했는데 완전 독립기구가 아닌 법무부 산하 독립기관이라는 한계를 안고 창설되었다. 현재 염정서에 대한 세간의 평가는 그리 호의적이지 못하다. 검찰에 예속된 기구에 머물고 있다는 것이 중론이다.

16) 2010년 건설업자 정모씨가 부산지검 검사장을 비롯한 일부 '스폰서검사'를 폭로하면서 검찰이 자체 진상규명위원회를 구성하게 되고, 국회도 특별검사제를 실시하기로 했다.

제 3 편
행정의 이론과 실천

CHAPTER

06 정 책

제 1 절 정책학의 기초 이론

1. 정책학의 발전

일반적으로 현대 정책학의 시작을 1951년에 라스웰(H. D. Lasswell)이 "정책지향(Policy Orientation)"이라는 논문을 발표한 때로 보고 있다. '민주주의 정책학(the policy sciences of democracy)'으로 불리는(Lasswell, 1951: 15) 그의 이러한 제언은 행태주의 때문에 빛을 보지 못했는데, 행태주의란 논리적 실증주의를 바탕으로 하며, 가치와 사실을 분리하는 계량적이고 과학적인 접근 방법이다.

1960년대 후반 들어 직면하게 된 흑인 폭동과 월남전 반대라는 사회적 현안들을 해결하는 데에 현실적합성(relevance)이 결여된 행태주의는 아무런 도움을 주지 못했다. 이에 대한 반발로 나타난 것이 행동(action)과 현실적합성(relevance)을 강조한 후기행태주의(post behavioralism)이다. 이러한 학문적 성장에 힘입어 1970년대에 들어오면서 도시, 환경 및 에너지 문제 등 문제 중심의 정책학은 더욱 발전하게 되었다.

2. 정책의 의의와 구성요소

1) 의 의

사회 변화는 바람직한 방향으로 이루어지기도 하고 어떤 때는 바람직하지 못한 방향으로 변화되기도 하는데, 이러한 경우 정부가 사회적 상황이나 조건들을 유지 또는 변경하고자 사용하는 개입의 수단이 바로 정책(public policy)이다. 다이(Thomas Dye)는 정책을 “정부가 하기로 혹은 하지 않기로 결정한 모든 것(Public policy is what the government chooses to do or not to do)”으로 정의하고 있다(Dye, 1978: 3). 한편 정정길은 정책을 “바람직한 사회 상태를 이룩하려는 정책목표와 이를 달성하기 위해 필요한 정책수단에 대해 권위 있는 정부기관이 공식적으로 결정한 기본 방침”(정정길, 2000: 52)으로 정의내리고 있다.

2) 정책의 구성 요소

(1) 정책목표

정책목표(policy goal)란 “정책을 통해 만들고자 하는 바람직한 미래 상태”로서, 예를 들면 보건의료정책의 목표가 국민보건 수준의 향상인 것과 같다. 따라서 정책목표는 정책의 존재이유가 되는 것이다. 한편 정책목표는 정책과정에서 다음과 같은 역할을 수행한다(정정길, 1997: 58~59). 첫째, 정책목표는 여러 가지 정책수단 중에서 최선의 것을 선택하는 기준으로써 사용된다. 둘째, 정책목표는 정책이 집행되는 과정에서 지침(directives)의 역할을 수행한다. 셋째, 정책목표는 정책의 집행이 이루어지고 난 후 정책을 평가하는 기준이 된다.

(2) 정책대상집단

정책대상집단(policy target group)이란 정책에 의해서 어떠한 형태로든 영향을 받는 집단을 의미한다. 정책대상집단은 수혜집단과 비용부담 집단으로 구분할 수 있는데, 수혜집단이란 정책에 의해서 서비스나 재화 상의 편익을 얻게 되는 집단으로서, 예를 들어 「국민기초생활보장법」에 의해 정부의 지원을 받는 영세민이 이에 해당된다. 비용부담 집단은 영세민 지원을 위한 세금을 부담해야 하는 일반시민의 경우와 같이 어떠한 형태로든 손해를 보기 때문에 집행 과정에서 이들이 불응할 가능성은 매우 크다.

한편, 슈나이더와 인그람(A. Schneider & H. Ingram)은 사회적 구성주의 이론에서 정책대상집단을 아래 표로 구분 설명하고 있다.

〈표 6-1〉 슈나이더와 인그람의 정책대상집단

사회적 형상 / 정치적 권력	긍정적	부정적
높음	수혜집단 (Advantaged)	주장집단 (Contenders)
낮음	의존집단 (Dependents)	이탈집단 (Deviants)

여기서 사회적 형상은 정책결정자 및 국민들이 정책대상집단에 대해 갖는 긍정적 혹은 부정적 인식을 말하며, 정치적 권력은 다른 집단과의 연합 형성의 용이성, 동원 가능한 보유자원의 양, 집단 구성원들의 전문성 정도를 말한다. 아동, 어머니, 중소기업가 등은 긍정적으로 인식되고, 범죄자, 테러리스트, 대기업 노동조합 등은 부정적으로 인식된다. 위 표에서 수혜집단은 부담보다는 이익을 공유하게 된다. 그리고 주장집단은 실질적인 정치적 지원을 가지고 있지만 상대적으로 이기적이어서 부정적으로 인식된다. 그들은 정책에 있어 혜택을 입지만 이는 은밀하게 이루어지는 경우가 많다. 의존집단은 국가의 혜택을 얻을 수 있을 만큼 강한 권력을 지니고 있지는 않지만 자선적인 혜택을 받는 대상이 된다. 정책결정자는 이들에게 중요한 자원을 소모하려 하지 않는다. 마지막으로 이탈집단은 보통 테러리스트, 불법이민자 등을 포함한다. 이들은 정치적인 힘이 없을 뿐 아니라 부정적으로 인식된다. 이들은 과도한 제재와 부담을 부여받는 경향이 있다(Schneider & Ingram, 1993: 334~346).

(3) 정책수단

정책수단(policy instruments)이란 설정된 정책목표를 달성하기 위해 정부가 사용하는 각종 실제 수단 또는 장치(actual means or devices)를 의미한다. 구체적인 예를 들면, 중소기업 기술 개발 촉진이라는 정책목표 달성을 위한 정책수단은 중소기업에 조세 상 혜택을 부여하는 것과 금융 지원을 해 주는 것이 되고, 또 토지 공개념이란 정책목표를 달성하기 위해 시행하는 택지소유상한제, 토지초과이득세 등이 정책수단에 해당한다.

정책수단은 국민들의 이해관계에 직접 영향을 미친다는 점에서 구성요소 가운데 가장 중요하며, 또 정책수단의 선택을 둘러싼 이해관계 집단들 간의 갈등도 매우 치열하다. 정책수단은 선호의 행동노선(how-to)을 말하며 실현성을 강조하게 되는데, 그러나 이것에 너무 집착하면 사회가 마땅히 지향해야 할 방향을 상실하게 된다.

그리고 베덩(E. Vedung)은 정책수단의 종류로 규제(regulations), 경제적 수단(economic means)[1] 및 정보(information) 등 세 가지를 들고 있는데,[2] 규제는 정부가 사람들로 하여

1) 경제적 수단과 규제의 근본적인 차이는 경제적 수단은 경제행위자에게 자율성을 제공한다는 점이다. 경제 주체들의 비용과 편익 함수에 이들의 행위로부터 초래되는 사회적 비용을 내부화시킴으로써 경제 주체들의 의사결정에 영향을 미쳐 자율적인 대응을 유도하기 때문이다. 규제는 경제행위자에게 기준의 준수 또는 위반이라는 두 가지의 선택을 제공하지만, 경제적 수단은 경제행위자에게 다양한 선택을 제공한다. 환경정책을 예로 들면 규제에 해당하는 것으로 명령강제 방식인 총량규제 방식을 들 수 있고, 경제적 유인책으로는 배출권거래제도를 들 수 있다. 배출권거래제도는 배출허용할당량을 초과 감축한 배출업자가 초과 감량분을 다른 배출업자에게 판매할 수 있게 함으로써 오염물질의 배출량 감소가 경제적 유인을 갖도록 한 제도이다.

2) 그는 이 세 가지의 특징을 상징적으로 표현하여 규제를 채찍(stick), 경제적 수단을 당근(carrot), 정

금 공식화된 규정이나 지침에 따르도록 영향력을 행사하는 것이고, 경제적 수단은 어떤 행위를 할 경우 경비나 시간, 세제 면에서 유리하도록 만드는 것이며, 그리고 정보는 설득이나 정보 전달로 영향을 미치려는 것으로 '양심에 호소하는 권고(moral suasion)'에 해당한다는 것이다(Vedung, 1998: 30~34).

한편 후드(C. Hood)는 정부자원의 특징에 따라 정보(nodality)적 도구, 권한(authority)적 도구, 재원(treasure)적 도구, 조직(organization)적 도구와 같은 네 가지 범주로 유형화하고 있다. 정보적 도구에는 자문, 교육·훈련, PR, 보고, 등록 등이 포함되고, 권한적 도구에는 규제, 사용료, 면허 등이, 재원적 도구에는 대출, 보조금, 조세지출 등이 포함되며, 마지막으로 조직적 도구에는 관료조직, 공기업 등이 포함된다. 그는 이 네 가지의 앞 글자를 따서 이들을 NATO로 부르고 있다.

한편, 살라몬(Lester M. Salamon)은 정책수단을 직접적 수단과 간접적 수단으로 구분하고 있다. 직접적 정책수단에는 전통적 정부 소비, 경제적 규제, 대출, 정보제공, 공기업 등이 있으며, 간접적 정책 수단에는 사회적 규제, 계약, 대출보증, 조세지출, 사용료, 보험, 바우처 등이 있다.

〈표 6-2〉 살라몬의 정책수단 유형

직접성 정도	정책수단
저	보조금, 지급보증, 정부지원기업, 불법행위책임, 바우처
중	조세감면, 시회규제, 라벨부착 요구, 교정조세, 부과금
고	직접시행, 공기업, 공공정보, 직접대부, 보험

정책수단의 선택을 보면, 정치학자들과 경제학자들은 정책도구의 선택에 있어서 서로 다른 관점을 견지하고 있다. 우선 경제학자들은 연역적 접근방법(deductive approach)을 취해 시장메커니즘의 우월성을 인정하는 바탕에서 도구를 선택한다. 이에 반해 정치학자들은 귀납적 접근방법(inductive approach)을 취하는데 정부기관과 정책하위체계의 복잡성 정도에 근거하여 다른 도구를 선택한다.

3) 정책의 유형

이전에는 정책 과정이 어떠하냐에 따라 정책이 결정되는, 즉 정책을 종속변수로 인식했으나, 1970년대부터는 정책 내용 또는 정책 유형에 따라 정책 과정이 달라진다고

보를 설교(sermon)로 부른다.

본다. 로위(Theodore J. Lowi)는 정책의 유형을 알게 되면 그 정책이 어떠한 과정을 거쳐 결정될 것인가가 예측 가능하다고 보았다(Lowi, 1972: 298~310). 더 나아가 라이플리와 프랭클린은 정책 유형이 달라짐에 따라 정책결정뿐 아니라 정책집행 과정까지도 달라진다고 말하고 있다(Ripley & Franklin, 1980).

여기서는 로위의 분류에 따라 정책의 유형을 분배정책, 규제정책, 재분배정책 및 구성정책으로 분류하고자 한다.[3)]

첫째, 분배정책(distributive policy)은 정부가 국민들에게 권리나 이익 또는 서비스를 분배하는 내용을 지닌 정책으로 사회간접자본의 구축이나 정부의 각종 지원에 관련된 정책이 이에 해당한다. 분배정책의 특징은 정책의 내용이 쉽게 세부단위로 분할될 수 있고 정책비용이 국민의 세금으로 충당되므로 분배정책의 결정 및 집행과정의 참여자들 간에는 정면대결보다는 갈라먹기식(pork-barrel)의 결정이 이루어져 승자와 패자 간의 정면대결의 필요성은 없게 된다.

둘째, 규제정책(regulatory policy)이란 개인이나 집단에 대한 규제를 통해 다른 사람들을 보호하는 정책을 말한다. 대부분의 규제가 피규제자가 원하지 않는데도 규제되는 것이므로 규제자와 피규제자 간의 갈등이 심하여 양자 간에는 제로섬 게임의 관계가 형성된다. 수혜자는 수혜자대로 피해자는 피해자대로 지지세력을 확보하려고 노력하는데 이렇게 됨으로써 정책결정은 다원적으로 결정된다.

셋째, 재분배정책(redistributive policy)은 누진세, 직업훈련사업, 영세민 생활보호사업, 노인·장애자 보호사업 등과 같이 고소득층으로부터 저소득층으로의 소득 이전에 관련된 정책을 말한다. 이 정책은 가진 자들한테 손실을 감수할 것을 노골적으로 요구하는 정책이므로 강력한 이해 대립을 야기시킨다. 그 결과 재분배가 분배로, 수혜자가 특정의 불우한 계층에서 많은 사람으로 변질되고 마는데 이 사실에서 약자를 돕는 것이 현실적으로 어렵다는 것을 알 수 있다.

넷째, 구성정책(constituent policy)은 정책을 결정하게 되는 환경이나 체제 또는 제도에 관한 것으로, 좀 더 광범위하고 장기적으로 그 영향이 구체적인 정책에 미치게 되는 정책이다. 이는 헌정을 수행하는 데 필요한 운영규칙에 관련된 정책을 말하는데, 주로 정부기구의 조정과 관련된 정책으로 새로운 기구의 설립, 공직자 보수와 군인퇴직연금에 관한 정책 등이 해당한다. 그런데 서구 학자들은 구성정책을 중시하지 않는데 그 이유는 헌정의 기본 틀이 확립되어 있기 때문이다. 그러나 우리의 경우 정부의 기본 구조

3) 로위는 1964년에 정책의 세 가지 유형으로 분배정책, 규제정책 및 재분배정책을 제시했고, 그 뒤 1972년에 구성정책을 추가해서 네 가지 정책 유형을 제시하고 있다(Lowi, 1972: 298~310).

에 관한 틀이 정착되지 않아 구성정책의 범주가 중요하고 현상 유지 세력과 변경을 원하는 세력 간의 갈등도 심각하다.

3. 정책의 필요성

1) 시장실패

(1) 의 의

시장실패(market failure)란 시장기구에 의한 자원 배분이 비효율적인 것을 말한다. 이러한 현상은 완전경쟁시장 조건을 유지하지 못할 때 생기게 된다. 완전경쟁시장에서의 자원 배분을 보면, 완전경쟁시장에서는 '가격=한계비용(P=MC)'이 되는데, 이것은 이 제품의 생산에 사용된 자원이 가장 효율적으로 사용되고 있음을 의미한다. 그러나 독점 시에는 가격이 한계비용보다 높은 점(P>MC)에서 결정된다.

(2) 시장실패의 요인

시장실패는 완전경쟁이 전제되지 않을 때 시장에 의한 자원 배분이 효율성을 가질 수 없게 되는 것을 말하는데, 시장실패를 가져오는 요인으로 아래 네 가지를 들 수 있다.

① 공공재

공공재(public goods)는 비배타성(非排他性), 즉 서비스가 한 개인이나 집단에 공급되었을 경우 그 혜택을 타인이나 다른 집단으로부터 배제시킬 수 없다는 속성을 가지며, 이로 인한 무임승차자(free rider)의 문제가 발생한다. 그리고 어떤 재화가 비경합적이라면, 그 재화에 대해 조그만 효용이라도 느끼는 사람이면 누구든지 그것을 이용할 수 있도록 허용되어야 한다. 비경합적인 재화의 효율적 가격은 제로가 되므로 그러한 재화는 제로의 가격으로는 시장에서 공급되지 못한다.

② 외부효과

외부효과(externalities)란 어떤 사람의 행동이 비의도적으로 또 그것에 대한 대가의 교환 없이 다른 사람에게 이득이나 손해를 가져다 주는 것을 말한다. 외부효과는 외부경제와 외부불경제 두 유형으로 구분할 수 있다. 먼저 외부경제는 과수원 주인과 양봉업자 관계에서 한 예를 생각할 수 있는데, 과수원 주인이 과일나무를 심으면 인근에 있는 양봉업자는 자연히 더 많은 꿀을 딸 수 있게 되는 경우이다. 문제는 개인적인 편익이 사회적인 편익보다 적어서(PB<SB) 이러한 행위는 사회적으로 바람직한 수준만큼 이루어지지 않는다는 점이다. 이와 반대로 외부불경제는 개인적인 비용이 사회적 비용보

다 적어서(PC<SC) 사회적으로 바람직한 수준보다 과다 공급(過多供給)된다. 예를 들어 세탁 행위를 보면 개인적인 비용은 세탁제 구입 비용에 불과하지만, 세탁 행위의 사회적 비용은 세탁제 구입 비용에다 수질 정화 비용까지 더 들게 되는 것이다.

③ 정보의 비대칭성

중고차 주인이 비싸게 팔려고 겉만 번듯하게 치장을 하면 소비자는 이 사실을 모른다. 이럴 경우 소비자들은 재화의 완전한 정보가 있었더라면 형성되었을 시장가격보다 더 지불하게 됨으로써 소비자 잉여의 손실이 발생하게 된다. 또 중고차를 판 사람은 필요 이상으로 많이 받은 셈이 된다.[4] 정보의 비대칭이 심할수록 자원 배분의 효율성도 크게 손상된다고 할 수 있는데, 정보의 비대칭(asymmetric information)에는 '역선택(adverse selection)'과 '도덕적 해이(moral hazard)' 두 가지 유형이 있다. 역선택은 "악화(惡貨)는 양화(良貨)를 구축한다"는 '그레셤의 법칙(Gresham's Law)'과 그 궤를 같이하는데, 보험회사는 높은 사고확률을 가진 사람들을 불리하게 역으로 선택하게 된다(권순만·김난도, 1995: 79). 실제로 2013년 1월에 미국 오바마(B. Obama) 대통령이 추진했던 오바마케어(Obama Care) 홈페이지에 보험가입자가 급격히 몰려들어 과부하가 일어났던 사례가 이에 해당한다. 중증질환자일수록 가입을 더 서두른 것이다. 그리고 도덕적 해이의 경우는 의료보험 가입으로 인해 필요 이상으로 지나치게 병원을 방문하거나 자동차도난보험에 가입한 후 자동차 보관을 소홀히 하는 것 등이 이에 해당한다.

④ 불완전한 경쟁

현실 시장에는 자신의 공급량을 변동시킴으로써 가격에 영향을 미치는 공급자들이 있다. 이들 독과점 기업들은 가격을 한계비용보다 높은 선에서 결정하므로 자원 배분의 효율성은 달성되지 않는다.

자연독점은 특정 재화의 생산에 비교적 많은 고정비용이 드는, 예를 들어 발전소의 경우처럼 최초 고정비용보다 얻는 소득이 적은 경우 어떤 기업도 시장에 진입하지 않으

4) 중고차 시장에서의 역선택 문제는 에컬로프(Akerlof)가 경험적 관찰을 통해 분석한 바 있다. 중고차 구입자들은 '레몬'의 평균빈도수를 반영하는 값만을 지불하려 하는데, 이 값은 상급품의 중고차에 대해서는 싼 가격이다. 그 결과 품질 좋은 중고차가 시장에 출하되는 빈도수는 줄어드는 반면, 오히려 '레몬'의 빈도수는 증가할 것이다(Akerlof, 1970: 488~500). 중고차 시장에 100대의 차량이 있고 이 가운데 50대는 좋은 차, 50대는 나쁜 차이다. 좋은 차의 가치는 240만 원, 나쁜 차의 가치는 120만 원이다. 소비자들은 겉만 봐서는 좋은 차, 나쁜 차를 구별할 수 없다. 따라서 소비자들은 확률에 기초한 '기대가격'을 구하게 될 것이다. 즉, 좋은 차 살 확률이 1/2이고 나쁜 차 살 확률도 1/2이니까 (1/2×120만 원)+(1/2×240만 원)=180만 원이 기대가격이 되며, 이 액수만큼 낼 의사가 있는 것이다. 그러나 좋은 차를 소유한 사람은 절대로 240만 원짜리 차를 180만 원에 내놓지 않을 것이다. 반면 나쁜 차를 소유한 사람은 그 가격에 얼른 매물을 내놓을 것이다. 따라서 이 중고차 시장에는 좋은 차는 점차 사라지고 나쁜 차가 판을 치게 되는 결과가 된다(홍은주, 2009: 96).

려 할 때 발생한다. 그 결과 특정 기업이 독점권을 행사하게 된다(Bickers, 2001: 118~135). 이러한 독점의 경우에는 이론적으로 사회적 손실(dead weight loss)이 발생할 뿐만 아니라 또 개인이나 기업이 경영효율성을 추구하기 위한 노력이나 유인의 감소로 인해 나태해지거나 방만해짐으로써 발생하는 비효율성인 'X 비효율성(X-inefficiency)'이 발생하기도 한다.

2) 정부개입

전통적인 시장실패는 보이지 않는 손에 의한 파레토 효율성이 이루어지지 않는 상황을 말하는데, 이 경우 정부개입이 이루어진다. 예를 들어, 정부의 경제에 대한 개입방식을 보면, 크게 직접방식과 간접방식으로 나눌 수 있다. 직접방식의 예로는 국방, 치안 및 사회간접자본 등과 같은 공공재와, 무주택자에 대한 주택 제공과 결식아동에 대한 무료 급식 등과 같은 가치재(merit goods)를 정부가 직접 제공하는 것이다. 또 다른 예로는 통신, 전력 등과 같이 사회에 미치는 영향이 큰 사업을 공기업 형태로 직접 운영하는 것과 개인이나 기업의 행동을 규제하는 것을 들 수 있다. 이에 비해 간접방식은 정부가 직접 개입하지 않고 민간경제 주체에게 유인(incentive)을 제공하여 사회적으로 바람직하고 효율적인 방향으로 이끌어 가는 형식이다(형광석·정승기, 2000: 175~176). 시장실패를 해결하기 위한 정부의 노력은 아래 표로 정리할 수 있다.

〈표 6-3〉 시장실패의 해결

구분	공적 공급(조직)	공적 유도(보조금)	정부규제(법적 권위)
공공재의 존재	○		
외부효과의 발생		○	○
자연독점	○		○
불완전경쟁			○
정보의 비대칭성		○	○

위의 표에서 우리는 정부규제는 공공재를 제외한 모든 시장실패의 원인에 대한 대응 방안이 됨을 알 수 있다. 또 외부효과에 대한 대응방안은 외부불경제와 외부경제의 경우가 다른데, 외부불경제의 경우 과잉생산의 문제를 억제하기 위하여 조세부과 등 정부규제를 강화해야 하고, 반면 외부경제의 경우에는 과소생산의 문제를 해결하기 위하여 보조금 지급, 인센티브 제공 등의 방법이 고려되어야 함을 보여 준다.

(1) 공공재

공공재의 공급은 시장을 통해 자체적으로 이루어지기 어렵다. 과소공급의 문제가 있으므로 정부는 국민들로 하여금 강제로 세금을 내게 하고 이 돈으로 사회에 공급하게 된다. 그리고 클럽재(club goods)처럼 다른 사람의 이용으로 나의 소비에서 얻어지는 효용이 감소하는 혼잡문제(congestion)가 초래되기도 하므로 이를 적절한 수준으로 유지하는 것이 필요하다([그림 6-1] 참조). 경합성이 흔히 일어나는 공원이나 도로의 경우에 정부가 입장료 또는 사용료를 징수하는 것은 물론 재원의 확보라고 하는 목적도 갖고 있지만, 지나친 경합 현상을 막기 위한 목적도 갖고 있다(최병선, 1992: 81).

(2) 외부효과

외부효과에 따른 과소공급과 과다공급의 문제를 해결하기 위해 정부 간여가 불가피하다. 외부효과가 있는 경제 활동에 정부가 개입하여 자원 배분의 왜곡을 시정함으로써 자원 배분의 효율성을 높이게 된다.

과소공급과 과다공급의 문제를 해결하기 위해 개인적 비용(PC)과 사회적 비용(SC)을 일치시키거나 개인적 편익(PB)과 사회적 편익(SB)을 일치시키는 것인데 이를 '내부화(internalization)'라고 한다. 이 때 내부화는 어떤 계기로 인해 외부효과가 원인자의 경제적 손익 계산에 충분히 고려되어 이루어지게 된다.

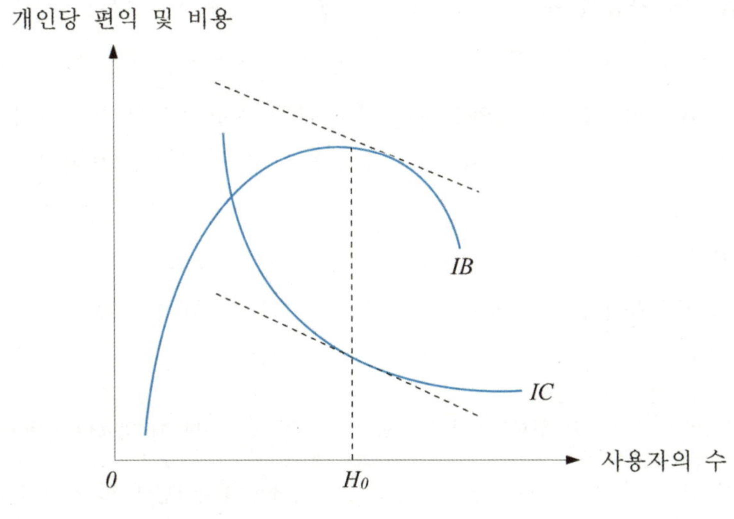

자료: 나성린·전영섭, 2007: 76.

[그림 6-1] 클럽재의 적정 사용자 수

구체적인 방법을 보면, 외부경제의 경우에는 사회적 이익을 환원시키게 되는데 이를 위해서는 두 가지 방법이 사용된다. 하나는 활동에 대한 대가를 보상해 주는 방법으로, 예를 들어 특허에 대해 장기간 독점 사용권을 부여하는 것이다. 다른 방법은 활동의 비용을 낮추어 주는 방법인데, 예를 들어 사립학교에 대한 재정 보조가 이에 해당한다. 외부불경제의 경우에는 사회적 비용을 야기하는 개인이나 기업이 부담토록 하는 것이다. 예를 들어 남산터널 혼잡료 부과, 교통유발부담금, 공해배출부담금 등을 부과함으로써 그러한 활동을 억제하는 방법을 쓰게 된다.

(3) 정보의 비대칭성

시장정보가 불완전할 때 인적, 물적 자원의 배분이 왜곡되어 사회 전체적으로 생산성을 저하시키고 산업구조를 왜곡시키게 된다. 따라서 불완전한 정보로 인해 야기되는 문제를 해결하기 위해서 정부가 적극 개입하게 되는 것이다.

역선택을 방지하는 수단으로는 신호발송과 선별이라는 두 가지가 있다. 신호발송은 정보를 가진 쪽이 자신의 사적정보를 상대방에게 보내는 것인데, 예를 들어 자동차의 무상수리기간 보증이나 면접 때 학점정보를 제공하는 것이 이에 해당한다. 선별은 정보가 없는 쪽이 정보가 있는 쪽에 대해 사적정보를 공개토록 유도하는 것인데, 예를 들어 신입사원을 채용하려는 회사가 취업준비생에 대해 관련 자격증 제출을 요구하는 것이 이에 해당한다. 도덕적 해이의 경우 자동차도난보험에서 도난 경보장치의 설치에 따라 보험금에 차등을 두는 것도 도덕적 해이를 방지하기 위한 한 방편이 된다.[5]

(4) 불완전한 경쟁

독점으로 인해 시장이 불완전하면 자원 배분의 효율성이 확보되지 않는다. 예를 들어 독점기업은 독점이윤을 생성하는 이러한 독점적 지위를 유지하기 위해 '진입장벽(entry barrier)'을 구축하려고 할 것이고, 따라서 독점산업에 정부개입이 필요하게 되는데, 일반적인 독점산업의 경우 반독점, 경쟁 제한적 불공정 거래 등에 대한 규제를 가하고 있고, 자연독점산업의 경우에는 가격과 이윤을 직접 규제한다.

---

5) '건강유지비'도 여기 해당한다. 가난한 사람들이 병원을 이용할 때 의료비를 국가가 전액 지원해 주는 것이 의료보호이다. 의료보호 예산은 가파르게 증가하여 2002년 2조 원 수준이던 것이 2007년에는 4.1조 원을 기록했다. 진료받는 사람들의 22%인 39만명이 1년에 365일을 초과하여 진료 처방을 받았는데, 가장 많은 처방을 받은 사람은 연간 12,257일이었다. 이에 따라 정부는 건강유지비를 신설하여 대상자들에게 매월 6천 원을 지급하고 병원에 갈 때에는 자기 부담을 하도록 하면서 연말에 남는 돈은 전부 본인 것이 되도록 했다. 병원에 가지 않으면 그 돈을 가질 수 있는 인센티브 제도로 전환한 것이다. 그 결과 의료보호 예산이 안정세를 찾게 되었다(김대기, 2014).

3) 정부실패

(1) 실패 사례

사례 1 울진공항

울진공항은 2005년 공정률 85% 상태에서 공사가 사실상 중단되었다. 지금까지 들어간 정부 예산만 1,147억 원, 거액을 들여 만들어 놓고서 저가항공사 정비공항이나 군 대체공항으로 사용하자는 제안이 있다. 양양공항은 2002년 개항 이후 484억 원의 누적적자를 내고 있으며, 최근 들어 꾸준히 매년 100억 원 이상 적자를 보고 있다. 이러한 상황에서도 지방공항 건설 움직임은 잦아들지 않고 있다. 지방자치단체들이 이렇게 큰 돈이 들어가는 공항을 세우자고 나서는 이유는 건립비용을 중앙정부가 모두 대기 때문이다(조선일보, 2008. 8. 2).

사례 2 양수발전소

양수발전소는 야간 시간이나 휴일 등 전력의 수요가 적을 때 남아도는 전력으로 펌프를 가동해 하부 댐에 있는 물을 상부 댐으로 끌어 올려 전력이 필요한 시간 물을 떨어뜨려 발전하는 것이다. 양양을 포함해 가동 중인 6개 양수발전소 건설에 들어간 돈은 2조 8,017억 원이지만 2007년 6개 양수발전소의 발전시설 이용률은 평균 3.99%에 불과했다. 이런 현상이 벌어진 이유는 정부가 전력 사용 행태를 제대로 예측하지 못하고 중구난방 식의 양수발전소 건립을 허용했기 때문이다. 양수발전소는 밤사이 남아도는 전력을 이용해 하부 댐에 있는 물을 끌어 올려야 하지만, 지난 2001년부터 심야전력 수요가 급증해 물을 퍼 올리는데 사용할 전력이 거의 없게 됐다(조선일보, 2008. 5. 14).

(2) 실패 이유

내부성과 파생적 외부성을 들 수 있다. 공공기관이 개발하는 내부 기준을 내부성이라 부르는데 예산극대화가 한 예이다. 시장에서는 이윤이라는 기준에 따라 그 조직의 성과가 평가되지만 정부영역에서는 이와 같은 이윤을 생각할 수 없기 때문에 그 기관의 예산규모를 그 기관의 주요한 성과기준으로 설정하게 된다. 그 결과 비용절감을 위해서 노력하는 기관의 구성원들보다도 비용을 부풀리거나 그것을 정당화시키는데 참여한 사람들이 보상을 받는다.

다음으로 파생적 외부성은 시장실패를 시정하려는 정부개입이 초래하는 예기치 않은 결과를 뜻한다. 파생적 외부성은 대체로 늦게 나타난다. 정치가나 관료들은 그들의 좁은 시계와 높은 시간할인율 때문에 이와 같은 파생적 외부성을 간과하는 경향이 있다. 이탈리아의 아브루치라는 작은 마을에서 독사가 자주 출현하여 이 문제를 해결하기 위하여 당국이 상금을 주기로 하자 자기 집 지하실에 독사를 사육하는 사람이 등장했었던 사례가 있다. 독사를 없애려고 한 정부의 목적은 오히려 엉뚱한 결과를 초래했던 것인데 파생적 외부성의 좋은 예라고 하겠다. 주택공급 정책에서 무주택자에 대한 청약 우선권을 부여한 제도를 보면, 이 제도의 취지는 무주택자에게 우선적으로 기회를 제공하여 경제적 약자를 보호하자는 것이었다. 그러나 무주택자는 반드시 경제적 약자이기보다는 이들 중 상당수는 자발적 무주택자이다. 주택을 구입할 경제력이 있는 사람일지라도 시세차익이 예상되는 지역에서 우선분양권을 얻으려고 의도적으로 전세를 살면서 자발적 무주택자가 되고 있다.

(3) 정부실패의 극복 방안

이윤을 내지 못하면 바로 도태되고 마는 시장(市場)과는 달리 정치인들이나 관료들은 경쟁의 무풍지대에 살고 있다고 해도 크게 틀린 말은 아니다. 이들은 자신의 이해에 반하는 개혁을 거부하므로 정부실패를 바로잡는 노력이 결코 쉬운 일이 아니다. 그럼에도 불구하고 이론적으로 도입 가능한 대책은 다음과 같다.[6] 첫째, 제도의 개혁이다. 행정조직 자체가 안고 있는 결함들, 예를 들면 조직의 비대화, 역할분담의 불명확성과 중복 등 때문에 비효율성이 초래되는 경향이 있다. 이 경우에는 제도의 개혁을 통해 개선을 기대할 수 있다. 흔히 정권이 교체되는 초기에 개혁이 거론되지만 결국 흐지부지 끝나고 마는 것은 앞서 언급한 대로 개혁의 정치경제적 측면에서 기득권자들의 저항이 이를 가로막고 있는 것이다.

둘째, 인센티브의 제공이다. 기업에서는 경영성과가 좋으면 승진이나 보너스를 받게 된다. 그러나 정부부문의 경우에는 성과 측정 자체가 쉽지 않아 보상제도의 운영이 용이하지 않다. 일을 열심히 잘해 보았자 별다른 보상이 없다면 이러한 유인구조 하에서는 무사안일의 업무행태가 전개된다.

셋째, 경쟁의 도입이다. 정부부문은 한마디로 독점체제로 운영되어 경쟁의 필요성을 그다지 느끼지 못한다. 이러한 데서 정부부문의 비효율성이 생겨나는 것이며, 따라

---

6) 정부실패를 원인별로 그 해결방안을 찾는다면 아래 표와 같다.

〈표〉 정부실패의 원인별 해결방안

구분	민영화	보조 삭감	규제완화
사적 목표 설정	○		
X-비효율, 비용체증	○	○	○
파생적 외부효과		○	○
권력의 편재, 지대추구	○		○

위의 표에서 우리는 파생적 외부효과에 대한 대응방안으로 정부 보조 삭감, 규제 완화 등이 있음을 알 수 있다. 파생적 외부효과는 정치적 개입에 의한 졸속행정이 원인이 되어 발생한다고 본다. 또 사적 목표의 설정에 대한 대응방안에는 민영화가 있음을 알 수 있다.

서 민간에서 볼 수 있는 다양한 형태의 경쟁체제의 도입이 절실히 요구되는 것이다.[7] 여기서는 경쟁요소의 도입에 대해 좀 더 자세하게 살펴보고자 한다.

① 시장성 테스트

'파산의 치유력(healing power of bankrupcy)'이 결여되어 있는 공공 부문에 시장 메커니즘을 적극 도입함으로써 정부실패의 요인들을 제거하려는 시장 지향적인 대안이 '정부혁신'이나 '정부의 재창조' 또는 '민영화'나 '작고 효율적인 정부'라는 기치 아래 급속히 확산되고 있다. 특히 서구 선진국들은 정부행정 전반에 대한 소위 시장성 테스트(market testing)를 통해서 경쟁을 통한 효율성 증대를 꾀하고 있다.

시장성 테스트는 1991년 영국에서 시작된 정부개혁 프로그램으로서 국민의 '지출가치(value for money)'를 극대화하려는 것이다. 이 제도는 강제경쟁입찰제도(CCT: compulsory competitive tendering)가 근간이 되는데, CCT는 지방정부의 공공서비스 공급에서 지금까지 당연시되었던 지방정부의 독점적 지위를 과감하게 철폐하고서 민간과의 경쟁입찰방식에 의해 서비스 공급 주체를 결정해야 한다. 그렇게 함으로써 주민들에게 저렴한 가격으로 양질의 서비스를 공급하게 됨으로써 지방정부의 효율성을 제고할 수 있다는 것이다. 시장성 테스트의 주요 내용은 지금까지 정부의 당연한 업무로 간주되어 온 행정의 여러 업무에 대해 첫째, 그것이 반드시 필요한 업무인가? 둘째, 정부가 반드시 그 업무를 맡아야만 하는가? 셋째, 정부가 맡을 경우 정부가 직접 생산해야만 하는가? 넷째, 정부가 수행할 경우 효율성의 증대 방안은 무엇인가? 등과 같은 몇 가지 질문들로 구성된다. 이와 같은 시장성 테스트의 결과에 따라 정부 서비스의 계약제로의 전환, 기업화·민영화, 구조조정 등과 같은 다양한 방식의 해결 방안이 도출된다(이계식·문형표, 1995: 28). 성과를 보면, 시장성 테스트 결과 민간업체가 공급 주체가 되면 파산의 치유력이 작용하여 고객 위주의 서비스가 공급되었고, 정부부서가 공급 주체가 되면 민간업체와의 경쟁, 계약갱신의 불확실성 등으로 인해 공공지출의 가치가 제고된다. 중앙정부에 대한 시장성 테스트는 반강제성을 띤 반면, 지방정부는 1992년의 지방정부법(local government act)에 의해 강제적으로 경쟁을 도입하고 있다. 전체적으로 이 제도로 인한 비용절감 효과는 1992년부터 1996년까지 7억 2천만 파운드가 절감되었고, 인원감축 효과는 50%에

7) 우리나라에서 경쟁체제 도입이 쉽지 않다. 일례로 생활폐기물 수거의 경우, 경쟁체제 도입을 기존의 허가업체에 대한 기득권 박탈로 인식한다. 서울시 자치구의 분뇨 수거 민간위탁에 있어 환경부가 동 시장의 경쟁 강화를 위하여, 1997년 3월 7일 시군구청장들이 분뇨처리업 허가를 제한할 수 있는 권한을 규정한 오수분뇨 및 축산폐수의 처리에 관한 법률 제35조를 삭제했음에도 불구하고 분뇨처리업 시장이 여전히 구역별 독점체제를 유지하게 된 사례를 미루어 볼 때 알 수 있다(김재훈, 2005: 222).

달하고 있다. 특히 안보 때문에 경쟁이 불가능하다고 인식했던 국방부 업무에도 막대한 비용절감 효과를 거두고 있다. 문제점으로는, 먼저 행정적 절차 비용을 들 수 있다. 내부입찰팀의 구성, 내부입찰서 작성, 외부 민간공급자의 서비스 공급 모니터링 등 일련의 과정에서 행정적 비용이 발생했다. 다음으로, 공무원들이 신분상 불안정을 느끼고 있으며 설령 낙찰되는 경우에도 안정적인 근무태도를 보이지 못하고 있는 것으로 평가된다.

② 책임운영기관

선진국에서 각종 집행업무를 별도의 넥스트스탭(Next Steps) 사업소로 조직하고, 이들에게 재량권을 부여하여 독립적인 회계시스템을 가지도록 했다. 사업소장은 인사와 재정상의 상당한 재량권을 가지는데, 소장은 공개경쟁을 통해 민간전문가를 영입하고 있다.

우리나라는 2000년부터 10개의 책임운영기관을 시범운영하였는데 2006년 특허청을 포함해 27개 기관을 추가 지정하고, 2007년에는 국립문화재연구소, 통계개발원 등 2개 기관이 추가되어 2018년 현재 기관의 지위에 따라 중앙책임운영기관 1개(특허청), 소속책임운영기관 49개 등 총 50개 기관이 운영 중이다. 이 가운데 35개 기관이 일반회계로, 13개 기관이 책임운영기관특별회계기관으로, 2개 기관이 다른 법률에 따라 설치된 특별회계로 운영되고 있다. 책임운영기관은 기관의 사무성격에 따라 이전에는 행정형 책임운영기관과 기업형 책임운영기관으로 구분했으나, 지금은 다음과 같이 구분된다(책임운영기관법 제2조 제3항).

① 조사연구형 책임운영기관, ② 교육훈련형 책임운영기관 ③ 문화형 책임운영기관, ④ 의료형 책임운영기관, ⑤ 시설관리형 책임운영기관, ⑥ 그 밖에 대통령령으로 정하는 유형의 책임운영기관 등이다.

책임운영기관의 정원 관리를 보면, 총정원은 대통령령으로 규정하고, 종류별·계급별 정원은 총리령 또는 부령으로 그리고 직급별 정원은 기관장이 기본운영규정으로 정한다. 그리고 구성원의 신분은 공무원이다.

우리나라에서도 시장원리의 도입, 민영화, 민간위탁 등이 추진되고 있다. 그러나 이와 같은 정책들이 예산절감이나 효율성 증대로 반드시 이어지는 것은 아니다. 정부예산의 더 많은 지출, 국민에게 부담 전가 등이 일어날 수도 있다. 황혜신은 군산, 마산, 이천 지방의료원의 민간위탁에 대한 연구에서 공공성의 후퇴를 지적했다. 그리고 환자들의 진료비, 특히 입원진료비는 상당히 상승하였고 민간위탁의 목적인 정부의 예산 지원 절감은 거의 이루어지지 않았다는 것이다(황혜신, 2005: 85).

이러한 상황에서 정부의 공공서비스 '사업'의 민간위탁이 아니라 공공서비스 '책임'의 민간위탁이 발생하여 공공성의 저하가 일어날 우려가 있다는 지적에 귀 기울일 필요가 있을 것이다(황혜신, 2005: 86). 아울러 민영화가 정부의 역할을 선호하는 정치집단의 지지기반을 축소하고 시장 지향적인 정치적 가치를 조장함으로써 정치적 경합구조를 바꾸기 위한 측면에서만 접근한다면 공공서비스 공급의 심각한 왜곡을 초래할 것이므로 정부는 민영화정책에 있어 보다 '탈이데올로기적'이며 균형적인 시각에서 접근해야 한다(김준기, 2001: 31).[8]

제 2 절 정책환경과 정책과정 참여자

1. 정치체제와 정책환경

정책과 환경은 상호 밀접한 관계를 가지고 영향을 주고 받는 관계이기 때문에, 정책은 환경과 분리해서 생각할 수 없다. 특정 사회의 지형학적 특성과 인구학적 특성은 그 사회의 정책에 큰 영향을 미치는 환경요인이 된다.

체제론적 관점에서 정책환경은 정치체제에 영향을 미치고 정치체제로부터 나오는 산출물이 정책이다. 따라서 정치체제와 정책환경은 정책의 내용을 결정하는 가장 중요한 변수가 된다. 모든 체제는 환경과 상호작용을 한다. 환경으로부터 받아들이는 투입(input), 환경으로 내보내는 산출(output) 및 산출에 대한 환경의 반응을 점검하여 체제를 환경에 적응시키는 환류(feedback) 등이 그것이다.

1) 투 입

정치체제도 마찬가지로 환경으로부터 요구(demand)와 지지(support)라는 두 가지 종류의 투입을 받게 된다. 정치체제에 대한 환경의 요구는 사회문제의 해결 요구라는 형

8) 비판의 내용은, 정부의 공기업에 대한 구조조정 추진이 시장경제 논리와 부합하는 기본적인 룰과 원칙 하에서 기업의 자발적이고 자율적인 선택 위에서 진행되기보다는 정부가 직접 개입하여 졸속 추진을 강요함으로써 구조조정 본래의 취지에서 벗어나 도덕적 해이와 실업문제, 노사 간의 갈등을 심화시키는 결과만을 초래하였다는 것이다. 도덕적 해이의 예로 지난 1997년부터 2005년 7월까지 모두 84조 5,942억 원의 공적자금이 투입된 17개 국내 은행 임직원들의 2004년 평균임금은 5,900만 원으로 국내 전체 근로자의 평균임금(2,800만 원)의 배가 넘는 것으로 나타났다(국제신문, 2005. 10. 4).

태를 취하게 되는데, 정부한테 우리 지역에 교량을 건설해 달라, 또는 교통 문제를 해결해 달라는 식의 형태를 띠게 된다. 정치체제에 대한 환경의 지지는 크게 두 가지로 구분할 수 있는데, 하나는 체제 운영에 필요한 인적·물적 자원의 제공이다. 징병정책, 조세정책 등이 여기 해당한다. 다른 하나는 순응확보정책이다. 공권력의 행사에 대한 순응은 여러 가지 규제정책을 수용하고 처벌이나 규제를 감수하는 행위 등이다.

2) 산 출

산출은 정치체제가 환경의 요구에 대응하여 내보내는 것으로 정책이 바로 그것이다. 이스턴(David Easton)은 정치를 "가치의 권위적 배분(the authoritative allocation of values)"이라 하고(Easton, 1953: 129), 정부의 이러한 역할은 정책을 통해 달성된다는 것이다. 일반적으로 정책은 분배정책, 규제정책, 재분배정책, 구성정책 등으로 구성된다.

3) 전 환

전환(conversion)은 정치체제에 대한 투입을 산출물로 변화시키는 과정을 말하며, 전환은 정치체제 내에서 일어나는 제 활동의 핵심이 된다. 전환과정은 소위 말하는 블랙박스 내에서 이루어지는 것으로 이전에는 일반국민이 접근할 수 있는 과정이 아니었다. 정책결정과 집행에 관한 공식적 권한이 부여된 입법기관, 행정기관, 사법기관들 사이에서 일어나는 활동이었다. 그러나 최근에는 거버넌스(governance)가 대두되면서 비공식적 행위자의 참여도 가능하게 되었다. 그 과정에서 정보공개제도 등의 제도에 힘입어 일반국민들도 블랙박스에 접근할 수 있게 되었다.

4) 환 류

정치체제의 산출은 체제를 둘러싼 환경에 일정한 영향을 미친다. 이러한 영향에 대한 환경의 반응으로서 차기 투입에 되돌아가는 것이 환류(feedback)이다. 이 환류과정은 정치체제에 대한 통제과정으로 산출에 대한 평가를 반영한다. 즉 국민들이 정부의 정책을 평가한 결과가 차기 투입으로 나타난다. 이러한 환류과정을 거친 후 정책담당자가 교체되고 해당 정책이 변동 내지는 종결되기도 한다.

이스턴(D. Easton)은 이상에서 설명한 '투입 → 정치체제 또는 정치과정 → 산출'의 관계를 다음 그림으로 나타내고 있다.

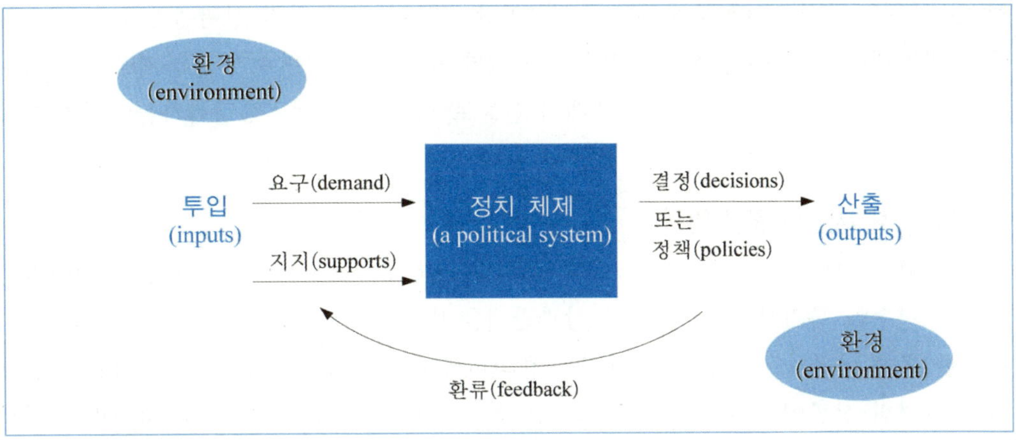

자료: 김성무 역, 1983: 74.

[그림 6-2] 체제론적 모형

2. 정책결정요인론

정책결정요인론(policy determinants theory)이란 정책의 내용을 결정하는 요인이 무엇인가를 밝히는 이론으로, 주로 사회·경제적 요인과 정치적 요인 중 어느 것이 더 큰 비중을 차지하는가를 설명한다.

1) 내 용

(1) 키 등의 전통적 정치학자

전통적 정치학자들은 정치적 요인을 강조하고 있다. 키(V. O. Key, Jr.)는 미국 남부에서 백인 농장주들은 저소득층의 정치적 영향력 증대를 막기 위해 정당 간 경쟁을 축소시켜 흑인에 대한 사회보장비 지출을 적게 만들었다. 그들은 정당 간 경쟁이 치열할수록 투표자의 다수를 차지하는 저소득층의 영향력이 증대될 수 있다고 생각했다. 다시 말해 대단위 농장이 많다는 경제적 환경이 경쟁을 제약하고 경쟁이 적을수록 사회보장 지출이 적은 것으로 요약된다. 즉, 정책의 내용을 결정하는 것은 정치적 요인이라는 것이다.

(2) 경제학자들의 환경 연구

미국의 재정학자 패브리칸트(Solomon Fabricant)는 1인당 소득, 인구밀도, 도시화 정도의 세 가지 변수로 주 및 지방정부의 1인당 정부 총 지출액의 차이를 72% 정도 설명할 수 있음을 밝혔고, 이 중에서도 특히 1인당 소득이 가장 강한 상관관계를 가지고 있음을 발견했다(Fabricant, 1952). 이것은 정치체제 바깥의 외생변수가 공공지출을 결정하는 결과가 되어, 당시 정책을 정치체제의 산물로 보고 있던 정치행정학자들에게 커다란 충격을 안겨 주었다.

(3) 정치학자들의 환경 연구

1963년에 도슨(Richard E. Dawson)과 로빈슨(James A. Robinson)은 정당 간 경쟁이라는 정치적 변수와 복지사업 간에 강한 상관관계를 발견했으나 도시화, 산업화, 소득 등을 통제한 후에 나타나는 부분 상관관계는 유의미하지 못했다. 즉, 정치적 변수와 정책 간 관계는 허위 상관에 불과하다는 것을 의미하는데(Dawson & Robinson, 1963), 이를 '의사모형(spurious model)'이라고도 부른다.

(4) 직접모형

일부 정치학자들은 사회경제적 변수의 상대적 우월성을 인정했으나, 정치체제와 정책 간의 상관관계가 사회경제적 변수의 영향에 전적으로 의지한다는 주장에는 도저히 동의할 수 없었다. 이들은 정치적 변수도 정책에 독립적인 영향을 미친다는 것을 증명하려 했고, 이러한 견해를 더욱 발전시킨 루이스벡(M. Lewis-Beck)은 경로분석을 사용하여 효과 계수를 계산해 내었다(Lewis-Beck, 1977: 47).

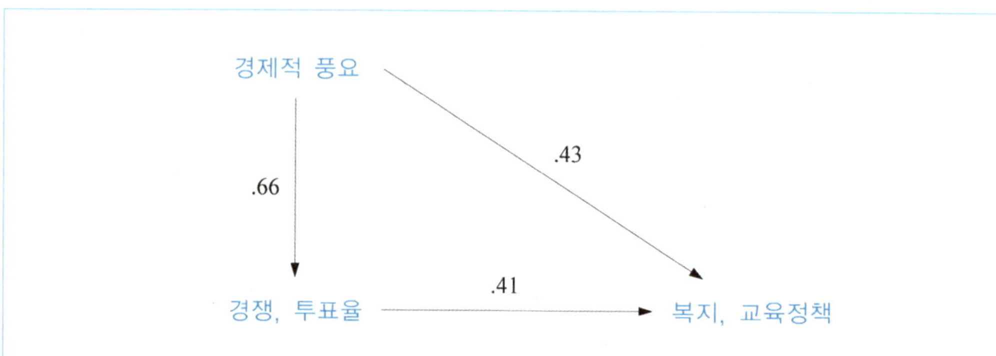

[그림 6-3] 직접모형

위의 그림에서 사회경제적 변수의 효과 계수는 .43 + (.66 × .41 = .27) = .70으로 정치적 변수의 효과 계수 .41보다 크지만, 정치적 변수도 독립적으로 정책에 영향을 미친다는 것이다.

2) 정책결정요인론의 영향

정책에서 사회·경제적 환경이 차지하는 비중이 얼마나 중요한가를 부각시켰다는 점에서 의의가 크다. 물론 이전에도 환경의 중요성에 대한 강조가 있었지만, 정책결정요인론에서는 과학적 방법을 사용하여 환경의 중요성을 강조한 점이 차이가 있다. 정치·행정학자들이 가한 비판의 내용은 정치적 변수의 영향은 과소평가되고, 사회·경제적 변수가 정책에 미치는 영향은 과대 평가되었다는 것이다.

3. 정책과정의 단계

정책과정(policy process)을 어떻게 분류하는가는 학자들에 따라 매우 다양하다. 보통은 다소의 가감은 있지만 존스(Charles O. Jones)는 체제분석의 개념에 의거해 정책과정을 문제 규명(problem identification), 정책개발(problem development), 정책집행(program implementation), 정책평가(problem evaluation), 정책종결(program termination) 등으로 구분하고 있다(Jones, 1977: 9~12).

여기서는 정책과정을 다섯 단계로 구분하여 분류하고자 한다. 즉, 정책의제 설정단계, 정책결정단계, 정책집행단계, 정책평가단계, 정책변동단계 등이다.

4. 정책과정의 참여자

정책과정에의 참여자를 공식적 권한 여부에 따라서 공식적 참여자와 비공식적 참여자로 구분하고 있다.

1) 공식적 참여자

(1) 대통령

대통령이 정책과정에서 어떤 역할을 하게 되는가는 그 나라가 어떤 정체(政體)를 가지고 있는가에 따라 달라진다. 우리나라는 대통령(大統領)의 권한으로 법률안 제출권 및 법률안 거부권과 행정입법권을 부여하고 있다. 법률안 제출권을 가지고 있기 때문에 정책의제 설정 단계에서부터 대통령은 막강한 권한을 행사하며, 또 복잡한 현대사회에서 모든 사항을 의회가 법률로써 직접 규정하는 것은 부적당하기 때문에 대통령은 대통령령이라는 행정입법권[9]을 행사하게 된다. 또한, 대통령은 대법원장과 대법원 판사에 대한 임면권을 갖고 있기 때문에 실질적으로 사법부에 영향력을 행사하고 있다고 볼 수 있다. 그리고 행정부 수반으로서 총리를 비롯한 각급 공무원의 임명과 해임에 대한 일체의 권한을 행사하기 때문에 정책과정 전반에 걸쳐 실로 막강한 권한을 행사하게 되는 것이다. 이러한 점에서 혹자는 제왕적(帝王的) 대통령으로 부른 바 있다.[10] 미국에서 대통령의 권력은 대통령 개인의 영향력에 의해 좌우되는데, 대표적인 것이 협상과 설득 능력이다. 우리는 종종 미국 대통령이 법안 통과에 앞서 의회의 주요 인사들에게 협조를 구하는 전화를 거는 모습을 볼 수 있는데 이 때 대통령의 개인적인 능력이 발휘된다고 하겠다. 2015년 5월 12일 워싱턴의 조지타운대학교 무대 위에는 의자 4개가 놓이고 오마마 대통령은 예상을 깨고 연단으로 향하지 않고 4개 자리 중 하나에 바로 앉았다. 빈곤 극복을 주제로 하는 토론회에 미 대통령이 패널 중 한 명으로 참석한 것이었다. 사회자는 대통령이라고 해서 특혜를 베풀지 않았다. 시간을 더 주지도, 기회를 더 주지도 않았다(조선일보, 2015. 4. 15).

(2) 의 회

의회는 법안 발의와 심의를 통해 특정 대안을 지지 혹은 반대한다. 그런데 의원 발의 건수 중 가결된 건수에 비해 미처리로 폐기된 건수가 더 많은 것이 일반적이다.[11] 이 과정에서 의원들이 서로 공동발의를 해 주는 '품앗이법안', 용어 한두 개만 교체하는 순 쉬운 법안 발의인 '땜질법안', 정부가 의원을 통해서 대신 발의하는 '우회법안'[12] 등의 맹점이 보인다.[13] 이러한 우회법안 성행의 배경에는 정부 발의 법안은 야당의 공격대상이 되기 쉬운 반면 의원입법으로 하면 공격이 덜하다는 점이 작용한다. 정부 발의가 관계부처와의 협의, 입법예고, 공청회, 법제처 심사, 차관회의, 국무회의 등을 거쳐야 하는 데 비해 의원입법은 의원 10명 이상의 서명만 받으면 바로 발의할 수 있기 때문이다. 일부에서는 우회법안을 '청부법안'으로 부르고 있는데 정부는 법안 처리 속도

---

9) 행정입법은 그 효력에 따라 법규명령과 행정명령(행정규칙)으로 나뉜다. 법규명령은 행정기관이 헌법에 근거하는 대국민적 구속력을 가지는 명령이다. 이에 반해 행정명령은 훈령이나 예규처럼 행정조직의 내부에서만 효력을 가질 뿐 대외적 구속력을 갖지 않는 규칙을 말한다.

10) 이에 예외적인 인물이 노무현 전 대통령인데, 그는 집권당을 장악하지 못했고, 정치자금, 공천권 장악도 안 되어 제왕적 권력 행사가 곤란했고 대신 대중호소 전략으로 나갔다고 볼 수 있다.

11) 가결률이 갈수록 낮아지고 있는데, 19대 국회(2012~2016)에서는 법안가결률이 40.2%로 18대 국회의 44.4%보다 더 떨어지고 있다. 입법 효율성에서 큰 문제를 안고 있다고 하겠다.

12) 우회법안이란 정부 입법의 경우 법제처 심사, 부처 조정, 국무회의 의결 등 복잡한 과정이 필요한 반면, 의원입법은 절차가 간단하기 때문에 정부가 의원에게 부탁해 대신 발의하는 우회법안이 성행한다. 예를 들면, 국토해양부가 한나라당 윤두환 의원을 통해 발의한 「산업단지 인·허가 절차 간소화를 위한 특례법안」 같은 것이다.

13) 의원들의 입법활동을 정량 평가가 아닌 정성 평가를 할 수 있도록 학계나 시민단체들의 '입법영향평가'를 도입할 필요가 있다.

를 높일 수 있고, 의원들은 산업단지나 기관을 지역구에 유치할 수 있기 때문이다. 이러한 문제점을 막기 위해 법제처는 2014년 11월 의원발의 법안이라도 예산·규제 등과 관련해 부처 간 협조가 필요한 경우 관계기관의 장과 협의해야 한다는 내용을 담고 있는 「법제업무 운영규정 일부개정령」을 공포한 바 있다.

또한 여러 가지 정치적 상황으로 입법권이 행정부에 의해 제한을 받는다면 의회는 예산 심의[14]를 통해 자신들의 결정 권한 확보를 꾀한다. 그리고 의회는 국정감사와 국정조사권을 통해 행정부의 잘못된 부분을 감시 감독한다. 이 두 가지는 대정부통제라는 점에서는 같으나 몇 가지 점에서 차이가 있다. ⅰ) 국정감사가 국정의 전반을 대상으로 하는 데 비해, 국정조사는 국정의 특정·사안을 대상으로 한다. ⅱ) 국정감사는 매년 정기국회 다음 날부터 20일 동안 시행하지만, 국정조사는 재적 의원 1/4 이상이 국정조사 요구서를 제출하면 가능해진다. 국정감사에서 국회의원들의 지나친 자료 요구로 빈축을 사고 있으며, 또 국정조사도 「국정감사조사법」 제3조에 따라 국정조사 요구 요건은 의원 4분의 1인데 반하여 조사계획서 승인은 본회의 일반정족수 의결을 요구하고 있어 본회의 통과가 무산되는 사례가 많다.[15]

(3) 관료집단

관료집단의 경우, 이전에는 정치가들이 정책을 결정하면 관료는 그것을 집행했다. 그러나 지금은 관료들이 실제 정책을 만드는 정책결정자(policy-maker)이고, 정치가는 단지 정책수용자(policy-taker)일 뿐이다. 특히 정책결정이 골격입법(skeleton legislation)만 할 경우 구체적인 세부 정책 결정은 행정조직에 일임하는 경향이 증대됨에 따라 행정조직의 재량권은 더 커지고 있다. 그것이 바로 위임입법으로서 일단 법률이 제정된 후에도 법률 규정의 모호성과 치밀하지 못함으로 인해 위임입법을 통해 공무원들에게 정책결정권을 부여하게 된 것이다.

(4) 사법부

사법부를 보면, 현행 헌법에서는 사법부를 구성하는 기관이 법원과 헌법재판소로

---

14) 우리나라 의회의 경우, 예산심의를 통해 행정부를 견제하는 역할을 수행해야 할 국회가 "예산안 부풀리기" 구태를 되풀이하고 있다. 여야 의원들이 지역구 민원을 해결하기 위해 대부분의 상임위에서 세출규모를 늘리고 있는데, 이러한 현상은 최근에도 여전하여 특히 소위 말하는 '쪽지예산'의 폐해가 적지 않은 실정이다. 쪽지예산이란 SOC 사업과 관련해 정치인들이 자신들의 지역민원 예산에 투입하기 위해 따낸 예산으로 철저한 타당성 검토도 없이 예산만 확보한 것이기에 실집행률도 떨어지고 있다.

15) 프랑스는 야당 및 소수당 대표가 제안하는 국정조사 요구의 부결을 위해서는 5분의 3 이상의 찬성을 필요로 하여 의회 소수세력의 조사권한을 보장하고 있다(전진영·최정인, 2014: 3).

이원화되어 있다. 법원은 소송 절차에 따라 사법권을 행사하는 것을 본래의 직무로 하는 국가기관을 말하며, 헌법재판소는 사법권 중 위헌법률 심판, 탄핵 심판, 위헌 정당 해산, 권한쟁의 심판, 헌법소원 심판 등을 관할하고 있다. 정책집행을 보면, 사법부는 행정부의 정책집행을 통제할 수 있는 직접적인 정책수단을 보유하는 데에는 한계가 있다. 하지만 우리나라는 명령심사권과 행정재판권을 사법부가 보유하고 있으므로, 특정 정책의 집행이 법률적인 쟁송이 되어 있는 경우 사법부는 정책의 지속과 중단 등에 대한 판단을 통해 집행 과정에 개입할 수 있는 권한을 가진다. 그 대표적인 사례가 2003년 7월 서울행정법원에 의한 새만금간척사업에 대한 집행정지 결정이다. 또 헌법재판소는 서울이 수도인 것은 관습헌법으로 성립된 불문헌법에 해당하며, 수도의 이전을 헌법 개정의 절차를 밟지 아니하고 단순법률의 형태로 실현시킨 것은 국민투표권의 행사를 배제한 것이므로 헌법에 위반된다고 심판하였다. 정부는 이러한 위헌결정이 있자 행정수도가 아닌 주요 행정부처만을 이전하는 '행정중심복합도시'를 건설하는 내용의 특별법을 제정하고 시행하였다.

2) 비공식적 참여자

(1) 정 당

정당(political party)은 헌법상의 기관은 아니지만 각종 사회집단의 요구나 일반국민들의 요망을 수렴하여 정책대안으로 전환시키는 이익결집(interest aggregation)의 기능을 수행한다는 점에서 중요한 역할을 한다. 즉 국민들이 표출한 의사를 집약하는 것으로 이것은 선거에서 공약사항 또는 정강정책으로 나타나게 된다.[16] 그리고 최근 경향은 정당은 포괄정당(Catch-All Party)을 지향한다. 포괄정당은 선거에서 승리하기 위하여 어떤 특정한 이데올로기나 정책을 끝까지 고집하지 않고 각계각층으로부터 최대한으로 많은 지지자를 획득하려는 정당이다. 즉, 특정한 사회계급보다는 다양한 이익집단을 접촉하는 것이 선거에 유리하기 때문이다.

정책과정상 역할을 보면, 첫째, 정책의제 설정에서 각종 요구들을 정책대안으로 전환시키는 기능이 이익결집인데, 이에는 대안들을 지지하기 위하여 정치적 자원을 동원하는 활동도 포함된다. 이러한 과정에서 지지를 얻을 수 있는 대안만이 남게 된다. 우리나라의 경우, 정책의제 설정에서 집권여당이 대통령의 지배에 의한 자율성 약화로 제 기능을 수행하지 못했던 데 비해, 야당은 정부정책의 과오를 국회에서 검토하도록 여론

16) 국가사회 안에서의 투쟁에 있어서의 권력을 가령 핵탄두(核彈頭)라고 한다면, 정당은 바로 이 탄두를 운반하는 미사일이라 할 수 있을 것이다(이극찬, 2009: 355).

을 환기하는 방법을 통해 정책의제 설정에서 큰 역할을 수행했다. 둘째, 정책결정을 보면, 정책결정은 공식적인 정부기관이 담당하는 역할이다. 그러나 실질적으로 보면 정당이 커다란 역할을 한다. 정당이 선거 시에 제시한 정책대안은 그 정당이 집권당이 되는 경우에 그대로 정책이 되기도 한다. 또 집권당은 평소에 당에서 중요한 정책을 결정하여 국회에 제출하여 법안으로 가결하거나 행정부에 제시하여 이를 받아들이도록 함으로써 실질적으로 정책을 결정하는 경우가 많다(정정길 외, 2008: 174~175). 셋째, 정당은 집행과정이나 정책평가에도 영향력을 행사한다. 집권당은 정책집행이 자신들이 원하는 방향으로 추진되도록 행정부의 정책집행 담당자들에게 영향력을 행사한다. 또한 야당은 정부의 정책집행에 대한 감시활동을 통해 집행에 영향을 미친다.

(2) 이익집단

이익집단(interest group)이란 "집단 구성원의 공동이익을 증진함을 목적으로 하는 집단"을 말한다. 미국에서는 상·하원에 이은 제3원(third house)으로 불릴 정도로 막강한 힘을 행사하고 있다.[17] 이익집단은 구성원의 이익을 결집하고 표출 및 전달함으로써 정치행정체계의 투입과정을 통해 영향력을 행사하고 있다. 예를 들어, 우리나라의 노동활동의 이익집단에 관련된 사회의 구성은 ① 정부, ② 사용자집단, ③ 근로자집단으로 이루어지고 있다. 한국노총의 이익표출 활동은 두 가지로 크게 구분되는데(김행범, 1986: 300), 첫째는 정부의 직접적인 행동을 요구하는 것으로, 예컨대 정부가 지침으로 정하고 있는 임금 가이드라인 제도를 철폐할 것을 요구하는 경우이다. 둘째, 정부가 사용자측에 대해서 일정한 역할을 수행하여 주기를 요구하기보다는 이 정부를 매개로 하여 사용자측에 어떤 영향을 끼치려고 하는 것인데, 예컨대 사용자가 부당노동행위를 하지 못하도록 정부가 철저히 기업을 감독해 줄 것을 노총이 요구하는 경우이다.

미국에서 가장 영향력이 큰 이익집단 가운데 하나로 '전국총기연합(the National Rifle Association of America)'을 들 수 있으며, 이들이 개인의 총기 소지를 규제하려는 정치인을 선거에서 낙선시키곤 한다(류지청, 2007: 100). 미국인의 민간보유 총기는 100명이 약 84정의 총기를 보유하고 있는 것으로 알려지고 있어 총기사고가 비일비재하게 일어난다. 한 해 평균 3만명이 총기사고로 죽고 10만 여명이 다치는 일이 벌어지고 있다. 그런데도 불구하고 총기규제가 이뤄지지 못하는 것은 이 단체가 영향력을 행사하기 때문이다. 1994년 미 하원 선거에서 미 하원 후보 276명에게 정치자금을 제공해 211명을 당선

17) 미국에서는 이익집단의 역기능을 줄여 정책을 투명하고 공정하게 결정하기 위해 로비스트(lobbyist) 제도를 실시하고 있다. 로비를 청원권의 일종으로 이해하고 6개월간 5,000달러 이상을 받은 로비스트, 2만 달러 이상 수임한 로비회사는 반드시 의회에 등록을 해야 한다(이철규, 2007: 98).

시키는 괴력을 발휘했는데, 그 이래로 정치권에서는 총기규제 목소리가 사라졌다(홍은주, 2009: 156~157).[18]

(3) NGO(Non-Governmental Organization)

민주화 조치 이후 상당한 변화가 전개되고 있다. 특히 환경운동연합이나 참여연대와 같은 공익단체의 참여가 엄청나게 증가하고 있는데, 이들은 시민여론을 동원하여 정책의제 설정에 영향력을 행사할 뿐만 아니라, 정책대안의 제시, 집행 활동의 감시 등을 통해 정책과정 전반에 걸쳐 상당한 영향력을 행사하고 있다. 하지만 선진국 이익집단의 이익표출 활동에 비하면 아직도 부족한 실정이다.

NGO는 ⅰ) 자발성에 입각하여, ⅱ) 경제적 이익 대신에 공익을 추구하고, ⅲ) 사회운동 차원에서 활동하는, ⅳ) 민간결사체이다. 이러한 역할을 하는 NGO에 대한 국민들의 신뢰는 적지 않다. 시사저널의 조사에 의하면, "한국을 움직이는 가장 영향력 있는 집단이 누구인가?"라는 설문에 시민단체가 2004년 조사에서 제1위를 차지한 바 있다.

① 사회적 자본의 형성

콜맨(James Coleman)이 사회적 자본(social capital)이라는 개념을 사회과학에 도입했는데, 그는 조직 내에서 공동목적을 위해 함께 일할 수 있는 사람들의 능력을 사회적 자본으로 정의했다. 그런데 NGO라는 맥락에서 사회적 자본의 개념을 시민사회에 연결시킨 사람은 풋맨(R. Putman)이다. 그는 사회적 자본을 "조정과 협력을 촉진하는 네트워크, 호혜적 규범, 사회적 신뢰 등을 추구하기 위해 함께 일할 수 있도록 하는 조건"으로 정의한다(남궁근, 2008: 247). 이러한 사회적 자본의 특징을 보면, ⅰ) 사회적 자본은 관계 속에 존재하는 자본이다. ⅱ) 사회적 자본은 이익이 공유되는 특성을 보인다. ⅲ) 사회적 자본은 소유주체가 지속적으로 유지하려는 노력을 투입해야 하는 자본이다. ⅳ) 등가물의 교환이 아니라 당사자가 사용하면 할수록 더욱 증가하는 포지티브-섬(positive-sum) 관계로 나타난다. ⅴ) 사회적 자본의 교환은 동시성을 전제하지 않는다(남궁근, 2008: 251~252).

사회적 자본을 "구성원들의 비공식적인 가치 혹은 규범"이라고 정의했던 후쿠야마(F. Fukuyama)는 정치적 시각에서 볼 때 사회적 자본이 없으면 시민사회가 형성되지 못

---

18) NRA는 정회원만 500만명에 달하는데 이들이 이처럼 엄청난 영향력을 행사할 수 있는 배경에는 미국 수정헌법 제2조가 자리한다. 이 조항은 총기 소유권을 인정하고 있는데, 제2조의 주요 내용은 "규율을 갖춘 민병대는 주정부의 안보에 필요하므로 무기를 소유하는 권리가 침해를 받아서는 안된다"이다. 이는 강력한 중앙정부에 대한 불신이 작용한 것으로 볼 수 있다.

하며, 또 시민사회가 존재하지 않으면 성공적인 민주정치도 존재할 수 없게 된다고 주장한 바 있다(1999: 16, 20).

② 정책과정에서의 역할: 고객정치 상황

지배계층에 의한 무의사 결정시 NGO는 이를 사회적 쟁점으로 만드는 데 기여한다. 이러한 설명은 윌슨(J. Q. Wilson)의 네 가지 정치상황 중 고객정치(client politics) 상황에서 더욱 뚜렷해진다. 그는 정책사안에 대한 정치적 상황을 감지된 비용과 감지된 이익이 분산되거나 집중되는 상황을 토대로 하여 아래 그림과 같이 네 가지의 정치적 상황, 즉 대중정치, 고객정치, 기업가정치, 이익집단정치를 제시했다.

〈표 6-4〉 정책사안과 관련된 정치 형태 분류

	감지된 비용의 분산 (if the perceived costs are distributed)	감지된 비용의 집중 (if the perceived costs are distributed)
감지된 편익의 분산 (if the perceived benefits are distributed)	대중정치 (majoritarian politics)	기업가정치 (entrepreneurial politics)
감지된 편익의 집중 (if the perceived benefits are concenturated)	고객정치 (client politics)	이익집단정치 (interest-group politics)

자료: 전영평·장임숙, 2004: 286.

고객정치 상황이란 정부규제로 인해 발생되는 비용은 이질적인 불특정 다수에게 분산되어 그 크기는 상대적으로 작은 반면, 편익은 동질적인 소수의 특정 집단에게 집중되는 상황을 말한다. 여기에서의 정부의 고객이란 곧 정책 편익의 수혜자들로서 정치가들은 이들 고객, 즉 강력한 이익집단들의 요구에 즉각적으로 반응하게 된다. 우리나라의 경우 변호사법, 농산물 유통 및 가격안정법, 항공운송사업진흥법 등이 이에 해당한다(정용덕, 2001: 1033~1034).[19] 개개인의 비용 부담이 그다지 크지 않으므로 이러한 정

19) 대중정치 상황은 비용과 편익이 이질적인 불특정 다수에게 광범위하게 분산되지만 그 크기는 상대적으로 작은 경우를 말한다. 즉 어느 누구도 특별히 큰 이익이나 큰 손해를 보는 것이 아닌 것이다. 종교활동에 대한 규제, 신문·방송·출판물의 윤리규제 등이 그것이다. 기업가정치 상황은 비용은 소수의 동질적 집단에게 집중되는 반면 수혜자가 받는 편익은 광범위하게 분산되는 경우를 말한다. 식품위생법, 수질환경보전법 등이 이에 해당한다. 특히 수질환경보전법은 이익집단들의 강력하고 가시적인 반대 활동이 있었음에도, 당시의 사회적 사건들에 의해 동기부여된 정부 내 정책기업가들의 추진력에 의해 성공적으로 입법이 이루어질 수 있었다. 또 다른 예로는 NEIS 정책형성 과정에서 전교조는

책을 반대하기 위해 조직화되거나 정치적 행동을 취하려는 유인을 갖지 못한다. 따라서 이 경우 특정 집단에 매우 우호적인 방향으로 정책이 결정될 우려가 있으므로 이를 견제하고 감시하는 역할을 NGO가 하게 된다.

살라몬(L. M. Salamon)은 NGO의 한계로 다음 네 가지를 제시하고 있다(김행범·구현우, 2014: 345~346).

① 박애적 불충분성이다. 이것은 활동에 필요한 자원을 지속적이고 안정적으로 획득하기 어렵다는 것을 말한다.

② 박애적 배타주의이다. NGO가 제공하는 서비스를 도움을 필요로 하는 모든 대상에게 전달하기 어렵다는 것을 말한다.

③ 박애적 온정주의이다. NGO의 활동 내용과 방식을 결정하는 것이 NGO에 가장 많은 자원을 공급하는 개인이나 집단의 결정에 의해 좌우될 수 있다는 것을 말한다.

④ 박애적 아마추어리즘이다. NGO의 부족한 재원으로는 전문성을 지속적이고 충분하게 확보하기 어렵다는 것을 말한다.

(4) 언 론

① 일반적 기능

언론은 현대사회에서 정부기구 중 '제4부(fourth branch of government)'로 불릴 만큼 중요한 역할을 담당하고 있다.[20] 언론은 여론의 형성을 통해 정책의제 설정에 중요한 영향을 미친다. 즉, 언론은 사회에서 일어난 문제를 국민에게 알려서 그들의 관심을 끌게 하거나 해설을 통해 그 문제의 중요성을 인식시키는 방법 등을 통해 여론을 형성하게 된다.[21] 맥컴과 쇼우(McCombs & Shaw)는 신문매체가 보도하는 문제의 중요성과 일반국민들이 생각하는 문제의 중요성 간에 뚜렷한 상관관계가 있다고 한다. 즉, 신문매체가 일반국민들이 생각하는 문제의 중요성을 반영한 것이 아니라 신문매체가 다루는

명목상 정보인권 보호를 위한 국가권력의 배제라는 목적을 내세웠지만 실질적으로는 교원의 업무 경감이라는 목적 또한 배제할 수 없다. 왜냐하면 NEIS 정책의 비용은 소수에게 집중되는 반면, 그 편익은 일반대중에게 미치는 것으로 볼 수 있다(김덕근, 2006: 8). 이익집단정치 상황은 비용과 편익의 크기는 크며 소수의 동질적 집단에게 집중되는 경우를 말한다(정용덕, 2001: 1034~1035; 전영평·장임숙, 2004: 286~287).

20) 방송이나 신문뿐만 아니라 최근에는 인터넷 포털사이트가 언론매체에 해당한다는 법원 판결이 나와 포털사이트의 기능이 법적으로 인정되었다.

21) Weaver 등은 1976년 미국 대통령선거를 지켜보고 정책의제 설정에서 각 메스미디어의 역할이 다름에 주목했다. 그들은 신문은 의제 설정의 역할을 주로 하고, TV는 스포트라이트를 비추는 역할(Spotlighting Role)을 한다는 것이다(Weaver, Graber, McCombs, Eyal, 1981: 45~58).

문제의 중요성이 일반국민들이 가지는 문제의 중요성에 영향을 미치고 있다고 했다(McCombs & Shaw, 1972: 176~187). 그리고 언론은 공공문제의 발견 메커니즘으로 작용할 뿐만 아니라, 샤츠나이더(E. E. Schattschneider)가 말하는 '갈등의 사회화(socialization of conflict)'를 위한 촉매제(catalysts)로 작용한다(Schattschneider, 1960: 7~8). 그리고 개인적인 문제를 공공 이슈로 전환시킴으로써 언론은 청중의 규모를 확대시켜 정책결정 과정의 역동성(dynamics)을 변화시킨다.

② 정책과정 상 역할

언론은 외부주도형이건 동원형이건 간에 여론 형성과 투입기능을 통해서 공중의제로 확산시킴으로써 정책의제화에 결정적인 역할을 한다.[22] 그리고 전문지식의 한계 때문에 언론의 역할은 비교적 약하나, 정책공동체(policy communities)에서 논의되는 중요한 대안을 소개함으로써 정책결정에 간접적인 영향을 미치기도 한다. 또 집행 결과 상의 문제를 보도하여 여론을 일으키거나, 여론화되지는 않더라도 잊기 쉬운 문제점을 노출시켜 주는 역할을 한다. 이 과정에서 언론은 집행 상의 부정과 비리를 폭로함으로써 행정에 대한 강력한 통제기능을 수행하기도 한다.

위에서 제시한 주체들 외에도 일반 개인이 정책과정에 상당한 영향력을 행사할 수 있다. 최근의 한 가지 사례를 소개하면, 변호사시험 성적 비공개 법률에 대한 위헌 결정을 이끈 송명욱 변호사를 들 수 있다. 2015년 6월 25일 헌법재판소가 7대 2의 의견으로 변호사시험법 제18조 제1항이 합격자들의 정보공개 청구권을 제한한다며 위헌 결정을 내렸다. 제18조 제1항(시험정보의 비공개)은 "시험의 성적은 시험에 응시한 사람을 포함해 누구에게도 공개하지 아니한다. 다만 불합격한 사람은 6개월 내에 본인이 성적공개를 청구할 수 있다"고 규정하고 있다. 사실 중요한 평가지표가 될 수 있는 변호사시험 성적을 공개하지 않으면, 오히려 기존 대학 서열이 곧 채용 서열로 이어졌기 때문이다. 송 변호사는 청구인이자 대리인으로 헌법소원에 참여했다.

최근 국민들의 안타까움 속에 큰 주목을 받았던 태안화력발전소 근로자였던 김용균의 죽음은 28년간 잠자고 있던 산업안전보건법의 개정안을 이끌어냈다. 이 법은 2019년 1월 8일에 공포 의결되었다. 핵심사항은 사업주가 긴급대피한 근로자에게 불이익 처우를 한 경우 형사적 제재를 할 수 있도록 하여 근로자의 작업중지권 행사를 실효적으

---

22) 그러나 킹던(Kingdon, 1984)은 대중매체는 뉴우스꺼리(newsworthiness)적 특성을 중시하므로 즉각 보도, 충동성, 유명인 관련 보도 등 듣는 사람들이 흥미를 가질 만한 이슈에 치중하는 경향이 있어, 사람들이 무겁고 엄숙한 주제인 공공정책의제의 관심주기(issue attention cycle)를 기다릴 수 없다는 것이다. 따라서 정책의제 설정에 있어 매체의 영향력은 그다지 크지 않다고 보는 것이다.

로 뒷받침한다. 아울러 위험의 외주화의 주범으로 지목받던 도급과 하청의 재하청을 금지하는 것이다. 외주화 금지를 위반 시 최대 10억 원의 과징금이 부여된다. 그리고 안전 조치 의무를 위반하여 근로자를 사망하게 한 경우 5년 이내에 다시 같은 죄를 범한 경우 그 형의 2분의 1까지 가중처벌을 할 수 있도록 했다.

제 3 절 정책의제 설정

1. 의 의

어떤 사회문제가 정책화되기 위해서는 먼저 그 사회문제가 정책의제로 채택되어야 한다. 정책의제 설정(agenda setting)은 정부가 여러 가지 사회문제들 중에서 정책문제로 채택하는 정치적 과정 또는 행위를 말한다.

2. 정책의제 설정의 과정

사회문제는 여러 단계를 거쳐 정책문제로 채택된다. 이에 대해 많은 학자들이 다양한 견해를 소개하고 있으나 여기서는 아이스턴의 견해를 중심으로 살펴보고자 한다. 그는 정책의제 설정 과정을 사회문제 → 사회적 이슈 → 공중의제 → 공식의제로 설명하고 있는데, 일단 공식의제로 채택되면 문제의 해결책을 강구하는 것이 쉬워진다고 한다 (Eyestone, 1978: 69~86).

1) 사회문제의 인지

사회문제의 인지란 어떠한 문제가 관련된 개인이나 집단에 의해 사회문제로 인식되는 것을 의미한다. 여기서 사회문제란 “개인 문제가 불특정 다수에게 장기간에 걸쳐 반복적으로 일어나는 문제”를 말한다.

2) 문제의 사회적 쟁점화

사회적 쟁점화 단계란 그 사회문제에 대해 부정적 견해를 가지거나, 해결 방법에 대해 다른 견해를 가지는 다수의 집단이 나타나, 문제 해결에 합의점을 찾지 못하고 갈등이 야기되는 단계를 말한다. 어떤 사회문제가 사회적 쟁점이 되기 위해서는 쟁점화시키려는 주도자(initiator)가 있어야 하고, 사람들의 주목을 끌 수 있는 사건[23]과 같은 점화장치(triggering event)가 있어야 한다.

3) 쟁점의 공중의제화

공중의제(public agenda) 혹은 체제의제(systemic agenda)란 일반대중의 주목을 받을 가치가 있으며, 정부가 문제 해결을 하는 것이 정당한 것으로 인정되는 사회문제이다. 많은 사람들의 관심이 집중되어 있으며, 정부가 그것을 해결할 수 있는 것으로 인정하는 사회문제인 것이다. 코브와 엘더는 사회적 이슈가 공중의제가 되려면 다음 세 가지 전제조건의 충족이 필요하다고 했다(Cobb & Elder, 1972: 86). 쟁점의 공중의제화는 많은 사람들이 그 문제에 관심을 가지고 있거나 알고 있고, 문제의 해결책이 강구되어야 한다고 공감하고 있으며, 해결책을 강구하는 것이 정부의 권한에 속한다고 생각될 때 이루어진다는 것이다.

앞의 예에서, 이제 더 이상 성매매 피해 여성들을 방치할 수 없다는 자각. 기존의 윤락행위방지법의 실효성에 대한 의문 제기와 함께 이의 전면적인 검토와 아울러 성매매방지법 제정운동이 본격화되었다.

4) 쟁점의 공식 의제화

이것은 공중의제화된 사회문제에 대해서 정부가 그 해결을 위한 관심과 행동을 집중함으로써 이루어진다. 즉, 공중의제가 정부 내부로 진입해 들어감으로써 정부의제화되는데, 공중의제가 정부의제로 변화하는 과정이 정책의제설정론의 핵심이다. 여기서 정부의제란 "정부의 공식적인 의사결정에 의해 그 해결을 위해서 심각하게 고려하기로 공식적으로 밝힌 문제"로서 공식 의제라고도 한다.

성매매특별법[24]의 제정은 기존 윤락행위방지법에 비해 성매매업주에 대한 처벌수

---

23) 성매매집결지 화재참사 사건이 있기 전까지는 성매매를 사회의 일종의 필요악으로 인식하여 사회적 관용과 용인이 있어왔다. 이러한 인식의 전환의 계기가 된 것이 군산의 두 건의 화재참사였다. 2000년 9월 19일 전북 군산시 대명동의 속칭 '쉬파리골목'의 무허가 윤락업소에서 20대 여성 5명이 전기누전으로 추정되는 화재로 인한 유독가스에 질식해 숨졌다. 무허가 집장촌의 감금, 윤락 강요 등이 알려지면서 사회 전체가 충격에 휩싸였다. 그러나 이 사건에도 불구하고 감금과 윤락은 여전했다. 또 2002년 1월 29일 군산시에서 성매매를 강요당해 온 윤락여성 12명이 화재로 목숨을 잃었다. 이 두 사건은 매춘여성들이 처한 인권유린의 실상을 극적으로 보여준 것이었다.

24) 성매매금지특별법이 시행된 지 11년만인 2015년에 특별법의 처벌조항에 대한 위헌 여부에 대해 헌법재판소가 심리에 들어갔다. '성매매를 하는 사람은 1년 이하의 징역이나 300만 원 이하의 벌금, 구류, 과료에 처한다'는 조항(21조 1항)이 심판 대상이다. 심판을 청구한 측에서는 이 조항이 직업선택의 자유, 사생활의 비밀과 자유를 침해하기 때문에 위헌이라고 주장하고, 반대 측은 사회적으로 부도덕한 성매매를 억제하려면 처벌이 불가피하다고 주장한다.

준의 강화와 성매매 피해여성의 인권보호를 두 축으로 한다. 매매춘이 '사회적 필요악'이 아니라 매춘여성들의 인권을 유린하고 심지어 목숨까지 앗을 수 있는 '절대악'으로 본다(김명환·안혁근, 2006: 484).

3. 정책의제 설정의 유형

1) 외부주도 모형

(1) 의 의

외부주도 모형(outside initiative model)이란 정부 외부에 있는 집단들이 주도하여 정책의제 채택을 정부에 강요하는 모형이다. 즉 주로 이익집단들에 의해 제기된 문제가 여론을 형성하여 공중의제로 전환되고, 마침내 정책결정자들에 의해서 공식의제로 채택되는 유형이다. 해당 사례를 보면, 군 미필자들의 공직 진출 시에 군필자들의 가산점으로 인해 피해를 보고 있다는 문제가 사회문제화되었다. 이 문제는 당시 여성단체들과 군필자 사이에 온라인에서 심각한 논쟁을 벌이다가 이화여대생과 장애인 등 6명이 헌법재판소의 판결을 요구하였다. 1999년 12월 헌법재판소는 공무원 임용시험에서 군필자 가산점제도가 위헌이란 판결을 내리고 결국 정부는 이를 폐지하게 된다.[25] 허쉬만(A. O. Hirshman)은 외부주도 모형을 '강요된 정책문제'로 부르고 있다.

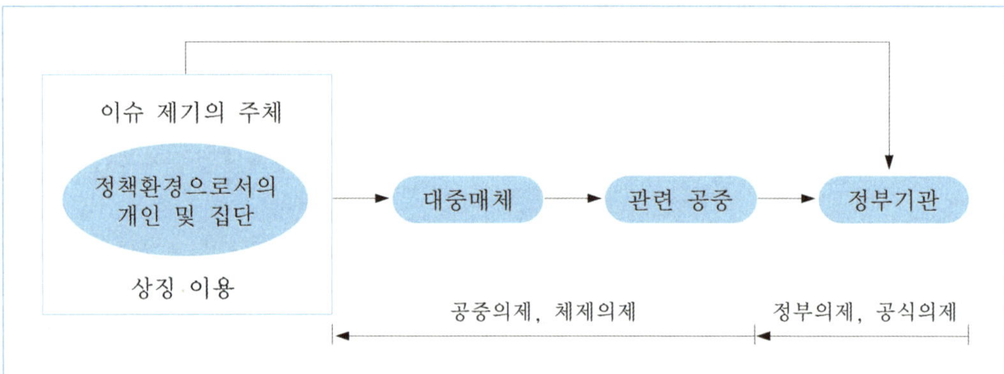

[그림 6-4] 외부주도 모형

25) 2018년에 벌어진 서울 서촌 궁중족발 사건이 상가건물임대차보호법 개정안의 국회 통과를 앞당긴 것도 외부주도 모형에 의해 설명될 수 있다. 차임을 월 297만 원에서 월 1,200만 원으로 갑자기 올리자 임차인이 임대인을 폭행한 것이 이번 사건의 요지이다. 이번 개정안의 핵심적인 내용은 '계약갱신청구권' 보장 기간이 기존의 5년에서 10년으로 늘어나게 된 것이다.

(2) 과 정

① 주도(initiation): 외부에서 매우 포괄적이고 일반적인 용어로 고충이 표명되는 단계로서 일반적 고충의 표명 단계이다.

② 구체화(specification): 제기 단계에서 표명된 일반적 고충이 특정한 정책적 요구로 전환되는 단계를 말한다. 예를 들면, 공단의 질병(예: 온산병) 호소가 환경연구가나 의료인에 의해 구체적인 지표로 구체화되는 것이다.

③ 확장(expansion): 정부의 관심을 끌기 위해 더 많은 환경집단에 그 논제를 확산시키거나 그 논제가 기존 논제들과 밀접한 관계가 있는 것으로 인식시킴으로써 정책결정자로 하여금 그 문제가 공중의 문제인 것으로 생각하도록 노력하는 단계이다.

④ 진입(entrance): 확산에 성공한 의제는 공중의제가 되어 많은 사람의 관심을 끌게 되고, 국민적 지지를 중시하는 정부는 이에 관심을 기울이게 된다. 즉, 공중의제가 공식의제로 전환되는 과정을 말한다.

2) 동원모형

(1) 의 의

동원모형(mobilization model)은 이슈가 정부 내부에서 생성되어 자동적으로 정부의 정책의제가 되고 성공적인 정책집행을 위해 공중의제로 확산시키는 과정을 설명하는 모형이다. 즉, 사회문제 → 정부의제 → 공중의제로 진행된다. 허쉬만(A. O. Hirshman)은 동원모형을 '채택된 정책문제'로 부르고 있다.

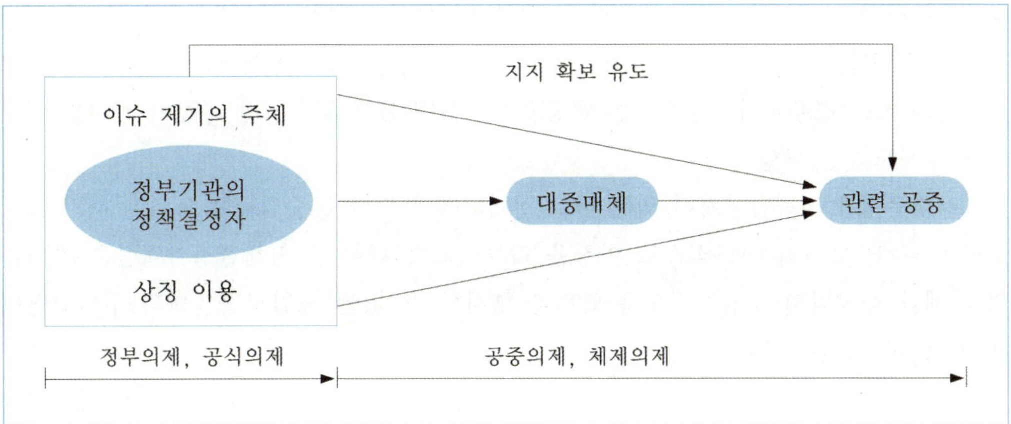

[그림 6-5] 동원모형

(2) 과 정

① 주도: 하나의 새로운 정책 혹은 프로그램이 정치지도자에 의해 공표되는 단계를 말한다. 정책이 지도자에 의해 공표될 때 자동적으로 공식의제가 된다. 가족계획사업이나 1970년 5월의 '새마을가꾸기사업' 등이 전형적인 예이다.

② 구체화: 공표된 정책의 세목을 정하는 단계를 의미한다. 새로운 정책이 공표될 때 세부적인 사항까지 공표되는 일은 거의 없다. 정치지도자들은 대개 거시적 방향만 제시하고 행정관료들이 세부 사항을 구체적으로 정하는데, 이러한 구체화는 정부가 공표한 정책에 대한 국민적 지지의 기본이 된다. 구체화 과정을 통해야만이 일반국민들이 제기된 의제의 내용을 이해할 수 있기 때문이다. 새마을운동의 경우 3대 정신인 근면, 자조, 협동으로 구체화시키자 국민들이 프로그램의 내용을 알고 정부에 협조하게 된 것이다.

③ 확장: 성공적인 집행을 위해서는 일반의 참여가 필요하다. 이를 위해 상징과 대중매체를 이용하는데, 박정희 전 대통령이 전국 벼 베기 대회에 직접 참가한 후 촌로들과 막걸리를 마시는 장면을 방송에서 반복해 내보내는 경우가 이에 해당한다.

④ 진입: 정부 주도의 확산 과정의 성공으로 정부의제가 공중의제로 전환되는 것을 의미한다. 즉, 많은 환경집단이 정부의제의 중요성과 유용성을 인식하는 단계를 말한다.

3) 내부접근 모형

(1) 의 의

내부접근모형(inside access model)은 정부 내의 관료집단이나 정책결정자에게 쉽게 접근할 수 있는 외부집단에 의하여 주도되어 최고정책결정자에게 접근하여 문제를 정부의제화 하는 경우이다. 이 모형은 공중의제화를 막음으로써 일반 공중의 참여를 배제하고자 시도하는 모형이다.

사회문제가 정책담당자에 의해 바로 정책의제가 되나 공중의제화 노력은 하지 않을 뿐만 아니라, 오히려 의도적으로 확장을 막으려고 노력한다. 정책결정자집단은 자신들의 의제를 공식의제로 상정되도록 압력을 행사할 수 있는 동일시집단[26]과 주의집단에게만 쟁점을 확산시킨다.

---

26) 동일시집단(identification group)이란 주도집단과 강력한 공감대를 형성하고 있는 집단이다.

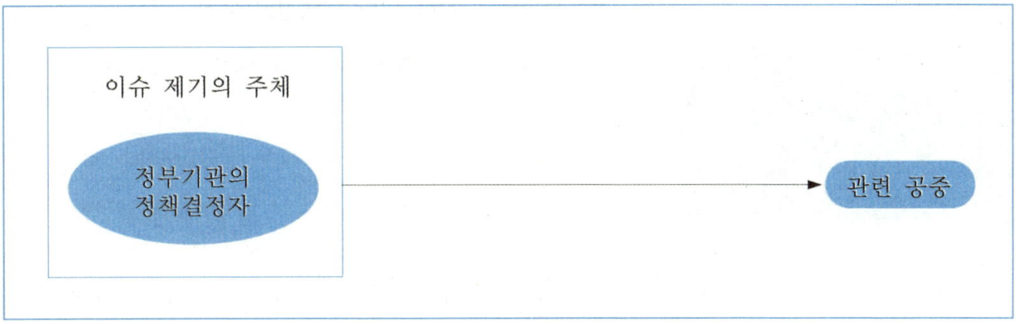

[그림 6-6] 내부접근 모형

이 모형은 사회문제 → 정부의제의 성격을 나타내며 부(富)와 지위가 소수에게 집중된 개발도상국에서 자주 나타나지만 미국 같은 데서도 무기 구입 정책에서 나타난다. 우리나라의 경우 민정당, 민주당, 공화당이 민주자유당으로 합쳐지는 과정에서 있었던 '내각제 합의'와 같은 것이 비밀스럽게 이뤄지는 내부접근형의 한 예이다. 또 다른 예로 최근 이뤄진 공무원 시험 과목 변경을 들 수 있다. 이 문제는 사회의 공감대가 형성된 것도 아니고 정책의제로 채택된 다음 그 필요성에 대한 여론 형성 과정도 없었다. 이 문제는 이명박 대통령의 고졸 채용 확대 방안 지시에 따른 것이었으며, 여론 형성은 정책의제 설정 과정에서 중요한 의미를 가지지 않았다(김행범·구현우, 2014: 402).

(2) 과 정

① 문제 제기: 정책결정자나 그 측근들에 의해 정책안이 제기되는 것을 말한다.

② 구체화 단계: 일반적인 정책안을 구체적 제안(concrete proposal)으로 전환시키는 단계를 말한다.

③ 확산 단계: 의제를 공중에게 확산시키는 의미의 확산 단계는 없다. 다만 정책에 대한 우호적인 반응을 얻어내는 데 필요한 동일시집단과 선택적인 주의집단에만 확산 노력이 한정된다.

④ 진입 단계: 정부의제 성립 자체가 곧 정부에 진입한 것으로 볼 수 있으나, 이슈 자체가 정부 내부에서 생성된 것이므로 진입이란 용어를 쓰기에는 부적합하다. 따라서 이 모형에 진입 단계는 없는 것이다.

한편 메이(P. J. May)는 정책의제설정과정을 아래 네 가지 유형으로 구분했다. 그는 정책의제설정에서 중요한 것은 국가와 사회행위자 중 누가 과정을 주도하는가와 문제해결에 보내는 일반 대중의 지지도가 어느 정도인가라는 것이다(May, 1991: 187~206).

〈표 6-5〉 정책 형태(policy type)에 의한 의제설정 모형

<table>
<tr><th rowspan="2">주도자</th><th colspan="2">공중의 지지의 성격(nature of public support)</th></tr>
<tr><th>높다</th><th>낮다</th></tr>
<tr><td>사회행위자(societal actors)</td><td>외부 주도(outside-initiation)</td><td>내부 접근(inside-access)</td></tr>
<tr><td>국가(state)</td><td>공고화(consolidation)</td><td>동원(mobilization)</td></tr>
</table>

여기서 공고화(鞏固化)는 정부가 문제 해결에 착수하려고 하는데 이미 광범위한 일반 대중의 지지가 있는 경우에 일어난다. 이와 같은 경우에는 주도나 동원이 필요 없고 단지 존재하는 지지를 그대로 공고화해 의제 설정을 하면 되는 것이다.

4. 정책의제 설정에 영향을 미치는 요인

킹던(John W. Kingdon)은 의제 설정 여부를 좌우할 요인으로 정책문제와 주도집단 그리고 정치적 상황을 들고 있다(Kingdon, 1984: 211). 여기서는 킹던, 코브와 엘더의 이론을 중심으로 주도집단, 정치적 요인 그리고 문제의 특성으로 구분하여 설명하게 된다.

1) 주도집단

주도집단은 정책의제 설정의 주체로서 의제 설정에 많은 영향을 미친다. 이들 영향력은 두 가지 측면에서 좌우되는데, 하나는 그들이 정치체제 내부에 있느냐 혹은 외부에 있느냐이며, 다른 하나는 그들이 가지고 있는 정치적 자원이 많으냐 혹은 적으냐 하는 변수이다.

2) 정치적 요인

정치체제의 구조가 집권적이고 권위적인 후진국에서는 동원형과 내부접근형이 대부분이나, 분권적인 선진국에서는 외부주도형이 많다. 정책담당자의 태도 역시 의제 설정에 영향을 미친다. 존스는 사회문제에 대해 정부가 취할 수 있는 태도를 다음과 같이 분류하고 있다(Jones, 1977: 37~39). 정책담당자가 특정한 사회문제 해결에 어떤 태도를 가지느냐에 따라 방관적 태도(let it happen), 후원적 태도(encourage it happen), 주도적 태도(make it happen)로 나눈다. 만약 정책담당자가 주도적 입장을 취하면 의제화가 쉬워지고, 방관적 태도를 취하면 의제화가 어려워진다.

3) 문제의 특성

문제가 사회에 미치는 영향(impact)의 정도를 의미한다. 즉 문제가 극히 한정된 사람에게만 적용되는 것이 아니고 문제로 인한 피해자 수가 많고 피해의 강도가 클 때 사회적 유의성이 크다.

그리고 정책의제화 하려는 사회문제의 내용이 어떠한가에 따라서 정책의제로의 채택 가능성과 채택 과정이 달라진다. 분배정책과 관련된 문제는 별다른 논쟁 없이 비교적 쉽게 정책의제로 채택된다. 그러나 규제정책은 비용부담 집단의 적극적 반대로 인해 의제화되기 어렵다. 그리고 재분배정책은 계급 대립적 성격을 지니므로 이에 관련된 사회문제는 대다수 국민의 관심을 끌게 되며 비교적 쉽게 정책의제화된다.

5. 의제 설정을 위한 분석기법

조직은 조직 자체의 존립 목적을 위해 꾸준히 정책의제를 찾아내고 해결책을 강구해 나가야 한다. 이를 위해 대부분은 외부환경 분석과 내부환경 분석을 종합하여 정책의제를 형성하게 된다. 예를 들면, 우리가 제공하는 행정 서비스의 수요는 증가할까 아니면 감소할까가 전자에 속한다면, 우리 자체의 능력은 어느 정도인가를 평가하는 것은 후자에 속한다. 여기서는 이들 두 가지를 종합적으로 분석할 수 있는 기법인 SWOT 분석에 대해 살펴보고자 한다.

SWOT 분석은 일정 시점에서 주요 환경요인을 기회(opportunities)와 위협(threats)으로 분류하고 이들을 전략적 관점에서 조직의 강점(strengths) 및 약점(weakness)과 결합시켜 효과적인 전략을 수립하는 과정이다. 이 방법을 고대(古代)의 상황에 적용해 본다면, 상대와 자신을 알면 백 번 싸워도 결코 위태롭지 않다[知彼知己 百戰不殆]는 말에서 강점과 약점은 지기(知己) 요소이고, 기회와 위협은 지피(知彼) 요소가 된다고 할 수 있다. 원리를 보면, 장점과 약점은 조직 내부에 관련된 것이고, 기회와 위협은 외부환경에 관련된 것이다. 운용전략에는 네 가지 종류가 있는데, ① SO: 공격적 전략으로서 강점을 가지고 기회를 살리는 전략으로 공격이다. ② ST: 다양화 전략으로서 강점을 가지고 위협을 회피하거나 최소화하는 전략이다. ③ WO: 방향전환 전략으로서 약점을 보완하여 기회를 살리는 전략이다. ④ WT: 방어적 전략으로서 약점을 보완하면서 동시에 위협을 회피하거나 최소화하는 전략 등이다. 이상 네 가지를 비교 후 도출된 전략 중 가급적 적은 수의 것을 중점전략으로 선정한다. 목적달성의 중요성, 실행 가능성, 남과의 다른 차별성, 적합성 등을 고려해서 가장 적합한 것을 결정한다.

제 4 절 정책결정

1. 정책결정 과정

1) 정책문제의 인지와 정의

정책결정자는 정책문제가 무엇인가에 대하여 정확히 인지할 필요가 있다. 그리고 정책문제의 정의는 정책문제의 구성 요소, 원인·결과 등의 내용을 규정하여 '무엇이 문제인지'를 찾아내는 것이다. 정책문제를 정의할 때 제3종 오류를 범하지 않도록 유의해야 하는데, 즉 그것은 메타오류로서 잘못된 문제 진단을 하고, 그것에 근거하여 문제를 해결하려고 하는 것이다. 예컨대 병 진단을 잘못하여 처방이 잘못되는 것이 이에 해당한다.

2) 정책목표의 설정

정책목표는 정책을 통해서 달성하고자 하는 바람직한 상태를 의미한다. 정책목표는 정책집행 후에 그 정책의 성과를 평가하는 정책평가의 기준이 되기도 하는데, 정책목표는 가능한 한 구체적이고 측정 가능한 형태로 제시되어야 한다. 바람직한 정책목표가 설정되었는지는 적합성과 적절성 기준에 의해 판단한다.

적합성(appropriateness)이란 여러 목표들 중에서 가장 바람직한 것을 목표로 채택했는가를 본다. 예를 들어, 비행청소년을 선도하기 위해 체벌을 가하는 게 적합한가를 비행청소년 선도와 체벌의 양자 관계에서 적합성을 찾을 수 있다. 또 중앙정부는 부동산시장 과열을 막기 위해 재산세율을 올리려고 했지만, 지자체들 특히 서울 강남구 같은 곳은 유권자들을 의식해서 수용하지 않았다. 즉, 정치적 실현 가능성을 고려하지 않아 실패했던 것이다. 적절성(adequacy)은 목표의 수준이 지나치게 높거나 낮지 않고 적당한 수준인지를 본다. 예를 들어, 중산층을 위한 표준주택의 기준 마련 시 중산층의 특성을 고려하여 규모를 결정하면 적정성을 확보한다.

3) 정책대안의 탐색

정책대안을 탐색하고 개발하는 방법은 크게 두 가지로 분류할 수 있는데, 하나는 점진적 방법이고 다른 하나는 새로운 방법으로 창조적 대안 탐색을 들 수 있다. 점진적 방법은 한정된 수의 대안만 탐색하게 되는데 그것도 기존 정책에 약간의 수정만 가하는 형식으로 이루어진다.

앞에서 본 바와 같이 점진적 방법은 새로운 상황 변화에 대응하기에는 한계가 있다. 따라서 기존의 틀이 아닌 새로운 해결 방법이 요구되는데, 브레인스토밍이 이에 해당한다. 브레인스토밍(brainstorming)은 이름 그대로 머리에 폭풍을 일으키는 기법을 말하며, 기발하고 다양한 아이디어를 자유롭게 제안할 수 있도록 함으로써 가능한 한 많은 아이디어를 얻기 위해 사용되는 방법이다.[27] 이 방법은 델파이 기법과 상반된 관점을 가지고 있다.

진행 절차를 보면, 우선 다루고자 하는 문제에 정통한 전문가, 즉 주어진 상황에 특별한 지식이 있는 자, 그리고 전문가는 아니지만 상상력이 풍부하고 독창적인 사람들, 또는 당해 문제 때문에 직접적인 영향을 받는 관련자를 선정해 집단을 구성한다.

다음으로 좀 더 많은 아이디어를 얻기 위해 아이디어를 제안하는 것과 제안된 아이디어에 대한 평가는 엄격히 분리하여 엉뚱하거나 엉터리 같은 아이디어도 거침없이 자유분방하게 제시할 수 있도록 한다. 이를 좀더 구체적으로 보면 여기에는 네 가지 지켜야 할 규칙이 있다. 첫째는 참가자는 다른 사람의 아이디어를 비판해서는 안 된다는 '비판 엄금의 원칙(nonevaluation)'이다. 둘째는 참가자는 자유로운 분위기에서 어떠한 아이디어라도 거리낌없이 발표할 수 있어야 한다는 '자유분방의 원칙(expressiveness)', 셋째는 참가자가 아이디어를 제출할 때 질적으로 훌륭한 아이디어만을 제출하도록 하면 심리적으로 위축될 수 있으므로 더 많은 양을 낼 수 있도록 양에 치중해야 한다는 '질보다 양의 원칙(quantity breeds quality)'이다. 넷째는 다른 사람의 아이디어를 개선, 확장하거나 결합하는 것을 환영한다는 '결합 환영의 원칙(building)'이다(백승기, 2005: 129~130).

이제 모든 아이디어가 제안되고 나면 이들 대안들에 대해 평가하고 종합하게 된다.

---

27) 창조적 대안 탐색의 사례로서, 독일 프라이부르크시는 70년대에 매립지가 거의 다 차게 되자 매립 쓰레기 양을 줄여야 했다. 이를 위해 포장 폐기물을 줄이기 위해 「포장폐기물 회수에 관한 법령」을 발효하면서 발생원인 생산업자 및 유통업자에게 포장폐기물의 재활용을 의무화했다. 이 법령 이후 재활용 전문 업체가 설립되었고 매립쓰레기 양을 5분의 1수준으로 줄였고, 재활용자원 쓰레기 양은 1990년에 25%였던 것이 2000년에는 57%로 올라갔다. 이것은 과거 선례 답습이 아닌 보다 획기적이고 창조적인 대안 실행이라 할 수 있다. 즉 단순히 쓰레기 줄이기 차원을 넘어서 쓰레기가 나오지 않는 생산·소비 구조를 구축했다고 할 것이다(권기헌, 2008: 199~200). 그리고 이 시의 정책은 시민들로 하여금 쓰레기를 자원이라고 생각하게 만들었다. 이 시에서 2유로라고 적힌 콜라캔을 하나 사면 계산대에 찍히는 금액은 2유로 15센트이다. 시가 알루미늄캔이나 병, 페트병 등 재활용이 가능한 제품의 경우 일정한 액수의 환불금액을 제품에 부과하고 있는 것이다. 이 정책이 시행되면서 캔이나 병 등을 그냥 버리는 일이 없어졌고, 캔 값은 슈퍼나 거리에 설치된 재활용품 수거 기계를 통해 돌려받을 수 있다(서울신문, 2015. 7. 3). 이 밖에 창조적 사례로서 프라이부르크시는 지형이 평지인데다 연간 180시간의 일조시간과 ㎡당 1.12kwh 일조량으로 햇빛이 좋은 편이어서 1990년대 초반부터 시 소유 땅에 짓는 건물을 비롯해서 새로 짓는 공공건물에 반드시 태양광판을 설치하도록 의무화했다. 이 시는 2050년까지 전력 소비량 100%를 태양광과 풍력, 수력 등 재생 에너지만으로 해결하겠다는 목표를 세웠다(매일경제, 2015. 5. 23).

유사 아이디어의 통합, 전혀 실현 가능성 없는 대안의 제거 및 아이디어에 대한 서열 매김 등을 통해 몇 가지 대안을 제시함으로써 토론을 끝낸다.

4) 정책대안의 결과 예측

선별된 정책대안들이 나중에 정책으로 채택되어 집행되었을 경우 나타날 결과를 미리 예측해 보는 것을 정책대안의 결과예측이라고 한다. 이 작업은 여러 가지 예측 기법을 사용해야 하므로 복잡하고 어려운 과정이라고 할 수 있다.

결과 예측에 사용되는 근거로는 경향치의 투사와 이론적 가정, 그리고 주관적 판단 등이 있다(강근복, 2000: 129). 경향치 투사에는 시계열분석이, 이론적 가정에는 시뮬레이션이나 회귀분석이, 그리고 주관적 판단에는 임팩트 시스템 분석, 미래예측 델파이와 교차영향 분석 등이 있다. 몬테카를로 기법은 하나 혹은 여러 개의 특정한 확률분포를 근거로 하여 무작위 변수를 산출해 내는 방법이다. 즉, 특정 확률분포로부터 임의의 숫자를 산출하는 표본추출 과정을 통하여 특정 사건이 발생할 확률들의 근사치를 구하는 것이다. 과거에는 이러한 작업을 대형 컴퓨터에만 의존해야 했으나 최근에는 개인용 컴퓨터의 발달과 관련 소프트웨어의 괄목할 만한 성장으로 의사결정자가 쉽게 사용할 수 있다.

다음으로, 미래예측 델파이 기법(delphi technique)은 집단의사결정 방식이며 동시에 미래예측 연구에 빈번히 활용되고 있는 조사기법으로서 무엇보다 전문가들의 집단적인 직관적 판단을 존중하고, 그것을 통해 특정 사안에 대한 의사결정 및 예측을 시도하려는 방법이다. 이 방법의 특성으로는 의견 개진에 익명성이 보장되고, 설문의 반복, 라운드[28]가 거듭하면서 현저한 의견 전환이 이루어진다. 또 개개인의 답변 결과는 통계적으로 처리되어 확률분포로 전환된다.

5) 비교 평가 및 최적 대안의 선택

정책대안들의 결과가 예측되고 나면 어떤 대안이 더 바람직한가를 비교·평가함으로써 정책대안들 간의 우선순위를 정해야 한다. 비교·평가 방법은 여러 가지가 있으나 여기서는 AHP법(분석적 계층화 과정 방법), 비용편익 분석 등을 살펴보고자 한다.

(1) AHP법

① 의 의

분석적 계층화 과정 방법(AHP: analytical hierarchy process)은 계량적 접근이 어려운 분야의 의사결정을 하는 경우 경험을 조직화, 구조화 및 체계화하여 평가요소의 가중치

---

28) 어떤 경우에는 5라운드 이상 실시되는 경우도 있으나, 델파이 실행에는 4라운드면 충분하다고 본다.

를 설정하는 방법으로 의사결정 단계에서 수학적 모형으로 적합하도록 고안한 의사결정기법이다.29) 이 기법은 전체의 대안을 한 번에 평가하는 것이 아니라 각 대안들을 분석을 위한 계층구조로 분류한 후 두 대안씩 조를 만들어 상대적인 중요성을 비교한다.

② 절 차

가. 문제의 구조화

이 방법을 사용하기 위해서는 먼저 현안 문제를 계층화과정법을 이용할 수 있도록 계층구조로 전환해야 한다. 어떤 한 가족이 주택을 선택하는 문제를 계층으로 분해해 보면 가장 상위에 있는 제1계층은 주택에 대한 만족이 되고 제2계층은 주택의 크기, 버스정류장으로부터의 거리, 주택의 이웃 등이 되며, 제3계층은 주택 A, B, C 등이 구입 대안이 된다.

문제의 구조화는 문제를 분해하는 것이며, 분석하고자 하는 문제를 계층화하는 작업이다. 최상위 계층에는 의사결정상의 최종목적이 위치하고 최하위 계층에는 의사결정의 대안들이 자리하며, 그 중간단계에는 상위단계 요소에의 영향력이나 공헌도에 의해 요소들의 구조화가 가능하다.

각 계층에는 동질적 요소들이 나열되어야 한다. 또 최하위 계층에 있는 요소들은 둘씩 짝을 지어 바로 위 계층에 있는 평가기준들에 의해 이원 비교가 가능해야 하며, 이런 식으로 최상위까지 이원 비교가 가능하도록 구조화해야 한다.

나. 이원 비교의 시행

제2계층의 요소들 간의 상대적인 중요성은 제1계층에 포함된 주택에 의한 만족이라는 목적에 의해 평가된다. 주택의 크기와 그 주택의 정류장으로부터 거리 가운데 어느 요인이 주택에 대한 더 큰 만족을 가져올 수 있겠는가 하는 등의 질문을 계속한다. 일반적으로 어떤 한 계층에 속한 요소의 수가 n개이면 nC_2, 즉 $n(n-1)/2$쌍의 이원 비교를 수행해야 한다.

이러한 이원 비교를 체계적으로 수행하기 위해 정방형의 매트릭스를 사용한다. 매트릭스에서는 열에 나타난 요소가 기준이 되어 이 요소가 행에 나타난 요소에 비해 어느 정도나 더 중요성을 갖는가 하는가를 주관적으로 평가한다. 상대적 중요성을 나타내

29) 컴퓨터 엑셀프로그램을 가지고 AHP법 풀이를 할 수 있다. 예를 들어, 졸업 후 회사 A, B, C 중 어느 회사를 택하는 것이 가장 나은가를 알아본다고 하자. 여러분이 쉽게 접할 수 있는 엑셀프로그램을 통해 각 대안의 종합 우선순위를 알 수 있게 되는데, 그 값이 가장 큰 대안을 선택하면 된다. 자세한 내용은 의사결정 분석이나 경영분석 관련 서적을 참고하기 바란다. 다만 여기서 한 가지 강조하고자 하는 것은 프로그램의 각 셀에 수치 입력 시에 한 명이 아니고 여러 명이 답할 때는 아래 공식을 이용하면 된다는 점이다. =GEOMEAN(−, −, −, −).

는 수치는 1: 동등, 3: 약간 더 중요, 5: 강하게 더 중요, 7: 매우 강하게 더 중요, 9: 절대적으로 더 중요 등이다. 이제 같은 방법으로 제3계층의 대안 A, B, C도 한 단계 상위인 제2계층의 기준으로 이원 비교를 하게 된다.

다. 종합화와 우선순위의 설정

이제 각 계층의 요인별 우선순위를 설정하고 우선순위의 일관성을 파악하게 되는데,[30] 일관성 지표와 무작위 지표의 비율(CI/RI)을 일관성 비율(Consistency Ratio: CR)이라고 하며, 일관성 비율이 10% 이내인 경우에만 서수적 순위에 무리가 없는 신뢰할 수 있는 결과라고 인정할 수 있다. 마지막으로 각 계층의 우선순위를 종합하게 된다.

(2) 비용편익분석

① 의 의

비용편익분석(cost－benefit analysis)은 각 정책대안의 비용과 편익을 비교·평가하여 최선의 선택을 할 수 있게 도와주는 기법이다. 비용편익분석은 정책평가 기준의 두 축인 효율성과 형평성 중에서 특히 효율성에 대한 해답을 얻는 데 유용한 방법이다.

② 절 차

가. 대안의 식별과 분류

이 단계에서는 설정된 목표를 달성하기 위한 모든 대안을 식별하는 것이다.

나. 편익과 비용의 추정

인건비, 자재비 등의 비용은 비교적 쉽게 파악되나 편익은 파악하기가 어려운데 금전적 가치로 계량화하기 위해 '소비자 잉여' 개념을 이용한다. 소비자 잉여란 재화를 얻고자 소비자가 지불할 의사가 있는 최대한의 지불용의액과 그가 실제로 지불하는 지불액과의 차이를 의미한다.

다. 할인율의 선택

공공사업의 편익과 비용은 일시에 발생하는 것이 아니라 수년에 걸쳐 발생한다. 공공사업에 대한 타당성 여부는 현재 시점에서 평가되어야 하므로 미래에 발생하는 편익과 비용은 모두 현재가치로 환산시켜 비교할 필요가 있다. 1년 후의 100원과 지금의 100원을 비교하면 지금의 100원이 더 가치가 높다. 미래의 편익과 비용을 현재가치로 환산할 때 적용되는 이자율이 할인율(discount rate)이다. 즉, 할인율이란 미래의 소득에 대한 현재 자원의 교환비율이다. 순편익을 할인하는 적절한 할인율의 선택은 비용－편익분석의

30) 이 기법은 주관적 판단에 의한 이원 비교에 기초한다. 따라서 비교 시 전이적 일관성이 유지되어야 한다. 즉, A>B, B>C이면 A>C가 되어야 한다.

논의에서 가장 중요한 이슈라고 할 수 있다. 할인율이 너무 높으면 편익의 현재가치가 작아지기 때문에 바람직한 투자계획도 순편익의 현재가치가 음(−)으로 될 수 있다.[31] 할인계수는 다음 공식으로 구해진다.

$$할인계수 = \frac{1}{(1+i)^n} \qquad i\text{: 사회적 할인율, } n\text{: 연수}$$

라. 효과성 측정

각 대안의 효과성을 측정할 방법으로는 순현재가치, 비용·편익비, 내부수익률 등의 세 가지가 있다. 순현재가치(NPV: net present value)는 편익의 총 현재가치에서 비용의 총 현재가치를 제외한 것으로 정의한다. 따라서 순현재가치가 0보다 클 경우 그 사업은 타당성이 있다고 판단할 수 있다. 비용·편익비(B/C ratio) 기준은 편익의 총 현재가치를 비용의 총 현재가치로 나눈 결과를 선택 기준으로 사용한다. 따라서 비용·편익비가 1보다 큰 사업은 경제적으로 타당성이 있다고 볼 수 있다. 내부수익률(IRR: internal rate of return)이란 사업에서 발생하는 편익의 현재가치의 총합과 비용의 현재 가치의 총합을 같게 하는 비율을 1로 만드는 할인율이다. 즉 NPV를 0으로 만드는 할인율, 쉽게 말해 투자사업이 원만히 진행되어 총 비용을 회수하여 최소한 손익분기점(break−even) 상황을 유지한다고 할 때 기대되는 예상 수익률이다. 그리고 내부수익률이 사회적 할인율보다 크다면 그 투자 사업은 타당성이 있는 것으로 평가된다. 여기서 간단한 비용편익분석 문제 풀이를 통해 측정 방법에 대한 이해를 돕고자 한다.[32] 만약 과학기술정보통신부가 벤처사업 대상 도시로 부산시, 울산시, 광주시를 검토하고 있는데, 각 도시에 대한 비용 및 편익 흐름을 현재시점으로 환산한 값이 아래 표와 같다. 그런데 검토 결과 과기부는 이들 중 울산시를 선정하였다면 위에서 설명한 세 가지 측정 방법 중 어느 효과성 측정 방법에 근거한 정책결정인가?

NPV 기준에 따르면 부산시가 60−40=20으로 타 도시보다 크므로 부산시로 선정되어야 하나 결과적으로 울산시가 선정되었으므로 NPV 기준에 의한 것이 아님을 알 수 있다. 이 경우 부산시의 B/C ratio는 1.5, 울산시는 2, 광주시는 1.2이므로 울산시가 선정된 걸로 봐서 B/C ratio에 의한 결정임을 알 수 있다.

---

31) 1950년대 초반 미국과 캐나다 양국은 두 나라 국경에 접해 있는 파사마쿼디만(Passamaquoddy Bay)에 조력발전소를 건설하는 문제에 대해 논의하였다. 양국은 각기 다른 할인율을 사용하여 캐나다는 그 발전소의 건설을 반대한 반면에 미국은 찬성하였다. 미국은 2.5%의 할인율을 사용한 반면에 캐나다는 4.125%의 할인율을 사용하였던 것이다. 높은 할인율을 사용하여 초기의 비용에 더 비중을 두게 되므로 캐나다는 그 투자계획이 음(−)의 순편익을 초래한다고 결론지었던 것이다(나성린·전영섭, 2007: 166).

32) 비용편익분석에 대한 자세한 설명은 백승기, 2016: 243~257을 참조 바람.

〈표 6-6〉 측정방법 찾기 위한 사례 (단위: 억)

구분	비용	편익
부산시	40	60
울산시	10	20
광주시	20	24

2. 정책결정 모형

1) 합리모형

(1) 의 의

합리모형(rational model)은 인간은 이성과 합리성에 근거하여 정책을 결정한다는 이론이다. 주된 내용은 다음과 같다. ① 정책결정자는 많은 문제에 직면하지만 완전한 정보를 가지고 상호 비교하여 분리할 수 있다. ② 정책결정자가 추구하는 가치, 목적들은 중요도에 따라 분류되고 서열화된다. ③ 문제 해결을 위한 모든 대안이 탐색된다. ④ 각 대안으로부터 나타날 모든 결과(비용과 편익)가 계산된다. ⑤ 각 대안과 그 결과들이 비교된다. ⑥ 정책결정자는 목표나 가치를 극대화하는 대안을 선택한다. 이 모형은 정책결정자를 전지전능한 존재로 여기고 목표 달성의 극대화를 위한 합리적 대안을 추구한다고 본다. 즉, 주어진 목적 달성의 극대화를 위하여 최대한의 노력을 한다는 주관적 합리성에 근거한 경제인(homo economicus)과 같은 합리적 인간을 전제로 한 이론모형이다(안해균, 1997: 305~306).

(2) 평 가

합리모형은 좀 더 나은 정책결정에 기여하며, 합리성에 대한 저해 요인을 밝혀 줌으로써 정책분석에 매우 유용하다. 그러나 일단의 비평자들은 합리적 방법이란 경제학적 방법으로 그것의 사용은 단지 경제문제에 한정할 수 있다는 것이다. 만약 합리적 모형을 정치와 사회 부문에 사용한다면 그것은 경제학적 연구 틀을 모든 사회과학에 사용하려 하는 '경제학적 제국주의(economics imperialism)'라는 것이다.[33]

또 다른 합리모형에 대한 비판은 이 모형이 이상적인 준거 틀을 제시한 규범적 모형이기 때문에 실제 정책결정이 이루어지는 현상을 설명할 수 없다는 것이다.

33) 경제학적 제국주의에 대한 자세한 내용은 Boulding, 1969를 참조하기 바람.

2) 만족모형

(1) 의 의

만족모형(satisficing model)은 합리모형의 현실적 제약점을 극복하기 위해 제시되었다. 즉 현실성에 토대를 둔 현실적 이론이다. 사이먼(H. A. Simon)은 인간의 결정은 제한적 합리성(bounded rationality)의 조건 하에서 이루어진다. 이 경우 극대화를 추구하지 못하고 만족화 수준에 머물게 된다는 것이다. 여기서 만족화란 Satisfy + Sufficing을 합친 Satisficing, 즉 '만족하기에 충분한 정도'가 된다. 이 때 정책결정의 기준은 결정자의 주관적인 만족이 된다.

(2) 평 가

만족모형은 합리모형에 따른 정책결정이 이루어지기 어렵다는 것을 체계적으로 지적한 최초의 이론이다. 그러나 만족화의 기준이 결정자의 주관적인 기대 수준에 달려 있어 규범적 의사결정의 기준으로는 바람직하지 않다(남궁근, 2008: 419).

3) 사이버네틱스(Cybernetics) 모형

(1) 의 의

이 모형은 설정된 목표를 달성하기 위해 정보와 환류 과정을 통해 자신의 행동을 스스로 조정해 나간다고 가정한다. 분석적 합리성이 완전히 존재하지 않는 상태에서의 결정으로 합리모형과 가장 대립되는 모형이다.

(2) 내 용

주요 내용은 다음과 같다. 첫째, 적응적 의사결정이다. 달성하고자 하는 목표가 먼저 존재하는 것으로 전제하는 합리모형과 달리, 사이버네틱스 모형에서는 고차원의 목표가 반드시 사전에 존재하는 것으로 전제하지 않으며 일정한 중요변수의 유지를 위한 끊임없는 적응에 초점을 둔다. 이 모형은 주요변수를 일정한 범위 내에서 유지하는 데 관심을 가지는데, 일례로 자동온도 조절장치를 보면, 이 장치는 방 안의 온도를 일정한 범위 내에서 유지하는 기계라고 할 수 있다. 온도가 미리 정해진 범위보다 낮아지면 난방기구를 작동하고 반대로 그보다 높아지면 냉방기구를 작동시킴으로써 방 안 온도를 항상 일정한 범위 내로 유지한다는 것이다.

둘째, 불확실성의 통제이다. 어떤 대안이 어떤 결과를 가져올 것인가 하는 것은 전혀 고려하지 않고 단지 의사결정자에게 부닥친 상태가 사전에 설정된 범위를 벗어났는가 아닌가의 여부만을 판단하여 그에 상응한 행동을 반응목록에서 찾아내어 조치를 취한다. 이처럼 사이버네틱 의사결정자들은 미리 정해진 일정한 변수에 대하여만 집중적으로 모니터한다. 그리하여 허용할 만한 수준(acceptable level)에 미달하는 경우가 발생하면 일상적인 표준운영절차를 검토하여 수정하게 되고 새로운 해결방식을 모색하게 된다(남궁근, 2017: 383).

셋째, 집단적 의사결정이다. 조직이란 다양한 목표를 가진 개인들의 연합이므로 개인의 의사결정 논리가 그대로 적용되지 않고, 집단적 의사결정이 필요하다고 본다.

넷째, 도구적 학습이다. 합리모형처럼 결과를 미리 예측하여 합리적인 대안을 선택하는 인과적 학습이 아니라 시행착오적 학습에 의존한다. 즉, 어떤 대안이 좋은 효과를 보면 계속해서 그 대안을 채택하는 반면, 나쁜 효과를 보면 다른 대안을 채택해보는 식으로 학습이 이루어진다.

(3) 평 가

이 모형의 장점은 복잡한 환경에도 불구하고 단순한 의사결정 메커니즘에 의하여 설명할 수 있는 데 있다. 그러나 문제의 복잡성이 심각하여 하위 문제들로 분해할 수 없는 경우에는 이 모형으로 결정할 수 없다.

4) 점증모형

(1) 의 의

린드블롬(Charles E. Lindblom)과 윌다브스키(Aaron Wildavsky) 등이 제시한 이론으로서, 정책결정자의 분석능력 및 시간이 부족하고 정보도 제약되어 있는 상태에서 현재의 정책에 약간의 변화만을 대안으로 고려하여 정책을 결정하고 시간이 흐름에 따라 환류되는 정보를 봐가면서 지속적으로 수정하는 것을 바람직한 정책결정으로 보고 있다. "가장 실현 가능성이 높은 것은 점진적인 것이다"라는 말도 이와 맥을 같이 한다(Huitt, 1968: 274).

(2) 평 가

현실적으로 정책결정권자의 입장에서는 합리적인 방법으로 모든 정보와 자원과 대안을 전부 다 고려하기란 불가능하다. 또 기존의 정책에 많은 비용, 즉 매몰비용(sunk cost)[34]이 투자되어 있는 상황에서는 가장 현실적인 방식이다. 그리고 기존의 정책을 바탕으로 하기 때문에 정책이 조령모개(朝令暮改) 식으로 수시로 변화하지 않아서 정책의 신뢰성에 대한 의문이 일어나는 일이 적다.

34) 예를 들어, 저수지를 건설하고자 하는데 후보지 A, B 두 지역 중 건설비용이 A는 50억 원, B는 40억 원이 소요된다. 합리적으로 결정한다면 B지역으로 결정해야 할 것이지만, A지역 국회의원의 세력이 강해서 그곳으로 결정하고 15억 원 정도의 공사가 이미 진척되었다. 그 후 A지역 국회의원이 낙선하여 다시 B지역으로 바꾸면 40억 원이 들지만, A지역에서는 35억 원만 더 투입하면 된다. 이 경우 이 15억 원이 매몰비용이다(백승기, 2005: 130).

그러나 점증모형은 다음과 같은 측면에서 비판을 받고 있다. 과거의 정책이 바람직한 것이 아니거나, 위기와 같은 급변하는 환경에서 적용하기에는 무리가 따른다(Nice, 1987: 145~156). 또 점증모형은 지나치게 보수적이어서 쇄신을 저해한다.[35] 현재의 상태(status quo)를 지나치게 옹호하려는 성향이 있으므로 이는 정치적 강자의 입장을 대변하여 사회적 약자를 억압하는 이념적 무기로 악용될 우려가 있다.

5) 혼합탐사 모형

(1) 의 의

혼합탐사(mixed scanning) 모형은 에치오니(Amitai Etzioni)가 제창한 것으로서, 합리모형과 점증모형을 혼합·절충한 제3의 모형이다. 즉 합리모형은 비현실적이라는 것인데, 인간의 지적 능력의 한계로 인해 합리모형대로 정책문제를 해결할 수 없다는 이유이다. 또한 점증모형도 보수적인 관점에서 지배계층의 이해관계를 중시하고 나머지 계층을 무시하는 것을 정당화시키는 이론이라고 했다. 그래서 이 양자를 변증법적으로 통합하려는 것이다.

혼합탐사 모형에서 정책결정은 근본적 결정과 세부적 결정의 지속적인 교호작용에 의해 이루어진다. 근본적 결정이란 세부적 결정이 이루어질 테두리를 결정하는 것으로, 세세한 내용이나 구체적인 것들은 의식적으로 제외함으로써 개괄적인 검토가 가능하게 한다. 이러한 개관은 전반적이고 근본적인 방향을 올바로 설정하려는 목적을 지닌 것이다. 세부적 결정은 근본적 결정이 설정한 맥락 안에서 점증적으로 결정되는데 성질상으로 보면 근본적 결정의 구체화 내지 집행에 해당되는 것이다. 이 내용을 표로 정리하면 다음과 같다.

〈표 6-7〉 혼합탐사의 내용

	고려한 대안	예측할 대안의 결과
근본적 결정	중요한 대안을 포괄적으로 모두 고려	중요한 결과만 개괄적 예측. 미세한 세목은 무시
세부적 결정	근본적 결정의 테두리 안에서 소수의 대안만 고려	여러 가지 결과의 세밀한 분석

자료: 정정길, 2000: 494.

35) 점증모형이 지나치게 보수적이라는 비판에 대해 점진적인 정책의 개선도 장기적으로 볼 때에는 큰 폭의 정책 변화를 가져올 수 있기 때문에 점증주의를 보수적이라고 보는 것은 잘못된 편견이라는 것이다. 이처럼 은닉적 변화(smuggling changes)에 의한 대규모 변화는 소폭적 단계에 의한 점증적 정치가 축적되어 나타난 결과로 보고 있다.

기상 관측 시 만일 합리모형에 입각한다면 지구를 둘러싸고 있는 하늘의 모든 기상상태를 면밀히 관찰해야 하는데 그렇게 하는 것은 시간이나 비용 면에서 현실적으로 곤란할 것이다. 반면 점증모형에 입각해서 과거에 이상기후가 발생했던 지역에 국한하여 조사한다면, 그 지역 이외의 지역에서 발생할 이상기후에 대해서는 전혀 검토할 수 없게 될 것이다. 따라서 이러한 양자의 문제점을 동시에 극복할 수 있는 바람직한 조사방법으로, 광각카메라로 지구상의 전 지역을 전체적으로 살펴보고(합리모형에 입각), 그 중 이상지역이 발생되면 정밀카메라를 가지고 그 지역에 대해 집중적으로 세밀하게 관찰하는 (점증모형에 입각) 방법을 제시하고 있다. 군대에서 경계요령에 의해 공간 전역을 전체적으로 살핀 후, 의심나는 곳을 반복해서 자세하게 관찰하는 경계활동도 이 모형의 좋은 예라고 할 수 있다(최항순, 2006: 400).

(2) 평 가

혼합탐사 모형은 모든 결정을 동일한 수준으로 보지 않고 근본적인 결정과 세부적인 결정, 그리고 양 극단 사이에 존재하는 많은 결정으로 구분한 것과 합리모형의 지나친 엄밀성과 점증주의의 보수성을 극복할 수 있는 전략을 제시했다는 점에서 정책결정이론의 발전에 크게 기여한 것으로 평가할 수 있다(정정길, 2000: 497). 그러나 이 모형은 새로운 것이 아니라 두 개의 대립되는 극단의 모형을 절충·혼합한 것에 불과하다는 비판도 받고 있는데, 그 이유는 현실적으로 이 이론을 적용할 때 어디에서 합리적인 접근방법과 점증적인 방법을 사용해야 할 것인가에 관해서 모호한 입장을 취하고 있기 때문이다(이해영, 1997: 250; Ham & Hill, 1984: 87~88).

6) 최적모형

(1) 내 용

드로어(Yehezkel Dror)는 점증모형을 타성을 조장하고 쇄신을 저해하는 정책결정 방법이라고 비판한 바 있다. 그는 합리모형의 비현실성과 점증모형의 보수성에 비판을 가하고 현실주의와 이상주의를 통합한 최적모형(optimal model)을 제시하고 있다. 주된 내용은 합리성의 제고, 정책과정의 환류성 및 정책결정 체제의 구조 등으로 구성된다.

첫째, 합리성의 제고가 중요하긴 하지만 그것은 어디까지나 “경제성을 감안한 합리성”이어야 한다는 것이다. 즉, 다음의 경우와 같이 합리적 결정의 효과가 비용보다 클 경우에만 합리모형을 적용해야 한다(정정길, 2000: 500).

$$\text{합리적 결정의 효과} \geq \text{합리적 결정의 비용}$$

이 때 합리적 결정의 효과는 합리모형에 따라서 분석적으로 정책을 결정할 때 그 결과로서 정책의 질이 향상되는 효과를 말하며, 합리적 결정의 비용은 결정에 소모되는 노력, 시간, 정보수집비 등의 분석 경비를 의미한다.

그리고 초합리성을 강조하는 데 선례가 없거나 매우 중요한 비정형적 결정에서는 직관·창의·판단 등과 같이 인간 의식의 저변에 존재하는 반(半)무의식적 요소인 '초합리적 요소'가 정책결정 과정에 개입해야 한다.

둘째, 정책과정의 환류성을 보면, 최적모형은 4단계 18개 국면으로 구성되어 있다. 이들 4단계는 메타정책결정 단계(meta-policymaking stage), 정책결정 단계, 정책결정 이후 단계와 환류 등이다. 각 단계의 주요 내용을 보면 다음과 같다. 첫째, 메타정책결정 단계는 정책결정 이전에 전반적인 정책결정의 구상에 관해 결정하는 단계로서, 정책문제 및 관련된 가치의 확인, 이용 가능한 자원의 확보, 정책결정 체제의 분석 및 정책결정 전략의 수립 등을 주요 내용으로 한다. 둘째, 정책결정 단계는 합리모형을 기본으로 하고 있다. 이 단계에서는 목표의 명확화와 우선순위의 결정, 정책대안의 탐색 및 개발, 정책대안의 결과 예측, 정책대안의 비교 및 평가. 그리고 최적의 대안 선택 등을 주요 내용으로 한다. 셋째, 정책결정 이후 단계와 환류는 앞의 두 단계에서 작성된 정책을 가시화하는 단계로서 집행을 위한 동기부여,[36] 정책의 집행, 정책평가, 의사전달과 환류의 과정으로 이루어진다. 이들 4단계 중에서 드로어가 특히 강조하는 단계는 메타정책결정 단계이다. 메타정책결정은 '정책결정을 어떻게 해야 할 것인가에 대한 결정'을 말한다.

(2) 평 가

최적모형은 초합리성을 강조하여 합리모형을 더욱 체계화시켰으며, 메타정책결정을 정책결정의 선행 단계로 도입함으로써 정책결정의 새로운 이론 모형을 개척하였고, 정책집행 후의 평가와 피드백을 공식적 정책결정의 한 단계로 포함시킴으로써 정책결정이론의 새로운 지평을 여는 데 큰 기여를 했다.

그러나 최적의 의미가 불분명하다는 지적과 함께 초합리성의 성격이 명확하지 않고 초합리성의 구체적 달성 방법이 명확치 않다는 점, 그리고 초합리성이 지나치게 강조될 경우 신비주의에 빠질 위험성이 높고, 비합리적인 권위주의적 결정을 미화시켜 비민주적인 정책결정이 이루어질 위험성이 내포되어 있다는 비판을 받고 있다.

---

36) 정책집행의 동기유발이란 집행을 하기 위해서는 동기유발이 필요하다는 말이며, 그 수단은 공식적 승인, 집행에 필요한 각종 자원의 배분, 강력한 추진 등을 말한다. 이때 동기부여를 좌우하는 것은 정치권력이라고 할 수 있다.

7) 회사모형

(1) 의 의

이 모형은 연합모형(coalition model)이라고도 불리는데, 개인적 차원의 '만족모형'을 발전시켜 조직에서의 의사결정 차원에 적용시킨 것이다. 회사모형(firm model)은 철저하게 기업조직 내부의 의사결정에 초점을 맞추고 있다. 고전적 경제학에서 기업이 합리모형에 따라 의사결정을 하는 것으로 전제하고 있는데, 회사모형은 이에 대한 비판에서 출발한다. 이 모형의 실제 적용 사례인 미연방 정부의 하급 법원을 대상으로 한 실증적 조사연구에서 현실적 타당성을 인정받고 있다(Allan, 1966: 405~413).

(2) 내 용

① 갈등의 불완전한 해결

이 모형에서는 회사조직을 유기체가 아닌 서로 다른 목표를 지닌 구성원들의 연합체(coalition)로 본다. 예를 들어, 생산부(생산 목표), 판매부(시장점유율 제고)와 같이 이들은 각자의 활동에 어느 정도 독자성이 인정되므로 서로 간의 갈등은 불가피하다. 이들 갈등은 완전 해결보다는 잠정적으로만 해결되고 갈등은 항상 잠재해 있는, 즉 갈등은 불완전 해결 상태로 머물고 만다. 불완전한 갈등 해결을 구체적으로 보면 다음과 같다.

첫째, 국지적 합리성이다. 조직은 문제를 여러 하위 문제로 분해하고 이들을 하위 조직에 분담시킨다. 즉, 독립적인 단순한 문제로 전환해 이러한 작은 부분에 대해서만 합리성을 추구하려 한다. 이렇게 부분의 합리성을 도모해 전체적 합리성을 도모하고자 한다.

둘째, 조직의 여유자원 활용이다. 국지적 최적화의 총계가 전체적 최적화를 이루기 위해서는 국지적 결정들이 일관성을 지녀야 한다. 만약 단위조직 간에 상호 모순된 결정에 의한 피해가 있으면 조직의 여유자원을 통한 보상이 있어야 한다.

셋째, 목표에 대한 순차적 관심이다. 동시에 여러 가지 목표를 고려하는 것이 아니라 한 순간에는 이 목표를, 다른 순간에는 저 목표를 달성하는 데만 관심을 가진다. 이렇게 하면 모순되는 목표가 있어도 큰 갈등 없이 해결된다. 예를 들어, 농림축산식품부에서 연초 재배 농가를 지원할 때는 '농업 보호'라는 목표만을 고려하고, 담배의 유해성에 대한 광고비를 지출할 때는 '국민 건강'이라는 목표만을 고려하는 식이다.

② 문제 중심의 탐색

조직에 무슨 문제가 없나 항상 탐색하는 것처럼 적극적으로 문제를 발견하는 것이 아니라, 문제가 발생한 후 비로소 문제를 탐색하기 시작하고 그 문제를 해결하기 위한 대안을 탐색하게 된다. 탐색조차도 완벽하게 이뤄지는 것이 아니라 만족할 만한 수준에서 이뤄진다.

③ 불확실성의 회피

시장 변화나 소비자 요구 등 불확실성 속에서 의사결정을 해야 하므로 불확실성을 회피하고자 한다. 그러한 불확실성을 회피하기 위해 조직은 미래 예측이 어려운 장기전략보다는 어떤 문제가 발생하면 해결책을 강구하고 그것이 해결되면 다음 문제가 등장할 때까지 기다리는 식의 즉각 환류가 이뤄질 수 있는 단기계획을 작성한다. 또 주위 환경이 자기의 활동에 적합하도록 환경을 통제하기도 하는데 거래 관행을 수립해 상대편 기업의 불확실성을 감소시키는 것이 이에 해당한다.

④ 조직의 학습

사람과 마찬가지로 조직도 경험에 따라서 목표와 관심의 대상을 변화시키며, 탐색절차도 수정하는 등 문제를 해결하고 갈등을 해소하는 방법을 배운다.

결정 과정이 반복되는 과정에서 결정자들은 점차 많은 경험을 쌓게 된다. 시간이 흐르고 경험이 많아짐에 따라 결정은 좀 더 세련되고 목표달성도는 높아진다.

⑤ 표준운영절차

표준운영절차(Standard Operating Procedure: SOP)는 조직이 계속 존속해 오는 동안 경험적으로 습득하게 된 행동규칙을 말한다. 직무 수행, 보고규칙, 정보 처리에 관한 규칙 및 계획과 기획에 관한 규칙 등과 같은 표준운영절차는 조직의 의사결정 행태를 지배하게 된다.

(3) 평 가

회사모형은 조직 내 하위조직들 사이의 상이한 목표로 인한 갈등이 협상을 통해서 해결될 수 있다는 점과, 이러한 해결은 완전한 해결이 아니고 불완전한 해결 상태로 남는다는 점, 그리고 표준운영절차의 중요성을 강조한 점 등은 현실에 대한 설명력이 매우 높다고 볼 수 있다. 또 일반적으로 회사모형은 민간조직의 의사결정 과정을 설명하는 것으로 이해되지만, 공공 부문의 의사결정에도 그 유용성이 인정된다(류지성, 2007: 385).

그러나 SOP에 입각한 결정 방식은 안정된 상황을 전제하고 있다. 즉, 현상 유지적이고 보수적이어서 급격한 변동을 겪는 개발도상국가에 적용하는 데에는 한계가 있다. 그리고 이 모형은 권한의 하위조직 위임이라는 민주적·분권적 조직관에 입각하고 있기 때문에 모든 결정권이 최고층에게 집중되어 있는 권위주의적 조직에는 적용하기 어렵다.

8) 쓰레기통 모형

(1) 의 의

쓰레기통 모형(garbage can model)은 코헨(Michael D. Cohen) 등이 창안한 개인이 아닌 집단적 의사결정 이론으로서, 조직구성원의 응집성이 아주 약한 혼란 상태인 '조직화된 무정부 상태(organized anarchies)'에 있는 조직체의 비합리적 의사결정 과정을 분석하기 위한 모형이다.

이러한 복합적이고 급격한 변화가 일어나는 혼란상태에서는 정책결정이 합리모형에서처럼 체계적으로 이루어지는 것이 아니라, 쓰레기통 속의 쓰레기처럼 뒤죽박죽되다가 우연히 결정된다는 극도로 불합리한 집단적 의사결정 상황을 설명하고 있다. 합리성을 극도로 제약하는 세 가지 전제 조건(조직화된 혼란상태의 속성)하에서 의사결정의 네 가지 요소가 우연히 결합되어 의사결정이 이루어진다고 본다. 세 가지 전제 조건은 첫째, 선호의 불명확성(problematic preferences)으로서, 의사결정에 참여하는 구성원들 간에 무엇을 선택하는 것이 바람직한지에 대한 합의가 없으며, 참여자 개인들은 자신의 선호가 무엇인지도 모르고 의사결정에 참여함을 말한다.

둘째, 불명확한 기술(unclear technology)로서, 어떤 목표를 달성하기 위해 무엇을 수단으로 선택해야 할지 잘 모르는 경우이다. 즉, 목표와 수단 간의 인과관계가 불분명한 것을 말한다.

셋째, 일시적 참여자(fluid participation)로서, 결정과정에 참여하는 사람들은 그 자신의 시간적 제약 때문에 일시적으로 참여하게 되며, 개개인으로 볼 때 그는 결정 전체에 대해 극히 부분적으로만 관여하게 되는 것이다. 다시 말해 문제에 따라 참여자가 다르며, 참여도 간헐적이고 일회적이다.

그리고 의사결정의 네 가지 요소를 보면, 의사결정이 이루어지려면 네 가지 요소, 즉 결정해야 할 문제, 문제의 해결책, 참여자 그리고 의사결정의 기회가 구비되어야 하는데, 이 네 가지 요소들은 아무런 관계없이 독자적으로 움직인다. 의사결정은 의사결정자들이 문제 해결책을 가지고 있고, 선택의 기회가 주어진다면 의사결정이 이루어진다. 쓰레기통 모형에 의한 의사결정은 다음과 같은 세 가지 유형으로 구분할 수 있다(March, 1994: 201~202).

① 간과(oversight): 비교적 쉽게 의사결정이 된다. 의사결정의 기회가 주어졌으나, 기존의 문제가 '선택의 기회'와 연계되어 있지 않은 경우, 즉 조직이 가지고 있는 모든 문제들이 다른 의사결정과 연계되어 있는 경우에 새로운 의사결정의 기회

는 비교적 손쉽게 의사결정으로 이어진다.

② 문제 해결(problem resolution): 해결되어야 할 문제가 의사결정의 기회와 연계되어 있는 경우. 충분한 에너지를 갖게 되어 의사결정이 비교적 쉽게 이루어진다.

③ 탈피(flight): 다수의 문제들이 하나의 의사결정 기회에 연계되어 있는 경우, 필요 에너지가 모자라 의사결정을 할 수 없게 된다. 이러한 경우, 문제들이 마냥 못 기다려 다른 의사결정 기회를 찾아 떠나게 되면, 즉 탈피하게 되면 처음의 의사결정 기회는 의사결정으로 이어지게 된다.

쓰레기통 모형에서는 최종 의사결정은 대부분 탈피나 간과에 의해 이루어지게 된다. 문제해결은 대표적 유형이라고 할 수 없다.

(2) 평 가

기존 이론들이 조직화된 무정부 상태를 단지 병리적인 현상으로 인식했으나 이 모형은 이를 긍정적 측면에서 체계적으로 분석 시도했다. 또 이 모형은 조직적 혼란 상태의 결정 상황에 대한 체계적 분석을 시도하고 있는데, 조직적 혼란 상태는 오늘날 공공조직이나 교육기관 등에서 쉽게 발견할 수 있는 것인 만큼 현실의 결정 문제를 좀 더 적실성 있게 분석할 수 있다는 장점을 가진다.

그러나 조직적 혼란 상태는 조직의 일부에서 일시적으로 나타나는 특수한 경우이므로 설명의 한계가 있다는 비판도 받고 있다. 그리고 실질적인 정책결정 연구에서는 쓰레기통모형이 그리 많이 적용되지 않고 있다.

9) 앨리슨 모형

(1) 의 의

앨리슨(Graham T. Allison)은 쿠바 미사일 위기에 따른 미국 정부의 정책결정 과정을 설명하기 위해서 세 가지 모형으로서 합리모형, 조직과정모형 및 정치모형을 제시했다. 그의 모형은 합리모형이나 집단적 의사결정에서 한 걸음 나아간 종합적인 시각으로서 비교적 소홀하게 취급되던 '정치적 결정'을 세 번째 모형으로 보완하고 있다. 이들을 구분하는 중요한 기준의 하나가 정책결정에 참여하는 집단의 응집성이다. 합리모형에서는 정부를 잘 조정된 유기체로 보고, 조직모형에서는 정부를 반독립적인 하위조직들이 느슨하게 연결되어 있는 집합체로 간주하며, 정치모형에서는 정부를 서로 독립적인 정치적 참여자들의 집합체로 간주한다.

합리모형(Model I)은 합리모형의 논리를 국가 정책결정에 유추하여 국익을 극대화시키는 최선의 대안을 선택하는 합리적 결정을 한다. 정부는 일관된 목표를 가지고 있고 조직구성원들은 이 목표를 서로 공유하며 합리적 결정을 위해 노력하게 된다. 따라서 정책결정에 참여하는 모든 사람들은 국가 전체의 이익을 위해 행동하며 개인적인 사심(私心)은 작용하지 않는다는 것이다.

조직모형(ModelⅡ)에서 정부는 하위조직들의 집합체이며 이들 하부조직의 내부절차(SOP)에 의해서 국가정책이 결정된다. 정부지도자는 집합체의 정상에 있으나 정책은 전문성을 가지고 있는 하위조직들의 내부절차에 따라 결정된다. 정책결정의 참여자들은 국가적 목표보다는 자신이 속해 있는 하위조직의 목표를 우선시하는데, 예를 들어 외무부는 평화적 해결을 선호하나 국방부는 힘에 의한 해결을 선호한다. 따라서 서로 다른 목표를 가진 하위조직들이 문제 해결을 둘러싸고 발생하는 갈등을 협상을 통해 완전해결이 아닌 준해결(quasi-resolution)하는 상태에 머물게 된다.

정치모형(ModelⅢ)에서 국가정책의 결정 주체는 단일 주체로서의 정부(합리모형)나 하위조직으로서의 부처들의 연합체(조직모형)가 아니고 참여자들 개개인이라고 본다. 즉, 결정 주체는 극도로 다원화된 참여자 개개인이다. 참여자들은 자신의 목표를 우선적으로 추구하면서 동시에 전체 조직의 목표와 하위조직의 목표가 혼재하므로 목표의 공유 정도 및 정책결정의 일관성이 매우 약하다. 그러므로 정부의 정책이란 조직 전체가 부딪친 문제에 대한 최선의 해결책이라기보다 참여자들 간의 갈등과 타협에 의한 정치적 게임의 결과로 간주하는 것이다.

앨리슨은 '장기 게임'에 비유해 세 가지 모형을 설명하고 있다. 장기 게임을 화상중계를 통해 관전하는 사람들은 각각의 장기 게임을 하는 사람들이 게임에서 승리하기 위한 목표를 향해 준비된 전략과 계획에 의해 그 게임을 풀어나갈 것이라고 가정하게 되는데, 이러한 가정은 '합리적 행위자 모형', 즉 'ModelⅠ'로 설명된다. 그러나 장기 게임을 수차례 관전하게 되면, '장기 게임'이 가지고 있는 유형을 읽을 수 있게 되어 그 게임은 개인의 합리적 사고에 의해 진행되는 것이 아니라 일련의 '표준운영 절차'에 따라 공격과 수비의 유형을 가지게 된다는 것을 발견하게 된다. 따라서 장기 게임을 '조직과정모형'(ModelⅡ)으로 이해한다. 이와 같이 장기 게임을 '유형화된 조직과정'으로 볼 수 있게 된다면, 장기 게임을 'ModelⅢ'에 의해 이해할 수 있게 되는데, 예를 들어 다양한 게임의 주체들은 그들 나름대로 목표를 향해 게임에 임하게 되지만 '왕으로부터 졸'에 이르기까지 권력이 분산되어 있으며, 하나의 '말'을 움직인다는 것은 '전체적 협상의 결과'로 볼 수 있게 된다는 것이다. 즉 '공격' 혹은 '수비'를 하기 위해 특정 '말'은 희생될 필요가 있으며, 이것은 정치적 타협의 산물로 이해될 수 있다는 것이다(류지창, 2007: 367).

(2) 평 가

이 모형은 합리모형 일변도에 입각한 이론과 실제의 괴리를 줄이고자 종합적인 시각을 강조했다. 해안 봉쇄라는 결정이 왜 내려졌는지는 합리모형으로만 설명되지 않았고, 조직모형과 정치모형으로도 설명될 수 있었다. 이렇게 하나의 정책 사례가 세 가지 모형을 모두 적용해야 해석될 수 있었음을 말해 주는데, 이는 의사결정을 위한 고도의 합리적 기법이 개발된다고 해도 의사결정의 정치적 성격을 완전히 배제할 수 없다는 점을 시사해 준다. 그러나 이 모형은 정책 유형에 따라 모형의 적용 가능성이 어떻게 달라지는가에 대해서는 설명하지 못하며, 우리나라와 같이 정책결정권이 중앙, 특히 대통령에 집중되어 있는 경우에는 적용에 한계가 있다. 그러나 1980년대 중반 이후 민주화가 진행되면서 이 모형의 적용 가능성은 점차 높아지고 있다.

10) 공공선택 모형

(1) 의 의

공공선택이론은 1960년대 뷰캐넌(James M. Buchanan)과 털럭(Gordon Tullock)이 집단적, 정치적 정책결정 방식에 경제학적 이론을 적용시켜 공공문제를 해결하려는 시도에서 등장한 이론이다.[37] 이후 이들 이론은 오스트롬(Vincent Ostrom)과 오스트롬(Elinor Ostrom), 니스카넨(William A. Niskanen) 등에 의해 체계화되고, 많은 학자들에 의해 공공재의 적정 공급을 위한 정책결정 방식과 조직 배열을 중심으로 연구되고 있다.

공공선택모형(public choice model)은 비시장적(non−market) 분야에 대해서 경제학적 분석 방법을 적용한 것이다. 공공선택론은 경제학적인 분석도구를 투표, 정당정치, 관료행태 등의 연구에 적용하고 있다. 공공선택론에서는 정부를 공공재의 생산자로, 시민들은 공공재의 소비자로 규정한다. 이러한 관점에서 시민의 편익을 극대화할 수 있는 서비스의 공급과 생산은 공공부문의 시장경제화를 통해 가능하다고 본다. 반면 공공서비스를 독점적으로 공급하는 전통적인 정부관료제는 시민의 요구에 민감하게 반응을 보이지 못하는 장치로 본다. 독점적 정부관료제는 정부실패를 가져오기 때문에 시민 개개인의 선호와 선택을 존중하고 경쟁을 통해 서비스를 생산하고 공급하게 함으로써 행정의 대응성을 높일 수 있다는 것이다. 관료 이기주의를 방지하기 위해서 외부계약(contracting−out), 민영화, 정부 부처 간 경쟁 등과 같은 시장원리를 관료제에 적용시켜

37) 이 이론은 다원론자와 점증주의자들을 비판하는데, 그들처럼 개인이나 이익집단들을 진흙더미(muddling through)를 통하게 내버려 둔다면 '소수 미국인(other America)'들의 요구가 무시됨으로써 공익의 달성이 어렵게 된다(박성복·이종렬, 2000: 305 재인용).

야 한다는 것도 이러한 맥락에서 나오는 것이다.

공공선택론은 크게 두 가지로 구분된다. 하나는 규범적, 다른 하나는 실증적 공공선택론이다. 전자는 롤스의 정의론이나 애로우의 사회적 후생함수 등이 이에 해당하며, 후자는 국가가 어떻게 하면 공공재를 적은 비용으로 생산해 낼 것인가를 다양한 투표방식으로 설명한다. 공공선택(public choice)을 해야 하는 가장 큰 이유는 공공재가 존재하기 때문이다. 공공재에는 대가는 치르지 않으면서 자신의 이익만을 챙기려는 무임승차자가 속출하게 되고, 이들로 인하여 공공재를 효율적으로 공급할 수 없게 된다. 이러한 문제를 해결하기 위해 공공선택론은 공공부문에 경제학의 시장원리를 도입하여 재화의 공급과 분배의 효율성을 높일 수 있는 제도적 장치에 관심을 갖는다.

(2) 내 용

전제 조건으로는, i) 방법론적 개인주의(methodological individualism),[38] ii) 경제인간(homo economicus), iii) 교환으로서의 정치(politics-as-exchange) 등을 들 수 있다. 이 모형의 대표적 요소인 예산극대화 원칙을 보면, 관료와 정치가가 극대화하고자 하는 것은 국가 이익이 아니라 사익에 불과하다는 것이다. 관료들은 국가이익이나 전체 복지를 위해 일하는 것이 아니며 오히려 다른 요인들이 작용하는데 이 요인이란 봉급, 명성, 권력 후원 등이다. 그는 예산극대화를 통해 관료들이 자신들의 효용을 극대화한다고 생각하는데 주요 내용을 간추려 보면 다음과 같다.

정치가는 유권자의 지지를 확보하려고 총 사회적 편익과 총비용(즉, 세금)의 차이가 극대화되는 산출량을 택하려 한다. 이는 한계편익과 한계비용이 일치되는 점에서 이루어지는데, 그 이유는 MR=MC의 법칙(이윤극대화 산출량은 한계수익=한계비용인 점에서 이루어진다) 때문이다. 그러나 관료들은 예산의 극대화가 목적인 경우 사무실의 크기나 비품, 스탭진 등의 증대를 통해 자신들의 위신과 체면을 높이려고 한다. 따라서 비용은 생각하지 않고 주어진 예산으로 총비용을 부담할 수만 있으면 총편익이 극대화되는 산출량을 고집하여 그 결과 정부 산출물은 적정 생산수준보다 2배의 과잉생산이 이루어진다. 이를 그림으로 설명하면 다음과 같다.

38) 방법론적 개체주의는 개인을 분석의 기초단위로 삼는다. 공공선택론에서는 정당, 지방정부, 국가 등을 분석의 기초단위로 하지 않고 대표적이라고 생각되는 개인의 입장을 분석의 출발점으로 삼는다. 공공선택론은 개인으로서의 인간을 이기적 또는 자기이익 추구적이며 합리적이고 효용의 극대화전략을 추구하는 존재라고 가정한다.

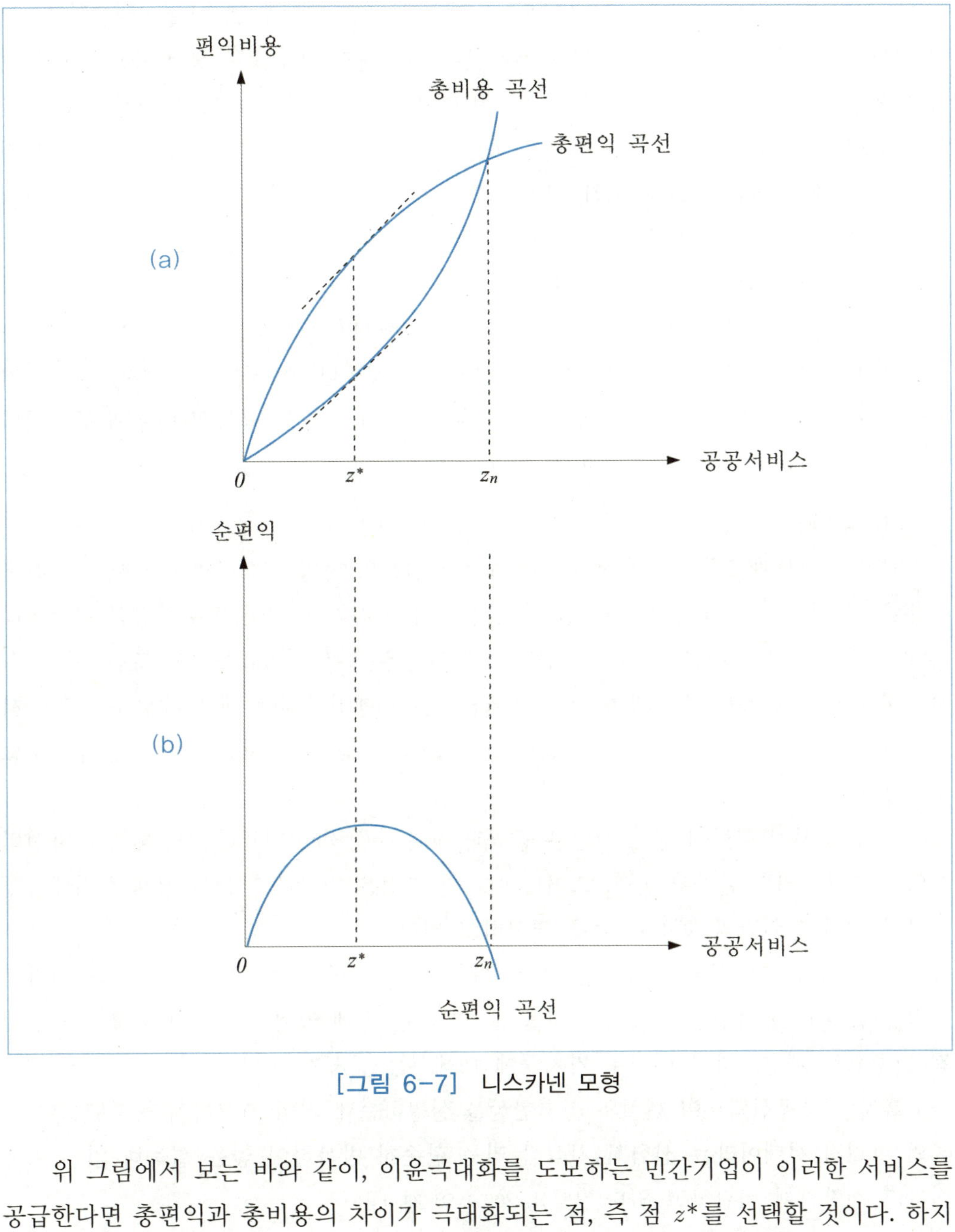

[그림 6-7] 니스카넨 모형

위 그림에서 보는 바와 같이, 이윤극대화를 도모하는 민간기업이 이러한 서비스를 공급한다면 총편익과 총비용의 차이가 극대화되는 점, 즉 점 z^*를 선택할 것이다. 하지만 관료제 하에서는 총편익이 총비용과 일치할 때까지, 즉 z_n까지 서비스를 공급하게 된다는 것이다. 그림 (b)는 순편익곡선을 사용하여 마찬가지의 결과를 보여 주고 있다 (나성린·전영섭, 2007: 120~121).

이처럼 공공선택론에서는 공무원을 사익 추구의 존재로 보고, 이를 방지하기 위하여 기관 간의 협상과 합의를 이끌어낼 수 있는 의사결정 구조를 규정할 제도의 필요성을 강조한다. 시민의 다양한 선호를 존중하고 반영할 수 있는 제도에 관심을 갖는다. 그것에 대해 오스트롬(V. Ostrom)은 공공재를 공급하는 정부조직 구조를 다층식으로 배열할 것을 주장한다. 다층식 조직 내지 관할권의 중첩은 기본적으로 분권을 의미하며 이를 통해 서비스의 질적 수준을 높일 수 있다는 것이다(유민봉, 2006: 42). 그 기저에는 관료들도 다른 인간과 마찬가지로 부패할 수 있으며, 따라서 권력이 분산되지 않거나 혹은 권력 상호 간에 제약과 통제가 가해지지 않는다면 이기적인 목적을 위해 권력을 남용하려는 사람들에 의해 정치권력은 독점된다는 것이다. 이러한 관점에서 복수의 거부권을 지닌 다양한 결정체 사이에 권한을 분산하거나 다양한 규모의 다수의 중첩적인 관할권의 개발은 필수 조건이라고 보고 있다(이종수 외, 2008: 152).

(3) 평 가

기존의 정부관료제의 문제점을 극복하고 시민들의 다양한 요구와 선호에 민감하게 부응할 수 있는 제도적 장치를 마련하는 데 관심을 가지고 있어 민주행정의 구현이라는 관점에서 높이 평가된다. 이처럼 공공선택 이론은 정부의 비효율적인 측면들을 분석하는데 대단히 유용한 접근방법이다. 공공선택론은 행정문제에 대해 새로운 시각에서 통찰하여 혁신적 처방을 제시할 수 있게 한다. 그러나 몇 가지 비판도 받고 있다(김문성, 2004: 100~101).

첫째, 정치적 결정에 있어 개인은 공익과 같은 추상적 이념보다는 구체화된 자신의 이익을 추구하려고 한다고 본다. 그러나 이러한 가정은 인간을 단순히 경제적 기대가치로만 분석하고 인간의 정신을 너무 경시하고 있다.

둘째, 공공선택 이론은 가치를 결정함에 있어서 시장이 정부보다 더 합리적이라고 가정한다. 이러한 가정은 경제적 가치를 분석한다는 점에 있어서 타당할지 모르나 경제적 기준으로 계량화하기 어려운 가치들에 대해서는 문제가 있다.

혹자는 공공선택론이 현실의 정치현상을 설명하는데 거의 기여하지 못하였으며 기존의 합리적 선택이라는 선험적 지식 논리를 단순히 반복하여 놓은 설득력 없는 이론이라고 신랄하게 비판하고 있다(김의섭, 2007: 58 재인용).

3. 우리 정부의 정책결정

이는 부처에서 채택된 정책안이 법률로 확정되기까지 거쳐야 하는 과정이다. 이것이 '합법화 과정(legitimation)'으로, 특정의 선택된 정책대안이 정당성 내지 권위를 갖도록 하는 과정을 의미한다. 이는 정책이 법적 지위를 얻는 과정으로, 부처에서 결정된 후 법률로 확정될 때까지를 말한다. 여기서는 법률안 제정과 예산안 의결로 나누어 살펴본다.

1) 법률안 제정

각 부처의 최종안은 당정 협의를 거쳐 차관회의에서 실질적인 결정이 이루어진다. 국무회의 규정은 2개 이상의 부처에 관련된 의안은 사전 합의를 거쳐야 하고, 국무회의에 상정할 모든 의안은 먼저 차관회의의 심의를 거치도록 규정하고 있다. 따라서 국무회의는 차관회의에서 결정된 사항에 대한 의례적인 절차를 밟는 것이다. 이처럼 실질적인 조정이 이루어지는 차관회의는 국무조정실장과 각 부처의 차관으로 구성되며 국무조정실장이 의장이 된다. 다만 긴급한 경우에는 차관회의를 생략하고 바로 국무회의에 상정하여 심의가 가능하다. 마지막으로 대통령이 서명하고 국무총리 및 관계 국무위원이 부서(副署)한다. 법률안은 대통령의 재가가 있으면 법제처가 법률안을 지체 없이 국회에 제출한다.

국회에서의 법률안 심사 과정을 보면, 발의된[39] 정부안은 해당 상임위원회에 회부되어 본격적인 심사 활동이 시작된다. 정부의 제안 설명, 전문위원의 검토 보고, 의원들의 제안자에 대한 질의·답변의 과정을 통해 구체적인 검토를 하게 된다. 이 과정에서 필요한 경우 공청회·청문회를 개최하기도 한다. 소관 상임위원회에서 의결된 법률안은 법제사법위원회로 회부되어 법률안에 대한 체계·자구(字句) 심사를 거치게 되며, 이후 상임위원회로 회송하여 심사 결과 보고를 국회의장에게 보고하게 된다. 이 같은 과정을 거쳐 법안은 본회의 상정을 통해 최종적으로 가부 간의 결정을 하게 된다(임동욱·함성득, 2000: 31~33). 국회에서 정부로 이송되면 대통령은 15일 이내에 공포하게 된다.

2) 예산안 의결

행정부는 예산안을 회계연도 개시 120일 전까지 국회에 제출해야 한다(국가재정법 제33조).[40] 이후 예산 심의에 앞서서 국정감사가 실시되며, 이어서 상임위원회의 예산안 예비심사와 예결특위의 종합심사가 진행된다. 특히 예결위 종합심사에서는 예산안조정소위원회가 구성되는데, 소위에서 행하는 계수조정(計數調整)은 상임위원회의 예비심사

---

39) 발의는 국회법 제79조에 따라 의원 10인 이상의 찬성으로 할 수 있다.

40) 2014년부터 정부예산안 국회 제출 시기를 3년간 10일씩 앞당겨 최종적으로 30일 앞당기는 '회계연도 개시 120일 전'으로 변경되었다. 이에 따라 2014년 회계연도 개시 100일 전, 2015년 110일 전, 2016년부터 120일 전으로 바뀌게 되었다(윤영진, 2014: 158)

결과와 예결위의 부별 심사의 결과를 토대로 진행된다. 여기서 말하는 계수조정은 부처별로 나뉘어 심사된 예산액을 다시 종합하면서 세입예산액과 일치시켜 나가는 과정이다. 의장은 예결위의 심사가 끝나면 본회의에 부의하게 되고, 본회의에서는 예결위 위원장의 심사보고에 이어 찬반 토론을 행한 다음, 예산안을 의결·확정하게 된다.

현재 우리나라 예산 심의의 문제점으로는 예산 규모나 내용의 조정 또는 수정이 매우 비합리적이란 것이다(강신택, 1993: 267~268). 보통 상임위에서는 소관 부처의 사업에 대해 동조하는 성향이 있으므로 소관 부처의 예산액을 증액하려는 경향을 나타낸다. 여야 의원들이 지역구 민원을 해결하기 위해 대부분의 상임위에서 익년도 세출규모를 늘리고 있다. 그러나 예결위에서는 세입과 세출 규모를 일치시켜야 한다. 그런데 야당에서는 세입 규모를 삭감함으로써 세출예산의 규모도 삭감하게 되는 전략을 사용하는 것이 보통이다. 삭감 규모의 조정은 어떤 합리적인 근거 하에서 이루어지기보다는 여야 간의 타협으로 이루어진다. 실제 예산삭감률은 저조한데 그 이유는 관련 이익집단의 예산삭감 반대(23.5%), 관료들의 예산극대화노력(21.1%), 의원들의 전문성 결여(18.8%)에 있다(김성철·장석영·강여진, 2000: 231). 또 다른 문제점으로는 예결위의 비상설화에 따른 문제점을 들 수 있다. 예결위는 상임위원회와의 중복을 피하고 중립성을 유지하기 위해 매년 재구성되도록 하고 있다. 이것은 여야 간에 정치적 갈등이 있을 경우 위원 선임을 어렵게 하고 심사 기간의 단축을 가져왔다(임동욱·함성득, 2000: 126). 예결위의 경우 예산 심의 기간이 평균 10일도 안 되는데 그 중 2분의 1 이상을 정책 질의에 쓰고 있다(강신택, 1993: 267). 이러한 심의 기간의 부족은 합리적인 예산 심의를 저해하고 예산 심의의 형식화를 초래한다. 이러한 실정을 반영하여 2000년 국회법 개정을 통해 현재 예산결산위원회는 상설특별위원회 형태로 운영되고 있다. 전반적으로 볼 때 형식적인 예산 심의를 탈피하기 위한 제도적 보완이 시급한데, 전문인력의 확보(35.2%), 촉박한 일정으로 인한 시간 부족 현상의 개선(34.1%) 등이 이에 해당한다(김성철·장석영·강여진, 2000: 232).

국회법은 매년 11월 30일까지 예산결산특별위원회가 예산 심의를 종료하지 못하면, 12월 1일 본회의에 정부 예산안을 자동 부의하도로 하고 있다. 따라서 여야 간에 정치적 충돌로 인해 국회가 장기간 정상화되지 않는 상황이 전개되면 예산심의 기간의 단축으로 인해 형식적인 예산 심의가 될 우려가 크다. 참고로 2017년 예산안은 법정 시한을 넘긴 12월 5일 본회의에서 처리된 전례가 있다.

제 5 절 정책집행

1. 의 의

정책집행은 정책결정과 정책평가를 연결하는 고리 역할을 하는 과정으로서 정책의 성패가 결정되는 중요한 정책과정이다. 우리 옛말에 "구슬이 서 말이라도 꿰어야 보배"라는 말이 있듯이 아무리 훌륭한 계획을 가지고 있더라도 실천에 옮기지 않으면 탁상공론에 지나지 않으며, 계획을 구체적인 행동으로 옮길 때 비로소 효과가 나타난다.

정책집행의 개념은 다수의 사람들에 의해 다양하게 정의되고 있다. 프레스먼(Jeffrey Pressman)과 윌다브스키(Aaron Wildavsky)는 정책집행을 단일 방향적인 것으로 해석하여 "의도한 결과를 달성하기 위해 인과 연쇄에 따라 순차적으로 진행하는 능력"으로 정의하고 있다(Pressman & Wildavsky, 1973: xv). 존스(Charles O. Jones)는 정책집행을 사업계획에 효과가 발생하도록 하는 의도적 활동(those activities directed toward putting a program into effect)으로 파악 한다(Jones, 1977: 139). 여기서는 정책집행을 "정책의 내용을 구체적으로 실현하는 과정"으로 보고자 한다.

2. 접근방법

1) 하향적 접근방법

하향적 접근방법(top–down approach)은 정책집행을 주어진 정책목표의 달성을 위한 수단적 행위로 파악한다. 사바티어(Paul A. Sabatier)와 마즈마니언(Daniel Mazmanian)이 대표적인 인물로서 정책의 결정도 중앙정부가 결정하고 집행도 상부의 지시에 따라 이루어진다는 것이다. 그들은 성공적 정책집행의 전제 조건으로 분명한 목표, 정책 내용의 합리성을 보장하는 적절한 인과이론, 집행관료와 대상 집단의 순응을 확보하기 위한 법적 구조화 능력, 헌신적이고 숙련된 집행 관료집단, 이해관계자 및 통치자의 지지 및 안정적 집행환경 등을 제시하고 있다(최종원, 1998: 176).

2) 상향적 접근방법

상향적 접근방법(bottom–up approach)은 집행을 다수의 참여자들 사이에서 발생하는 상호작용으로 이해한다. 집행과정에 가장 큰 영향력을 미치는 집단은 결정권자가 아니라 정책문제 해결에 필요한 전문성과 지식을 가진 집행권자이므로 집행과정에 대한 정확한 이해는 일선관료 집단과 대상 집단의 행태를 고찰해야만 가능하다고 본다. 또 분명한 정책목표의 존재 가능성을 부인하고 정책목표 대신 집행문제 해결에 논의의 초점을 맞춘다. 그리고 실제의 정책결정은 일선집행권자의 집행과정에서 구체화되므로 결정과 집행 간 구분에 의문을 제기한다.

3) 통합모형

엘모어는 통합 방법으로 하향적 접근방법에 의해 정책목표를 명확히 설정하고, 목표 달성에 필요한 수단을 강구하고, 각 집행단계에서의 실적을 평가할 수 있는 기준을 제시한다. 그리고 상향적 접근방법에 의해 일선 집행 관료와 대상 집단의 바람직한 행태와 그러한 행동을 유도할 수 있는 조직 운용 절차를 발견하고, 그러한 발견 과정을 조직 계층을 따라 상향적으로 계속하여 정책결정 계층에서 가장 집행 가능성이 높은 정책수단을 선택하게 하여 양 접근방법의 통합을 모색하고 있다(Elmore, 1985: 33~70).

한편 사바티어도 1986년에 다음과 같은 새로운 통합모형을 제시했다(P. A. Sabatier, 1986). 정책옹호연합모형(advocacy coalition framework)으로도 불리는 이 모형의 기본적인 시각은 다양한 집행 관련자들을 분석 단위로 한 상향적 접근방법을 채택하고, 여기에 사회경제적 조건과 법적 수단이 어떻게 참여자들의 행태를 제한하는지를 살피는 하향적 접근방법의 관점을 결합하는 것이다.[41] 특히 그는 정부가 아닌 정책 하위체제 내의 지지연합 간 갈등과 타협 과정을 강조한다. 정책 하위체제 내의 행위자 간에 집단별로 동일한 신념체계를 가지는 수 개의 지지연합을 형성하여 정부 활동 프로그램에 대한 전략을 수립하여 정책집행에 참여한다. 만일의 경우 지지연합 간에 갈등이 생기면 정책중개자(broker)가 나서서 중재한다. 이러한 과정을 거쳐 법령 등의 형태로 정부의 정책이 결정되면 정책집행이 따르게 되고 이는 다시 정책결정 과정으로 환류된다. 이상이 상향적 접근이라고 한다면 하향적 접근은 기본헌정구조 같은 네 개의 비교적 안정적 변수들과 정치체계의 지배적 연합의 변화와 같은 세 개의 하위체제 외부의 사건들이 정책 하위체제 참여자들의 활동에 영향을 미치게 되는 것을 말한다.[42]

41) 정책옹호연합모형을 활용하여 정책 분석을 시도한 논문으로 백승기, 2008: 371~394를 참조 바람.

42) 사바티어의 모형은 정책변동 부분을 설명할 때 유용하게 활용된다. 그는 정책변동의 핵심적 경로로 외부적 충격, 정책 하위체계 내부의 사건, 정책 지향적 학습, 교섭된 합의 등 네 가지를 들고 있다 (백승기, 2010: 240).

3. 정책집행의 유형

무엇을 중심으로 결정자와 집행자 간의 관계를 유형 짓는 가는 학자들마다 다소 다르게 나타난다. 여기서는 나카무라(Robert T. Nakamura)와 스몰우드(Frank Smallwood)의 결정자와 집행자의 관계에 따른 분류를 소개한다. 그들은 고전적 기술관료형에서 관료적 기업가형으로 갈수록 집행자의 재량권이 확대된다고 보고 있다(Nakamura & Smallwood, 1980: 111~144).

1) 고전적 기술관료형

이 유형은 정책결정자가 결정한 정책 내용을 정책집행자가 충실히 집행하는 유형을 말한다. 결정자가 명확한 정책목표를 제시하고 집행자는 수단 선택을 위한 약간의 기술적 권한만을 가지고 있을 뿐이다.

2) 지시적 위임자형

정책결정자에 의해 목표가 수립되고 대략의 방침이 정해지고, 구체적인 집행에 대해서는 정책집행자에게 재량권이 위임되는 것이다. 각종 행정적 조치를 취할 수 있는 권한을 집행자에게 위임함으로써 집행자는 더 많은 정치적 재량권을 행사하게 된다. 이 유형은 수단에 관해 결정자와 집행자 간에 의견 불일치가 일어나 실패로 끝날 가능성이 높은데, 미국 경제개발처(EDA)의 오클랜드(Oakland) 사업의 실패가 대표적인 예이다.

3) 협상자형

미국에서 정책결정자로서의 연방정부와 정책집행자인 주정부 사이에서 자주 나타나는 유형으로서 양자가 수단뿐 아니라 목표에 대해서도 합의가 이루어지지 않고 있다. 이 점이 결정자와 집행자 모두가 정책목표의 소망성에 대해 동의했던 고전적 기술관료형이나 지시적 위임형과 다른 점이다. 결정자와 집행자는 협상·흥정함으로써 상호 적응하게 되는데, 협상이 원활히 이루어지지 못하면 정책집행은 실패한다.

4) 재량적 실험가형

정책결정자가 상세한 정책결정을 할 수 없어 추상적인 목표 결정만 하고, 집행자에게 구체적인 목표와 수단 결정에 필요한 광범위한 재량권을 위임한다. 이런 유형이 나타나게 되는 이유는 정책결정자의 지식 부족과 골치 아픈 문제를 정책집행자에게 떠넘기려는 것이다. 예를 들어, 보건복지부가 유전자개발 연구 프로젝트를 한국대학 유전자 연구소에 위탁한다면 이 경우가 재량적 실험가형에 속한다.

5) 관료적 기업가형

이 유형은 고전적 기술관료형과 정반대적인 성격을 지닌 것으로서, 집행자가 결정권을 장악하고, 정책 과정 전반을 완전히 통제하기 때문에 집행자가 정책목표를 결정하여 결정자에게 받아들이도록 설득·강제한다. 그들이 그렇게 할 수 있는 것은 행정관료제의 지속성으로 인해 정책결정자는 수시로 바뀌지만 정책집행자는 계속 남아 있기 때문이다. 대표적인 사례로 여덟 명의 대통령 밑에서 미 연방수사국(FBI) 국장직을 수행한 후버(Hoover)를 들 수 있다. 그는 무려 48년간 국장직을 수행하면서 치안유지 분야에서 집행자로서뿐만 아니라 결정자로서도 막강한 권한을 행사했다.

4. 성공적 정책집행을 좌우하는 요인

정책집행에 영향을 미치는 요인으로 정책 자체 요인, 집행체제 요인, 환경적 요인으로 구분하여 설명하고자 한다.

1) 정책 자체 요인

정책집행은 정책 내용을 실현하는 활동이기 때문에 정책 내용의 성질에 따라 집행의 성공 여부도 크게 달라진다.

(1) 정책 내용

먼저 소망성 측면에서 보면, 정책이 바람직하면 집행 성공의 가능성이 커진다. 여기서 바람직하다는 것은 적절한 정책목표와 능률적인 정책수단이 선택되고, 모든 이해관계자들이 참여하는 민주적인 과정을 거쳐 정책이 결정됨을 의미한다.

또한 정책 내용은 명확해야 하는데 이는 정책 목표와 수단이 구체적이고 정확하게 제시되어야 함을 말한다.[43] 정책 대상 집단이 정책 내용을 분명히 알아야 정책에 순응하게 되는 만큼 정책 내용이 정책 관련 집단에게 명확히 전달되어야 한다. 이처럼 하향론자들은 집행자들의 재량권 남용으로 인한 정책 내용의 변질을 막기 위해 정책 내용이 명확한 것이 바람직하다는 것이다. 그래야만이 집행자가 무엇을 해야 되는지 알 수 있다는 것이다.

---

43) 핼페린(Horton Halperin)은 대통령의 외교정책을 연구하면서 세 가지 집행실패의 원인을 찾아냈다(Halperin, 1976: 212~222). 그 중의 하나로 집행요원들은 상급자들이 자신들한테 무엇을 하기를 요구하는지 알 수 없었고, 더 나아가 집행요원들이 받게 되는 모호한 지침이 오해를 불러일으켜 집행실패를 가져왔다는 것이다.

(2) 정책집행 수단

정책집행의 효과를 거두기 위해서는 집행에 필요한 적정 수준의 예산과 인원은 물론 집행을 강요할 수 있는 권한을 확보하여야 한다. 즉 집행 수단이나 자원은 자동차의 연료와 같은 것으로 이것이 확보되어 있을 때 집행의 성공 가능성이 커진다. 그리고 정책 대상 집단의 순응을 확보하기 위해 정책집행자에게 설득, 유인과 강압의 방법을 행사할 수 있는 권한이 부여되어야 한다. 예를 들어 폐수정화시설 가동 정책에서 설득은 강 유역 공장주를 설득하는 것이고, 유인은 보조금이나 세제 혜택을 주는 것이며, 강압은 형사처벌 등의 방법을 써서 폐수정화시설을 갖추게 하는 것이다. 강압적인 방법을 사용할 수 있는 권한이 있을 때 정책집행의 성공 가능성이 커질 것은 명백하다(정정길, 2000: 623).

2) 집행체제 요인

집행을 담당하고 있는 집행 주체의 의욕과 능력, 집행조직의 구조 등은 정책집행의 성패에 큰 영향을 미친다.

(1) 집행자의 능력과 태도

정책의 집행 주체가 의욕을 가지고 노력하면 집행상의 어려움을 어느 정도 극복할 수 있다. 부족한 자원이나 외부환경으로부터의 지지의 부족 등 집행을 저해하는 요소가 있더라도 집행자의 노력에 따라서는 상당 정도 완화할 수 있다. 그리고 집행자의 전문적 능력도 성공적 집행에 중요한 요인으로 작용한다. 환경오염 방지정책의 경우 오염의 성질을 판단, 측정할 수 있는 전문지식을 갖춘 집행요원이 없으면 집행은 성공할 수 없다.

(2) 집행조직의 구조

정책의 성공적 집행을 위해 어떤 조직구조가 필요한가에 대한 문제는 그 동안 많은 논의의 대상이 되어 왔다. 기존 입장은 분산되어 있는 것이 아닌 계층적으로 통합된 조직구조가 단순화하여 집행 과정을 능률화한다고 본다. 이에 해당하는 학자들인 호그우드와 건 등은 완전한 집행을 위해 다른 기관에 의존하지 않는 단일의 집행기관이 필요하다고 했다(Hogwood & Gunn, 1984: 202).

3) 환경적 요인

(1) 사회경제적·정치적 상황

사회경제적·정치적 여건이 정책집행에 영향을 미치는 경우는 다음의 두 가지로 나누어 볼 수 있다.

첫째는 환경 보전이나 소비자 보호와 같은 규제정책은 정책 대상 집단의 경제적 능력과 그들이 국민경제에서 차지하는 비중에 따라서 집행의 효율성이 달라진다. 즉 한 나라의 국민경제가 고도화되고 정책 대상 집단의 경제적 능력이 높아질수록 규제정책과 같이 비생산적인 비용이 수반되는 정책의 집행이 용이해질 수 있다는 것이다.

둘째는 정치적 상황의 변화가 정책집행 전략의 변화를 요구하는 것이다. 즉 권위적·집권적 정치체제하에서는 중앙통제적 집행 전략이 지배적이나, 민주적·분권적 정치체제 하에서는 집행 과정에서 관련 집단의 요구를 충족시키고 지역적 특수성에 부합할 수 있는 현지 적응적 집행 전략으로 방향을 수정해야 한다.

(2) 대중 및 매스컴의 반응

성공적인 집행을 위해서는 지속적인 대중의 지지나 여론의 반응이 중요하다. 특히 여론을 일으키는 매스컴은 정책의 목표나 그 중요성을 부각시킴으로써 일반대중의 지지를 얻어내는 반면에, 집행 과정상의 문제점을 지적함으로써 대중들의 비판적인 여론을 조성하고 집행담당자로 하여금 집행 과정 상의 장애를 조기에 극복하도록 노력하게 한다.

(3) 정책결정자의 지지 및 태도

대통령, 장·차관, 국회의원 등 정책결정자는 집행에 필요한 인력, 예산 및 권한 등을 지원해 줄 수 있는 지배기관(sovereigns)으로서, 집행담당자들을 감독·통제할 수 있기 때문에 집행에 강력한 영향력을 행사한다. 특히 우리의 경우 대통령의 관심과 지지는 정책집행의 성공에 결정적인 영향을 미친다고 할 수 있다.

(4) 정책 대상 집단의 태도

정책의 영향을 받는 정책 대상 집단은 정책의 혜택을 보는 수혜집단과 희생을 감수해야 하는 비용부담 집단으로 나뉘는데, 성공적인 정책집행을 위해서는 수혜집단의 강력한 지지가 있어야 하고 희생집단의 저항이 약해야 한다. 그런데 수혜집단의 지지는 정책의 유형에 따라 달라지는데 특정한 집단이 배타적으로 혜택을 보는 분배정책 같은 경우에 수혜자들은 강한 지지를 나타낸다. 반면에 규제정책으로 인해 혜택을 불특정 다수가 보게 되는 경우에는 이들로부터 강력한 지지를 얻기 힘들다(정정길, 2000: 631). 정책에 대한 정책 대상 집단의 순응 여부는 성공적 정책집행에 결정적인 영향을 미친다.

5. 집행의 순응과 불응

1) 의 의

일반적으로 정책집행에서 순응(順應, compliance)이란 정책결정자의 의도나 정책 내용에 포함된 행동규정에 대해 정책집행자나 대상 집단이 일치된 행동을 하는 것을 말하며, 반대로 불응이란 그러한 정책 의도나 규정과 일치하지 않는 행동을 하는 것을 의미한다.

공공정책의 제정 목적은 사람들의 행위에 영향을 주거나 통제하자는 것이다. 즉, 정책은 사회문제의 해결을 목표로 하는데, 이를 위해서는 그 문제의 해결과 관련되는 정책 대상 집단의 행태 변화가 필수적이다. 만약 국민들이 정부가 제정하는 정책에 대해 순응을 거절한다면 사람들의 행위에 아무런 영향을 미치지 못하고 정책집행은 실패로 끝나게 된다.[44] 따라서 정부 정책에 대해 사람들이 순응하도록 유도하는 것은 매우 중요하다. 이러한 의미에서 정책집행에 있어서 참여자의 순응은 정책효과가 나타나기 위한 '충분조건(sufficient condition)'은 아니지만, 효과가 나타나기 위하여 꼭 있어야 하는 '필요조건(necessary condition)'은 된다고 할 수 있다(남궁근, 2008: 511 재인용).

2) 순응의 주체와 유형

순응의 주체는 두 가지이다. 하나는 집행담당자이고 다른 하나는 정책 대상 집단이다. 전자의 경우 이들의 순응이 없으면 정책집행의 성공은 어려워진다. 후자의 경우 이들의 순응은 성공적 집행을 위해서 무엇보다 중요한데 특히 규제정책의 경우 더욱 그러하다.

순응의 유형으로는 첫째, 강제적 순응으로 순응이 처벌과 같은 강제성에 의존하는 순응을 말한다. 불응의 편익을 감소시키고 비용을 증대시킴으로써 순응을 확보하는 것이며, 확보전략으로는 체벌, 벌금, 자격정지, 면허박탈, 직위해제 등의 제재를 들 수 있다. 둘째, 타산적 순응으로 사람들이 순응하는 것이 불응하는 것보다 더 이익이 된다고 믿는 경우의 순응이다. 이 때 개인의 순응을 확보하기 위하여 제공되는 이익이 유인(inducement)이다. 셋째, 규범적 순응으로 법이나 정책의 정당성, 타당성에 대한 존경 또는 정책에의 동의나 의무감으로 인해 정책에 순응하는 것이다. 넷째, 상황적 순응으로

44) 1988년 1월부터 시행된 국민연금제도를 현 시점에서 볼 때 아직도 많은 가입 대상자들이 이에 불응하고 있는 실정이다. 국민연금정책에 불응한다는 의미는 국민연금의 당연적용 대상자가 소득신고를 하지 않음으로써 국민연금에 가입하지 않거나 가입하더라도 자신의 소득을 하향하여 신고하거나, 그리고 비합법적인 방법으로 납부 예외 대상자로 분류되는 등이다.

사회적 존재로서 인간들은 다른 행위자들인 사회나 집단의 평가나 압력에 의해 순응을 보인다(남기범, 2009: 341~342).

3) 불응의 발생원인과 대책

(1) 불분명한 의사전달에 기인한 불응

정책의 내용이 정책 대상 집단에게 분명하게 전달되지 못할 때 불응이 발생한다. 정책결정자로부터 정책 대상 집단에 대한 의사전달 과정에서 차질이 발생할 가능성은 ① 발신자의 왜곡된 전달, ② 수신자의 잘못된 이해, ③ 전달체계의 붕괴나 과다한 정보량 등의 세 가지로 나누어 생각할 수 있다. 이와 같은 유형의 불응에 대한 대책으로는 좀 더 명확한 정책 내용을 보다 효과적인 정책수단을 사용하여 대상 집단에게 전달함으로써, 이들로 하여금 정책 내용을 쉽게 이해하도록 하는 방법이 있다.

(2) 부족한 자원에 기인한 불응

정책 대상 집단이 정책의 요구 사항을 분명하게 전달받은 경우에도 순응에 필요한 자금, 능력, 시간 또는 에너지 등 자원이 부족하여 불응이 발생하는 경우도 있다. 가령 필요한 자원의 조달 능력을 고려하지 않고 대상 집단에 의무를 부과시키는 정책을 입안할 때 이러한 문제가 발생한다.[45] 이 경우의 자원이란 재정적 자원뿐만 아니라, 기술이나 정신적 능력까지를 포함하는 넓은 개념으로 이해해야 한다.

이와 같은 유형의 불응은 대상 집단이 정책에 순응하는 데 필요한 자원을 지원하는 방법 등으로 순응을 확보해야 한다. 가령 예산이 부족하여 불응하는 대상 집단에게는 예산을 지원하여 주거나, 인력이 부족한 대상 집단에게는 인력을 지원하여 순응을 확보하는 것이다.

(3) 부적절한 정책에 기인한 불응

정책 대상 집단이 정책에 대해 의혹이 있어 불응하는 경우를 말한다. 이는 다시 목표로 인한 불응과 신념으로 인한 불응으로 구별할 수 있다. 첫째, 목표로 인한 불응이란 대상 집단이 정책의 목표 자체에 반대하는 경우나 또는 정책목표에 우선순위를 낮게 부여하는 경우에 발생한다. 둘째, 신념으로 인한 불응이란 목표 자체에는 동의하지만 목표 달성을 위해 채택된 수단이 그와 같은 목표를 달성하리라고 생각하지 않는 경

45) 환경부는 미세먼지 총량규제를 추진하고 나섰다. 이것은 황산화물, 질산화물, 미세먼지를 3대 오염물질로 꼽고 이의 배출총량을 줄이겠다는 데에서 나왔다. 기업은 비현실적인 규제 때문에 기업 활동이 위축된다고 반발하고, 자금력이 취약한 중소기업들은 먼지 배출구마다 대당 1억 원에 가까운 굴뚝 자동측정장치를 설치할 엄두를 못 내고 있다(중앙일보, 2008. 1. 24).

우에 발생한다.

위의 두 경우는 불응이 모두 정책 자체에 기인한다는 공통점이 있지만 그 대책은 전혀 다르다. 우선 첫 번째 경우처럼 목표로 인한 불응은 새로운 정책이 전통적인 가치나 규범에 위배될 때 발생하는 것이므로 단기적으로 순응을 확보하기는 매우 어렵다. 즉 이 경우에는 단기적으로 대상 집단의 행태를 변화시키기가 매우 어렵기 때문에 정책목표의 타당성을 재검토해야 할 것이며, 장기적으로 국민들의 가치관의 변화를 유도하여 정부에 대환 신뢰를 높임으로써 정부가 하고자 하는 일이 옳고 정당하다는 확신을 가지도록 홍보를 강화함으로써, 정책목표에 대한 긍정적 가치를 부여하도록 해야 할 것이다. 두 번째 경우처럼 정책목표 자체에는 동의하지만 이를 달성하기 위해 채택된 수단 때문에 야기된 불응을 해결하기 위해서는, 정책수단이 목표 달성을 위해 효과적이라는 증거를 제시하거나 또는 전문가를 동원하여 대상 집단을 설득하여 순응을 확보할 수 있다.

(4) 순응에 수반되는 부담에 기인한 불응

대상 집단이 정책목표에 찬동할 뿐만 아니라 정책수단에 대해서도 찬성하지만, 단지 정책이 요구하는 행동이 부담이 되어 불응이 발생한다. 즉 대부분의 정책에 순응하기 위해서는 경제적 비용 또는 심리적 부담이 뒤따르게 되는데, 이 같은 부담 때문에 정책지침에 따르지 않는 경우가 이에 해당한다.

대상 집단은 순응과 불응을 놓고 순응이 불응보다 받게 되는 손실이 더 크게 되면 불응하게 되고, 반대로 불응할 때 받게 되는 처벌이 클 때에 순응하게 된다(Bullock & Rodgers, 1976: 242~243; Anderson, 1979: 115).[46] 이와 같은 유형의 불응에 대한 대책으로는 순응에 대한 유인이 필요하다. 즉 순응할 경우 조세 상 또는 금융 상의 혜택과 같은 지원을 약속하거나, 불응의 경우 벌금을 부과하거나 신체적 제재조치를 가하겠다는 등의 위협을 통해 순응을 확보하는 것이다.

(5) 권위에 대한 불신에 기인한 불응

정책이 합법적인 과정을 밟아 제정되면 정책 대상 집단은 순응하게 된다. 그러나 정책을 집행하는 기관의 정통성이 결여되어 있거나[47] 또는 정책으로부터 부당한 이득

---

46) '개인과외교습 신고 및 소득과세 제도'가 2001년 7월 8일부터 시작되었다. 그러나 현재까지 신고 건수가 매우 적은데 이와 같이 정책의 집행이 제대로 되지 않고 있는 데에는 과태료가 너무 낮은 것도 한 이유가 된다. 신고를 않거나 허위 신고를 했을 경우 1차 적발 때는 100만 원 이하, 2차 적발 때는 200만 원 이하의 과태료가 부과되고 3차 적발 때는 1년 이하 금고 혹은 300만 원 이하의 벌금형이 적용되지만 고액과외 교사들로서는 세금보다 과태료를 내는 게 더 낫다고 판단하는 것이다.

47) 과거 제5공화국 시대에 정통성이 약한 전두환 대통령 정부가 시행한 교육개혁정책에 대해서 정책 대상 집단인 교사와 학생들이 집단적으로 저항하여 불응 사태를 초래한 바 있다(노화준, 2003: 435).

을 취하고 있다고 정책 대상 집단이 생각하는 경우에 불응이 발생한다.

6. 정책집행의 성공과 실패 사례: 쓰레기종량제와 농어촌구조개선사업

1) 성공사례: 쓰레기종량제

(1) 추진 과정

쓰레기의 발생 자체를 억제하기 위한 수단으로 '쓰레기종량제'가 1994년의 시범 실시를 거쳐 1995년 1월부터 전국적으로 시행되었다. 1994년 말까지 시행된 쓰레기 수거료 정액제는 일반주택은 건물분 재산세액에 따라, 공동주택은 건물 면적 기준 8등급으로 책정되었다. 큰 집에서 작은 집보다 많은 쓰레기가 나오고, 건물분 재산세를 많이 납부하는 사람이 적게 내는 사람보다 부유하기 때문에 쓰레기 양과 관련이 전혀 없는 것은 아니지만, 이 방식은 쓰레기 발생량과 쓰레기 요금과의 직접적인 상관관계를 가지고 있다고 보기에는 무리가 따랐다. 이에 따라 쓰레기 배출량에 따라 처리 비용을 배출자에게 부담하도록 하는 쓰레기종량제 도입을 검토하게 된 것이다.

(2) 쓰레기종량제의 성과

쓰레기종량제는 1997년 경제위기 상황과 맞물려 수입원자재의 가격의 폭등은 일시에 재활용이 가능한 쓰레기의 경제적 가치를 상승시키게 되었다. 이러한 시장 여건의 변화는 이 제도가 단기간 내에 성과를 거둘 수 있게 만들었다(김정훈, 2007: 140).[48] 쓰레기종량제의 성과는 첫째, 쓰레기 배출량의 감소에서 1992년에서 1994년까지의 평균 감량화율 11.3%를 감안하면 1995년 종량제 시행으로 인한 순수 감량 효과는 6.5%로 산정된다. 둘째, 재활용품 증가를 보면 재활용품 수거량이 1994년을 기준으로 1995년에는 26.6% 증가했고, 1998년에는 무려 74.3%가 증가했다. 이러한 성과는 재활용품 배출시는 종량제 봉투에 담지 않아도 되는 데 따른 것으로 보인다. 셋째, 생활쓰레기 관리 비용 지출액 중 수수료 수입이 차지하는 비중, 즉 청소재정자립도는 1991~1994년 동안 평균 16~21% 수준이나 종량제 시행 첫해인 1995년은 36%로 크게 증가했다(박재성, 2000: 47).

경제적인 측면을 보면, 1995년부터 4년간 2조 8천 600억 원의 경제적 효과를 거두었다. 환경부 산하 국립환경연구원에 의하면, 1995년 쓰레기 발생 감소량이 464만톤에서 1998년 736만톤으로 증가함에 따라 처리 비용 절감액이 2조 원에 달하며, 이 기간

48) 김정훈은 한국의 쓰레기종량제 정책이 중앙정부 차원의 일원화된 정책집행으로 인하여 각 지역의 특성을 잘 반영하지 못하는 한계점을 가지고 있음을 지적하고 있다(김정훈, 2007: 140).

중 재활용품도 8천 600억 원이 발생했고, 이 밖에도 쓰레기 감량 배출로 인한 매립지 수명 연장의 효과, 매립지 조성비용의 절감 효과까지 감안하면 더 많은 경제적 효과를 거둔 것으로 분석된다. 이 제도 시행 직후인 1996년 생활폐기물 가운데 매립처리는 1,260만 9,290톤이었던 데 비해 2013년에는 매립처리가 277만 8,745톤으로 현저하게 줄어든 것을 알 수 있다(경향신문, 2015. 2. 27).

물론 비판이 없는 것은 아니다. 쓰레기 감소가 재활용의 증가에 의해서가 아니라 일부는 농어촌지역에서 특히 심한 불법투기나 소각에 의해 발생하기도 한다는 것이다(홍성훈, 2001: 203~221). 또 쓰레기 감소 효과 중 종량제가 아닌 다른 정책수단에 의한 것도 있다고 볼 수 있다.

결론적으로 쓰레기종량제를 시행한 후 십여 년이 경과했는데, 이 정책의 효과에 대한 평가는 일부 부정적인 의견도 있지만 대체적으로 긍정적인 평가가 주를 이루고 있다. 이하에서는 성공적인 집행을 가져온 요인이 무엇인지에 대해 알아본다.

(3) 성공적 집행에 미친 요인

① 정책 내용과 관련된 요인

가. 정책의 소망성과 일관성

정책집행이 잘 되려면 정책결정이 합리적으로 결정되어야 한다. 정책집행에 영향을 미치는 것 중 정책 내용과 관련된 것으로 정책의 소망성, 명료성 및 일관성, 실현 가능성 등을 들 수 있다. 우선 소망성과 관련해 소망성 여부는 대상 집단의 입장에 서서 판단해야 불응을 피할 수 있는데 쓰레기종량제의 경우 폐기물의 감량화 → 재활용 → 안전 처리라는 명확한 정책 방향이 설정되어 있었다.

나. 집행 수단의 적절성

폐기물관리법에 근거하여 「폐기물 관련 과태료 부과 징수 조례」를 제정하여 시·도지사가 부과, 징수하고 있다. 또 음식물 쓰레기 분리 배출을 100세대 이상의 공동주택은 의무화함으로써 대상이 600만 가구로 확대되었다. 거기다가 불법 환경오염 행위 신고보상제 등 다양한 제재수단을 사용하고 있는데, 무엇보다도 쓰레기봉투 가격이 '조금 부담되는' 수준으로 정해져 주민들의 순응을 유발하고 있다.

② 정책 집행조직과 관련된 측면

가. 집행기관 지원

1990년에 환경청이 환경처로 승격된 이래 1994년에는 환경처가 환경부로 승격되었다. 대통령의 '환경대통령' 선언이나 지방자치단체들의 청소 관련 업무부서 통합도 긍정적으로 작용했다.

나. 집행 절차의 개선

환류를 통해 집행 과정상의 불완전성을 교정하고, 주민들의 불평들을 약화시킴으로써 정책집행의 효율성을 제고할 수 있다. 쓰레기종량제 정책도 시행 과정에서 드러났던 문제점 등을 지속적으로 개선한 것이 성공적인 집행의 한 요인이라고 볼 수 있다. 대표적인 예로 쓰레기봉투의 종류를 4종에서 7종으로 확대하고 대형 폐기물 처리 절차를 간소화한 것을 들 수 있다(이홍균, 1996: 74).

다. 예산 지원

1995년도 정부 예산을 전면 동결 또는 삭감했음에도 불구하고 환경부 예산을 대폭 증액한 것은 정부의 환경 개선 의지를 반영하는 것이다. 환경부 세입예산은 기존의 일반회계, 환경오염 방지기금, 폐기물 관리기금 등을 환경개선특별회계로 통합 편성, 전년 대비 42.7%의 증가된 예산편성을 했다.

③ 집행환경과 관련된 측면

민간자율감시반을 운영하여 아파트마다 입주민들에 의한 자율 감시 체제가 가동되고 있다. 정책 대상 집단들의 의식이 쓰레기종량제가 쓰레기 감량에 효과가 있다고 믿고 있고(87.9%), 그 결과 봉투 사용률이 99.3%에 달하고 있다.

(4) 문제점 및 개선 방안

① 봉투 방식에 의한 배출 방법의 부적절

대다수 자치단체는 일반 PE 재질을 쓰고 있다. 하나의 봉투에 가연성 쓰레기와 불연성 쓰레기를 혼합해서 담아 배출함으로써 적정 처리를 어렵게 하고, 음식물 쓰레기도 일반 봉투에 담아 배출함으로써 침출수나 부패로 인한 악취 문제 등을 야기하고 있고, 특히 음식물 쓰레기는 다른 비닐 봉투에 2중, 3중으로 담아 다시 종량제 봉투에 담기 때문에 매립 시 봉투가 잘 터뜨려지지 않아 분리가 잘 되지 않는 문제가 있고, 연간 평균 3만톤의 비닐 배출량이 증가하여 환경오염을 가중시키고 있다(환경부, 1997: 4). 봉투의 강도와 재질이 가장 시급한 문제로서 다른 재질 또는 방식의 모색이 필요하다.

② 청소 재정자립도 저하

청소 재정자립도가 시행 초기에 비해서 점차 저하되고 있다. 이러한 상황에서는 쓰레기 수수료의 적정 수준을 결정하는 것은 중요하다. 현행 방식은 모두 동일하게 비용을 부담하게 되어 있어 역진제적 성격을 내포하는 문제를 안고 있다.

③ 불법 투기와 위조 쓰레기봉투의 증가

최근 들어 생활쓰레기의 불법 투기가 늘어가고 있는데 이러한 현상은 규격봉투의 가격 현실화도 한 요인으로 작용했다.[49] 수원시는 일반적으로 비용 부담이 높게 되면 비용 억제를 위한 쓰레기 감량화를 주민 스스로 선택하게 된다는 판단 아래 2000년 10월 1일부터 평균 117%의 봉투 가격 인상을 단행했다(박미옥, 2000: 328).

그러나 여기서 우리가 생각해야 할 것은 쓰레기봉투 가격, 즉 합법적 쓰레기 배출 가격의 상승은 대체 관계에 있는 불법 투기 수요를 상승시킨다는 점이다. 또한 재활용품에 대한 보상의 증가는 재활용품의 가격을 낮추어, 대체 관계에 있는 불법 투기 수요를 감소시킨다는 점이다. 봉투 가격이 1% 상승하면 불법 투기는 약 0.5% 상승하고, 재활용품 보상 가격이 1% 상승하면 불법 투기는 약 5.7% 하락하는 것으로 분석되고 있다.[50]

이러한 맥락에서 보면, 봉투 가격 인상을 통한 쓰레기 감량의 한계효과는 미미할 뿐만 아니라 오히려 불법 투기를 조장하여 결과적으로 사회적인 순손실을 낼 수도 있다. 더욱이 쓰레기 감량과는 상관없이 단순히 쓰레기 수거 재정의 보충을 위한 봉투 가격의 인상은 지양되어야 할 것이다. 사회적으로 좀더 바람직한 쓰레기 배출 정책의 방향은 단순한 쓰레기봉투 가격의 인상보다는 재활용품에 대한 보상을 통해서 쓰레기 배출의 관리가 이루어져야 할 것이다(김금수·D. Kelleher, 2004: 115).

또한 위조 쓰레기봉투의 관리도 허점을 드러내고 있다. 위조범들은 구청장 명의를 도용해 위조 동판을 불법 제작하여 주로 소용량인 10~50리터의 쓰레기 봉투를 승용차에 싣고 다니며 슈퍼마켓이나 편의점 등 지정판매소들에 낮은 가격으로 은밀히 판매하고 있다. 2003년 10월 한 달 간 쓰레기종량제 봉투 판매율이 사하구 9.9%, 부산진구 6.7% 등 각 구별로 5% 내외로 급격히 감소한 원인이 이 같은 불법 쓰레기봉투 유통에 있는 것으로 판단된다(부산일보, 2003. 11. 26). 지정판매소에 대한 관리 강화 및 전산화시스템의 구축[51] 등 위조 봉투의 추적 관리에 좀 더 체계적이고 지속적인 관리가 요구된

---

49) 지자체간 쓰레기봉투 가격이 크게 차이 나고 있는 점도 시정되어야 한다. 물론 도시에 따라 고지대가 많다든지 도시 정비 상태가 좋지 못해 수거 효율이 떨어져 비용이 많이 드는 점도 어느 정도 인정할 수 있지만, 일반쓰레기 봉투의 경우 부산지역의 경우 10리터 기준 430~470원으로 서울 강남구(140원)보다 3배가량 비쌌다. 음식물쓰레기 수거용 봉투 가격도 부산이 5리터들이 봉투 가격은 전국 평균(153원)보다 배가량 높은 200~300원으로 조사되었다(국제신문, 2007. 12. 22).

50) 서재호·정광호(2007)는 봉투 가격이 1원 상승함에 따라 1인당 1일 재활용 배출량이 0.000085kg 증가하는 것으로 파악하고 있는데, 이는 봉투가격이 100원 인상된다면 재활용량은 0.0085kg 증가하고 이를 연간으로 환산하면 1인당 연 3.1025kg의 폐기물을 더 많이 재활용하게 되는 것으로 추정할 수 있게 한다(서재호·정광호, 2007: 165).

51) 부산 해운대 구청은 쓰레기봉투마다 제조일자와 고유번호를 넣은 바코드를 찍어 유통과정을 투명화

다고 할 것이다.

시민의식 함양도 요구되고 있다. 이 제도가 시행된 지 20년이 지난 2015년 현재 여전히 재활용할 수 있는 쓰레기를 일반쓰레기 봉투에 담아 버리는 사람들이 많다. 재활용처리 비중은 전체의 59.1%로 2011년 이후 3년째 제자리걸음을 했다.

또한 2013년 전국적으로 전면 시행된 음식물쓰레기종량제도 보완이 필요하다. 음식물쓰레기종량제의 경우, 쓰레기 수거방식인 일반수거방식, 칩 방식 및 RFID 방식이 있는데, RFID 방식에서 가장 높은 음식물 저감률을 나타내었다. 주민들의 만족도 역시 RFID 방식이 가장 높았으므로 RFID 방식의 확대 실시가 요구된다. 그러나 RFID 방식도 한계가 있다. 초기에 계량기기를 설치 시 기기 구입 및 운영비용의 부담이 칩이나 스티커 방식 및 봉투 방식에 비해 크고, 설비의 지속적인 유지·관리가 필요한 점 등을 들 수 있다(최근호·엄태호, 2017: 84). 현재 시행상의 문제점으로는 음식물쓰레기 재활용 제품의 품질 문제를 들 수 있다. 수거된 음식물쓰레기 내에 비닐 등 많은 이물질이 섞여 있는 점이다. 약 7%의 이물질이 있는 것으로 파악되어 품질 저하를 낳고 있다. 이 밖에 재활용업체 선정 시의 문제이다. 환경부 지침에 의해 업체 선정기준을 지자체에 제시하고 있으나 법률상 근거가 없어 일부 지자체의 경우 지침을 적용하지 않고 지방계약법상 일반용역 심사기준을 사용하거나 임의로 평가기준 내 배점을 축소 조정하고 있다. 또한 선정기준 자체가 가격경쟁력에 치중하는 것도 문제다.

이번에 서울시가 사업장 쓰레기종량제 봉투 실명제를 실시하기로 한 것은 바람직한 방안으로 생각된다. 배출업소의 이름과 연락처를 적어 배출하는 제도인데, 적용대상은 하루 평균 300kg 이상 생활 관련 폐기물을 배출하는 사업장이다. 서울시는 이를 통해 폐기물 발생량을 줄이고 재활용 문화가 확산되기를 기대하고 있다(서울신문, 2015. 7. 2).

김미화 자원순환사회연대 사무총장은 "쓰레기 종량제를 시작할 때는 쓰레기를 줄이자는 목적으로 단순하게 시작했지만, 20년이 지난 결과 매립지 건설로 인해 발생할 사회적 갈등을 줄이는 등 사회적으로 큰 성과를 거뒀다"고 평가하고 있다(경향신문, 2015. 2. 27).[52]

2) 실패 사례: 농어촌구조개선사업

이 사업은 전형적인 정책집행 실패 사례로 볼 수 있다. 구체적인 내용을 보면, 첫째, 정책 자체 요인에서 이 사업은 첫째, 정치인들의 정치논리가 예산부처의 경제논리

하고 위조 봉투의 유통을 막고 있다(국제신문, 2005. 3. 16).

52) 이 제도 시행 직후인 1996년 생활폐기물 가운데 매립처리는 1,260만 9,290톤이었던 데 비해 2013년에는 매립처리가 277만 8,745톤으로 현저하게 줄어든 것을 알 수 있다(경향신문, 2015. 2. 27).

를 압도했던 강한 정치성, 둘째, 정치적 목적을 위해 42조와 15조라는 총량 규모를 먼저 정해 놓고 투입 대상을 찾는 사업의 급박성, 셋째, 입안부터 집행까지 매우 짧은 시간이 소요된 사업의 고정성과 관성 등을 들 수 있다.

둘째, 집행체제 요인에서, 본래 1992년부터 2001년까지 10년 사업을 3년 단축한 조치는 단시간 내에 정부재원의 투자를 집중시킴으로써 이 사업이 시행과정에서 부실화와 과잉 투자가 나타나게 된 중요한 요인이 되었다. 단기성과와 생색내기 정책의도 구현은 물량 위주의 시설확장 우선 정책이 될 수밖에 없는 동인이었다.

집행담당기관의 산재도 문제점으로 지적될 수 있다. '유리온실사업'을 예로 들어 보면, 관련 기관이 14개에 이를 정도로 책임소재가 불분명한데, 이는 바르다크(Bardach)의 설명에서 볼 수 있는 '악대차효과'[53]가 생길 수 있음을 말해 준다.[54]

예산운용 측면에서, 사업자 선정은 시·도에서 구성한 농어촌발전심의회를 거쳐 정부에서 판단했는데, 이 심의회조차 나눠먹기식의 분배 행태를 벗어나지 못했다. 이처럼 모든 농가가 골고루 혜택을 받는 타협적 배분방식으로 분산 지원돼 효과가 극대화되지 못했다. 농업인프라 구축과 생산기초 기반조성에 집중되어야 하는데 백화점식 예산배정이 되어 예산집행이 비효율적으로 이루어진 것이다.

셋째, 환경적 요인에서, 정책 대상 집단의 태도를 보면, 부적격자의 선정이나 지원금의 오남용이 상당히 심각한 수준이었다. 정부의 모든 지원정책에는 정보 비대칭이 발생하며, 지원자를 선정할 때는 이로 인한 부적격자 선정 또는 역선택의 문제가 발생한다. 혜택을 받고자 하는 측은 수혜 조건과 관련하여 유리한 점만 내세우려 하고, 불리한 점은 감추려 하기 때문인데, 부실한 영농조합법인 운영이 그 예라고 하겠다.

또한 외부요인을 보면, 일반여론도 이 사업에 대해 그다지 우호적이지 못했다. 몇몇 간판격 사업의 부실과 각종 비리가 불거지면서[55] 전체 사업의 이미지를 흐렸는데, 이는 '구멍 뚫린 42조 사업'이라는 냉소적 표현이 잘 나타내주고 있다.

---

53) 악대차효과(band-wagon effect)란 의사결정을 요하는 문제에 대해 다양한 의제가 중구난방으로 제기되어 실질적인 결정과 집행에 도움이 되지 못하는 경우를 말한다.

54) 농공단지조성사업의 경우에도, 집행체제에 있어 문제점을 안고 있었다. 초기에는 경제기획원이 담당하였으나 전문성 결여로 인해 농림수산부로 이관되었다. 그러다가 90년대 들어 농공단지의 운영 부실이 문제화되면서 총괄부서가 상공부로 바뀌게 된다. 이처럼 주무기관이 계속 변경되어 정책의 일관성을 유지하기 어려웠다.

55) 유리온실사업만 해도 12억 사업비 중 절반인 6억 원은 보조금으로 지원되고 연리 5%의 저리자금이 3억 6,000만 원이 나오는 파격적인 지원조건 때문에 이 사업을 따내는 것은 상당한 이권으로 인식됐다. 또 사업자 선정의 대가로 사업비의 10~20%가 관련 공무원에게 건네지는 것은 하나의 관행으로 밝혀졌다(오덕화, 2007: 151).

제 6 절 정책평가

1. 의의와 유형

정책평가(policy evaluation)란 간단히 말해서 "원래 가지고 있던 의도와 결과를 정책이 얼마나 효과적으로 달성했는가를 측정하는 활동(Policy evaluation assesses the effectiveness of a public policy in terms of its perceived intentions and results)"으로 정의할 수 있다(Gerston, 1997: 120). 따라서 정책평가만이 정책이 설정했던 목표를 달성했는지와 또 새로운 정책의 결과가 어느 정도 만족스럽고 혹은 불만족스러운가에 대한 대답을 해 줄 수 있다.

이러한 정책평가 활동이 급속도로 활발하게 전개된 이유는 두 가지이다. 하나는 흑인 폭동에 충격을 받아 존슨 행정부에서 추진한 1960년대 중반의 '위대한 사회(the Great Society)'의 실패 분위기 속에서 나온 충격적인 사업평가 보고서의 발표이다. 흑인의 가난은 지적 능력의 부족 때문이고, 이것은 3~4세 유아 시절에 제대로 교육을 받지 못한 데서 온다는 판단 하에 미 연방정부는 엄청난 돈을 들여 '국립무료유아원사업(Head Start Program)'을 추진했다. 그러나 이 사업은 의도했던 효과를 내지 못했는데, 즉 이 사업이 어린이들의 지능 개발에 별다른 영향을 주지 못했다는 결론이었다. 이러한 부정적 결과가 나오자 보수주의자들은 정부가 추진하는 사업에 대한 평가를 강력히 요구하게 되었고 이러한 요구에 대한 대처 방안의 하나로 정책평가를 강조하게 되었다.

다른 하나는 1960년대 후반에 시도했던 '계획예산제도(PPBS)'의 실패이다. 이것은 전체적 입장에서 본 해당 사업의 필요성을 계획의 틀 속에서 밝히고 여기에 따라 예산을 배정하는 것이다. 이것은 사업의 목표 달성에서 효과성이 높은 사업을 우선하여 각 사업마다 가능한 대안에 대해 비용편익분석을 시도했다. 이것은 장기적인 계획 수립과 단기적인 예산 편성을 유기적으로 관련시킨 것으로 통제기능보다 기획기능을 강조했다. 그러나 계획예산제도는 10년여도 존속 못하고 공식적으로 폐기되었는데, 그 이유는 비용편익분석에서 모든 관련 변수를 의미 있게 계량화할 수 없었던 것과 사업이 발생시킨 효과에 대한 총괄평가가 부족했기 때문이다.

다음으로 정책평가의 유형을 보면, 정책 대상을 기준으로 정책평가를 구분하면 총괄평가와 과정평가로 나누어진다. 총괄평가(summative evaluation)는 정책이 집행되고 난 후에 정책이 사회에 미친 영향을 추정하는 활동을 말하며 정책영향평가라고도 불린다. 일반적으로 정책평가라고 하면 바로 이 총괄평가를 말할 정도로 널리 활용되고 있는 방법이다.

과정평가(process evaluation)는 형성적 평가(formative evaluation)로도 불리는데, 집행이 이루어지는 과정을 평가 대상으로 한다. 이는 정책집행이 끝난 후에 집행 과정상에서 나타난 집행계획, 집행 절차, 투입 자원, 집행 활동 등을 검토하여, 여러 가지 문제점을 해결하고 바람직한 집행 전략을 수립하는 데 도움을 주고자 하는 활동이다.[56] 과정평가는 프로그램 투입이 어떻게 결과에 영향을 주고, 왜 그러한 결과를 초래했는지를 분석한다. 이러한 인과경로(因果經路)나 인과관계에 대한 정보는 집행 절차를 개선케 하여 정책의 효과를 높일 수 있게 한다. 이를 구체적으로 보면 ① 정책효과는 어떠한 경로를 거쳐서 발생하게 되었나, ② 정책효과가 발생하지 않은 경우에 어떤 경로에 잘못이 있는가(정책집행이 이루어졌는데도 효과가 나타나지 않을 경우 수단–목표 사이의 인과관계가 잘못된 것이다) 등이다.

2. 정책평가의 논리

1) 인과관계

과학의 역사 자체가 원인과 결과 간의 관계를 규명하는 활동의 역사로 설명되므로 이러한 인과관계(causation)의 추론은 중요하다는 것을 짐작 가능케 한다. 정책평가에서도 핵심은 인과관계의 파악이다. 인과관계는 원인과 결과 간의 관계로서 정책평가에서는 어떤 정책이나 사업이 어떤 정책효과를 낳았는가에 초점이 모아진다.

그렇다면 인과관계란 무엇인가? 우리가 흔히 말하는 “가는 말이 고와야 오는 말이 곱다”나 “콩 심은 데 콩 나고 팥 심은 데 팥 난다”는 것들이 인과관계를 경구적으로 표현한 것이다. 정책평가에서 인과관계를 입증하려면 다음 세 가지 조건을 만족시켜야 한다.

첫째, 시간적 순서이다. 단순히 한 변수가 변화할 때 다른 변수의 변화가 관찰되었다고 하여 두 변수 간에 관계가 있다고 말할 수는 없다. 인과관계가 있으려면 특정 독립변수의 변화가 종속변수의 변화보다 시간적으로 앞서야 한다. “날씨가 더워지면 아이스크림이 잘 팔린다”는 맞지만 “아이스크림이 잘 팔리니 날씨가 더워진다”는 표현은 틀리게 된다.

56) 예를 들어 행정자치부의 공공근로사업에 대한 과정평가를 해보자. 우선 임금이 제때에 지급되었는가 하는, 즉 자원이 제대로 투입되었는가를 평가한다. 다음으로 공공근로사업으로 선정된 사업들이 실제로 이루어졌는가가 평가된다. 마지막으로 이 사업이 원래 의도한 정책 대상 집단에 실시되었는가를 평가한다. 이상의 것들을 평가하여 다음 단계의 사업을 실시할 때 개선에 필요한 정보로 활용할 수 있다(노시평 외, 1999: 382~383).

둘째, 공변성 혹은 공동 변화라고도 표현하는데 원인변수와 결과변수가 같이 변화해야 한다는 것이다. 원인인 독립변수에 의해 결과인 종속변수가 발생되는 것을 경험적으로 검증할 수 있어야 인과관계가 성립한다. 예를 들어 비행 청소년 상담을 위해 상담을 실시할 경우, 상담 시간의 증가에 따라 비행을 저지르는 횟수가 감소하는 것이 관찰되어야 한다.

셋째, 비허위성으로 변수 x와 y 간의 관련성은 다른 공통적인 원인으로부터 나타나는 것이 아니어야 한다. 즉 제3의 변수인 허위변수와 혼란변수로 인한 영향을 배제해야 한다. 경쟁가설 기각의 원칙으로도 불린다,

2) 허위변수와 혼란변수

(1) 허위변수

허위변수(spurious variable)란 원인변수와 결과 변수 사이에 전혀 관계가 없는데도, 두 변수 간에 인과관계가 있는 것처럼 나타나도록 만드는, 두 변수의 뒤에 숨어 작용하는 제3의 변수를 말한다. 예를 들어 영어 특별교육은 전혀 영어 실력 향상에 도움을 주지 못하고, 성적이 좋아진 이유는 특별반 학생들의 의욕이 높기 때문이라면 이 경우 높은 의욕이 허위변수가 된다. 이렇게 되면 특별반 교육이라는 정책의 효과가 정확하게 파악되지 못한다.

(2) 혼란변수

독립변수가 종속변수에 부분적으로 영향을 미치고, 또 뒤에 숨어 있는 변수가 독립변수와 종속변수에 영향을 미칠 때, 이런 제3의 변수를 혼란변수(confounding variable)라고 한다. 혼란변수는 원인변수와 결과변수 간의 인과관계의 관련성 정도를 파악하는 데 혼란을 가져오게 한다. 혼란변수가 존재한 경우에는 원인변수의 결과변수에 대한 영향을 과대 추정하거나 또는 과소 추정할 수 있다.

예를 들어 영어 성적 10점이 향상된 것은 특별교육 때문에 2점이 향상되었고, 나머지 8점은 의욕이 커서 평소에 공부를 많이 했기 때문에 향상된 것이라면 10점 모두를 특별반 때문이라고 하는 것은 정책효과를 과대평가하는 것이 된다.

3) 타당성

(1) 타당성의 의미와 유형

우리가 정책평가를 연구하는 목적은 정책의 효과에 대해 정확하고 타당성이 높은 정보를 산출하여 앞으로의 정책에 반영하는 것이다. 타당성(validity)이란 얼마나 정확하

게 측정하고자 하는 변수의 내용을 측정할 수 있도록 조작되었나를 뜻하며 일명 정확성이라고도 한다. 정책의 효과가 있을 때 효과가 있다고 말하고, 정책의 효과가 없을 때 효과가 없다고 말할 수 있다면 타당성이 높은 것이다.

① 내용 타당성

측정하고자 하는 변수의 내용을 얼마나 정확하게 측정할 수 있도록 조작되어 있는가, 즉 측정 도구가 측정 대상이 가지고 있는 속성을 대표성 있게 포함하고 있는가를 말한다. 내용 타당성을 결여하면 제3종 오류(meta error)를 범하게 되어 그렇게 되면 서울로 가면서 부산행 고속버스를 타는 것과 같다.

② 기준 타당성

내용 타당성이 있다는 전제 하에 경험적인 근거를 통해 타당도를 확인하는 방법이다. 시험성적과 본래 시험에서 예측하고자 했던 기준 간의 상관관계 정도를 말한다. 동일한 개념을 2회 이상 반복 측정하여 그 결과가 동일하다면 측정수단이 타당하다고 평가한다. 운전면허 시험문제를 계속 사용할 수 있는 것은 그 측정수단이 타당성이 있기 때문인데 계속 사용할 수 있다고 해서 '실용 타당성'으로도 부른다.

기준 타당성에는 동시 타당성과 예측 타당성이 있다. 동시 타당성은 신입사원의 선발에 적용하려는 선발도구를 현직 종업원에게 실시하여 현직 종업원이 획득한 시험점수와 그들의 인사평가점수 간의 상관관계를 조사하는 방법이다. 이 방법은 현직 종업원의 시험성적이 현재까지의 직무경험이나 노력과 같은 주관적 요소에 영향을 받을 수 있다는 한계가 있다. 그리고 예측 타당성은 선발시험 후 합격자의 시험성적과 입사 후 어느 정도의 기간이 지난 후 그들이 달성한 직무성과를 비교하여 그 상관관계를 조사하는 방법이다. 이 방법은 상관관계 조사를 통해 타당도를 조사하기 때문에 통계적으로 의미 있기 위해서는 표본수가 상당히 커야 하는 한계가 있다.

③ 구성 타당성

타당도의 핵심으로 측정하고자 하는 것이 측정 도구에 의해 제대로 측정된 정도를 말한다. 구성 타당도는 이론적 측면에 관한 것이므로 이를 이론적 타당도라고도 한다. 예를 들어 '정보화사회의 정도'라는 변수를 측정하기 위해 세 가지 지수, 즉 정보설비 지수, 정보이용 지수, 정보투자 지수로 나눈다. 만약 이 지수들이 정보사회를 가장 잘 파악하는 측정수단이 된다고 평가되면 이 때 사용된 정보화 지수는 구성 타당성이 있는 측정 방법이라고 평가할 수 있다. 구성 타당성은 다시 수렴적 타당성과 차별적 타당성으로 구분된다. 수렴적 타당성은 동일한 개념을 측정하는 둘 이상의 서로 다른 지표나 척도들이 비슷한 결과를 보이는 정도를 말한다. 즉 같은 속성을 측정하는 경우 측정방법이나 도구가 다르더라도 측정결과는 비슷하게 수렴해야 한다는 것이다. 차별적 타당성은 측정된 개념 구성이 다른 개념 구성들과 구별될 수 있는 정도를 말한다. 즉 측정도구와 관계없이 서로 다른 속성들은 서로 다른 측정결과를 나타내야 한다는 것이다. 예를 들어 소외 개념이 무기력감, 무규범성, 무의미성, 고립, 자아소외라는 다섯 가지 차원으로 구성되어 있다고 할 때, 수렴적 타당성이 있다는 것은 무기력감이라는 동일한 속성을 측정하는 둘 이상의 척도를 사용하는 점수 간에는 높은 상관관계가 나타나며, 차별적 타당성이 있다는 것은 다섯 가지 차원이 서로 다른 차원이라면 각 차원의 측정치 간에는 서로 낮은 상관관계를 보인다는 것이다(최창현, 2017: 119~120).

(2) 내적 타당성과 저해 요인

정책수단의 실현과 정책효과 사이의 인과관계가 있으면 내적 타당성이 있는 것이다. 즉 내적 타당성이란 인과관계의 적합성의 정도를 의미한다. 정책평가, 특히 총괄평가의 초점은 정책이 집행된 후에 정책효과가 있었는지 여부를 판단하는 데 있으므로 내적 타당성은 정책평가가 갖추어야 할 첫 번째 요소라 하겠다.

내적 타당성을 저해하는 요인에는 여러 가지가 있으나, 여기서는 선정 요인, 회귀인공 요인, 성숙 요인 등을 중심으로 살펴본다.

첫째, 선정(selection) 요인은 실험집단과 통제집단을 구성할 때 구성원들의 성격이 다르면 정책효과가 정책으로 인한 것인지를 구별하기 어렵다. 예를 들어 영어회화 특강의 효과를 측정할 때 수강자들의 높은 성취동기가 문제가 된다.

둘째, 회귀인공(regression) 요인은 '평균으로의 회귀'와 관련된다. 극단적인 사전측정치는 나중에 다시 측정하면 평균값으로 회귀하려는 경향이 있다. 이러한 회귀 현상 때문에 극단 값을 가지는 구성원으로 실험집단을 구성하면 실제로는 정책효과가 없어도 효과가 있는 것으로 나타나게 되어, 정책효과를 과대 혹은 과소 추정하게 된다.

셋째, 성숙(maturation) 요인은 시간이 경과함에 따라 대상 집단의 특성이 변화하는 것을 말한다. 한 예로 1년간 초등학교 학생을 대상으로 한 우유급식 효과로 평균 체중이 5kg 늘었다면 이것에는 자연 발육에 의한 성장이 포함된 것이다.

넷째, 역사(history) 요인은 집행기간 중에 평가자의 의도와는 무관하게 우연히 발생한 사건으로 결과변수에 영향을 미칠 수 있는 경우를 말한다. 예를 들어 버스전용차선제의 효과를 평가하려고 하는데, 그 시기에 지하철이 개통된 것이 영향을 미치는 것이 이에 해당한다.

(3) 외적 타당성과 저해 요인

외적 타당성(external validity)은 실험 결과를 어떤 다른 상황에서도 적용할 수 있는가 하는 일반화를 의미한다. 정책평가에서 외적 타당성은 사회 현실 문제의 해결 가능성과 관련되어 중요하다.

외적 타당성을 저해하는 요인은 특정 시기에 집행된 정책의 효과를 가지고 이를 다른 시기에 실시해도 유사한 결과를 얻을 수 있는가, 연령이나 사회계급 같은 특정 대상 집단에 실시된 정책을 다른 집단에도 일반화할 수 있는가 등의 문제가 있다(남궁근, 1994: 179~180). 이 외에 크리밍(creaming) 효과가 있다. 효과가 크게 나타날 사람만 실험집단에 배정하게 되면 일어날 수 있는 현상이다.

내적 타당성을 높이기 위해 엄격한 실험조건만 강조한다면 이는 현실과 유리되어 일반화에 어려움을 겪게 된다. 따라서 내적 타당성과 외적 타당성은 상충된 측면을 가지고 있다. 정책과 효과 간 인과관계를 입증하기 위해서는 우선 내적 타당성이 높아야 하겠지만, 실제로 정책을 통해 현실 문제를 해결하기 위해서는 외적 타당성이 중요하다. 따라서 내적 타당성과 외적 타당성이 균형을 유지할 수 있도록 해야 한다.

4) 신뢰성

(1) 의 의

신뢰성은 동일한 대상에 대해서 유사한 측정도구를 사용하여 반복 측정할 경우 유사한 결과를 얻을 수 있는 정도를 뜻하는데, 예를 들어 어떤 측정기구가 온도 변화에 민감해서 아침에 철판 두께를 재면 0.05mm이고 한낮에는 0.08mm면 이 측정기구의 신뢰성은 낮다고 할 수 있다(한승준, 2000: 148).

(2) 신뢰성 평가 방법

신뢰성을 측정하는 방법으로는 재검사법, 복수양식법, 반분법, 내적 일관성 분석 등이 있다(Nachmias, 1979: 104~106). 재검사법(test-retest)은 어떤 대상을 일차로 측정한 다음 일정 기간이 지난 후 같은 측정 방법으로 같은 대상을 다시 측정하여 결과를 비교하는 방법이다. 즉, 동일 측정 대상자에게 동일한 측정수단을 사용하여 자료를 수집한 결과가 동일하다면 신뢰성이 있는 것이다. 복수양식법(parallel forms techniques)은 재검사법의 한계를 극복하기 위한 방법이다. 동일한 측정 대상에게 동일한 내용을 측정하는 유사한 형태의 두 가지 측정수단을 동시에 실시하여 그 측정값이 동일하다면 측정수단은 신뢰성이 있다고 평가하는 방법이다. 같은 내용이지만 표현수단을 달리하여 측정 대상이 두 번 연속하여 같은 질문에 대답하고 있다는 사실을 알지 못하도록 한다. 대입

수능고사, 토익, 토플 등이 이에 해당한다. 반분법(半分法, split-half method) 측정수단을 복수로 구성해야 하는 복수양식법의 어려움을 극복하기 위한 방법이다. 하나의 측정수단에 동일한 내용을 측정할 수 있도록 문항을 두 개로 구성하는 방법으로 조사항목의 반을 가지고 조사하고, 항목의 다른 반을 동일한 대상에 적용하여 결과를 비교한다. 마지막으로 내적 일관성 분석은 동일한 개념을 여러 문항으로 질문하여 이 항목들이 유사한 값을 갖는지를 측정하는 것이다. 보통 크론바흐 알파(Cronbach's alpha) 계수를 이용하여 측정하는데, 보통 0.6 이상이면 신뢰도가 높다고 할 수 있다.

(3) 신뢰성 저해 요인

신뢰도의 저해 요인으로는 코딩(coding)이나 기계적 오류도 비체계적인 경우 신뢰도를 떨어뜨린다.[57] 또 낮은 수준의 측정도구는 신뢰도를 낮출 수 있는데 예를 들어 면접에서 서툰 질문은 신뢰도를 저해할 수 있다. 그 밖에 정책 대상자의 일시적 상태에 따라 정책에 관한 그들의 행태에 영향을 미쳐 오차가 발생하기도 한다.

5) 타당성과 신뢰성의 관계

타당성은 얼마나 정확하게, 신뢰성은 얼마나 일관성 있게 측정수단이 측정할 수 있는가를 따지는 것이다. 타당성의 관점에서는 측정 대상이 조금이라도 변화하면 그 내용을 놓치지 않고 측정할 수 있어야 한다. 그러나 신뢰성은 일관성이므로 측정 대상의 변동보다는 측정수단이 변화되지 않아야 측정 대상을 측정할 수 있다는 개념이다.

타당성이 높은 평가 연구는 신뢰성 또한 높다고 할 수 있으나, 신뢰도가 높은 평가 연구는 타당성이 높을 수도 있고 낮을 수도 있다. 이처럼 타당성이 높은 평가 연구는 신뢰도 역시 높기 때문에 평가 연구에서 주로 문제가 되는 것은 타당성의 문제이다. 물론 이 말을 신뢰성 확보를 등한시하여도 좋다는 의미로 해석해서는 안 되며, 평가 연구에서는 타당성을 높이는 데에 더 우선순위를 두어야 한다는 것으로 해석하여야 한다(김지원·김현구, 2009: 83).

3. 정책평가의 방법

1) 의 의

타당성 있는 정책평가를 위해서는 과학적 방법에 의한 정책평가가 이루어져야 한

57) 측정상 두 가지 오류가 있는데, 하나는 체계적 오차로 측정할 때마다 일정한 방향으로 발생하는 오류이다. 다른 하나는 비체계적 오차로 측정할 때마다 방향이 일정하지 않은 오차로 무작위적으로 발생하며 신뢰성과 관련이 있다.

다. 타당성 있는 정책평가를 하는 방법에는 실험적 방법과 비실험적 방법이 있다. 전자는 진실험과 준실험으로 구분되는데, 양 집단의 동질성을 확보하고 실시하는 실험을 진실험이라 하고, 동질성을 확보하지 못한 실험을 준실험이라 한다.[58)]

2) 비실험적 방법

(1) 의 의

비실험적 방법은 비실험적 설계에 의한 자료를 수집하고, 다중회귀분석과 인과관계분석, 요인분석, 시계열분석 등의 통계적 방법으로 분석하는 방법을 말한다. 그런데 인과모형을 통계적으로 검증하는 방법으로 경로분석이 자주 이용된다. 경로분석(path analysis)은 회귀분석 방법을 반복적으로 사용함으로써 변수들 간에 존재할 것으로 상정하고 있는 인과관계의 크기를 추정해 내는 방법이다.[59)] 예를 들어 쓰레기종량제와 환경개선 간의 경로도를 그려 보면 아래와 같다.

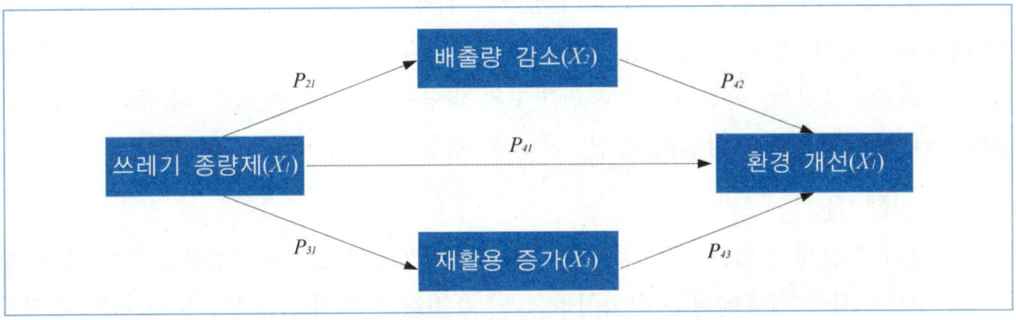

자료: 김지원·김현구, 2010: 191.

[그림 6-8] 쓰레기종량제와 환경 개선 간의 경로도

위의 그림에서 쓰레기종량제가 환경 개선에 미치는 인과적 영향의 크기는 직접영향과 간접영향을 합한 것으로, $P_{41} + P_{21} \times P_{42} + P_{31} \times P_{43}$과 같이 추정된다(김지원·김현구, 2010: 191~192).

(2) 종 류

비실험적 방법에는 두 가지 종류가 있는데, 하나는 정책 실시 전후 비교 방법이고,

---

58) 이하 정책평가의 방법 부분은 백승기, 2005: 309~324 참조.

59) 경로계수(path coefficients)는 P_{ji}의 형태로 표현되는데, j는 종속변수를, i는 독립변수를 나타낸다. 일반적으로 경로계수의 값이 0.05 이하이면 그 경로계수는 유의미하지 않은 것으로 봐야한다는 의견도 있다(김지원·김현구, 2010: 192).

다른 하나는 의사 비교집단 설정에 의한 비교 방법이다. 전자는 하나의 정책 대상 집단에 대해서 정책을 실시하기 전후의 상태를 단순비교하여 정책효과를 판단하는 방법을 말한다. 이에 반해 후자는 정책이 실시되고 난 후 임의로 집단을 선정하여 비교하는 것이다.

(3) 평 가

정책평가의 목적은 정책효과를 정확하게 파악하는 것이고 이를 위해 허위변수와 혼란변수의 영향을 제거해야 한다. 그러나 비실험설계는 고도의 통계분석 기법을 적용한다고 하더라도 허위변수와 혼란변수를 정확하게 가려내기가 어렵다.

3) 진실험적 방법

(1) 의 의

진실험(true experiment)은 실험집단과 통제집단의 동질성을 확보하여 행하는 실험이다. 양 집단을 서로 동질적인 것으로 구성하기 위해서는 실험 대상을 무작위로 두 집단에 배정해야 한다. 무작위 배정은 잠재적인 허위변수와 혼란변수들을 일종의 외재적 변수로 전환시킴으로써, 허위변수와 혼란변수의 영향을 통제할 수 있게 해 준다(노시평 외, 1999: 444). 무작위 배정 방법은 추첨, 난수표, 컴퓨터 방법 이용 등이 있다.

(2) 실험방법

진실험의 설계 방법으로 통제집단 사전·사후 설계와 솔로몬 4집단설계가 있다. 통제집단 사전·사후 설계에서는 실험처리 후의 측정값의 차이에서 실험처리 전의 측정값의 차이를 뺀 값으로 측정한다. 그리고 솔로몬 4집단설계는 가장 강력한 실험설계 유형으로, 고전적 진실험설계에서 나타날 수 있는 사전 측정에 의한 영향, 즉 검사효과를 통제하기 위해 솔로몬(R. L. Solomon)이 제안한 것이다. 여기서는 두 개의 실험집단과 두 개의 통제집단으로 4개 집단을 구성한 후, 하나의 실험집단과 통제집단에 대해서는 사

O_1	×	O_2	$d_1=O_2-O_1$
O_3		O_4	$d_2=O_4-O_3$
	×	O_5	$d_3=O_5-O_6$
		O_6	$D=d_1-d_2-d_3$

자료: 김경동·이온죽, 1986: 289.

[그림 6-9] 솔로몬의 4집단설계

전 측정을 하고, 또 다른 실험집단과 통제집단에 대해서는 사전 측정을 하지 않은 채 실험을 하여 각 집단들 간의 결과변수값의 차이를 비교하기 때문에 검사효과까지도 통제할 수 있다.[60] 이처럼 통제집단 사전·사후 설계와 통제집단 사후 설계의 장점을 결합하고 있는 이 설계는 고전적 진실험설계와 마찬가지로 선정·성숙·역사 효과 등의 분리가 가능할 뿐만 아니라, 고전적 진실험설계의 약점인 검사효과까지 통제할 수 있어 사회과학의 가장 이상적인 설계 유형으로서 각광을 받고 있다. 그러나 현실적으로 이 설계는 두 가지의 다른 실험을 동시적으로 수행해야 한다는 점과 동일한 종류의 더 많은 연구대상들을 확보해야 한다는 점 및 비용이 많이 들어 비경제적이라는 등의 몇 가지 단점으로 인해 실제 사용에는 한계를 나타내고 있다.

(3) 평 가

일단 내적 타당성 면에서 진실험은 매우 우수하지만 진실험으로도 극복하지 못하는 몇 가지 문제가 있는데, 모방효과, 정책 내용의 누출 및 체제의 변화 등이 그것이다.

모방효과(imitation effect)는 정책의 효과로 실험집단의 사람들이 태도 변화가 있을 경우 통제집단 구성원들이 실험집단 구성원의 태도나 행동 등을 모방하게 되는 현상을 말한다. 그리고 실험집단에게만 제공하기로 되어 있는 정책 내용이 통제집단에도 제공되는 누출효과가 있다면 정확한 정책효과를 측정할 수 없게 된다. 마지막으로 체제의 변화란 한 체제 내에 존재하는 대상들이 공유하고 있는 것으로서 결과변수에 영향을 미치는 요소를 말한다.

다음으로, 외적 타당성은 특정한 상황에서 추진된 정책이 일정한 효과를 냈을 때 이 효과가 다른 상황에서 동일한 정책을 추진했을 때도 그대로 나타나는 정도를 말한다. 그러면 외적 타당성이 높은 것이 된다. 그러나 호손효과(Hawthorne effect) 때문에 다르게 나타나기도 하는데 호손효과란 실험 대상자들이 자신들이 관찰되고 있다는 사실을 알게 되어 평소와는 다른 행동을 함으로써 발생하는 효과를 말한다.[61]

60) 다음의 경우에 솔로몬 4집단설계를 적용할 수 있다. "새롭게 개정된 의료보험제도의 TV 토론을 통한 홍보효과를 파악하기 위하여 200명을 선택하여, 랜덤화 과정을 거쳐 각각 50명씩 네 그룹으로 나누었다. 실험집단 1과 통제집단 1에 속해 있는 연구참여자들을 대상으로 현재 생각하고 있는 개정된 의료보험제도에 대한 태도를 먼저 측정하였고, 실험집단 1과 실험집단 2에 속해 있는 연구참여자들을 대상으로 TV 토론을 통한 홍보를 보여준 후, 네 그룹 모두에 대하여 개정된 의료보험제도에 대한 태도를 다시 측정하였다"(이군희, 2002: 251).

61) 예를 들어, 불량 청소년에 대한 상담교육을 계획하고 있는데 이 정책이 효과를 낼 수 있는지를 알고자 한다. 어느 고등학교에서 선도 대상 학생을 뽑아서 실험집단으로 한다. 이 경우 정부 관계자와 매스컴의 관심이 집중되고 실험 대상 청소년들도 평소와는 달리 아주 선량하게 행동할 것이다. 이 결과를 보고 이 사업이 전국적으로 확대 실시되면 그저 하나의 일상적인 사업으로 간주되고 사람들

4) 준실험적 방법

(1) 의 의

준실험은 실험집단과 통제집단이 무작위 배정에 의한 완전한 동등성을 확보할 수 없거나, 통제가 진실험설계와 같이 완전하게 이루어지지 못하는 경우에 적절히 사용하는 방법이다. 준실험적 방법은 동질성을 확보하기 위한 무작위 배정에 의한 방법을 사용하지 않지만 가능한 한 실험집단과 유사한 비교집단을 구성하려고 노력한다.

(2) 설계방법

준실험에서는 통제집단이 실험집단과 동질적이 아니므로 비교집단으로 불린다. 실험집단과 비교집단은 실험 전 측정치가 서로 다르다. 준실험설계의 대표적인 예로 비동질적 통제집단 설계를 볼 수 있다. 준실험에서는 두 집단의 성숙효과를 같은 것으로 간주한다. 만약 우유 급식을 한 두 집단의 체중 증가가 똑같이 5kg라면 실험집단의 체중 증가 5kg에서 비교집단의 성숙효과 3kg을 제외한 2kg이 진정한 우유 급식의 효과로 추정된다.

(3) 평 가

장점은 준실험에서는 실험 대상자로 하여금 자기가 원하는 대로 실험집단이나 통제집단 중 어느 것이든 선택할 수 있는데, 그것은 준실험은 양 집단을 동질적으로 구성할 필요가 없기 때문이다.

반면, 준실험은 비동질적 양 집단이어서 두 집단의 성숙효과가 다르게 나타나는데도 불구하고 두 집단의 성숙효과를 같은 것으로 전제하고 정책효과를 추정하기 때문에 내적 타당성에서 큰 약점을 가지고 있다.

제 7 절 정책변동과 정책종결

1. 의 의

정책환경이 급속히 변하고 있으며, 이러한 환경 변화에 따른 정책변동은 자연스러운 현상이다. 1970년대 중반 이후 석유 위기, 중동 사태 등 국내외적 상황에 직면하여 기존 정책을 축소하거나 폐지하려는 연구가 시작되었다. 감축관리(cutback management)

의 관심에서 벗어나면서 대상 학생들의 행동도 완전히 달라질 것이다(정정길 외, 2003: 816~817).

나 정책종결(policy termination)이라는 이름의 연구들이 그것이다. 최근에는 정책종결이라는 용어보다 정책변동(policy change)이라는 더 광범위한 용어를 사용하여 정책의 전 과정에서 발생하는 모든 변화에 관심을 나타내고 있다. 정책변동은 정책과정 각 단계에서 이루어진 평가활동으로부터 얻어진 정보의 환류, 정책 환경의 변화 및 정치체제 구성원 간의 상호작용의 결과로 처음에 결정된 정책이 수정, 재형성 또는 종결되는 것을 의미한다. 정책변동은 정책 과정 전반에 걸쳐 발생하는 여러 가지 변화의 양태를 말하는데, 정책 내용뿐만 아니라 정책집행 방법의 변화를 포괄한다.[62] 이 중에서도 특히 강조되는 부분은 정책종결로서 우리나라 행정기구의 개혁, 작은 정부의 지향 등의 논의가 정책종결과 직결된다.

2. 정책변동의 유형

정책변동의 유형을 구분하는 기준은 학자들마다 다르며, 변동의 정도와 형태에 따라 여러 유형으로 구분되고 있다. 정책변동(policy change)의 대표적인 유형으로 정책혁신, 정책유지, 정책승계 및 정책종결 등 네 가지를 들 수 있다(B. W. Hogwood & I. Peters, 1983: 26).

1) 정책혁신

정책혁신(policy innovation)이란 문민정부 시절의 금융실명제 실시처럼 정부가 관여하지 않던 분야에 개입할 목적으로 새로운 정책을 결정하는 것을 말한다. 즉 사회문제가 처음으로 정책문제로 전환되어 이를 해결하고자 정부가 정책을 결정하는 것이다. 따라서 현재 활동이 전혀 없고, 이를 담당할 조직이나 예산이 없는 상태에서 정부가 새로운 정책을 결정하는 것을 말한다.

2) 정책유지

정책유지(policy maintenance)란 현재의 정책을 새로운 정책으로 대체하는 것이 아니라 본래의 정책목표 달성을 위해 정책의 기본골격은 유지하되 상황의 변화에 따라 적응하는 것을 말한다. 이 형태에서는 정책의 기본적 특성이 변경되지 않는다.

정책유지는 정책 원형과 정책 변형 두 가지로 분류한다. 정책의 기본성격, 수단, 예산액과 과목이 원형대로 유지되는 경우는 '정책 원형'으로 보고, 반대세력의 저항에 의한 비합리적 정책변동은 '정책 변형'으로 본다.

---

62) 예를 들어, 미국은 1976년에 「Resource Conservation and Recovery Act」에서 매월 1000kg 이상의 독성폐기물을 배출하는 업자들을 규제했으나, 1984년에 오면 이를 100kg 이상 배출업자들이 규제를 받는 것으로 변경하였다. 이것이 정책변동의 한 예이다(Lester and Stewart, Jr., 1996: 136).

3) 정책승계

정책승계(policy succession)는 현존하는 정책의 기본적 성격을 바꾸는 것으로 실제 정책 과정에서 가장 많이 나타난다. 즉, 정책승계는 정책의 기본목표는 그대로 유지하면서 정책을 근본적으로 수정하는 경우나 또는 기존의 정책을 없애고 새로이 대체하는 경우 등을 포함한다. 어느 경우이거나 기본 정책목표가 변하지 않는다는 점에서 정책종결과 다르고, 사업이나 예산 항목 등에서 중대한 변화가 일어난다는 점에서 정책유지와 다르다.

정책승계의 형태로는 기존의 사업을 완전히 종결하고, 종전과 동일한 정책목표를 달성하기 위해 새로운 사업계획을 수립하는 것을 의미하는 '선형적 승계'[63]와 두 개 이상의 정책이 완전히 또는 부분적으로 종결되고, 유사한 정책목표를 추구하기 위해 새로운 단일의 정책이 제도화되는 것을 의미하는 '정책통합'이 있다. 예를 들면 보건정책과 복지정책이 보건복지정책으로 통합되는 경우가 이에 해당되는데, 이 경우에는 기관 통합에 따른 많은 문제를 내포하고 있어 실제 운영상에는 어려움이 많다. 마지막으로 정책분할이 있다. 정책분할은 하나의 정책이 두 개 이상으로 분리되는 것으로 정책통합과는 반대되는 경우이다. 예를 들면 과거 재정경제원에 있던 공정거래위원회가 분리되면서 공정거래에 관련된 독과점 규제, 경쟁촉진정책 등이 강화되는 사례를 들 수 있다(남궁근, 2017: 510).

4) 정책종결

정책종결(policy termination)이란 현존하는 정책을 완전히 소멸시키는 것이다. 정책수단이 되는 사업들을 지원하는 예산이 완전히 소멸되고 이들을 대체할 다른 정책도 결정하지 않는 경우이다. 따라서 그 분야에 대한 정부의 개입을 완전히 중단하는 것이다. 정책종결은 정책, 사업, 그리고 담당 조직을 폐지하고 이를 전혀 대체하지 않는 것을 의미하는, 즉 정부의 개입을 완전히 중단하는 것이다.

정책종결의 유형으로는 소요시간을 기준으로 하여 폭발형, 점감형 및 혼합형으로 나누고 있다(Bardach, 1976: 124~126). 폭발형은 특정한 정책이 일시에 종식되는 유형으로 이 유형의 정책종결은 결정이 내려지기까지 일반적으로 장기간에 걸친 정치적 투쟁이 선행된다. 1960년대 말에 격렬한 논쟁 끝에 중학교 입시제도가 폐지된 것을 예로 들 수 있다. 다음으로 점감형은 서서히 정책이 소멸되는 과정을 거쳐 결국 없어지는 것인데,

63) 선형적 승계의 예를 들면, 쌀값 안정을 위해 중간상인의 매점매석 금지 정책을 똑같은 목표 하에 정부의 정부미 방출 정책으로 대체하는 것이 이에 해당한다(안해균, 1997: 448). 공공부문에서 직접 수행하였던 청소업무 또는 경비업무를 민간위탁으로 전환할 경우 선형승계로 볼 수 있다(남궁근, 2017: 509).

자원의 계속적인 감소에 의하는 경우가 많다. 미국의 베트남전 종결이나 일부 주립정신병원의 폐쇄 등을 들 수 있다. 마지막으로 혼합형은 폭발형과 점감형의 성격을 모두 나타내는 경우로, 정책을 의도적으로 종결시키고자 할 때 사용할 수 있는 전략이다. 미국 항공우주국의 대학연구지원사업의 종결이 대표적인 예이다. 이 지원 사업은 3년간에 걸쳐 단계적으로 종결되었다(노시평 외, 1999: 478).

5) 유형 간의 관계

처음으로 정책이 만들어지면 환경에 변화가 있어도 정책 내용을 변화에 적응시켜 수정·보완하여 정책유지의 형태로 그 기본골격을 유지한다. 정책유지에는 앞에서 본 대로 정책 원형과 정책 변형 두 종류가 있다. 그러다가 변화가 더욱 누적되면 정책승계로서 정책의 대폭적 수정·변경을 하거나 그것으로 부족하면 정책을 새로운 것으로 대체하게 된다. 이렇게 승계된 정책은 다시 변화에 적응하면서 유지되어 나간다. 한편 환경의 변화에 따라 필요 없는 정책으로 판단되면 정책은 폐지되어 종결된다(정정길, 2000: 790).

3. 정책변동의 원인

정책변동의 원인에 대해서 학자들마다 다소 다르게 지적하고 있으나[64] 근본적으로는 정책환경의 변화에 있다고 할 수 있다. 문제의 변화와 자원의 변화를 중심으로 한 정책환경이 변화하면 요구와 지지 변화를 통한 정치체제에 대한 투입이 변화하여 전환과정을 거쳐 이해당사자들의 투쟁과 갈등이 어떤 형태로 진행되느냐에 따라 정책변동의 내용이 달라지게 된다(이영조 외, 2008: 381).

1) 정책환경의 변화에 의한 투입의 변화

정책문제의 해결을 목표로 하는 경우 문제가 변화하면 정책 내용이 달라질 것을 관련 집단은 요구하게 된다. 문제의 변화는 환경의 변화에 의하거나 정책에 의한다. 경제사정이 좋아져서 조세납부가 증가하면 새로운 정책 추진이 가능하게 되나, 만약 경제사정이 악화되어 조세납부가 감소되면 정부예산의 축소가 있어야 하고, 이 때문에 일부

64) 호그우드와 건은 정책변동(policy change)의 이유로 아래 세 가지를 들고 있다. i) 정부는 통상적으로 정책영역의 활동 범위를 점차적으로 확대하고 있는데, 이들 활동범주가 완전히 새로운 것은 별로 없다. 설사 완전히 새로운 정책이라 하더라도 어느 정도는 이전의 정책과 중첩되는 것이다. ii) 현재 정책이 부작용이라든지 효과가 신통치 않다든지 해서 정책을 추진함에 있어 어느 정도의 변화를 모색해야 한다. iii) 정책종결을 피하고 현재 정책이 받았던 재정 약속을 유지하기 위해 새로운 정책 제정을 피하려 한다(Hogwood and Gunn, 1984: 242).

정책의 축소 또는 폐지가 불가피해진다. 이것이 '환경적 엔트로피(environmental entropy)'의 감소인데, 환경이 공공조직의 기존 활동을 현 수준에서 지원할 능력이 없을 때 정책 종결이 이루어진다. 레빈(Charles H. Levine)은 이를 조직 외부적 요인, 주로 경제적·기술적 요인으로 설명하고 있다.[65]

2) 정책의 오류와 집행조직의 약점

정책변동은 정책 자체의 오류에서 비롯될 수 있다. 즉 정책의 내용이 잘못 결정되었다면 정책변동은 당연히 이루어져야 할 것이다. 후진국에서는 흔히 정책이 정치적 목적과 결부될 때 정책의 타당성에 대한 논란이 있기 때문에 문제가 된다.

한편 담당조직의 약점이 그 조직이 추진하는 정책의 변동 원인이 되기도 한다. 여기에는 두 가지가 포함되는데, 첫째는 집행조직의 집행능력인 정치적 자원 확보 능력이나 관련 기관과의 조정능력 등이 축소되거나 약화되는 것(노시평 외, 1999: vulnerability)이 정책의 종결과 축소에 큰 영향을 미친다. 둘째는 조직이 외부로부터의 정보를 분석하여 효과적으로 문제를 해결하는 등의 능력을 갖추지 못하기 때문에 변화에 대한 적응이 어려워지고 이로 인해 조직의 위축(organizational atrophy)이 일어난다는 것이다.

3) 정책 관련 집단 요인

정책변동 과정은 정책 관련 집단들 간의 정치적 협상 과정이다. 이 과정에서는 이익집단들의 역할이 매우 중요하다. 예를 들어 서울시의 가정도우미사업[66]의 경우 IMF의 영향과 신자유주의적 이념의 강화로 지금까지의 일방적 시혜적인 복지예산을 재조정하게 되었다. 핵심적인 변동 내용은 당시 주 5일, 1일 8시간의 풀타임 근무를 파트타임(1일 4시간 기준)으로 고치는 것이었다.[67] 이 개선안은 즉각 도우미들의 반발을 불러일으켜 급기야 노동조합의 결성을 가져왔고, 당시 1일 8시간, 시간당 3,300원, 상여금 120%가 지급된 바 있다. 이처럼 정책 관련 집단들도 정책결정 과정에서 이익투입이 좌절되거나 불완전할 경우, 집행과정에서의 불응이나 정책변동을 적극 주장하는 방법을 통해 자신들에게 영향을 주는 정책에 심대한 영향을 미치기도 한다.

---

65) 경제기반의 쇠퇴로 재정적으로 어려움에 처한 지방정부가 대민 서비스를 축소 내지는 중단시키는 데서 이러한 현상을 볼 수 있다(Levine, 1978: 318~319).

66) 가정도우미사업은 일상생활이 어려운 재가노인을 방문하여 일상생활에 필요한 각종 편의를 제공하는 사업을 말한다.

67) 이 개선안은 가정도우미들의 반발을 사게 되었고 이들은 이에 대한 반발로 노동조합을 결성하게 된다. 당초 개선안은 타협을 거쳐 '단체협약' 형태로 정책변동이 일어나게 된다. 상여금 100%, 퇴직금 등은 개선안보다 신규로 계상되었다.

4. 저항과 극복 전략

1) 정책변동의 합리적 관리의 필요성

정책환경의 변화에 따른 정책변동은 필요하다. 사실 현실적으로 일단 시작된 정책은 제도와 여기에 인간적 요소가 가미되어 이것을 소멸하기가 쉽지 않다. 관련 조직도 반발할 것이고 사람들도 자신의 생계에 관련되니 그 일의 성공 여부에 관계 없이 쉽사리 그것을 폐지하려고 하지 아니한다. 우리 속담에 "오뉴월에 쬐던 불도 그만두면 서운하다"는 것이 이를 잘 말해 주고 있다.

그러나 이미 끝난 사업이나 또는 더 이상 필요 없는 경우, 잘못 결정되고 시행된 사업, 시행상의 문제가 큰 사업, 도저히 불가능한 정책 등을 영원히 계속시킨다는 것은 큰 낭비이다(이해영, 1997: 267). 이것이 정책변동, 특히 정책종결이 합리적으로 관리되어야 할 이유이다.

2) 합리적 정책변동에 대한 저항

정책은 환경 변화에 따라 계속 변화해야 한다. 그러나 현실적으로는 저항으로 인해 정책변동이 완전하게 이루어지지 못하는 경우가 많다. 특히 정책종결에 대한 저항이 가장 강력하다. 왜냐 하면, 정책과 사업, 예산 그리고 이를 담당하는 조직을 모두 없애는 경우가 바로 정책종결이기 때문이다. 여기서는 정책종결의 저해 요인을 중심으로 살펴본다(DeLeon, 1978: 285~293).

(1) 담당조직의 저항

정책이 종결되면 정책을 담당하는 하위조직과 그 예산, 사업이 모두 삭감됨은 자명한 일이다. 따라서 종결되는 정책을 담당하는 조직은 정책종결에 강력히 저항한다. 조직의 책임자는 조직이 폐쇄될 경우 이를 자신의 실패로 간주하기 때문에 이에 저항하게 될 것이다. 이와 병행하여 행정조직은 정책종결을 회피하기 위해 목표가 달성된 후에도 비슷한 목표를 지닌 정책을 개발하는 데에 노력을 기울이기도 한다. 올림픽이 끝난 후에 체육부가 국민 체육 진흥을 위한 정책을 개발한 것이 한 예이다.

(2) 정책 수혜집단의 저항과 정치적 연합

수혜집단과 원래 정책을 지지했던 정치인들이 정치적 연합을 형성해서 강력하게 투쟁하는데, 이들이 사용하는 수단으로 집단적 청원, 동원, 호소 및 조직적 시위 등을 들 수 있다. 군사기지를 폐쇄하려고 할 때 담당 군사조직이 그 지역의 관련 기업, 노동조합, 국회의원 등을 모두 동원하여 기지 폐쇄 반대운동을 벌이는 것과 같다(정정길, 2000: 805).

(3) 정치적 부담

정책종결이 정책담당자의 정책실패로 비칠 가능성이 크기 때문에 정책담당자들은 정책종결에 소극적이다. 또 정책종결은 현재 수혜자들에게 제공되는 혜택을 박탈하는 것이기 때문에, 이들의 정치적 저항이 정치인이나 정책담당자들에게 큰 부담이 된다, 그래서 정치지도자들도 정책종결에 협조하지 않는데 이에 해당하는 정책 사례로 '새만금사업'을 들 수 있다.

(4) 정책변동의 합리성 결여

정책변동 자체가 지니고 있는 약점 때문에 정책변동의 추진이 어려워지는 경우가 많다. 정책종결을 통해 문제가 개선될 것인지에 대해 확신하지 못하면서 정책종결을 하게 되면 이미 막대하게 투입된 매몰비용(sunk cost)을 그대로 버리는 결과가 되어 사회적 손실이 될 가능성이 크다. 이처럼 정책종결에서 관련된 개인들이 납득할 만한 충분한 합리성이 없거나 그에 따른 정책이나 조직 간에 형평성을 상실할 경우 관련자들은 반발하게 된다.

(5) 법적 제약

정책의 종결이 법적 제약으로 인해 저해를 받는 경우가 있다. 정책은 대부분 법적 근거를 지니고 있기 때문에 정책종결을 위해 법률이나 규정의 수정이나 대폭적인 변경이 필요하게 된다. 그러나 법률이나 규정의 개폐는 그 과정이 복잡하고 어렵다.

3) 합리적 정책변동에 대한 저항의 극복 전략

정책변동, 특히 정책종결에 대한 저항을 극복하고, 합리적인 정책변동을 위해서는 두 가지 측면에서의 전략이 필요하다. 하나는 앞에서 제시한 저항의 원인을 제거하는 것이고, 다른 하나는 저항세력에 대항할 정책변동 또는 정책종결에 대한 지지세력을 확보하는 방법이다. 이러한 두 가지 측면을 중심으로 합리적인 정책변동을 위한 동태적 전략과 제도적 전략으로 나누어 고찰하기로 한다.

(1) 동태적 전략

게바메이는 정책종결을 진행하기 위한 전략으로 아래 세 가지를 제시하고 있다(I. Geva-May, 1997: 199~213). 첫째, 철저한 사전 계획이다. 이 경우 정책종결의 정치적 측면에 유의한다.

둘째, 반대 목소리를 약화시키기 위해 외부에서 지지세력을 확보한다. 즉 정책의 종결에 반대하는 세력에 저항하기 위해서는 정책종결의 동조세력을 확대하는 것이 필요하다.

셋째, 이익의 교환이다. 정책종결로 인해 이익을 상실하게 되는 자들에게 구제금이나 다른 새로운 일을 주는 등의 보호조치를 취한다. 퇴직금이나 직장 알선 등이 이에 해당한다.

이 밖에 부분적 정책종결도 대안으로 생각할 수 있다. 전면적인 정책종결은 반대세력의 적극적인 저항을 야기할 수 있으므로 반대 세력의 저항을 극소화시키기 위해 가능한 한 정책의 변동을 필요한 부분에 한정시키는 것도 하나의 방안이 될 수 있다(노시평 외, 1999: 485~486).

(2) 제도적 전략

이것은 정책종결을 할 수 있는 제도적 장치를 마련하는 것으로, 제도적 장치에는 영기준 예산과 일몰법이 있다.

첫째, 영기준 예산(ZBB: zero-base budgeting)은 작년 기준에다 금년 예상 물가 인상 등만 보태어 예산을 요구하는 전년도 답습주의 예산제도를 탈피하여, 즉 전년도 예산에 구애됨이 없이 어떠한 사업이든지 그 사업의 타당성을 먼저 검토한 후에 예산을 배정하는 제도이다. 사업의 타당성을 예산 심사 때마다 다시 검토하여 타당성이 인정되지 못한 사업은 종결시킨다. 영기준 예산은 우선순위가 낮은 사업을 융통성 있게 폐지·삭감할 수 있는 장점이 있으나, 모든 사업을 대상으로 매년도 정밀한 분석·평가가 어렵다는 현실적인 한계가 있다.

둘째, 일몰법(sunset laws)은 해를 띄우면서 어느 때에 해가 질 것인지(sun-set)를 미리 결정하는 제도로서 정부의 조직, 법규, 사업, 예산 등에 대해 폐지기한을 정해 주기적으로 평가하여, 재승인 절차를 통과하지 못할 경우 자동적으로 해당 사업이나 제도, 심지어 조직 자체까지 종결시키는 제도를 의미한다. 행정기관이나 정책이 일반적으로 목표를 달성한 후에도 계속 존속하여 비대해지는 경향이 있으므로 이를 일정 기간 후에 자동적으로 소멸시킴으로써 그만큼 예산을 절약하기 위한 것이다. 이러한 점에서 일몰제도는 점증주의 예산의 관행을 타파하기 위한 제도로 인식되고 있다. 그렇다고 해서 일몰제도가 예산에만 국한되는 것은 아니다. 예산뿐만 아니라 규제, 위원회, 법규, 기능, 그리고 조직에까지 적용되는 좀 더 포괄적인 행정관리 수단이라 할 수 있다는 점에서 영기준 예산과 구별된다.

일몰제도 적용에서 무엇보다 중요한 것은 객관적인 심사기준의 정착이다. 객관적인 심사기준이 정치적 또는 주관적인 요인에 의해 왜곡 적용되는 상황에서 일몰 심사에 의한 행정개혁은 실효성을 거두기 어려울 것이다.

사 례 **균형성과표(BSC: Balanced Score Card)와 정부부문**

1. 의 의

이것은 재무적 시각뿐만 아니라 비재무적 시각에서 기업의 성과를 보다 균형 있게 평가하고, 나아가 기업의 장기적인 전략을 중심으로 성과지표를 도출하여 이를 토대로 조직을 관리하고 그 성과를 평가하는 전략적 성과관리 내지 전략적 성과평가시스템을 의미한다(이하, 유민봉, 2006: 572~579; 오현희·원성수, 2010: 163~168). 그리고 BSC를 정부부문에서 운영 시 운영구조에서 우선적으로 중요한 것은 설정된 조직의 비전과 전략이 명확해야 하며, 이를 운영하는 주체인 공무원들의 인식이 분명해야 한다.

2. BSC의 4대 관점

BSC는 재무적 관점, 고객 관점, 업무처리 관점, 그리고 학습과 성장 관점에서 성과를 접근한다. 첫째, 재무적 관점은 성과지표의 최종 목표이다. 순이익이나 매출액이 가장 대표적이다.

둘째, 고객 관점은 기업의 비전과 전략으로 봤을 때 고객들에게 무엇을 어떻게 보여주어야 하는가를 검토할 것을 요구한다. 일반적으로 고객만족도, 신규고객 증가 수, 고객충성도 등으로 성과를 측정할 수 있다.

셋째, 업무처리 관점은 고객과 주주가 원하는 목표를 달성하기 위해 기업 내부의 일처리 방식을 어떻게 할 것인가에 대한 질문과 답이다. 조직 전체 차원에서 통합적인 일처리 절차를 어떻게 할 것인가에 초점을 맞춘다.

넷째, 학습성장 관점은 4가지 관점 중에서 가장 하부구조에 해당한다. 직무만족과 같은 주로 인적자원에 대한 성과를 포함한다. 전통적인 관리에서는 이에 대한 투자를 기피했으나 BSC는 장기적인 관점에서 이를 중시한다.

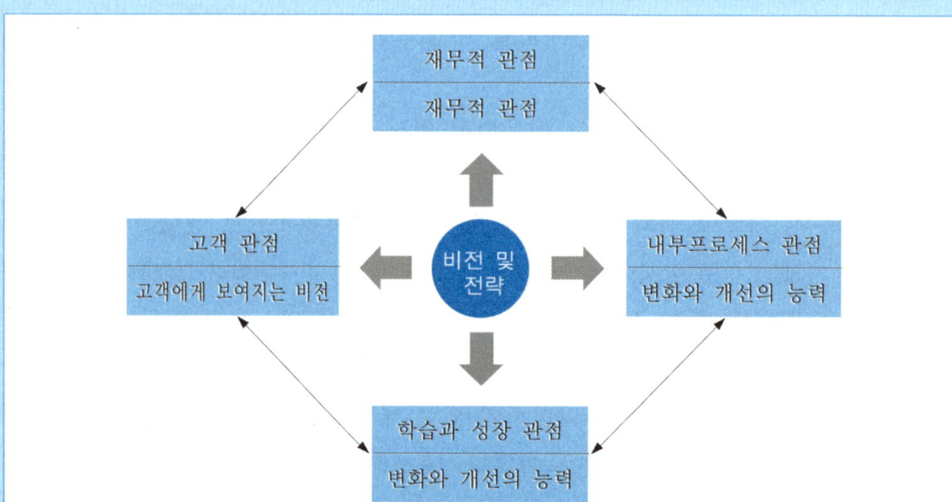

[그림] BSC 성과관리의 기본 관점

3. 특 성

첫째, 재무적 관점과 비재무적 관점의 균형을 강조한다. 무형자산의 가치를 계량적으로 측정하지는 못하지만 이들이 재무성과와 어떻게 연계되어 기업의 장기적 가치 창출 내지 전략 달성에 기여하는지를 분석한다.

둘째, 단기적 목표와 장기적 목표 간의 균형을 강조한다. 재무적 관점에서 현재의 자산 흐름을 중시하지만 무형자산을 장기적 전략과 연계시킴으로써 장기적 관점을 견지한다.

셋째, 과정과 결과의 균형을 강조한다. 성과주의 예산제도가 과정 중심에서 결과 중심으로 초점을 옮겼다면, BSC는 과정과 결과의 통합을 강조한다. 과정과 결과 중 어느 하나를 강조하는 것이 아니라 이들 간의 인과성을 바탕으로 통합적 균형을 추구한다.

넷째, 내부의 관점과 외부의 관점 간에도 균형을 강조한다. 내부적 시각은 4대 관점 중에서 학습·성장 관점과 업무처리 관점이, 외부적 시각은 재무적 관점과 고객 관점이 해당한다.

다섯째, 성과지표와 전략 간의 연계를 그대로 받아들인다. 즉, 비전, 전략, 성과지표로 이어지는 목표-수단 또는 원인-결과의 논리구조를 유지하므로 비전과 전략이 모든 성과평가의 지침이 되도록 한다.

여섯째, BSC는 시스템적이다. 4대 관점의 성과지표와 전략을 시스템적으로 연결시킨다. 뿐만 아니라 네 개 관점에 속하는 성과지표들 간의 상호작용 관계를 시스템적으로 분석한다.

4. BSC의 정부부문 적용

BSC는 민간부문에서 개발된 성과관리기법이기 때문에 공공부문에 그대로 적용될 경우 많은 위험을 내포하고 있다. 따라서 공공부문에 적합한 모델로 BSC를 구축하기 위해서는 공공부문의 복잡성 때문에 핵심 성공요인을 cascading[68]하는 방식이 달라야 하고, 또 지표 간 인과관계를 설정하는 과정을 단순화시켜야 하며, 중앙정부와 지방자치단체 간의 모형이 달라야 할 것이다.

1) 고객 관점

정부는 순이익을 올리는 기업이 아니다. 따라서 재무적 관점보다는 고객 관점이 중요하다. 고객 관점에서 행정의 성과지표로는 정책순응도, 고객만족도, 불만민원 접수 건수 등이 해당된다.

2) 재무적 관점

재정자원을 확보하고 이를 효율적으로 집행해야 한다. 집행의 비용과 편익이 중요한 성과지표가 된다.

3) 업무처리 관점

정책결정 과정과 집행 과정 그리고 부서 간의 업무협조를 포함한 의사소통이나 프로세스에 적합한 조직구조 개편 등이 이에 해당한다.

4) 학습·성장 관점

조직 구성원들의 직무수행능력, 직무만족도 등이 중요한 성과 측면의 요소이다. 정부의 경우에 공무원의 직무만족도, 제안 건수 등이 있다.

5) 주요 특성

지금까지 재무성과는 재무성과대로, 인사성과는 인사성과대로 따로따로 평가가 이루어지던 것을 서로 연결시켜 시스템적인 상호관계에 주목한다. 특히 BSC는 이들 여러 관점에서 개발된 성과요소들이 전략과의 인과성을 토대로 개발되고 또 이들 성과요소들 간의 개념적인 인과구조를 제시한다. 따라서 조직 구성원들은 자신이 담당한 업무를 조직의 비전과 전략의 거시적인 방향성 속에서 이해하고 그에 맞게 일하는 데 도움을 얻을 수 있다.

---

68) 수직적 논리구조의 검증을 말한다. 이에 비해 balancing은 수평적 논리성을 검증한다. 이에 대한 자세한 내용은 성은숙, 2009: 201을 참조 바람.

CHAPTER

07 조 직

제 1 절 조직일반론

1. 조직의 의의와 구성요소

현대사회에서 조직의 중요성은 날로 커지고 있다. 그러나 조직의 개념은 사회, 문화적 환경과 역사적 관점에 따라 다르게 규정되기 때문에 조직의 의미를 한 마디로 정의하기는 어렵다. 최항순(2006: 15)은 "특정한 목적을 수행하기 위해 구성된 인간의 집합체로서, 공식적 구조와 과정을 갖추고 지속적으로 목적 수행활동을 하는 사회적 단위"라고 정의한다. Scott(1992: 25)는 조직의 외부환경 요인들이 조직에 영향을 미치는 관점에서 조직을 '참여자 연합이 상호 의존하는 활동체제'로 정의하면서, 이들 체제는 그것이 작용하는 환경 중에 존재하고 환경과 지속적으로 교류하면서 구성된다고 했다.

한편, 김병섭 외는 조직의 구성요소를 다음 몇 가지로 설명하고 있다(2002: 27~30). ⅰ) 목표지향성: 조직은 목표를 가진 존재이다. ⅱ) 사회적 실체: 조직은 인간들로 구성된 사회적 관계이다. ⅲ) 식별 가능한 경계: 경계는 어떤 요소가 조직의 안에 있고 또 바깥에 있는지 식별하게 해 준다, ⅳ) 의도적으로 구조화된 활동체제: 조직은 목적 달성을 위한 도구이다.

행정조직의 기본적 단위는 직위(position)와 직원(officer)이다. 행정조직은 마치 하나의 건축물과 같은데, 이러한 직위와 직원들은 그런 건축물의 벽돌과 기와에 해당한다. 인체에 비유한다면 이러한 직위와 직원은 세포에 해당한다고 할 수 있다. 이러한 직위와 직원은 업무성질의 같고 다름을 따져 업무단위를 형성하고, 그 후 몇 개의 업무단위

〈표 7-1〉 인체구조와 행정조직의 구성요소

인체구조	행정조직의 구성요소
세포(cell)	직위와 직원(position & officers)
조직(tissues)	업무단위(operating unit)
기관(organs)	기능기관(functional machinery)
생리체제(organism system)	행정체제(administrative system)
신체(body)	행정조직(organization)

가 기능기관을 구성하며, 다시 몇 개의 기능기관들은 행정체제를 형성하게 된다. 마지막으로 이들 행정체제들은 행정조직을 구성하게 된다. 인체생리구조와 행정조직의 구성요소를 상호 비교하면 <표 7-1>과 같다.

2. 조직의 분류

조직문제를 연구할 때 분류(Classification)는 하나의 불가결한 과정이다. 그것은 서로 다른 조직에는 서로 다른 관리방법을 적용해야 하기 때문이다. 예를 들어 군대조직과 학교조직은 성질상 다르다. 구조형태뿐만 아니라 기능 또한 다르기 때문에 조직 연구에 있어 조직의 유형을 구분하는 기준을 세워야 한다. 그러나 현재 분류기준인 사람 수의 과다(대형조직, 중형조직, 소형조직), 소유권의 귀속(개인조직, 공공조직), 진입과 퇴출 여부(자주조직, 반자주조직, 비자주조직) 등의 구분은 체계적이지 못하고 조직이론의 정립에도 그다지 큰 기여를 하지 못하고 있다. 여기서는 아래 세 가지 기준에 의해 진행되었던 기존 조직분류를 소개하고자 한다.

1) 조직의 사회적 기능(social functions)

파슨스(Parsons, 1960: 45~46)는 사회체제 전체가 수행해야 할 기능을 ① 적응(adaptation), ② 목표성취(goal attainment), ③ 통합(integration), ④ 체제유지(latency)로 분류하였다. 그는 위의 네 가지 사회적 기능 가운데서 어떤 범주에 주로 기여하는가에 따라 네 가지의 조직유형을 분류하였다.

첫째, 경제적 생산을 지향하는 조직으로 이 유형은 적응기능에 기여한 조직이다. 이 유형은 사회가 소비하는 재화·용역을 생산하는 조직으로서 사기업체를 예로 들 수 있다.

둘째, 정치적 목표를 추구하는 조직으로 이것은 목표성취에 기여한 조직이다. 이 유형은 사회 내에서 권력을 창출·분배하며 사회가 바람직한 목표를 달성할 수 있도록 보장하려는 조직으로 행정기관과 은행을 그 예로 들 수 있다.

셋째, 통합기능적 조직으로 이것은 통합기능에 기여한 조직이다. 이 유형은 사회 내의 갈등을 해결하고 사회의 구성부분들이 공존·협동할 수 있게 하며 '제도적 기대'의 실현에 기여하도록 사회구성원들의 동기를 유발하는 기능을 수행하는 조직으로 법원, 정당 등을 예로 들 수 있다.

넷째, 체제유지적 조직으로 이것은 체제유지기능에 기여하는 조직이다. 이 유형은 교육·문화 등의 활동을 통해서 사회의 지속성을 유지하려는 조직이다. 교육기관, 종교단체 등을 그 예로 들 수 있다.

2) 구성원의 순응(compliance)

에치오니(Etzioni)는 기관을 부하들의 상관에 대한 순응 정도와 또 상관이 부하에 대한 권력 행사 관계로 분류하고 있다. 그는 기관의 장은 세 가지 종류의 권력을 가지고 있다고 본다. 강압적 권력, 공리적 권력과 규범적 권력인데 이러한 권력 운용을 통해 세 가지 다른 유형의 조직을 형성하게 된다. i) 강압적 조직(coercive organizations): 이 유형은 강압적인 권한의 사용과 굴종적인 복종이 부합되어 있는 조직이다. 강제수용소와 대부분의 교도소를 그 예로 들 수 있다. ii) 공리적 조직(utilitarian organization): 이것은 공리적 권한과 타산적 복종이 부합되어 있는 조직이다. 대부분의 사기업체를 그 예로 들 수 있다. iii) 규범적 조직(normative organization): 이것은 영예로운 보상으로 부하를 관리하는 방식을 취한다. 이것은 규범적 권한과 도덕적 복종이 부합되어 있는 조직이다. 종교집단, 대학 및 병원 등을 들 수 있다.

3) 주요 수혜대상을 기준으로 구분

블라우와 스코트(Blau & Scott)는 조직 활동의 수혜자가 누구인가를 기준으로 조직을 구분하고 있다.

(1) 분류기준

조직의 구성원, 조직의 소유자, 고객, 국민일반들이 조직 활동의 수혜자가 되는데, 어느 한 집단만이 절대적으로 혜택을 독점하는 예는 찾아보기 어렵다. 그러므로 조직 활동의 수혜자를 기준으로 한다는 말은 '주된 수혜자'를 기준으로 한다는 뜻이다.

(2) 조직의 유형

누가 주된 수혜자인가를 기준으로 하여 분류한 네 가지 조직유형은 다음과 같다.

① 호혜적 조직: 주된 수혜자는 조직의 구성원들이다. 이 조직에서는 구성원의 참여와 구성원에 의한 통제를 보장하는 민주적 절차를 조직 내에서 유지한다. 이러한 조직의 예로는 정당, 노동조합, 종교단체 등이 있다.

② 기업조직: 소유주가 주된 수혜자가 되는 조직으로서 경쟁적인 상황 속에서 최소의 자본으로 최대의 성과를 거두려는 운영의 능률을 극대화한다. 제조회사, 은행, 보험회사 등이 해당한다.

③ 봉사조직: 주된 수혜자는 고객집단이다. 고객에 대한 전문적 봉사와 행정적 절차 사이에서 생기는 갈등은 이러한 조직의 중요한 특성이라 할 수 있다. 사회사업기관, 병원, 학교 등이다.

④ 공익조직: 국민일반을 수혜자로 하는 조직으로서 국민에 의한 외재적 통제가 가능하도록 민주적 장치를 발전시킨다. 외재적 통제가 되지 않으면 정부는 민주라는 미명 아래 독재를 행사하게 된다. 각종 행정기관, 군대조직, 경찰조직 등이 해당한다.

4) 복수국면적 접근방법에 의한 분류

민쯔버그(H. Mintzberg)는 조직이란 다음 그림에서 보는 바와 같이 다섯 가지 기본 부문으로 이루어져 있으며 각 부문별로 힘을 발휘하여 각각 자기 쪽으로 조직을 몰고 가려는 힘이 작용한다고 하였다. 이에 따라 다섯 부문 중 어디에 무게 중심이 놓여 있는지에 따라서 조직의 형태는 달라진다는 것인데 다섯 가지 기본 부문은 다음과 같다.

① 전략 부문: 조직의 가장 정상에 있는 최고경영자를 중심으로 조직을 관리하고 전략계획을 수립한다. 조직에는 집권화하기 위하여 최고경영층에서 행사하는 힘이 있다. 이 힘은 직접 감독에 의한 조정을 통하여 발휘되고 단순구조에서 이 힘이 강하게 작용한다.

② 핵심운영 부문: 조직목표에 직결되는 업무를 실제로 담당하는 실무작업자들이 있는 곳에 조직의 힘이 집중된다. 조직에는 전문화하기 위하여 핵심운영층에서 행사하는 힘이 있다. 이 힘은 작업기술의 표준화에 의한 조정을 통하여 발휘된다. 이 힘은 전문적 관료제 구조에서 강하게 작용한다.

③ 기술전문가 부문: 조직 내의 과업 과정과 산출물이 표준화되는 시스템을 설계하는 분석가들을 포함하고 있다. 조직에는 표준화를 하기 위하여 기술전문가들이 행

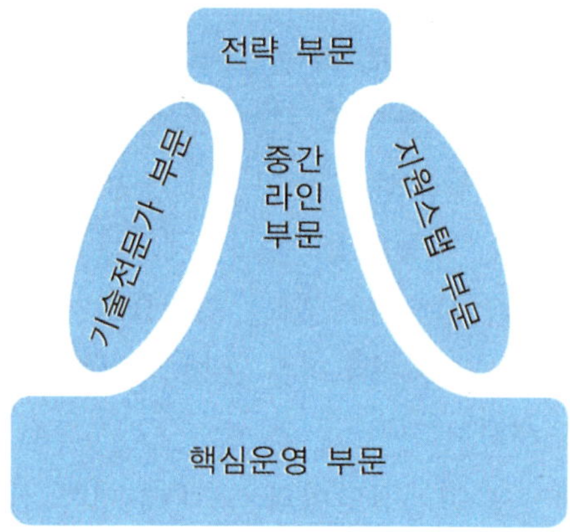

[그림 7-1] 조직의 다섯 가지 기본부문

사하는 힘이 있다. 이 힘은 과업과정의 표준화에 의한 조정을 통하여 발휘된다. 기계적 관료제 구조에서 이 힘이 강하게 작용한다.

④ 중간라인 부문: 전략 부문과 핵심운영 부문을 직접적으로 연결시킨다. 조직에는 사업단위를 분할하기 위하여 중간관리층에서 행사하는 힘이 있다. 이 힘은 산출물의 표준화에 의한 조정을 통하여 발휘된다. 사업부제 구조에서 이 힘이 강하게 작용한다.

⑤ 지원스탭 부문: 기본적인 과업과는 직접 상관이 없지만 그 과업이 제대로 달성되도록 지원한다. 인시부서, 홍보부서 등 매우 다양하다. 조직에는 협조 및 혁신을 하기 위하여 지원스탭에서 행사하는 힘이 있다. 이 힘은 상호 조정을 통하여 발휘된다. 애드호크라시(Adhocracy) 구조에서 이 힘이 강하게 작용한다.

3. 조직이론의 전개과정

조직이론의 변천에 대해서는 여러 견해가 있으나, 보편적으로 고전적 이론, 신고전적 이론, 현대 이론으로 분류하고 있다.

1) 고전적 조직이론

과학적 관리법의 영향 아래 1930년대에 완성된 조직이론으로 과학적 관리론, 행정관리론 및 관료제론 등으로 구성된다. 이들 이론들의 특성은 ① 능률에 기초, ② 공식적 구조의 중시, ③ 폐쇄체제적 관점, ④ 사람은 자기의 개인이익을 극대화하기 위하여 행동하는 합리적·경제적 인간모형에 입각, ⑤ 형식적 과학성의 추구 등이다(최항순, 2006: 48~49).

(1) 과학적 관리론

테일러(F. W. Taylor)는 1911년의 「과학적 관리의 원리」(the principles of scientific management)라는 저서를 통해 과학적 관리법의 기초를 확립했다. 이것은 당시 노동자들의 파업과 노동운동이 가속화됨으로써 종래의 생산과 관리 방식에 대한 비판이 제기되던 상황에서 제시되었다. 20세기 들어 과학적 관리론은 미국의 각급 정부에 도입되어 행정능률의 향상에 기여했다.

과학적 관리법의 가장 주된 내용으로 볼 수 있는 동작연구(motion study)와 시간연구(time study)[1)]에 의해 최선의 일일과업을 책정하였으며, 이러한 과업을 기준으로 하는 관리의 과학화를 제창했다. 그러나 과학적 관리론은 조직 내의 인간을 기계의 부속품처럼 간주했다는 지적을 받고 있으며,[2)] 장점으로 강조하는 분업의 확대 실시는 조직의 조정과 통제비용을 증가시킬 뿐 아니라 종업원들 간의 사회적 상호작용의 감소로 결국 이익보다 손실이 많다는 비판을 받고 있다(최항순, 2006: 57).

사실 테일러의 방법은 당시 그다지 환영을 받지 못했다. 관리자들은 이전 자신들이 해 왔던 방식으로 직공들을 선발하거나 지휘할 수 없게 되었기 때문이고, 직공들 역시 기계처럼 일하는 데 대해 불만이 있었다. 이러한 반대가 거셌지만 테일러의 방법은 유지되었다. 그럴 수 있었던 데에는 두 가지 사건이 도왔다고 할 수 있다. 하나는 1910년 Louis D. Brandies 변호사가 Interstate Commerce Commission에 출석해서 Eastern Rate Case에 관한 증언을 했다. 그는 테일러의 이론을 인용하여 철도 운임의 인상을 반대했다. 원가가 더 많이 들게 되었지만, 효율적인 관리방법을 도입함으로써 원가를 줄이고자 했다(Nelson, 1980: 174~175). 다른 사건은 테일러가 1911년부터 국회에서 Watertown

1) 시간과 동작연구는 숙련된 사람을 10~15명 정도 찾아내어 작업을 시킨 다음 각각의 기본적인 동작을 행하는 데 요하는 시간을 스톱워치로 측정하여 과업의 수행에 필요한 표준시간과 표준동작을 정한다. 이 때 잘못된 운동, 느린 운동, 쓸모없는 운동은 모두 제거하고 가장 빠르고 가장 좋은 작업방법을 골라내게 된다. 삽질의 경우, 삽으로 물질을 뜰 때는 팔의 근육만 사용하지 말고 몸무게를 이용하여 삽을 밀고 오른팔을 넓적다리 바로 밑에 밀착시키라고 하였다. 그 결과 1톤을 나른 비용이 반으로 줄었고 노동자의 수입은 60%나 올랐으며 노동자 수는 종래의 반으로도 충분하였다(김종희, 2005: 95). 또 한 번 삽질 당 최적의 삽질 양에 대해서 한 번 삽질에 21파운드일 때 가장 많은 양의 일을 할 수 있다는 것을 발견하기도 했다(박진우 역, 1997: 67).

2) 실제로 테일러의 이론은 당시 노동운동가들로부터 '노동력 착취의 이론'이라는 비판을 받은 바 있다(최항순, 2006: 57).

Strike의 특별위원회에서 증언을 하면서 과학적 관리법은 직공들의 완전한 심리적 혁명(complete mental revolution)을 포함하고 있다고 설득력 있게 천명한 것이다(Wren, 1979: 145, 152~153).

(2) 행정관리론

조직을 기계시하고 능률성을 강조한다는 점에서 과학적 관리론과 유사하나, 행정관리론은 일반적인 조직의 관리층에 적용할 수 있는 거시적 접근이라면, 과학적 관리론은 공장 관리에 중점을 둔 미시적 접근이라는 차이가 있다(최항순, 2006: 59).

행정관리론을 가장 먼저 주창한 자는 페이욜(H. Fayol)로서, 그는 광산의 엔지니어로 일했던 경험을 토대로 14개의 '관리의 일반원칙'을 제시하였다. 또 귤릭과 어윅(L. Gulick & L. Urwick)은 조직의 관리자가 따라야 할 기본 방침을 제시하였다. 최고관리자의 기능을 POSDCoRB라는 표현을 통해 제시했는데 이는 계획, 조직, 인사, 지휘, 조정, 보고, 예산 등을 나타내는 영문의 일곱 가지 머리글자를 따서 만든 것이다.

(3) 평 가

모든 조직에 적용할 수 있는 관리의 일반이론을 정립하였다는 점에서 긍정적인 평가를 받고 있다. 그러나 행정관리론자들이 제시한 명제와 원리들은 경험적으로 검증되지 않은 것들이 대부분이며 원리들이 상호간에 중복 또는 상충되는 것이 많다는 점에서 비판을 받는다. 후에 사이먼은 이러한 관리원칙들을 '검증되지 않은 속담(proverbs)'에 불과하다는 혹평을 가하고 있다.

고전이론들은 인간행태의 중요한 측면과 조직 및 그 관리에 미치는 환경적 영향을 도외시하고 있다는 점이 일반적으로 인식되고 있지만, 고전 조직이론이 제시하고 있는 조직의 공식적 구조와 기능에 대한 원리와 이해는 우리가 오늘날 조직운영의 한 측면을 이해하는데 아직도 중요한 기여를 하고 있는 것이 사실이다(이양수, 2004: 4).

2) 신고전적 조직이론

신고전적 조직이론이란 1930년대의 세계대공황과 제2차 세계대전을 거치면서 형성된 것으로서 고전적 조직이론의 한계를 비판·보완하는 측면에서 대두되었다. 또한 인간을 중시하는 사회적 분위기 역시 이 이론의 형성에 영향을 미쳤다. 신고전적 조직이론은 메이어(E. Mayo)의 호손실험(Hawthorne experiment)이 계기가 된 인간관계론이 핵심이다. 과학적 관리론의 기계적 능률을 비판하고, 대신 사회적 능률을 가치기준으로 제시했으며, 인간의 심리적 측면과 비공식관계를 중시했다.

(1) 특 성

① 인간관계론

메이어의 호손실험을 통해, 개인이 태도를 결정하는 것은 단순한 작업조건이나 개인의 특성만이 아니라 개인이 소속한 작업집단과 그에 따른 관계 등이다. 메이어 등은 첫째, 인격존중을 생산력 증가의 주된 원인으로 보고 있다. 둘째, 비공식조직은 자체의 행동규범을 가지고 있고, 그것은 구성원들의 행위 상 준거기준이 된다. 이들 규범이 정식조직의 요구에 부합하지 않기도 하는데, 그러나 구성원들이 이 비공식적 행위규범을 굳게 믿고 따르면 정식조직은 이를 묵인하게 되고 심지어 정식규정을 개정하게 되기도 한다. 셋째, 사회적 평형(social equilibrium)과 사기가 조직을 움직이는 관건이다. 조직에 사회적 평형 상태가 유지되면 설사 조직이 역경에 처하게 되어도 계속 유지되게 만든다.

② 후기 인간관계론

참여를 혁신 개념으로 활용했다. 지원적 관계의 원리에 의해 구성원의 참여를 통해 조직의 효과성을 제고할 수 있다. 여기서 지원적 관계의 원리는 조직 내 모든 상호관계에서 각 구성원이 자신의 배경, 가치 및 기대에 비추어 자신의 개인적 가치를 확립하고 유지할 수 있도록 지원적 풍토의 확립을 보장해야 한다는 것을 의미한다. 이를 구체화시킨 체제 4이론(System 4 Theory)에서 네 가지 관리체제를 상정하고 있다. 참여적 체제인 체제4가 개인의 참여를 촉진하고 조직의 효과성을 높일 수 있는 방법이라고 주장했다(이종수 외, 2005: 339).

(2) 인간관계론의 평가

고전적 조직이론보다 연구대상 범위가 확대되고 고전적 조직이론에서 간과했던 현실적 측면을 연구대상에 포함시켰다는 측면에서 진일보한 것이다(이영조 외, 2008: 159). 인간관계론은 조직 내 개인의 사회적 관계를 인정하고 있다. 특히 후기 인간관계론은 성숙한 개인의 참여를 통해 조직과 개인의 통합을 시도했다는 점에서 긍정적으로 볼 수 있다.

그러나 공식적 조직이나 합리적·경제적 요인보다 비공식적 조직이나 비합리적·감정적 요인을 지나치게 중시하여 오히려 합리적 결정이나 능률의 저하를 초래하였다는 비판을 받고 있다(최항순, 2006: 82). 또 조직에 대한 시각이 극히 제한적이라는 것이다. 인간관계론이 조직구성원의 심리적·사회적 측면만을 강조함으로써 조직의 전체적인 모습을 설명하는 데 실패했다는 것이다. 따라서 과학적 관리론의 조직관이 '인간 없는 조직(organizations without people)'이라면, 인간관계론의 조직관은 '조직 없는 인간(people without organizations)'이라며 비판받고 있다(Bennis, 1950, 이창원·최창현, 2007: 73 재인용).

3) 현대조직이론

현대조직이론은 고전이론과 신고전이론에서 설명하지 못하는 복잡·다양한 동태적 현대조직이론의 필요성에서 나온 연구경향이다. 현대적 조직이론은 조직이 처한 상황이 조직의 발전과 변동에 중대한 영향을 미치는 것으로 이해하였다. 고전적 조직이론이 조직의 구조에, 신고전적 이론이 인간에 주목했다면 현대적 조직이론들은 환경에 주목하고 있다. 현대적 조직이론은 조직을 환경 속에 존재하는 개방체제로 전제하고, 조직과 환경의 관계를 주요 변수로 다루고 있다.

(1) 특 성

현대적 조직이론의 일반적 특징과 경향은 다음과 같다(오석홍, 1999: 58~61; 김두식 외, 2006: 272~273).

첫째, 가치기준의 다양화이다. 고전이론의 가치기준은 기계적 능률이었으며, 인간관계론은 사회적 능률을 새로운 가치기준으로 삼았다. 그러나 현대 조직은 이러한 단일기준으로는 설명이 불가능하며, 기본적 가치와 수단적 가치의 다원적 수용이 불가피하다.

둘째, 분화와 통합이다. 현대조직이론에서는 인간이 거의 무한한 잠재력과 가능성을 지닌 복잡한 존재임을 인식하고 조직을 복잡한 체제로 보기 때문에 무모한 획일화나 법칙화는 피하려 한다. 조직 현상의 다양성, 상황별 고유성 그리고 변칙 가능성을 이해하고 용납하나, 변화 속의 일관성(patterned variations)을 찾아 보편적인 요인을 포착하려는 성숙한 태도를 보이는 것이 현대조직이론의 지배적인 경향이라 할 수 있다. 즉 현대조직이론의 분화와 통합은 수레의 두 바퀴처럼 병진되고 있다고 할 수 있다.

셋째, 개방체제론적 입장이다. 조직을 환경과 단절된 폐쇄체제가 아니라 환경과 끊임없는 상호작용의 관계를 맺는 개방체제로 본다. 따라서 조직과 환경과의 상호관계를 중요시하고, 환경이 조직의 목표와 구조에 미치는 영향을 고려함과 동시에 조직의 환경조작 기능을 높이 평가한다.

넷째, 복합과학성의 심화를 들 수 있다. 현대조직이론은 학문 상호적 활동에 의해 형성되었고 발전되어 가고 있는 학문 영역이다. 다른 학문 분야의 연구 결과와 연구 방법, 그리고 개념들을 조직이론에서 원용해 활용·발전시켜 오고 있는 것이다.

다섯째, 경험과학성의 제고이다. 연구에 동원되는 개념과 기술의 첨예화는 조직이론의 과학성 제고에 주된 요인으로 작용했으며, 행태주의의 적용 가능 영역을 크게 넓혀 놓았다. 하지만 모든 문제 영역에 적용되는 것은 아니고 단지 경험주의의 적용범위가 예전보다는 상대적으로 넓어지고 있다는 것이다.

(2) 주요 내용

현대적 조직이론이 언제부터 시작되었는가에 대해 학자들의 견해가 일치하는 것은 아니다. 그러나 대체적으로 1950년대와 1960년대를 출발점으로 본다. 여기서는 상황변수와 조직특성변수 간의 조직적합성에 따라서 조직효과성이 결정된다고 보는 '구조적 상황이론'과 조직을 개방체로 인식하는 '개방체제이론'을 대표적인 현대적 조직이론으로 설명하고자 한다. 이어서 혼돈이론과 지식정보사회의 조직이론에 대해서도 간단히 살펴보고자 한다.

① 구조적 상황이론

가. 의 의

상황적합이론은 보편적으로 가장 좋은 방법(one best way)을 찾는 이론보다는 각 조직들에 적합한 방법은 각 조직들이 직면하고 있는 상황에 의존한다는 것이다.

나. 특 징

가) 최선의 방법을 부인: 조직을 설계하고 관리하는 데 있어서 최선의 유일한 방법은 없다는 것을 강조한다. 그것은 상황조건에 따라 결정되는 사항이므로 모든 조직에 적용할 수 있는 일반원칙은 있을 수 없다는 것이다.

나) 조직설계의 지침 제공: 환경으로부터의 요청과 유연성이 조직의 구조변화를 일으키고, 조직이 채택하는 기술이 조직구조를 결정한다는 명제를 제시함으로써 조직설계의 효과적인 방법을 알 수 있게 한다.

다) 조직과 환경: 안정적인 환경에서는 형식화되고 계층적인 조직이 적합하고 변화가 심한 환경에서는 덜 형식화되고 유기적인 조직이 적합하다는 것이다(김종희, 2005: 104).

다. 평 가

상황적합이론은 상황에 적합한 문제의 해결에 도움을 주는 장점이 있다. 반면 상황이론의 가장 큰 문제점은 이들이 상황을 고정된 것으로 가정한다는 점이다. 즉 상황요인에 따라 조직구조 및 특성이 결정되어 버린다는 점에서 비판을 받고 있다. 상황이론이 가정하고 있는 것보다 상황은 유동적이라는 것이다.

상황적합이론에 대한 비판은 전략적 선택이론과 자원의존이론에서 나온다. 전략적 선택이론은 상황이 구조를 결정하는 것이 아니라 관리자의 상황 판단과 전략이 구조를 결정한다고 주장한다. 마치 우리가 추위와 더위에 지배는 당하지만 겨울에는 햇빛을 잘 받도록 여름에는 통풍이 잘되도록 가옥을 설계하는 것과 마찬가지이다(임창희, 2010: 92). 조직구조가 환경, 기술, 규모와 같은 상황요인에 의해 직접적으로 결정된다는 구조적 상황이론은 결정론적 입장을 취함으로써 조직을 움직여 나가는 주체적 인간의 특성과 역할을 도외시하였다는 것이다(김병섭 외, 2002: 159). 그런데 이러한 전략적 선택이론에 대해서 자원의존이론은 관리자의 전략과 판단도 중요하지만 환경이 미치는 영향을 무시할 수 없다고 주장한다.

② 개방체제이론

가. 의 의

개방체제이론은 전통적 이론과는 달리 조직을 개방체제로 인식한다. 행정조직도 사회체제의 하위체제로서 다른 체제나 환경과의 상호작용에 의하여 유지된다는 것을 강조하는 이론이다.

나. 특 징

가) 조직과 환경의 관계 중요시: 환경을 중시하여 환경의 변화에 따라 조직을 적응시키면서 동태적 항상성(homeostasis)을 유지하려고 한다. 마치 우리가 어떤 날은 물을 많이 마시고 또 어떤 날은 한모금도 안 마셔도 체내에 수분이 일정량 유지되는 것과 같다.

나) 개방성과 선별성: 개방체제이론은 조직의 개방성을 강조하지만 경계 없이 모든 투입을 받아들이는 것이 아니라 정보 메커니즘을 통하여 체제유지에 필요한 투입만을 선택적으로 받아들인다.

다) 등종국성: 폐쇄체제이론은 등종국성(equifinality)을 인정하지 않고 최선의 방법만을 강조한다. 그러나 개방체제이론은 확정적 상황에서만 최선의 방법을 인정하고 그 외에는 등종국성을 중요시한다. 등종국성이란 출발상태나 발전경로가 다르더라도 결국은 동등한 상태에 도달할 가능성을 말하는 것으로 목표에 도달하는 경로가 여러 개 있음을 의미한다. 인간조직에는 불확정적 요소가 많아서 목적 달성을 위한 유일한 방법을 잡기가 어렵기 때문이라는 것이다.

다. 개방체제론에 대한 평가

복잡한 조직 현상을 통합적으로 접근할 수 있는 틀을 제공했다. 그러나 체제이론은 추상화의 수준이 높은 거대이론에 토대를 두고 있기에 실제 연구에의 활용에는 한계가 있다. 즉 연구의 범위에 포함시켜야 하는 변수의 수가 너무 많고 다차원적 인과관계가 너무 많아 실제 연구에 필요한 상세하고 구체적인 지식을 제공하지 못한다는 비판을 받고 있다(이창원·최창현, 2007: 82).

③ 혼돈이론

가. 주요 내용

기상 변화, 지진 활동 등과 같이 예측할 수 없는 혼란 현상을 카오스(chaos)라고 부른다. 카오스는 어떤 질서도 규칙도 없어 보이는 상태로서 설명이 불가능한 것처럼 보인다. 그러나 혼돈 속에 숨겨진 규칙성을 찾아내는 것이 혼돈이론이다.

그렇다면 카오스 현상은 왜 발생하는가? 이를 이해하려면 다음과 같은 두 가지 개념을 살펴볼 필요가 있다(정정길 외, 2003: 433).

첫째, 나비효과이다. 카오스는 늘 변화하고 반복되지 않기 때문에 예측하기 어렵지만 카오스에 숨겨진 또 다른 성질이 예측을 더 힘들게 한다. 이것이 바로 나비효과로서, 이는 뉴욕 공원에 있던 나비 한 마리의 날개의 펄럭임이 기상에 영향을 미쳐 1년 뒤 한국에 태풍을 몰고 올 수도 있다는 데서 연유한다. 이처럼 카오스는 스스로 불규칙하게 변화할 뿐만 아니라 미세한 초기 조건의 차이가 점차 증폭되어 시간이 얼마간 지나면 완전히 서로 다른 결과를 나타낸다.[3)]

둘째, 비선형적 변화이다. 종래 뉴턴적 결정주의이론은 출발점에서부터 미래를 향해서 단순회로의 해결로 나아간다는 선형관계(linear relations)를 가정하고 있다. 그러나 날씨를 비롯해 사회의 변화 현상, 주식 가격의 변화 등 상당수의 현상들은 비선형적으로 변화한다. 비선형적이란 원인과 결과가 비례하지 않기 때문에 변화가 불규칙적으로 전개되고 결과를 예측하기 어려운 상태를 의미한다.

이와 같이 카오스는 나비효과나 비선형적 변화로 인해서 어떤 질서도 규칙도 없는 상태를 만들기 때문에 설명이 불가능한 것처럼 보인다. 하지만 이러한 혼돈 속에도 질서와 규칙성이 숨어 있다고 보고, 이러한 규칙적인 불규칙성(regular irregularity)을 찾아내는 것이 카오스이론의 중요한 연구대상이 되고 있다. 카오스이론에서 설명하는 혼돈 속에서 질서를 찾는 과정을 다음 두 개념을 통해 살펴본다.

첫째, 자기조직화(self-organizing)이다. 이는 생명체가 계속적으로 스스로를 쇄신하며 체제적 통합성(정체성)을 유지할 수 있도록 변동과정을 통제하는 특성이다(오석홍, 1999: 68). 다시 말해 비선형적 변화를 일으키는 현상들이 자기 스스로 구조와 질서를 갖

---

3) 미국의 기상학자 로렌츠(Edward Lorenz)가 12개로 구성된 기상변화의 연립방정식에 여섯 자리 숫자(0.506127)를 입력하여 컴퓨터로 처음 일기예보 결과를 출력했고, 검증을 위해서 세 자리 숫자(0.506)를 입력한 결과 일정 기간 이후의 일기예보 결과가 전혀 달라졌다고 한다. 이것을 초기값 민감성이라고 한다(노화준, 1998: 4). 혼돈이론이 대상으로 하는 혼돈상태가 이와 같이 초기민감성을 가지는 현상이다.

추어 나가는 것을 의미하는 것으로, 무작위적이고 미세한 분자운동이 대류운동이라는 구조의 질서를 갖는 것이 좋은 예이다. 카오스이론에서는 극심한 무질서와 혼돈 상태에서도 자기조직화를 거쳐서 질서와 조직화가 자생적으로 발생한다고 보고 있다. 이 개념은 자기조직화가 원활하게 일어날 수 있도록 조건을 만들어 주는 것이 정책실패를 줄일 수 있다는 것을 의미한다.

둘째, 공진화(共進化, coevolution)이다. 이것은 시스템을 구성하는 각 개체들이 끊임없이 서로에게 적응하면서 변화해 가는 과정을 의미한다. 핵심은 개체가 전체를 진화시키고 전체가 개체를 진화시키는 상호 진화에 있다. 예를 들어, 파리가 개구리에게 잡혀먹히지 않으려고 미끈거리는 몸을 가지게 되면, 이러한 파리의 변화는 개구리를 진화시킨다. 즉, 개구리는 혀를 아주 끈끈하게 진화시켜 미끈거리는 파리를 더 잘 잡아먹게 될 것이다. 결국에는 충분히 많은 개구리들이 충분히 많은 파리를 잡아먹을 것이다. 비록 두 종은 맹렬하게 진화했지만 결국은 원래의 출발 상태로 되돌아가게 된 것이다. 이렇게 개구리와 파리는 공진화해 나가는데, 카오스이론에서는 공진화를 통해 계(系)가 장기적으로 일정한 균형상태를 이룬다고 보고 있다.

킬(David Kiel)은 무질서란 정부조직을 변형시키는 데 필수적인 것으로 보고 있다. 행정학에서 기존 패러다임은 지시와 통제에 의존하여 질서정연하고 안정적인 조직운영을 바람직한 것으로 보았고, 카오스와 불안정성을 유해로운 상태로 인식했다. 그러나 카오스이론은 행정의 카오스와 복잡성을 잘 관리하면 행정학습과 개선의 기회가 되고 창의력을 촉발하는 개혁요인이 될 수 있다고 본다. 킬은 무질서를 '파괴적 무질서'가 아닌 '창조적 무질서'로 설명하고 이를 정부조직 관리에 주입하면 조직혁신을 촉진할 수 있다고 본다.

나. 시사점

오늘날의 정부는 증대하는 불확실성과 혼돈, 그리고 복잡성을 관리하면서 정책을 선택해야 하는 매우 어려운 상황에 직면해 있다. 특히 전 세계를 강타한 미국발 금융위기 사태에서 보듯이 불확실성과 혼돈상황에 대한 미숙한 대응은 엄청난 행정적·경제적 비용을 초래한다는 사실에서 이에 대한 연구는 매우 시급하지 않을 수 없다.

이러한 상황에서 카오스이론은 불확실하고 혼돈스러운 세계를 이론적으로 설명함으로써, 사회의 역동적인 변화 과정에서 질서가 카오스로 전환되고, 카오스 가운데에서 질서가 발견되고 창조되는 과정을 설명하는 새로운 시각을 제공했다.[4] 이처럼 혼돈이

4) 우리나라는 1997년 11월부터 1998년 2월 사이의 4개월 간 외환위기를 겪었으며, 이 기간 동안 경제사회 시스템이 질서로부터 카오스 상태로 빠져들었다가 다시 새로운 질서를 창조하는 과정을 경험

론은 혼돈을 회피와 통제의 대상으로 보지 않고 긍정적인 활용대상으로 보고 있음을 알 수 있다(오석홍, 1999: 68). 또한 혼란과 변화가 극심하여 미래 예측이 불확실할 때 정책문제 해결을 위한 합리적·분석적 접근방법에 한계가 있음을 잘 지적하고 있다. 한편, 혼돈이론에 근거한 자기조직화는 균형체제 모형으로는 극복하기 어려운 관료제조직의 자기혁신에 많은 시사점을 던져 준다.

④ 지식정보사회의 조직이론

지식정보사회의 등장으로 인해 기존의 전통적 조직이론으로는 설명할 수 없는 부분들이 크게 늘어나게 되었다. 지식정보화로 인해 변화된 조직현상을 이해하기 위해서는 새로운 조직이론이 필요하게 되었다. 전통적 조직이론은 정보와 지식이 핵심적인 생산요소가 되는 디지털사회에서는 더 이상 효용성을 갖기가 어렵게 된 것이다.

지식정보사회의 도래와 같은 새로운 조직환경에 신속하게 대응하기 위해서는 조직구조와 조직행태의 측면에서 새로운 패러다임이 필요하게 된 것이다(이목훈, 2007: 188).

첫째, 지식정보사회의 도래로 조직구조는 조직의 신축성과 유연성을 극대화시키는 방향으로 형성되어야 한다. 수평적으로 연결된 네트워크 조직구조나 가상적인 조직구조가 여기에 속한다. 삼엽조직(shamrock organization)은 조직을 구성하는 세 가지 형태의 핵심적인 근로자집단인 소규모 전문직 근로자들, 계약직 근로자들, 신축적인 근로자들을 포함한다. 이러한 삼엽조직은 그 구조와 고용체계에서 직접적인 구성원의 수를 소규모로 유지하면서, 산출물의 극대화를 가능하게 한다. 이러한 구조는 규모가 크지 않으면서 계층 수가 적은 저층형 조직을 가능하게 한다(이창원·최창현, 2007: 692). 혼돈정부(chaos government)도 이에 해당하는데, 이것은 중요한 조직기능인 통제, 조정, 통합, 계획 등의 기능만을 본부에 두고 기타 생산, 제조 등의 현업활동을 직접적으로 수행하지 않는 조직을 지칭하는 공동기업에서 유래한 것이다. 그림자국가, 대리정부, 제3자정부, 계약레짐 등으로 사용되기도 한다. 이러한 조직구조는 관료제의 계층구조를 완화시켜 환경에의 적응을 용이하게 만든다.

둘째, 지식정보사회의 도래는 조직구성원들의 행태를 변화시키고 있다.

i) 조직 간 경쟁과 조직 내 개인 간 경쟁이 심화되었다. 정보기술의 발달로 인해 조직환경이 급격하게 변동하면서 조직은 다른 조직과의 극한적인 경쟁을 통해 생존을 확보해야 하는 상황에 이르게 된 것이다.

했다. 이와 같이 우리나라 경제사회시스템이 비정상상태에 처해 있는 경우 위기로부터 탈출할 수 있는 가이드라인에 대한 처방을 모색할 수 있도록 뉴턴적인 패러다임이 아닌 카오스적 패러다임으로의 전환이 요구되었다(노화준, 1998).

ii) 조직구성원 개개인의 자율성이 확대되었다. 이는 계층적인 조직구조가 수평적이며 네트워크 구조로 바뀌면서 이루어진 것이다. 재택근무의 확산이나 근로시간의 자유로운 선택은 개인의 자율성과 창의성을 최대한 발휘할 수 있게 만든 중대한 변화이다.

iii) 인적 자원의 구성과 질이 변화되고 있다. 전문성을 갖춘 집단과 계약직 근로자 집단으로 이원화되면서 조직에 대한 충성심이 약화되고 있다. 또 연공서열에 의한 보상보다는 개인의 전문적 기술과 능력에 의한 보상체계로 변화하면서 동기유발의 기본 패러다임이 바뀌고 있다.

iv) 수평적인 조직문화가 형성되고 있다. 계층제를 통한 상하수직적인 의사전달 방식이 인터넷망을 통한 수평적인 쌍방향적 의사소통으로 바뀜으로서 조직문화가 바뀌고 있다.

제 2 절 조직문화

1. 조직문화의 의의

조직문화(organizational culture)에 대한 관심이 고조된 이유는 조직에서 중요한 것이 구조나 관리와 같은 합리적 요소만이 아니라 조직구성원들의 공유된 이해·가치·규범 등의 문화적 요소도 포함된다는 것이다.

조직문화란 특정 조직의 생활양식이며, 조직구성원들이 공유하고 있는 정신적 활동이다(김문성, 2004: 163). 한편, 쉐인은 조직문화를 '조직구성원의 가치관과 사고방식 및 행동을 지배하는 근본요소'로 정의하면서 조직문화는 두 가지 과정을 거치면서 발견되고 공유되는 것으로 보는데, 하나는 외적 환경에의 적응과정이요 두 번째는 내적 통합과정이라는 것이다(Schein, 1985: 9).

2. 조직문화의 유형과 기능

1) 유 형

퀸과 킴벌리는 조직문화 유형에서 조직구조에 대한 선호를 반영하는 신축지향과 통제지향을 한 축으로 한다. 여기서 신축지향은 분권화와 다양성을 강조하고, 통제지향은 집권화와 통합을 강조한다. 또 내부지향과 외부지향을 다른 축으로 하는데 내부지향은 조직의 유지를 위한 조정과 통합을 강조하고, 외부지향은 조직환경에 대한 적응, 경쟁, 상호관계를 강조한다. 그들은 조직문화 유형을 아래 네 가지로 구분하였다(Quinn & Kimberly, 1984).

(1) 집단문화(group culture)

구성원들의 신뢰, 팀워크를 통한 참여, 충성, 사기 등의 가치를 중시한다. 이러한 문화유형에서는 무엇보다 조직 내 가족적인 인간관계의 유지에 최대의 역점을 둔다. 상호작용을 통해 불확실성을 감소시킨다. 인적 자원의 개발, 구성원의 의사결정 참여, 조직몰입의 증진에 비중을 둔다.

(2) 발전문화(development culture)

조직의 변화와 유연성을 강조하면서, 조직이 당면하고 있는 외부환경에의 적응능력에 중점을 둔다.

(3) 위계문화(hierarchial culture)

공식적 명령과 규칙, 집권적 통제와 안정지향성을 강조하는 관료제의 가치와 규범을 반영한다. 매우 체계적이고 구조화된 분위기를 가지고 있다. 변화보다는 현재의 행동을 유지하고자 하는 위계문화는 전통적인 관료제적 조직문화를 대표한다.

(4) 합리문화(rational culture)

조직의 성과목표 달성과 과업수행에 있어서의 생산성을 강조하는 문화유형이다. 이러한 문화적 특성이 지배적인 조직은 목표달성, 계획, 능률성, 성과보상의 가치를 강조한다. 구성원 간의 경쟁이 주된 자극제가 된다.

2) 기 능

조직문화는 조직에서 다양한 기능을 수행하는데 그 순기능과 역기능을 구분하여 설명하고자 한다.

(1) 순기능

첫째, 조직구성원들의 일체감 제고: 조직문화는 구성원들로 하여금 자기 조직이 다른 조직에 비해 어떤 우월성을 지니고 있다는 인식을 갖게 함으로써 조직에 대한 일체감을 높일 수 있다.

둘째, 조직문화는 조직원들에게 '우리'라는 정체성을 심어준다. 즉, 자기 조직이 다른 조직에 비하여 어떤 특징이 있는가를 내세우게 되는 효과가 있다.[5)]

셋째, 조직문화는 조직의 안정성을 높이는데 기여한다. 제자리를 잡은 조직문화는 구성원들에게 통제역할을 수행하며 조직에 안정성을 주게 된다.

(2) 역기능

첫째, 경직화된 조직문화에서는 환경 변화에 신속하게 대처해 나가는 것이 용이하지 않다.

둘째, 조직문화는 지나친 정체성이나 단결심의 강조로 조직구성원들의 감정을 자극하여 다른 조직을 비난하거나 방해하는 것과 같은 부작용을 나타내기도 한다(최항순, 2006: 136).

3. 조직문화의 구성요소

1) 피터스와 워터맨(T. J. Peters & R. H. Waterman Jr.)의 7S 모형

7S 모형이란 일본과 미국의 조직문화 연구에서 제시되었다. 7S는 조직문화의 구성요소로서 영문자의 'S'로 시작되는 일곱 가지 단어를 뜻하는 것으로서, 공유가치(shared values), 전략(strategy), 구조(structure), 제도와 절차(systems), 조직구성원(staffs), 관리기술(skill), 관리스타일(style) 등이다. 이들 구성요소 상호 간에는 모두 관련성을 맺고 있다. 그리고 이들은 일곱 가지 중에서 조직원들의 공유 가치가 가장 중요한 역할을 수행한다는 점을 지적하고 있다(최항순, 2006: 139).

이러한 일곱 가지 구성요소는 상호 연결성 및 의존성이 높을수록 독특하고 뚜렷한 조직문화를 구현하는데, 바람직한 조직문화의 개발은 이들 일곱 가지 요소를 상황에 맞게 개발함으로써 달성될 수 있다. 한편 이 모형은 조직 실무자들에게 가장 많이 알려져 있지만, 조직문화의 개념과 존재 양식을 도식화했다는 이상의 학술적 의미를 인정하기는 곤란하다는 비판을 받기도 한다(백기복, 1996: 587).

2) 쉐인의 조직문화 모형

쉐인(Edgar H. Schein)의 조직문화 모형은 조직문화를 이해하는 데 가장 많은 도움을 주고 있다. 그는 조직문화의 구성요소를 세 가지 수준에서 파악하였다. 즉, 조직 활동에

---

5) 현대차라 하면 대범이라는 단어가 떠오르고 LG라고 하면 모범, 착실이라는 단어가 연상되는 것도 각 기업의 조직문화의 성격을 표현하는 것으로 볼 수 있다.

대한 기본적인 믿음, 이러한 기본적 믿음으로부터 파생되는 가치관, 가치관이 표출되어 나타나는 가시적이고 인공적인 창작물 등이다(최항순, 2006: 140 재인용).

첫 번째 수준인 기본적인 믿음은 조직구성원들이 당연한 것으로 간주하는 가장 기본적인 믿음들이다. 이것은 잠재적 수준의 선의식적 가치(先意識的 價値)이기 때문에 관찰이 불가능하다. 그러나 이러한 믿음은 구성원들의 태도와 행동에 커다란 영향을 미치며, 궁극적으로는 조직문화 형성에 가장 근본적인 요소로 작용하게 된다. 예를 들어, 어느 조직에서 구성원들이 개인의 이익이 조직보다 우선한다고 여긴다면 그 조직에서 조직을 위해 희생하는 일은 일어나지 않을 것이다(이창원·최창현, 2007: 507~508).

두 번째 수준인 가치관은 조직구성원들이 일반적으로 인식하고 있는 행동의 지침이다. 가치관은 문제 해결을 위해 구성원들이 선호하는 수단을 제시하는데, 창의성의 존중, 개인적 책임의 중시 등이 이에 해당한다.

세 번째 수준인 인공적 창작물은 조직의 물리적·사회적 환경 등이 반영되어 있는 것으로 물리적 공간, 집단의 기술적 산출물, 조직구성원의 행동 등이 포함된다. 이러한 인공적 창작물을 분석하면 조직구성원들의 가치관을 유추해 낼 수 있고 다시 이러한 가치관을 통해 조직구성원들의 기본적인 믿음을 도출할 수도 있다. 예컨대 포장재업체인 AGI의 본사 사무실은 다른 기업들과 달리 개인적 작업공간이 거의 없이 개방된 공동공간과 회의실로 되어 있는데, 이같이 비공식적인 분위기의 사무실은 조직구성원들에게 개방, 평등, 창의성과 유연성을 중시하는 기업문화의 메시지를 은연중에 전달하게 된다는 것이다(최항순, 2006: 140).

결국 이 모형은 조직문화를 조직구성원들의 잠재의식 수준에 있는 무형적인 것에서부터 가시적인 각종 상징물까지 포함하는 복합적인 개념으로 본다(이창원·최창현, 2007: 508).

4. 조직문화와 조직효과성

우리는 앞에서 퀸과 킴벌리의 네 가지 조직문화 유형에 대해 살펴보았다. 이제 각 유형별로 조직효과성[6]을 높이기 위해서 어떠한 노력이 경주되어야 하는가에 대해 알

6) 조직의 효과성을 측정하는 방법으로 경쟁적 가치접근법(competing values approach)이 있다(이하, 이창원·최창현, 2007: 478~481). 퀸과 로보그는 평가 모형을 개방체제, 합리적 목표, 내부과정, 인간관계 모형 등으로 구분하고 있는데, 이를 바탕으로 퀸과 카메런은 조직의 성장 단계에 따라 적당한 조직효과성 평가 모형이 달라진다고 주장한다. 즉 조직의 창업 단계에서는 혁신과 창의성 및 자원의 집결이 강조되므로 개방체제 모형이 좋고, 비공식적 의사전달과 협동심 등이 강조되는 집단공동체

아보고자 한다.

첫째, 집단문화에서는 조직 내 구성원들 상호간의 신뢰와 팀워크를 통한 참여의식이 높다. 집단문화의 가치를 개발하는 관리전략은 구성원들의 직무만족과 조직몰입을 강화해 준다.

둘째, 발전문화에서는 구성원들의 창의성과 기업가정신을 장려한다. 구성원들은 어느 정도 위험을 감수하면서 자신의 성장과 조직의 발전을 위해 자발적이고 적극적인 노력을 수행한다.

셋째, 위계문화에서는 조직효과성이 낮다. 조직관리에 있어 통제와 감독을 강화하므로 안전지향성과 무사안일 행태가 만연한다. 이러한 상황조건은 조직구성원들의 조직몰입과 직무만족을 향상시키기 어려운 요인으로 작용한다.

넷째, 합리문화에서는 목표달성을 강조화고 경쟁을 장려하지만, 인간적 배려와 인간관계를 기본으로 하는 직무만족에는 소홀해질 수 있다.

이상 설명에서 우리는 조직문화의 유형에 따라 조직의 관리 전략을 달리 해야 함을 알 수 있다. 이상철·권영주는 우리나라 공공기관의 조직문화 유형 분석에서 공익형 공공기관의 경영성과를 제고하기 위해서는 외부환경에의 적응성에 중점을 두는 발전문화와 조직구성원들의 조직몰입을 강화하기 위하여 집단문화의 요소를 강화하는 전략이 요구되며, 반면 위계문화의 요소는 지양할 필요가 있다고 했다. 또 기업형 공공기관의 경우는 집단문화적 요소의 강화를 통하여 조직구성원의 조직에 대한 몰입과 충성을 이끌어내고, 아울러 생산성을 강조하는 합리문화를 더욱 강화시킬 필요가 있다. 합리문화를 정착하기 위해서는 성과 인센티브나 경영계약제를 도입할 필요가 있다는 것이다(이상철·권영주, 2008: 160).

5. 행정조직의 문화

행정조직은 기업조직과 비교해서 권위주의적 사고가 많이 나타나는 것이 특징이다. 특히 우리나라에서는 온정적 권위주의로 상관이 그가 관계를 맺은 하급자에 대해 계속해서 신경을 써 주는 온정적인 성격이다. 이는 조직의 단결력과 생산성 향상에 도움을 주는 장점이 있는 반면, 인사상의 파벌 조성으로 조직 내의 단결을 해치고 부처

단계에서는 인간관계 모형을 적용하고, 또한 공식화 단계에서는 내부과정 모형 및 합리적 목표 모형이 적합하다고 하며, 마지막으로 조직이 외부환경에 적응하고 환경을 조정해 가면서 조직 자체의 변화와 성장을 도모하는 구조의 정교화 단계에서는 다시 개방체제 모형으로 조직의 효과성을 평가해야 한다고 주장한다.

간 협조를 어렵게 하는 문제점이 있다.

위계문화는 관행적 업무가 많고 예측성을 중시하는 행정조직에서 주로 발견된다(김호정, 2002: 224). 행정조직 속에 위계문화가 만연하면 사람들 사이에 공동체의식이나 개인의 조직에 대한 일체의식이 약하게 된다. 또한 이러한 문화 속에서는 하의상달은 물론이고 상의하달도 안 될 가능성이 많으며, 횡적 의사전달도 완성하지 못하게 된다. 따라서 공무원 사회에서 '술자리'는 솔직한 의사전달 또는 커뮤니케이션의 장소로서의 기능을 한다. 술자리를 통해서 구성원 상의 동질의식 또는 공동체의식은 더 공고해질 수 있다. 검찰의 '폭탄주'가 이를 잘 말해 준다. 검사를 포함한 검찰 직원의 절반 이상은 폭탄주가 단합을 유도하고 공동체 의식을 높인다고 생각하는 것으로 조사되었는데, 특히 검사의 70.6%가 이같이 대답했다. 특히 1차 회식 후 2차 회식 자리로 옮길 때 어떻게 행동하느냐는 질문에 '참석하는 것은 부담스러우나 인간관계 등을 고려해 따라간다'고 검사의 52.7%가 응답하고 있다(조선일보, 2007. 4. 1).

제 3 절 조직구조론

1. 조직구조의 의의

일반적으로 구조라 하면 기계나 건물 등의 인간이 아닌 또는 무생물적 특성을 지닌 것으로 상상하기가 쉽다. 그러나 조직은 인간으로 구성되기 때문에 시스템적 관점에서 볼 때 조직구조란 특정의 역할이 부여된 조직구성원 간에 유형화된 상호작용이라고 정의할 수 있다(박수영 외, 2006: 237). 즉, 조직구성원들이 행동 또는 상호작용을 되풀이하여 형성한 일정한 유형이 곧 조직구조이다.

2. 조직구조의 결정요인

조직구조의 구성요소로는 직무, 권한, 책임 등이 있으나 이들을 개별적으로 보지 않고 서로 연결된 구조적 특성을 볼 필요가 있다. 여기서는 조직구조의 기본변수와 상황변수로 구분하여 살펴보고자 한다.

1) 기본변수

(1) 분업화 또는 전문화

분업은 특정한 일을 반복함으로써 전문가가 될 수 있고 따라서 같은 일을 해도 분업체제 하에서 비용을 덜 들이고 신속하게 할 수 있어 보다 효율적이다. 조직의 기능이 확대되고 그 규모가 커질수록 조직구조상의 분업체제는 촉진된다.

그러나 분업화로 인해 자기가 수행하는 과업이 최종 생산물에 미치는 영향이 너무 미미하기 때문에 무력감을 느낄 수는 있다.

(2) 계층제

계층제는 수평적 분화나 분업체제의 확대로 인해 조직의 기능이 세밀한 과업으로 분할됨에 따라 파생되는 '통솔범위의 한계'를 극복하고 조직 내 각 과업을 전체에 합치되도록 통제하기 위해 형성되는 것이다.

평면조직보다는 키 큰(tall) 형태의 계층제를 둘 때, 업무의 통솔력이 확보되어 조직의 수단적 가치가 보다 잘 실현될 수 있다. 왜냐하면 계층제를 통해 하위자에 대한 능률적 통솔과 명령－복종체계의 신속한 확립이 가능하기 때문이다. 그러나 계층제는 목표 달성을 위해 권한을 위임하지만 이것이 부처할거주의로 연결될 우려가 있다.

(3) 공식화

공식화는 업무가 표준화되어 있는 정도를 말한다. 즉 누가 어떤 일을 어떻게 언제 수행할 것인가가 정해져 있다는 것이다. 이를 위해 조직은 자체 내규와 규정을 만들어 그 조직의 구성원이면 누구나 다 필히 지켜야 할 행동지침을 마련한다. 혹은 표준운영절차(SOP)를 만들어 조직구성원들이 이에 준거해 행동하게 한다. 이렇게 하면 조직의 목표 달성에 있어 지시의 모호성을 없애고 지속성, 효율성을 고양해 줄 수 있다.[7] 일반적으로 공식화가 높은 경우는 일종의 기계적 조직구조를 갖게 되며, 공식화가 낮은 경우는 느슨하고, 때로는 산만한 조직구조를 가진다(김기옥 외, 2002: 169).

그러나 공식적인 규정은 예측성과 안정성을 제공하여 주지만, 이러한 안정성은 곧 정체성을 뜻할 수도 있다. 규정된 대로 일을 처리하다 보면 문서주의(red tape)나 과잉동조(overconformity)가 일어난다(김병섭 외, 2002: 104).

(4) 집권화

집권화는 조직 내의 권력배분에 관한 것으로 의사결정의 권한이 어느 개인, 집단,

7) 표준운영절차의 수준이 지나치게 높으면 오히려 행정의 효율성을 침해한다. 즉 공무원의 재량권이 축소되고 조직환경의 변화에 신속히 대응할 수 없게 된다(정철현, 2004: 229).

계층에 집중되는 정도를 말한다. 조직의 상층부에 정책결정권을 집중시키면, 조직구성원들의 행동을 하나로 통일시킬 수 있고, 조직이 급박한 위기에 처했을 때 재빨리 대처할 수 있는 장점이 있다. 조직의 의사결정이 상대적으로 조직의 하위층에 분산되어 있는 경우는 분권화라고 하며, 집권화와 분권화는 조직의 구조 및 권력구조를 이해하고 설명하는 중요한 변수가 되는 것이다. 그러나 항시 위에서 내려오는 명령적 질서는 부하를 피동적이고 의존적이게 만들어 그들한테서 창의성이나 자발성을 기대할 수 없게 한다.

2) 상황변수

(1) 규 모

조직의 규모는 조직구조에 영향을 미치는 주요한 상황변수들 중의 하나이다. 규모는 조직의 크기를 말하며, 주로 조직구성원의 수, 조직예산의 규모, 투입 및 산출의 규모 등을 구성요소로 한다. 조직규모와 구조변수의 관계는 아래 그림과 같다.

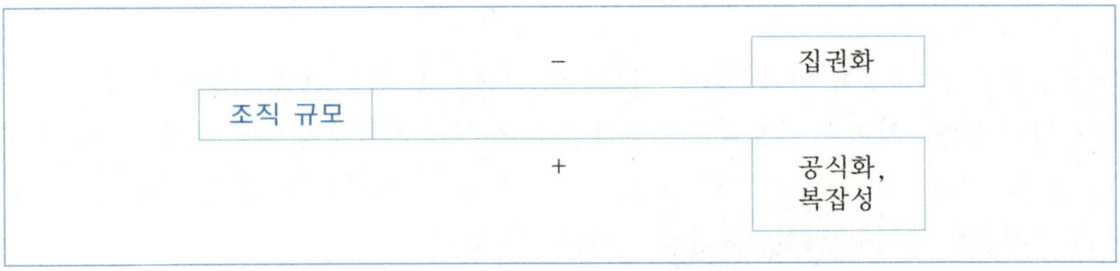

[그림 7-2] 조직규모와 구조변수의 관계

그림에서처럼 조직의 규모가 커질수록 구성원들의 행동은 공식화된다. 조직의 규모가 커짐에 따라 관리자의 직접 감독비용이 증가하기 때문에 조직은 직접 감독보다는 공식화된 규제조치를 사용함으로써 경제적 합리성을 확보할 수가 있다. 또 조직규모와 집권화의 정도는 역(逆)의 관계에 있게 된다. 조직의 규모가 커지면 한 사람이 이를 통제한다는 것이 불가능하게 된다. 그리고 조직의 규모가 커짐에 따라 조직구조는 복잡해진다. 즉 규모가 커질수록 복잡성이 커져 구조의 분화가 높아진다.

(2) 기 술

기술이란 조직의 여러 투입물을 환경이 원하는 산출물로 변환시키는 데 이용되는 지식, 도구, 변환방식, 활동 등의 일체를 말한다.

① 우드워드(J. Woodword)의 연구

조직이 사용하고 있는 조직기술과 조직의 구조는 밀접한 관련이 있다는 것이다. 조직이 어떠한 기술을 사용하고 있는가에 따라 이에 적합한 조직구조 형태는 달라진다는 기술결정론적 입장을 취하고 있다.

세 가지 기술 유형으로 단위소량 생산기술, 대량생산기술, 연속공정 생산기술 등이 있다.

가. 단위소량 생산기술

사람의 수공에 의존한 기술 유형이다. 기계화 정도가 매우 낮고 결과의 예측 가능성도 낮다. 맞춤양복 또는 특수목적용 설비의 주문생산이 이에 해당한다.

나. 대량생산기술

조립공정에 의한 일상적이고 반복적인 것이 특징이며 제품의 생산과정과 최종의 상태에 대해서 예측이 가능하다. 자동차나 전자제품의 조립생산에서 사용되는 기술이 이에 해당한다.

다. 연속공정 생산기술

생산의 전 과정이 기계화되어 있으므로 산출물에 대한 예측 가능성은 매우 높다. 생산방식은 연속적이고 기계적인 변환과정을 거치는 것이 특징인데, 다른 기술과 비교해 볼 때 사용하고 있는 기술의 복잡성이 가장 높다. 정밀화학제품을 생산하는 공장, 석유정제공장 그리고 합성섬유산업이 이에 해당한다.

연구결과에 의하면, 조직의 기술과 구조 간의 적합성이 조직의 효과성을 결정한다는 것이다. 대량생산기술을 사용하고 있는 조직에서는 기계적 구조가 사용될 때 조직의 성과가 향상되고, 단위소량 생산기술이나 연속공정 생산기술을 사용하고 있는 조직에서는 유기적 구조를 가지고 있을 때 높은 효과를 달성한다는 것이다.

② 퍼로우(C. Perrow)의 연구

가. 정 의

퍼로우는 기술을 "어떤 대상물을 변화시키기 위해 그 대상에 대해 행해지는 모든 활동"으로 정의하고, 기술을 예외의 발생빈도라는 '다양성' 차원과 대처 가능이라는 '분석 가능성' 차원, 이 두 개 차원을 축으로 하여 네 가지의 기술 유형을 도출하고 있다.

나. 기술의 차원

가) 다양성

이것은 과업이 수행되는 과정에서 발생하는 예외의 수를 말한다. 즉 과업이 일상적

이면 예외가 거의 발생하지 않는다. 예를 들어, 연속적인 조립 라인에서 근무하는 작업자의 과업에서 발생할 수 있는 예외의 빈도는 매우 낮지만, 최고경영자가 자신의 업무를 수행하는 과정에서 발생할 수 있는 예외의 빈도는 상당히 높다.

나) 분석 가능성

이것은 과업수행 중에 발생하는 문제에 대한 적절한 해결책을 찾아내는 탐색과정의 난이도를 말한다. 즉 분석 가능성이 높다는 것은 발생하는 문제가 잘 구조화되어 있어서 해결책을 찾기 위해 논리적 분석이나 분석적 추론을 이용하는 것이 용이한 경우이다.

다. 퍼로우의 기술 분류

첫째, 장인기술은 분석 불가능한 탐색과 소수의 예외가 결합된 기술이다. 직무수행은 복잡하지 않지만 문제해결이 어려운 편이다. 문제가 터지면 비일상적이라서 분석과 해결이 어렵다. 그러므로 문제해결을 위한 의사결정권이 업무를 수행하는 담당자에게 주어진다.

둘째, 일상적 기술은 분석 가능한 탐색과 소수의 예외가 결합된 기술이다. 집권화가 초래되고 기계적 구조에 적합하다. 관리자는 조직효율을 높이기 위해 표준화·공식화된 절차만 지키도록 통제하면 된다. 석유화학공장, 철강생산 공장, 대형 자동차산업이 해당된다.

셋째, 비일상적 기술은 분석 불가능한 탐색과 다수 예외가 결합된 기술이다, 직무수행이 복잡하고 문제해결도 매우 어렵다. 문제발생 시 분석 가능성이 매우 낮아서 해결하려면 탐색절차도 매우 복잡하고 많은 시간과 노력을 기울여야 한다. 오랜 경험을

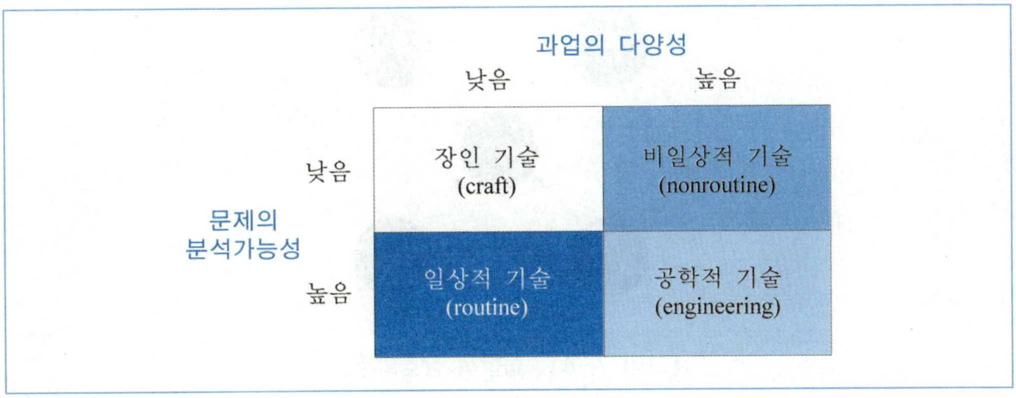

[그림 7-3] 퍼로우의 기술 분류

가진 자가 축적된 해결책을 이용하여 접근할 수 있도록 분권화가 잘되어 있을 것이다. 항공산업에서 볼 수 있다.

넷째, 공학적 기술은 분석 가능한 탐색과 다수 예외가 결합된 기술이다. 직무수행 과정에서 다양한 문제들이 발생하지만 대개의 문제들은 분석 가능성이 높기 때문에 이미 정해진 공식과 절차에 의해 해결이 가능하다. 건축업, 회계법인에 종사하는 사람들의 경우 중요한 의사결정권은 집권화되어 있지만 사소한 업무처리는 실무자가 맡는다.

③ 톰슨(J. D. Thompson)의 연구

가. 의 의

그는 생산에 관여하는 인간의 지식 활동까지를 기술에 포함시켰다. 그의 기술에 대한 개념은 매우 광범위하다. 그는 단위작업 간의 상호의존성 정도에 따라서 기술을 세 가지로 유형화했다. 여기서 높은 상호의존성은 부서들이 서로 자원들을 지속적으로 교환해야 하는 것을 말한다.

나. 유 형

가) 집합적 상호의존성

중개적 기술은 상호의존 상태에 있거나 서로 의존하기를 원하는 고객들을 연결짓는 활동에 쓰이는 기술을 말한다. 부서들 간에 상호의존성이 가장 낮고 작업이 독립적으로 수행된다. 톰슨은 집합적 상호의존성이 중개기술을 하는 기업들 내에 존재한다고 하였다. 예를 들어, 커피전문점의 지점은 상호 독립적이며 서로 무관하게 영업을 한다. 그러나 각 지점의 매출액은 본사의 수익에 각각 독자적으로 기여한다.

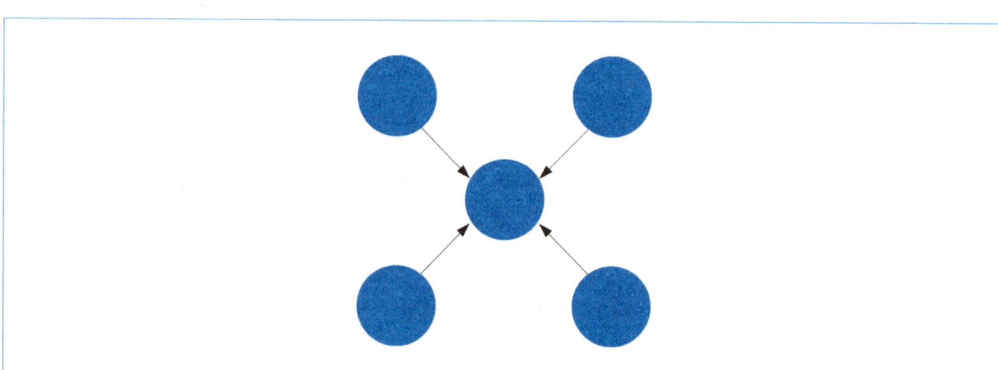

[그림 7-4] 집합적 상호의존성

나) 순차적 상호의존성

그는 길게 연결된 기술, 즉 연속형 기술은 순차적으로 의존관계에 있는 여러 가지 기술이 연계된 경우로서 표준화된 상품을 반복적으로 대량생산할 때 유용하다. 연속형 기술이란 생산의 한 단계가 다음 단계의 투입활동이 되는 것을 말한다. 자동차 회사의 경우 기계부품이 완성되어야 엔진모듈 조립이 가능하고 이 작업이 완성되어야 후속 작업이 진행된다. 이는 집합적 상호의존성보다 상호의존성의 수준이 더 높다.

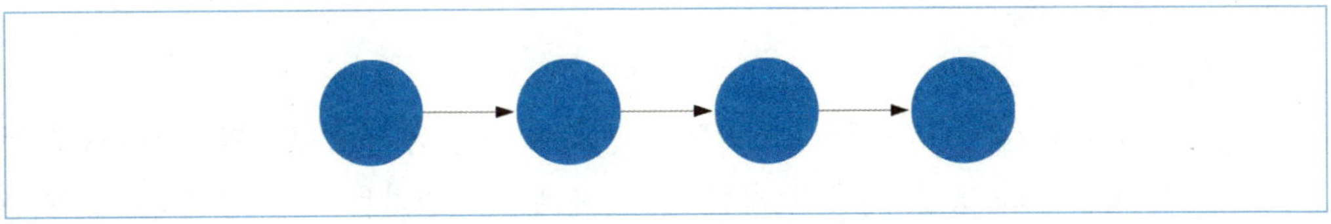

[그림 7-5] 순차적 상호의존성

다) 교호적 상호의존성

상호의존성이 가장 강한 것이 교호적 상호의존성이다. 부서들의 결과가 서로에게 영향을 미치기 때문이다. 교호적 상호의존성은 집약형 기술을 사용한 경우에 나타난다. 집약형 기술은 다양한 기술의 복합체로서 다양한 기술이 개별적인 고객의 성격과 상태에 따라 다르게 배합되는 기술이다. 모든 부서의 업무가 동시에 작용해야 만 업무가 완성될 때가 있다. 병원에서 환자에 대한 수술작업이 이에 해당한다.

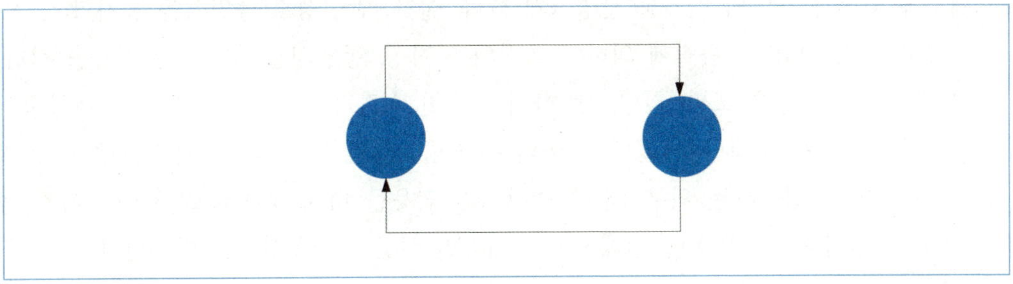

[그림 7-6] 교호적 상호의존성

다. 우선순위

교호적 상호의존성은 조직구조에서 최우선적으로 다루어져야 한다. 교호적 상호의존성을 지닌 활동은 조직 내에서 서로 밀착되어 있기 때문이다. 그 다음 우선순위는 순차적 상호의존성이고, 마지막으로 집합적 상호의존성이 사용된다.

3. 조직구조의 형성원리

1) 고전적 조직원리

고전적 조직론자들은 과학적 관리법의 영향을 받아 조직의 편성과 관리에 있어서 보편적으로 적용할 수 있는 조직의 원리를 탐구하였다. 여기서는 계층제의 원리, 부서편성의 원리, 명령통일과 통솔범위의 원리 등에 대해 알아보고자 한다.

(1) 계층제의 원리

① 의 의

계층제(hierarchy)란 권한·책임 및 의무의 정도에 따라 조직의 구성원을 상·하로 등급화시키고 이에 따라 명령·복종과 지휘·감독 체계를 확립하는 것을 말한다. 즉, 계층제는 목적과 기능에 따라 직무를 상·하로 나누는 것이 아니라 권한과 그에 수반될 책임·의무에 따라 직무를 상·하로 나누는 것이다. 계층제의 주요 특징을 보면, 첫째, 상위계층일수록 장기계획, 비정형적 업무에 중점을 두고, 하위계층일수록 정형적인 업무나 구체적인 운영에 중점을 두게 된다. 둘째, 계층제는 계선조직을 중심으로 형성된다(박용치·송재석, 2006: 261).

② 계층제의 기능

계층제는 다음과 같은 기능을 한다(박용치·송재석, 2006: 262). 먼저 순기능을 보면, 첫째, 권한 및 책임 한계가 분명한 점이다. 각 계층의 역할이나 임무가 명확하게 정해져 있기 때문에 권한과 책임의 한계를 분명하게 한다. 둘째, 안정성과 통일성을 유지할 수 있다. 상명하복(上命下服)의 통솔에 의하여 조직의 안정성, 통일성을 유지하는 기능을 한다.

다음으로 역기능을 보면, 첫째, 상·하의 지나친 수직적 관계로 근무의욕을 저하시키고 엄격한 경직화를 초래한다. 둘째, 계층의 수가 증가함에 따라 의사전달의 왜곡을 초래하기 쉽다. 셋째, 변동하는 외부사정에 즉각적인 적응을 하지 못하고 보수성을 띠기 쉽다. 넷째, 하위계층의 창의력을 저해하며 동태적인 인간관계의 형성을 방해한다. 다섯째, 계층제는 능률적인 직무수행보다 비합리적인 인간지배의 수단으로 인식하기 쉽다. 여섯째, 엄격한 계층제는 인간의 개성을 상실케 하고 조직구성원의 귀속감을 감소시킨다.

(2) 부서편성의 원리

① 의 의

행정의 목적 달성을 위해서는 부서조직이 합리적으로 편성되는 것이 요구된다. 부서조직을 어떠한 기준에 의하여 편성하는 것이 가장 합리적인가 하는 것이 부서편성의 원리이다.

② 부서편성의 기준

부서편성의 기준으로는 목적과 기능, 과정과 절차, 수혜자, 지역과 장소 등이 고려된다(박용치·송재석, 2006: 260).

가. 목적과 기능

행정부가 수행하는 업무를 외무·국방·교육 등 주요 목적 또는 기능에 따라서 부서편성을 하는 것으로 가장 많이 사용된다.

나. 과정과 절차

행정업무 수행에 이용되는 기구·수단·과정을 기준으로 하여 동일한 기구를 사용하거나 동일한 직무에 종사하는 자를 동일한 조직에 편성하는 방법이다. 예산실, 통계청, 조달청 등이 해당된다.

다. 수혜자

행정서비스를 받는 수혜자를 기준으로 하거나 행정활동이 취급하는 자재를 기준으로 편성하는 방법이다. 예컨대 수혜자에 따라 편성된 경우는 보훈처, 보건복지부의 부녀아동국이 있고 취급하는 대상을 기준으로 편성된 경우는 산림청, 문화재관리국 등이 있다.

라. 지역과 장소

행정활동이 수행되는 장소 또는 지역을 기준으로 조직을 편성하는 방법이며 주로 지방행정기관 및 일선행정기관의 편성에 사용되고 외교부에서도 사용된다. 외교부의 각 지역국, 즉 아주국, 미주국 등이 이에 해당된다.

③ 평 가

이 원리는 조직 편성 혹은 설계 시에 고려하여야 할 준거를 제시해 주었다는 점에서 의의가 있으나, 다음 몇 가지 측면에서 다른 고전적 조직원리와 마찬가지로 많은 비판을 받아 왔다.

첫째, 편성기준이 되는 용어, 즉 목적, 과정, 수혜자, 지역 등의 용어 자체가 애매모호하여 한계가 명확하지 못하다.

둘째, 전문화를 위한 기준이 결여되어 있다. 즉, 행정업무를 어떻게 구분하고, 네 가지 기준을 배합함으로써 이상적인 조직을 편성할 수 있는가에 대한 해답은 제공하지 못하고 있다.

셋째, 편성의 기준이 특정 상황에 적용할 수 있는 지침이 되지 못하고 있다.

따라서 부서편성에서는 이들 네 가지 기준 외에 부서의 수, 하부구조의 신축성, 행정수반의 조정·통합기능 등을 고려하여 결정해야 할 것이다.

(3) 명령통일과 통솔범위의 원리

① 명령통일의 원리

가. 의 의

하나의 조직은 오직 한 명의 장(長)이 있어야 하며 그 조직을 운영할 최종 권한과 책임은 이 한 명의 장에게 부여되어야 한다는 원리이다. 관료제나 군대조직에서 엄격히 적용된다.

나. 평 가

책임소재가 명백하게 된다는 장점이 있고, 조직의 장으로 하여금 전체적인 조정을 가능케 한다는 장점이 있으나, 급박한 상황에서 구성원에게 명령할 상관의 부재는 구성원으로 하여금 업무 처리를 불가능하게 하는 등 명령 통일을 지나치게 고집하면 조직이 환경 변화에 신속하고, 융통성 있게 적응하기 어렵게 된다.

② 통솔범위의 원리

가. 의 의

통솔범위(span of control)란 한 명의 상관이나 감독자가 직접 효과적으로 통솔할 수 있는 부하의 수를 말한다. 그레이큐나(Graicunas)는 통솔자가 감독상 고려하여야 할 총 관계수를 산출했다

$$N=n\left(\frac{2^n}{2}+n-1\right)$$

위의 공식에서 n(부하의 수)이 증가함에 따라 N(부하·통솔자의 관계)이 기하급수적으로 증가한다는 것을 알 수 있다. 위의 수식에 의하면 부하의 수(n)가 3이면 관계수(N)는 18이며, n이 4이면 N은 44가 된다. n이 12에 이르면 N은 24,708이 된다(최항순, 2006: 204). 따라서 한 사람이 직접 거느릴 수 있는 부하는 소수로 제한할 수밖에 없다는 것이다. 그는 적절한 통솔범위를 6명으로 잡고 있다.

나. 평 가

통솔인원의 수는 작은 숫자라야 한다는 이론은 많은 학자들의 연구에도 불구하고 그것을 일정수로 확정하기란 어렵다는 비판이 제기되어 왔다.

이상에서 살펴 본 조직편성의 원리는 현대 행정에서도 유효하다. 다만 현대 행정의 업무가 복잡하기 때문에 하나의 원칙이 모든 행정현상에 두루 적용되기를 시도해서는

안 된다. 또 구성원들의 자율과 창의를 존중하며 조직을 편성해야 한다. 종래의 조직이 종적 구조였다면 현대 조직은 횡적 구조 중심이라 할 수 있는데, 계층보다는 수평, 통솔보다는 협의, 명령보다는 자율이 핵심적 가치로 등장하고 있는 것이다(이철규, 2007: 146).

2) 현대적 조직구조 모형

고전적인 조직설계의 원리는 더 이상 현대사회에 맞지 않다. 그러면 새로운 조직설계가 요구되는 이유는 무엇인가? 이에 대해 두 가지를 제시하고 있다. 하나는 고전적인 조직설계 원리가 지식 패러다임에 있어서 효과적일 수 있기에는 너무 시대에 뒤떨어졌기(outdated) 때문이다. 다른 하나는 선진 정보기술에 대해 투자를 늘린다고 하더라도 그것이 조직성과를 극대화하는 게 아니다. 산업적 패러다임에 토대를 둔 조직의 타성 때문인데, 정보기술에 대한 투자의 최대 편익을 얻기 위해서는 지식패러다임에 토대를 둔 조직구조의 재설계가 요구되고 있는 것이다.

(1) SOS 운동

새로운 설계 원리로, 조정과 통합을 지향하는 행정 M&A와 조직의 군살을 빼기 위한 SOS 운동이 제시되고 있다. 지나치게 세분화된 단위조직들이 서로 불협화음을 빚거나 낭비의 요소로 작용할 경우에는, 상호 시너지효과를 내도록 단위조직들을 하나로 통합해 주어야 한다. 행정조직 간의 통폐합, 즉 행정 M&A라고 부른다. 과거에 건설부와 교통부를 합친 건설교통부가 이에 해당한다. 한편 조직구조의 지나친 집권화와 공식화가 가져오는 절차상의 복잡다단한 문제점을 해소하기 위해서는, 이른바 SOS, 즉 Slim(절차의 간소화) → Online(행정의 전자화를 통한 실시간 업무처리) → Simple(규정의 단순화) 식으로 행정절차의 간소화 및 전자화를 도모해야 할 것이다.

(2) 지식창조(knowledge creation) 이론

① 의 의

미국의 일본계 학자 노나카(Ikujiro Nonaka)와 타케우치(Hirotaka Takeuchi)는 1995년에 출판한 「지식창조의 회사」(The Knowledge-Creating Company)라는 책에서 일본의 철학, 즉 천인합일, 심신합일, 자타합일의 관점과 다른 서양 철학과의 비교에 근거하여 일본 회사를 현지 조사한 뒤 조직의 창조성이론을 발표했고 이 책은 90년대 일대 주목받는 저작이 되었다.

조직의 지식창조가 의미하는 바는 개인의 지식이 토론이나 관찰 혹은 경험의 공유를 통해 공유맥락(shared context)이 형성되고, 이를 통해 개인의 지식이 조직의 지식으로 전환된다는 것이다(Nonaka & Takeuchi, 1995: 12~14).

② 조직에서 지식창조를 촉진하는 5개 조건과 5개 단계 모형

먼저 5개 조건은 의도(intention), 자주성(autonomy), 파동과 창조적 혼돈(fluctation and creative chaos), 가외성(redundancy) 그리고 필요한 다양성(requisite variety) 등이 있다(Nonaka & Takeuchi, 1995: 74~83).

다음으로 5개 단계는 무언의 지식 공유(sharing tacit knowledge), 개념의 창조(creating concepts), 개념의 검증(justifying concepts), 원형의 건립(building an archetype), 전계층 지식(cross-leveling knowledge) 등이다(Nonaka & Takeuchi, 1995: 83~89).

③ 지식창조의 3개 관리 모델

이들은 종전의 위에서 아래로 모형(top-down model)과 아래에서 위로 모형(bottom-up model) 외에 middle-up-down model을 제시했다(Nonaka & Takeuchi, 1995: 74~89). 앞의 두 가지는 중간관리층을 낙후하고 정체되어 있는 것으로 인식한다. 그러나 마지막 것은 그와 정반대로 중간관리층의 중요성을 인식하는 것으로 이것이 일본식 관리의 주요 특징으로 서양의 경우와 구별된다. 이들은 앞의 두 가지 관리 모델은 지식창조에 부적합하다고 본다. 지식창조의 핵심적 과정은 집단 차원에서 토론, 대화를 통해 각 개인이 가지고 있는 무언의 지식이 충분히 표출되어 나오게 하는 데 있는데 이것은 위로부터 아래로나 아래로부터 위로의 관리 모델에서는 쉽게 볼 수 없다. 일본 회사는 위로부터 아래로도 아니고 아래로부터 위로의 관리 방식도 아니다. 지식창조 과정 중에서 중간관리층의 존재를 충분히 인식하고 있다.

고위관리층의 기능은 대이론(grand theory)을 창조하고, 중간관리층의 기능은 중범위이론(middle-range theory)을 창조한 뒤 하위직원들의 협조 하에 이 이론의 가능성을 검사하는 것이다. 다시 말하면, 대이론은 어떻게 되어야 한다(what ought to be)이고, 그것과 하위계층의 실체(what is) 간의 모순을 어떻게 해결하는가는 중간관리층의 지식창조에 의존하여 중범위이론을 제시하여 해결한다는 것이다.

4. 조직구조의 유형

1) 이론적 유형

(1) 관료제

① 의 의

관료제(官僚制: bureaucracy)는 계층적 구조를 지닌 대규모의 합리적 관리조직이다.

관료제는 막스 베버(M. Weber)가 제시한 관료제의 이념형을 말한다. 관료제란 말은 bureau(사무실, 책상)와 cracy(kratia: 관리, 지배)의 합성어로서 조직의 구성원들은 사무실 책상에서 미리 정해진 규정과 절차에 따라 업무를 수행한다는 것을 뜻한다(최항순, 2006: 69).

② 베버의 관료제이론

막스 베버는 조직 운영에 필요한 명령을 구성원들이 수행하도록 보장하기 위해 일종의 권위의 계층제(hierarchy of authority)가 필요하다고 했다. 그는 권위가 의존하는 근거를 합리적·합법적 규칙, 전통의 힘에 의한 권위, 카리스마 등으로 구분했다. 이 가운데 관료제라고 하는 조직구조의 기초를 제공하는 것이 합리적·합법적 규칙의 세계이다.

그는 이상적 관료제를 제시하기 위해 관료제라고 볼 수 없는 대조적 두 가지 형태의 조직유형을 제시하고 있다. 이들은 전통적 지배[8]와 카리스마적 지배[9]에 의한 조직이며, 이상적 관료제는 합법적 지배에 의한 조직이라는 것이다.

③ 권위의 유형과 조직형태

그는 권위의 종류에 따라 조직유형을 제시하였다.

가. 카리스마적 권위

지배자의 비범한 능력이나 행위에 의해 지배가 정당화되는 것이다.

나. 전통적 권위

가산제(家産制)나 봉건제 형태의 옛 왕정을 들 수 있다. 가산제는 행정관료들의 하인이나 사적 가신들처럼 주로 주인이 주는 급료에 의존하는 형태를 말하며, 봉건제 형태란 관료들이 주인에 대해 상당한 정도의 자율성을 누리는 형태를 말한다.

다. 합리적·법적 권위

이에 따른 조직형태를 관료제라고 부르고 이를 현대사회의 지배적인 조직으로 보고 있다.

관료제가 효과적으로 작용할 수 있는 근거는 다음과 같은 관료제의 특징에서 비롯된다. ⅰ) 관료제는 세심하게 정의된 업무 분화를 포함한다, ⅱ) 권위는 비인격적이며

8) 조직을 지배하는 권력의 원천이 전통이다. 예를 들어 왕실 전통이 국가를 지배하는 것을 들 수 있는데, 이를 가산관료제라고도 부른다. 이 지배양식 하에서의 관리기구는 일반적으로 가부장적 혹은 중세적인 두 가지 형태를 띤다.

9) 초월적 지도자의 비범성이나 선천적 자질이 권력의 원천이다. 즉, 특정 인물이 소유하고 있는 비범한 자질에 대한 믿음 때문에 그로부터의 명령이 정당화된다. 이러한 지배양식 하에서의 관리기구는 매우 비조직적·비구조적이며 불안정적이고, 대개 소수의 추종자들이나 중개인들의 활동을 통해 운영된다. 이러한 권위의 유형에 포함되는 예로는 고대의 신권정치나 히틀러, 무솔리니 등의 예를 들 수 있다.

공식업무를 수행하는 규칙 내에서 주어진다, iii) 특정한 사건에 대해 규칙을 수단으로 적용함으로써 의사결정에 도달하며, 개인적인 동기는 관련이 없다, iv) 사람들은 증명된 능력이나 잠재적인 능력을 기반으로 관료제 내에서 일하도록 임용되었다, v) 주어진 임무를 성공적으로 수행하는 공무원들은 직업과 봉급이 보장되며, 능력 있는 공무원들은 서열(seniority)과 실적에 따라 승진할 수 있다, vi) 관료제는 규칙을 따르는 계층제이며, 그 내부에서 공무원들은 그들의 상관의 권위에 복종한다는 것 등이 포함된다.

④ 관료제의 기능

순기능으로는 업무의 정확성과 공식성을 높이게 한다. 또한 계층주의에 입각하므로 명령·복종관계 질서를 확립시키며, 직속상관에 대한 충성을 통해 조직 내 질서를 유지한다. 그러나 관료제는 베버가 생각하지 않았던 역기능(dysfunction)적 상황에 직면하게 되는데, 이에 대해서는 머튼과 톰슨의 연구를 보고자 한다.

머튼은 동조과잉에 의한 목표의 대치로서, 규칙의 준수는 형식주의[10]를 가져오므로 조직의 목표 달성에 저해된다는 것이다. 그는 관료의 행태를 훈련받은 무능력이라고 말하고 있다. 다시 말해, 최고관리층이 표준운영절차나 규칙 등을 통해 구성원들에 대한 지나친 통제욕구로 인해 조직이 의도하지 않은 부작용을 초래하게 된다는 것이다(Merton, 1940: 560~568).

톰슨(Thompson)은 관료제에 있어서 불안정감(personal insecurity)이라는 개념으로 관료제의 역기능과 병리에 대한 설명을 시도하였다. 병리현상으로 조직목표와 개인목표 간의 갈등에서 비롯되는 개인의 불안, SOP 준수에서 비롯되는 조직의 경직화, 그리고 관례적인 행태의 준수에서 비롯되는 변화에 대한 저항 등이다(김태룡, 2007: 221).

이 외에 파벌과 할거주의를 들 수 있다. 관료들은 자기 부서만을 생각하고 타 부서와의 협조와 조정이 어려워진다.[11] 이러한 결과는 자기 부서에 유리한 자원의 획득을

10) 관료제는 조직의 목표 달성보다 규칙을 더 중요시하고 있어 번문욕례(繁文縟禮, red tape) 등의 비능률적인 문제점을 안고 있다. 즉, 관료제는 능률을 위하여 예측 가능한 반응과 복종을 요구하며 이러한 복종은 결과적으로 규칙을 조직목표 달성을 위한 수단이 아니라 목적 자체로 변질되게 한다(정원식, 2003: 141). 이번 태안 기름유출 사건의 보조금 지급 과정에서 정부는 지역 어민을 지원하기 위해 예산 300억 원의 긴급 지원을 결정하였다. 하지만 한 달이 넘도록 지원금은 주민들에게 전달되지 않았는데 그 이유는 피해 지역 자치단체 사이에서 자금 배분율을 두고 논란이 벌어졌기 때문이다. 그 사이 생계를 비관한 어민 3명이 자살했다. 관료사회의 경직된 레드 테이프를 보여주는 전형적인 사례다(조선일보, 2008. 1. 22).

11) 공정거래위원회가 국내 주요 8개 보험사를 대상으로 "일반 손해보험의 보험료율을 담합했다"며 부과한 과징금을 취소해 달라는 행정소송을 준비 중이다. 2007년 6월에 부과했던 508억 원의 과징금이다. 보험사들은 당시 "감독 당국인 금융감독위원회의 행정 지도에 따라 일정한 요율을 유지한 데 대해 담합이라며 과징금을 부과하는 것은 부당하다"고 반발했으나 공정위는 받아들이지 않았다. 공

위한 과당경쟁이 그 원인이라 할 수 있다. 그리고 비인격화를 들 수 있는데, 이것은 구성원들이 대규모조직의 부속품과 같이 기계화 내지는 몰인정화(impersonality)되어 가는 것을 의미한다(정원식, 2003: 143).

⑤ 관료제의 평가

대부분의 조직 연구들이 베버의 관료제이론을 기초로 삼고 있는 데서 알 수 있듯이 조직 연구에 있어 지대한 기여를 했다. 그러나 합리성의 지나친 강조, 인간적 요소의 배제, 그리고 추상화에 의한 이념형이라는 점에서 비판을 받는다. 또한 조직이 경직화되어 상황변화에 대처하는 융통성이 부족할 뿐 아니라 개인의 재량권 폭이 좁아지고 다양성과 창의성 개발이 제한을 받게 되는 단점이 있다(최항순, 2006: 72).

베니스(Bennis)는 관료제가 조직 자신의 내부적 현실 혹은 외부환경을 효과적으로 적절히 알지 못하였다고 했다. 그에 의하면 향후 25년 내지 50년에는 관료제의 종말을 보게 될 것이라고 한다. 합리성과 안정성 등은 관료제의 장점이지만 거대한 조직의 경우 신속성이 떨어지는 것은 마치 거대한 타이타닉호가 빙산을 발견하였지만 몸집이 너무 커서 신속하게 피할 수 없어 비극적인 충돌사건이 벌어진 것에 비유할 수 있다는 것이다(Bennis, 1966: 247~263).

이러한 비판에도 불구하고, 물론 급격한 환경의 변화가 있는 곳에서 적용하기에는 무리가 있겠지만, 정형적인 문제를 능률적으로 관리해야 하는 환경에서는 여전히 그 효용성을 인정할 수 있을 것이다.

(2) 애드호크라시(Adhocracy)

① 개 념

애드호크라시는 특정 문제해결을 위한 전문가들로 팀을 구성하여 운영하는 조직으로 매우 탄력적이고 상황 적응력이 높은 조직이다. 이것의 특징을 보면 고정된 계층구조가 없고, 영구적인 부서도 없고, 공식화된 규칙도 없고, 일상적인 문제를 처리하기 위한 표준화된 절차도 없는 조직구조이다. 관료제와는 달리 권한이 계층구조의 각 직위에서 나오는 것이 아니라 구성원 각자가 보유하고 있는 전문성에서 나오기 때문에 의사소통이나 권한의 흐름이 구조적 틀의 제한을 받지 않고 상당히 유동적이다(유민봉, 2006: 383).

② 구조적 특징

애드호크라시의 주된 구조적 특징을 아래 세 가지 차원, 즉 복잡성, 공식화, 집권화

정거래위원회와 금융감독위원회의 서로 다른 정책 집행으로 기업들이 큰 피해를 보고 있다는 것이다(조선일보, 2008. 2. 4).

차원에서 알아 볼 수 있다.

가. 낮은 수준의 복잡성

이 조직은 고도의 전문적 지식과 기술을 가진 전문가들로 구성되기 때문에 업무의 이질성이 매우 높아 수평적인 분화는 많이 일어나지만, 업무수행이 자율적 책임 하에 주로 이루어지기 때문에 지시·감독의 필요성은 낮아 종적인 분화 정도는 그리 높지 않다.

나. 낮은 수준의 공식화

구성원들이 상황에 탄력적으로 전문적 지식에 따라 자율적으로 대응하므로 굳이 표준화되거나 공식화된 규칙이 필요 없게 된다. 업무수행 방식을 경직화시킬 필요가 없기 때문에 규칙이 있다 하더라도 느슨하거나 불문율인 경우가 많다.

다. 분권적 의사결정

상황에 신속하게 대응하기 위해서 애드호크라시는 문제해결의 전문성을 가진 사람이 현장에서 필요한 조치를 취할 수 있도록 하는 권한을 위임한다.

③ 종 류

애드호크라시에 속하는 대표적 유형으로는 태스크 포스, 프로젝트팀, 매트릭스 조직, 그리고 네트워크 조직 등을 들 수 있다.

가. 태스크 포스(TF: task force)

구성의 본래 목적을 달성하면 해체되는 임시조직이다. 대학에서 교과목을 개편하기 위해 기존의 여러 단과대학 교수로 태스크 포스를 구성하는 것이 이에 해당한다. 이 특별 조직의 구성원들은 기존 명령체계 상의 상관으로부터 명령을 받을 수도 있지만 소규모의 팀장에게서 명령을 받는 것이 일반적이다. 설치근거에 있어 법적 근거가 필요하다.

나. 프로젝트팀(project team)

조직에서 중요한 프로젝트를 진행시키기 위하여 여러 부서에서 프로젝트 목적에 가장 적합한 사람들을 선발하여 구성한 조직모형이다. 참여자들은 다른 사람들과 차별화된 전문성을 가진다. 태스크 포스와 마찬가지로 횡적으로 연결된 조직유형이지만 태스크 포스에 비해 참여자의 전문성과 팀에 대한 소속감이 강하다는 특성을 가지고 있다.

다. 매트릭스 조직(matrix organization)

매트릭스 조직은 애드호크라시의 가장 세련된 조직형태로서 다초점 부서화(multifocused grouping)에 따라 형성되는 조직구조이다. 다초점 부서화란 두 가지 구조화 방법을 동시에 고려하여 구성원들을 집단화하는 방법이다. 매트릭스 조직은 기존의 기능부서에다 프로젝트 조직을 결합시킨 이중지휘의 조직구조이다. 다시 말해, 매트릭스 조직은 전통적인 수직적 계층구조에 수평적인 팀을 공식화함으로써 양자 간에 균형을 추구하고 있다. 이렇게 하는 주된 이유는 조직환경이 복잡해지면서, 기능부서의 기술적 전문성이 요구되는 동시에 사업부서의 신속한 대응성의 필요가 증대되었기 때문이다. 매트릭스 조직은 분리가 안 되는 생산설비가 있든지, 한 종류의 제품이 극히 이질적인 두 개의 시장에 나가든지, 단기간에 여러 기술을 요하는 하나의 프로젝트를 완수해야 할 때 효과적이다. 또한 제품라인 간에 몇몇 자원을 공유해야 하든지 인력과 시설이 공동으로 필요한 경우에도 매트릭스 조직이 효과적이다(임창희, 2010: 216).

앞서 언급한 태스크 포스 조직이 시간상으로 임시적이고 그래서 임무가 완수되면 해체된다는 특성이 있는 반면 매트릭스 조직은 시간적으로 더 영속적이라고 할 수 있다.

구성원들은 종적인 기능부서와 횡적인 프로젝트 부서 양 부서에 소속되어 이중의 지휘체계 하에 있다.[12] 즉 이 조직은 전통적 조직에다 프로젝트 조직을 접합시킨 것이다. 이를테면 부산 지역에 있는 영업점이 서울에 있는 본사의 재무, 인사, 영업 등의 지시·감독을 받으면서 한편으로 부산 지역의 본부장으로부터 지시·감독을 받는 경우이다. 이러한 매트릭스 조직을 그림으로 나타내면 다음과 같다.

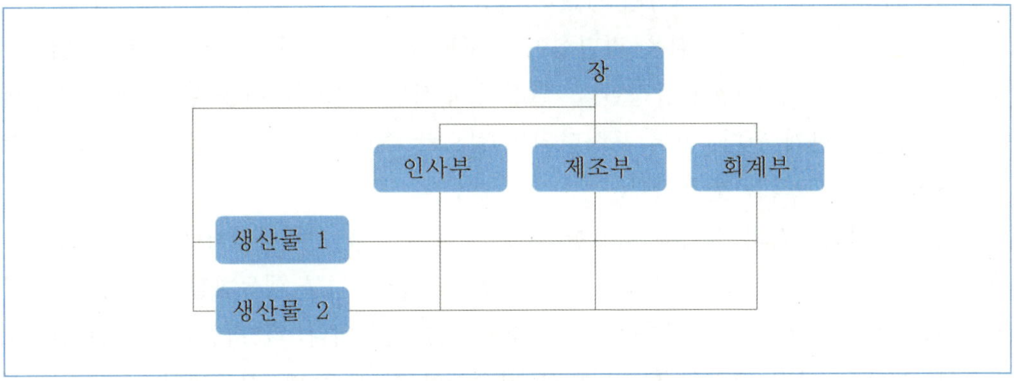

자료: 이종수 외, 2008: 334.

[그림 7-7] 매트릭스 구조

12) 이러한 점에서 매트릭스 조직은 관료제의 기초인 모든 구성원이 그가 보고할 단지 한 사람의 상관만을 가진다는 명령의 통일 개념을 깼다고 할 수 있다.

매트릭스 조직은 신축성과 적응성이 요구되는 불안정하고 급변하는 조직환경에 효과적인 조직이다. 또 조직의 규모가 소수의 제품라인을 갖고 있는 보통 규모일 때 효과적인데, 이는 생산라인 간의 인력과 자원의 공유와 신축적 운영이 필요하기 때문이다. 그러나 단점도 있는데, 무엇보다 기능부서와 사업부서 간의 갈등이 높고 이를 해결하기 위해 필요한 시간과 노력의 낭비가 불가피하다는 점을 들 수 있다.

라. 네트워크 조직(network organization)

IT 기술의 발전에 힘입어 결정과 기획 등과 같은 핵심기능을 수행하는 소규모의 조직을 중심에 놓고 다수의 협력업체들을 네트워크로 묶어 업무를 수행하는 조직이다. 여기서 협력업체들은 하위조직이 아니며 별도의 독립된 회사들이다.

이 조직의 장점은 조직의 간소화를 들 수 있다. 정보통신망에 의해 조정되므로 직접 감독에 필요한 많은 지원 및 관리 인력이 불필요하게 된다. 단점으로는 우선 계약관계에 있는 외부 기관을 직접 통제하기 어렵다는 점이다. 또 조직의 정체성이 약해 응집성 있는 조직문화를 가지기 어렵고, 구성원의 충성을 기대하기 쉽지 않다.

마. 학습조직(Learning Organization)

생게(Peter Senge)는 외재적 조건보다 사람들의 사고방식과 교호작용 양태를 더 중요시한다. 학습조직은 조직구성원이 문제 인지와 해결에 관여하면서, 조직능력을 제고하기 위하여 시행착오를 거치면서 지속적으로 실험할 수 있는 조직이다. 새로운 지식과 통찰력을 경영에 반영하기 위하여 기존의 행동방식을 바꾸는 데 능숙한 조직이다. 주요 특징을 보면, 리더는 사려 깊은 리더십이 요구된다. 전략은 중앙집권적으로 수립되는 것이 아니라 여러 방향에서 등장한다. 일선의 구성원이 문제해결을 위한 전략 수립에 중요한 역할을 하게 된다. 기본 구성단위는 팀으로 수평적 조직구조를 강조하고, 네트워크조직과 가상조직을 활용한다.

생게는 학습조직의 성립에 필요한 다섯 가지 수련을 제시하였다(오석홍, 1999: 116). 사람들이 새롭게 사고하고 교호작용하는 방법을 깨닫고 이를 행동화할 수 있는 역량을 키우려는 다섯 가지 수련은 다음과 같다. 첫째, 자기완성이다. 각 개인은 원하는 결과를 창출할 수 있는 자기 역량의 확대방법을 학습해야 한다. 둘째, 사고의 틀이다. 뇌리에 깊이 박힌 전제 또는 정신적 이미지를 성찰하고 새롭게 하는 것이다. 셋째, 공동의 비전이다. 조직구성원들이 공동으로 추구하는 목표와 원칙에 관한 공감대를 형성하는 것이다. 넷째, 집단적 학습이다. 구성원들이 진정한 대화와 집단적인 사고의 관점을 통해 개인적 능력의 합계를 능가하는 지혜와 능력을 구축할 수 있게 하는 것이다. 다섯째,

시스템 중심의 사고이다. 체제를 구성하는 여러 연관요인들을 통합적인 이론체계 또는 실천체계로 융합시키는 능력을 키우는 통합적 노력이다.

④ 평 가

애드호크라시의 장점은 변화에 신속하게 대응할 수 있다는 점이다. 각 분야의 전문가들을 하나의 조직에 모아 놓았기 때문에 복잡한 문제 해결이 가능하다고 볼 수 있다. 또 높은 적응성과 창조성을 요구하는 조직의 경우에 적합하다. 조직 운영의 자율성이 제고됨으로써 구성원의 만족도를 제고하고 성과를 높이게 된다.

단점으로는 첫째, 갈등이 불가피하다. 상위자와 하위자 간의 관계가 불분명하고 권한과 책임 간에도 명확한 구분이 없기 때문이다. 둘째, 임시조직으로 운영되는 경우 신속한 조직화가 쉽지 않다. 임시조직을 만들기 위해서는 노동시장이 유연하거나 기존 조직에서의 협조가 필수적인데 이런 조건이 성숙되지 않았으면 조직 구성이 쉽지 않다.

애드호크라시가 효과적일 수 있는 상황은 상당히 제한적이라 할 수 있다. 아직도 관료제의 전통적 조직모형을 대체할 대안으로 보기는 힘들다. 애드호크라시는 업무가 특수하고 비정형적이며 기술은 비일상적이고 환경이 역동적으로 변화하는 상황에서 유효한 조직유형이라 할 수 있다(유민봉, 2006: 385~386).

(3) 계선조직과 막료조직

① 의 의

수직적 사업 분담 계통은 계선(line)을 의미하며 수평적 지원활동 계통은 막료(staff)에 해당한다. 그리고 계선은 국민에게 직접 봉사를 목적으로 하며 막료는 간접적으로 공헌하기 위하여 만들어진 조직이다. 그렇다고 해서 계선조직이 주(主)이고 막료조직은 종(從)이라고 말할 수는 없다. 두 조직은 똑같이 중요하며 어느 하나만으로는 소기의 목표를 달성할 수 없다.

계선은 명령통일의 원칙 아래 조직의 존립목적이 되는 업무를 수행하면서 권한과 명령권을 독점하는 기관을 말한다. 막료조직은 현대행정에 있어 그 중요성이 더해지고 있다. 막료는 지휘명령권이나 결정권을 가지지 않고 운영에 대한 책임을 지지 않고 오로지 조직의 책임자나 계선책임자에게 전문적인 지식이나 의견을 제공할 뿐이다. 예를 들면, 대통령 특별고문, 중앙행정기관의 차관보 등이 이에 해당한다. 막료가 권력을 갖는 원천은 다음과 같다(Dale, 1952: 100~104). ⅰ) 표현력의 우월, ⅱ) 기술 능력, ⅲ) 특수 신분, ⅳ) 제재, ⅴ) 계선 인원의 권위.

전통적 조직이론에서는 계선이 조직의 권위체계를 대표하고 막료는 자문에 응하고 기술 협조의 기능을 하는 것으로 설명하고 있는데, 그러나 최근에 막료기능에 대해서 적극적인 평가를 하고 있는 이유는 다음과 같다(이영조 외, 2008: 174~175).

첫째, 계선조직의 구성원은 전문적이고 상례적인 직무에 익숙한 반면, 지능에 의한 창의성의 발휘를 요구하는 업무에는 소극적인 태도를 취한다.

둘째, 계선조직은 직무의 자기성찰과 비판을 회피하고 개혁에 대한 의사가 희박하다.

셋째, 복잡한 사실자료의 수집과 분석이 일상화된 사업의 담당자에게는 능력이나 시간적으로 곤란하다. 이러한 업무는 전문적인 막료에게 일임하는 것이 효과적이다.

이처럼 현대적 이론에서는 막료기능이 계선기능과 명확하게 구분할 수 없을 정도로 확충되고 있다고 본다. 주종의 관계가 아니라 서로 상호 보완하는 특성을 가지는 것으로 본다(Stahl, 1983: 29~30). 이른바 조장적 막료(facillitative staffs)는 일정한 계획의 집행을 주도하고, 감독 직무를 담당하는 막료를 지칭하는데 이들의 존재는 공식상의 계선과 막료 간의 경계를 불분명하게 하는 요인이 되고 있는 정도이다(이영조 외, 2008: 175).

② 양자 간의 관계

가. 계선과 막료의 관계에 대한 모형

i) 중립적·열등적 모형: 이 모형에서는 계선이 제1차적이라면 막료는 제2차적이다. 막료는 명령권이 없으며 오로지 새로운 생각을 제시하고 권고하는 데 지나지 않는다. 계선만이 명령권과 집행권을 가지며 막료의 말에 복종할 의무는 없다.13)

ii) 변형된 자아 모형: 단위부대의 참모는 지휘관의 지휘권 행사를 돕는 장교들로 구성된다는 개념에서 출발한다.

iii) 동료 모형: 막료는 계선과는 독립된 권한을 가졌거나 때로는 계선보다 우월한 지위에 서게 된다.

행정에서는 계선과 막료의 관계가 전통적으로 중립적·열등적 모형에 의하여 설명되었으나 동료 모형이 더 적합한 것으로 권고되는 것이 보통이다. 그 이유는 중립적·열등적 모형은 조직운영의 실제에 맞지 않기 때문이다(박용치·송재석, 2006: 308).

나. 계선과 막료 간의 갈등의 원인

첫째, 일반적으로 계선은 현실적이고 보수적이나, 막료는 이상적이고 개혁적이다.

둘째, 계선은 조직을 종합적이고 전체적인 면에서 보지만, 막료는 부분적이고 전문적인 입장에서 보려고 한다.

---

13) 현실을 보면 실무자들이 막료의 명줄을 잡고 있다. 계선이 막료를 괴롭힐 수 있는 방법은 얼마든지 있다. 막료조직의 인사, 예산, 조직을 틀어쥐고 있기 때문이다(이철규, 2007: 142).

셋째, 막료는 늘 높은 사람의 주변에 있게 되고 수시로 접촉하지만, 계선은 높은 사람과 멀리 떨어져 있게 된다.

다. 갈등의 해결 방안[14)]

계선과 막료 간의 갈등을 해결한다는 것은 거의 불가능하지만, 갈등의 심각성을 완화시킬 수 있는 방법은 아래와 같다(박용치·송재석, 2006: 307).

첫째, 계선과 막료 간에 인사교류를 실시하는 것이다. 이러한 인사교류는 관료제 내에서 전문화된 경력직을 발전시키는 중요한 계기가 된다.

둘째, 계선과 막료의 책임과 역할을 명확하게 구별하는 것이다. 이렇게 해야 하는 이유는 막료조직에 있어서 전문가의 언동은 자기 직위의 안정화와 직무의 항구적 존속을 향하기 때문에 개괄적으로 규정된 계선조직과의 책임영역의 경계를 붕괴시킬 수 있기 때문이다(이영조 외, 2008: 177).

셋째, 양자 간의 상호 접촉의 긴밀화이다. 양자 간에 상호협력을 증진시키기 위한 정례적인 협의회를 개최하는 것이 이에 해당한다.

(4) 공식조직과 비공식 조직

공식조직(formal organization)은 조직의 공식적인 업무와 관련된 특수한 목적과 과업을 달성하기 위하여 만든 필수적인 조직이다. 즉, 법률이나 직제에 의하여 명문화된 조직이며 보통 공식적인 조직도표로 나타난다. 공식조직을 통한 업무 수행은 행정의 투명성과 공정성 확보에 도움을 준다. 그러나 공식조직은 법령에 정해진 목적과 기능에 따라서 움직이기에 항상 느리고 답답하다는 지적을 받기도 한다(이철규, 2007: 136).

한편, 비공식조직(informal organization)은 공식적 조직에 의하여 정해진 사람들이 배치나 상호 관계를 계기로 자연적으로 발생하는 소집단으로 공식조직 이외의 조직이다. 공식조직은 방대한 규모로 확대되는 현상이 있으나, 비공식조직은 현실적인 친밀한 인간관계를 필수요건으로 하기 때문에 항상 소집단 상태를 유지하게 된다(유종해, 1995: 377). 버나드는 비공식조직의 결합은 공식조직으로 하여금 더욱 응집력을 갖게 한다며,

---

14) 네일슨(E. H. Neilson, 1972: 329~343)에 의하면, 갈등은 쌍방이 상대방을 좋아하지 않고, 자신 역시 변화하지 않는 것이다. 갈등의 해결은 행위와 태도의 변화에 초점이 맞춰져야 한다. 행위의 변화는 갈등이 재차 표면화되지 않게 함으로써 비교적 용이하게 진행될 수 있으나 상대를 싫어하는 태도는 여전히 가지고 있다. 따라서 좀 더 많은 시간을 가지고 태도를 변화시켜 나가야 한다. 그는 갈등을 관리하는 9개 전략을 제시하고 있다. 순위가 낮을수록 행위 변화에 관련되는 것이고, 순위가 높아질수록 태도의 변화에 해당된다. ① physical separation, ② bureaucratic method, ③ limited interaction, ④ integrators, ⑤ confrontation and negotiation, ⑥ third-party consultants, ⑦ member rotation, ⑧ interdependent tasks and superordinate goals, ⑨ intergroup training.

비공식조직은 마치 보이지 않는 조직(invisible government) 같다고 했다(Barnard, 1970: 115~121). 비공식조직의 기능을 보면, 공식조직에서 오는 소외감을 어느 정도 극복할 수 있는, 즉 사람 냄새가 나는 조직으로 만드는데 기여하고, 구성원들 간의 의사소통체계나 그 통로를 확장시켜 주는 역할을 하지만, 자칫하면 파벌을 조성할 위험성이 상존하고 있다.

(5) 위원회

① 의 의

위원회는 수 명의 자연인으로 구성되는 합의제 독립 행정조직이다. 경직된 계층조직의 의사결정에 융통성을 보완하기 위해 만들어지며, 집단적 의사결정이라는 합의제이기 때문에 민주적 행정 구현에 도움이 된다. 그러나 결정이 더디고, 기밀유지가 어려우며, 경비가 많이 들고, 복수의 구성원에 의한 합의제 조직이므로 책임한계가 모호하다는 문제점이 있다.

② 유 형

위원회의 유형은 기능의 성격에 따라 자문위원회, 조정위원회, 행정위원회, 독립규제위원회 등으로 세분된다.

가. 자문위원회

행정부의 대부분의 위원회가 이에 속한다. 이것은 각종의 자문에 응하기 위한 목적으로 설치한 합의제의 조직이다. 이 위원회의 결정은 정치적 영향력이 있을 뿐 법적 구속력이 없는 경우가 많다. 각 부처에 설치된 정책자문위원회가 대표적이라 하겠다.

나. 조정위원회

조정위원회는 기관 또는 개인 간의 상이한 의견이나 입장을 조정하여 합의에 도달하려는 목적으로 설치되는 위원회로서 그 결정은 법적 구속력을 갖는 것도 있고 단순히 건의 정도의 성격을 갖는 것도 있다. 중앙노동위원회와 환경분쟁조정위원회가 법적 구속력을 갖는 조정위원회에 해당한다.

다. 행정위원회

행정위원회는 부처직제에서 어느 정도 독립성과 중립성을 부여받고 설치되는 합의제 행정관청으로 주로 준입법적·준사법적·행정적 기능을 수행한다. 영국이나 미국의 지방자치제도에서 널리 사용되어 왔는데, 이의 결정은 법적 구속력을 가짐과 동시에 많은 경우 하부에 보좌기관을 갖게 된다. 그 수가 감소하는 경향을 보이는 이 형태는 대통령 소속 행정위원회로는 방송통신위원회, 규제개혁위원회, 개인정보보호위원회 등이 있고, 국무총리 소속 행정위원회로는 국민권익위원회, 공정거래위원회, 금융위원회, 원자력안전위원회 등이 있다.

라. 독립규제위원회

독립규제위원회는 입법부·사법부·행정부로부터 독립하여 불법 행동에 대한 제지, 또는 특정 거래 분야에서의 허가행위 등 준입법, 준사법적 규제 기능을 수행한다. 특히 행정부로부터의 독립을 강조하므로 '머리 없는 제4부적(fourth department)' 존재이다.[15)] 이 위원회는 입법, 사법, 행정부 그 어느 곳에도 속하지 않는 독립성 때문에 국가정책의 통일성을 유지하기 어렵다. 우리나라에서는 규제적 기능을 완전히 수행하는 독립규제위원회 제도가 아직 발전되어 있지 않으나 이러한 유형에 속하는 위원회로서 금융통화운영위원회·공정거래위원회 등이 있다.

독립규제위원회의 독립성은 다음과 같은 점에서 보장된다. 첫째, 위원은 대통령이 의회의 자문이나 동의를 얻어 임명하지만 일단 임명되면 임기 동안 법이 규정한 이유를 제외하고는 해임되지 않는다. 둘째, 업무수행 중 대통령이나 행정각부 또는 국회로부터 영향력을 받지 않는다. 그러나 문제점도 있는데, 첫째, 대통령이 위원회에 대해서 지휘·통제권을 가지고 있지 않기 때문에 일관성이 결여되기 쉽고 정책상의 혼란이 일어나기 쉽다. 또 위원회이기 때문에 집행상의 책임이 여러 위원에게 분산되어 책임 상의 혼란이 일어나기 쉽다(이영조 외, 2008: 185).

③ 위원회에 대한 평가

장점은 첫째, 행정의 안정성·독립성과 계속성을 확보할 수 있다. 둘째, 전문가를 활용함으로써 관료주의를 지양할 수 있다. 셋째, 개인의 독자적인 편견이나 경솔한 결정을 억제하여 합리적인 결정을 할 수 있게 한다. 그것은 위원회에서 오랜 토의 과정을 거쳐서 결정되기 때문이다.

단점은 첫째, 위원회의 경우에 정책결정 과정인 회의를 위한 준비가 너무 많이 필요해 재정의 낭비가 많기 쉽다. 둘째, 다수의 위원이 참여하므로 결정이 지연되고, 책임이 전가되기 쉽다. 위원장의 장악력이 떨어질 경우 결정은 더욱 지연된다. 셋째, 결정이 타협안이 되기 쉬운데 그것은 상호간의 이해관계 때문에 강력하지 못한 안이 이루어질

15) 미국의 브라운로(Brownlow) 위원회는 미국의 독립규제위원회를 '머리 없는 제4의 정부'라고 비판하면서 그 폐지를 촉구하였다. 그러나 미국에서 독립규제위원회는 강력한 독립성을 보장받고 있는데, 이 위원회는 민간부문의 경제활동을 규제하는 기관으로 정치권으로부터 이러한 독립성을 보장받는 것은 시장에 정부가 개입하지 않는다는 자본주의 이념이 반영된 것으로 볼 수 있다.

가능성이 크기 때문이다.

2) 실제 유형: 한국의 행정조직구조

부처조직 형태 위주로 되어 있고 부분적으로 위원회가 설치되어 있다. 여기서는 중앙행정조직과 지방행정조직으로 구분하여 살펴보고자 한다.

(1) 중앙행정조직

① 부처조직

부처조직은 중앙행정조직에 있어서 가장 기본적인 조직구조로서 국가의 주요 정책을 집행한다. 우리나라의 경우 헌법에 국무위원 수를 15인 이상 30인 이하로 규정하고 있어 부(部)의 수는 그 범위 내에 한정된다.

한편 부처조직은 일반적으로 부처의 장인 장관 밑에 차관, 실장, 국장, 과장 등의 계선조직으로 이어진다. 차관은 정무직이고 실장은 1급 공무원이며, 국장은 2급 또는 3급 일반직, 그리고 과장은 4급 일반직으로 보한다.

② 대통령비서실

수석비서관은 차관급으로, 그 밑에 1~3급의 비서관을 두고 다시 4~5급의 행정관을 두고 있다. 역대 대통령비서실 운영과정에서 나타난 특징은 크게 네 가지로 정리할 수 있다(최병선·최종원, 2008: 397~401).

첫째, 대통령비서실 규모가 지속적으로 증가했다. 1967년 137명이던 비서실 정원이 2006년에는 531명으로 증가했다.

둘째, 시대흐름과 환경변화에 대응하여 청와대 설계가 이루어졌다. 박정희 대통령 때는 경제정책을 중시한 비서실 체제였다. 경제1수석, 경제2수석, 경제3수석 등으로 세분한 것을 들 수 있다. 김영삼 정부의 경우 우루과이 협상으로 농수산 문제에 적극 대처하기 위해 농수산수석을 두었고, 노무현 정부의 경우 정부혁신을 강조하기 위해 혁신관리수석을 두었다.

셋째, 내각보다는 청와대가 국정 전반을 장악하고 주요 핵심정책을 설계하고 관리했다. 역대 대통령들이 취임 초기에는 내각 중심의 국정운영을 시도했지만 점차 대통령비서실 중심으로 회귀했다. 특히 부처관할중심의 수석체제를 도입하면서 청와대는 '소내각'으로 내각 위에 군림했다.

넷째, 대통령 정책성향과 리더십 특성이 청와대 설계에 반영되었다. 이승만 대통령은 비서의 역할을 어디까지나 비서로 한정시켰지만, 박정희 대통령은 수석 중심의 친정체제를 구축했다.

③ 합의제기관

합의제기관이란 의사결정을 1인의 기관장이 아닌 다수의 합의에 의하도록 하는 제도로, 일반적으로 위원회의 형태를 취한다. 우리나라에서 합의제기관인 행정위원회로는 국세심판원(기획재정부), 중앙토지수용위원회(국토교통부), 중앙노동위원회(고용노동부) 등이 있다. 행정위원회는 일시적인 행정수요에 대처하기 위해 특별히 설치되는 경우가 많다.

우리나라의 위원회 현황을 보면, 노무현 정부를 일컬어 '위원회공화국'이라 부를 정도로 현안만 생기면 위원회가 하나씩 늘었다.[16] 대통령 직속위원회와 총리 산하 위원회 그리고 각 부처 산하 위원회까지 합하면 각종 위원회는 381개나 된다. 381개 위원회에 배정된 예산은 743억 5,600만 원이고 위원회 운영 인력도 3,118명이나 되었다(조선일보, 2005. 10. 20). 이 중에는 유명무실하거나 기능이 중복되는 위원회도 적지 않다. 그런데도 불구하고 대통령 소속 및 국무총리 소속 위원회의 2006년 예산은 지난해보다 423억 원이 늘었다(국민일보, 2006. 2. 4).

위원회는 의사결정의 속도를 떨어뜨리고 책임행정을 저해해 경쟁력 효율을 떨어뜨리는 주범이라는 지적을 받아왔다. IMD(스위스 국제경영개발원)의 행정효율 조사에서 한국이 2002년 26위에서 2007년 31위로 떨어진 것도 이 때문이라는 분석까지 나왔다(조선일보, 2008. 1. 17). 노무현 정부에서 대통령 소속 국정과제위원회가 난립함으로써 국정운영에 자문위원회가 과도하게 개입했고 이로 인해 내각과 부처의 자율성이 크게 침해되었을 뿐만 아니라 책임성 확보에 문제가 많았다. 특히 이들 국정과제위원회 12개 위원장과 청와대 보좌진과의 권한·책임이 불분명하였다(최병선·최종원, 2008: 405).

지난번 이명박 대통령 인수위원회는 청와대와 총리실, 각 부처에 산재해 있는 각급 위원회 416개 중 절반이 넘는 215개를 폐지하겠다고 밝혔다. 대표적인 것을 보면, 중앙인사위원회가 다시 행정안전부로 흡수되고, 중소기업특별위, 농어업특별대책위원회, 정부혁신지방분권위원회 등이 폐지되었다.

박근혜 정부에서는 2015년 내 실적이 부진한 27개 중앙행정기관 소관 109개 정부위원회가 통·폐합된다. 정비 대상 중 65개는 2013년 7월부터 2014년 6월까지 회의를 한 번도 열지 않았고 31개는 한 번만 개최됐다.[17] 그럼에도 불구하고 박근혜 정부에 들

---

16) 위원회 증가의 배경 중 하나는 위원회는 비상임조직으로 설치할 수 있고, 비상임조직이므로 기존 인력과 예산으로도 운영이 가능하다. 또 엄격한 법령의 근거 없이 단순한 지시, 지침만으로도 만들 수 있다(이철규, 2007: 171).

17) 이번 행정자치부의 '행정기관위원회 정비계획'(2015. 4. 7)에 대해 정비대상과 기준을 놓고 논란이 일

어와서 3년간 정부 산하 위원회가 소요한 예산을 살펴보면 2015년의 경우 2천 150억원에 달하고 있다. 2016년 6월 현재 행정위원회 수는 36개, 자문위원회 수는 518개로 모두 554개의 정부위원회가 설치되어 있다.

④ 특 성

참여정부 때까지 18부 4처 18청의 편제로 구성되어 있다가, 이명박 정부에 와서는 노무현 정부에 비해 3부·2처·1실·5위원회가 줄어 15부 2처 18청 3실 5위원회로 구성되어 있다. 중앙정부조직의 주요 특징은 다음과 같다(이강웅·허철행, 2008: 238~241).

첫째, 정부 주도의 국가발전을 추진하기 위해 조직의 규모가 크게 증대되었는데, 각 조직 간의 기능중복 현상이나 비효율적인 운영이 나타나고 있다. 특히 위원회 조직이 남설되어 각 부처에서 담당할 수 있는 일이 대통령 직속의 위원회에서 중복처리하게 되어 책임소재가 불분명해지고 있다.

둘째, 구조가 다계층화되어 환경 변화에 신속하게 대응하지 못하고 있다. 지방정부 관계자가 중앙정부의 결재를 받아야 할 경우 거쳐야 할 계층은 실로 많다.

셋째, 참모조직의 비대화이다. 비서실의 영향력이 각 부처 장관들보다 더욱 강하게 작용한다. 대통령 중심제 하에서 대통령의 막료들의 역할과 기능이 증대되기 때문이다.

넷째, 중앙정부의 조직분류는 주로 기능별 기준에 따르나, 일부 부처는 행정대상에 따라 조직을 만들었다. 이처럼 조직형성의 기준들이 무분별하게 사용되면 자칫 행정조직 거대화의 원인으로 작용한다. 산업자원부의 중소기업청이 있는데도 대통령 직속의 중소기업특별위원회를 신설하여 복잡성과 비효율성이 증대되었던 사례를 들 수 있다.

(2) 지방행정조직

① 광역자치단체

지방행정 계층은 광역자치단체－기초자치단체－읍·면·동의 3계층 구조를 가지고 있다. 이 중 자치행정 계층은 읍·면·동을 제외한 2계층이다. 인구 50만명 이상의 대도시 경우에는 광역자치단체－기초자치단체－행정구－읍·면·동의 4계층 구조의 형태를 띤다. 그리고 지방자치법 제4조 규정에 따라 동의 하부조직으로 통과 반을 둘 수 있다.

집행기관은 보조기관, 소속행정기관, 하부행정기관으로 구성되는데, 보조기관에는 부단체장, 행정기구, 지방자치단체의 공무원으로 구성된다. 소속행정기관은 실·국 등 직속기관과 사업소, 출장소 그리고 인사위원회 등 합의제 행정기관으로 분류된다. 하부

고 있다. 대통령실이나 국무총리실, 기재부 등의 힘 있는 부서의 위원회는 정비대상에 포함되지 않고 있어 부실위원회 개혁에서도 성역이 존재한다는 지적을 받고 있다(경향신문, 2015. 4. 8).

행정기관은 법인격이 부여되지 않는 행정기관으로 자치구가 아닌 구, 읍·면·동을 말한다. 이 외에 중앙행정기관에 소속하여 관할구역 안에서 특정한 국가행정사무를 처리하는 특별지방행정기관도 있다.[18)]

② 기초자치단체

기초자치단체는 도시지역의 구와 농어촌지역의 군을 기반으로 한다. 기초자치단체의 장으로는 시장·군수·구청장의 세 가지가 있다. 이들은 모두 기초자치단체의 장이지만 그 권한이 똑같지는 않다. 사무배분에 있어서 인구 50만 이상인 시의 시장－기타 시장 및 군수－구청장 순으로 차등을 두고 있다(최항순, 2006: 256).

기초자치단체에도 직속기관과 사업소가 있다. 직속기관으로는 일반적으로 보건소, 농업기술센터, 민간위탁시설 등이 있으며 사업소로는 환경사업소, 상수도관리사업소, 공원관리사무소, 어린이회관 등이 있다.

3) 준정부조직: 공공기관

공기업은 공공성과 기업성을 동시에 추구하는 성격으로, 2007년 1월에 「공공기관의 운영에 관한 법률」이 제정되기 이전에 공기업은 정부투자기관, 정부출자기관 등 다양하게 구분되어 사용되어 왔으나 이 법에 의해 공기업은 공공기관이라는 용어로 통합하여 사용되고 있다.

현재 공공부문 분류체계가 공기업, 준정부기관, 기타공공기관으로 새롭게 분류되었다. 공기업을 시장형 공기업과 준시장형 공기업으로 나누어, 자산 규모가 2조 원 이상이고 총수입액 중 자체수입액이 85% 이상인 기업을 시장형 공기업으로 규정하였다. 준정부기관은 기금관리형 준정부기관과 위탁집행형 준정부기관으로 분류하며, 국가재정법에 따라 기금을 관리하거나 기금의 관리를 위탁받은 준정부기관이 기금관리형 준정부기관에 속하게 되었다.

2017년 현재 시장형 공기업 14개가 있는데, 그 중에는 한국석유공사, 한국수력원자

18) 특별지방행정기관의 경우 환경부의 지방환경청과 중소기업청의 지방중소기업청 등 대상 기관만 현재 9개 부처에 65개 지방청과 194개 사무소가 있다. 이들 기관은 지방자치단체와의 유사·중복 행정이 자주 지적돼 왔다. 중소기업에 지원되는 기술개발자금만 해도, 지방중소기업청도 이 자금을 지원하고 광역지자체도 마찬가지다. 2004년에 제정된 지방분권특별법은 이들 기관의 정비를 명시하고 있다. 지방분권특별법에 따르면, 특별지방행정기관이 수행하고 있는 사무 중 지방자치단체가 수행하는 것이 더 효율적인 사무는 지방자치단체가 담당하도록 한다고 명시하고 있다(제10조). 김성배는 국도유지관리를 예로 들어, 서비스 질은 분권적 방식보다 집권적 방식이 상대적으로 더 효율적이다. 그러나 집권적 거버넌스 하에서 정치인이나 관료들이 부패에 연루될 가능성이 훨씬 높다며 국도유지관리를 광역자치단체에 위임하는 분권적 거버넌스 방식을 부패 문제를 해결하는 방안으로 제시하고 있다(김성배, 2008).

력, 인천국제공항공사 등이 포함되어 있다. 준시장형은 12개인데 한국조폐공사, 한국마사회, 인천항만공사 등이 포함되며, 준정부기관 중 기금관리형은 16개로서 예금보험공사, 한국자산관리공사, 국민연금공단 등이 이에 해당한다. 위탁집행형은 73개이며 한국농어촌공사, 한국산업인력공단, 한국가스안전공사 등이 해당되며, 기타 공공기관으로 수출입은행, 중소기업은행, 산업은행 같은 금융기관들이 지정되었다. 우리나라 공공기관의 분류표와 지정 현황은 다음과 같다.

〈표 7-2〉 공공기관의 분류

공공기관		정의
공기업	시장형	자산 규모가 2조 원 이상이고, 총수입액 중 자체수입액이 85% 이상인 공기업
	준시장형	시장형 공기업이 아닌 공기업
준정부기관	기금관리형	「국가재정법」에 따라 기금을 관리하거나 기금의 관리를 위탁받은 준정부기관
	위탁집행형	기금관리형 준정부기관이 아닌 준정부기관
기타 공공기관		공기업과 준정부기관을 제외한 기관

공공기관 지정현황(2017년 기준)

공기업(35개)	시장형(14개)	한국광물자원공사, 한국석유공사, 한국수력원자력, 인천국제공항공사 등
	준시장형(21개)	한국조폐공사, 한국마사회, 한국수자원공사, 인천항만공사 등
준정부기관(89개)	기금관리형(16개)	공무원연금공단, 예금보험공사, 한국자산관리공사, 국민연금공단 등
	위탁집행형(73개)	한국장학재단, 한국농어촌공사, 국립공원관리공단, 한국산업인력공단, 한국가스안전공사, 대한무역투자진흥공사, 한국고용정보원 등

제 4 절 조직행태론

1. 동기부여(motivation)

1) 의 의

동기부여이론은 욕구가 결핍되었을 때 어떻게 이를 충족시키려는 활동이 일어나는가를 보여준다. 즉 욕구를 충족시킬 수 있는 유인이 제공되거나 기대가 있다면 특정 행동으로 이어진다는 것이다. 동기부여이론에는 크게 내용이론과 과정이론이 있는데, 전자는 무엇이(what) 동기를 부여하는가와 관련되고, 후자는 어떻게 하면(how) 동기가 부여되는가와 관련된다.

2) 내용이론

어떠한 욕구가 동기를 부여시킬 수 있는가에 대한 것으로 욕구이론이라고도 한다. 욕구는 행동을 일으키는 중요한 요인이다. 이러한 욕구중심의 내용이론으로는 아래 이론들이 있다.

(1) 마슬로우(A. H. Maslow)의 욕구단계이론

① 주요 내용

그의 이론의 핵심은 인간욕구는 계층을 형성하고 있으며 고차원의 욕구는 저차원의 욕구가 충족될 때 동기부여 요인으로서 작용한다는 것이다. 이미 충족된 하위단계의 욕구는 동기부여 요인이 되지 못한다.

인간은 공통적인 욕구를 가지고 있고 이 욕구들은 계층적으로 배열되어 있다는 것을 이론화하였다. 계층상 높은 욕구는 낮은 욕구가 만족될 때까지 나타나지 않는다는 것이다. 그의 모델에서 욕구는 다섯 단계로 소개된다.[19)]

첫째, 생리적 욕구는 의식주와 관련되는 기본적이고 본능적 욕구로서, 우선순위가 가장 높은 욕구이다.

둘째, 안전욕구는 외부로부터 보호받고 경제적 안정을 추구하고 위험이나 빈곤에서 벗어나려는 욕구이다.

셋째, 소속감과 존경욕구는 귀속욕구로도 불리는데, 타인과의 긍정적이고 애정적인 관계 유지. 집단에의 소속, 동료와의 애정이나 우정을 나누고 싶은 욕구이다.

넷째, 긍지와 존경에 대한 욕구는 소속 집단의 단순한 구성원 이상의 어떤 존재, 즉 다른 사람으로부터 높은 평가와 존경을 받음으로써 자기의 존재가치를 느끼려는 욕구를 의미한다.

다섯째, 자아실현 욕구는 자기의 잠재능력을 최대한 발휘하여 성취감을 느끼려는 욕구로서 인간욕구 체계의 최정상에 위치하는 욕구를 말한다.

② 작동원리

가. 욕구는 순서대로 나타나므로 어느 한 단계를 뛰어넘어 그 위의 욕구가 나타나

---

19) 마슬로우는 1998년에 이러한 욕구 단계를 새로이 설정했는데, 지적 욕구, 미적 욕구, 자아실현 욕구, 자기초월 욕구 등으로 구분하고 있다. 이 중 자기초월 욕구는 타인들도 자아실현을 할 수 있게끔 도와주고 안내해 주고 싶은 마음이다.

는 예는 없다.

나. 어느 한 단계의 욕구가 완전히 충족되어야 비로소 그 다음 단계의 욕구가 부각되는 것은 아니며, 한 단계의 욕구가 어느 정도 충족되면 다음 단계의 욕구가 점차적으로 자연스럽게 부각된다.

다. 정상인의 경우 5가지 욕구가 부분적으로 충족되며, 고급욕구로 갈수록 그 충족 정도가 낮아지는 것이 일반적이다.

라. 일단 어떤 욕구가 충족되면 그 욕구에 대한 강도는 점차 약해진다. 왜냐하면 충족된 욕구는 동기유발 요인으로서의 가치가 상실되기 때문이다. 예를 들면, 배가 부를 때 먹는 것은 별로 인간에게 만족을 주지 못한다.

③ 평 가

마슬로우의 욕구이론은 인간의 욕구를 체계화시킴으로써 현대적 동기부여이론의 기반이 되고 있다. 결핍욕구 충족에 더 큰 비중을 두었던 테일러의 과학적 관리법과 달리 마슬로우는 개인의 행동을 규정함에 있어 결핍욕구뿐 아니라 자기실현의 욕구를 가장 인간적인 최상위의 인간욕구로 부각시킨 점에서 현대적 인간관리 전략에 선도적인 기여를 했다고 볼 수 있다(배정훈, 2006: 68). 하지만 비판도 없지 않다. 모든 인간에게 다섯 가지 욕구의 계층이 항상 고정적인 것은 아니라는 것이다. 즉 다섯 가지 계층의 우선순위가 개인별로 바뀔 수도 있는데, 예를 들어 애정적 욕구를 더 중시하는 사람에게는 이 욕구가 긍지와 존경욕구보다 상위욕구가 될 수 있다. 그리고 동기유발 요인의 복합성을 들고 있다. 하나의 행동을 유발하는 데 작용하는 요인은 단일한 것이 아니라 복합적이다. 예를 들면, 열심히 일하는 것을 통해 사람은 자아실현 욕구뿐만 아니라 동시에 이보다 낮은 단계의 욕구인 경제적 보상 욕구도 충족시킬 수 있다.

(2) 맥그리거의 X-Y이론

① 기본관점

맥그리거(D. McGregor)는 「기업의 인간적 측면」(The Human Side of Enterprise)이란 저서에서 조직관리자들이 인간에 대하여 지니고 있는 인간관이 어느 범주에 속하느냐에 따라 동기부여 방법을 달리해야 한다는 것이다. 인간욕구의 저수준에 기초한 인간에 대하여는 X이론을, 인간의 고수준의 욕구에 기초한 인간에 대하여는 Y이론을 적용하고 있다.

② 내 용

가. X이론

X이론은 성악설(性惡說)에 기초하여 인간을 본질적으로 게으르기 때문에 가능한 한

적게 일하려고 하는 존재로 본다. 이러한 X이론에 입각해 관리자가 택할 수 있는 방식은 두 가지가 있는데, 하나는 강성적 X이론(hard theory X)이고, 다른 하나는 연성적 X이론(soft theory X)이다. 전자는 주로 개인에 대한 강요, 철저한 통제, 위협, 그리고 처벌을 선호한다. 이 이론은 결국 낮은 생산성, 적개심, 호전적인 노조활동, 관리자의 목표에 대한 은밀한 방해 등을 초래한다. 그리고 후자는 조직구성원에 대해 관용을 베풀어 조직구성원의 욕구를 충족시키려고 하며 또한 그들과의 갈등을 가능한 한 회피하려고 한다. 하지만 이 이론도 결국 피상적인 조화로 끝나기 때문에 결국 조직구성원의 조직목표에 대한 무관심을 초래하게 된다.

나. Y이론

Y이론은 인간 본성에 대해 성선설(性善說)의 입장을 취한다. 처벌이나 외부적 통제만이 사람을 노력하게 만드는 유일한 수단이 아니다. 사람들은 자기들이 몰입하고 있는 목표를 수행하는 데 스스로 자신을 규율하고 통제할 수 있다. 이처럼 사람들은 본질적으로 수동적이라기보다는 능동적인 존재라는 것이다.

Y이론에 입각한 관리방식을 따를 때 관리자는 비로소 조직목표와 개인의 목표가 통합될 수 있는 가능성을 발견할 수 있다. 왜냐 하면 조직목표의 달성을 위한 노력이 바로 조직구성원 개인목표의 성취로 연결되기 때문이다. 조직구성원을 면밀히 감시하고 통제하는 것이 아니라 이들의 잠재력과 동기유발이 적극적으로 발휘될 수 있는 여건을 조성하고 조직구성원이 조직목표 달성을 통한 자기만족 및 자아실현감을 얻을 수 있도록 해주는 것이 강조된다. 그는 X이론은 부적합하다고 비판하고 앞으로의 관리체계는 Y이론에 따라야 한다고 주장한 바 있다.

다. 한 계

첫째, 이 이론이 과학적 방법에 의한 실증적 연구조사를 통해 얻어진 것이 아니라 직관적 연역을 통해 추출해낸 가정들로 이루어져 있다. 이런 점에서 이 이론은 독창성의 정도가 낮고 또한 가설의 형태를 갖추고 있지 않기 때문에 이론의 타당성을 경험적으로 검증하기가 상당히 어렵다(김병섭 외, 2002: 235).

둘째, Y이론은 지나치게 이상주의적인 요소가 강하여 실세계에서 적용되기 어려운 내용을 담고 있다. 자율성, 개인적 자유 등이 어떤 사람에게는 매우 중요한 조건이지만 어떤 사람들은 이를 원하지 않을 뿐더러 이를 통제할 능력을 갖고 있지 못하므로 상황에 따라서는 관리자의 명령이나 지시가 보다 더 효과적일 수 있다(배정훈, 2006: 122).

③ 수정이론

룬트스테트(Sven Lundsteht)는 맥그리거의 X이론이 독재형 또는 권위형 관리상황이고 Y이론이 민주형 관리상황에 해당하는 것이라면 Z이론은 자유방임형 관리상황에 해당한다고 하면서 'Z이론'을 제시하였다. 즉 그는 무정부상태와 같은 방임적 상태가 나타나 있는 일반적 조직형태를 묘사하여 Z이론이라고 부르고 있다. 또 오우치(W.Ouchi)는 생산성이 낮아진 미국 기업이 살아남을 수 있는 길은 일본식 경영방법[20]을 받아들이는 것이라 생각하고 Z이론을 제시하였다. 그는 '미국 기업이 일본의 도전에 대항할 수 있는 방법'이라는 부제를 단 「Z이론」이라는 책을 내놓았다. 대항방법으로 제시된 Z는 X나 Y와 연관된 것이 아니라 일본식 경영의 J형(type J)과 미국식 경영의 A형(type A)을 혼합하여 일본식 경영을 배합한 미국식 경영, 곧 Z형(type Z)을 바람직한 것으로 본 것이다.

Z이론은 미국 기업이 일본의 경영방식을 그대로 도입할 수 없으며 일본의 방법과 미국의 방법을 절충하여 보다 효율적으로 경영함으로써 일본을 앞지르자는 데 목적을 두고 있다. 예를 들어 미국은 단기고용제이고 일본은 종신고용제이지만 Z이론에서는 그 중간 형태인 장기고용제를 택하도록 권장하고 있다.

(3) 앨더퍼의 ERG 이론

① 내 용

앨더퍼(C. Alderfer)는 인간의 욕구를 조사하고 마슬로우의 5단계 욕구들을 간결하게 세 가지 욕구, 즉 생존욕구(existence), 관계욕구(relatedness), 성장욕구(growth)로 설명하고 있다. 생존욕구는 인간이 생존을 위해 필요한 기본적 욕구로서 음식, 의복, 주거에 대한 욕구를 들 수 있다. 마슬로우의 생리적 욕구와 물리적 측면의 안전욕구가 여기에 해당된다. 그리고 관계욕구는 대인 관계에 관한 것으로서 직장 내외에서의 상호작용을 필요로 하는 욕구이다. 마슬로우의 대인관계 측면의 안전욕구, 사회적 욕구 및 다른 사람으로부터의 존경욕구가 여기에 해당된다. 마지막으로 성장욕구는 개인적인 발전을 위한 욕구로서, 자기의 능력을 새롭게 개발하고, 창의적으로 성취하고자 하는 것을 말한다. 마슬로우의 자기존중 욕구와 자기실현 욕구가 이에 해당된다.

② 마슬로우의 욕구단계론과의 차이

마슬로우는 욕구 추구의 순서를 기준으로 욕구계층을 분류하고 있는데 비해, 앨더프는 구체적인 생존욕구에서 추상적인 성장욕구까지 욕구의 '구체성 정도'에 따라 분류하고 있다.

---

20) 일본형 기업은 ⅰ) 사람에 대한 관심, ⅱ) 참여적 의사결정, ⅲ) 종신고용제 등의 특징을 가지고 있다.

ERG이론이 마슬로우의 욕구단계론과 크게 다른 점은 두 가지이다(김문성, 2004: 146). 첫째, 한 가지 이상의 욕구가 동시에 작용할 수 있다는 점을 주장하였다. 이것은 욕구단계론처럼 한 단계의 욕구충족만을 강조하는 기계적인 사고방식이 아니고 욕구들의 복합적 성격에 입각한 것으로 현실적인 개념으로 받아들여지고 있다.

둘째, 마슬로우는 저차원의 욕구가 만족되면 고차원의 욕구로 올라가는 이른바 '만족－진행과정(satisfaction－progression)'만을 주장한 데 반하여, 엘더퍼는 만족－진행과 아울러 고차원적 욕구에서 저차원적 욕구로 하향 이동하는 이른바 '좌절－퇴행과정(frustration－regression)'을 가미했다. 즉, 상위욕구를 충족할 수 없다는 것을 알면 그보다 낮은 하위욕구로 퇴행하여 그 하위욕구의 중요성이 그만큼 더 커진다는 욕구의 퇴행현상이 나타난다.

이 이론을 좀 더 친밀한 사례로 설명하면 다음과 같다. 성장(G) 욕구를 충족시키지 못하는 조직의 구성원은 그 아래 단계인 '관계(R) 욕구'에 매달리게 된다. 가령, 한 종업원이 승진에 매번 누락된다면 그는 직무를 통해 승진하기란 어렵다는 것을 알고는 누군가에게 줄을 서고 편을 가르는 처세술에 더 신경을 쓰는 경향을 보인다. 이러한 욕구마저 제한을 받게 되면 최저 단계인 '생존(E) 욕구'에 집착한다. 비슷한 입장에 처한 사람들과 뭉치고 때로는 과도한 임금 상승을 요구하는 등 생존을 위한 극한투쟁에 나선다는 것이다.

③ 평 가

ERG이론의 취약점으로는 이론의 보편성이 부족하다는 점이다. 즉 이 이론이 어떤 조직에서는 들어맞지만 어떤 조직에서는 맞지 않는다는 증거가 나타나고 있다는 것이다. 하지만 좌절－퇴행 가설은 경영관리적 측면에서 의미를 부각시키고 있다. 예컨대, 관계욕구를 제대로 충족하지 못하는 종업원은 존재욕구의 충족을 통해 욕구불만을 해소하고자 더 많은 금전적 보상이나 더 나은 작업환경을 요구한다. 따라서 경영자가 종업원의 고차원 욕구를 충족시켜 주어야 하는 것은 동기유발을 위해서뿐만 아니라 하위욕구 충족 주장을 수용해 주지 못할 경우 지불해야 할지도 모를 직·간접 비용부담을 사전에 차단한다는 차원에서도 중요하다(배정훈, 2006: 77).

(4) 허즈버그의 2요인이론

① 내 용

허즈버그(F. Herzberg)는 1957년 사기와 생산성의 관계를 고찰하기 위해 미국 피츠버그 지역의 산업체 종업원 200여명을 대상으로 직무만족과 불만요인을 조사하였다.

12회에 걸친 면접을 주된 연구방법으로 하여 직무만족도를 현저히 향상시켰거나 저하시킨 사건들과 관련하여 그 이유를 알아내는 데 초점을 두었다(최항순, 2006: 281~282).

허즈버그의 2요인이론(two factor theory)의 주요 내용은 다음과 같다. 첫째, 2원적 욕구구조이다. 욕구가 충족되었다고 해서 모두 동기부여로 이어지는 것이 아니고 어떤 욕구는 충족되어도 단순히 불만을 예방하는 효과밖에 없다는 것이다. 인간은 2원적인 욕구구조를 가지고 있다. 한 가지 욕구체계는 개인적 성장을 갈구하는 것이고, 다른 한 가지 욕구체계는 고통이나 불유쾌한 것을 회피하려는 것이다. 전자를 동기요인 또는 만족요인이라 하고 후자를 위생요인 또는 불만요인이라고 한다. 욕구충족이 동기부여의 효과를 가져 오면 동기요인(motivators)으로, 단순히 불만 예방효과만 가져오면 위생요인(hygiene factors)으로 구분한 것이다. 동기요인은 성취, 인정, 업무 그 자체, 책임감, 성장 등이다. 한편 위생요인은 기업의 정책과 행정, 감독, 상호 인간관계, 작업조건, 봉급, 지위 그리고 안전 등이다. 2요인을 가옥에 비유하면 위생요인은 토대이고 동기요인은 가옥이라고 할 수 있다. 따라서 동기요인의 충족은 우선 위생요인의 충족을 전제로 한다고 할 수 있다.

둘째, 만족과 불만은 별개의 차원이라는 것이다. 우리는 흔히 불만요인이 충족되면 만족으로 간다는 생각을 한다. 그러나 그는 이 두 가지는 차원이 다르다고 말한다.

예를 들어, 월급이 적어서 불만인 사람은 수가 많았지만 월급이 많아서 만족하였다는 사람은 별로 없다는 것이다. 그는 만족과 불만을 하나의 연속선 상에서 서로 반대되는 개념으로 파악하지 않고, 이 두 개념을 따로 분리시킨다. 만족의 반대개념은 불만(dissatisfaction)이 아니라 만족 없음(no-satisfaction)이고, 불만의 반대개념은 만족(satisfaction)이 아니라 불만 없음(no-dissatisfaction)이며, 이들 중에서 동기부여에 영향을 미치는 것은 만족요인이라는 것이다. 즉, 만족요인은 동기부여를 해주지만 불만요인은 별 관련이 없다는 것이다.

② 전 략

위생요인의 제거는 소극적이고 단기적인 효과를 가질 뿐인 데 반해서 동기요인을 크게 하는 것은 적극적이고 장기적인 효과를 가진다. 따라서 구성원들의 만족을 통해 직무동기를 높이기 위해서는 동기요인에 중점을 둔 동기화전략이 중요하며, 그 대표적인 실천방안으로 직무충실화(job enrichment)를 강조한다. 직무충실화란 직무를 설계할 때 도전감, 성취감, 성장 및 발전 가능성, 창조성 등 직무 내적인 요소에 초점을 맞추어 일 자체에서 도전감과 흥미를 가지고 일할 수 있도록 하는 것을 말한다. 작업자 스스로

가 작업계획과 시간을 짜도록 하고 제3자의 감독과 통제를 줄이고 담당자 자신에게 자율권을 주며 직무결과에 대한 피드백도 상급자를 통하지 않고 스스로가 직접 알 수 있도록 한다. 이것은 단순히 비슷한 일을 더 보태는 식의 직무확대화(job enlargement)와는 성격이 다르다.

③ 평 가

2요인론은 불만의 해소에만 관심을 두었던 전통적인 관리방법과는 전혀 다른 면을 제시하였다. 그러나 이러한 이분법적 접근은 몇 가지 문제점을 안고 있다. 어떤 사람에게 동기요인으로 작용하는 것이 동일집단 내의 다른 사람에게는 위생요인으로 작용할 수 있다.[21] 또한 자기존중이나 성취감 같은 내면적 동기요인이 작업환경이나 보수 등의 외재적 위생요인에 비해 동기부여 측면에서 항상 더 효과적이라고 보는 것도 무리한 주장이다(유민봉, 2006: 406). 아울러 이 이론을 우리나라에 적용해 볼 때, 몇 가지 적용 상의 난제가 있음을 알 수 있다. 송근원(2001: 150)은 부산 지역 공무원과 기업체 구성원들을 대상으로 설문조사를 실시하였다. 그 결과, 한국적 상황 하에서 허즈버그의 이론 모형은 부분적으로만 받아들일 수 있다고 판단한다. 합리적이고 개인 중심으로 업무가 진행되는 서구 사회와는 달리 정의적(情誼的)이고 인간관계가 중요시되는 동양 사회에서는 허즈버그가 위생요인으로 분류해 놓은 직장 내 인간관계 요인은 더 이상 위생요인으로 기능하는 것이 아니라, 동기요인으로 기능한다는 점에서 그의 이론은 수정되어야 한다고 평가하고 있다. 지금까지 살펴보았던 내용이론들은 공통적인 문제점을 안고 있다. 내용이론은 동기를 유발하는 요인의 내용은 설명하지만 동기유발의 과정에 관해서는 제대로 설명하지 못하는 것이 사실이다. 예를 들어, 어떤 직원에게 어떤 욕구가 결핍되어 있을 때 그것을 충족하는 방법이나 과정은 사람마다 다를 수 있다. 이 부분을 설명하는 것이 지금부터 살펴 볼 과정이론이다.

(5) 직무특성이론

① 의 의

이 이론은 동기를 유발하는 근원이 구성원 개인에게 있다기보다 수행되는 직무의 내용에 있다는 것이다.

해크만과 올드햄(J. R. Hackman & G. Oldham)에 의해 제시된 이론으로 5가지 핵심직무 차원이 중요한 심리상태를 유발하여 구성원들이 동기부여된다고 보았다. 이 과정에서 종업원의 성장욕구 강도가 주요 변수로 작용한다는 것이다.

---

21) 허즈버그는 급여를 위생요인으로 다루고 있다. 물론 보수가 지나치게 적거나 공정하지 못할 때에는 위생요인이 되지만 보수가 성과의 강화수단으로 사용된다면 동기요인도 될 수 있다.

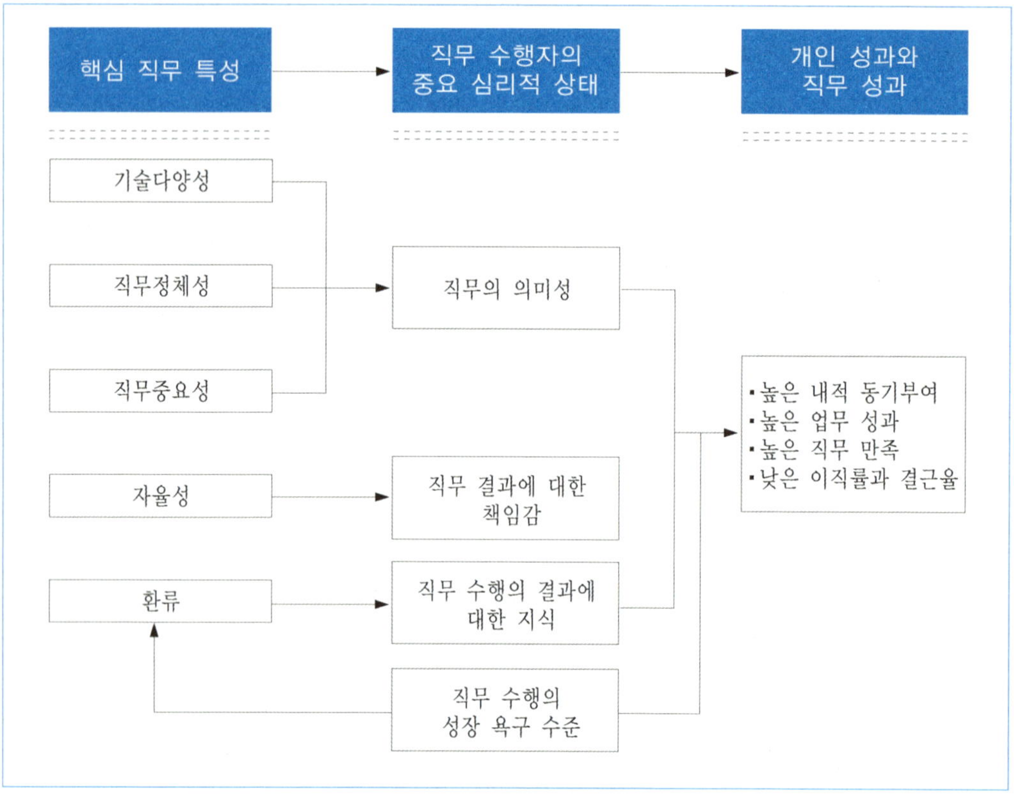

[그림 7-8] 직무특성이론의 체계

② 핵심직무 차원의 내용

가. 기술다양성

직무를 수행하는 데 있어 요구되는 기술의 정도가 얼마나 되는지를 뜻한다. 기술다양성이 높은 경우에 수행하는 직무의 폭이 넓어지게 된다. 직무의 기술다양성을 높이기 위해서는 직무확대를 실시하면 된다.

나. 직무정체성

직무가 독립적으로 완결되는 것을 확인할 수 있는 정도를 말한다. 만약 설계, 조립, 설치까지 수행하면 직무정체성이 높은 것이고, 가구공장에서 테이블 다리만 조립한다면 직무정체성이 낮다고 할 수 있다.

다. 직무중요성

직무가 다른 사람의 생명 또는 다른 사람이 업무에 중대한 영향을 미치는 정도를 가리킨다. 병원을 예로 들면, 중환자실에서 환자를 돌보는 간호사는 과업중요성이 높고, 병원 정문에 근무하는 수위는 중요성이 낮다고 할 수 있다.

라. 자율성

개인이 자신의 직무에 대하여 개인적으로 느끼는 책임감의 정도를 말한다. 작업일정과 작업방식에 있어서 가지는 재량권의 정도를 뜻한다.

마. 환류(feedback)

직무가 요구하고 있는 활동의 수행 결과에 관하여 작업자가 그 효과성 여부에 대하여 직접적이고 명확한 정보를 얻을 수 있는 정도를 말한다.

③ 심리상태

위의 5가지 핵심직무특성이 결합하여 직무의 3가지 의미를 창출하게 된다. 3가지 심리상태는 다음과 같다.

가. 의미감

개인이 자신의 직무에 대해서 '해볼 만하다', '가치 있다'라고 느끼고 있는 정도를 말한다.

나. 책임감

개인이 수행하는 일의 결과에 대하여 개인적으로 느끼는 책임감과 부담감의 정도를 의미한다.

다. 직무수행 결과에 대한 지식

개인이 직무수행 과정에서 직무를 얼마나 효과적으로 수행하고 있는지를 알고 이해하는 정도를 뜻한다.

④ 동기유발 잠재력 지수

$$MPS = \frac{\text{기술다양성} + \text{직무정체성} + \text{직무중요성}}{3} \times \text{자율성} \times \text{피드백}$$

위의 공식에서 중요한 것은 자율성과 피드백 두 요소를 강조하고 있는 점이다. 이들 중 하나가 0에 가까워지면 다른 요소들이 아무리 높은 점수를 얻는다고 하더라도 전체 점수는 낮아지게 되는 것이다.

(5) 평 가

직무특성과 성과 간의 명확한 인과관계를 제시한 점은 긍정적이나 개인의 중요 심리상태는 핵심직무특성이 아닌 다른 요인에 의해서도 동기부여가 가능한 것을 간과한 점이 한계로 지적된다.

3) 과정이론

과정이론은 인간의 동기부여가 어떠한 과정을 거쳐서 이루어지는가에 초점을 두는 이론으로 내용이론의 문제점을 극복하기 위하여 등장하였다. 과정이론은 학자에 따라 여러 가지로 분류하나, 여기서는 공정성이론과 기대이론을 중심으로 살펴본다.

(1) 공정성이론

사람들은 누구나 공정하게 대우받기를 원한다. 애덤스(J. S. Adams, 1965)의 공정성이론(equity theory)에 의하면 개인의 행위는 타인과의 관계에서 공정성을 유지하는 방향으로 동기부여가 된다고 한다.

예를 들어, 갑은 6을 투입하여 4를 받기 때문에 투입·산출 비율은 0.67이 된다. 하지만 을의 경우는 투입은 3인데 비해 산출은 6으로서 투입·산출 비율은 2.00이라고 갑은 인지한다. 따라서 갑은 을보다 직무에서 부당한 대우를 받고 있다고 결론을 내리게 되고, 이런 경우 갑은 공평한 대우를 받기 위하여 몇 가지 수단을 강구하게 된다. 예전보다 적은 시간이나 노력을 투자하려고 생각한다. 경우에 따라서는 직장을 사직함으로써 이러한 불공평한 대우를 받고 있다는 감정에서 벗어날 수 있다.

이 이론에 따르면, 두 가지를 생각할 수 있다. 하나는, 성과가 집단활동에 의해서 이루어졌다고 하더라도 보상은 구성원의 개별적인 성과공헌도에 따라 이루어져야 한다는 것이다. 다른 하나는, 보상을 할당하는 데 있어서 공정성 문제가 직무수행 노력에 영향을 줄 수 있다는 점이다. 불공정한 보상처리는 결국 가장 훌륭한 종업원을 잃게 된다(임익순·소영일, 1988: 311).

공정성이론은 정확한 예측이나 가설을 설정하지 않아 이론이 구체적이지 못하고 정교성이 부족하다는 비판을 받고 있다. 예를 들어, 개인이 비교의 대상자로 어떤 특성을 가진 사람을 자신의 준거인으로 택하는가, 불공정 해소 노력 시 특정 방법을 선택하는 이유는 무엇인가 등에 대해 명쾌한 답을 제시하지 못하고 있다(배정훈, 2006: 166).

(2) 브룸(V. Vroom)의 기대이론

① 내 용

기대이론이란 어떤 개인의 동기를 유발하는 계기는 단순하게 욕구가 주어진다고 동기가 유발되는 것이 아니고, 욕구가 주어지고 그 결과로서 장래에 어떤 보상(reward) 혹은 보강(reinforcement)이 주어질 것이라는 기대감에 의한다는 것이다. 따라서 현재의 행동과 그 행동으로 인해 가지게 될 장래의 보상 간에 어떠한 관계가 있는가를 파악하는 것이 이 이론의 핵심이다.

브룸(Vroom)에 의하면, 개인은 여러 개의 행동 대안이 있을 경우, 그 개인의 행위는 각 행동 대안을 평가하여 가장 중요한 결과를 가져오리라고 믿어지는 행동 대안을 선택한다는 것이다. 개인의 동기부여는 그들이 선호하고 가치를 부여하는 결과인 유인가와 자신들이 어떤 행동을 하면 어떤 결과가 수반될 것이라는 주관적 확률인 기대감을 곱한 합이라는 것이다. 이와 함께 결과에 대한 기대감(expectancy), 개인의 유인가, 수단성 등의 요인들이 개인의 동기 형성에 크게 작용한다고 지적하고 있다. 예컨대 돈을 벌고 싶은 욕구가 바로 일을 열심히 하려는 동기가 될 수는 없다. 일을 열심히 하면 돈을 많이 줄 것이라는 기대가 있어야 돈을 벌고 싶은 욕구가 일을 열심히 하려는 동기로 전환되는 것이다(오석홍, 2006: 651).

가. 유인가(valence)

행동 대안들의 결과에 대해 개인이 가지는 매력의 강도를 말한다. 즉 직무상 받을 수 있는 보상에 대하여 개인이 느끼는 중요성이다. 사람들이 봉급, 승진, 인정 등과 같은 보상에 부여하는 가치를 의미한다. 유인가는 확률 개념이 아니고 하나의 척도를 구성하여 여기에 상대적 가치를 부여한다. 유인가의 강도는 한 결과의 획득을 개인이 선호할 때 그 결과는 정(正)의 유의성을 갖고, 무관심할 때는 0의 유의성, 싫어하면 부(負)의 유인가를 갖는다. 그리고 결과 또는 보상이란 행동의 산물로서 직무성과, 생산성 등의 일 자체와 관련된 1차 수준 결과와 이것이 낳게 될 보상으로서 돈, 승진 등의 2차 수준 결과로 구분된다.

나. 수단성(instrumentality)

개인이 지각하는 목표 달성과 같은 1차적 결과와 승진과 같은 2차적 결과의 상관관계를 말하며, 수치로 표현할 경우, 높은 성과가 항상 반대로 낮은 보상을 초래할 것이라는 완전한 불신인 -1에서부터 성과와 보상 사이에 전혀 관계가 없다고 믿는 0, 높은 성과가 항상 높은 보상을 초래할 것이라는 완전한 믿음인 1 사이에 존재한다. 다시 말해 수단성은 추구하는 목표를 성공적으로 달성했을 시에 주어지는 보상이나 혜택이 얼마나 될 것인지 등에 관한 주관적인 확률 개념이다(배정훈, 2006: 140).

다. 기대치(expectancy)

어떤 행동을 하면 어떤 특정한 결과가 나올 것이라는 가능성을 의미한다. 예컨대 열심히 일 하면 높은 성과를 올릴 수 있고, 그 보상으로 승진될 것이라고 믿는 것을 기대라고 한다. 예를 들어, 어떤 학생이 행정고시 합격을 개인 목표로 설정했을 때 고시 공부에 대한 동기부여는 고시 합격 가능성에 대한 자신의 주관적 확률치에 의해 영향을 받게 된다. 다시 말해 고시 합격에 대한 기대치가 클수록 더욱 열심히 시험 준비를 하게 된다는 것이다(배정훈, 2006: 141). 기대는 노력과 성과 간의 관계인데 비하여, 수단성은 성과와 보상의 연결 개념으로서 결과 대 결과의 관계이다(김종희, 2005: 175).

기대치를 수치로 표현할 경우, 일정한 노력이 어떠한 성과를 초래할 것이라는 데 대해 완전한 의심인 0에서부터 시작하여 일정한 노력이 어떠한 성과를 초래하리라는 것에 대한 완전한 믿음인 1 사이에 존재한다. 앞의 예에서 행정고시 경우 0은 100% 불합격을, 1은 100% 합격을 의미하게 된다.

브룸은 이러한 여러 개념들의 상호연관성을 다음의 세 원리로 파악함으로써 개인의 동기부여 과정을 설명하고 있다(최항순, 2006: 291~292).

가) $P = f(M \times A)$: 이 공식은 성과(P)가 동기부여(M)와 능력(A)의 곱의 함수라는 것을 의미한다.

나) M(motivation) $= f(V_1 \times E)$: 이 공식은 동기부여는 결과(1차 수준)에 대한 매력의 강도를 나타내는 유의성(V_1)과 결과에 대한 달성 가능성 또는 기대(E)를 곱한 것에 달려 있다는 것을 의미한다.

다) $V_1 = \Sigma(V_2 \times I)$: 이 공식은 1차 수준 결과의 유의성은 모든 2차 수준 결과의 유의성(V_2)과 1차 수준 결과가 2차 수준 결과에 대해 가지는 수단성(I)의 곱의 함수라는 것을 의미한다.

위의 세 가지 원리 중 브룸의 기대이론은 나)항을 중시한다. 즉 동기부여의 강도는 결과(1차 수준)에 대한 매력의 강도를 나타내는 유의성과 결과에 대한 달성 가능성 또는 기대(E)를 곱한 것에 달려 있다는 것이다. 즉, 동기부여 = $E \cdot \Sigma(I \cdot V)$가 된다. 여기서 시그마($\Sigma$)를 사용한 이유는 목표 달성이 가져올 수 있는 보상이 여러 개일 수 있고 그 각각에 가치를 부여하여 더해야 하기 때문이다(유민봉, 2006: 408). 예를 들면, 열심히 노력하여 승진하려는 경우 승진의 결과로 얻게 될 봉급 인상, 사회적 지위 향상 등에 가치를 부여하고, 또 스스로 열심히 노력하면 승진될 수 있다는 가능성에 대한 믿음이 있어야 한다. 이러한 두 가지 요인이 결합하여 승진을 위해 열심히 노력하게 하는 동기부여가 이루어진다는 것이다(최항순, 2006: 292).

위의 기대이론을 적용한 예를 들어 살펴본다. 이 예는 햄너와 오건(Hamner & Organ, 1978: 145. 이창원·최창현, 2007: 209 재인용)이 제시한 것이다. 이 학생은 A·B·C·F 학점을

〈표 7-3〉 기대모형의 예

기대치	성과	수단성	보상	
0.3	A 학점	0.8	좋은 직장	8
		1.0	대학원 진학	10
		0.1	새 차 구입	5
0.6	B 학점	0.6	좋은 직장	8
		0.8	대학원 진학	10
		0.1	새 차 구입	5
0.8	C 학점	0.5	좋은 직장	8
		0	대학원 진학	10
		−0.1	새 차 구입	5

취득할 수 있고, 이러한 성과에 대한 보상으로 좋은 직장, 대학원 입학, 새 차 구입 등을 얻을 수 있다고 한다.

위의 표에서 각 학점별 유인가 혹은 유의성을 계산하면 다음과 같다(F학점은 제외).

A학점 보상의 유인가: $(0.8 \times 8) + (1.0 \times 10) + (0.1 \times 5) = 16.9$
B학점 보상의 유인가: $(0.6 \times 8) + (0.8 \times 10) + (0.1 \times 5) = 13.3$
C학점 보상의 유인가: $(0.5 \times 8) + (0 \times 10) + (-0.1 \times 5) = 3.5$

그리고 동기의 강도는 결과에 부여하는 가치에다 특정한 행동이 그것을 가져다 줄 것이라는 기대를 곱한 것의 합계에 달려 있다.

A학점 취득을 위한 동기수준 $= 0.3 \times 16.9 = 5.07$
B학점 취득을 위한 동기수준 $= 0.6 \times 13.3 = 7.98$
C학점 취득을 위한 동기수준 $= 0.8 \times 3.5 = 2.8$

결국 이 학생은 B학점 취득을 위한 동기수준이 가장 높으므로 여러 가지 행동 중에서 B학점을 획득하기 위한 행동을 취할 것을 기대할 수 있다.

② 평 가

구성원들의 동기부여를 공식화하는 데에는 큰 도움을 주었지만 이론체계가 복잡하여 실제의 조직상황에 적용하기가 어렵다. 인간은 합리적·계산적으로만 행동하는 것이 아니라 무의식적으로 또는 복잡한 여러 요인에 의하여 행동하는 경우도 많다.

또 어떤 결과는 그것이 가져다 주는 유인가 외에도 그 자체로서 유인을 독자적으로 갖는다. 예컨대 어떤 사람이 높은 성과를 이룩한 경우, 그것은 급여나 승진 등 외재적 보상을 얻는 것은 물론이고 성과 그 자체에서 비롯되는 내재적 보상도 얻게 된다는 것이다(김종희, 2005: 176).

공정성이론과 기대이론은 모두 동기유발의 과정에 초점을 맞추어 인간의 동기를 설명한 이론이라는 공통점을 지니고 있다. 그러나 기대이론은 최대화된 보상을 유발하는 과정에 관심을 집중시킨 반면에, 공정성이론은 투입과 산출의 비율이 불균형인 것이 동기유발에 미치는 영향에 관심을 집중시킨다. 즉 인간은 소득과 보상이 최대가 될 가능성이 있는 직무 수행 수준을 선택한다는 것이 기대이론의 주장이라면, 준거인물이나 어떤 내적 기준에 비교하여 공정한 직무 수행 수준을 선택한다는 것이 공정성이론의 논리이다(이창원·최창현, 2007: 211~212).

2. 리더십

1) 리더십(Leadership)의 개념

리더십에 대한 연구는 사회과학 분야에서 다각도로 진행되었지만, 아직까지 리더십에 대한 종합적인 이론이 형성되지 못하고 있고 또 리더십에 대한 명확한 정의도 내려지지 않고 있는 실정이다.

공자는 "三人行하면 必有我師焉"이라 하였다. 즉, "세 사람이 동행하면 반드시 거기에는 나의 스승이 있다"라는 뜻으로 인간관계가 존재하는 곳에는 어디서나 리더 역할을 하는 사람이 자연발생적으로 나타난다는 의미이다. 또한 "양이 이끄는 백 마리의 사자떼보다 한 마리의 사자가 이끄는 백 마리의 양떼가 강하다"라는 격언은 리더십의 중요성을 강조한다(오윤진, 1994: 23~24). 잭 웰치는 리더십을 4개의 E가 하나의 P를 둘러싸고 있는 것으로 설명하고 있다. 즉, i) energy: 힘이 있어야 하고, ii) energize: 남에게 열정을 일으키게 해야 하며, iii) edge: 좋고 싫음을 분명히 나타내야 하고, iv) execute: 실행하여 약속을 지켜야 한다, v) passion: 위의 네 가지는 무릇 열정이 있어야 한다.

한편, 오석홍은 리더십을 "일정한 상황에서 개인이나 집단에 영향을 미쳐 그 활동을 이끌어가는 과정으로, 리더나 추종자, 그리고 상황적 요인 등 복잡한 요인들이 교호작용 한다"고 정의내리고 있다(오석홍, 2006: 393). 리더십이 조직의 효과성에 어떠한 영향을 미쳤는가에 대해 조직 연구가 많이 진행된 것을 감안하면, 유클(Yukl, 2002: 7)의 정의가 의미 있다고 본다. "무엇을 해야 하고 그것을 어떻게 하는 것이 효과적인가를 다른 사람들이 이해하고 동의하도록 영향력을 행사하는 과정과 이렇게 공유된 목표를 달성할 수 있도록 개인 및 집단의 노력을 촉진하는 과정이다"(이창원·최창현, 2007: 258 재인용).

2) 리더십 이론의 전개: 자질론-행태론-상황적응론

초창기에는 리더에 특유한 속성이 무엇인가에 연구가 집중되었다. 그러나 이 접근방법이 여러 가지 결함을 나타냄에 따라 리더의 행태에 관심을 기울이기 시작했다. 즉, 리더십 행태의 유형을 연구하고 추종자들의 추종을 효과적으로 이끌어낼 수 있는 리더십 유형이 무엇인가를 규명하려 하였다.

그런데 리더십의 행태유형만이 리더십의 효율성을 좌우하는 유일한 요인일 수는 없었다. 이 사실을 자각하면서 상황이라는 변수에 연구의 초점을 맞추게 되었다. 오늘날 리더십(L)은 $L = f(l \cdot f \cdot s)$와 같은 공식으로 요약할 수 있는데, 여기서 l(leader)은 리더, f(follower)는 부하, s(situation)는 상황의 변수를 뜻한다(최항순, 2006: 349).

(1) 자질론(Trait Theory)

① 의 의

리더의 개인적 속성이 리더십의 성패를 결정하는 핵심적 요소라는 점에서 시작하며 1950년대 이전 연구가 이에 속한다. 우리는 이순신, 세종대왕, 김구 등을 리더라 부른다. 이들은 일반인과 비교해서 어떤 공통된 특성이나 자질을 가지고 있다고 본다. 즉, 자질론적 접근은 리더가 만들어지기보다는 타고나는 것임을 강조한다.

자질론에서 주장했던 자질의 주요 내용으로는 지적 능력, 부하에 대한 관심, 담당한 조직이나 직무에 대한 숙지, 자신감, 조직에 대한 열정, 도전적 자세와 인내력, 책임감, 통제력 등을 포함시킬 수 있다. 우리나라 1~3급 고위공무원의 인사심사 기준을 보면 인품(개혁성·청렴도·성실성 등)과 직무수행능력을 포함시키고 있는데, 이것은 공직사회에서의 리더에게 기본적으로 요구되는 자질이 있어야 함을 보여주는 것이다(유민봉, 2006: 277).

② 자질론에 대한 비판

첫째, 제시되는 여러 특성들에 대한 상대적 중요성에 대한 언급이 없다. 그리고 조직의 목적에 따라 달라져야 하는데도 불구하고 그러한 구분 없이 이상적인 자질들을 나열하고 있을 뿐이다.

둘째, 자질론은 상황적 요인을 고려하지 않았다. 어떤 상황에서는 필요하고 효과적인 자질이라도 상황이 바뀌거나 달라지면 불필요한 것이 될 수도 있다.

셋째, 리더가 되기 전에 필요한 자질이 무엇이고 리더로서의 지위를 유지하는 데 필요한 특성이 무엇인지에 대한 구분이 없다.

(2) 행태론(Behavioral Theory)

① 의 의

눈에 보이지 않는 능력과 같은 속성보다 리더들이 실제 어떤 행동을 하는가에 초점을 맞춘 접근방법이다. 이 접근방법은 리더의 어떠한 행동이 리더십 효과성과 관계가 있는가를 파악하고자 하는 접근방법이다.

행태적 접근방법에 따르면 사람들은 대체로 두 가지의 과제를 해결하려 한다. 첫째 과제는 리더십 행태의 유형론을 발전시키는 것이다. 둘째 과제는 여러 유형의 리더십 행태와 추종자들의 업무성취 및 만족 사이의 관계를 설정하는 것이다(오석홍, 2006: 399).

② 각종 행태론

리더의 행태에 대한 관심은 호손실험으로 시작된 인간관계론에 이어, 1939년의 레빈(Lewin)은 리더의 행태를 민주형, 권위형, 방임형으로 분류한 뒤 실험 참여자들은 민주형 리더의 행태를 선호한다는 연구 결과를 발표한 바 있다. 여러 연구가 행해졌으나 여기서는 오하이오대학 연구와 관리그리드 모형에 대해 설명하고자 한다.

가. 오하이오(Ohio) 주립대학교의 연구

이 연구에서는 리더십 행태의 두 가지 국면을 기준으로 하여 네 가지의 리더십 유형을 분류하였다. 두 가지 국면이란 구조 주도(initiating structure)와 배려(consideration)이다. 구조 주도란 리더와 추종자의 관계 및 조직의 구조와 과정을 엄격하게 형성하려는 리더십 행태로서 임무중심적인 행태를 대변한다. 성과가 저조한 부하를 질책하고 성과를 높일 수 있도록 독려해 주는 행동 등이 포함된다. 배려는 리더와 추종자 사이에 우정, 상호신뢰, 존경 등을 조성하려는 리더십 행태로서 이것은 인간관계 중심적인 행태를 대변하는 것이다(오석홍, 2006: 400).

구조 주도의 수준과 배려의 수준이 어느 정도로 배합되어 있느냐에 따라 리더십 유형을 네 가지로 분류하였다. 연구 결과를 보면, i) 리더십 행태가 배려적일수록 추종자들의 불평은 감소된다. ii) 구조 주도 수준과 배려의 수준이 다 같이 높을 때 추종자들의 불평수준과 이직률은 가장 낮고 생산성은 가장 높다. iii) 구조 주도의 수준은 높으나 배려의 수준이 낮을 때 불평 수준과 이직률이 높다.

나. 관리그리드 모형(managerial grid)

가장 대표적인 연구는 블레이크와 머튼(R. R. Blake & J. S. Mouton, 1964)의 리더십 격자 모형인데, 이 모형은 리더의 행태를 두 가지 차원으로 구분하고 있다. 하나는 생산에 대한 관심(concern for production)이고 다른 하나는 인간에 대한 관심(concern for relationship)이다. 이들 두 차원에서 모두 높이 평가될 때 가장 효과적이라는 것을 이들은 보여 주고 있는데, 각각에 대한 관심도를 낮은 것에서 높은 것까지 아홉 등급으로 나누었다.

이들은 사람과 생산에 대한 관심의 높고 낮음을 서로 결합시켜 아래 그림처럼 다섯 개의 리더십 유형을 도출하였다. 즉, 좌표 상으로 (1·1)형인 빈약형: 생산이나 인간에 대한 관심이 모두 낮다. 리더가 생산 및 인간에 대해 관심을 기울이는 것은 최소의 수준이며, 주로 조직 내 자신의 직분을 유지하기 위한 최소의 노력만을 하는 유형이다. (1·9)형인 친목형: 인간에 대한 관심이 높고 생산에 대한 관심은 낮은 유형이다. 즉 리더는 주로 구성원의 욕구와 만족에 관심을 갖고 인간적인 분위기를 조성하는 데만 주력하는 인기형 리더 유형이다. (9·1)형인 과업형: 생산에 대한 관심은 높고 인간에 대한 관심은 낮은 유형이다. 즉 인간적인 요소는 최소화하고 과업에 대한 능력을 중시하는 유형이다.

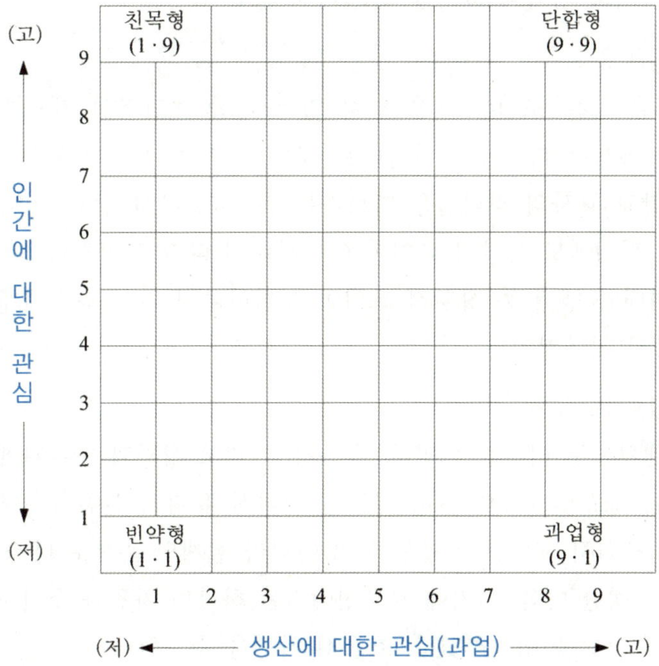

자료: 최항순, 2006: 367.

[그림 7-9] Managerial Grid

(5·5)형인 절충형: 인간과 생산에 절반씩의 관심을 갖는다, 즉 생산에서의 능률과 인간적 요소를 절충하여 적당한 수준의 성과를 지향하는 유형이다. 그리고 (9·9)형인 단합형: 인간에 대한 관심과 생산에 대한 관심이 모두 높은 유형이다. 즉 조직의 목표 달성을 위해 조직과 조직구성원들의 상호 의존관계와 공동체 의식을 강조하는 유형이다. 이 중에서 (9·9) 유형의 리더가 최고의 생산성, 만족, 창의성 그리고 조직의 건강도를 가져온다고 주장한다(유민봉, 2006: 279).

③ 행태이론에 대한 비판

첫째, 리더의 행태를 분석하기 위하여 사용한 자료가 연구팀마다 다르다. 각 팀마다 리더·구성원·관찰자 중에서 어느 하나를 활용하였다.

둘째, 효과적인 유형에 대한 의견 일치를 보지 못하였다. 어떤 연구는 인간관계 지향적 리더십이 가장 효과적이라고 하는가 하면, 또 다른 연구는 인간관계와 과업 두 가지 차원에 대한 관심이 모두 높은 경우가 효과적이라고 하였다.

셋째, 행태론이 부하들의 욕구를 중요시했다는 점에서 자질론보다 진일보하였으나 자질론과 마찬가지로 상황적 요인을 고려하지 않았다.

(3) 상황적응론

상황적응론은 모든 조직에 적용할 수 있는 가장 효과적인 지도자 유형은 없으며 상황에 따라 그 유형은 다르게 나타난다는 것에서 출발한다. 이를테면, 해병대 장교의 리더십과 초등학교 교사의 리더십은 다르다는 것이다. 다시 말해, 리더십 효과는 리더의 자질과 행태 이외에도 상황적 요인이 어떠하냐에 따라 달라진다. 과업의 특성, 조직문화, 부하의 기대와 행태 등 상황적 요인이 어떠하냐에 따라 리더에게 요구되는 자질과 행태가 달라진다는 것이다.

① 허시와 블랜차드 모형

허시와 블랜차드는 리더십은 리더, 추종자, 그리고 상황과 함수관계가 있다고 말한다(P. Hersey & K. Blanchard, 1977: 85). 이들은 리더십 유형의 분류기준인 인간관계 중심적 행태와 임무 중심적 행태를 동일선 상이 아니라 별개의 축으로 나타내야 할 두 가지의 차원이라고 규정한 다음, 거기에 효율성이라는 하나의 차원을 추가하여 리더십 유형 연구의 삼차원적 모형을 정립하였다. 효율성 차원을 추가한다는 것은 리더십과 환경의 관계 속에서 리더십의 효율성을 판단해야 한다는 뜻이다. 즉 리더십 유형이 주어진 상황에 적합하면 효율적이고 적합하지 않으면 비효율적이라는 것이다. 이들의 주장 내용을 그림으로 나타내면 다음과 같다.

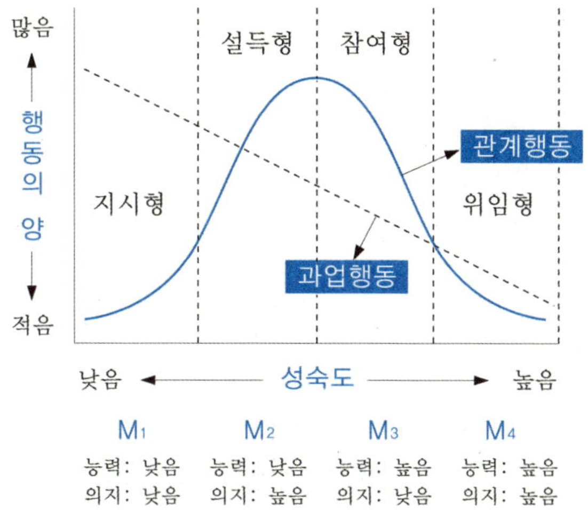

[그림 7-10] 허시와 블랜차드(Hersey & Blanchard)의 리더십이론

이들은 리더십 효과에 영향을 미치는 상황요소로 관리의 대상인 부하의 성숙도[22]를 들었다. 여기에서 성숙도(maturity)란 목표 달성에 대한 열정, 업무 숙련도 등을 의미한다. 부하의 성숙도가 낮은 상황에서는 높은 과업지향성과 낮은 관계지향성의 리더십 행태가 효과적이다. 부하의 성숙도가 보통 수준으로 향상되면 과업 중심의 지시적 행태는 낮추고, 인간관계 측면에 대한 관심을 높여야 한다. 그러다가 부하의 성숙도가 가장 높아지면 지시적 행태가 필요 없고, 인간관계 측면에서도 높은 관심을 보일 필요가 없다. 부하 스스로 동기부여가 되기 때문이다.

이 이론은 일반 조직관리자들의 흥미는 많이 끌었지만, 과학적 타당성은 아직 입증받지 못했다. 따라서 기계적으로 이 이론을 조직 내에 적용하는 것은 아직 어렵다고 할 수 있다(이창원·최창현, 2007: 279).

② 피들러의 모형

가. 내 용

우리는 어떤 리더가 어느 상황에서는 효과적이지만 다른 상황에서는 그렇지 못한 경우를 종종 본다. 피들러(F. E. Fiedler)[23]에 의하면 리더십의 효과성, 즉 집단의 업적은

22) 이들은 나중에 성숙도를 준비성(readiness)으로 바꿔 사용하고 있다.

23) 피들러는 1964년에 상황이론을 제시하였다가 1967년에는 '상황적(situational)'이라는 용어 대신에 '상황적응적(situational contingency)'이란 용어로 교체하였다(Fiedler, 1967: 22~32. 김종희, 2005:

리더의 행태와 그가 처해 있는 상황적 요소의 상호작용에 의하여 좌우된다는 것이다.[24] 상황적 요소인 매개변수로는 리더와 부하의 관계, 과업구조, 그리고 리더의 직위에서 나오는 권력(position power)을 들고 있다.

이것을 구체적으로 살펴보면 다음과 같다. 첫째, 리더와 부하의 관계는 부하들이 리더를 얼마나 신뢰하고 좋아하는가에 관한 변수로서, 신뢰를 많이 받을수록 그만큼 리더십의 행사가 용이해진다.

둘째, 과업구조화는 과업의 할당이 얼마나 명확하고 구체적으로 규정되어 있는가에 관한 변수로서, 제도화 및 구조화될수록 리더십의 발휘가 쉽다.

셋째, 직위권력은 리더의 직위로부터 생기는 힘이 부하들로 하여금 리더의 지시를 따르도록 하는 정도에 관한 변수로서, 그 힘이 클수록 리더십의 발휘가 용이하다.

그는 이상의 세 가지 요소의 결합이 리더에 대한 '상황의 호의성(favorableness of the situation)'을 결정하게 된다고 한다. 피들러에 의하면 호의성이란 "그 상황이 리더로 하여금 자기 집단에 대해 자신의 영향력을 행사할 수 있게 하는 정도"라고 한다. 그는 이러한 세 가지 변수를 사용하여 8가지의 상황을 제시했다. 리더와 부하의 관계가 좋은가 나쁜가에 따라 그 각각에 대해 과업의 구조화가 잘되어 있는가의 여부로 나누어지고, 또 그것들이 각각 직위 상의 권력의 강약에 따라 8가지로 나누어진다.

그는 8가지 상황마다 각각 적합한 리더십 유형이 어떤 것인가를 알아보기 위해 500여개의 집단에서 수집한 자료를 분석하여 리더십 유형과 업무수행 실적을 상관지어 보았다. 분석결과는 상황의 유리·불리함에 따라 리더십의 효율성이 달라진다는 것이다. 즉, 상황이 매우 유리하거나 매우 불리할 때는 과업지향형이 더 효과적이고, 중간 정도일 때는 관계지향형이 더 효과적이다.

---

158 재인용).

24) 어떤 리더가 과업 지향적인가 또는 인간관계 지향적인가를 결정하기 위하여 LPC(least preferred co-worker scale) 평점으로 측정하였다. 이 척도는 지도자에게 과거에 일을 했거나 또는 현재 일을 하는데 누구하고가 가장 어려우냐고 질문을 해서 지도자가 일을 해나가는 데에 가장 어려움을 겪는 사람에 대해서 갖는 최소의 선호도를 측정하는 것이다. 개인적 또는 감정적으로 가장 싫어하는 사람이 아니라, 다만 함께 일을 수행하기에 가장 어려웠거나 어려운 사람을 말한다. LPC란 함께 일을 해 본 다수의 동료 중에서 함께 일하기 싫었던 사람을 대상으로 주어진 설문지에 따라 점수를 기록하게 하는 것이다. 즉 '쾌활한 사람'을 8점으로 하고, '쾌활하지 못한 사람'을 1점으로 하는 일직선 상에 놓고 점수를 기재하게 한다. 자기가 가장 좋아하지 않는 동료를 비교적 호의적으로 평가한 사람은 LPC 점수가 높은 사람이며 인간관계 지향적이고, 반면 자기가 가장 좋아하지 않는 동료를 불리하게 평가한 사람은 LPC 점수가 낮은 사람이며 과업지향적이라고 판단한다(김종희, 2005: 158; 오석홍, 1999: 608). 이 조사표는 8점 척도로 된 16개 내지 24개 문항으로 구성되어 있다. 보통 LPC가 63점 이상은 LPC가 높은 사람으로, LPC가 56점 이하는 LPC가 낮은 사람으로 간주한다.

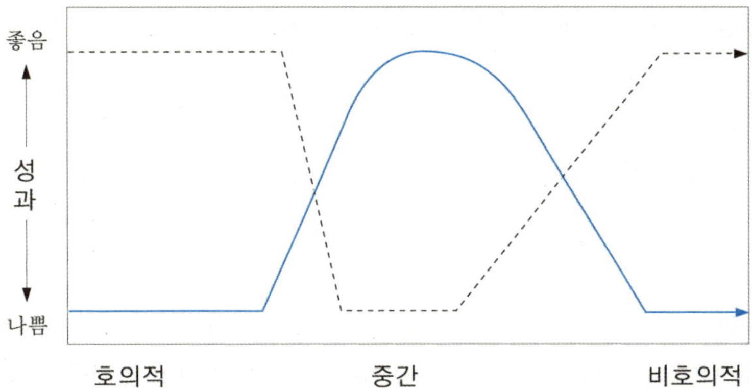

카테고리(범주)	I	II	III	IV	V	VI	VII	VIII
리더-부하직원 관계	좋음	좋음	좋음	좋음	나쁨	나쁨	나쁨	나쁨
업무 구조	높음	높음	낮음	낮음	높음	높음	낮음	낮음
직위 권력	강함	약함	강함	약함	강함	약함	강함	약함

[그림 7-11] 피들러 모형

나. 평 가

피들러의 상황적응적 리더십이론은 리더십 효과성을 결정하는 데 조직환경의 중요성을 명백하게 고려했다는 점에서 그 이전의 어떤 리더십이론보다 발전된 이론으로 평가받고 있다. 그러나 몇 가지 한계도 있다. 첫째, LPC 평점은 임의적으로 해석될 수 있으므로 의미를 찾는 정도에 불과하다는 것이다. 둘째, 리더의 LPC 평점이 집단의 업적에 어떻게 원인변수로서 영향을 주는가에 대하여 설명하지 않음으로써 예측력이 약하다는 것이다. 셋째, 세 개의 상황변수에 대해 가중치가 임의적으로 결정되었고 이에 대한 합리적인 설명이 없다는 것이다. 넷째, 상황변수를 세 가지에 국한시킨 것에도 문제가 있다.

3) 리더십에 대한 새로운 시각

리더십이란 리더가 어떤 행태나 보상 또는 유인을 사용하여 부하로부터 바람직한 행태를 끌어내는 과정이다. 여기서 본질적인 측면은 교환이나 거래가 리더와 부하 간에 발생되어 부하는 동의된 목표를 달성하였을 때 리더로부터 보상을 받고, 리더는 부하들이 목표를 달성하도록 돕는 관계이다.

(1) 거래적 리더십과 변혁적 리더십

1980년부터는 그 동안의 리더십에 대한 연구가 상이한 접근방법을 사용하였기 때문에 리더십에 대한 이해가 협소한 수준에 머물렀다고 보고, 보다 종합적인 차원에서 두 개 이상의 접근법을 사용하는 통합이론이 등장하였다. 그 중의 하나로 Bass(1985)에 의해 제시된 거래적 리더십과 변혁적 리더십에 대해 설명하기로 한다.[25)]

리더십은 안정을 지향하는 형, 반대로 변화를 지향하는 형으로 대별되는데, 전자가 거래적(transactional) 리더십이고, 후자가 변혁적(change oriented) 리더십이다. 거래적 리더는 업무를 할당하고 업무 결과에 대한 평가와 의사결정 등 일상적 역할에 주력하나, 변혁적 리더는 조직의 합병을 이끌며, 신규 부서를 만들고 새로운 조직문화를 창달하며 변화를 주도 및 관리한다.

달리 표현하면, 거래적 리더십이 현재의 욕구를 비용편익의 계산과정에서 추구하는 데 비해, 변혁적 리더십은 미래의 바람직한 욕구를 구상하고 그것을 구성원들에게 내재화하여 좋아하도록 만들고 추구하게 한다는 데에 양자의 가장 큰 차이점이 있다(Bass, 1985: 17).

① 거래적 리더십

거래적 리더십 과정은 두 가지로 구분된다. 하나는 부하들이 원하는 보상을 얻기 위해 무엇을 해야 하는지를 인식하고 부하들의 역할을 명확히 한다. 다른 하나는, 부하의 욕구를 인식하여 부하들이 노력을 기울일 때 이러한 욕구가 어떻게 충족될 것인지를 명확히 한다. 거래적 리더십은 이러한 두 과정을 통해서 부하들이 자신들에게 기대된 성과를 달성하도록 하는 것이다. 하지만 거래적 리더십으로는 부하들의 과업목표에 대한 열의(enthusiasm)와 몰입(commitment)까지는 발생시키지 못한다.

일반적으로 거래적 리더십은 반복적이고 기대된 성과수준이 측정될 수 있는 상황에서 효과적인 방법이다. 그러나 부하들의 행태에 장기적이고 보다 더 높은 수준의 변화를 줄 수 있는 방법을 제시하지 못한다는 한계가 있다(김문성, 2004: 370).

② 변혁적 리더십

가. 배 경

1950~60년대에는 리더십이론이 리더십행위를 결정하는 각종 요인들에 대한 연구에 중점이 주어졌으나, 1970년대에 와서는 상황적 요인이 리더십 효과에 미치는 실제

---

25) Bass는 MLQ(multifactor Leadership Questionaire)를 통해 두 가지 형태의 리더십 특성과 관련된 요인들을 추출하고 그 특성을 범주화하였다(윤건수, 2006: 127).

영향에 관심을 갖고 상황적응이론을 낳았다. 이들 이론들을 들여다보면 아래 몇 가지 단점을 안고 있었다. 첫째, 과거의 리더십이론들은 리더와 부하의 2분법적 역할 관계에서 역할을 구분하고 있어 조직구성원들의 스스로의 개선 내지 자아요구 가능성을 소홀히 하고 있다.

둘째, 과거의 리더십이론들은 흔히 리더와 관리자를 함께 논하고 있어 리더의 임무가 마치 조직의 통제에 있는 것처럼 되는데, 사실은 리더의 임무는 창조에 있다. 즉, 조직 사명에 대한 깊은 통찰과 적극적인 창의적 정신으로 조직을 전체적인 변혁으로 이끌고 가는 데 있다. 이러한 단점을 극복하기 위하여 1990년대에 변혁적 리더십이론이 등장하게 되었다.

나. 변혁적 리더십의 의의

변혁적 리더십이란 정상적으로 기대할 수 있는 이상의 성과를 도출해 낼 수 있는 리더십을 말한다. 리더의 영향력에 의한 부하의 변화 측면에 초점을 맞추는 것으로, 즉 조직문화나 구성원의 신념체계를 전환시켜 자기중심의 현실 안주 시각에서 벗어나 거시적이고 미래지향적인 변화의 시각으로 거듭나는 측면을 강조한 것이다.

이도형(2006: 268)은 변혁적 리더십을 분자경영 방식으로 부르고 있다. 관료적 스타일은 리더십이라기보다 억압적 성격이 강한 헤드십(headship)이다. 이것은 하위자 위에 군림하는 방식이며, 저부가가치 리더십이라고도 불린다. 이에 반해 변혁적 리더십은 하위자의 마음을 움직이게 한다는 점에서 고부가가치 리더십이다. 그들에게 힘을 주고 스스로 움직이게 하고, 그 다음은 힘을 합해 문제를 해결하도록 후원한다. 여기서 자연히 생산성이 높아지는데, 이게 바로 분자경영 방식의 리더십이다.

다. 변혁적 리더십의 구성요소

변혁적 리더십 행태의 중요한 요소를 세 가지로 구분할 수 있다. 카리스마, 지적 자극 그리고 개별적 배려 등이다(Bass, 1999). 첫째, 카리스마(charisma)란 비범하거나 초인적인 특성으로 인해 정당성을 획득하는 권위를 말한다. 사람의 마음을 끄는 특별한 매력을 가졌거나 다른 사람에게 영향을 주는 카리스마적 요소가 변혁적 지도력의 요소들 중에서 가장 중요하다.

둘째, 개별적 배려(individualized consideration)는 지도자에 대한 부하의 만족도 및 생산성에 영향을 미치는 주요 요인이다. 개별적 배려는 지도자가 구성원 개개인에 대해 관심을 가지고 이들을 이해하려는 의지가 있고, 부하의 관심 사항에 대해 함께 공유하는 것을 의미한다.

셋째, 지적 자극(intellectual stimulation)이란, 문제 해결을 위해 새로운 방법을 시도해 보도록 자극하거나, 지도자뿐만 아니라 구성원 개인이 지닌 신념이나 가치관에 대하여 의문은 가지도록 조장하는 것을 말한다.

라. 변혁적 리더의 특질

변혁적 리더는 조직 활동의 중심이며, 조직 변혁의 발동기이다. 변혁적 리더가 마땅히 가져야 할 특질은 다음과 같다(Buhler, 1995: 25~26; Carlson & Perre, 1995: 833).[26)]

첫째, 조직의 미래 청사진을 그려야 조직구성원들로부터 신뢰감을 확보할 수 있다.

둘째, 리더는 강제적인 방법으로 권력을 획득하는 것이 아니라 구성원들의 개성과 능력을 면밀히 파악하여 이들이 자기개발을 이루게 유도해 진심으로 따르도록 해야 한다.

셋째, 구성원들의 욕구에 차이가 있음을 이해하고 적합한 반응을 보여야 한다.

넷째, 변화하는 시대에 발맞춰 리더는 새로운 지식을 열심히 학습해야 하고 부하들도 부단히 학습하는 습관을 기르게 해야 한다.

다섯째, 개인적 가치의 건립이 필요하다. 변혁적 리더는 신의가 있고 정의롭고 성실함 등의 가치를 쌓아 다른 사람들이 따르도록 해야 한다.

여섯째, 리더는 업무에 열의를 가지고 임해야 다른 구성원들을 감동시킬 수 있다.

여기서 우리가 유의해야 할 것은 거래적 리더십이 변혁적 리더십에 비해 덜 필요하다는 것은 아니라는 사실이다.[27)] 조직의 성공적 개혁을 위해서는 새로운 비전을 제시할 수 있는 변혁적 리더십이 필요할 것이다. 하지만 조직이 숲에 해당하는 거시적 변

---

26) 손성원은 35살 때 미국 세인트클라우드 주립대의 총장을 역임한 분으로 리더에게 가장 중요한 세 가지 자질을 제시하고 있다. 리더는 변화를 주도해야 하며, 주위 사람을 가르칠 수 있어야 하고, 꿈을 꿀 줄 알아야 한다는 것이다. GE의 잭 웰치가 성장기에 금융이나 서비스산업이라는 새로운 사업에 뛰어들었다는 것과 시카코 불스의 마이클 조던은 단순히 농구 실력만 뛰어난 것이 아니라 동료들이 더 나은 선수가 되도록 도와 주었다는 것 그리고 꿈은 미래를 바꾸는 힘이라는 것을 역설하고 있다(조선일보, 2007. 4. 14).

27) 국내 연구에서 김호정(2001: 197~216)은 기업조직에서는 변혁적 리더십이 거래적 리더십보다 리더십 효과가 크고, 변혁적 리더십은 거래적 리더십의 효과를 증폭시킴을 확인할 수 있었으나, 행정조직에서는 상반되는 결과가 나타났다. 즉 거래적 리더십이 조직몰입에 미치는 영향이 오히려 더 컸으며, 변혁적 리더십의 증폭 효과보다 거래적 리더십의 증폭 효과가 더 컸다. 한편, Trottier 등(2008)은 최근 논문에서 양자의 상대적 중요성을 분석하고 있다. 지각된 리더십 효과성(perceived leadership effectiveness)에 있어 응답자들은 변혁적 리더십에 조금 더 높은 비중을 두고 있다. 변혁적 변수에는 70.9%를, 거래적 변수에는 65%를 두고 있고 이러한 경향은 부하들의 만족도(follower satisfaction)에도 같은 경향을 보이고 있다. 즉, 변혁적 변수에는 72.5%를, 거래적 변수에는 70.7%를 두고 있다. 그러나 결과 해석에 있어서 이 연구가 개별적 배려를 거래적 변수에 넣었다는 것을 감안해야 한다(Trottier, Wart, Wang. 2008: 319).

화를 어느 정도 흡수한 다음에는 나무에 해당하는 구체적인 정책과 내부 관리에 관심을 가지고 또한 보상과 처벌을 근간으로 하는 거래적 리더십이 필요하게 된다(유민봉, 2006: 289).

(2) 셀프리더십

셀프리더십은 개인 스스로가 자기 자신을 동기부여시켜 자기 과업을 성실히 수행하는 것을 의미한다. 21세기의 조직은 리더보다 유능한 하위자들이 이끌어간다. 리더들은 하위자들의 잠재력을 이끌어 내기 위해 자기계발에 입각한 팔로우십(followship)을 창출해 내야 한다. 이를 위해 그들의 잠재력이 조직에서 발휘될 수 있도록 권한을 부여해 주어야 하고, 또 그들이 자신을 스스로 리드할 수 있는 셀프리더가 되도록 육성해야 한다. 셀프리더십의 강조는 배고픈 사람에게 밥 한 술 건네주는 것이 아니라 농사법을 가르쳐 주어 스스로 배고픔을 해결하도록 만드는 것에 비유할 수 있다(유민봉, 2006: 290).

4) 기타 리더십이론: 리더십 대체이론

(1) 개 념

기존 이론들은 어떠한 상황에서라도 리더의 행동은 구성원의 태도에 중요한 영향을 미친다는 암묵적인 가정을 하고 있다. 그러나 커와 저미어(S. Kerr & J. Jermier)는 대체이론에서 리더십의 효과성에 영향을 주는 상황적 요소를 리더십 향상요인, 리더십 중화요인, 그리고 리더십 대체요인으로 분류하고 있다.

① 리더십 향상요인: 리더의 구성원에 대한 영향력을 증진시키는 환경이나 부하의 특성

② 리더십 중화요인: 리더의 부하에 대한 영향력의 효과성을 감소시키는 환경이나 부하의 특성

③ 리더십 대체요인: 특정한 리더십 행동의 필요성을 대체하는 것으로, 그 행동을 불필요하게 만드는 환경이나 부하의 특성

(2) 대체요인과 중화요인

리더십 대체요인은 리더의 행동을 불필요하거나 불가능하게 만드는 변수들을 말한다. 즉 구성원들이 자신의 역할을 명확히 이해하고, 업무를 수행하는 방법을 잘 알며 높은 동기가 유발되는 것이 해당한다. 구조화되고 일상적이며 애매하지 않은 과업도 리더십 대체요인이다. 또 부하의 경험, 능력, 훈련수준이 높은 것, 수행하는 과업의 결과에 대한 환류가 빈번한 것도 리더십 대체요인이다.

리더십 중화요인은 리더가 특정한 방식으로 행동하는 것을 방해하거나 리더의 행

동이 미치는 영향을 무력화시키는 구성원의 특성과 과업 특성을 말한다. 예를 들면, 리더가 성과를 많이 올린 부하에게 상을 줄 수 있는 권한을 갖고 있지 않다면 이런 상황변수가 중화요인이다. 또 조직이 제공하는 보상에 대한 무관심은 리더십 중화요인이 된다.

3. 의사전달

1) 의 의

의사전달은 사람들 간에 정보를 주고받는 과정으로 볼 수 있다. 공·사조직의 관리에 있어서 의사전달은 대단히 중요한 역할을 한다. '쇠귀에 경 읽기'라는 말에서 짐작할 수 있듯이 효율적인 관리를 위해서는 효과적인 의사전달이 필수적이라고 하겠다. 의사전달은 보통 혈관 내지 도로에 비유할 수 있다. 혈관이 막히면 심장에 이상이 오듯이 커뮤니케이션이 막히면 조직의 심장에 이상이 올 수 있다(유민봉, 2006: 412).

그리고 최근 정보통신기술의 발달은 새로운 방식의 커뮤니케이션 환경을 조성하고 있다. 인터넷, 전자우편(e-mail) 등의 발달은 업무 수행 방식을 바꾸어 놓고 있다. 대부분의 커뮤니케이션은 쌍방향적이어서 역동적인 커뮤니케이션 상태가 형성되고 있다.

2) 의사전달의 유형과 원칙

(1) 유 형

의사전달은 공식성의 여부에 따라 공식적 의사전달과 비공식적 의사전달로, 정보가 흐르는 방향에 따라서 수직적·수평적·대각적 의사전달로, 그리고 환류 여부에 따라 일방적 의사전달과 쌍방적 의사전달로 구분된다.

① 공식적 의사전달과 비공식적 의사전달

공식적 의사전달은 조직의 공식적 권한계층에 따라 정보가 전달되는 것으로, 의사전달이 확실하고 편리하며 책임소재가 분명하다는 장점이 있는 반면에, 경직성을 띠기 때문에 변동 상황에 적응하기가 곤란하다는 문제점을 지니고 있다.

비공식적 의사전달은 비공식적 관계에서 정보가 전달되는 것으로, 소문이 포도넝쿨처럼 확산 전달되는 것이 이에 해당한다.

② 수직적·수평적·대각적 의사전달

수직적 의사전달은 다시 하향적 의사전달과 상향적 의사전달로 나눌 수 있다. 전자는 조직계층의 위에서 아래로 정보가 전달되는 것으로 상의하달(上意下達)이라고 하며 명령이나 지시, 훈령 등이 이에 속한다. 후자는 조직계층의 아래에서 위로 정보가 전달되는 의사전달로서 하의상달(下意上達)이라고 하며 보고, 제안제도 등이 이에 속한다.

수평적 의사전달은 조직 내 여러 기능부서들 사이를 관류해서 흐르는데, 이것은 다양한 조직 내의 기능들을 조정하고 통합하는 데 필요하다. 횡적 의사전달로서 대면이나 구두(口頭)의 형태를 띤다.

대각적 의사전달은 조직 내의 여러 가지 기능과 계층을 가로질러 이루어지는 의사전달을 말한다. 계서 상의 직속상관이나 직속부하가 아닌 사람들 간의 의사전달로, 계선과 막료 간의 의사전달이 이에 해당한다.

③ 일방적 의사전달과 쌍방적 의사전달

의사전달은 전달자와 수신자 간에 환류가 존재하느냐 여부에 따라 일방적 의사전달과 쌍방적 의사전달로 나뉜다. 전자는 환류가 존재하지 않는 방식으로서 명령, 보고 등과 같이 일방적이다. 후자는 환류가 존재하는 것으로 회의, 위원회 등과 같이 시간이 더 걸리고 때로는 감정적인 문제가 발생할 수 있다(최항순, 2006: 326).

(2) 의사전달의 원칙

① 정확성(accuracy): 의사전달은 두 가지 점에서 정확해야 한다. 하나는 내용이나 인용한 통계치 또는 도표가 정확해야 한다. 다른 하나는 철자, 구두점 그리고 문법이 정확해야 한다.

② 간결성(brevity): 의사전달은 요점을 간결하게 표현해야 한다. 만일 보고서가 서너 장이면 전면에 요약문을 부착하는 것이 좋다.

③ 명확성(clarity): 문장은 분명하고, 가능한 짧게 단문으로 표현해야 한다.

④ 적시성(timeliness): 의사전달은 너무 이르거나 너무 늦게 해서는 안 되며, 적당한 시기에 전달하여야 한다.

⑤ 일관성(consistency): 의사전달은 전후가 모순이 없어야 하고 일관되어야 한다.

3) 의사전달의 체제

의사전달체제란 의사전달이 어떤 과정을 통해 이루어지는가에 관한 것으로, 이는 의사전달 과정과 의사전달망으로 나누어 볼 수 있다. 전자는 정보원→발신자→경로→수신자와 같은 의사전달의 연속적 과정을 말하고, 후자는 조직 내에서 전달자로부터 피전달자에게로 메시지가 전달되는 의사전달 경로의 구조, 즉 원형, 윤형 등과 같은 것을 말한다.

(1) 의사전달 과정

샤논(C. Shannon)과 위버(W. Weaver)는 정보원, 전달자, 신호, 수신자, 목적지 등의 의사전달의 다섯 가지 구성요소를 제시하였다. 여기서 정보원은 전달하고자 하는 정보를 소유하고 있는 사람, 송신자는 정보를 송신이 가능한 신호로 만들어(encode) 전달하는 사람을 뜻하며, 신호는 전달통로를 통해 정보를 수신자에게 닿게 하는 메시지, 그리고 목적지는 수신자가 신호를 다시 정보로 변경시켜(decode) 최종적으로 도달하게 하는 사람을 의미한다(최항순, 2006: 327).

벌로(D. K. Berlo)는 종전 모형들의 통합을 시도하여 의사전달 과정을 "전달자(sender)가 메시지(message)를 특정한 경로(channel)를 통해 수신자(receiver)에게 전달하는 것"으로 언급하여 S－M－C－R 모형으로 단순화하고 있다(최항순, 2006: 327).

이상을 종합해 볼 때, 의사전달 과정은 다음과 같이 도시될 수 있을 것이다. 발신자, 상징화, 메시지, 채널, 해독, 수신자, 장애, 환류 등의 구성요소들을 구체적으로 보면 다음과 같다.

① 발신자(sender)

발신자는 정보 전달을 행하는 사람이다. 발신자는 자기 자신의 생각뿐만 아니라 다른 사람의 정보를 해석하고 자기 생각을 가미해서 전하는 경우도 많다.

② 상징화(encoding)

발신자의 의도는 송신을 위해 적당한 메시지로 전환하는 상징화 과정을 거치게 된

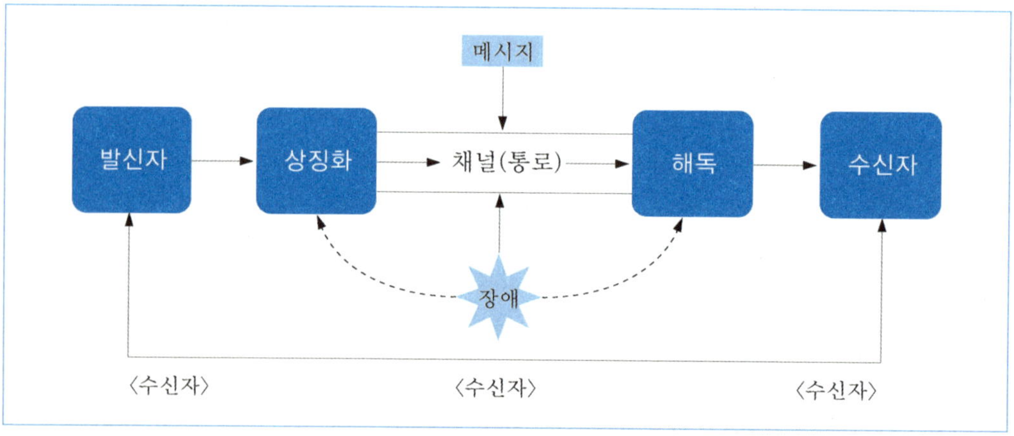

자료: 유민봉, 2006: 414.

[그림 7-12] 의사전달 모형

다. 생각이나 정보에 코드를 부여하여(상징화하여) 상대방이 이해할 수 있는 언어, 숫자, 그림, 몸짓, 표정 등으로 전환하는 과정이다. 신체적 언어(body language)가 그 한 예이다.

③ 메시지(message)

상징화가 끝난 정보는 메시지가 된다. 전달자가 가지고 있던 무형의 의미를 상징화하여 사람의 감각기관으로 감지할 수 있는 정보로 전환된 것을 메시지라 한다. 협상이 타결된 후 악수를 할 때 얼마나 강하게 상대방의 손을 잡느냐에 따라 감사의 정도를 달리하는 것과 같다.

④ 채널(channel)

메시지를 전달하는 방법을 말한다. 면대면 대화, 보고서, 전화, 편지 등의 방법이 있다. 효과적인 커뮤니케이션이 되기 위해서는 메시지에 맞는 채널의 선택이 매우 중요하다.

⑤ 해독(decoding)

해독은 발신자가 만든 코드를 해제하여 해석하는 과정이다. 즉 발신자의 메시지를 의미 있는 정보로 전환하는 과정이다. 발신자가 의도했던 정보와 얼마나 근접하게 해독이 이루어졌는가는 커뮤니케이션이 얼마나 효과적이었느냐를 보여주는 중요한 척도가 된다.

⑥ 수신자(receiver)

발신자의 메시지를 받는 사람이다. 형식적으로는 수신자가 메시지를 접수한 것으로 일단의 커뮤니케이션은 종료된다.

⑦ 장애(noise)

효과적인 커뮤니케이션을 방해하거나 정확한 커뮤니케이션을 왜곡하는 모든 요소를 장애라 한다. 발신자의 표현력 부족으로 상징화가 부적절하다거나, 대화를 하는 중에 외부 소음이 너무 크다거나, 수신자가 주의를 기울이지 않는 것 등이 모두 장애에 해당한다. 장애는 의사전달의 모든 과정에 걸쳐 일어날 수 있지만 특히 채널을 거칠 때 자주 발생하여 의사전달의 정확성을 감소시키는 요소로 작용한다.

⑧ 효과(effect)

메시지 송신의 결과로서 수신자의 지식, 태도 및 행동에서의 변화를 말한다. 물론 이러한 변화는 메시지의 이해를 통해서만 이루어지는 것은 아니며, 그것은 동기부여나 리더십 등에도 달려 있다.

⑨ 환류(feedback)

전달자의 메시지에 대한 수신자의 반응으로서 의사전달의 효과성을 평가하는 데 필수적 요소가 된다. 환류에 의해 전달자는 후속 메시지를 수정하는 데 이 결과를 고려할 수 있다. 그러므로 환류는 의사전달을 역동적이고 쌍방향적으로 만드는 중요성을 갖는다(이창원·최창현, 2007: 359).

(2) 의사전달망

① 형 태

의사전달망의 형태는 다양하지만, 여기서는 원형, 선형 또는 연쇄형, Y형, 윤형, 전체 경로형 또는 개방형, 혼합형 등에 대해 알아보고자 한다.

가. 원 형

원형은 집단 내에서 구성원들이 양 옆의 두 사람과 의사전달을 할 수 있게 되어 있는 형태이며 중심적인 인물이 없다.

나. 선형 또는 연쇄형

단순한 계서적 의사전달망으로 조직 내의 직위 또는 연결점들이 한 줄로 이어지는 형태이다.

다. Y형

의사전달망의 최상층에 두 개의 대등한 직위가 있는 경우이다.

라. 윤형

바퀴형이라고도 하며 집단 내에 중심적 인물 또는 리더가 존재하여 구성원 간의 의사전달이 그 리더를 통해서 이루어지는 형태이다.

마. 개방형

가장 민주적인 의사전달의 형태로서 각 구성원들은 집단 내의 누구하고나 서로 의사전달을 할 수 있다.

바. 혼합형

윤형과 개방형이 혼합되어 있는 형태로서 구성원들이 서로 자유스럽게 의사전달을 하지만 리더인 한 사람이 중심적인 위치를 차지한다.

이상에서 살펴본 여섯 가지의 의사전달망의 형태를 도식화하면 아래 그림과 같다.

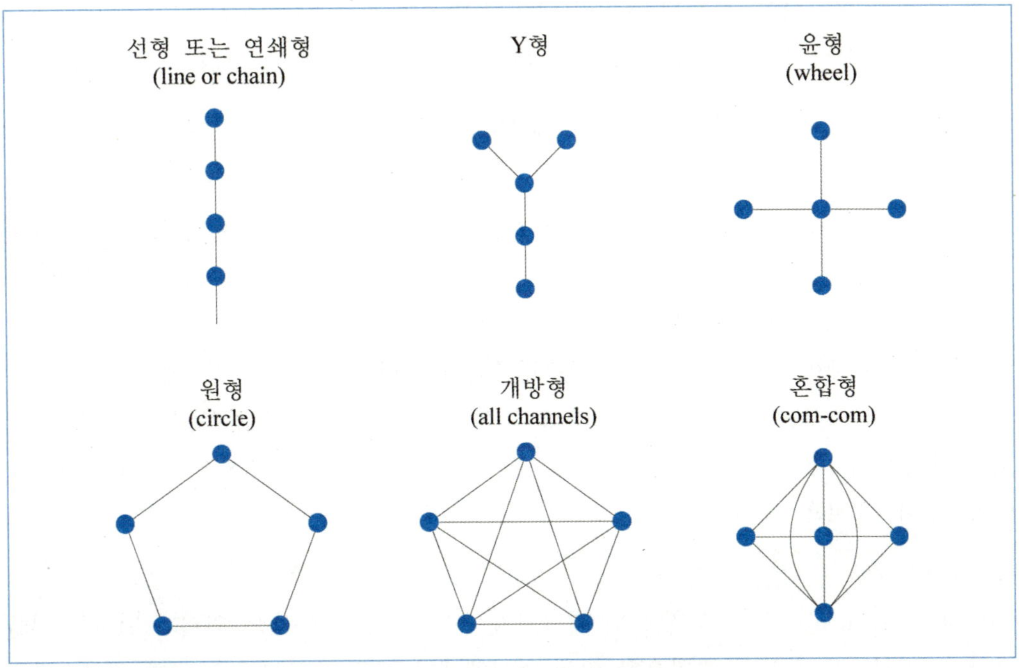

자료: 최항순, 2006: 331.

[그림 7-13] 의사전달망의 형태

② 의사전달망의 유형별 특성

가. 의사전달의 신속성

윤형망의 경우 다른 형태에 비해 중심적 직위가 뚜렷하고 중심적 직위와 외곽적 직위 사이의 연계점이 적으므로 가장 능률적인 의사전달망이라 할 수 있다. 반대로 가장 비능률적인 형태는 개방형이다.

나. 구성원의 만족

구성원들이 느끼는 만족, 특히 사회적 욕구의 충족에 가장 좋은 조건을 제공하는 것은 개방형망과 혼합형망이다.

다. 집권화의 정도

집권화의 정도는 바퀴형의 경우에 가장 높다. 그 다음으로 높은 것은 Y형의 경우이다.

라. 모호한 상황에의 대응

예외적으로 발생하는 모호한 사태를 빨리 극복할 수 있는 의사전달망은 개방형, 혼합형, 그리고 원형이다. 윤형은 그러한 사태에 당하면 가장 큰 어려움을 겪는다. 윤형망의 능률성은 일상적이고 단순한 업무를 처리할 경우에 가장 잘 발휘될 수 있다.

4) 의사전달의 장애요인과 극복 방안

(1) 장애요인

장애요인은 구조적 장애요인과 과정적 장애요인으로 구분할 수 있다. 구조적 장애요인으로 계층제는 조직목표 달성을 강조하고, 개인은 개인적 욕구 충족을 추구하면 양자의 불일치에서 정보의 왜곡 현상이 일어난다.[28] 그리고 부서별 전문화로 인해 각 부서는 경쟁관계에 놓이게 되고 정보는 왜곡되거나 단절되게 된다.[29] 예를 들어, 외무부·국방부·정보기관 3자 간의 비협조로 인해 동일 정보활동이 중복되거나 왜곡되는 일이 발생할 수 있는 경우가 그것이다(이창원·최창현, 2007: 371). 과정적 장애요인으로는 왜곡, 누락, 정보의 과부하 및 수용의 거부 등이 있다.

① 왜 곡

왜곡(distortion)이란 조직을 통해 메시지가 전달될 때 그 내용의 의미가 변하는 것을 말한다. 개인들은 상이한 경험으로 인해 준거체제가 서로 다르므로 동일한 의사전달을 다르게 해석할 수 있다. 보고서를 받은 담당교수가 몇 주가 지나도록 아무런 평가를 해주지 않을 때, 평소 그 교수를 잘 아는 학생은 긍정적인 평가로 받아들인 반면 그 교수를 잘 모르는 학생은 부정적인 것으로 간주했다(김병섭 외, 2002: 320).

② 누 락

누락(omission)은 메시지의 일부가 생략되는 것이다. 이것이 발생하는 주된 이유는 수신자가 메시지의 전체 내용을 파악할 수가 없어서 단지 자기가 이해할 수 있는 부분만을 받아들이기 때문이다. 조직이 고층구조를 지녀 의사전달 단계가 길어지게 되면 불가피하게 누락 현상이 발생한다.

③ 정보의 과부하

정보의 과부하(overload)란 수신자가 그의 처리능력을 초과하여 정보의 투입을 받아 정보과다에 걸리면 의사전달에 장애가 생긴다. 정보의 홍수에 휩쓸리게 되면 중요한 문제를 가려 내지 못하거나 합리적인 의사결정을 못하는 때가 많다.

---

28) 예를 들면, 하급자들이 자기들에게 불리한 결과를 가져 오게 될 의사전달에 대하여 자기보호적 장벽을 쌓게 된다(오석홍, 1999: 518).

29) 일반 행정부처의 경우 이공계 출신의 정보 관련부서와 일반 행정부서와의 관계에서 자주 나타날 수 있다(유민봉, 2006: 417).

④ 수용 거부

수용 거부(acceptance failure)는 의사전달의 내용을 이해하더라도 그에 승복하지 않는 것을 말한다. 수신자가 정보 전달자의 말이나 행동을 신뢰하지 않거나, 메시지에 대한 특정의 선입견(preconceived ides)을 갖는 경우 수용 거부 현상이 나타난다. 이렇게 되면 의사전달의 원래 의도는 크게 상실된다.

(2) 극복 방안

첫째, 눈높이 의사전달로서, 발신자가 상대방과의 상대성을 고려하여 적당한 상징화 작업을 해야 한다. 수신자가 어떤 사람이고 어떤 개인적 특성을 가지고 있는가를 확인하고 그들 감정을 추정하고 그들의 입장이 되어 주는 공감의 자세가 필요하다.

둘째, 신뢰의 형성으로, 상사의 경우 권위에 의존하기보다는 개방적인 자세로 부하에게 다가가는 노력이 중요하다.

셋째, 왜곡이나 누락의 가능성은 의사전달이 흐르는 통로인 계층제의 수와 정비례하는 관계를 가진다. 따라서 조직구조 내 계층제의 수를 줄여 나가는 것이 바람직하며, 이것이 어려울 경우 정보를 가능한 한 기호화하거나 계량화함으로써 왜곡 현상을 방지할 수 있다.

넷째, 정보과다의 통제이다. 정보 과부하에 대한 대응방법으로는 항구적 또는 잠정적으로 초과분의 정보처리를 수임할 수 있는 '예비적 인력'의 확보가 필요하다. 또 조직이 미리 정해 놓은 우선순위에 따라 정보를 선별 처리하는 일부대기(queuing)의 방법도 있는데(최항순, 2006: 334), 정확한 우선순위 체계를 강구하는 것도 필요하지만, 이것보다 더 중요한 것은 조직에 정보 과부하가 걸리지 않도록 의사전달 구조를 재검토해 보는 일이다. 조직을 분권화함으로써 상위층에 집중되는 정보를 중간층 이하에 분산시키는 방법이 이에 해당한다.

이들 외에도 호제트(Hodgetts, 1982: 299~305)는 의사전달의 기술로 아래 네 가지를 제시하고 있다. i) 민감성 개발(developing sensitivity): 부하들의 요구를 민첩하게 인식하는 것이다. ii) 이해 가능하고 반복되는 언어의 사용(employing understandable, repetitive language): 개요 설명이 있으면 상대방의 언어를 한층 더 잘 이해할 수 있다. iii) 신뢰 확보(protecting credibility): 소통자는 필히 자신을 믿을 수 있는 사람으로 만들어야 한다. iv) 나쁜 청취습관을 피해야 한다(avoiding bad listening habits): 니콜스(Nichols, 1959: 15~22)에 의하면 아래와 같은 것들이 나쁜 청취 습관에 속한다. (i) 산만: 흥미가 없는 듯 주의력을 집중하지 않는 것, (ii) 너무 빨리 청취: 말하는 사람이 아직 말을 끝내지 않았는데 자신은 이미 충분한 소식을 들은 것으로 여김, (iii) 지나친 격동: 좋지 않은 소식에 접하고는 더 이상 듣기를 멈춤. (iv) 인내하지 못하는 청취: 어떤 사람이 말하는 문제가 상당히 복잡하여 이해하기 어려워 인내심을 잃는 것 등이다.

제 5 절 조직과 환경

조직 환경은 조직의 경계의 바깥에 놓여 있는 모든 것으로서 사람, 다른 조직, 경제적 요소, 사건 등 모든 요소를 포함한다. 여기서는 조직환경의 복잡성과 변화율을 중심으로 환경유형을 분류하는 이론으로 에머리와 트리스트(F. Emery & E. Trist)의 이론을 소개하고, 이어서 환경과 조직 간의 관계를 다루는 두 가지 이론을 소개하고자 한다. 하나는 스캇의 조직이론이며 다른 하나는 애스틀리와 반드밴(Astley & Van de Ven, 1983)의 조직이론이다.

1. 조직환경의 유형 분류: 에머리와 트리스트의 분류

에머리와 트리스트는 조직 환경의 복잡성과 변화율을 중심으로 환경유형을 분류하였다. 그들은 환경유형을 다음과 같이 네 가지로 분류하고 있다(임창희, 2010: 290).

1) 정태적 — 우연적 환경

환경요소들이 매우 안정적이고 서로 간에 아무 관련성도 없이 무작위적으로 분산된 유형이다. 요소들 상호 간에 아무런 영향 관계가 없으므로 한 가지 요소에 문제가 발생해도 다른 쪽은 변화가 없기 때문에 조직의 환경으로서 가장 단순한 환경이다.

2) 정태적 — 응집적 환경

환경이 비교적 정태적이고 평온하나 그 구성요소들이 일정하게 정해진 방식으로 무리를 짓고 편재하는 현상이 발생한다. 따라서 환경이 급변하지는 않지만 환경 요소 간에 어떤 사태를 발생시킬 수 있는 인과 관계의 개연성이 있다.

3) 교란 — 반응 환경

환경의 여러 요소들이 한 부문에 집중되어 있으면서 상호 연관성과 경쟁관계가 크므로 환경은 매우 복잡하며 불확실성이 크다. 한쪽에서 변화가 일면 연속적으로 다른 부문에 반사적으로 영향을 미치기 때문에 환경은 삽시간에 교란된다.

4) 격동 환경

환경요소들끼리의 상호작용도 크지만 각 요소들이 매우 가변적이라서 환경 자체가 끊임없이 변화한다. 더구나 환경의 한쪽에서 일부 요소가 변화하면 곧바로 주변의 다른 환경요소에 영향을 미쳐서 불확실성은 매우 커진다.

2. 환경과 조직 간의 관계

1) 스캇(W. G. Scott)의 조직이론

(1) 조직이론의 구분기준

스캇은 조직에 있어 조직환경의 고려 여부와 인간에 대한 관심을 기준으로 조직이론을 네 가지로 분류하였다. 여기서 환경의 고려 여부란 조직을 외부환경과 고립된 폐쇄시스템으로 보는지의 여부를 뜻하고, 인간에 대한 관심은 합리적 인간관인지 아니면 사회적 인간관인지의 여부를 의미한다. 사회적 인간관은 자연적 인간관이라 불리기도 한다. 스캇의 조직이론 분류를 도식화하면 다음과 같다.

조직관 \ 인간관	합리적	사회적
폐쇄적	1900~1930 Taylor Weber Fayol	1930~1960 Mayo Selznick McGregor
개방적	1960~1970 Chandler Lawrence & Lorsch Thopmson	1970~ March & Simon Weick Senge

[그림 7-14] 스캇의 조직이론 분류

(2) 폐쇄-합리적 모형

조직을 폐쇄된 체계로 보았으며, 조직을 구성한 인간들을 합리적으로 사고하거나 행동하는 존재로 인식하였다. 즉 인간을 기계적 존재로 인식했는데, 테일러의 과학적 관리법이 이에 해당한다.

(3) 폐쇄-사회적 모형

조직을 폐쇄된 체계 속에서 구성원들의 인간적 측면을 고려하였다. 구성원들이 가진 사회적 욕구를 충족시키고 이를 통하여 조직의 생산성 향상을 추구하였다. 호손연구를 통한 인간관계론이 대표적 이론이다.

(4) 개방-합리적 모형

인간을 합리적인 존재로 보는 견해의 후퇴를 보이고 있으나, 경쟁적 환경을 반영하여 조직을 외부환경의 변화에 영향을 받는 존재로 인식했다. 조직의 생존을 위해서는 환경과의 상호작용을 통한 적절한 관계를 유지하여야 하며, 이러한 시스템적 접근이 강조되었는데 챈들러와 톰슨의 이론이 대표적이다. 시스템적 접근은 특히 ① 개방체계로서의 환경, ② 상호연결된 하위시스템, ③ 시스템들 간의 조화를 중시한다.

(5) 개방-사회적 모형

이 이론은 조직이 목표 달성보다는 생존을 중시하고 조직을 공식성과 합리성만이 아닌 비합리적, 동기적 측면을 중요시한다. 환경의 중요성을 강조하면서 조직의 합리적인 목적 수행보다는 조직의 생존을 위하는 비합리성을 반영하고 있다. 와이크(K. Weick)의 이론이 대표적이다.

2) 애스틀리와 반드밴(W. Astley & A. Van de Ven)의 조직이론

(1) 개 요

그들은 조직이론을 결정론적 혹은 임의론적 관점, 그리고 개별 조직 혹은 조직군 수준이라는 두 개의 상호 배타적인 차원에 의해 아래 네 가지 관점으로 구분한다.

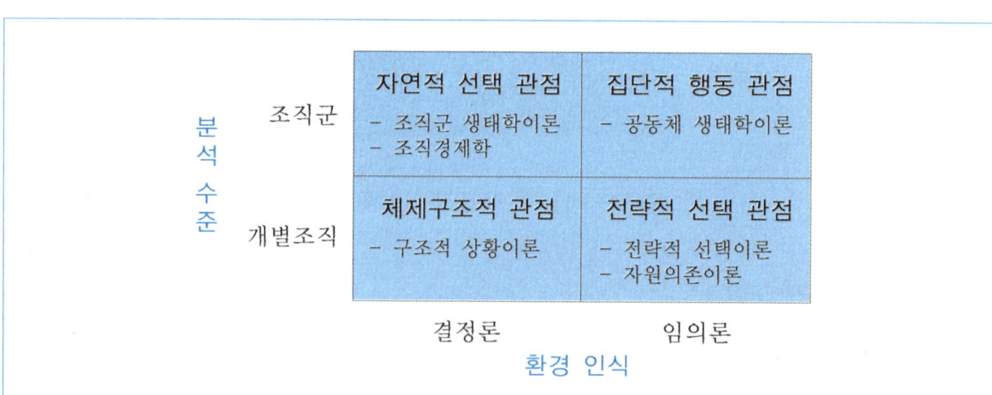

[그림 7-15] 애스틀리와 반드밴(Astley & Van de Ven)의 조직이론

① 환경인식

환경인식에 대한 기본 가정은 결정론과 임의론으로 구분된다. 전자는 조직을 적극적으로 환경을 형성하는 주체로 본다. 반면 후자는 개인의 행동은 구조적 제약에 의해 결정되거나 단지 이에 수동적으로 반응하는 것으로 본다.

② 분석수준

조직분석의 수준은 개별 조직을 대상으로 하는 미시적 수준과 조직군을 대상으로 하는 거시적 수준으로 구별된다. 과거에는 개별 조직이 주된 연구대상이었으나 최근 들어서는 조직군이 독특한 동태성을 가진다는 가정 하에 조직군 대상 연구가 늘어나고 있다.

(2) 자연적 선택 관점

① 개 요

이 관점은 환경결정론으로 개별 조직의 적응행동에 초점을 두는 것은 잘못이며, 거시적 수준에서 분석이 불가피하다는 점을 강조하고 있다.

② 조직군 생태학이론(組織群生態學理論)

이 이론은 조직이 환경과 상호작용함에 있어서 조직의 생존을 결정하는 것은 결국 환경이라는 결정론적 입장을 취하고 있다. 다시 말해 환경에 의해 선택되는 조직은 생존하고 그렇지 못한 조직은 도태당한다는 생물학적 자연도태나 적자생존의 법칙을 사회현상에 적용한 것이다. 이처럼 이 이론은 조직이 생겨나고 없어지는 원인을 환경적 적합도에서 찾고 있다(이목훈, 2007: 186). 예를 들어, 환경이 변화하고 주기적으로 크게 변동하는 경우 보편적인 서비스를 제공하는 조직은 살아남을 수 있고, 반대로 상대적으로 안정된 환경에서는 특수하고 전문적인 서비스를 제공하는 조직이 살아남을 가능성이 높다는 것이다.

가. 변이(variation)

변이란 새로운 조직형태가 조직군 안에 출현한 것을 말한다. 돌연변이뿐만 아니라 계획적이고 의도적인 변이도 포함된다.

나. 선택(selection)

선택이란 새로운 조직형태가 환경에 적합한 것으로 받아들여져 생존하는 것을 말한다. 적소(適所, niche)를 발견하여 생존에 필요한 자원을 환경으로부터 공급받는 변이는 생존하지만, 그렇지 못한 변이는 환경의 필요를 충족시키지 못하고 사멸한다.

다. 보존(retention)

환경에 의해 적합한 것으로 선택을 받은 조직형태가 제도화되고 유지되는 것을 보존이라고 한다. 보존된 형태는 환경 속에서 지배적인 위치를 차지한다.

기존의 조직이론은 하나의 조직을 대상으로 삼고 있기 때문에 대규모의 사회 변화, 사회운동 또는 사회적 불평등과 같은 문제를 설명하는 데 조직이론이 사용될 수 있는 가능성을 배제하고 있다. 그런데 조직군생태이론은 조직의 분석 수준을 하나의 조직이 아니라 조직들의 집합체인 조직군 수준으로 바꾸었기 때문에 이러한 문제에까지 이론을 적용할 수 있게 만들었다(김병섭 외, 2002: 204).[30] 달리 말해 조직과 환경 간의 관계에 관한 연구를 거시사회학적 차원으로 높였다.

그러나 지나치게 환경결정론에 기울어져 조직관리자가 행사하는 전략적 선택을 완전히 배제한 것은 문제로 지적된다. 또 자연적 생물세계를 연구하는 방법을 유추해 인간 사회조직을 설명하는 데 근본적인 문제점이 있다.

③ 조직경제학

가. 거래비용이론

거래비용이론은 경제학을 조직이론에 연결시킨 것으로서 기업과 시장 사이의 효율적인 경계를 설명하는 이론이다. 거래비용경제학에 의하면 기업은 시장 메커니즘이나 기업의 위계조직이라는 대체적인 거래양식을 통해서 필요한 자원을 조달하는데, 그 결정은 거래비용을 비교하여 이루어진다는 것이다. 즉 시장이 완전경쟁에 가까워 거래비용이 적게 들 경우에는 시장의 가격 메커니즘이 가장 효율적이기 때문에 기업은 시장을 통하여 자원을 조달한다. 그러나 정보의 비대칭성, 인간의 제한된 합리성 및 상대방의 기회주의적 행동으로 인하여 거래비용이 높아지는 경우 기업은 시장보다 기업 내에 위계조직을 설립하게 된다는 것이다.

나. 조직경제학에의 적용: M형 조직구조

조직 내의 거래비용을 줄이기 위해 조직은 어떻게 구조화되어야 하는가? 윌리엄슨(O. Wiamson)은 여러 가지의 가능한 조직구조 중 M형 구조가 U형 구조보다 효율적인 구조라는 M형 가설을 주장한다. 여기서 U형 구조는 기능구조이며 M형 구조는 사업부제 구조를 말한다. 전통적인 U형 구조는 조직의 규모가 확대되고 사업영역이 다양화됨

30) 예를 들어, 올해 고추가 흉작임을 알고 홍길동 농부가 이듬해에 고추를 많이 심었다면 환경에 적합하게 반응한 셈이다. 그러나 다른 농부들도 똑같이 행동하여 고추 값이 폭락한다. 농부들은 각자 농사를 짓지만 결과적으로 서로 연결된다. 즉 홍길동 농부의 환경 적응 문제는 전체 농부 집단의 관점에서 검토되어야 한다(임창희, 2010: 321).

에 따라 각 부문 간의 조정이 어려워지고 개별 부서가 부서의 목표만을 추구하는 경향이 있다. 반면에 M형 구조는 사업부 내에서의 조정이 용이하므로 조직의 효율적인 운영이 가능하게 된다.

(3) 집단적 행동 관점

① 개 요

조직은 능동적으로 지배할 수 있는 활동영역에 따라 형성될 수 있다는 임의론을 따른다.

② 공동체 생태학이론

조직을 생태학적 공동체 속에서 상호의존적인 조직군들의 한 구성원으로서 파악하고 이에 따라 조직의 행동과 환경 적응 과정을 설명하려는 새로운 관점이다. 전국경제인연합회, 경영자총협회 및 각종 협회의 등장은 공동체 생태학이론으로 설명할 수 있는 사례이다. 접근방법을 보면, 공동의 노력에 의해 자연적인 환경을 극복하고 자신에게 유리하도록 사회환경을 형성하고 통제하려는 조직들의 적극적인 노력에 초점을 맞추고 있다. 이러한 점은 조직군 생태학이론이 환경결정론적 관점을 취함으로써 환경에 능동적으로 대처해 나가는 조직들의 공동적인 노력을 설명해 주지 못하는 것을 보완해 주고 있다. 그러나 외부 제약요인의 영향이 증대될 가능성이나 조직의 자체적인 적응능력을 떨어뜨린다는 점에서 문제로 지적된다.

(4) 시스템—구조적 관점

① 개 요

이 관점은 구조기능주의와 시스템 상황적합 관점을 결합한 것이다.

② 구조적 상황이론

모든 조직에 범용적으로 적용되는 조직구조는 없다. 조직구조는 상황요인에 의해 결정되며 조직의 효과성은 조직의 구조적 특성과 상황적 특성이 얼마나 부합하는가에 달려있다. 번스와 스토커(T. Burns & G. Stalker)가 비교적 안정된 환경에서는 기계적 조직구조가 적합하고, 변동이 심한 환경에는 유기적 조직구조가 적합하다고 한 것이 이에 해당한다.

(5) 전략적 선택 관점

① 개 요

개별 조직을 분석수준으로 하여 임의론적 관점에서 조직이 환경을 변화시키거나 또는 조직이 환경에 적극적으로 대응한다는 입장이다. 여기에는 전략적 선택이론, 자원의존이론 등이 해당한다.

② 전략적 선택이론

이 이론은 상황이론과 달리 조직이 관리자의 전략에 따라 선택되어진다고 본다. 환경결정론에 따르지 않고 조직이 상당한 재량을 가지고 스스로 설계하고 운영한다는 것이다.

전략적 선택은 여러 대안 중에서 자기에게 유리한 방향으로 선택한다는 말이다. 선택 방식에 대해서는 다음 세 가지로 정리할 수 있다.

가. 대안의 선택

여러 대안 중에서 어떤 것을 선택할 지는 환경에 의해서 정해지는 것이 아니라 조직관리자가 결정한다.

나. 환경의 조작과 통제

조직은 환경의 지배만 받는 것이 아니라 때로는 자신의 구미에 맞도록 환경을 조작할 수 있다. 대기업의 경우 시장수요가 없는 자사제품에 대해 홍보를 통해 억지로 유행을 조성하여 소비자를 부추기기도 한다.

다. 주관적 환경지각

조직관리자들이 자신들이 지각한 환경은 실제의 환경을 자기 나름대로 재창조한 환경이며 조직들은 이 재창조한 환경에 맞추어 행동할 것이다.

이 이론은 최고경영자의 능동적 역할을 강조한 점은 긍정적으로 평가할 수 있으나, 소규모 회사가 처음 출발할 때에는 관리자가 마음대로 할 수 있다고 하더라도 점차 회사가 커지면서 규정이 고착화되면 관리자라도 조직을 자의적으로 조종할 수 없다는 내부 제약이 있다. 또 외부적으로도 관리자의 선택 재량은 시장에서 매우 좁아지기도 한다. 이미 앞서간 기업들의 브랜드 명성을 파고들 수 없어서 제대로 뜻을 펴지 못하는 때도 많다.

③ 자원의존론

자원의존이론은 조직과 환경의 관계에서 조직의 주도적·능동적 행동을 강조한다. 조직은 환경의 변화에 수동적으로 적응하기만 하는 것이 아니라 환경의 영향에 적극적으로 대처하고 환경을 조직에 유리하도록 관리하는 행동주체라는 것이다. 즉 환경에 대한 의존도를 최소화하고, 의존에서 비롯되는 여러 가지 제약과 불확실성에 대응하는 자율성과 독립성을 유지하기 위하여 환경에 영향력을 행사하려 한다는 이론이다.

자원의존 모형은 세 가지 전제에 기초한 것이다. 첫째, 조직은 자원을 획득하는 데 있어서 그 환경에 의존한다고 전제한다. 둘째, 환경과의 관계에서 중요한 것은 조직에 의한 전략적 선택이라고 전제한다. 셋째, 조직은 능동적으로 환경에 영향을 미치려 한다고 전제한다(오석홍, 1999: 64).

이 이론에 따라 조직관리자가 취할 수 있는 효과적인 전략으로 완충(buffering)과 연계(bridging)를 들 수 있다. 전자는 조직이 환경의 혼란으로부터 조직을 보호하기 위하여 조직구조와 주요 절차를 정비하는 방법으로서 내부지향적이며 다소 수동적인 환경대응 전략이다.[31] 후자는 조직이 필요로 하는 주요 자원을 획득하기 위해서 환경의 다른 요소 또는 여타의 조직들과 협력관계를 형성하고 발전시키는 전략으로서 외부지향적이고 능동적인 조직의 변화대응전략이다.[32]

환경이 조직에 미치는 제약성과 불확실성을 인식하면서 조직의 환경에 대한 적극적 대응전략을 제시한 점에서 조직군 생태학이론보다 구체적이고 구조적 상황이론보다 능동적이다. 그러나 이 이론은 조직의 환경에 대한 자율성 및 관리능력을 실제 현실보다 지나치게 부각시킨다는 한계를 지닌다. 또 권력이 강하고 규모가 큰 조직을 설명하는 데 적절하다고 할 수 있으며, 반대의 경우는 조직을 설명하는 데 여러 가지 한계가 있다.

제 6 절 조직변동론

1. 조직혁신

1) 의 의

조직혁신이란 조직을 어느 한 상태에서 그보다 나은 다른 하나의 상태로 변동시키

31) 완충전략은 ① 분류: 환경의 요구를 사전심사를 통해 처리할 부서를 결정하거나 배제함, ② 비축: 예기치 못한 상황에 대비하기 위하여 필요한 자원을 확보, ③ 형평화: 비수기 할인 판매처럼 조직이 투입·산출요인의 심한 기복을 축소하거나 여러 집단의 상충되는 요구를 균형화시킴, ④ 예측: 자원 공급·수요의 변화를 예견하고 그에 적응함, ⑤ 성장: 조직의 규모와 권력, 기술, 수단 등을 늘려 조직의 기술적 핵심을 확장시키는 일종의 성장전략으로 가장 일반적인 전략 등으로 구성된다.

32) 연결전략은 ① 권위주의: 중심조직이 지배적 위치를 이용하여 외부조직이 필요로 하는 자원과 정보를 통제함, ② 계약: 자원의 안정적 공급을 위하여 계약을 체결함, ③ 경쟁: 다른 조직과의 경쟁을 통하여 자율적인 경영능력을 향상시킴, ④ 합병: 여러 조직을 통합함으로써 자원을 공동으로 사용함 등으로 구성된다.

는 것을 말한다.[33] 이처럼 조직혁신은 현상을 타파하고 변화를 인위적으로 유도하므로 저항이 수반된다. 그 결과 조직혁신은 성공보다는 실패의 확률이 훨씬 더 높은데, 그 이유를 3I(Interest, Inertia, Ignorance)로 표현할 수 있다(이종수, 2006: 101~111).

(1) 이익(Interest)

혁신으로 말미암아 이익을 침해받는 사람이 많으면 많을수록, 혁신이 실패할 가능성이 높다. 기존 이익구조의 재편은 그만큼 저항과 반발을 불러 올 가능성이 크다. 관료들은 정부혁신을 무력화하고자 할 때, 적극적 소극성 이른바 복지부동을 취하게 된다. 법을 위반하지 않으면서 혁신의 시책에 호응하지 않는 것으로 파괴력이 크다.

(2) 관성(Inertia)

과거에 대한 집착의 정도를 의미한다. 정부관료제는 구조화된 관성을 강하게 유지하고 있는 조직이다. 내부로부터 관성을 타파할 유인을 좀처럼 발견하기가 쉽지 않다.[34] 조직화된 이익분배의 메커니즘이나 정부－이익집단 사이의 경직된 의존관계가 관성으로 고착되어 혁신을 저해하게 된다.

(3) 무지(Ignorance)

무지는 인지능력의 부족을 비롯한, 지식과 정보의 부족을 의미한다. 문제를 해결하기 위해서는 우선 문제를 이해하고, 그 문제를 해결할 수 있는 해결방안을 모색해야 한다. 그러나 문제에 대한 정확한 이해가 부족한 상태에서 많은 혁신시책들이 시행되고, 결국은 실패로 귀결되게 된다.

2) 조직혁신의 대상변수와 접근방법

(1) 대상변수

혁신의 대상변수로는 ⅰ) 과업: 행정조직의 존립목적이 되는 기본적 활동, ⅱ) 인간: 조직 내 행위자, ⅲ) 기술: 문제해결을 위해 사용되는 업무수행상의 기술, ⅳ) 구조: 의사전달, 업무의 흐름 등의 체계가 있다. 이 네 가지 변수는 상호 밀접한 관계를 갖고

---

33) 조직혁신은 아래 세 가지로 구분될 수 있다. 개인 차원의 혁신은 개인의 행동, 가치관 등의 변화를 목표로 하고, 집단 차원의 혁신이란 소집단의 과정 손실을 최소화하고 집단 활동에서 얻어질 수 있는 여러 가지 다양한 장점들을 최대한 활용하는 것을 목표로 한다. 조직 차원의 혁신이란 조직 내외적인 변화의 압력을 고려하여 한 개체로서의 조직의 생존력을 높이려는 것이다(백기복, 1996: 537).

34) 역사적 제도주의에서 경로의존성이 이를 잘 말해 준다. 경로의존성이란 과거의 시점에서 일정한 지향성을 가지고 형성된 구조는 미래에 발생하는 사건들에 대해서도 동일한 지향성을 갖도록 유도할 가능성이 있다는 의미이다. 현재의 선택과 변화는 과거의 맥락에 의존하고, 그 의존성에 의해 제약된다는 것이다(이종수, 2006: 105~106).

있어서 한 가지 변수에 대한 변화는 다른 변수의 변화를 수반하는데 흔히 과업변수를 통하여 세 가지 변수를 변화시킨다.

(2) 조직혁신의 접근방법

① 구조적 접근방법

조직의 구조를 조직혁신의 주된 대상으로 하는 접근방법으로서 전통적 조직이론, 분권화 접근방법, 의사전달망 접근방법과 같은 종류가 있다.

② 기술적 접근방법

목표관리, MIS 등 관리기술을 대상으로 하며, 업무 처리와 의사결정 등의 합리화를 추구하는 접근 방법이다. 최근 들어 조직의 문제 해결에 활용할 수 있는 소프트웨어 기술이 많이 개발되면서 조직혁신에 중요한 부분을 차지하고 있다.

③ 인간적 접근방법

인간의 가치관이나 행태를 변화시킴으로써 조직혁신의 목표를 달성하고자 하는 것이다. 이 접근방법은 조직혁신에서 핵심적인 위치를 차지하고 있다.

3) 조직혁신의 과정

(1) 일반모형

레빈(K. Lewin)은 구성원들의 행동 변화를 세 단계로 구분하여 제시한다.[35]

변화의 단계는 해빙(unfreezing), 변화(changing), 재동결(refreezing)인데, 각각의 단계를 살펴보면 다음과 같다(Lewin, 1947, 임창희, 2010: 381~384, 이창원·최창현, 2007: 660~661 재인용).

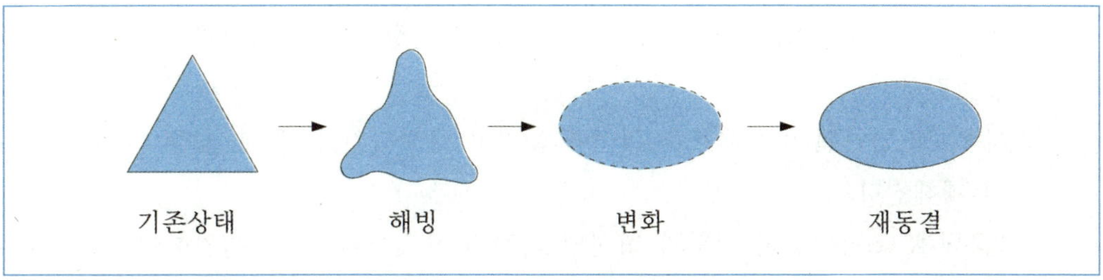

[그림 7-16] 조직변화의 단계

35) 레빈의 모형이 지나치게 단순하여 이를 보완한 것이 계속적 변화과정 모형(continuous change process model)이다. 이 모형은 최고관리층의 시각에서 계획적 변화를 바라보고 있는데, 즉 최고관리층이 조직 내·외부의 어떤 압력 또는 추세가 조직의 변화를 요구하고 있다는 것을 인식하는 데에서 시작한다. 이에 대한 자세한 내용은 이창원·최창현, 2007: 662~664 참조 바람.

첫째, 해빙단계에서는 혁신을 위한 압력이 조성된다. 개인은 변화를 위한 준비를 해야 하는데, 얼음이 녹아 차차 풀리듯이 태도나 감정을 완화시키는 과정이다. 이는 아직 변화에 무관심한 사람들에게 변화욕구를 불러일으켜 변화에 저항하지 않고 오히려 협조할 수 있도록 하는 것이다. 변화에 대한 보너스, 특별수당 등으로 저항을 줄이면서 기존의 것에 대한 비판과 공격으로 기존 가치관과 태도를 교란시킨다.

둘째, 변화단계는 기존 상태에서 새로운 상태로 바뀌는 단계로서 새 기계, 새 제도의 도입이 이루어진다. 기존 상태를 바꿀 전략 중 어떤 것은 한순간에 되는 것도 있고 어떤 것은 시간이 걸린다. 이 시기에는 구성원의 변화에 더욱 신경을 써야 한다. 가령 경리팀에서 수동식 사무방법을 전산화하려면 시간이 매우 많이 걸릴 것이며 부서 구성원들에 대한 교육훈련도 필요하다. 그러므로 변화 단계는 새것을 수용하고 마음으로도 동일화하며 더 나아가 내면화하는 단계이다.

셋째, 재동결단계에서는 새롭게 형성된 행동이 정형화된 행동으로 굳어진다. 이 때 새로운 행동에 대한 사회적 지시나 강화가 없으면 오래 지속되지 못한다. 많은 교육훈련 프로그램의 효과가 오래 지속되지 못하고 단명하게 되는 이유는 참가자들이 원래의 직장에 돌아왔을 때 새로이 학습된 행동 양식에 대한 강화가 없기 때문이다. 그러므로 한번 변화했다고 해서 변화전략에서 손을 때는 것은 매우 어리석은 생각이다.

(2) 구체적 과정

조직혁신의 과정에 대해서는 다양한 견해가 제시되고 있는데, 여기서는 인지, 입안, 시행, 평가단계 등으로 그 과정을 구분해 본다.

① 인지단계: 현실수준이 기대수준에 미달함을 알고, 혁신의 필요성을 확인한다.

② 입안단계: 조직혁신을 위한 사전준비 단계인데 미래에 대한 예측 및 통제의 능력이 중요한 요인이 된다. 개혁의 우선순위를 설정하고, 구성원의 개혁동기를 유발시킨다.

③ 시행단계: 입안된 혁신내용을 실천에 옮기고 정착시킨다. 인적, 물적 자원의 동원이 행해진다.

④ 평가단계: 조직혁신의 성과와 혁신의 과정적 요인들을 분석·평가하여 그 결과를 혁신과정의 적절한 단계에 환류(feedback)시킨다.

4) 조직혁신의 저항과 극복방법

(1) 저항의 이유

조직혁신에 저항하는 이유는 상황에 따라 다르나, 일반적으로 조직적 차원과 개인적 차원으로 구분하여 살펴 볼 수 있다. 우선 조직적 차원에서 보면 구조적 타성(structural inertia)을 들 수 있다. 조직구조라는 것 자체가 이미 조직의 안정성을 유지하기 위해 만들어진 것이기 때문에 변화를 추구하는 조직혁신에 저항한다는 것은 당연하다. 이 밖에도 전문성이 위협받는다고 느낄 때나 자원의 할당면에서 불리하다고 느낄 때 혁신에 저항하게 된다.

또 개인적 차원에서 보면, 습관 상 저항하게 된다. 구성원들은 업무 수행에 있어 매일 같은 방식으로 하는 것이 용이하기 때문에 조직혁신으로 인해 새로운 체계를 배우는 것을 원하지 않는다. 또한 조직혁신이 그들의 직무를 쓸모 없게 만들지도 모른다는 두려움을 가지기 때문에 저항하게 된다.

(2) 저항 극복 방법

조직혁신에 대한 위에 적은 저항은 조직 변화에서 비협조적인 태도와 부정적인 반응을 보이게 된다. 구성원의 사기 저하, 나아가 이직률의 상승까지도 발생할 수 있기 때문에 극복 방안이 모색되어야 한다. 조직혁신에 대한 저항 극복의 방법도 상황적응적으로 선택해야 하며 전략과 수단은 다양하지만 일반적인 것을 보면 다음과 같다.

① 강제적 전략

혁신주체가 일방적으로 혁신안을 결정하고 권력에 의하여 제재를 가함으로써 저항을 극복하려는 전략이다. 이것은 저항을 근본적으로 극복하지 못하고 단지 단계적·피상적으로 저항을 억압하는 데 그칠 뿐이므로 장래에 더 큰 저항을 초래할 위험이 있다. 대증요법이라고 할 수 있다.

② 규범적·사회적 전략

이것은 저항 극복의 가장 근본적인 해결책이다. 개혁 추진자의 솔선수범, 적절한 상징조작과 사회심리적 자원을 통해 자발적인 협력과 혁신의 수용을 유도하는 전략으로 참여 기회의 확대, 사명감의 고취와 심리적 불안의 해소, 혁신적 행동을 상관이 솔선수범하는 것 등이다. 이러한 전략은 저항의 가장 근본적인 해결책으로서 조직의 인간화를 주장하는 오늘날에 연구인들이 가장 선호하는 것이다. 그러나 끈기 있는 노력과 시간을 많이 들여야 하는 전략이다(오석홍, 1999: 722).

③ 공리적·기술적 전략

이것은 관련자들의 이익 침해를 방지 또는 보상하고 개혁 과정의 기술적 요인을 조정함으로써 저항을 극복하거나 회피하는 전략이다. 그러나 비용이 많이 들고 저항을 본질적으로 극복하는 것이 아니라 저항에 양보하고 굴복하는 결과를 빚을 수 있다는 문제점이 있다. 이 전략의 예로 어떤 개혁으로 인하여 인력이동이 필요하게 된 경우 해당자들이 불이익을 받지 않는다는 보장을 담은 이동계획을 세워 제시한 거라든지, 개혁에 의하여 경제적 손실을 입게 될 사람들에게 보상을 실시하는 것이 이에 해당한다.

2. 조직발전

1) 의 의

조직발전(OD: Organization Development)이란 조직의 대응능력과 문제해결 능력을 향상시키는 노력을 말한다. 1940년대에 있었던 실험실적 훈련기법과 태도조사 환류기법이 조직발전 성립 초기의 두 가지 원류로 평가되고 있다.

조직발전은 행태과학적 지식과 기술을 활용하여 조직의 목표와 개인의 성장욕구를 결부시킴으로써 조직개혁을 성취하려는 과정이다(오석홍, 1999: 728).

2) 조직발전의 특징

조직발전의 주요 특징을 살펴보면 첫째, 조직발전은 계획적 변화 노력(planned change effort)이다. 둘째, 조직발전은 조직을 하나의 체제로 보고 전체 조직에 걸친 개혁 노력을 시도한다. 셋째, 조직발전의 노력은 최고관리층으로부터 시작된다. 넷째, 조직발전은 행태과학의 지식과 기술을 응용한다. 다섯째, 조직발전은 인간의 성장과 자아실현적 측면을 중시한다(박수영 외, 2006: 301).[36)]

3) 조직발전의 기본과정

조직발전의 과정에 대해서는 학자들 간에 의견 일치가 되지 않고 있는데, 여기서는 다음과 같은 6단계로 나누어 설명하고자 한다(백완기, 1999: 270).

(1) 제1단계: 대상집단에의 개입

조직발전의 전문가는 대상집단과 허심탄회한 의견을 교환함으로써 그 조직이 안고 있는 문제점이 무엇인가를 대충 파악해야 한다. 여기서 조직발전을 추진할 것인가의 여부를 명확히 결정해야 한다.

---

36) 한편, 웬들 등(Wendle et al, 1973: 45~63)은 조직발전의 특성으로, 1) is an ongoing interactive process, 2) is a formal of applied behavioral science, 3.) is a normative−reeducative strategy of changing, 4) OD views organizations from a systems approach, 5) is a data−based approach to planned change, 6) is experienced−based, 7) OD emphasizes goal setting and planning, 8) OD activities focus on inact work teams 등을 들고 있다.

(2) 제2단계: 대상집단과의 계약

조직발전을 추진하기로 결정하면 관계집단과 계약을 체결해야 한다.

(3) 제3단계: 진단과 환류

조직은 어떻게 운영되고 있으며, 조직 내 어떤 분야가 개선되어야 하는가 등에 대한 자세한 정보가 수집되어야 한다. 이러한 정보를 수집하기 위해서 인터뷰나 설문조사 등이 사용된다. 이렇게 해서 모여진 정보는 대상집단의 관리층에 회부된다.

(4) 제4단계: 실천계획의 수립

무엇을 행할 것인가에 대한 자세한 실천계획이 마련되어야 한다.

(5) 제5단계: 실천적 개입

조직발전 전문가의 지도 하에 구체적인 실천이 전개되는 단계이다.

(6) 제6단계: 환류와 평가

조직발전 프로그램이 조직 전체에 어떠한 영향을 끼치고 있는가는 계속해서 점검되고 체크된다. 이때 얻어진 모든 정보들은 관계된 집단과 사람들에게 환류되어 그들의 조직발전에 대한 이해와 참여가 계속되도록 한다.

4) 조직발전의 기법

조직발전 기법들은 행태과학의 지식과 기술에 입각하여 고안된 것들이다. 다양한 조직발전의 기법 중 가장 일반적으로 활용되고 있는 기법들을 개인적 차원, 집단적 차원, 전체 조직적 차원으로 구분하여 설명한다.

(1) 개인적 차원의 조직발전 기법

감수성훈련(sensitivity training)은 실험실훈련 또는 T-그룹 훈련이라고도 한다. 이 기법은 서로 모르는 10~20명 정도의 소수인원으로 구성된 집단을 대상으로 조작된 상황 아래서 실시하는 훈련이다. 이들은 격리된 장소에서 1~2주일 동안 대개는 심리학을 전공한 1~2명의 훈련교육자의 지도 아래 훈련을 받는다. 이 훈련에서는 참여자들이 지속적으로 접촉하면서 허심탄회하게 속마음을 털어놓게 함으로써 스스로의 태도와 행동을 반성하고 자신의 행동이 다른 사람들에게 미치는 영향을 검토하도록 지원하고 유도함으로써 태도와 행동의 변화를 초래하려고 한다.

이 기법의 한계는 많은 시간과 노력이 소모되며, 많은 수의 참여가 곤란하다. 그리고 개인보다 집단의 가치를 너무 중시한다는 점이다.

(2) 집단적 차원의 조직발전 기법

팀형성(team building)은 조직발전을 실시할 때 가장 많이 사용하는 방법이다. 이 기법을 통해 응결성 있는 집단을 형성시키게 된다. 작업집단의 구성원들이 협조적인 관계를 형성하여 임무수행의 효율화를 도모할 수 있게 하려는 것이 이 기법의 목적이다(오석홍, 1999: 744). 이 기법에서 강조하는 것은 집단의 문제 진단, 가족적 팀 구축 회합, 역할분석 등이다.

(3) 조직적 차원의 조직발전 기법

관리망 훈련(managerial grid training)은 개인적 차원의 기법인 감수성 훈련을 한층 더 확대·발전시킨 조직발전의 개입 기법이다. 즉, 조직발전의 프로그램을 하나로 통합하여 개인→집단→조직의 차례로 조직 개선이 순차적으로 진행될 수 있도록 고안된 조직적 차원에 가장 체계적으로 접근하는 방법이다.

벡카드(R. Beckhard)는 「조직발전」(Organization Development)이라는 책에서 조직발전 전략은 두 가지 기본 가설에 토대를 둔다고 했다. 첫째, 조직의 중추는 집단이다. 따라서 변동의 기본단위는 집단이지 개인이 아니다. 둘째, 변동의 목표는 각 부문 간의 부적절한 경쟁을 막아 서로 협조하는 환경을 조성하는 것이다(1969: 26). 따라서 각 집단 간에 충돌이 있을 때에는 공개적인 토론 방식을 통해 경쟁집단 간에 상호 소통할 수 있게 해야 하는데, 집단 간 토론(intergroup discussion)이 이에 해당한다.

CHAPTER

08 인 사

제 1 절 인사행정의 기초

1. 인사행정의 의의와 과정

1) 의 의

인사가 만사라는 말에서 알 수 있듯이 '사람'이라는 변수는 실로 중요하다. 인사행정(public personnel administration)은 정부 활동에 필요한 인적 자원인 공무원들을 잘 뽑아 이들이 각자의 공직을 잘 수행하도록 여러 측면에서 효율적으로 관리하고 도와주는 행정과정이다(이도형, 2007: 283). 간단히 말해 인사행정은 정부기관이 자신의 사명을 완성하기 위하여 필요한 인원을 선발하고 임용하며 관리하는 등의 제도를 말한다.[1)]

인사행정의 개념은 다음과 같은 요소로 구성되어 있다(강성철 외, 2008: 20). 첫째, 인사행정은 행정관리 체제 중 인적 자원을 대상으로 하는 하위체제이다. 둘째, 인사행정은 공무원을 대상으로 하는 관리체제이다. 셋째, 인사행정은 정부의 목표 달성을 위한 수단적 성격을 가진다.

인사행정의 중요성을 강조하게 되는 이유는 다음과 같다(박동서, 1993: 50~51; 김종희, 2005: 216). 첫째, 관리의 중점이 제도적·물질적인 것으로부터 인적 요소로 옮겨가고 있기 때문이다. 둘째, 정부가 내건 목표를 달성하기 위해서는 공무원의 가치관이나 태도

1) 인사행정 주체들은 다음의 이야기에 귀를 기울여야 한다. "인사행정을 하는 자리란 현실적으로 어떤 자리인가? 파당의 공고화를 통하여 다시 말해 개인적 연계를 역기능적으로 굳힘으로써 자기희생과 거리가 먼 자기 비대화를 도모하는 자리가 아니겠는가"(이문영, 1991: 254).

의 변화 없이는 불가능하다. 셋째, 행정이론도 인간의 중요성을 강조하는 방향으로 발전하고 있다.

이러한 인식 하에 오늘날 인사행정의 추세를 들여 보면 첫째, 소극성에서 적극성으로 전환되고 있다. 명령과 법규에 치중하던 소극적 자세에서 벗어나 적극적으로 인재 배양에 관심을 쏟고 있다. 둘째, 민주화와 인성화의 강조이다. 민주가 일종의 정치제도만 아니라 일종의 생활방식으로 간주되면서 인사행정도 이의 영향을 받는다. 셋째, 공직윤리의 중시이다. 공무원은 법률적 관계를 제외하고 도덕성을 기초로 하는 윤리적 관계를 가진다. 넷째, 인사업무 처리의 과학화이다. 인사업무 처리를 위해 컴퓨터가 사용된다. 다섯째, 인력자원 발전의 중시이다. 인재란 부단히 충실화를 도모해야 일정한 수준을 유지할 수 있다.[2] 국내외 연구소와 공무원교육원 파견 등이 이에 속한다. 여섯째, 작지만 유능한 정부의 추구이다. 정부의 성과는 인원의 많고 적음에 달려 있는 것이 아니라 자질의 고저에 따른다.

2) 과 정

인사행정이 이루어지는 과정은 관점에 따라 다양한데, 인사행정의 활동 국면에 대해 여기서는 아래 순서에 의해 설명하고자 한다.

(1) 인력계획

인력에 대한 수요와 공급의 예측을 하고 최적의 공급 방안을 모색하는 활동이다.

(2) 확 보

인력계획과 공직구조 형성 작업이 끝나면 이에 필요한 인적 자원을 모집하고 충원하는 임용을 하게 된다. 유능한 인재의 채용은 인사행정의 성과를 좌우하는 전제조건이다.

(3) 능력발전

행정업무의 효율적인 수행을 위해서는 공무원 개개인의 능력을 발전시키기 위한 활동이 이루어져야 한다. 능력개발은 자아실현을 위해서뿐만 아니라 환경변화에 적극적으로 대처하고 행정조직의 목표 달성을 위해서도 중요하다.

(4) 보 상

근무의욕과 관련된 공무원의 사기를 중요시한다. 공무원의 능력 발휘는 그 사람이 얼마나 일하고자 하는 의욕을 가졌는가 하는 근무의욕과 관련이 깊다.

---

2) 오늘 인재를 키우지 아니하면 내일 쓸만한 사람이 없게 된다(今天不培育人才, 明天便無可用之人).

(5) 규범과 통제

정부 목표에 맞도록 공무원들을 유도하고 통제한다. 공무원은 법률에 의하여 신분이 보장되지만 공익의 실현을 위하여 특별한 규범을 준수하여야 한다.

2. 인사행정의 발달

1) 엽관주의

(1) 의 의

엽관주의(獵官主義, spoils system)란 정당에의 충성도와 공헌도를 관직의 임용 기준으로 삼는 인사행정제도를 말한다.[3] 마치 전쟁의 전리품처럼 선거에서 이긴 정당이 공직을 전리품으로 차지하는 것을 의미한다(To the victors, belong the spoils). 즉, 특정한 정당을 위한 정치적 봉사에 대한 보상으로 분배하는 것이 된다.

철저한 반연방주의자였던 미국의 제3대 대통령 토마스 제퍼슨은 연방주의자에 의해 독점되었던 연방정부의 공직의 25%를 자기 세력으로 경질했는데 그 때부터 엽관제가 발달되었다고 할 수 있다. 그 후 대통령이 임명하는 공직자의 임기를 대통령의 임기와 일치시키는 4년 임기법(Four Years' Law)이 1820년에 제정되어 공무원의 운명을 정권의 진퇴와 연결시킴으로써 엽관주의의 법적인 기초가 마련되었다(박연호, 1983: 121). 이후 미국의 제7대 대통령 잭슨(A. Jackson, 1767~1845)[4]부터 엽관주의가 본격적으로 발달하기 시작했다. 즉, 서부 개척민 출신인 그가 자신을 지지해 준 서부 개척민들에게 공직을 제공하는 것이 지지에 대한 보상이라 여긴데서 시작되었다. 그리고 이러한 배경하에서 당원의 관리 임용, 관직 교대의 원칙 등이 확립되었다. 그러나 19세기 후반에 들어 본래의 의의는 상실되고 공직 부패의 진원지가 되었다. 정권이 교체될 때마다 공무원의 대량 경질과 무능한 자의 임명으로 행정의 계속성과 전문성이 저하되었던 것이 한 예이다. 결국 엽관주의 지지자이던 가필드 대통령(J. A. Garfield)이 엽관제도에 불만을 품은 자에 의해 암살되면서 엽관주의는 종말을 고하게 되었다.

3) 엽관주의와 정실주의는 다소 다르다. 정실주의가 엽관주의보다 광의로 해석된다. 정실주의가 실적 이외의 요인을 고려하여 공직 임용을 행하므로 엽관주의가 중시하는 정치적 요인뿐 아니라 혈연, 지연 등이 포함된다. 정실주의가 발달한 영국에서는 국왕에 의한 은혜적 정실주의, 즉 국왕에 의한 자의적 관료 임용이 허용되었던 것이다. 학자들에 따라서는 영국에서 발달한 정실주의(patronage system)와 미국에서 발달한 엽관주의를 구분하기도 하고 혹은 동일한 개념으로 파악하기도 한다.

4) 잭슨은 서부 출신 최초의 대통령이며 직선적이고 야성적인 성격의 소유자였으며, 구습을 타파하는데 앞장섰다.

(2) 장·단점

엽관주의의 장점은 다음과 같다. 첫째, 민주정치의 근간이 되는 정당정치의 발달에 기여한다. 정당에 대한 기여도가 공직 임명의 기준이 되기 때문이다. 둘째, 정치적 통제력의 강화이다. 공무원들의 높은 충성심을 확보할 수 있고, 따라서 집권 정치인들이 공무원들을 보다 효과적으로 통솔할 수 있다. 셋째, 선거를 통해 집권한 정당에 정부관료제를 예속시킴으로써, 국민의 요구에 대한 관료적 대응성(bureaucratic responsiveness)을 향상시킨다. 넷째, 엽관제는 공직 경질을 통하여 관료의 특권화와 침체화를 방지했다.

다음으로 엽관주의의 단점으로는 첫째, 행정의 계속성 저해이다. 정권이 교체될 때마다 공무원의 대량 교체로 인해 정책의 일관성, 행정의 안정성·계속성을 저해한다. 둘째, 비민주성이다. 관료의 정당 사병화로 말미암아 관료가 특정 정당을 위하여 주로 봉사하게 되어 행정의 비민주화를 초래한다. 셋째, 행정의 비능률화이다. 위인설관(爲人設官) 현상, 무능한 공무원의 진출 등으로 인해 급속한 행정환경의 변화에 대응하지 못하여 행정의 비능률화를 초래한다. 넷째, 부정부패의 조장이다. 소수의 간부에 의한 정당의 과두적 지배로 인해 매관매직이나 뇌물 수수 등의 부패가 발생하기 쉽다.

2) 실적주의

(1) 의 의

엽관주의에 대한 비판에서 실적주의가 대두되었다. 실적주의(merit system)란 공직 임용의 기준을 개인의 객관적인 능력·자격·성적에 두는 인사행정 제도이다. 영국에서 1853년 트레빌리언과 노쓰코트의 '공무원제도개혁에 관한 보고서'가 1870년 추밀원령에 의해 결실을 맺게 되었다. 핵심 내용은 '공무원의 임용은 원칙적으로 공개경쟁시험에 의한다'는 것이었다. 이후 미국에서도 1883년 펜들턴법(Pendleton Act)[5]이 제정되어 엽관주의적 요소를 청산하고 실적주의에 입각하여 발전하기 시작했다. 팬들턴법은 미연방 인사행정에서 1978년의 The Civil Service Reform Act와 함께 두 가지 기념비적인 입법물로 인정받고 있다(Denhardt & Grubbs, 2003: 212). 또한 공직에 대한 정당의 지배와 공무원의 정치 활동을 금지하는 해치법(Hatch Act)의 제정도 실적주의의 확립에 크게 공헌하였다(강성철 외, 2008: 52).

실적주의의 주요 구성 요소는 공직에의 기회 균등, 실적에 의한 임용, 정치적 해고

5) 팬들턴법의 주요 내용은 다음과 같다. i) 초당적·독립적 중앙인사행정기관의 설치(인사위원회), ii) 공개경쟁시험에 의한 임용, iii) 제대군인에 대한 임용 시 특혜의 인정, iv) 정치헌금·정치활동의 금지, v) 시보기간(조건부 임용)을 둠, vi) 민간과 정부 간의 인사교류, vii) 인사위원회의 연례보고서 제출 등이다.

로부터의 신분 보장 및 정치적 중립을 포함하며, 실적주의의 기본적인 실천 도구는 채용시험의 실시, 공무원의 정치적 중립과 신분의 보장, 중립적인 중앙인사기관의 설치 등이다. 이러한 실적주의는 생애직으로서의 직업공무원제를 확립하기 위한 기반이 된다.

(2) 장·단점

실적주의의 장점으로는 첫째, 행정의 합리화이다. 엽관제의 폐단인 정실이나 당파성을 배제하고 공무원의 정치적 중립을 요구하기 때문에 행정의 합리화를 지향할 수 있다. 특정 집단을 위한 행정이 아니라 국민 전체를 위한 행정이 가능해진다. 둘째, 공개경쟁시험 제도의 활성화이다. 무원칙한 인사기준을 개선하고 공개경쟁시험 제도에 의한 실적을 평가함으로써 인사행정의 합리화를 도모할 수 있다. 셋째, 공직에의 기회균등인데 공직에 취임할 수 있는 기회균등이 보장됨으로써 진정한 민주주의적 평등이념의 실현이 가능하다. 넷째, 행정의 계속성 향상이다. 정권교체에 따른 공무원의 대량교체를 막을 수 있으므로 행정의 계속성과 공무원의 직업적 안정성을 유지하는 데 크게 기여한다. 나아가 전문적인 직업공무원제의 수립에도 도움을 준다. 다섯째, 부패의 감소이다. 실적주의는 공직의 상품화를 근원적으로 봉쇄하며, 그로 인한 정치·행정적 부패를 감소시킨다.

하지만 실적주의가 만병통치약은 아니다. 그 단점을 보면 첫째, 비인간화이다. 객관적인 인사행정에 주력하는 나머지 인사행정의 형식화를 초래하였으며, 공직자로서의 사명감이나 직업정신보다는 실력에만 중점을 두기 때문에 인간적 요인이 상당히 무시되었다. 둘째, 소극성을 들 수 있다. 실적주의는 모든 인사처리가 기준에 구속된 나머지 부적격자의 제거라는 지나치게 소극적인 측면에 중점을 두게 되어 외부로부터 적극적으로 우수한 인재를 유치하기 어렵다. 셋째, 대표성의 문제이다. 실적주의는 각계각층의 인재를 골고루 충원하기 어려우므로 정부관료제의 대표성 확보가 어렵다. 넷째, 보수화의 초래이다. 실적주의는 공무원의 신분 보장을 강화하여 관료제의 특권화·보수화를 초래한다. 공무원 신분 보장을 강력하게 하는 것이 언제나 바람직한 것은 아니며, 그 정도는 직무의 직업화 정도에 따라 비례적으로 적용되어야 한다. 이러한 공무원에 대한 신분 보장은 관료들의 국민에 대한 대응성을 저하시킬 수 있다.

3) 직업공무원제

(1) 의 의

직업공무원제(career civil service system)는 젊은 나이에 공직에 들어와 정부에서 근무하는 것을 보람 있는 하나의 생애직(生涯職: life work)으로 생각하며, 노동능력이 있는 동안의 전 생애를 공무원으로 보내도록 하는 인사제도이다(이도형, 2007: 284).

직업공무원제는 일반적으로 계급제에 입각하여 폐쇄성을 채택하고 있는 국가에서 확립되고 있는데,[6] 그 주된 특징으로 ① 유능한 인재가 공직에 유치되어 공무원의 질이 높아진다, ② 높은 지위로 성장 기회를 가지게 되어 공무원의 사기가 오른다 등을 들 수 있다. 직업공무원제는 이러한 특징으로 인해 자연히 신분 보장을 중시하게 되는데, 신분이 보장되지 않고는 평생의 직업으로 근무할 수 없기 때문이다. 이러한 신분 보장은 행정의 안정성 유지에 큰 도움이 되었으나, 지나친 신분 보장이 공직 사회에 철밥통 의식을 가져 왔다는 지적도 있다. ③ 직업공무원제는 채용 당시의 직무수행능력보다 장기적인 발전 가능성을 더 중시한다.

(2) 필요조건

직업공무원제가 제대로 정착되려면, 다음과 같은 것들이 확립되어야 한다. 일생 동안 공무원으로 남아 있게 하려면 실적주의를 강조하는 것만으로는 부족하다.

첫째, 공직에 대한 사회적 평가가 높아야 한다. 과거에는 관존민비(官尊民卑) 사상으로 인해 공직에 대한 사회적 평가가 높은 편이었다. 그러나 현실은 관료제의 부패와 부조리로 인해 공직에 대한 사회적 평가가 낮아지고 있다.

둘째, 가능한 한 학교를 갓 나온 젊고 유능한 인재들을 하위계급에 채용하여 평생에 걸쳐 고위직에까지 승진할 수 있도록 하여야 한다. 공무원 채용 시 나이 제한을 두고 있는 것도 이에 연유한다.

셋째, 장기적인 경력 발전을 위한 다양한 능력발전 제도가 강구되어야 한다. 공무원의 능력 발전은 개인 및 조직을 위해서 필요할 뿐 아니라 대국민 서비스의 질을 높이기 위해서 긴요하다.

넷째, 공직이 생애직이 되려면 보수 및 연금 수준의 현실화로 생계를 보장하여야 한다. 특히 민간부문 보수와의 균형이 적정선에서 유지되어야 한다. 노후에 대비한 보장이 견실해야 공무원들이 재직 중 안심하고 공직에 종사할 수 있다.

다섯째, 우수한 인재를 유치하기 위한 일관성 있고 장기적인 인력수급 계획을 확립해야 한다.

(3) 장·단점

우선 장점을 보면, 첫째, 공무원 전체는 하나의 전문직업 분야로 인식된다. 따라서

---

6) 미국은 직위분류제에 입각하여 결원이 생겼을 경우 승진임용이 아니라 주로 외부에서 충원하는 개방형을 채택하고 있으므로 실적주의는 확립되고 있다 하더라도 직업공무원제도는 확립이 어려운 편이다.

공무원들의 단결심과 충성심이 강화되고 사기가 높아지는 요인이 된다. 둘째, 공무원의 능력 발전이 폭넓게 이루어지므로, 정책결정 및 행정관리 기능을 담당하는 고급 공무원의 양성에 유리하다.

단점으로는 첫째, 특권집단화의 우려이다. 관료제에 대한 민주적 통제를 곤란케 하며 특권화·관료주의화할 우려가 있고 급격한 환경 변화나 발전에의 적응능력이 약하고 오히려 행정 발전에 저항적일 우려가 많다. 둘째, 공직의 침체이다. 공직의 중간계층에 외부로부터의 신규 채용이 어렵기 때문에 공직이 침체된다(박용치·송재석, 2006: 422). 셋째, 전문화의 저해이다. 일반행정가의 양성에 치중하는 폐쇄적 인력운영은 정부활동의 분야별 전문가 양성에 차질을 가져 온다.

(4) 직업공무원제와 실적주의

직업공무원은 실적주의에 의해 임용도 되고 관리된다. 직업공무원제가 정실주의에 의해 관리된다면 누구도 공직을 보람과 명예로 생각하지 않을 것이다. 실적주의가 잘 되어야 직업공무원제가 성공할 수 있다. 실적주의는 직업공무원제의 필요조건이며, 직업공무원제는 실적주의의 충분조건이다. 실적주의와 직업공무원제는 공무원제도의 양대 축이고 상호 보완적이다.

실적주의는 개방체제이고 직업공무원제는 폐쇄체제인데, 그 동안 실적주의적 요소가 강했던 미국은 직업공무원제 쪽으로, 반면에 직업공무원제적 요소가 강했던 유럽은 실적주의의 중요성을 인식하면서 상호 접근하고 있다고 할 수 있다. 즉 미국은 실적주의라는 개방체제에서 직업공무원제라는 폐쇄체제로, 이에 반해 직업공무원제라는 폐쇄체제이던 유럽은 실적주의라는 개방체제로 옮아가고 있는 것이다(이철규, 2007: 202).

(5) 우리나라의 실태

직업공무원제는 신분 보장이 핵심이고 실적주의는 공개채용이 핵심이다. 1949년 국가공무원법은 두 제도를 함께 채택했다(제5조, 제39조). 1960년 신분보장 규정은 헌법에 반영되었으나, 실적주의는 반영되지 않았다. 정부개혁의 대세 앞에 직업공무원제는 위기를, 실적주의는 기회를 맞기도 했으나, 그 속도와 성과는 아직 분명치 않다(이철규, 2007: 202).

우리나라 공무원의 97% 이상이 국가공무원법의 직업공무원제 규정을 적용받는다는 점에서 직업공무원제가 상당히 정착되어 있다고 말할 수 있다. 폐쇄형 충원과 신분보장을 근간으로 하는 강력한 직업공무원제라 할 수 있으나 몇 가지 문제점을 안고 있다(유민봉, 2006: 461~463).

① 인사의 불공정성

공무원 인사의 공정성이 확보되지 않고 있다. 이러한 인사에 대한 불만은 공직의 동요를 가져온다.

② 공직에 대한 국민의 불신

공무원의 부정부패가 불신을 초래했고, 또 전문성과 친절성 같은 공무원의 능력과 태도에 대해서도 부정하는 응답자가 많은 것으로 나타나고 있다.[7)]

③ 적극적 모집 노력의 부족

정부는 소극적 모집방법에 의존하고 있다. 기다리는 자세로는 우수인력을 유치할 수 없다. 적극적 모집 및 채용 방법의 다양화로 민간부문에 대응할 것이 요구된다.

④ 종신고용형 신분보장

능력 있는 사람에게는 공직이 보람 있는 직장이 되도록 보장해 주고, 무능력한 사람은 공직에서 퇴출시킬 수 있는 제도가 필요하다. 계급정년제 도입을 검토할 필요가 있다.

4) 대표관료제

(1) 의 의

대표관료제(representative bureaucracy)란 관료를 사회의 주요 구성 집단으로부터 인구비례에 따라 충원함으로써 사회의 모든 계층과 집단에 공평하게 대응하도록 하는 제도를 말한다. 이는 사회세력의 축소판으로 정부관료제를 구성하여 관료제 내에 민주적 가치를 주입시키려는 의도에서 발달된 개념이다. 이 용어를 처음 사용한 킹슬리(Kingsley)는 대표관료제를 사회 내의 지배적인 세력들을 그대로 반영하도록 구성된 관료제라고 정의하고 있다.[8)] 대표관료제가 추구하는 기본적 가치는 민주성과 형평성이며, 이를 구현하기 위해 전면에 부각시키는 수단적 가치는 사회적 형평성이다.

(2) 대표관료제의 수단

첫째, 적극적 모집, 채용시험 등 선발방법의 타당성 제고, 교육훈련, 근무성적 평정, 직위분류, 승진과 배치전환 등에서 차별화를 불식한다. 선발방법에 있어 임용할당

---

7) "귀하께서는 우리나라 공무원에 대해 근무능력(또는 전문성)에 대해 얼마나 높게 혹은 낮게 평가하십니까?"라는 질문에 대한 응답 평균이 2.72점으로 평균 이하로 나왔다(이헌수, 1999: 47). 2016년에 들어 공직 전문성 향상을 위한 방안으로 전문직공무원제 도입이 거론되기 시작했다.

8) 킹슬리의 이론을 확대 발전시킨 이가 크리슬로브(S. Krislov)인데, 그의 주된 관심은 관료제가 만약 그 사회의 모든 부분을 대표하지 않는다면 어떻게 합법성과 공공 신뢰를 가질 수 있겠는가에 집중되었다(김태룡, 2007: 148~149).

제(quota system)를 적용하고, 인사관리에 있어서 소외집단 출신의 지위 상승을 촉진할 수 있는 직위분류 구조의 형성, 모집에서는 공개모집 방법과 직무수행과 무관한 자격요건의 철폐 등이 해당된다. 둘째, 1960년대 미국에서는 적극적 고용조치(affirmative action)가 시행되었다. 그러나 1970년까지 취해진 적극적 고용조치들은 여성들에게 직접적 영향을 준 것은 아니었으며, 1972년에 제정된 평등고용법(equal employment act)에 의해 여성들이 고용에서 완전한 수혜자가 될 수 있었다. 특히 1977년 '고용주 선정절차의 표준 가이드라인(Uniform Guidelines on Employee Selection Procedure)'을 도입하였는데, 고용주의 행위가 특정 인종·성·민족집단에게 불리한 영향을 주는 것을 불법이라고 규정하였다. 이때 불리한 영향이란, 특정한 인종·성·민족집단의 고용률이 가장 많이 고용된 다수집단의 고용률의 5분의 4에 미달하는 경우로 규정하여 연방 수준에서 정책의 기준을 보다 명확하게 확립하는 계기를 마련하였다. 이에 따라 많은 공공부문을 중심으로 고용할당제를 채택, 여성을 포함한 소수인종에 대한 차별을 제거하고 고용에서의 형평성을 보장하려는 노력들이 진행되었다.

(3) 효용과 한계

대표관료제의 효용으로는, i) 민주행정: 관료제의 대표성을 높임으로써 소수집단의 욕구를 잘 반영하게 된다. ii) 책임행정의 구현: 자기 출신 집단의 가치와 이익에 대한 심리적 책임을 지려하기 때문에 서로 견제하여 내적 통제를 강화한다. 이러한 내적 통제를 통해 공공정책의 대응성을 높일 수 있다. iii) 사회적 형평성: 공직 취임에의 실질적인 기회균등을 확보할 수 있게 되어 소수집단의 소득과 직업 안정성, 정책결정 과정에의 참여 확대를 가져온다.

반면 폐해로는, i) 실적제 저하: 대표관료제가 미국의 소수집단 우대정책(affirmative action)에서 보는 바와 같이, 실제로는 할당제를 강요하는 결과를 초래한다. 할당제는 공직에의 임용 기준을 개인의 능력이 아니라 그가 속한 집단에 둠으로써 자유주의 원리에 어긋나고, 실적제를 침해할 위험이 있다. 대표관료제에 의하여 무능한 사람의 공직 취임을 조장하여 행정의 전문성·효율성을 저해하고 행정의 질을 떨어뜨릴 위험이 있다. ii) 역차별(reverse discrimination): 할당제는 역차별의 문제를 야기한다. 임용할당제가 적용되면 능력 있는 자가 단지 그가 종래에 혜택을 받아 온 집단 출신이라는 이유만으로 채용이나 승진 등에서 불이익을 받게 되는 역차별 현상이 초래되어 도리어 사회분열을 초래하게 된다.[9)]

---

9) 이에 대해 대표관료제론자들은 역차별은 오랜 세월에 걸쳐 사회적으로 구조화된 차별을 시정하기

(4) 우리나라의 대표관료제

우리나라의 정부관료제는 특정 지역 출신이 지배하는 잘못된 경향을 나타내고 있다. TK 집단이나 서울대 출신들이 요직을 독차지하여 지역감정을 악화시키고 국민적 일체감을 훼손시키고 있었다. 하지만 이러한 과정에서 차별받거나 소외되었던 집단들도 자신들의 목소리를 내고 있다. 여성, 장애인 그리고 지방의 경우가 이에 해당한다.

① 여 성

가. 양성평등 채용목표제

우리나라는 1996년에 도입했던 여성채용목표제의 적용이 종료됨에 따라, 2003년부터 공직 내 성비의 균형 유지와 양성 평등을 제고할 수 있는 새로운 제도로 2003년부터 양성평등채용목표제를 실시해 오고 있다. 이는 남성 혹은 여성 중에서 합격자가 채용목표비율에 미달한 경우 하한성적 이상인 해당 성의 응시자 중에서 성적순으로 추가 합격시키는 제도이다. 공무원시험에서 남성의 군가산점제도가 폐지된 이후 여성 합격률이 크게 상승하는 등 오히려 남성들이 역차별을 받는다는 지적에 따라 여성채용목표제가 2003년부터 양성평등채용목표제로 전환되었다.

공무원임용시험령 제20조는 한시적으로 여성 또는 남성이 시험실시 단계별로 선발예정 인원의 일정 비율 이상이 될 수 있도록 선발예정 인원을 초과하여 여성 또는 남성을 합격시킬 수 있다.

채용목표는 직급 구분 없이 30%인데 다만 검찰사무직렬은 20%로 한다. 종래 여성채용목표제가 모집 단위 10명 이상의 시험에 적용되었던 것과는 달리, 양성평등채용목표제는 5명 이상인 행정·외무고등고시와 7급·9급 공채시험을 대상으로 실시된다. 현장에서 남성이 이 제도의 혜택을 보는 경우가 생겨나고 있는데, 2016년도에 서울시 교육청이 발표한 9급 일반공무원 임용시험 교육행정 직렬과 사서 직렬에서 남성 합격률이 30% 이하로 떨어져 각각 3명과 1명의 남성이 추가 합격하기도 했다(조선일보, 2016. 9. 30).

나. 여성관리자임용목표제

정부전체 5급 이상 관리직 공무원 중 여성의 비율이 5%에 미치지 못하는 현실을 반영하여, 2002년부터 '5급 이상 여성관리자 임용확대 5개년 계획'을 수립·시행하고 있다. 이 제도는 2006년까지 여성관리자 비율을 10% 이상으로 하는 것을 목표로 하고 있

위하여 어쩔 수 없이 감수하여야 하는 불가피한 현상이며, 소외집단의 구성원들이 지배집단의 구성원들과 대등하게 경쟁할 수 있는 능력과 영향력을 갖출 때까지만 허용되면 그 후에는 저절로 해소될 수 있는 한시적인 현상이라고 반박하고 있다(강성철 외, 2005: 67).

다. 이는 종래 여성채용목표제에서 한 걸음 더 나아가 여성 공무원들을 적극적으로 관리직 공무원으로 육성·지원하기 위한 새로운 제도이다. 2001년 4.8%에 불과하던 5급 이상 관리직 공무원 중 여성 비율이 2005년에는 8.4%로 크게 증가했다. 2007년에는 4급 이상 여성관리자 임용확대 제1차 5개년 계획의 시행에 착수하였다. 4급 이상 관리자의 여성 비율을 2006년 5.4%에서 2011년까지 10%까지 높이려 했는데 2011년에 8.4%를 달성해 목표에 어느 정도 근접하는 성과를 내기도 했다. 제2차 5개년 계획(2012~2017)은 2017년까지 4급 이상 중 여성 비율 15% 달성을 목표로 하고 있는데 2015년 현재 12%의 실적을 달성하고 있다. 2016년 말 기준 13.5%의 목표치를 달성한 기관은 대상기관 43개 중 19개에 불과했는데 특히 주요 부처의 임용 실적이 저조했다. 국세청, 관세청 등이 낮은 수치를 기록했다. 유독 여성가족부만 55.7%가 여성으로 높았다. 앞으로 이 제도가 정착되기 위해서는 유연근무제와 출산 및 육아 관련 복지체계 개선 등에 지속적인 관심을 가져야 할 것이다.

② 장애인

장애인의무고용제(2000)에 따라 2006년까지 각급 행정기관의 공무원 신규 채용 시 소속 공무원 정원의 2% 이상을 장애인으로 의무적으로 채용해야 했었다. 그 결과 1991년 0.52%에 불과하던 비율이 2005년에는 2.25%로 당시의 법적 의무고용 비율 2%를 초과했었다. 현행 장애인고용촉진 및 직업재활법 제27조 제1항에서는 국가와 지방자치단체의 장은 장애인을 소속 공무원 정원의 100분의 3 이상 고용하여야 한다고 규정하고 있다. 그러나 2009년도 정부 기관의 장애인 고용률은 1.97%에 머물러 의무고용률에 미치지 못하고 있는 실정이다. 2014년 말을 기준으로 국가나 지방자치단체에서 근무하는 장애인 공무원은 1만 9,553명으로 장애인 고용률은 2.65%에 불과했다(서울신문, 2015. 4. 23). 그런데 장애인공무원 임용 확대정책의 시행으로 2001년에 1.48%에 불과하던 중앙행정기관의 장애인 고용률이 2010년에는 3.01%, 2016년에는 3.41%에 달했다(김태룡, 2017: 279).

2018년 현재 정부와 지방자치단체, 공공기관 등의 장애인 의무고용 비율은 3.2%, 민간기업(300인 이상 사업장)은 2.9%이다. 그런데 2019년부터는 각각 3.4%와 3.1%로 상향 조정된다.[10]

10) 2018년에는 정부, 지자체와 상시 100인 이상의 공공기관은 법정 의무고용률인 3.2%의 60%에 미달하면 명단공표 대상에 포함되었다. 하지만 내년부터는 법정의무고용률의 80%에 미달하여도 명단이 공개된다(이데일리, 2018. 9. 27).

③ 지 방

날로 심화되고 있는 중앙과 지방 간 격차를 해소하기 위하여 정부는 각종 조치를 강구하고 있다.

가. 지역인재추천채용제

각 지역의 우수한 인재들에게 공직 진출의 기회를 확대하기 위해 2005년에 처음 도입한 제도로 현재 대학 졸업자 및 졸업예정자를 대상으로 하는 7급 수습직과 고등학교·전문대학 졸업자 및 졸업예정자를 대상으로 하는 9급 수습직 제도가 운영되고 있다. 7급의 경우, 학교성적 상위 10% 이내, 토익 700점 이상인 4년제 대학졸업자나 졸업예정자 가운데 학교장의 추천을 받은 사람이 지원할 수 있는데, 공직적성검사(PSAT)와 면접시험을 거쳐 1년 동안 견습직원으로 근무하게 하고, 임용심사위원회의 평가심사를 거친 후 일반직 7급 공무원으로 특별채용하는 제도이다. 처음 시행했던 2005년에는 매년 50명을 선발했으나 인사혁신처는 2017년에 이를 120명까지 늘렸다.

지역인재 9급의 추천기준은 보통교과는 학과성적 상위 30% 이내이거나 평균 석차등급이 3.0 이내이며, 전문교과는 이수한 전 전문교과가 평균 B 이상이고, 그 중 50% 이상이 A라야 한다. 6개월 수습근무 후 임용심사를 거쳐 9급 공무원으로 임용된다.

나. 지방인재채용목표제

선발 예정 인원의 일정비율을 지방학교11) 출신의 지방인재로 임용하는 방안으로 2007년부터 2011년 12월 31일까지 4년간 한시적으로 행정고시와 외무고시에 실시한다. 이것은 서울 이외 지역 출신 합격자가 20% 이상이 되도록 합격자 수를 조정하는 계획이다. 이 제도는 그동안 5급에만 실시되다가 2015년부터 그 범위가 확대되어 7급 공채에도 적용된다. 선발 예정 인원 10명 이상인 모집 단위에만 적용되며 합격인원 비율은 30%이다. 즉 지방학교 출신 합격자 비율이 5급은 20%, 7급은 30% 미달 시에 추가 선발을 하고 있다. 추가합격자 결정 과정에서 지방인재채용목표제와 양성평등채용제가 경합할 경우 지방인재채용목표제가 우선한다고 규정하고 있다.

④ 저소득층 우대제도

정부는 공무원 채용시험에서 저소득층을 우대하는 제도를 도입하고 있는데, 9급 공개경쟁채용시험과 경력경쟁채용시험에서 선발 예정 인원의 1%를 「국민기초생활보장법」에 따른 수급자 또는 「한부모가족지원법」에 따른 보호대상자로 충원해야 한다고 규

11) 서울특별시를 제외한 지역에 소재한 소정의 학교를 말함.

정하고 있다.

고위직 공무원의 출신지역별·성별 불균형, 특정 대학이나 전공분야별 과다점유는 대표관료제 도입의 타당성을 높이는 근거로 작용할 수 있다. 그러나 지역불균형과 지역감정의 문제를 자체 해결 메커니즘으로 해결하려는 것이 아니라, 역기능이 초래될 수 있는 관료 임용의 문제로 해결하려는 것이 바람직한 것인지에 대해서는 논란의 여지가 있다. 아울러 우리나라의 경우 인종적·문화적 동질성으로 인하여 출신지역이나 성(性) 이외의 집단 기준에 대하여 대표관료제적 개념을 적용하는 것은 아직은 한계가 있기 때문에 신중히 검토되어야 한다(강성철 외, 2008: 71).

제 2 절 인사행정의 제도적 기반

1. 인사행정기관

1) 중앙인사기관

중앙인사기관은 정부 전체의 인사행정을 총괄하는 범정부적 인사행정기관을 말한다. 이 점에서 각 부처의 인사를 분권적으로 행사하는 부처 인사기관과는 성격이 다르다.

(1) 조직 형태와 기능

조직 형태는 독립성과 합의성 두 기준에 따라 여러 형태로 구분할 수 있다. 전자는 행정수반으로부터의 독립성이 어느 정도인가로, 후자는 한 사람에 의한 의사결정이냐 아니면 집단적 의사결정이냐에 따라 구분된다. 일반적으로 중앙인사기관의 조직 형태는 합의성과 독립성을 구비한 독립합의형과 합의성만 갖추고 독립성은 없는 비독립단독형을 각각 설치하여 운영하거나 이들을 복수로 설치하여 운영하는 소위 복수형으로 분류할 수 있다(강성철 외, 2008: 100).

① 독립합의형

이는 인사행정의 정실주의를 방지하고 인사행정의 정치적 중립성을 보장하기 위한 조직 형태로서 위원회 형태를 띤다. 1883년부터 1978년까지 존속하였던 미국 연방인사위원회가 대표적으로, 이것의 장점은 다수 위원들이 참여함으로써 신중한 의사결정을 할 수 있다. 단점은 결정 주체가 확연히 드러나지 않아 책임소재가 불분명해진다는 것과 중요한 인사정책이 합의과정을 통하여 결정되므로 결정이 지나치게 지연된다는 점이다.

② 비독립단독형

이러한 중앙인사기관은 행정수반으로부터 독립되지 않아 행정수반의 직접적 통제를 받으며, 의사결정도 행정수반에 의하여 임명된 한 사람의 기관장이 하는 일반 행정부처와 같은 조직 형태를 말한다. 우리나라의 과거 총무처가 이에 해당하는데, 책임소재가 분명하다는 장점이 있으나, 정치적 중립성이 결여되므로 인사행정의 정실화를 막기 어렵다는 단점을 가지게 된다.

③ 복수형

현재 대부분의 국가는 중앙인사기관을 독립합의형의 조직 형태나 비독립단독형의 조직 형태의 하나만을 설치하여 운영하는 것이 아니라, 각 국가의 실정과 인사기능의 성격에 따라 중앙인사기관을 복수로 설치하여 양자가 적절히 인사기능을 분담하여 수행하는 방식을 취하고 있다(강성철 외, 2008: 104).

일본의 경우, 내각 소속의 인사원과 총무성의 인사·은급국이 이러한 복수형의 형태에 속한다. 우리나라는 이전에는 중앙인사기관이 비독립합의형의 중앙인사위원회로 일원화되어 있었다가 현재는 행정안전부로 통합되었다.

다음으로 기능을 보면, 중앙인사기관은 준입법기능과 준사법기능을 가지는데, 전자는 법률의 범위 내에서 인사행정의 전반에 관한 위임입법권을 가지며, 후자의 경우 우리나라의 행정안전부에 설치된 소청심사위원회의 결정은 처분행정청을 기속(羈束)하므로(국가공무원법 제15조) 인사행정에 관한 준사법적 권한을 갖는다고 할 수 있다(강성철 외, 2008: 106).

(2) 우리나라의 중앙인사기관

① 1999~2004년 시기

이전까지는 행정자치부는 비독립단독형 기관에다가 약간의 독립성을 지니면서 합의제 기관인 소청심사위원회를 갖는 이원적 기구의 성격을 가졌다. 그러다가 행정자치부에의 권한 집중을 완화하기 위해, 대통령 직속의 심의·의결기구로 중앙인사위원회를 설치함으로써 한국의 중앙인사기관은 행정자치부와 중앙인사위원회의 이원체제로 개편되었다.

② 2004년 이후

앞서 언급한 이원화 조치는 중앙인사위원회는 인사개혁정책을, 행정자치부는 인사정책의 집행을 담당하여 인사개혁과 집행의 효율성을 확보하는 데 있었으나, 중앙인사위원회의 인사개혁에 관한 결정과 행정자치부의 인사 법령의 제·개정이 연계되지 않아 인사개혁의 추진이 지체되거나 왜곡되고, 인사정책과 집행기능이 분리됨으로써 여러 문제점이 도출되었다. 그리하여 2004년 행정자치부의 인사 관련 기능을 중앙인사위원회로 이관함으로써, 한국의 중앙인사기관은 중앙인사위원회로 일원화되었다.

중앙인사위원회는 합의제 중앙인사기관으로서 위원장 1인과 상임위원 1인 및 5인 이내의 비상임위원으로 구성된다. 주요 기능으로는, 인사행정에 관한 기본정책의 수립 및 인사개혁 총괄, 고위직 공무원 인사심사·채용 및 승진심사, 공무원 징계처분 등에 대한 소청심사 및 결정 등을 한다. 출범 이후 중앙 인사행정기관의 일원화, 6급 이하 공무원에 대한 인사권의 분권화, 고위공무원단의 구성 등 괄목할 만한 실적을 거두고 있다. 그러나 아직 중앙인사위원회가 명실 공히 독립된 인사기관으로서 인사의 공정성을 이룩하는 데 충분한 역할을 하고 있는지는 의문이다. 이러한 우려의 근거는 중앙인사위원회가 기본적 인사정책 수립 기능은 가지고 있으나 감사 및 통제 기능이 없기 때문이다(이철규, 2007: 206).[12] 중앙인사위원회의 정치적 독립성을 확보하지 못한 데 대한 비판은 결국 중앙인사위원회를 행정안전부의 '인사실'로 통합하는 조직개편을 가져 왔다. 과거 총무처의 '인사국'과 같은 형태가 되었으며, 행정안전부의 인사실장은 1급 국가공무원으로 장관급이던 중앙인사위원회의 위원장에 비해 그 위상이 상당히 낮아졌다.

그리고 국가인력 관리 측면에서 국가공무원과 지방공무원 인사관리의 연계성 부족을 지적할 수 있다. 국가공무원은 제1차관 산하의 인사실에서, 지방공무원은 제2차관 산하의 지방행정국에서 담당하여 국가공무원과 지방공무원에 대한 인사관리의 연계성이 낮다(김문성, 2009: 219).

③ 2008년 이후

2008년 이명박 행정부가 집권하면서 중앙인사위원회와 행정자치부 간 불협화음이 있자 정부조직법을 개정하여 인사기능을 새로이 설치된 행정안전부에 통합했다.

④ 2013년 이후

2013년 2월, 박근혜 정부가 집권하면서 행정안전부를 국민의 안전을 강조하는 안전행정부로 바꾸었다. 안전행정부의 조직 규모는 장관 1명, 차관 2명, 1본부 5실 4국 19관 66과 규모를 갖추었다.

---

12) 이전의 중앙인사기관이었던 중앙인사위원회는 2008년 3월 28일 국가공무원법의 개정으로 폐지되었다.

⑤ 2014년 이후

2014년 11월 박근혜 정부는 다시 정부조직 개편을 단행하여 안전행정부를 행정자치부로 개편하고 새로이 인사혁신처, 국민안전처를 신설하여 발족시켰다.

인사혁신처는 2014년 4월에 발생한 세월호 침몰사고를 계기로 공직사회의 개방성과 전문성을 강화하고 공직개혁을 추구한다는 목적으로 설립되었다. 인사혁신처의 소속기관으로는 국가공무원인재개발원과 소청심사위원회가 있다. 국가공무원인재개발원은 중앙공무원교육원이 2016년에 그 명칭이 변경된 것이다. 인사혁신처는 국무총리 소속의 중앙인사기관이며, 대통령과 국무총리를 거쳐 인사혁신처장이 국가공무원의 인사관리에 대한 최종 책임을 지는 비독립단독형의 독임제 기관이다.

2) 부처 인사기관

이것은 정부 각 부처의 인사 업무를 담당하는 기관으로서 각 부처의 장이 행하는 인사관리 기능을 보좌하는 기관을 말한다.

미국의 경우 펜들턴법이 통과되고 연방인사위원회가 설치되면서 반엽관제적 인사행정을 수행하기 위한 인사행정의 집권화가 시작되었다. 그러나 이에 따른 인사행정의 획일성을 지적하는 목소리가 나오면서 중앙인사기관에서 각 부처 인사기관으로의 권한이양은 1949년의 분류법과 1978년 연방공무원개혁법이 통과되면서 활발하게 이루어졌다(강성철 외, 2008: 140).

우리나라 각 부처 인사기관은 각 부처장과 직결되어 있는 총무과이다. 총무과는 소속 기관의 행정 목적 달성보다 소속 기관장이 원하는 바를 달성하게 하는 추종적 역할밖에 할 수 없는 위치에 있다. 따라서 부처 인사기관을 총무과와는 별도의 기관으로 설치하되, 이 기관을 부처장의 직속기관으로 하여 소속 부처장의 인사 자문에 충실히 응하도록 하는 방안을 고려해 볼 필요가 있다(강성철 외, 2008: 144).

3) 지방자치단체의 인사기관

지방자치제의 실시와 함께 지방공무원의 능력 발전과 전문화 등이 중요 이슈로 등장하고 있다. 지방공무원법에 의하면 인사기관으로 임용권자인 지방자치단체의 장, 인사위원회, 소청심사위원회를 규정하고 있다. 그러나 현재 몇몇 광역자치단체를 제외하고는 별도의 인사기관을 설치하지 않고, 일반행정가형의 총무과나 자치행정과 등에서 인사 업무를 담당하고 있다. 그런데 이들 기관은 지방공무원의 능력을 제고하고 인사행정의 전문화를 도모하는 데는 부족하다.

그리고 인구 10만명 이상의 지방자치단체에는 임용권자별로 16명 이상 20명 이하의 인사위원회를 구성하며, 인구 10만명 미만의 자치단체에는 7명 이상 9명 이하의 인사위원회를 구성한다. 위원은 임명위원과 위촉위원으로 구분된다. 외부 위촉위원의 임기는 3년으로 하고, 1차에 한하여 연임할 수 있도록 되어 있다(지방공무원법 제7조 제7항). 인사위원회의 의결은 재적위원 3분의 2 이상의 출석과 출석위원 과반수의 찬성으로 의결하도록 되어 있다(지방공무원법 제10조).

소청심사위원회는 재결기능을 갖는 합의제 기관으로 위원은 16명 이상 20명 이하의 위원으로 구성하되, 전체 위원의 2분의 1 이상을 법관·검사 또는 변호사로 재직하는 사람과 대학에서 법률학을 담당하는 부교수 이상으로 재직하는 사람으로 구성하도록 하고 있다. 그리고 소청심사위원회의 결정은 처분행정청을 기속한다.

문제점과 개선 방안은 다음과 같다(강성철 외, 2005: 141~142). 첫째, 인사위원회 위원은 자치단체장에 의하여 임명 또는 위촉되고 부단체장이나 인사담당국장이 당연직 위원장을 맡음으로써 독립성이 결여되어 있다. 따라서 인사의 공정성을 확보하기 어렵다. 외부 위촉위원은 지방의회의 동의를 받아 임명하되 위원장을 인사위원 중에서 호선하도록 하는 것이 바람직하다.

둘째, 보직관리 및 승진에 있어 심의 결과가 기속력(羈束力)이 없기 때문에 자치단체장이 심의 결과를 무시할 경우에 대비한 효과적인 제재수단이 없다. 따라서 인사위원회에 준입법 기능을 부여하여 인사관리 상의 주요 사항에 관한 인사규칙을 제정할 수 있도록 하여야 한다.

셋째, 인사위원회의 전문성 확보를 위해 내부 임용위원은 전보제한 기간을 준수하도록 하고, 외부 위촉위원의 임기를 3년에서 4년으로 연장해야 할 것이다.

2. 공직구조의 형성

1) 공직의 분류

공직 분류란 공무원을 채용과 대우 등의 기준에 의해 분류하는 것을 의미한다.

(1) 경력직 공무원과 특수경력직 공무원

1981년 국가공무원법 개정이 있기 전까지는 공무원의 종류를 일반직과 별정직으로 구분했다. 그러나 별정직들이 남설되어 위인설관의 목적에 쓰이거나 채용절차의 경직성 또는 보수제도의 불합리성을 회피하는 목적에 쓰여 왔다. 이러한 결점을 시정하기 위해 1981년 법 개정 시 공무원의 종류를 경력직 공무원과 특수경력직 공무원으로 나누었다.

공무원은 신분보장의 정도에 따라 경력직 공무원과 특수경력직 공무원으로 구별된다. 경력직 공무원(career service)은 실적과 자격에 의해 임용되고 그 신분이 보장되며 평생토록 공무원으로서 근무할 것이 예정되는 공무원을 말한다(국가공무원법 제2조 제2항). 경력직 공무원은 다시 일반직, 특정직 공무원으로 나뉜다. 일반직 공무원은 우리가 통상적으로 말하는 공무원으로서, 1급에서 9급까지의 계급으로 구분된다. 중앙부처, 도청, 시·군·구청, 읍·면·동 사무소 등 일반 관공서에 근무하는 공무원이 이에 해당된다. 특정직 공무원은 법관, 검사, 외무공무원, 경찰공무원, 소방공무원, 교육공무원, 군인, 군무원 및 국가정보원의 직원과 특수 분야의 업무를 담당하는 공무원이다. 여기서 '특정직'이란 일반직과는 다른 '특수한 신분'이라는 뜻이 아니고 업무가 특수한 영역에 속한다는 의미이다(김문성, 2004: 182). 담당업무가 특수하며 자격·신분보장·복무 등에서 특수성을 인정할 필요가 있다고 인정되어 특별법의 적용을 받고 있다.[13] 물론 개별법이 없거나 개별법에 적용 기준이 없을 때에는 국가공무원법을 적용한다. 우리나라에서 제일 수가 많은 공직은 특정직이다.

다음으로 특수경력직 공무원은 공무원법이나 실적주의의 획일적 적용을 받지 않으며, 정치적 임용이 필요하거나 특수한 직무를 담당하는 공무원이다. 특수경력직 공무원에게는 특별한 규정이 없는 한 국가공무원법이 적용되지 않는다. 특수경력직 공무원은 정무직 공무원, 별정직 공무원으로 구분된다.[14] 정무직 공무원은 장관급에서 1급 공무원까지가 해당하는데, 권한과 책임의 정도가 높고 고도의 정치적·정책적 업무를 담당하는 공무원으로 국회의원, 국무총리, 장·차관, 감사원장 등이다. 별정직 공무원은 특정 업무를 담당하기 위하여 일반직과 다른 방법에 의하여 임용된 공무원으로 국회 수석전문위원, 각급 노동위원회 상임위원, 비서관·비서 등이 해당된다.

(2) 국가공무원과 지방공무원

국가공무원과 지방공무원을 명확하게 구분하는 기준은 없으나, 대체로 임용 주체에 의하여 부교육감과 같이 중앙정부가 임용하면 국가공무원이고, 부구청장과 같이 지방자치단체에 의하여 임용되면 지방공무원이 된다. 또한 행정 주체를 기준으로 하여 중앙정부의 국가사무를 담당하는 공무원을 국가공무원, 지방자치단체의 자치사무를 담당하는 공무원을 지방공무원으로 구분하기도 한다. 그러나 종합적으로 볼 때, 임용 주체

---

13) 특정직 공무원의 범주에는 권력기관이 상당수 포함되어 있는데, 특정직 공무원의 예외적 인정이 일부 공무원의 우월적 지위를 확인하는 방편이 되어서는 안 될 것이다(이철규, 2007: 208).

14) 특수경력직이었던 전문직 공무원은 2013년에 일반직과 별정직에 흡수되면서 폐지되었다. 경력직 공무원 중 기능직 공무원은 2013년에 일반직에 흡수되면서 폐지되었다.

에 의한 구분이 가장 합리적이라고 본다.

양자에 적용하는 법체계가 달라 국가공무원은 국가공무원법의 적용을 받고, 지방공무원은 지방공무원법의 적용을 받고 있으나 엄격한 구분은 하지 않고 있다. 채용, 전보·전직, 승진, 파견, 보수 등 체계가 거의 같다.[15)]

(3) 고위공무원단

① 의 의

고위공무원단 제도는 미국, 영국 등 OECD 혁신 선도국가들이 고위공무원 역량 강화를 통한 정부 효율성 제고를 위해 시행하고 있는 제도이다. 실·국장급 공무원을 범정부적 차원에서 적재적소에 활용하고자 하는 목적을 가진다. 우리나라에서는 2005년 12월 제도 도입을 위한 국가공무원법 개정안이 국회를 통과함으로써 이 제도는 2006년 7월 1일부터 시행되었다. 등장 배경을 보면, 우리나라에서 실·국장급 고위직 공무원이 정책과 행정에 미치는 영향이 크지만, 이들에 대한 인사관리는 타 직급에 비하여 상대적으로 부실하였다. 이에 따라 2006년 7월 1일부터 시행한 고위공무원단 제도의 도입을 통해 국장급 공무원들을 개방과 경쟁을 통해 임용하고 이들의 성과 관리를 강화하려고 했다.[16)] 고위공무원단의 대상자는 꾸준히 증가하여 2010년에 46개 기관 1,473명에서 2015년에는 50개 기관 1,515명으로 증가했다. 2018년 9월 현재 고위공무원단 전체 인원수는 1,521명이다.

국가공무원법에서 규정하고 있는 고위공무원단의 직위는 다음과 같다.

가. 중앙행정기관의 실장·국장 및 이에 상당하는 보좌기관

나. 행정부 각급 기관(감사원 제외)의 직위 중 중앙행정기관의 실·국장의 직위에 상당하는 직위

다. 광역시, 특별자치시와 도, 제주특별자치도 및 지방교육행정기관에 근무하는 국가공무원의 직위 중 중앙행정기관의 실·국장의 직위에 상당하는 직위

고위공무원단은 개방형 직위를 통한 민간과의 경쟁뿐만 아니라 공모직위제도를 도입하여 부처 간 경쟁을 통해 적격자를 충원한다. 현재 충원방식은 개방형 직위(20%), 공모직위(30%), 기관 자율직위(50%)로 구분하고 있다.[17)] 그러나 기관 자율직위에도 다른

---

15) 양자 간에는 인식상의 차이가 있다. 국가공무원은 높고 지방공무원은 낮다는 잘못된 인식이 아직도 여전하다.

16) 고위공무원단을 통해 표방되는 핵심가치는 개방과 경쟁, 성과와 책임이다.

17) 2015년 3월 인사혁신처는 개방형 직위가 원래 취지와 어긋나게 78대 22의 비율로 공무원으로 충원되는 비율이 너무 높다고 보고 개방형 직위의 50%를 민간인으로 채용하는 경력개방형 직위를 도입한다고 밝혔다. 총 439개 개방형 직위 가운데 33.4%인 147개(고위공무원단 51개, 과장급 96개)를 경

기관 출신을 임용 제청할 수 있으므로 사실상 완전 개방형 임용 형태라고 할 수 있다. 기관 운영의 자율성을 높인다는 차원에서 소속 장관은 기관의 특성을 고려해 개방형 직위와 공모직위를 통합해 고위공무원단 직위 총수의 30% 내외로 지정할 수 있다. 그리하여 개방형 10%, 공모직위 20%, 기관 자율 직위를 70%까지 지정해 기관 운영의 자율성을 높일 수 있다.

② 인사관리

지금은 고위공무원단 직급이 종전 5등급에서 '가－나급' 2등급으로 변경됨에 따라,[18] 보수체계도 함께 조정됐다. 또 1년 단위로 직무성과 계약을 체결하며, 목표달성도를 매년 5개 등급(매우 우수, 우수, 보통, 미흡, 매우 미흡)으로 구분하여 평가받는다. 정부는 관대화 경향을 개선하기 위하여 2009년 2월에 상대평가적 요소를 도입했다. 그리고 2016년에는 이를 더욱 강화해 최상위는 20% 이하, 하위(미흡, 매우 미흡)의 경우도 10% 이상을 부여하기로 했다. 성과에 따라 성과연봉을 지급받는데, 성과연봉 지급액은 성과연봉 지급기준액에 평가등급별 지급률을 곱한 금액이다. '매우 우수' 등급에는 성과연봉 기준액의 18%, '우수' 등급에는 성과연봉 기준액의 12%, '보통' 등급에는 성과연봉 기준액의 8%, '미흡' 및 '매우 미흡' 등급에는 성과연봉을 지급하지 아니 한다(2016. 1. 8 개정, 공무원 보수규정 제70조). 그리고 적격심사 결과 부적격 결정이 나면 직권면직을 시킬 수 있다. 적격심사는 2년 이상 근무성적 평정에서 연속 최하위 등급을 받거나, 정당한 사유 없이 직위를 부여받지 못한 기간이 총 1년에 이른 자를 대상으로 한다. 그리고 근무성적 평정에의 최하위 등급을 1년 이상 받은 사실이 있으면서 정당한 사유 없이 6개월 이상 직위를 부여받지 못했거나, 조건부 적격자가 교육훈련을 이수하지 아니하거나 연구과제를 수행하지 아니한 때는 적격심사를 받아야 한다.

정년은 60세이며 일반적인 신분보장을 받으나, 고위공무원단 직위 중 직무등급이 가장 높은 등급의 직위에 임용된 고위공무원은 국가공무원법상의 신분보장 규정의 적용을 받지 못한다.

③ 도입 성과

시행 초기이기는 하지만 가시적인 성과로는 첫째, 성과 중심의 인사관리: 연공서열보다 능력과 성과에 의한 인사관리가 이루어지고 있다. 둘째, 경쟁과 개방의 확대: 범정

력개방형 직위로 지정한다. 경력개방형 직위가 안착하면 개방형 직위 중 민간 임용률은 2017년 39.5%로 갑절 이상 높아질 전망이다.

18) 2009년 '직무분석 규정'을 개정해 종전의 '가, 나' 등급을 '가' 등급으로, '다, 라, 마' 등급을 '나'등급으로 통합해 2단계로 축소했다. 2018년 9월 30일 현재, 고위공무원단 전체 1,521명 중 '가'등급이 250명으로 16.5%, '나'등급이 1,094명으로 71.9%를 차지하고 있다. 177명은 등급없음으로 11.6%이다.

부 차원의 인력 활용, 개방형 직위와 공모직위의 운용 등으로 경쟁적 분위기가 확산되고 있다. 셋째, 역량 기반 인사관리 체계의 확립: 역량평가를 통하여 필수 역량이 검증된 전문가만이 고위공무원으로 진출하게 함으로써 고위공무원 임용을 위한 사전검증 절차를 확립하였다.[19)]

반면 문제점으로, 직업공무원제 요소의 약화를 들 수 있다. 고위공무원단은 개방형 임용을 기본적인 임용체계로 운용하게 되므로 직업공무원제에서의 신분보장과 서로 상충하게 된다. 또 개방형 직위와 공모직위에 임용 시간이 너무 많이 걸린다는 점을 들 수 있다. 그리고 민간 출신 공무원이 적응에 어려움을 겪으며, 개방형 직위와 공모직위 충원 후에 기관자율 직위의 충원이 가능하여 장관의 인사권이 제약되고 있는 점 등이다(강성철 외, 2008: 165~166). 거기다가 2006년 평가에서 5단계(매우 우수, 우수, 보통, 미흡, 매우 미흡) 중 '매우 우수'와 '우수' 평가를 받은 사람이 83.5%였고, '미흡'은 1.1%에 그쳤고 '매우 미흡'은 단 1명도 없었다. 국무총리실 14명과 통계청 22명은 전원 만점을 받았다. 2007년 평가에서도 상황은 달라지지 않았는데(조선일보, 2008. 12. 26),[20)] 이러한 이유로 이 제도의 폐지 주장이 일각에서 제기되고 있는 실정이다.

그리고 앞서 언급한 대로 직무 등급이 처음의 5등급에서 2등급으로 바뀜으로써 원래의 직무 중심에서 계급 중심으로 회귀할 가능성이 높아진다. 이는 당초 직무 중심의 인사관리를 하려는 제도의 도입 취지에서 벗어나고 있는 것이다.

2) 인사체계의 유형

(1) 패쇄형과 개방형

폐쇄형은 공직에의 신규채용이 최하위 계층에서만 허용되며 내부승진을 통하여 그들이 상위계층까지 올라갈 수 있는 인사체계이다. 공무원의 사기를 높이고 장기근무를 장려하므로 행정의 일관성과 안정성을 가져오는 데 유리하다. 그리고 젊은 사람이 공직을 평생의 직업으로 삼고 발전해 갈 수 있도록 하여 직업공무원 제도를 확립하는 데 유리하다. 그러나 폐쇄형은 공무원을 장기 근무시키고 이것이 관료로 하여금 타성과 무사안일에 빠지게 할 수 있어 공직의 침체를 가져오고, 관료가 행정권력을 토대로 자신들

---

19) 고위공무원단 제도 시행 후 10개월 간 총 382명의 정부부처 과장급 공무원들을 대상으로 역량평가를 실시한 결과 11%(42명)가 탈락한 것으로 나타났다. 이들 42명은 5점 만점의 평가에서 미흡(2.5~1.5점) 등급을 받아 고위공무원단 진입자격 확보에 실패했다. 두 번 연속해서 통과하지 못하면 6개월 간 응시가 제한된다. 측정역량은 의사소통, 비전제시, 문제인식 및 이해, 전략적 사고 등 총 9개이다(중앙인사위원회, 부처뉴스, 2007. 4. 19).

20) 이러한 점을 시정하기 위하여 정부는 5단계 중 최상위 등급을 20%에게만 주고 하위 2개 등급을 10%에게 강제배분할 계획으로 있다(조선일보, 2008. 1. 9).

의 이익을 먼저 도모하고 국민의 요구를 저버리거나 민감하게 대응하지 않는 특권집단화될 수도 있다

이에 반해 개방형은 공직의 모든 계층에 신규채용이 허용되는 인사체계로서 개방형의 인사체계는 직위분류제를 채택하고 있는 국가에서 그 필요성이 크다. 공직의 신진대사가 활발하게 이루어지므로 자칫하면 침체하기 쉬운 관료제 내에 참신한 기풍을 진작시킬 수 있다. 또한 외부로부터 신규채용이 허용되므로 보다 우수한 인재를 확보할 수 있다.

우리나라의 공무원 제도는 계급제적 토대 위에 직위분류제적 요소가 가미된 폐쇄형 충원체제로 유지되고 있다. 그러나 이러한 체계로는 국가경쟁력을 확보하기 어려워 1996년부터 개방형 전문직위제도를 도입하였다. 그러나 직위 지정 권한이 소속 장관에게 부여되고 또 정부조직법 상 실·국·과장 직위에 계약직 임용이 불가능하여 실효성을 거두지 못함에 따라 2000년 2월 「대통령령 제16726호 개방형 직위의 운영 등에 관한 규정」을 시행하면서 개방형 직위제도를 시행하게 되었다.

개방형 직위는 소속 장관별로 고위공무원단 직위 총수의 100분의 20의 범위 안에서 개방형 직위를 지정한다. 지방자치단체의 경우 특별시·광역시 또는 도별로 1급 내지 5급 공무원 직위 총수의 100분의 10 안에서 개방형 직위를 지정한다. 임용기간은 최소한 2년 이상으로 5년의 범위 안에서 소속 장관이 정하되 특별한 사유가 있는 경우에는 총 임용기간이 5년을 넘지 아니 하는 범위 안에서 임용기간을 연장할 수 있다.

개방형 직위 임용 현황을 보면, 이 제도가 처음 실시되었던 1999년에는 국장급 이상 직위에 한정되어 38개 부처 129개에 불과하던 직위가 2015년 현재는 443개 직위로 늘어났다. 그리고 외부임용률도 고위공무원단을 시행하고 나서부터는 박근혜 정부 초반을 제외하고는 40%대를 유지하고 있다. 그러나 임용자에 대한 보수 수준이 너무 낮다는 것과 임용기간이 너무 짧아 임기 만료 후의 신분 불안 등이 약점으로 지적되고 있다.

다음으로 민간에게는 개방하지는 않지만 다른 부처 공무원에게 개방하는 공모직위가 있다. 공모직위는 소속 장관별로 경력직 공무원으로 임명할 수 있는 고위공무원단 직위 총수의 100분의 30의 범위에서 공모직위를 지정하되, 소속 장관은 경력직 공무원으로 임명할 수 있는 과장급 직위 총수의 100분의 20의 범위에서 공모직위를 지정할 수 있다. 이렇게 이 제도가 시행되었지만 여전히 부처주의에서 벗어나지 못해 제도의 실효성을 확보하지 못하고 있다.

결론적으로 우리는 폐쇄형 인사체계를 운영하고 있지만 점차 개방형 요소를 점진적으로 도입하고 있다고 하겠다.

(2) 교류형과 비교류형

교류형은 담당 업무의 성격이 같은 범위 내에서의 기관 간 이동이 자유스러운 인사체계를 말한다. 공무원의 사기는 물론 행정의 효율성을 제고하는 장점을 지닌다. 또한 교류형은 인력을 융통성 있게 활용할 수 있을 뿐만 아니라, 공무원의 시야를 넓히고 기관 간의 배타성과 파벌성을 극복함으로써 기관 간의 협조와 조정을 용이하게 한다. 그러나 교류형은 업무의 전문화를 어렵게 하고, 공무원의 이동에 따른 연금권의 이전과 근무성적 평정의 적용 등 여러 가지 복잡한 인사관리를 초래한다.

이에 비해 비교류형은 공무원의 근무와 경력 발전 계통이 하나의 기관에 국한되는 인사체계를 말한다. 극단적인 부처주의에 입각한 비교류형의 인사체계는 기관별 인력의 질적 불균형을 낳고, 정부 전체의 통합적 행정 활동을 제약할 뿐 아니라, 인력 활용에도 경직성을 초래할 수 있다.

우리나라는 비교류형에 가까운 인사체계를 지니고 있으나, 최근 들어 행정기관 간의 인사교류의 폭을 넓히려는 노력이 행해지고 있다(국가공무원법 제32조의2; 지방공무원법 제30조의2). 과거 환경부와 건설교통부 간부 이동이 그 한 예인데, 그러나 관련 공무원들의 이해 부족, 비교류형에 젖어온 할거주의적 인사 관행 등의 이유 때문에 인사교류는 활발히 행해지지 않고 있다.

행정기관과 민간기관의 인사교류 중 민간근무 휴직제는 재직기간이 3년 이상인 일반직 공무원(3~8급) 및 외무공무원(8~3등급)을 대상으로 휴직기간은 1년 이내로 하되, 총 3년까지 휴직하고 민간기업에서 근무하도록 하는 제도이다. 이 밖에 전문성이 요구되는 특수업무를 효율적으로 수행하기 위해 필요한 경우 민간기관 임직원을 파견받아 근무하게 하기도 하는데, 파견기간은 2년이며 1년의 범위에서 연장할 수 있다.

3) 공직 분류체계의 형성

공직은 사람과 업무로 구성된다. 사람을 기준으로 하는 것이 계급제, 업무를 중심으로 분류하는 것이 직위분류제이다. 우리나라는 기본적으로 계급제 중심의 분류를 따르고 있으며, 임용·시험·승진 등에서 직위분류제 요소를 보완적으로 활용하고 있다.

(1) 계급제

① 의 의

계급제(rank classification)는 각 공무원의 학력·경력·능력을 기준으로 하여 계급으로 구분하는 제도를 의미한다. 따라서 동일한 계급에 속한 사람들은 그들이 어떤 업무를 수행하든지 간에 모두 동일한 자격과 능력을 갖춘 것으로 간주된다. 계급제는 관료제 전통이 강한 영국, 프랑스, 독일, 일본 등이 주로 채택하고 있다. 직위분류제가 특정 직위에 공무원을 임용하나 계급제는 특정 계급에 사람을 임용하는 것에서 양자 간의 차이가 있다.

② 특 징

첫째, 일반행정가(generalist): 계급제는 일반행정가를 중시하는데, 일반행정가는 축구에서 말하는 올라운드 플레이어와 비슷하다. 업무에 대한 기술적 전문성을 중시하는 직위분류제에 비해 계급제는 폭넓은 이해력과 조정능력을 갖추고 업무의 통합능력이 뛰어난 일반행정가를 선호한다. 계급제의 특징은 한 계급에 속하는 공무원은 해당 계급이 맡을 수 있는 여러 가지 직책을 맡을 수 있다는 점이다. 예를 들어, A라는 사람이 행정자치부의 국가공무원 서기관(4급, 과장급)이라면, 그는 인사국 고시과장 직책도 맡을 수 있고, 지방재정세제국의 공기업과장이 될 수도 있다. 그뿐 아니라 자치행정국의 실업대책과장이 될 수도 있고, 민방위재난관리국의 재난관리과장이 될 수도 있다. 왜냐하면 이런 직책들은 4급 공무원이면 누구나 임용될 수 있기 때문이다(배득종 외, 2006: 70).

둘째, 신분보장: 계급제 하에서는 공무원의 신분이 강하게 보장된다. 자리와 생존을 같이 해야 하는 직위분류제와는 크게 구분된다.

셋째, 폐쇄형 충원 체제: 계급제에서는 외부 인사가 동일 계급의 중간계층에 신규 임용되는 것을 허용하지 않는다. 물론 계급제라고 해서 반드시 폐쇄형을 채택한다고 볼 수는 없지만, 우리나라도 5급과 7급 공무원은 공개경쟁시험을 통하여 신규 채용하고 있음에도 내부승진자 수가 신규채용자 수보다 훨씬 많으므로 폐쇄형에 가깝다고 할 수 있다.

③ 장·단점

장점으로는 첫째, 계급제는 일반적으로 폐쇄체계로 운영되어 장기간 근무하게 되고 내부승진을 통하여 장기근속이 보장되므로 공무원의 신분 보장과 직업공무원제를 확립하는 데 용이하다.[21] 둘째, 계급제는 당해 직위가 요구하는 지식과 기술을 가진 특정 분야의 전문가를 요구하지 않고 폭넓은 안목과 이해력을 가진 일반행정가의 양성에 유리하다. 따라서 인적 자원을 탄력적으로 운용할 수 있다. 셋째, 계급제는 인사행정의 기준이 되는 계급의 수가 적기 때문에 인사관리가 용이하고 비용도 절감된다.

단점으로는 첫째, 계급제는 동일 계급에 대해서 직무의 종류나 성격과 관계없이 동일한 보수가 지급되므로 직무급 체계를 확립하기 어려워지면서 보수와 업무부담의 형평성을 결여하기 쉽다. 둘째, 채용시험, 신규 임용, 승진, 전·보직 등이 직무의 내용에 따라

21) 계급제 하에서 공무원의 신분은 자진하여 사퇴하거나 형의 선고나 징계처분 등 법적으로 문제가 되지 않는 이상 철저히 보장된다.

이루어지지 않기 때문에 직위에 적합한 적임자를 채용·배치하지 못하여 행정의 능률이 저하된다. 셋째, 폐쇄적인 계급제는 공무원에게 신분 보장을 해 주므로 관료들이 무사안일에 빠지거나, 동일 계급에 있는 공무원들이 직무 수행보다 행정권력을 이용하여 국민을 지배하거나 자신들의 집단이익을 보호하려는 특권집단화할 가능성이 높다. 넷째, 계급제는 동일 분야의 직책을 장기간 담당하지 않고 순환보직을 통하여 여러 직무를 수행하기 때문에 전문화 시대에 적합한 어느 한 분야의 전문가를 양성하기에 곤란하다.

(2) 직위분류제

① 의 의

직위분류제(position classification)는 조직에 있는 수많은 직위(position)를 직무의 종류와 수준에 따라 분류하여 관리하는 제도이다. 계급제가 사람을 대상으로 그 사람이 일을 '얼마나 잘' 수행할 수 있고 주어진 책임을 '얼마나 효과적으로' 감당할 수 있는가를 기준으로 분류하는 것이라면, 직위분류제는 사람이 하는 일을 대상으로 그 일이 '무엇'이며 그에 따르는 책임이 '어느 정도'인가를 기준으로 분류하는 것이다.

1938년 미국에서 '동일업무·동일보수(equal pay for equal work)'의 원칙이 제기된 뒤, 1923년 분류법(Classification Act)이 제정되었고, 미국 문화권에 속하는 나라들에서 채택되고 있다.

② 요소 개념

직위분류제는 직위를 직무의 종류·성질을 기준으로 하여 직렬·직군별로 종적 분류를 한 다음, 이를 다시 직무의 곤란성·책임도를 기준으로 하여 등급별·직급별로 횡적 분류를 하는 것이다. 직위분류제의 구성요소는 다음과 같다.

가. 직위(職位, position)

한 사람의 공무원이 수행하는 직무와 책임을 말하며, 직위분류제에서 가장 작은 조직단위이다. 우리가 흔히 말하는 '자리'에 해당한다(국장, 과장 등). 이처럼 직위는 일을 기준으로 한 것이지, 그 일을 담당할 사람과는 관계가 없다.

나. 직급(職級, class)

직위가 내포하는 직무의 종류와 책임도 및 곤란도가 유사한 직위의 군(群)을 말한다. 직급은 임용자격·시험·보수 등에 있어서 동일하게 취급한다.

다. 직렬(職列, series of classes)

직렬이란 직무의 종류는 유사하지만 곤란도, 책임도가 상이한 직급의 군(群)을 의미한다. 즉 직무는 같은 종류에 해당되지만 의무와 책임의 수준이나 곤란성이 서로 다

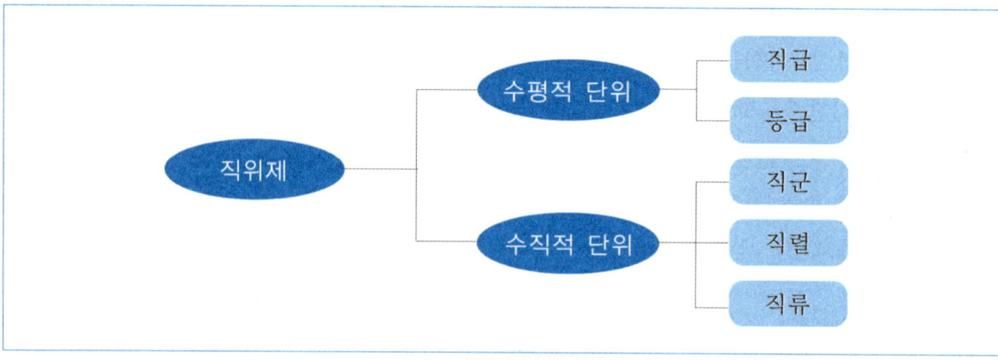

자료: 황윤원, 2006: 290.

[그림 8-1] 직위분류제의 주요 용어

른 직급들을 모아 직렬이라 한다. 예컨대 전산 업무를 수행하는 일단의 직위들이 있을 때, 이들 책임의 수준이 서로 달라 고급 전산직과 하급 전산직의 두 개 직급으로 나뉜다면, 이들은 다같이 하나의 전산 직렬에 포함시킬 수 있다.

라. 직류(職類, sub-series)

동일한 직렬 내에서 직무의 성질이 더욱 유사한 것끼리 모아 세분류한 것이다. 직렬을 다시 세구분한 것이 직류이다.

마. 직군(職群, occupational group)

직무의 종류가 광범위하게 유사한 직렬의 군을 말한다. 직군은 유사한 성격을 가진 직렬들을 모아 놓은 직위 분류의 대단위이다. 행정직렬과 세무직렬, 감사직렬 등의 직무는 서로 광범위하게 유사하다고 보고 하나의 행정 직군으로 분류하고 있다.

바. 등급(等級, grade)

직무의 종류와 성질은 다르지만 곤란도·책임도에 있어서 유사한 직급들을 계층화한 것으로 동일한 보수를 지급할 수 있는 모든 직위를 말한다.[22] 행정직렬의 인사행정 업무와 식물검역 직렬의 검역업무는 직무 성격은 다르지만 곤란성의 정도가 비슷하다면 같은 등급에 배정되어 동일한 보수를 받는다.

③ 직위분류제의 수립절차

일반적인 절차는 준비작업, 직무조사, 직무분석 및 평가, 직급명세서 작성, 정급 및

22) 직급이 직무의 종류가 유사한 직위의 집단을 가리킨다면, 이에 반해 등급은 직무의 종류가 다르지만 책임의 정도가 유사한 직위의 횡적 군이라 할 수 있다. 1급 내지 9급이 등급에 해당한다.

관리의 5단계로 구분할 수 있다.

가. 준비작업

직위분류제에 관한 기본정책과 계획의 결정, 필요한 법령의 제정, 주관기관의 결정, 분류전문가의 확보, 작업절차의 입안, 분류될 직위의 범위 결정 등이 행해진다.

나. 직무조사

분류대상 직위에 대한 자료수집의 단계로 직무의 내용, 책임도, 곤란성, 자격요건 등에 관한 자료가 수집된다. 직무조사 다음 단계에서 행하여지는 직무분석과 직무평가를 정확하게 하기 위해서는 직무조사가 매우 정밀하게 행해져야 할 것이다. 직무조사에서 자료수집의 가장 중요한 수단은 재직자가 직무기술서(職務記述書)에 직접 기입하는 방법이다. 이 때 질문지는 간결하고 기입하기 쉬워야 한다. 질문지는 자유응답형으로부터 강제선택형과 체크 리스트에 이르기까지 여러 가지 양식으로 작성될 수 있고, 이들을 절충한 양식이 있을 수 있다.

다. 직무분석

가) 의 의

직무분석은 직무기술서에 기재된 자료를 기초로 직무의 종류에 따라 직렬과 직군을 형성하는 분류작업이다. 즉 직무분석은 유사한 직무를 모아 직렬을 형성하고 다시 유사한 직렬들을 모아 직군을 형성하는 수직적 분류구조를 결정하는 작업이다.

이 때 중요한 것은 직렬의 폭이다. 직렬의 폭이 너무 넓으면 직위분류의 취지를 살릴 수 없고, 직렬의 폭이 너무 좁으면 인사관리의 불편과 낭비를 초래한다(강성철 외, 2005: 174).

나) 직무분석의 절차

직무분석의 절차는 크게 예비작업, 본작업, 정리분석 작업으로 나뉘며, 예비작업에서는 예비조사와 직무단위 결정이, 본작업에서는 직무정보 수집 작업이, 정리분석 작업에서는 직무기술서와 직무명세서 작성이 각각 이루어지게 된다. 직무기술서는 직무분석의 결과에 의거하여 직무수행과 관련된 과업 및 직무행동을 일정한 양식에 기술한 문서를 말하며, 직무명세서는 직무분석의 결과에 의거하여 직무수행에 필요한 종업원의 행동, 기능, 능력, 지식 등과 각종 자격조건을 일정한 양식에 기록한 문서를 말한다.

라. 직무평가

직무평가는 직무의 비중 또는 수준에 따라 직급과 등급을 결정하는 분류작업이다. 직무평가는 수평적 분류구조를 형성하는 절차이며 직무급의 실현을 위한 중요한 기반이 된다. 앞서 보았던 직무분석이 직무를 종류별로 구분하여 직렬과 직군을 형성하는 작업이라면, 직무평가는 직무를 수준별로 구분하여 직급과 등급을 형성하는 작업이라 할 수 있다(오석홍, 1993: 150~151). 직무평가의 방법에는 서열법, 분류법, 점수법, 요소비교법 등이 있는데, 정부부문에서는 분류법을 많이 사용한다. 각각의 방법을 간단히 설명하면 다음과 같다(김종희, 2005: 246).

가) 서열법

직무평가 방법 중 가장 간단한 방법으로, 각 직위가 지고 있는 직무의 곤란성이나 책임성을 전체적으로 평가하여 직위 간의 서열을 정하는 방법이다. 즉 노력·책임·업무조건 등 몇 개의 평가요소를 미리 선정하고, 이것을 기준으로 하여 각 직위 상호간의 서열을 결정하는 방법이다.

서열법은 비용도 적게 들고 간편한 방법이기는 하지만 직무의 어떤 요소가 특별히 가치 있게 받아들여지는가에 대한 통일된 지침이 없기 때문에 주관적·감정적 요인이 크게 작용할 위험이 있다. 따라서 평가 시 직무기술서를 참조하여 서열을 정하는 데 있어서 공통된 요소를 사전에 정하는 것이 서열법의 결점을 보완하는 데 도움이 된다. 서열법은 직무평가의 담당자가 대상조직의 직무를 모두 잘 파악하고 있고, 직무의 수가 적은 소규모 조직에 대한 직무평가에 적합하다(박천오 외, 2010: 154).

나) 분류법

분류법은 직무를 여러 가지 수준이나 등급으로 분류하여 표현하는 방법이다. 분류법은 서열법보다 한 단계 발전된 것으로 사전에 등급기준표를 미리 정해 놓고 각 직위를 등급기준표에 따라 적절한 등급을 결정한다. 등급기준표가 만들어지면, 각 직무를 특정의 등급에 배치하여 그 등급에 속하는 모든 직무에 대해서는 동일한 기본급을 정한다(박천오 외, 2010: 154).

분류법도 비교적 간단하고 이해하기 쉽다는 장점도 있으나 각 등급기준에 대한 정의가 모호할 경우[23] 그 해석에 있어서 논란의 소지가 있다는 단점도 가지고 있다.

다) 점수법

점수법은 각 직무를 기초적인 요소의 척도에 따라 계량적으로 계측하는 방법으로, 직무평가 방법들 중에서 가장 많이 사용되는 방법이다.

각 직위를 평가하는 데 적용할 요소, 즉 직무 수행에 필요한 평가요소(능력·근무환

23) 예를 들어, 1등급을 "… 단순한 정형적·반복적 업무로서 선택·판단의 필요성이 거의 없다"라고 정의한다면 '거의' 같은 표현에는 상대적 개념이 사용되어 명확한 이해가 쉽지 않다.

경·책임·기술 등)를 선정하여 각 요소마다 중요성에 따라 다르게 배점한 다음,[24] 각 요소를 몇 단계로 구분하여 각 단계마다 일정한 점수를 부여한 직무평가 기준표를 작성한다. 이어 직위의 직무를 구성요소별로 점수를 매기고 이를 합계함으로써 등급을 결정하는 것이다.

점수법은 계량적 방법을 활용함으로써 주관적 편견의 개입을 극소화할 수 있는 과학적인 방법이라는 장점을 가지고 있다. 그러나 각 요소에 대한 평가점수를 합리적으로 결정하기가 어렵다는 단점도 가지고 있다.

라) 요소비교법

이 방법은 다른 방법들에 비해 가장 늦게 고안된 방법이다. 이 방법은 점수법의 단점인 평가요소의 비중 결정과 단계 구분에 따른 점수 부여의 임의성을 극복하고자 개발된 기법이다. 요소비교법은 기술, 정신적 수준, 신체적 수준, 책임감, 근무상황 등의 다섯 가지 요소들로 구성되어 있다. 조직 내 중심이 되는 기준직무(key job)를 선정하여, 평가하고자 하는 직무와 기준직무의 평가요소들을 상호 비교하여 상대적 가치를 계량분석적으로 판단하는 방법이다.

요소비교법의 단계를 살펴보면, 이 방법도 점수법처럼 먼저 평가할 직위에 공통되는 평가요소를 선정한다. 그리고 조직에서 가장 중심이 되는 직위, 즉 기준직무를 선정하여 기준직무의 평가요소별 서열을 정한다. 그런 후 기준직무의 보수액을 평가요소별로 배분하여 제시한다. 이러한 기준을 토대로 분류 대상 직위의 평가요소별 서열에 따른 보수액을 배분하여 분류 대상 직위의 보수를 결정한다. 이렇게 하여 분류 대상 직위의 보수액이 결정되고, 분류 대상 직위의 보수액에 차이가 나면 그것이 바로 직무의 상대적 가치를 나타내는 등급 결정의 기준이 된다.

요소비교법은 기준직무와 유사직무들의 비교를 용이하게 한다는 장점이 있으나, 평가척도의 구성이 복잡하여 이해하기 어렵다는 단점도 있다.

마. 직급명세서의 작성

직급명세서는 각 직위의 직급별 특성을 설명한 것으로, 직급명세서에는 직급의 명칭, 당해 직급의 직무와 책임, 업무의 예시, 최저 자격기준 등이 기술된다. 직위를 직급에 배치할 때 분명한 지표를 제시해 줄 수 있도록 직급을 규정하는 데 목적이 있다.

바. 정급 및 관리

정급(定級)이란 직급명세서를 기준으로 해서 실제의 직위들을 직급에 배치하는 것

---

24) 요소에 대한 가중치는 기업의 경우 기술요소의 가중치가 가장 높게 결정되지만, 정부조직의 경우에 있어서는 책임요소가 상대적으로 높은 가중치를 가지게 된다(박천오 외, 2010: 156).

을 말하며 이로써 직위분류제는 형태상 완성되는 것이다. 그리고 공무원이 갖고 있는 자격이 직급명세서 상의 자격기준과 일치하지 않을 때 적절한 인사조치를 하여야 한다.

일단 직위분류제가 수립되었다고 하더라도 그 실시에 따른 문제점을 발견하여, 변동하는 상황에 따라 분류를 계속 적응시키며 개선해 나가야 한다(강설철 외, 2005: 193).

④ 장·단점

계급제에 비해 비교적 체계적이고 과학적인 방법에 의해서 형성된 공직 분류체계이지만 몇 가지 문제점도 안고 있다.

우선 주요한 장점을 보면 첫째, 동일 업무에 대한 동일 보수(equal pay for equal work)의 원칙을 확립함으로써 보수 결정의 합리적 기초를 제공한다. 둘째, 직위가 요구하는 직무의 내용, 성격 그리고 자격요건에 따라 채용시험, 교육훈련, 전보·승진 등을 시행함으로써 인사행정의 합리적 기준을 제공한다. 셋째, 직무의 특성을 구체적으로 나타내주므로 근무성적 평정을 객관적으로 할 수 있는 기준을 확립할 수 있다. 넷째, 공무원의 전보·승진이 동일 직렬 안에서만 이루어지게 되므로 해당 분야의 전문가를 양성하는 데 효과적이다.[25)]

단점을 보면 첫째, 특정 직위의 전문가를 요구하므로 일반적 관리능력을 가진 일반행정가의 확보나 양성이 어렵다. 둘째, 지나친 직무구조의 편협성과 비탄력적 분류체계 때문에 변화하는 상황에 적절히 대응하지 못한다. 셋째, 동일 직렬에서의 승진이나 전보는 가능하나 다른 직렬로의 전직이 어렵기 때문에 인사관리의 탄력성과 신축성이 결여된다. 넷째, 특정 직위의 직무 수행 능력에 관한 인물의 적합성을 최우선으로 하기 때문에 공무원의 장기적인 발전 가능성이나 잠재력을 더 중시하는 직업공무원제의 확립을 어렵게 한다.

(3) 우리나라 공직 분류체계의 평가와 개선 방향

① 평 가

우리나라는 공직분류나 인사관리에 있어 계급제를 위주로 하고 직위분류제는 부분적이고 형식적으로 가미되어 있는 실정이다. 계급제의 문제점은 일반행정가 양성 위주여서 각 분야의 전문가 양성이 어렵다는 것이다.

이러한 상황에서도 외부인사의 충원은 극히 제한되어 있다. 이의 단점을 보완하기 위하여 특수경력직으로 별정직과 계약직을 두고 있지만 그 규모가 작고 정책비중

---

25) 직위분류제는 전문행정인을 요구하기 때문에 일반행정가의 올라운더(all-rounder)가 아니라 포지션 플레이어(position player)의 특성을 지닌다(유민봉, 2006: 469).

이 낮아 공직의 활성화나 민의에의 대응성 제고에는 큰 효과를 기대하기 힘들다(유민봉, 2006: 476).

또 일반행정직이 기술전문직보다 인사에서 우대되는 불합리한 현상도 벌어지고 있다. 직렬 간 형평성 문제는 특히 행정 관련직과 기술 관련직 사이에 나타난다. 행정직의 승진이 기술 관련직보다 빠르고 고위직에의 승진기회가 훨씬 넓다는 것이다. 2013년 말 기준 중앙부처의 4급과 5급 공무원의 통계를 보면, 기술직군의 비율이 5급에서는 27.3%이던 것이 4급의 경우 24.9%로 낮아진다. 이공계 비율이 고위직으로 올라갈수록 낮아지고 있다. 기술직, 넓게는 이공계 출신이 정책결정에 참여할 기회가 행정직에 비해 현저히 줄어들고 있음을 알 수 있다(유민봉, 2016: 490). 2006년에 1~3급 공무원은 계급을 폐지하고 5개의 직무 등급으로 구분하여 직위분류제에 입각한 분류체계를 형성하였다. 그러나 직무분석이 각 직위가 요구하는 직무의 상대적 가치를 산정하는 데 중점을 두고 공무원 각자가 수행하는 직무의 내용과 종류를 구체적으로 분석하여 분류하지 않았다. 그런 가운데 '직무등급'을 '계급'처럼 운영하게 되면 제도상으로는 직무등급제를 도입하였다고 할 수 있을지 모르지만 운영상으로는 계급제와 같다고 할 수 있다(강성철 외, 2008: 247).

② 개선 방향

한 설문조사에 따르면, 현행 직렬 구분체계의 개선 필요성에 대해 응답자의 57.5%는 개선이 필요하다고 응답했으며 그 구체적인 방안은 다음과 같다(조경호·주효진, 2005: 116~121).

첫째, 특정직 공무원의 일반직으로의 전환이다. 군무원이나 외무공무원은 근무 부처만 다를 뿐 일반행정 업무를 다수 수행한다고 보았을 때 일반직으로의 전환이 가능할 것이다.

둘째, 소수직렬의 통폐합이다. 이렇게 할 때 물론 통합으로 사라지게 되는 직렬에 대한 이해관계자들의 반발이 예상되지만, 승진과 보직이동 및 경력발전에서 보면 바람직하다.

참여정부에서는 4급 직위는 서기관과 기술서기관으로 구분하였고, 4급의 직렬은 폐지하였다. 2006년에는 5급 이하 직위의 분류체계를 대폭 개편하였다. 직군은 행정직군, 기술직군으로 나누어 단순화하고 57개였던 직렬은 31개로 줄였다. 직류제도는 유지하여 채용시험의 분화를 가능하게 하였다. 이 조치로 인력운용의 융통성을 높이고 임용구조를 교류형화하는데 유리하지만 전문성 확보에는 다소 거리가 있다(오석홍, 2007: 28).

오늘날 우리 사회는 아마추어보다는 행정에서의 전문가를 요구하고 있다는 점에서 향후 계급제를 기본원리로 하되 직위분류제를 점진적으로 도입하는 자세를 가져야 할 것이다.[26] 고위공무원단에 대한 직무분석의 경험을 토대로 하여 직위분류제 적용이 가능한 직종에 대하여는 과학적인 직무분석을 하여 계급이 아닌 등급으로 구분하는 노력이 필요하다고 할 수 있다.

제 3 절 인적자원의 관리

1. 인력계획

1) 인력계획의 의의와 중요성

인력계획(manpower planning)의 정의에 대해서는 학자들마다 조금씩 견해를 달리하고 있지만, 대체적으로 현재의 인력자원에 관한 정보를 수집·분석하여 미래의 인력 수요를 예측하여 정부에서 필요한 행정인력을 공급하고 관리하는 방안을 제시하는 계획을 의미한다고 본다.

정부가 인력을 활용하지 못한다면 국가에 큰 손실을 안겨 주게 되므로 정부는 유능한 인력을 동원하고 활용할 수 있는 인력계획을 반드시 세울 필요가 있다. 인력계획이 결여된 충원정책은 인사권자의 재량에 의존하는 정도가 높고 낭비의 소지가 있으며 정치적 영향력의 배제 또한 어렵게 한다.

2) 인력계획의 과정

인력계획의 과정은 일반적으로 인력수요 예측단계, 인력공급 대안결정단계, 시행단계, 평가단계로 나누고 있다.

(1) 인력수요 예측 단계

첫째, 조직목표 달성에 필요한 인력 총수요를 예측하게 된다. 예산 총액의 증가에 따라 인력 총수요를 예측할 수 있고, 추세분석이나 회귀분석 등의 통계학적 기술을 이용해서 예측할 수도 있다. 질적 인력수요 예측을 위해 시나리오 기법이 동원된다. 이

---

26) 사람 중심의 인력관리체계에 실적주의 요소를 강화시키기 위하여 직위분류제적 요소를 접목시킨 형태인 '계직제'(階職制)가 이에 해당한다.

기법은 대개 전문가집단의 브레인스토밍에 의해 미래 환경의 변화, 미래의 기회와 위협에 대한 분석 등이 행해진다.

둘째, 기존 인력의 상태를 파악한다. 그리고 그것을 기초로 인력 변동을 예측하여야 한다.

(2) 인력공급 예측 단계

예측과 관련되는 구체적인 기법으로는 추세분석과 마아코브분석이 있다. 추세분석은 미래 시점의 인력공급 예측은 이직률, 입직률, 결근율 등의 변화에 대해 과거의 자료에 의한 변화 추세를 찾아서 이것을 미래에 적용하는 것이다. 다음으로 마아코브분석의 핵심은 전이행렬인데 전이행렬(transition probability matrix)은 예측기간 동안 구성원들이 그의 직무에 계속 재직할 가능성, 조직 내의 다른 직무로 이동할 가능성, 조직을 이탈할 가능성 등을 표시해 준다. 전이행렬을 개발하는 단계를 알아보면 다음과 같다.

제1단계: 조직을 떠날 가능성이 있는 모든 직무를 분류한다.

제2단계: 이동률에 관한 지난 몇 년 동안의 자료를 수집한다.

제3단계: 이러한 이동률에 대한 정보를 가지고 연초의 인력을 대입시켜 전이행렬을 작성하여 미래의 인력을 예측한다.

제4단계: 가장 바람직한 해결책이 나올 때까지 서로 다른 확률을 적용시키면서 시뮬레이션을 할 수 있다.

〈표 8-1〉 전이행렬의 개발

time 1 (연초)		time 2 (연말)				
		직무 A	직무 B	직무 C	직무 D	퇴직
직무 A	62	44(0.70)	6(0.10)	3(0.05)	0(0.00)	9(0.15)
직무 B	75	11(0.15)	45(0.60)	4(0.05)	8(0.10)	7(0.10)
직무 C	50	0(0.00)	0(0.00)	40(0.80)	2(0.05)	8(0.15)
직무 D	45	0(0.00)	0(0.00)	2(0.05)	38(0.85)	5(0.10)

$$(62\ 75\ 50\ 45) \times \begin{pmatrix} 0.70 & 0.10 & 0.05 & 0.00 & 0.15 \\ 0.15 & 0.60 & 0.50 & 0.10 & 0.10 \\ 0.00 & 0.00 & 0.80 & 0.05 & 0.15 \\ 0.00 & 0.00 & 0.05 & 0.85 & 0.10 \end{pmatrix} = (55\ 51\ 49\ 48\ 29)$$

참고로 오른쪽 괄호 안의 55가 어떻게 계산되어 나오는지를 간단히 설명한다. $(61 \times 0.70) + (75 \times 0.15) + (50 \times 0.00) + (45 \times 0.00)$ 하면 첫 번째 숫자인 55가 구해진다. 숫자 55의 의미는 time 2에서 직무 A에 공급될 인력의 예측치를 말한다.

(3) 인력공급 대안 결정 단계

인력공급 방안은 다양하나 다음 세 가지 전략의 범주로 나눌 수 있다(강성철 외, 2005: 239).

① 임용 및 교육훈련 전략

외부에서 인력을 신규채용하는 외부임용 방법과 승진·배치전환 등의 내부임용 방법을 이용할 수 있다. 그리고 교육훈련을 통하여 기술적 수요를 충족시키는 것도 한 방안이 될 수 있다.

② 구조적 전략

이는 직무설계의 변경, 기술의 변경, 업무의 외부위탁 등 구조적 요인들의 변화를 야기하는 구조설계 변경 작업에 의하여 인력수요에 대응하는 전략이다.

③ 정책관리 전략

이는 조직 활동에 관한 주요 정책의 변경을 통해서 인력수요를 해소시키는 전략이다. 이것은 생산 활동과 같은 조직목표의 수정을 통하여 인력수요의 문제를 해결하는 방법이다.

(4) 시행단계

이 단계는 선택된 인력공급 방안들을 실제로 집행하는 단계이며, 여기서는 어떻게 하면 인력공급 방안들이 효율적으로 집행될 수 있는가에 대한 연구가 중요하다. 따라서 채용이나 승진 등과 같은 여러 인사 활동들이 인력의 원활한 공급과 연계될 수 있도록 진행되어야 한다.

(5) 평가단계

과정요인뿐 아니라 인력계획 집행의 성과를 분석·평가하는 단계이다. 이러한 평가의 결과는 새로운 계획의 수립 및 집행과 같은 인력계획 과정의 적절한 단계에 환류된다.

3) 현행 인력계획의 문제점 및 개선 방안

현재 우리 정부는 명확한 인력 계획에 따라 정부 인력을 운영하고 있다고 볼 수 없고, 당면한 문제를 해결하기에 급급한 실정이다. 이러한 점에서 다음과 같은 개선 방안을 제시할 수 있다(박천오 외, 2010: 192~193).

첫째, 각 부처별로 인력계획에 대한 이해 증진 및 확산이 요구된다.

둘째, 행정부처에서 활용할 수 있는 인력수요 예측 및 현행 인력수준 분석에 필요한 각종 조사기법 및 분석도구의 개발·배포가 필요하다.

셋째, 각 부처는 필요 이상의 인력을 확보하기 위한 인력계획을 지양하고 적재적소에 인력을 활용하기 위한 인력계획을 세워야 한다.

넷째, 각 부처별로 모든 인사제도가 인력계획을 토대로 하여 계획·시행될 수 있도록 종합적 인력계획의 체계성·연계성을 확보하려는 지속적인 제도개선 노력이 요구된다.

2. 확 보

1) 모 집

(1) 의 의

모집(recruitment)이란 사회 각 기관에서 키워진 유능한 사람이 공직에 지원하도록 유인하는 인사기능을 말한다. 우수한 인재가 공직에 흡수되어야 높은 수준의 공무원제도가 확립될 수 있을 것이다.

(2) 모집방법

공무원 모집에는 소극적 모집과 적극적 모집이 있다. 소극적 모집이란 공무원의 모집에 있어서 공직지망자 중에서 무자격자를 제거하거나 정실을 배제하는 것으로 그치는 종래의 모집방법을 의미한다. 이에 반해 적극적 모집이란 잠재능력을 가진 유능한 젊은 인재가 사기업 조직보다는 공직에 적극적으로 지망할 수 있도록 제반 유인책을 제공하는 모집방법을 의미한다.

오늘날 유능한 공무원 확보를 위해서는 적극적 모집방법이 필요함은 당연하다. 이러한 적극적 모집을 채택하기 위한 방안으로는 공직에 대한 사회적 평가가 높아야 함은 물론 인력계획을 수립하고 응시절차와 시험방법을 개선해야 할 것이다(김종미·김항규, 2006: 183). 아울러 임용과정의 신속화도 이루어져야 한다. 시험의 공고로부터 보직에 이르기까지의 기간은 가능한 한 단축하는 것이 좋다.

사 례 **적극적 모집**

보건복지부와 식약청은 2010년 5월에 대전·충청권 소재 졸업(예정)자를 대상으로 '오송 보건의료행정타운 인력채용 합동설명회'를 개최한다고 밝혔다. 복지부 관계자는 "정부기관이 직접 채용설명회를 여는 것은 전례가 없는 일"이라며 "식약청 등이 오는 11월 충북 오송 지역으로 이전하면서 나타날 인력유출에 대비하기 위한 것"이라고 말했다(조선일보, 2010. 5. 14).

(3) 자격요건

① 국 적

우리나라에서는 대한민국 국적을 가진 내국인에 한해 공무원으로 선발되고 외국인의 경우에는 국가안보 및 보안·기밀에 관계되는 분야를 제외하고 대통령령으로 정하는 바에 따라 외국인을 공무원으로 임용할 수 있다(국가공무원법 제26조의3).

② 학 력

우리나라는 1972년까지 학력 제한을 했으나, 공직을 희망하는 사람에게 학력에 관계없이 균등한 기회를 부여하기 위하여 1973년부터 학력 제한을 철폐하고 있다. 그러나 다른 법령에 의해 특별한 규정이 있는 경우에는 학력에 제한을 둘 수 있다. 예를 들면 경력경쟁 채용되는 연구관은 박사학위 소지자여야 한다 등이 이에 해당된다.

③ 연 령

우리나라는 이번에 제도가 변경되기 전까지는 공무원을 모집할 때 직렬과 직급에 따라 응시 연령을 제한하고 있었다. 공개경쟁 채용시험의 경우 5급은 20~32세까지, 6·7급은 20~35세까지, 8·9급은 18~32세까지로 응시 연령을 제한하고 있었다. 그리고 제대군인에 대한 응시상한연령을 다음과 같이 연장하고 있다. 군복무기간 1년 미만은 1세, 1년 이상 2년 미만은 2세, 2년 이상은 3세 연장이다.

그러다가 5급 공무원 시험 응시 연령을 32살까지로 제한하고 있는 공무원임용 시행령 제16조에 대해 헌법불합치 결정이 내려졌고, 이에 따라 국가공무원 채용 시험의 응시연령 상한이 2009년부터 없어지게 되었다. 현재 5급 시험인 행정고시는 32세, 7급은 35세, 9급은 32세까지로 규정된 응시연령 상한이 사라지게 된다. 응시연령 상한제가 폐지되지만 행시와 7급은 20세, 9급은 18세로 돼 있는 응시연령 하한제는 그대로 유지된다.

(4) 결격사유

공무원임용 결격사유는 피성년후견인 또는 피한정후견인, 금고 이상의 형을 받고 그 집행이 종료되거나 집행을 받지 아니하기로 확정된 후 5년을 경과하지 아니한 자, 금고 이상의 형을 받고 그 집행유예의 기간이 완료된 날로부터 2년을 경과하지 아니한 자, 징계에 의하여 파면의 처분을 받은 때로부터 5년을 경과하지 아니한 자, 징계에 의하여 해임의 처분을 받은 때로부터 3년을 경과하지 아니한 자, 금고 이상의 형의 선고유예를 받은 경우 그 선고유예기간 중에 있는 자 등이다.

당연퇴직 사유는 위의 사유가 모두 해당되나, 금고 이상의 형의 선고유예를 받은 경우 그 선고유예기간 중에 있는 자는 헌법재판소의 위헌결정(2003년)으로 인하여 임용결격 사유에는 해당되지만 당연퇴직 사유에서는 제외되었다.

2) 시 험

(1) 의 의

시험이란 지원자들 가운데서 적격자를 선발하기 위한 수단이다. 실적주의에서 경쟁시험만이 능력과 자격이 있는 자를 선발하고, 정실주의를 배제할 수 있다.

(2) 종 류

시험의 종류는 다양하게 분류할 수 있으나 여기서는 형식과 목적에 따라 구분하고자 한다.

① 형식에 의한 분류

필기시험은 가장 보편적인 시험방법으로 시험관리가 용이하고 비용이 적게 들며 객관적 평가가 가능하다. 필기시험은 주관식과 객관식 시험으로 구분된다. 객관식 시험은 시험을 일시에 수많은 사람에게 실시할 수 있으므로 비교적 시험을 관리하기가 용이하고 비용이 적게 든다. 단기간에 채점이 가능하다 등의 장점이 있고, 주관식 시험은 시험 문제를 출제하는 데 비교적 시간이 적게 소요된다는 장점이 있다. 실기시험은 직무를 담당할 실제적인 능력을 테스트하는 것으로, 타당도가 높다는 장점이 있으나 시간과 비용이 많이 소요되며 시험관의 주관이 개입될 우려가 있다.

면접은 구술시험이라고도 하는데, 수험자의 지식이나 기술보다는 인품이나 성격을 파악하는 것이다.[27] 평가자의 주관적 편견이 개입할 여지가 많다는 단점을 갖고 있다.

② 목적에 의한 분류

목적에 의해 심리검사의 일종인 일반지능시험, 특수한 분야의 직무를 수행할 수 있는 잠재적 능력을 측정하는 적성시험, 현재의 능력을 평가하기 위한 능력시험 그리고 응시자의 기질적·정서적 특성을 측정하는 성격검사 등이 있다.[28]

---

27) 우리나라 공무원 임용시험의 면접시험 기준은 ① 공무원으로서의 정신자세, ② 전문지식과 그 응용능력, ③ 의사 발표의 정확성과 논리성, ④ 용모·예의·품행 및 성실성, ⑤ 창의력·의지력 기타 발전 가능성 등의 다섯 가지 요소이다(공무원임용시험령 제5조). 그리고 모든 평정 요소를 각각 상, 중, 하로 평정한다.

28) 우리나라가 2004년부터 시행에 들어간 공직적격성 테스트(PSAT: Public Service Aptitude Test)는 지능시험과 적성시험의 요소를 통합한 성격을 지니고 있다.

(3) 시험의 효용도

시험이 올바른 역할을 수행하기 위해서는 먼저 어떠한 능력을 갖춘 사람을 선발할 것인가 하는 시험의 목표가 명확하게 설정되어야 하고, 그러한 목표에 적합한 시험의 방법이 동원되어야 한다. 그러할 때 시험의 효용도가 높아지는 것이다.

효용도란 시험이 잣대로서의 역할을 제대로 했는가를 여러 가지 점에서 확인하는 것이다. 길이를 재는 데 체중계를 이용하면 아무 쓸모 없는 것처럼 시험도 효용도가 높아야 한다. 여기에는 여러 가지가 있으나, 가장 중요한 것은 타당도와 신뢰도이다. 타당도(validity)란 측정하고자 하는 요소를 정확하게 측정하는 정도를 말한다. 신뢰도(reliability)는 같은 시험을 반복해서 시행할 때, 같은 결과가 나타나도록 하는 것이다. 이는 측정도구로서 가지는 일관성을 지칭하는 것으로, 시험이 측정환경에 의해 영향을 받지 않는 정도를 말한다. 신뢰성이 없는 시험은 타당성을 지닐 수 없다. 그러나 신뢰성이 높다고 해서 반드시 타당성이 높은 시험이라고는 할 수 없다.

(4) 한 계

시험은 무엇을 할 수 있는가를 알려줄 뿐, 무엇을 할 것인가를 알려주지 못한다. 그리고 인간의 현재적·잠재적 능력에 대한 판단을 보충하는 것일 뿐이어서 절대적인 정확성을 기할 수 없다. 또한 창의성, 장래의 발전 가능성 등과 같은 중요한 능력은 전통적인 시험방법으로서는 측정하기 곤란하다(이원희, 2008: 438).

(5) 우리나라의 공무원 시험 제도

우리나라의 국가공무원 임용시험은 국가공무원법을 근간으로 하여 각종 관계법령에 따라 직급별로 실시하되, 특수한 직렬에 대하여는 직렬별로 분리하여 실시할 수 있다.

국가공무원 임용시험은 공개경쟁 채용시험·특별 채용시험, 승진시험·전직시험으로 구별된다. 승진시험은 6급에서 5급으로 승진할 때의 일반 승진시험과 공개경쟁 승진시험이 있는데, 현재 일반승진시험제도의 문제점으로 인한 보완책으로 인사권자가 원칙을 정하고 심사승진제도를 선택하여 실시할 수 있게 되었다.

3) 임 용

(1) 의 의

임용(staffing)은 정부조직에서 사람을 선발하여 쓰는 활동이다. 즉 결원을 보충하는 활동이다. 그런데 공무원임용령(제2조)에서 임용을 "신규채용·승진임용·전보…해임 및 파면을 말한다"고 규정하고 있으므로 임용의 의미를 신규채용뿐만 아니라 해직까지 포괄하는 것으로 보아야 한다.

(2) 임용의 절차

신규채용은 공개경쟁채용과 특별채용으로 구분된다. 공개경쟁채용은 자격 있는 모든 사람들에게 평등하게 지원 기회를 부여하고 공개된 경쟁시험을 통해 임용 후보자를 선발하는 시험이다. 공개경쟁채용을 통해서는 필요한 인재를 충원할 수 없거나, 그 실시가 곤란한 경우에는 경쟁이 제한된 별도의 선발절차인 특별채용에 의해 신규채용이 이루어지게 된다.

특별채용은 공개경쟁채용제도를 보완하고 임용체제에 필요한 융통성과 적응성을 부여하는 제도이나, 이것이 정파적 개입이나 정실에 의해 왜곡되고 오용되는 경우에는 실적체제에 손상을 주는 결과를 초래할 수도 있다. 따라서 특별채용의 요건과 절차는 엄격히 규정할 필요가 있으며, 국가공무원법 제28조에서는 특별채용의 사유와 조건을 명문화하고 있다.

① 신규채용

가. 채용후보자 명부에 등재

시험 합격자가 결정되면 중앙인사기관장은 합격자들을 직급별로 시험 성적순에 의하여 임용후보자 명부에 등재하여야 한다. 공무원임용령(제11조)에서는 '등록(登錄)'이라고 표기하고 있고, 등록을 하지 아니하는 경우에는 임용될 의사가 없는 것으로 본다고 규정하고 있다. 우리나라 채용후보자 명부의 유효기간은 공개채용시험의 경우 그 유효기간은 2년의 범위 내에서 정하도록 되어 있다(국가공무원법 제38조 제2항).

나. 추 천

시험실시기관의 장은 각 기관의 결원 및 결원 예상 인원을 감안하여 채용후보자를 추천하여야 한다. 우리나라는 단일추천제와 지정추천제(특정 자격을 갖춘 자를 성적에 관계없이 추천)를 채택하고 있다. 그리고 공개경쟁채용시험 합격자를 임용함에 있어서는 이를 다른 결원보충 방법에 우선하여 임용 또는 임용 제청한다(공무원임용령 제10조).

다. 시보임용(試補任用)

직업공무원으로서의 적격성 여부를 알아보려는 데 그 주목적이 있지만 동시에 실무수습을 위한 훈련으로서의 의의도 있다. 또 아무리 우수한 시험제도라고 하더라도 완전무결한 것은 아니므로 이를 보완하기 위한 시험과정의 마지막 단계라고 할 수 있다.

시보임용 기간에는 일반 공무원에게 인정되는 신분보장이 없으므로 임용권자가 그를 공무원으로서 적합지 않다고 판단한 때에는 언제든지 신분조치를 취할 수 있다. 즉 시보임용 기간 중에 있는 공무원이 근무성적 또는 교육훈련성적이 불량한 때에는 면직시키거나 면직을 제청할 수 있다(국가공무원법 제29조). 이런 경우에도 시보 공무원에게는 소청 등의 구제수단이 없다. 시보임용 기간을 경과하면 정규 공무원이 되는 것이다.[29] 시보 기간은 보통 5급 공무원은 1년, 6급 이하 및 기능직은 6개월이다.

라. 보직(배치)

시보 기간이 끝나고 정규 공무원이 되면 임명과 동시에 보직이 부여된다.[30] 임명이 공무원의 신분을 얻는 것이라면 보직은 직급에 상응하는 특정의 직위에 배치하는 행위를 말한다. 공무원을 보직할 때에는 당해 공무원의 전공분야, 훈련, 근무경력, 전문성 및 적성 등을 고려하여 그 적격한 직위에 임용하여야 한다.

마. 신규채용의 우대조치

첫째, 양성평등 채용목표제는 남녀 간의 성비를 사전에 조절하기 위한 제도이다. 이 제도는 여성채용목표제가 2002년 적용시한이 만료됨에 따라 이를 발전적으로 개선·보완한 것으로, 어느 한 쪽 성(性)의 비율이 30%(단, 검찰 사무 직렬은 20%)에 미달하는 경우에 일정 합격선(추가 합격선: 5급 −2점, 6급 이하 −3점) 내에서 추가로 합격시켜 30%가 되도록 하는 제도이다.

원래 2003년부터 2007년까지 한시적으로 운영되었으나, 2008년부터 2012년까지 연장 실시하고 있다. 양성평등채용목표제가 적용되는 직급은 5급, 7급, 9급 공채시험으로 여성채용목표제가 10명 이상 선발하는 직렬만을 대상으로 했던 것과는 달리 모집단위 5명 이상을 뽑는 시험단위에 모두 적용된다.

둘째, 유공자 가족 가산점 제도는 각종 공무원 시험에서 국가유공자 본인과 전사·순직한 국가유공자의 유족(순국선열, 전몰군경유족, 5·18 희생자 유족)에게는 10%의 가산점이 유지되고, 국가유공자 가족(자녀와 배우자)에게 부여하는 가산점 비율이 2007년 7월부터 기존 10%에서 5%로 줄었다.

셋째, 지방인재 채용목표제는 중앙과 지방 간의 격차를 해소하기 위하여 시행되고 있는 제도이다. 채용목표 인원은 선발 예정 인원이 10명 이상의 시험에서 합격 예정 인원의 20%이다. 처음에는 5급 공채에 한정되었으나 지금은 7급까지 확대되어 합격인원

---

29) 미국의 경우에는, 시보기간을 성공적으로 마치게 되면 조건부임용(conditional career)이 된다. 이렇게 하는 이유는 신규로 채용된 공무원의 경우 처음 2~3년간 이직률이 제일 높기 때문이다.

30) 시보기간을 마친 후에도 2~3년간 조건부임용을 하는 경우도 있지만 우리나라에서는 이를 실시하지 않고 있다(김종희, 2005: 278).

비율 30%로 운영하고 있다. 이 외에 '지역인재 추천채용제'가 있다. 앞서 언급한 대로 우수한 대학졸업자를 7급 공무원으로, 고교와 전문대학의 우수한 졸업자를 9급으로 채용하는 제도이다.

② 특별채용

공개경쟁채용이 부적절할 경우에 제한 경쟁의 방법에 의한 경력경쟁채용, 즉 특별채용을 허용하고 있다. 관련 자격증의 소지자, 외국어 능통자, 특수목적학교의 졸업자, 도서·벽지 등 특수지역에 근무할 자 등으로 제한하고 있다.

③ 개방형 임용

개방형 직위제도는 공무원을 임용함에 있어서 특정 기관에 소속된 내부직원만을 고려대상으로 한정하지 않고 정부 내 다른 기관 소속공무원과 정부 밖에 있는 외부전문가들에게 해당 직위를 개방하는 것을 말한다.

이 제도의 도입 배경을 보면, 종전의 폐쇄형 임용체제 하에서는 전문가(specialist)보다는 일반행정가(generalist)를 중심으로 운영되어, 유능한 전문가의 양성과 공직의 경쟁력의 향상이 어렵다고 보고 이 문제 해결을 위해 개방형 임용제도를 도입한 것이다. 이른바 '닫힌 관료제'가 아닌 '열린 관료제'로의 전환이라고 할 수 있다.

우리나라에서는 1999년 5월 3일 정부조직법과 국가공무원법을 개정하여 개방형 직위를 지정하여 적격자를 계약직 공무원으로 임용할 수 있도록 하였다. 이에 따라 중앙인사위원회에서는 중앙부처 1~3급 고위직을 외부 전문가에게 개방하는 개방형 임용직위로 38개 부처 130개 직위를 확정하였다. 이 제도를 운영하는 부처가 점점 늘어나고 있으며, 개방되는 직위의 수도 많아지고 있다. 2015년 현재 443개 직위로 크게 늘어났고 외부임용률도 40%대를 유지하고 있다.

장·단점을 보면, 개방형 관료제는 전문가에 의한 행정을 구현하고, 투명행정을 통하여 국민의 신뢰감을 획득할 수 있게 된다.[31] 이 외에 대상 직위에 따라 가장 적합한 인재를 활용할 수 있으므로 교육훈련 등 인력 개발에 소요되는 시간과 비용을 절감할 수 있다. 반면, 정부부문과 민간부문의 혼재, 재직공무원의 승진적체로 인한 사기의 저하, 분권화에 따른 통합과 조정 문제, 행정의 신속성과 능률성 저해 문제 등 역기능적인 요소도 있다(이영조 외, 2008: 428~429). 이 외에 개방형 임용이 정실주의로 흐를 경우 부

31) 영국의 개방형 제도를 예로 들면, 대처 총리가 1988년 정부의 효율성을 높이기 위해 외청으로 독립시킨 정부 핵심부서에 도입하면서 시작되었다. 우리나라 과장급에 해당하는 5등급에서 사무차관인 1등급까지 총 3천여 명을 개방직으로 임용했다. 이들은 기업체의 최고경영자와 같은 개념으로 성과계약을 맺고, 연 1회 업무실적을 평가해 재계약의 근거로 삼고 있다. 이로 인해 30%의 예산절감 효과가 있다고 한다(조선일보, 2001. 5. 16).

작용이 초래되고 또 보수 결정의 핵심이 되는 성과 측정이 어렵다는 문제를 안고 있다.

(3) 채용의 문제점과 개선 방안

첫째, 채용권한의 문제이다. 현행 국가공무원법에서는 실적주의 원칙 하에 공무원 채용의 요건, 절차, 방법 등에 관하여 세부적인 사항까지 구체적으로 규정하고 있다. 이는 소속장관의 인사권 남용을 방지하고 채용의 객관성과 공정성을 확보하는 데 기여하고 있으나, 지나친 경직성으로 인해 일선기관에서 필요한 인력을 신속하게 채용하고 우수한 인재를 적재적소에 배치하여 정부의 성과를 제고하는 데에 지장을 초래하고 있기도 하다.

이제 급변하는 행정환경에 탄력적으로 대응하기 위해서는 각 기관의 실정에 적합한 채용이 이루어질 수 있도록 불필요한 인사규제를 완화하고 부처의 인사자율권을 확대할 필요가 있다.

둘째, 일괄공채제도의 문제이다. 이 제도는 비용의 절약과 채용행정의 편의성 면에서 높이 평가할 수 있지만, 중앙인사행정기관이 각 부처에서 수시로 발생하는 인력수요를 그때 그때 해소하기 어렵고, 부처가 원하는 인재를 선발하는 데에도 많은 한계가 있다. 이를 해소하기 위해서는 일괄공채제도를 장기적으로는 폐지하고 대신 각 부처에 모집, 선발, 채용, 배치에 관한 권한을 위임함으로써 필요한 인력을 적시에 선발하고 공직의 경쟁력과 전문성을 강화해 나가야 한다(김승태, 2002: 185~186).

(4) 승 진

① 의 의

승진(promotion)이란 하위직급에서 직무의 책임도와 곤란도가 높은 상위직급으로, 또는 하위계급에서 상위계급으로 수직적인 인사이동을 의미하는 것이다. 일반적으로 승진을 하게 되면 보수인상은 물론 고난도의 새로운 일에 도전해 볼 수 있는 자아실현의 기회가 제공된다. 따라서 승진은 조직구성원의 사기를 올리고 동기를 유발시키는 효과적인 수단이 된다. 한편 승진은 동일한 등급 내에서 호봉만 올라가는 승급과 구분되며, 횡적 이동인 전직 및 전보와도 구별된다.

② 종 류

승진에는 일반승진과 특별승진이 있다. 또 시험에 의한 승진과 시험에 의하지 않는 승진으로 구분할 수 있다. 일반승진은 후보자명부의 순위에 의하여 승진 임용하는 방법이고, 특별승진은 특별한 공적이 있는 경우 순위에 관계없이 승진 임용하는 방법이다. 일반승진에서 승진을 위해서는 각 계급별로 승진소요 최저연수가 필요한데, 일반직의 경우 4급은 3년 이상, 5급은 4년 이상, 6급은 3년 6개월 이상, 7~8급은 2년, 9급은 1년

6개월 등이다(공무원임용령 제31조).

시험에 의한 승진에서 승진시험은 일반승진시험과 공개경쟁 승진시험으로 구분된다(국가공무원법 제41조). 일반승진시험은 승진후보자명부의 고순위자 순으로 결원의 2~5배수 인원의 범위 내의 자에 대하여 실시하며 합격 여부는 시험 성적 및 승진후보자명부의 평점 점수를 합산하여 결정한다. 공개경쟁승진시험은 5급 공무원의 승진에 한하되 기관 간 승진 기회의 균형 유지 등을 위하여 필요한 경우에 실시하며 합격자는 시험성적에 의하여 결정한다. 종전에는 5급 승진은 반드시 시험을 거치도록 되어 있었으나, 1996년 1월 1일부터는 5급 공무원에의 승진임용은 승진시험을 거치도록 하되, 필요에 따라 승진심사위원회의 심사를 거쳐 임용할 수 있도록 규정을 완화하였다(국가공무원법 제40조).[32)]

우리나라는 일반승진, 공개경쟁승진, 특별승진, 근속승진[33)]의 네 종류가 있으며, 특별승진과 공개경쟁승진(시험)은 실적에만 의존하는 승진제도이고, 근속승진은 연공(경력)에만 의존하는 승진제도이다. 승진의 가장 일반적 현태는 실적과 연공을 모두 반영한 일반승진이다.

③ 승진의 기준: 경력과 실적

승진의 기준으로 대부분의 국가에서 실적과 경력을 이용한다. 실적에는 근무성적, 승진시험 성적, 교육훈련의 이수, 상벌의 유무 등이 있다. 이 방법은 승진의 공정성을 확보할 수 있고 인사의 정실화 여지가 적으나, 근무보다 시험 준비에 주력하고, 성실한 장기근속자의 사기가 저하된다는 단점도 있다. 한편 경력에는 선임순위(seniority)와 학력의 두 가지가 있다. 경력 위주로 승진을 결정하면 행정의 안정성을 유지할 수 있지만 행정이 침체되고 유능한 인재의 등용이 어려워진다.

우리나라는 공개경쟁 승진시험에 의한 승진 임용은 시험성적에 의하며, 일반 승진시험의 경우에는 시험성적 및 승진후보자명부의 평점 점수를 합산하여 결정한다. 시험에 의하지 않는 일반 승진은 승진후보자명부의 순위에 의하여 적격자를 승진 임용한다(강성철 외, 2008: 295). 승진후보자명부는 5급 이하 및 기능직 공무원에 대하여 근무성적평가 점수의 반영 비율 80%, 경력평정점의 반영 비율 20%로 하여 작성하되, 근무성적

32) 지방공무원 5급 승진의 경우는 심사승진 제도가 부정부패의 수단으로 악용되자 정부는 2002년 12월 '지방공무원임용령'을 개정하여 심사와 시험 병행 시 비율을 각 5할로 한다는 규정을 만들었다. 그러나 대상 공무원의 시험 준비로 인한 업무 공백 등으로 반발이 있자 정부는 다시 2006년 1월에 그 비율을 지방자치단체가 자율적으로 그 비율을 정할 수 있다고 했다(강성철 외, 2008: 295).

33) 근속승진은 동일 직급에서 일정 기간 근무한 경우 직급별 정원에 상관없이 승진을 허용한다. 9급에서 7년(8급은 8년) 이상 재직한 공무원은 8급으로 근속승진할 수 있다.

평가 점수의 반영 비율은 95%까지 가산하여 반영할 수 있고, 경력평정점의 반영 비율은 5%까지 감산하여 반영할 수 있다(2015. 12. 30. 개정).

시험 성적만을 기준으로 하면 시험 준비로 인한 근무 소홀이 우려되고, 한편 경력을 기준으로 하는 경우, 후보자 선정의 객관성과 행정의 안정성을 확보하는 데 유리하나, 행정의 능률성을 저해하고 관료주의화를 촉진할 우려가 있다. 일반적으로 경력과 실적 양자가 적절하게 혼합하여 사용되는 것이 일반적인데, 보다 바람직한 방향은 경력보다는 실적에 중점을 두고, 특히 고위직의 경우에는 실적이 더욱 중요시되어야 할 것이다.

④ 승진제도의 문제점과 개선방안

가. 문제점

승진은 조직구성원의 사기를 올리고 동기를 유발시키는 효과적인 수단 중의 하나이다. 그러나 우리의 현실은 승진을 둘러싸고 몇 가지 문제가 있다.

첫째, 인사적체감의 심화이다. 인사적체가 커 법정 소요 연수의 2~3배를 기다려야 승진이 되는 실정이다. 따라서 인사적체는 공무원들의 사기 저하를 불러일으키고 있다. 인사적체감이 심해 승진에 유리한 쪽을 선호함에 따라 한 직무에의 근무연한이 길지 못하다. 특히 승진을 위한 전보로 인해 근무연한은 크게 단축되며, 이는 행정 전문화를 가로막는 주요인이 되고 있다(이도형, 2007: 313).

둘째, 승진의 공정성 여부이다. 승진후보자의 인사 청탁과 인사권자의 정실인사가 아직도 불식되지 않고 있다. 특히 3급 이상 공무원에로의 승진은 당해 부처 장관의 판단이 절대적으로 영향을 미치게 되어 있어 장관의 자의적 판단이 개입할 여지가 많다. 그리고 4급 내지 2급 공무원의 승진은 5급 이하의 경우와는 달리 평가요소별로 구체화시키지 않고 있다. 국가에서의 공헌실적, 능력, 경력, 전공분야, 인품 및 적성을 고려하도록 하고 있지만 인사권자의 재량권을 많이 인정하고 있다고 볼 수 있다.

나. 개선방안

가) 인사적체난의 해소방안

계급정년제의 도입이다. 모든 계급에 정년을 도입하는 것은 부작용이 따를 수 있으므로, 적체가 심한 5, 6급의 경우 시도할 수 있다. 승진경로의 이원화도 고려할 수 있다. 승진 개념을 확장해, 꼭 직위 상의 격상과 계급 상의 격상이 동시에 이루어져야만 승진하는 것이 아님을 인식시킬 필요가 있다. 예를 들어 4급 이상으로의 승진 시 직위의 격상을 수반하는 관리직계와, 과장의 보직을 받지는 못하나 정책전문가로 커 나갈 수 있는 정책전문직계로 승진경로를 이원화함으로써 승진욕구의 숨통을 터주는 방안이 있을 수 있다(이도형, 2007: 315).

나) 불공정 인사를 막기 위한 근무성적평정제도의 내실화

승진방식에는 시험승진이 있는데, 시험을 잘 보았다고 해서 그것이 바로 상위직에서의 근무능력을 담보해 줄 수는 없다. 이런 점에서 시험승진 방식은 근본적으로 타당성의 문제를 안고 있다. 따라서 승진기준으로서 근무실적 점수를 보다 강화하는 쪽으로 승진의 객관성을 확보해 나가며, 연고주의나 낙하산식 인사 관행을 점차 청산해 나가는 것이 필요하다(이도형, 2007: 317).

(4) 배치전환: 전직과 전보

① 의 의

전직(轉職)은 상이한 직렬의 동일한 직급으로 수평 이동하는 것을 말하며, 전보(轉補)는 동일한 직렬·직급 내에서 직위만 바꾸는 것을 의미한다. 전직과 전보는 이와 같이 직렬이 상이하냐의 여부에 따라 구분되며, 또한 직렬을 바꾸는 전직에는 시험이 요청된다는 점에서 차이가 있다. 전직과 전보의 구분 의미는 무분별한 배치전환에서 오는 부작용을 막기 위해서이다. 즉 직무의 성격이 다른 직렬까지 아무런 제약 없이 이동이 가능하면 전문화를 저해하고 청탁이 개입될 여지가 많아진다. 따라서 직렬을 변경하는 전직의 경우에는 시험에 합격한 경우로 한정함으로써 전직의 남용을 차단시키고 있다(유민봉, 2006: 488). 전직과 전보가 승진과 다른 점은 전직과 전보는 승진과 같은 수직적 이동과는 달리 동일 계급 또는 동일한 직급 간의 수평적 이동이라는 점이다. 그리고 전직과 전보의 오용과 남용을 막기 위해 일정한 제한을 두고 있다. 전보와 관련해서 임용권자는 소속 공무원을 해당 직위에 임용된 날로부터 '필수보직기간'이 지나야 다른 직위에 전보할 수 있도록 하고 있다. 이 경우 필수보직기간은 3년으로 하되 실국장 밑에 두는 보조기관 또는 보좌기관인 직위에 보직된 3급 또는 4급 공무원과 고위공무원단 직위에 재직 중인 공무원의 필수보직기간은 2년으로 한다(공무원임용령 제45조 제1항).

한편 전문경력관의 타 부처 전보가 가능하게 했다. 종전에는 다른 부처로 이동이 불가능했지만 이제는 같은 직무 분야에서 근무할 경우 다른 부처로 옮겨 근무할 수 있게 되었다.

② 평 가

먼저 긍정적인 측면을 보면, 공무원들을 능력과 개성에 맞게 적재적소에 배치할 수도 있고, 한 업무를 장기간 수행하는 데서 나타나는 능력의 정체와 퇴행현상을 방지할 수도 있으며, 인적교류의 폐쇄에서 오는 할거주의를 타파하고 부처 간의 협력을 조성할

수도 있다.

그러나 부정적인 면도 적지 않은데, 전직과 전보를 징계의 수단이나 해고의 방편 등의 비합리적인 수단으로 이용하게 되면 오히려 조직의 사기와 능률을 떨어뜨리는 부작용을 초래한다. 실적주의가 확립되지 않은 나라에서 전직 및 전보가 정실인사의 수단으로 활용되는 폐단을 찾아볼 수 있다.

③ 향후 대책

전문보직제도를 확대 시행할 필요가 있다. 이는 전문성이 특히 요구되는 직위에 대해 전문가를 선발·임용하고 인사·보수 상 우대하며, 또한 선발된 공무원의 전보를 제한하여 전문성을 유지·확보하는 제도이다. 서울시는 전문화가 시급한 교통, 환경, 상수도 분야의 근무 희망자를 공모하여 '새서울전문인'으로 지정하여 전문분야 내에서 승진 및 전보를 시키고 있다(이종수, 2006: 213).

아울러 경력개발프로그램(CDP: Career Development Program)의 시행을 모색해야 할 것이다. 잦은 보직변경이 공무원이 전문성을 약화시킨다는 지적이 있으므로 경력개발프로그램을 도입하고 전보 제한을 강화해야 한다.[34]

3. 능력 발전

아무리 유능한 공무원을 채용하였다고 하더라도, 이들이 공직을 수행하며 능력을 발휘하도록 하기 위해서는 지속적인 능력개발과 배움의 기회를 제공해 주어야 한다. 급변하고 있는 행정환경에의 적응력을 제고하기 위해서도 능력개발은 필요하다. 여기서는 능력발전 방안으로 경력개발, 교육훈련, 근무성적 평정 등의 순으로 살펴보고자 한다.

1) 경력개발

(1) 의 의

경력개발제도(CDP: Career Development Program)는 조직구성원의 장기적인 능력 개발을 돕는 인적자원 관리 과정이라 할 수 있다. 이 제도는 1955년 미국 연방정부에 의해 최초로 도입된 이래 우리나라에서도 2005년 12월 공무원의 전문성 강화를 위해 도입된 바 있다.

---

34) 공무원임용령 제45조에서 전보제한 기간을 설정하고 있으나, 사전전보 승인제도를 운영하고 있어 전보제한의 실효성이 반감되고 있다.

(2) 단 계

경력개발의 단계는 조직 차원과 개인 차원의 두 가지로 구분하여 살펴볼 수 있다 (강성철 외, 2008: 313~314).

조직 차원에서는 '직무설계－경력설계－경력관리－평가 및 보완'의 네 단계로 나누어 볼 수 있다. 직무설계 단계에서는 직무분석을 통해 전문 분야를 분류하는 작업을 수행한다. 전문 분야의 분류는 조직구성원으로 하여금 어느 전문 분야에서 경력을 쌓도록 할 것인가를 선택하도록 하기 위하여 조직의 부서들을 수 개의 직무 분야로 구분하는 것을 말한다. 경력설계 단계에서는 자신의 희망·적성·역량 등 자기 진단을 행한 후, 자기 진단에 부합되는 경력목표를 설정하고, 이에 이를 수 있는 경력경로를 설계한다. 표준적인 보직경로 모형은 일반적으로 工자형[35]을 이룬다. 경력관리 단계는 개인의 경력경로에 따라 해당 직위를 추구해 가는 과정을 말한다. 공무원 개개인은 경력경로를 작성한 뒤 경력개발위원회의 승인을 얻어야 한다. 조직은 특정 직위에 결원이 발생하면 원칙적으로 경력경로 상에 있는 개인들을 대상으로 한 제한경쟁에 의하여 보직 부여 대상자를 심사·선발하게 된다. 경력개발의 평가 및 보완 단계는 경력개발을 통하여 개인과 조직의 역량을 제고하기 위하여 경력개발 제도에 대한 지속적인 평가와 보완을 도모하는 단계를 말한다.

개인 차원의 단계는 '자기평가－관심 있는 경력 탐색－경력목표 설정－실행계획수립－경력관리'의 5단계로 나누어 볼 수 있다.

(3) 우리나라의 실시 현황

우리나라는 2005년에 공무원의 전문성을 강화하기 위해서 전문분야별 보직관리제을 운영하였고, 2006년부터 경력개발제도의 시행에 따른 운영메뉴얼을 발간하여 지속적으로 보완·발전시켜 나가고 있다. 또 공무원의 전문성을 강화하기 위해서 공무원임용령을 개정(2006. 7. 1)하여 전보의 제한 연수를 1년에서 2년으로 확대한 바 있다.

(4) 한계와 극복 방안

첫째, 제도 운영 시 비현실적인 경력목표를 새우지 않도록 조직구성원들이 자신들의 역량과 적성을 정확히 파악할 수 있도록 적극적 상담 활동을 전개할 필요가 있다.

---

35) 실무 관리 계층에서는 2개 이상의 전문 분야를 순환하는 수평적 이동 후에 중간관리 계층으로 상향 이동하고, 중간관리 계층에서는 1개의 전문 분야 내에서 수평적 이동을 한 후에 고위관리층으로 상향 이동하며, 고위관리 계층에서는 2개 이상의 전문 분야에서 순환적 수평 이동을 하는 보직경로를 거치는 것이 工자형이다.

둘째, 빠른 승진경로를 선호하는 구성원의 행태 또한 한계로 지적된다. 승진만을 목표로 삼아 인기 직위에 집중하거나 업무량이 적은 경력경로를 선호하는 등인데 이를 시정하기 위해 비인기 부서에서의 근무에 가산점 부여 등이 강구되어야 한다. 이러한 노력을 통해 인기 직위와 비인기 직위 간의 형평성을 확보할 필요가 있을 것이다.

셋째, 순환보직 또한 경력개발 제도에 부정적 영향을 끼친다. 전문성의 저하가 대표적인 문제점인데 이를 시정하기 위해 직급별 적정 전보제한 기간을 달리 설정할 필요가 있을 것이다.

넷째, 성공적 경력개발제도의 운영을 위해서는 경력개발제도를 체계적으로 지원할 수 있는 통합적 인사정보 시스템이 뒷받침되어야 한다(강성철 외, 2018: 336).

2) 교육훈련

(1) 의 의

종래에는 교육훈련보다 채용이 중요했다. 즉 우수 인재 확보만으로도 충분했다. 그러나 행정환경이 달라지면서 대학에서 배운 지식만으로 행정 업무의 처리가 어렵게 되면서, 새로운 지식을 배우고 사례를 공부해야 할 필요성이 생긴 것이다. 교육훈련이란 공무원의 일반적 소양과 능력을 개발하고 직무 수행에 필요한 지식과 기술을 향상시키며, 가치관과 태도를 바람직한 방향으로 변화시키기 위한 활동을 의미한다. 공무원들은 국가발전과 행정발전에 있어 주도적 역할을 담당해야 하므로 이들에 대한 교육훈련은 중요한 의의를 가지게 된다. 특히 우리나라처럼 폐쇄적 충원에 의존하고 법적으로 신분보장을 받고 있는 경우 교육훈련을 통해서 기술과 환경의 변화에 대응하여 내부 인력의 능력 발전을 도모하는 것은 더욱 중요한 의미를 지니게 된다.

21세기는 3C(change, competition, customer)의 시대인데, 이는 통합적 사고력, 직무기술역량, 인간관계기술 등 3가지 고급능력을 골고루 갖춘 고급인력, 즉 H형 인재를 요하기 때문이다. 공무원들을 이러한 H형 인재로 만들기 위해 교육훈련은 매우 큰 의미를 지닌다(이도형, 2007: 306). 예전에 비해 교육훈련의 중요성을 높게 인식하고 보다 많은 투자를 하고 있는 것은 다행한 일이다.[36]

36) 공무원 교육훈련 개선안에 따르면, 공무원의 자질개발 교육 시간을 연간 32시간에서 선진국 수준인 100시간으로 대폭 늘리고, 개인별 특성에 맞게 다양화할 계획을 세우고 있다(이도형, 2007: 307). 공무원교육훈련법 시행령 제11조의3 제1항 관련 교육훈련시간의 승진임용 반영방법 및 산출 기준 등에 따르면, 승진에 필요한 교육훈련시간을 충족하지 못한 공무원은 승진심사 또는 승진시험응시 대상에서 제외된다. 그리고 승진에 필요한 교육훈련시간은 "해당 계급 근무연수×중앙행정기관별 연간 교육훈련기준시간"인데 연간 교육훈련기준시간은 100시간 이상이다.

(2) 교육훈련의 종류

일반적으로 공무원들이 받게 되는 교육훈련에는 처음 업무를 맡게 되었을 때 받게 되는 교육훈련, 새로운 환경 변화에 대비해 받는 교육훈련 그리고 직위의 이동에 따른 교육훈련 등으로 구분할 수 있다. 이를 좀 더 구체적으로 살펴보면 다음과 같다.

① 신규채용자 훈련

우리가 흔히 오리엔테이션으로 부르는 것으로 새로운 직책을 담당하기 전에 받는 적응훈련이다. 주로 신규채용자를 대상으로 하지만 경력자를 대상으로 하기도 하는데 이 경우에는 재적응훈련이라 부른다.

② 보수교육(補修敎育)

새 지식 전수와 새로운 법령의 내용을 숙지시켜 행정의 능률을 증진시킨다.

③ 감독자훈련

부하를 지휘·감독하고 이에 대한 책임을 지는 자들에 대한 교육훈련으로서 인간관계·의사전달·부하의 훈련 등이 교육된다.

④ 관리자훈련

이것은 관리층 공무원들의 관리능력, 즉 정책결정과 지도에 필요한 능력을 향상시키는 훈련이다. 보통 국장급을 중심으로 하는 고위공무원들이 이에 해당한다. 관리자훈련은 주로 기획·정책결정과 관련된 정치·경제·사회의 구조 및 변화와 발전에 대한 포괄적인 문제를 다룬다. 관리자훈련은 해당 직무 분야의 업무에 필요한 기술적 능력보다도 조직체의 관리 활동에 필요한 포괄적이고 광범한 능력을 훈련시키는 것이므로 전문가들을 일반행정가로 만드는 훈련이라 할 수 있다(강성철 외, 2008: 324).

(3) 교육훈련의 방법

① 현장훈련(OJT: on the job training)

교육훈련 방법에는 교육훈련이 이루어지는 장소에 따라 현장교육 훈련과 현장 외 교육훈련(off the job training)이 있다. 현장훈련은 피훈련자가 자기 직책을 수행하면서 상급자나 감독자로부터 훈련을 받는 방법으로서, 직무의 실제적인 환경 속에서 배울 수 있다는 장점이 있고 특히 기술연마에 효과가 있다. 그러나 다수인을 동시에 훈련시킬 수 없으며 상관 또는 감독자의 많은 시간이 요구되는 단점이 있다.

② 현장 외 교육훈련(off the job training)

실제 직무수행의 현장을 떠나서 직무수행에 관한 지식과 기술을 배우는 것을 말한다. 현장 외 훈련에는 다음과 같은 것들이 있다.

가. 토의(discussion)

토의는 참여자들이 서로 자신들의 아이디어와 정보를 교환하는데 가장 좋은 방법이다. 토의 방식에는 다음과 같은 것들이 있다(김종희, 2005: 287). 첫째, 패널토의(panel discussion)인데 주어진 논제에 대하여 5~6명의 전문가가 자유롭게 토론하는 것이다. 둘째, 포럼토의(forum discussion)로 1~2명이 견해를 발표한 후 청중과 질의응답이나 의견교환을 하는 것이다. 셋째, 심포지엄(symposium)은 복수의 전문가들이 서로 다른 측면에서 의견을 말한 후 피훈련자들의 질문을 중심으로 질의응답 식으로 토론하는 방법이다.

토의의 장점은 스스로 생각하고 의견을 발표하므로 배우는 것이 많고, 집단토론에 의하여 경험과 지식의 폭을 넓힐 수 있다는 점이다. 단점은 참가자들이 주제에 대하여 어느 정도 예비지식을 가지고 있어야 하고, 새로운 문제는 조직적으로 제시하기 어렵다는 점이다.

나. 모의연습

모의연습(simulation)은 직장의 현실에 가까운 환경 속에서 직무수행 중 직면하게 될 어떤 상황을 설정해 놓고 피훈련자가 거기에 대처하도록 하는 것이다. 모의연습은 비용이 많이 들고, 피훈련자들의 적극성이 부족하면 시행하기 어렵다(김종희. 2005: 289).

다. 신디케이트(syndicate)

피훈련자를 10인 내외의 소집단으로 나누어 집단별로 동일한 문제를 토론하여 문제해결 방안을 찾은 다음 전원이 한 장소에 모여 발표·토론함으로써 합리적인 최종안을 모색하는 것이다. 참가자의 관심을 유도하고 상대방의 의견을 존중하는 방법으로, 최고관리자 과정에 적합하다. 그러나 경제적이지 못하고 훈련에 많은 시간이 요구된다는 문제가 있다.

라. 감수성훈련(sensitivity training)

앞서 언급한 대로 실험실훈련이나 T집단훈련으로도 불리는 감수성훈련은 사전에 과제나 사회자를 정해 주지 않고 10명 내외의 이질적이거나 동질적인 피훈련자끼리 자유로운 토론을 통하여 거기서 어떤 문제의 해결 방안이나 상대방에 대한 이해를 얻도록 하는 방법이다. 이 방법은 집단 내에서의 자기와 타인의 성격·행동을 이해하는 것을 도우며, 인간관계에 긴요한 태도·행동의 변화에 도움을 주는 장점이 있으나 한 번에 다수 인원이 참여할 수 없다는 단점이 있다.

마. 바스켓게임(in－basket game)

정해진 시간 내에 바구니에 공을 집어넣는 것에서 연유하는 것으로 피훈련자들에게 일상적으로 수행하는 직무내용과 동일하거나 또는 유사한 여러 가지 미해결 문제와 관계 자료를 부여하고 이들을 제한된 시간 내에 처리하도록 하는 방법으로서 일종의 의사결정게임이다.

(4) 교육훈련의 저항과 극복 방안

① 저항의 원인

공무원 개인이 교육훈련에 대해 반발하는 가장 큰 이유는 능력발전과 역량개발을 내세운 교육훈련이 자기발전에 긍정적으로 역할하기보다는 오히려 부정적으로 작용한다고 여기는 현실 때문이다(박천오 외, 2010: 243). 이 외에도 경비지출 증가에 따른 국민과 의회의 반대, 공무원 훈련에 대한 잘못된 소극적 인식, 업무 수행의 지장으로 인한 감독자·상관의 반대, 훈련 성과에 대한 계량화의 곤란 등이 지적된다.

② 극복 방안

첫째, 교육훈련 수요조사를 정기적으로 실시해, 보다 실용성 높고 또 개인화·차별화된 교육내용을 제공해 주어야 한다. 수요자가 원하는 교육의 수요조사 방법으로는 설문조사, 상담, 인터뷰, 토의, 시험, 여론 등이 있다.

둘째, 공무원 재교육은 단순한 학위취득보다는 칵테일식 습득이 필요하다. 예컨대 노동문제라면 노동법, 노동경제학, 노동행정, 노사관리 식으로 교육내용의 패키지화가 이루어지는 것이 좋다. 그래야만 종합적 사고력과 문제해결역량이 있는 공무원들을 기대할 수 있다.

셋째, 교육훈련을 승진체계와 연계시키는 것이 필요하다. 공무원 교육훈련이 승진을 위한 통과의례의 성격을 가질 뿐 공무원에게 능력이나 전문성 향상을 위한 자발적인 동기를 부여하지 못해서는 안 된다. 바람직한 교육훈련 체제는 교육훈련이 근무성적평정과 직접적으로 연결되고 이것에 의해 승진과 보수가 결정되어야 교육훈련에 참가하는 공무원들에게 강한 동기부여가 될 수 있을 것이다.

넷째, 사후평가로서 어떤 일을 하든지 그 일의 결과에 대해서 평가를 해 보는 것은 대단히 중요하다. 목적이 어느 정도 달성되었는가, 진행 과정에서 장애요소는 어떤 것이 있었는가 등에 대해서 평가해 보고 잘못된 점은 다음 교육훈련 계획을 수립할 때 개선·보완한다(김두식, 2006: 396).[37]

---

37) 우리나라 공무원 교육훈련의 문제점과 발전 방향을 보면, 교육훈련 체제가 수요자 중심이 아닌 공급

(5) 한국의 공무원 교육훈련의 문제점과 발전방향

① 문제점

우선 공무원 교육기관의 인프라 미흡을 지적할 수 있다. 현재 공무원 교육훈련기관은 인사혁신처 소속 국가공무원인재개발원과 각 중앙행정기관 소속 32개 교육훈련기관, 각 시·도 소속 15개 지방공무원교육원 및 각 시·도 교육청 소속 16개 지방공무원연수원으로 구성되어 있다. 하지만 이들 각급 교육훈련기관이 질적으로나 양적으로 충분한 인프라를 갖추고 있다고 보기 어렵다. 특히 순환보직제에 의해 운영되는 교수요원의 문제를 지적하지 않을 수 없다. 그리고 교육훈련기관의 관리와 운영의 자율성 및 책임성이 미약하다. 그리고 대체로 교육훈련기관의 장이 일반직 공무원으로 임용됨으로써 전문성이 약하다.

이 밖에 교육훈련 체제가 수요자 중심이 아닌 공급자 중심으로 이루어지고 있다는 점을 들 수 있다. 교과목의 백화점식 나열과 일방적인 강의식 교육으로 수요자 중심 교육훈련이라 볼 수 없다.[38] 즉 수요자의 선택권이 매우 제한되어 있다고 할 수 있다. 그리고 민간기관에 비해 전문교육의 비중이 낮다는 점이다.[39] 공통 전문교육은 성적평가제이나 선택 전문교육은 이수점수제로 운영하는 등 여전히 전문교육의 전반적인 수준이 미흡하다고 할 수 있다.[40]

② 발전방향

수요자 중심으로 전환하여 피교육자의 자발적이고 능동적인 참여를 촉진시켜야 한다. 해당 공무원을 대상으로 한 훈련수요 조사의 실시가 필요한 이유이다. 아울러 공통 전문교육을 축소하고 선택 전문교육을 강화시켜야 한다. 또한 훈련성적 평정도 선택 전문교육의 비중을 높이고, 선택 전문교육의 평가 방식도 이수점수제에서 성적평가제로 전환할 필요가 있다. 아울러 유능한 교수요원의 확보를 위해 순환보직에 의하여 임용되는 일반직 교수요원도 최저 자격요건을 강화하고 전보제한 기간도 현재 2년에서 3년으

자 중심으로 이루어지고 있어 전문교육이 미흡하다(강성철 외, 2005: 320).

38) 학습효과의 극대화를 위해서 혼합학습(blended learning)의 확대 실시가 요구된다. 이것은 온라인 교육과 오프라인 교육을 병행하는 것과 같이 다양한 학습방식을 혼합하는 것을 말한다.

39) 정신교육이나 일반 소양교육 등으로 이루어지는 기본교육의 비중이 너무 높아 현대행정에서 요구되는 전문행정 수요에 제대로 대응하지 못하고 있다. 이에 정부도 전문교육의 비중을 높이고 또 교육수요자에게 과정선택권을 부여하여 교육기관 간 경쟁을 유도하는 등 나름대로 개선책을 강구하고 있지만 다양한 교육과정의 제공 등에는 아직 크게 미흡한 실정이다.

40) 전문교육은 공통 전문교육과 선택 전문교육으로 구분하여 실시된다. 전자는 부처별, 직렬·직군별, 직급별 공통필수적인 지식·기술·정보를 습득하기 위한 교육이며, 후자는 특정 업무분야별 전문적인 지식·기술·정보의 습득 및 향상을 위한 교육이다(박천오 외, 2010: 257).

로 연장하여 전문성을 제고해야 한다(강성철 외, 2008: 358). 그리고 민간전문기관과 교류협력체제를 구축할 필요가 있다. 이들 기관들은 전문인력과 축적된 지식과 자료를 바탕으로 공무원의 직무수행에 필요한 교육훈련에 상당한 역할을 수행할 수 있다(박천오 외, 2010: 263).

3) 근무성적 평정

(1) 의 의

근무성적 평정은 개별 공무원의 직무수행에 관한 실적, 능력, 그리고 태도 등을 공식적이고 체계적으로 평가하는 것을 의미한다.[41] 근무성적평정제도는 실적주의와 함께 발전하였는데, 그것은 실적주의가 발전하면서 객관적인 평가가 중요해졌기 때문이다.

평정의 중요성을 보면 첫째, 평정에서 인사행정이 시작한다고 볼 수 있다. 평정이 제대로 되어야 적재적소(適材適所) 배치가 가능해진다. 둘째, 사기 진작에 기여한다. 제대로 된 평정은 개인의 사기를 진작시켜 주지만 잘못된 평정은 개인의 사기를 떨어뜨리고 능력을 저하시킨다(이철규, 2007: 238).

성과평가의 핵심 프로세스를 규정한 「공무원 성과평가 등에 관한 규정」이 2005년 12월에 공포되어 2006년 1월 11일부터 시행에 들어갔다. 이 규정에서는 종전에 5급 이하 공무원 중심으로 되어 있었던 근무성적평정제도를 4급 이상 공무원에 대한 성과계약평가와 5급 이하 공무원에 대한 근무성적평가로 나누어 체계화하였다. 1961년의 근무성적평정규정을 공표한 지 44년만에 사실상 새로운 규정의 제정 수준으로 대폭 손질을 가한 것이다.

(2) 평정방법

도표식 평정척도법을 기본으로 자기평정법과 다면평정법, 서술법, 감점법, 목표관리제 평정법, 그리고 강제배분법을 보완적으로 적용하고 있다.

① 도표식 평정척도법

도표식 평정척도법은 도표로 된 평정표를 사용하는 방법이다. 이 방법은 가장 많이 이용되고 있으며, 평정자는 피평정자를 평정요소별로 관찰하여 해당되는 등급에 표시한다. 우리 정부는 도표식 평정척도법을 기본형으로 채택하고 여기에 다른 방법을 보완하여 사용하고 있다.

장점은 등급에 표시만 하면 되기 때문에 평정이 간단하다는 것이다. 또 평정의 결

---

41) 조선시대에도 근무성적평정제도가 있었는데, 도목정사(都目政事)가 그것으로 매년 6월과 12월에 규칙적으로 시행되었다.

과를 점수로 환산하기 때문에 평정대상자에 대한 상대평가를 확실히 할 수 있어 상벌 결정의 목적으로 사용하는 데 효과적이라고 할 수 있다(유민봉, 2006: 499). 그러나 평정요소와 등급의 추상성이 높기 때문에 평정자의 자의적 해석에 의한 평가가 이루어지기 쉽다. 이를테면 등급이 탁월·우수·보통·미흡·불량 등으로 나뉘어 있으나 이들 등급의 비교 기준이 명백하지 않고 평정하는 사람에 따라 달라질 수 있다. 그리고 어느 하나의 평정요소에 대한 판단이 다른 평정요소의 평정에 영향을 주는 연쇄효과(hallo effect)가 나타나기 쉽다는 단점이 있다.

② 자기평정법, 서술법

현행 근무성적평정서는 업무추진 내용을 평정대상자가 직접 서술하도록 함으로써 자기평정법과 서술법을 채택하였다. 자기평정은 자신의 직무 수행에 대한 체계적 반성의 기회를 제공함으로써 직원의 능력 발전을 도모할 수 있으나, 평정의 객관성 확보에는 어려움이 있다. 동료평정, 감독자 평정과 병행하면 결함을 어느 정도 보완할 수 있다.

③ 강제배분법

강제배분법(forced distribution)은 근무성적의 분포가 정상분포곡선을 유지하도록 강제로 배분하는 것을 말한다. 이것은 도표식에서 나타나기 쉬운 집중화 경향이나 관대화 경향 등의 오류를 시정하고자 사용하는 방법이다. 분포비율을 정하는 방법은 여러 가지가 있으나, 5등급인 경우 10, 20, 40, 20, 10의 비율로 종형(鐘型)인 정상분포곡선(normal curve)이 되도록 나누는 것이 일반적이다(Bellows, 1955: 399).

강제배분법은 피평정자 수가 많을 때는 관대화 경향에 따르는 평정 오차를 방지할 수 있는 장점이 있으나, 피평정자 수가 적거나 특별히 선발한 사람으로 구성된 조직에서는 문제가 있다. 즉 실제로 탁월한 사람이 없는데도 불구하고 강제배분에 의해 '탁월'의 평정을 해야만 하고, 반대로 모든 사람이 양호한데도 누군가에게는 '미흡'의 평정을 해야만 하는 경우가 있다(김종희, 2005: 295~296). 또한 평정자가 미리 강제배분 비율에 따라 평정대상자를 각 등급에 분포시키고, 그 다음에 역으로 등급에 해당하는 점수를 부여하는 소위 역산식 평정을 할 가능성이 높다(이철규, 2008: 328).

우리나라는 5급 이하 공무원 근무성적 평가에서 성과평가서 상 평가자의 평정 과정에는 강제배분법을 적용하지 않고 평가단위별 평가 대상 공무원의 순위를 정하기 위한 평가등급 및 근무성적평정위원회에서 기관의 전체 평정대상자를 대상으로 직급별 또는 계급별 평가등급 및 평가점을 정할 때 적용하고 있다.

(3) 평정 상의 오류

근무성적 평정 과정에는 평정 결과를 왜곡시키는 오류가 생길 가능성이 있다. 평정 상의 오류는 대부분 평정방법과 평정자에 기인하므로 평정 방법의 개선과 평정자 훈련을 통하여 오류의 가능성을 줄일 수 있다. 평정 과정에서 생기는 오류에는 다음과 같은 것들이 있다(강성철 외, 2005: 349~352).

① 연쇄효과(halo effect)

이는 한 평정요소에 대한 평정자의 판단이 연쇄적으로 다른 요소의 평정에도 영향을 주는 현상을 말한다. 예컨대 1번 항목에서 탁월을 받은 경우 2번 항목에서 원래는 미흡 수준이지만 1번에서 워낙 좋은 평가를 받고 나면 보통 정도의 점수가 주어지는 경우이다.

이러한 연쇄효과는 근무성적 평정의 타당성·객관성을 떨어뜨리는 중대한 요인이 되는데, 이를 막기 위한 평정 방법으로 프로브스트식 체크리스트 방법[42]이나 강제선택법을 사용하여 평정요소 간의 연상효과를 가능한 한 배제할 수 있다. 또 다른 방법으로 각 평정요소별로 모든 피평정자를 순차적으로 평정하는 것이 있는데, 즉 한 평가요소에 대하여 피평정자 전원을 평가하고 이어 다음 요소를 평가한다.

② 논리적 착오(logical error)

연쇄효과는 어느 하나에 대한 인상이 다른 모든 평정요소에 영향을 미치는 것인데 반하여, 논리적 착오는 두 가지의 평정요소 간에 논리적인 상관관계가 있는 경우, 어느 한 요소가 우수하면 다른 요소도 우수하다고 쉽게 판단해 버리는 경향이다.

③ 집중화 경향(central tendency)

평정자가 모든 피평정자들에게 대부분 중간수준의 점수를 주는 심리적 경향을 말한다. 즉 평정자가 아주 높은 평정 또는 아주 낮은 평정을 피하는 경향성을 말하는데, 이는 비공식 집단적 유대 때문에 부하의 평가에 심리적 부담을 느끼는 평정자가 책임회피의 수단으로 모든 피평정자들에게 비슷한 점수를 줄 때 나타나는 현상이다. 집중화 경향의 오류를 피하기 위해서는 강제배분법을 적용할 수 있다.

④ 관대화(leniency) 경향 및 엄격화(strictness) 경향

전자는 평정결과의 분포가 우수한 쪽에 집중되는 경향을 말하며, 후자는 관대화 경

---

42) 1930년 미국 세인트폴 시의 인사과 직원인 프로브스트(J. B. Probst)가 고안한 체크리스트 평정 방법으로, 피평정자에게 유리하거나 불리한, 그리고 각기 가중치가 다른 일련의 평정 항목들을 불규칙하게 배열해 놓고, 피평정자의 특성에 가까운 항목을 표시하게 하는 평정 벙법을 말한다(강성철 외, 2005: 350).

향과 반대로 평정결과의 점수 분포가 낮은 쪽에 집중되는 경향을 말한다. 이러한 경향의 폐단을 막기 위해서는 집중화 경향에서와 마찬가지로 강제배분법을 활용할 수 있다.

⑤ 선입견(personal bias)에 의한 오류

선입견에 의한 오류는 평정의 요소와 관계가 없는 성별·출신학교·출신지역·종교·연령 등에 대해 평정자가 갖고 있는 편견이 평정에 영향을 미치는 것을 의미한다. 근무연한이 긴 선임자에 대해 후한 평가를 하고자 하는 근속연한의 오류도 일종의 선입견에 의한 오류로 볼 수 있다.

⑥ 대비효과(contrast error)

평정되는 대상의 배열순서가 달라짐에 따라 발생하는 편정의 오류를 말한다. 예를 들면, 시험의 채점에서 60점 정도의 답안지가 여러 장 계속된 후에는 실제로는 75점 정도의 답안지일지라도 80점 또는 그 이상으로 보이고, 반대로 80점이 계속된 후에는 실제로 65점 정도일지라도 60점으로 보이는 경향이다.

(4) 근무성적 평정 절차

평정 절차는 4급 이상과 5급 이하로 구분하여 살펴보고자 한다. 4급 이상 공무원은 평가 항목에 따른 평가(성과계약 등 평가)를 하고, 5급 이하 공무원은 근무실적 및 능력에 대한 평가(근무성적 평가)를 실시하고 있다.

① 4급 이상 공무원의 경우

가. 주요 내용

제도가 변경되기 전까지는 4급 이상 공무원은 목표관리제(MBO: Management By Objectives)에 기초한 평정제도를 채택하고 있었다. 이들에 대한 근무성적 평정점은 목표관리제에 의한 개인별 목표 달성도의 평정점으로 했다. 매년 초 공무원은 업무명, 추진전략·계획, 성과목표, 성과지표 등이 포함된 목표설정서를 작성한다. 직근 상급감독자는 목표설정서에 기초하여 우선 '목표평가'를 실시한다. 목표의 중요성(15점)·난이도(15점)·측정 가능성(10점)을 평가하는 것으로 목표평가의 비중은 40%이다. 1년간의 업무가 끝난 다음에는 '목표달성도평가'를 실시한다. 1차 평가자는 직근상급자가 되고 2차 평가자는 차(次) 상급자가 된다. 목표달성평가가 전체 평가에서 차지하는 비중은 60%이다.

그러던 것이 지금은 목표관리제에서 직무성과계약제로 전환되고 있다. 목표관리제가 성과의 측정과 평가에 관한 관심과 이해 부족, 온정주의적 조직문화 등으로 인해 형식적으로 운영되고 있다는 비판이 종종 제기되었다.[43] 이에 정부는 2005년 개선 차원

43) 목표관리제 시행이 경쟁강화 효과로 연결되지 않는 이유는 평가결과와 보상의 연계가 미흡하기 때

에서 직무성과계약제를 도입하였다.[44] 직무성과 관리제도는 직무분석을 통해 도출된 성과책임을 바탕으로 성과목표를 설정·관리·평가하고, 그 평가 결과를 보수 혹은 처우 등에 적용하는 일련의 과정을 말한다. 이 제도에서는 성과책임을 바탕으로 상·하급자가 상호 합의하여 당해 연도의 사업목표와 달성 수준을 설정하며, 연말의 성과 평가 때에도 상사와 부하가 함께 평가에 참여하여 그동안의 추진 실적을 점검하게 된다(이종수 외, 2008: 434). 이 제도에서는 투입이 아니라 산출·성과를 중점적인 관리 대상으로 하고 있으므로, 투입에 대한 통제는 완화되고 성과의 측정이 강조되게 된다. 따라서 투입에 있어서 담당자는 보다 많은 재량권을 가지고 업무를 수행할 수 있지만, 대신 성과에 대한 책임을 져야 한다.

4급 이상을 대상으로 하는 성과계약 등 평가의 세부절차는 전략계획 → 목표설정 및 성과계약 체결 → 중간점검 → 최종평가로 나타낼 수 있다(공무원 성과평가 등에 관한 지침. 2008. 5. 28).

가) 전략계획 수립

전략계획은 중앙행정기관의 장이 당해 기관의 전략목표 달성을 위해 수립하는 중·장기계획이다. 개인의 업무 성과가 기관 임무 달성에 유기적으로 기여하기 위해 개인 간 성과계약 체결에 앞서 수립이 필요하다.

나) 목표 설정 및 성과계약 체결

성과계약은 평정 대상자와 평가자 간에 이루어지는 성과목표·평가지표 및 평가 결과 활용 등에 대한 합의를 말한다.

다) 중간 점검

평가자는 성과계약서를 토대로 추진 상황을 점검하기 위하여 연도 중 최소 1회 이상 자체점검을 하여야 한다. 중간점검의 결과는 정상추진, 개선필요, 부진 중 선택하게 된다.

라) 최종 평가

최종 등급은 성과목표별 객관적인 평가 등급을 중심으로 평가 대상자의 자질과 태

문이다. 평가결과와 보상의 연계가 미흡하게 나타나는 이유는 목표관리제라는 새로운 성과 평가 시스템의 적용으로 기존의 조직질서가 파괴되는 것을 원하지 않는 조직구성원들이 성과평가 결과의 활용과정을 왜곡했기 때문이다(김경한, 2004: 110).

44) 직무성과계약제가 상·하급자 간에 합의를 통해 목표를 설정한다는 점에서 목표관리제와 유사하지만, 직무성과계약제는 구체적인 계약이 체결된다는 점과 성과계약이 하향식으로 체결된다는 점에서 차이를 보이고 있다.

도, 성과계약서와 중간점검표, 정책평가 결과 등을 종합적으로 고려하여 결정한다. 평가등급의 수는 최상위 및 최하위 등급을 포함하여 3개 이상으로 설정해야 한다. 다만, 고위공무원의 경우에는 '매우 우수', '우수', '보통', '미흡', '매우 미흡' 등 5개 등급으로 평가한다.

마) 평가의 예외

소속 장관은 평가 대상 공무원이 평가 대상 기간 중 휴직, 직위해제나 그 밖의 사유로 실제 근무 기간이 2개월 미만인 경우에는 성과계약 등 평가를 실시하지 아니할 수 있다.

시행 초기여서 일부 문제점도 발견되고 있지만[45] 상·하급자 간에 직무성과계약을 체결한 이후 부하 평가에 대한 관리자의 책임감이 크게 증가하였다. 직상급자의 평가권한이 제도적으로 보장되었고 부하들도 무엇에 집중해야 하는가에 관해 명확한 인식을 가지게 되었다(정부혁신지방분권위원회, 2007a: 169).

나. 실제 시행 사례

부산시는 2008년도 실·국장급 고위 간부들의 '성적표'를 매기는 기준이 될 '업무성과계약'을 3월 14일 체결했다. 해당 간부들은 그 해에 달성할 성과지표를 제시하고 계약을 맺은 뒤 연말에 평가를 받는다. 평가결과는 다음 해 성과급에 반영되며 3년 연속 최상위 등급을 받은 사람과 최하위 등급을 받은 사람 사이에는 1천만 원 이상 차이가 나고 승진에도 영향을 미친다.

실·국장들은 직무성과계약서에서 제시한 지표들의 달성 정도와 민간전문가의 평가, 상급자 평가 등을 종합해 S, A, B, C 등 4개 등급으로 평가받으며 최하위인 C 등급자에게는 성과급이 지급되지 않는다(국제신문, 2008. 3. 14).

인천시도 4급 이상 간부공무원을 대상으로 시행 중인 목표관리제 평가시스템을 2009년부터 직무성과계약제로 전환했다. 이에 따라 시는 매년 초 행정부시장 등 4급 이상 공무원 169명을 대상으로 직속 상급자와 성과계약을 맺도록 하고 연말에 목표달성도와 직무능력을 절대평가하여 연봉과 인사관리에 반영한다(일간경기, 2008. 10. 29). 2016년에는 책임과제 391개, 핵심과제 72개 등 총 463개 사업의 성과목표를 확정했다.

② 5급 이하 공무원의 경우

5급 이하 공무원 및 기능직 공무원의 근무성적 평정은 근무 실적 및 능력에 대한

45) 상·하급자 간의 정보 비대칭성이 대표적인 예이다. 하급자의 능력에 대한 완전한 정보를 갖지 못하고 있는 상급자로서는 하급자가 제시하는 목표에 따라 계약을 체결할 수밖에 없게 된다.

평가를 실시하며, 세부 절차는 다음과 같다.

가. 성과목표 선정 및 성과계획서 작성

매년 초 평가 대상 공무원은 본인의 1년간의 업무목표에 관한 성과계획을 작성하여 평가자 및 확인자의 면담을 통하여 합의된 성과목표 등을 선정한다. 성과목표는 상급자 또는 상위자의 성과목표를 실현하기 위한 세부 과제로 선정한다. 이러한 절차를 거쳐 평가대상자는 평가자와 함께 성과계획서를 작성한다.

나. 평가항목 및 구성 비율

근무성적평가의 평가항목은 근무실적과 직무수행능력을 기본 항목으로 하며, 평가항목의 총점은 100점으로 한다. 다만 소속 장관이 필요하다고 인정하는 경우에는 직무수행 태도를 평가항목에 추가할 수 있다. 평가항목 간의 균형 유지를 위하여 어느 하나의 비율이 70%를 초과하지 않도록 하고, 추가 항목을 지정할 경우 직무 수행 태도는 10%, 부서 단위의 운영평가는 20% 이내로 하고 있다.

다. 근무실적 및 능력에 대한 평가

먼저 근무실적에 대한 평가는 연초에 수립한 성과계획서, 해당 기간 동안의 업무실적 등을 참고하여 평가요소별로 평가한다. 근무실적 평가요소로는 업무 난이도(10점), 완성도(20점), 적시성(20점) 등이 있으며, 각 평가요소별로 '매우 미흡', '미흡', '보통', '우수', '매우 우수'의 5단계 중 하나의 등급으로 평가한다. 다음으로 직무수행능력에 대한 평가는 평가요소별로 배점을 정하여 평가한다. 직무수행능력의 평가 요소로는 기획력(9점), 의사전달력(6점), 협상력(6점), 추진력(5점), 신속성(5점), 팀워크(8점), 성실성(5점), 고객·수혜자 지향(6점) 등이 있으며, 평가자는 평가대상자의 행태에서 특정 평가요소가 보여지는 빈도수를 관찰하여 평가요소별로 '전혀 그렇지 않다', '거의 그렇지 않다', '가끔 그렇다', '자주 그렇다', '항상 그렇다'의 5단계로 평가한다.

라. 평가자의 평가

평가자는 주기적 성과관리기록을 작성하고, 성과 면담 결과를 기록한다. 성과 면담결과에는 우수한 점, 미흡한 점 등이 기록된다.

마. 평가단위에서의 평가

평가단위의 확인자는 평가자가 평가한 평가등급 등을 확인하고 평가자와 함께 평가단위별로 순위 등의 평가 결과를 작성하여 근무성적평가위원회에 제출한다. 평가는 상대평가로 이루어지며 평가등급의 수는 3개 이상으로 하며, 최상위 등급은 20%, 최하위 등급은 10%의 인원 비율로 분포하게 된다.

바. 근무성적평가위원회서의 평가

근무성적평가위원회는 전체 평가 대상 공무원들을 상대평가하여 평가점수를 부여하되, 근무성적 평가점수의 총점은 70점을 만점으로 하고 평가등급은 3단계 이상으로 정할 수 있다. 근무성적 평가점수는 관대화를 방지하기 위하여 최상위 등급의 비율이 상위 20%를 초과하지 않도록 하고, 최하위 등급의 인원은 하위 10%의 비율로 분포되도록 한다. 이러한 근무성적 평가점수는 승진후보자명부 작성 시 80~95% 반영한다. 지방공무원의 경우, 평정항목은 국가직과 동일하지만 항목별 배점비율에서 근무실적 50%, 직무수행능력 50%이다. 직무수행태도는 평정 시 능력에 포함하여 10%이다. 평정등급은 수, 우, 양, 가의 비율을 2:4:3:1로 하되, '가'에 해당하는 자가 없을 경우 수, 우, 양의 비율을 2:4:4로 할 수 있다

(5) 근무성적 평정 결과의 활용

근무성적 평정 결과는 4급 이상의 경우 승진심사 때 참고자료가 되나, 5급 이하인 경우 승진후보자명부에 반영된다.[46] 평정의 영향이 4급 이상보다 5급 이하 공무원에게 더 크게 작용한다고 할 수 있다.

(6) 평가 결과의 공개 및 이의 신청

근무성적 평정이 완료되면 평정 대상 공무원에게 해당 근무성적 평정 결과를 알려주어야 한다. 다만 소속 장관이 필요하다고 인정하는 경우에는 근무성적 평정 결과의 공개에 대하여 달리 정할 수 있다.

근무성적 평정 대상 공무원은 평가자의 근무성적 평정 결과에 이의가 있는 경우에는 확인자에게 이의를 신청할 수 있다. 확인자는 이의 신청 내용이 타당하다고 판단되는 경우에는 평가자와 협의해 해당 공무원의 성과평가서 상의 평가 결과 및 평가단위별 평가 결과를 조정할 수 있다. 또한 근무성적 평가 대상 공무원인 5급 이하 공무원은 이의신청 결과에 불복하면 근무성적평가위원회에 근무성적 평가 결과의 조정을 신청할 수 있다. 근무성적평가위원회는 이의신청 내용이 타당하다고 판단하는 경우에는 신청 공무원의 평가 결과를 조정하도록 확인자에게 통보하며, 확인자는 평가자와 협의해 해당 공무원의 성과평가서 상의 평가 결과 및 평가단위별 평가 결과를 조정하야 한다(공

46) 승진후보자명부는 100점을 만점으로 근무성적 평가점수와 경력평정점을 각각 70%와 30% 비율로 반영하여 작성한다(공무원 성과평가 등에 관한 규정 제30조). 경력평정점은 환산 경력 기간(월 단위)에 월 경력 평정점수를 곱하여 산출한다. 월 경력 평정점수 산출 방법은 공무원 성과평가 등에 관한 지침 별표 3의2 참조.

무원 성과평가 등에 관한 규정 제21조).

(7) 근무성적 평정의 발전 방향

① 다면평가 실시

1995년부터 공무원 평정에 다면평가가 도입되었지만, 다면평가 점수는 참고자료로만 쓰인다. 현행 제도상 평정자와 확인자 두 사람만 평정에 참여하고 있다. 이들의 평균 재임기간을 생각하면 동료와 부하들에 의한 평가가 필요하다. 물론 다면평가가 인기영합적인 공무원을 양산할 것이라는 우려가 있지만, 극단적인 최상위 점수와 극단적인 최하점수를 계산에서 제외하여 해결할 수 있다.

2006년 6월 기준 55개 중앙행정기관 중 53개 부처에서 승진, 성과급 지급뿐만 아니라 각종 인사운영 목적으로 적극 활용하고 있다. 지방정부의 경우, 2002년 12월 31일 지방공무원임용령이 개정되면서 2004년 1월 1일부터 의무적으로 실시하도록 제도화되어 중앙정부에 비하여 제한적이나마 대부분의 지방자치단체에서 다면평가 결과를 승진임용이나 성과상여금 지급 등 제한적 용도로 활용하고 있다.[47)]

다면평가제도의 장점은 다양한 평가자들로부터 평가가 이루어짐으로써 평가의 객관성과 공정성이 높아지며, 또 최근 새로운 공공조직 유형인 팀제에 부합된다는 점이다. 팀제의 도입으로 팀워크가 강조되고 있는데 다면평가제는 이러한 팀 형성을 증진시킨다. 반면 이 제도의 단점은 능력보다는 인간관계를 주로 평가하여 인기투표로 나타날 가능성이 있으며, 이로 인해 상급자가 업무 추진보다는 부하의 눈치를 의식하는 행정이 이루어질 가능성이 높다(이종수 외, 2008: 433). 또 우리처럼 계층제적 문화가 강한 경우 관리자가 부하들의 평가를 받는 데 대한 갈등이 조직간 화합을 저해할 수 있다.

현재의 가점평정은 5점의 범위 내에서 승진후보자명부에 업무혁신, 공헌도 등을 고려하여 부여한다. 공무원들의 이 제도에 대한 반응은 그렇게 적극적이지 못하다. 구미시의 다면평가제도 운영을 평가한 것을 보면, 다면평가제도의 도입에 대해 긍정적인 응답(37.8%)이 부정적인 응답(32.6%)보다 조금 높게 나타나고 있다(최근열, 2007: 12).

② 실적가점제도의 개선

1998년 공무원임용령이 개정되면서 실적가점제가 도입되었다. 현재의 가점평정은 5점의 범위 내에서 승진후보자명부에 업무혁신, 공헌도 등을 고려하여 부여한다. 동일한 실적에 대하여 근무성적 평정 이외에 중복 혜택을 부여하게 되어 형평성에서 문제

47) 우리나라의 다면평가제도 운영은 공무원 성과평가 등에 관한 규정 제28조와 지방공무원임용령 제38조의5에 근거하고 있다.

가 있으며, 평정자의 자의성이 작용할 소지도 크다고 하겠다.

③ 직무 중심의 사무 분장

성과계약 평가 방식의 근무성적 평정이 이뤄지기 위해서는 무엇보다 행정사무 분장이 제대로 이뤄져야 하나, 우리나라의 경우 오랜 계급제적 전통으로 아직 직무분석이 제대로 이뤄져 있지 않아 사람 중심으로 운영되고 있어 성과계약 평가 방식의 근무성적 평정을 실시하는 데는 한계가 따른다. 따라서 계급제적 전통에서 벗어나 직무 중심의 직위분류제 요소를 강화할 필요가 있다.

4) 경력평정과 가점평정

경력평정은 평정 기준일 현재 승진소요 최저연수에 도달한 5급 이하 공무원을 대상으로 실시한다. 정기평정은 6월 30일과 12월 31일을 기준으로 실시한다. 경력평정점은 환산 경력 기간(월 단위)에 월 경력평정 점수를 곱해 산출한다. 경력평정 결과는 승진후보자명부에 5~20% 적용한다.

가점평정은 자격증 소지 여부, 특수지역 근무 경력 등에 대해 가점하는 것이다. 소속 장관은 5점의 범위 안에서 가점을 부여할 수 있다. 자격증에 대해 1점 범위 내에서 가점을 부여한다. 특정직위 근무 경력은 해당 직위에서 1년 이상 근무한 경력에 대해 월 0.03점의 가점을 부여하고, 특수지역 근무는 1점의 범위 내에서 특수지 가·나, 다, 라 지역에 따라 월별로 각각 0.04점, 0.03점, 0.02점의 가점을 부여할 수 있다.

4. 보 상

1) 보 수

(1) 의 의

보수(報酬)란 공무원이 국가로부터 정기적으로 받는 금전적 보상이다. 공무원 보수는 봉급과 각종 수당을 합친 것이다(공무원보수규정 제4조). 공무원의 전반적인 보수 수준은 지난 2000년대 초중반에 개선되다가 최근에 와서 다소 침체된 상황이다. 2012년 현재, 공무원의 평균 보수 수준은 100인 이상 민간기업 평균의 83.7% 수준이다. 보수는 승진과 더불어 공무원들의 사기 진작에 절대적인 영향을 미칠 만큼 중요하며, 유능한 인재를 확보하는 수단이기도 하다. 공무원 보수는 두 가지 성격을 지니고 있다. 하나는 직무수행에 대한 반대급부로서의 보수이고, 다른 하나는 공무원과 그 가족의 생계를 위한 생활보장적 급여이다(김종희, 2005: 325).

(2) 구 성

공무원의 보수구조는 크게 세 가지 형태로 구분할 수 있다. 첫째, 보수가 기본적인가 부가적인가에 따라 기본급과 부가급으로 나뉜다. 기본급(基本給)은 모든 공무원에게 기본적으로 지급되는 보수를 말한다. 기본급은 봉급이라고 하며, 직종별로 12개 봉급표에서 볼 수 있는데, 공무원의 자격·능력·학력·연령·근무연한·계급·직무의 곤란도·책임도 등에 의하여 결정된다. 우리가 흔히 본봉이라고 부르는 부분이다. 부가급(附加給)은 기본급을 보충하는 성질을 가진 것으로서 특수한 근무조건이나 생활조건을 고려하거나, 또는 능률증진의 목적을 위하여 지급되는 부수적 보수를 의미한다.[48] 흔히 말하는 수당이 이에 해당한다. 수당은 2017년 10월 현재 상여수당(3종), 가계보전수당(4종), 특수지 근무수당, 특수근무수당(4종), 초과근무수당(2종) 등 총 14종으로 구성되어 있다.

둘째, 보수를 직무수행에 대한 반대급부로 보느냐 생활보장적 급부로 보느냐에 따라 직무급과 생활급으로 나뉜다. 직무급(職務給)은 직위분류제를 채택하고 있는 나라에서 실시하는 보수제도이다. 생활급(生活給)은 보수결정의 기준을 공무원과 그 가족의 생계유지에 두는 제도이다. 계급제를 채택하고 있는 나라의 보수구조는 기본적으로 생활급제이다. 계급만 같으면 직무의 내용이나 책임의 정도에 관계없이 동일한 보수가 지급된다. 생활급은 경력·학력·가족 수 등에 따라 보수액이 달라지는데 비하여, 직무급은 '동일 직무에 대한 동일보수의 원칙'에 따라 직무의 질과 양에 의하여 보수가 달라진다.

셋째, 보수가 근무기간에 기초한 것인가 근무성과에 기초한 것인가에 따라 연공급과 성과급으로 나눌 수 있다. 연공급(年功給)은 성과에 관계없이 근무기간에 따라 지급되는 보수를 말한다. 가장 일반적으로 사용되고 있으며, 이를 근속급 또는 호봉급이라고도 한다. 연공급은 보수가 안정적이고 보수의 계산이 쉽다는 장점이 있으나, 성과와 연계되지 않아 동기부여 효과가 없다는 단점이 있다. 성과급(成果給)은 성과에 따라 보수가 달라지는 것으로서, 업적급 또는 능률급이라고도 한다.[49] 우리나라의 정부투자기관에서는 이미 오래 전부터 경영실적을 평가하여 보수를 다르게 지급하고 있다. 정부부문에서도 1999년부터 연봉제 또는 성과급이라는 이름으로 부분적으로 채택하기 시작하였다.

성과급은 개인 성과급과 집단 성과급으로 나뉜다. 전자에는 복률성과급과 할증성

48) 계급제를 채택하는 국가에서는 직책을 기준으로 하는 것이 아니라 공무원의 능력이나 자격을 기준으로 보수액을 결정하므로, 보수액이 직책에 일치하지 않는 경우가 발생하고 이를 보완하기 위하여 수당의 종류가 증가하게 된다(김종희, 2005: 330).

49) 성과급은 세 가지 측면에서 고찰하여야 한다. 첫째, 올바른 성과방법이 무엇인가, 둘째, 어떻게 차별화하여 이익과 불이익을 주는가, 셋째, 차별화하여 이익과 불이익을 주는 것이 혹시 역효과를 끼칠 수 있는가 등이다(윤성식, 2003: 307~308).

과급이 있고, 후자는 이윤분배제도와 생산성이득분배제도로 구분하는데, 특히 생산성이득분배제도의 유형으로 스캔론플랜(Scanlon plan)과 럭커플랜(Rucker plan)이 있다. 스캔론플랜은 생산성 향상을 노사협조의 결과로 보고 총매출액에 대한 노무비 절약분을 상여금으로 종업원에게 배분하는 비용절감 인센티브제도이다. 이에 반해 럭커플랜은 기업이 창출한 부가가치에서 인건비가 차지하는 비율을 기준으로 배분액을 결정하는 제도이다.

2009년에 S, A, B, C 등급에 따라 지급률은 230% 이상, 160%, 90% 이하, 0%였다가 2015년도에 와서는 <표 8-2>에서 보는 바와 같이 172.5% 이상, 125%, 85% 이하, 0%로 바뀌었다. 2015년 현재 공무원 성과상여금 지급기준 금액은 3급 457만 원, 4급 403만 원, 6급 305만 원 등이다.

2015년 현재 성과연봉의 적용 대상자 중 20%는 성과연봉 기준액의 7%, 30%는 성과연봉 기준액의 5%, 40%는 성과연봉 기준액의 3%, 그 밖의 인원은 성과연봉이 없다(공무원보수규정 제39조 제2항).

(3) 보수체계의 문제점

① 보수의 적정성 결여

현행 공무원 보수체계의 기본급 가운데 연공급 비중이 높은 것은 현행 보수체계가 지나치게 생활보장 원칙이 강조되고 있는 반면, 동기유발 원칙이 무시됨으로써 능력을 보유하고 있는 공무원에게 대단히 불리한 구조임을 의미한다.

〈표 8-2〉 성과상여금 지급등급 및 지급액표

지급등급		지급액
등급	지급인원	
S등급	평가결과 상위 20% 이내에 해당되는 자	별표 2의3의 성과상여금지급기준액표에 따른 기준액(이하 이 표에서 “지급기준액”이라 한다)의 172.5% 이상에 해당하는 금액
A등급	평가결과 상위 20% 초과 60% 이내에 해당하는 자	지급기준액의 125%에 해당하는 금액
B등급	평가결과 상위 60% 초과 90% 이내에 해당하는 자	지급기준액의 85% 이하에 해당하는 금액
C등급	기타	지급하지 아니함

② 보수의 동기부여 효과 부족

현행 보수체계에서는 호봉에 의한 단일봉급표에 따라 보수가 결정되고 있어 주로 연공급적 요소만이 반영되고 있기 때문에 직무급 및 성과급적 요소가 차지하는 비중은 매우 적다. 근속 연한에 따라 보상하는 연공급 위주의 임금 체계이므로 직무의 난이도, 개인의 능력과 실적 차이에 따른 보수 지급 차등화가 어려우며, 이는 우수 인력에 확보에 큰 장애 요인으로 작용하고 있다. 직무급적 요소의 경우 수당 중 '특수근무수당'이라는 항목으로 위험근무나 특수업무에 대한 수당이 지급되고 있으나 그 금액도 월 3~4만원으로 극히 미미하다(김영우 · 임소연, 2006: 29).

③ 보수구성의 합리성과 투명성 부족

각종 수당의 지급목적과 지급기준이 합리적으로 정해지지 않은 채 단순히 기본급 인상의 보완적 차원에서 활용되고 수당을 설치한 본래 취지가 유지되지 못하여 보수체계의 왜곡을 초래한 주요 원인이 되고 있다. 현재 연간 총 급여 중에서 기본급이 차지하는 비중은 55% 수준에 불과하며, 많은 수당 항목이 존재하고 있다.

(4) 개선 방안

① 보수체계의 개선

수당을 신설하거나 인상하는 방향으로 공무원 보수를 인상해 온 것이 사실이다. 따라서 기본급이 가지는 임금 대표성은 현저히 약화되어 기본급 중심 보수체계는 수당 중심 보수체계로 변질되었다. 이러한 보수체계는 기본급 비율을 높이는 방향으로 개선되어야 할 것이다.

② 공정한 평가제도의 확립

평가의 신뢰도를 높이기 위해서는 평가자와 피평가자가 지근거리에 있어야 한다. 부처 또는 기관 단위 평가를 부서 또는 팀 단위로 좁혀야 한다. 같은 부서에서 평가를 할 때에도 직근 상급자 또는 동료에 평가 비중을 높여나가야 할 것이다.

1년 이상 근무하지 않은 사람의 평가 참여를 제한하는 방법도 강구할 필요가 있다. 피평가자를 정확히 파악하지 못한 상태에서 단편적인 귀동냥으로 평가하는 것은 '손님이 주인을 평가'하는 모순을 저지르는 것이다(이철규, 2007: 252~253).

③ 직무급과 성과급적 요소의 강화

계급과 호봉이 동일하면 근무기관이나 담당업무와 상관없이 동일한 보수를 지급하는 시스템 하에서는 보수의 내부적 형평성이 심각하게 훼손될 수밖에 없다. 외국의 경우 직무평가를 통해 직무급 위주의 보수체계를 운영하고 있으나, 행정환경의 급속한 변화 속에 적절하게 대응하기 어려운 점도 있다. 따라서 우리의 경우 일부 고위직에만 도입하는 방안을 고려할 수 있다. 만약 직무급제도를 중·하위직에까지 확대시킬 경우 프랑스에서 시행하고 있는 직무상여지수제도를 참고할 수 있다. 이 제도는 직무 수행에 특별한 기술이 필요한 직원을 선정하여 이들 직위의 공무원에게는 본인의 봉급지수에다 해당 직위에 책정된 직무상여지수를 더해 봉급을 정하는 제도이다. 우리나라도 2016년에 중요직무급제도를 도입했다. 이것은 직무의 중요도 및 난이도를 선정 기준으로 하여 부처의 핵심사업 추진에 필요한 업무를 담당하는 공무원을 우대하는 제도이다. 그리고 2017년에 전문직무급제도를 신설하여 전문직공무원제도를 시범운영하였고, 2018년부터 확대해 나가고 있다. 이 제도는 특정한 전문 분야에서 장기 재직하는 데 필요한 인센티브를 부여하기 위한 제도이다(강성철 외, 2018: 506).

2) 연 금

(1) 의 의

연금은 장기간에 걸쳐 충실히 근무한 대가를 퇴직 후에 금전적으로 보상받게 되는 인사행정의 보상체계 중 하나이다. 연금제도의 목적은 크게 두 가지이다. 하나는 장래에 대한 불안감을 해소시켜 줌으로써 근무하는 동안 의욕적으로 일하게 하기 위한 것이고, 또 하나는 재직 중의 사고나 퇴직에 대하여 국가가 적절한 급부를 보장함으로써 공무원 및 그 유족의 생활을 안정시켜 주기 위한 것이다. 전자는 인사행정적 목적이고, 후자는 사회보장적 목적이라 할 수 있다(이철규, 2007: 253).

퇴직연금의 성격에 관해서는 몇 가지 학설이 갈리고 있다(박용치·송재석, 2006: 463~464).

① 근로보상설: 장기간에 걸친 성실한 근무에 대한 위로와 감사의 표시이다.

② 생활보장설: 재직 시 보수로는 퇴직 후 생계에 대비한 저축이 불충분하므로 고용주는 퇴직 후의 생활을 보장할 의무가 있다.

③ 위자료설: 조직운영자 측의 사정으로 인한 퇴직에 대한 위로의 뜻이다.

④ 거치보수설: 보수후불설이라고도 하는데 보수의 일부가 지급되지 않고 적립되었다가 퇴직 이후에 지급되는 것이다.

위의 네 가지 견해 중 공무원의 퇴직연금에 관한 성격으로서 가장 일반적인 것은 거치보수설이다. 즉, 공무원이 받는 퇴직연금이란 그들이 재직 시 받아야 할 보수의 일부를 정부가 보관해 두고 있던 것이며, 따라서 그들이 퇴직 이후에는 그것을 받아야 할 권리가 당연히 있다는 것이다.

(2) 연금기금의 조성과 관리

① 기여제와 비기여제

연금재원을 어떻게 조달하는가에 따라 기여제와 비기여제로 나눌 수 있다. 기여제는 정부와 공무원이 공동으로 기금 비용을 부담하는 것이고, 비기여제는 기금 조성에 필요한 비용을 정부만이 부담하는 것이다. 미국과 프랑스는 기여제를 채택하고 있고, 독일과 영국 등에서는 비기여제를 채택하고 있다. 우리나라는 정부와 공무원이 공동부담으로 재원을 조성하고 있다. 여기서 공무원이 연금급여로 소요되는 비용으로 부담하는 금액은 기여금이라 하고, 국가나 지방자치단체가 연금급여에 소요되는 비용으로 부담하는 것을 부담금이라 부른다.

② 기금제와 비기금제

재원을 관리하는 방법은 기금제와 비기금제가 있다. 영국과 프랑스에서는 연금지급에 소요되는 재원을 별도로 마련하지 않고 소요금액을 세출예산에 계상하여 지출한다. 이것을 비기금제 또는 현금지출제 라고 한다. 비기금제는 퇴직연금제도를 처음 실시하는 데 드는 비용이 기금제에 비하여 적게 들며 운용이 간단하고 관리비용도 적게 든다. 한국과 미국에서는 미리 기금을 마련하고 그 기금 또는 기금의 운영이익금으로 충당한다. 이것은 기금제 또는 보험적립제라고 한다. 비용과 지출의 평준화를 기할 수 있을 뿐만 아니라 연금제도의 실시에 있어서 퇴직연금지급의 불가능이라는 현상을 방지할 수 있다(김종희, 2005: 337).

(3) 한국의 공무원연금제도

① 공무원연금제도의 연혁

1949년에 제정된 국가공무원법에 연금제도에 관한 규정을 두었으나 실시되지 못하다가 1960년 공무원연금법이 제정, 실시되었다. 그 후 여러 차례 개정되었으며 가장 최근에 이루어진 공무원연금법 개정은 2009. 12. 31.에 있었는데, 기여금이나 부담금의 산정 부분 등 많은 내용의 개정이 있었다. 2015년에 공무원연금 개혁 법안이 통과되어 2016년 1월부터 시행에 들어갔다. 연금지급 개시 연령이 신규 임용자부터 종전 60세에서 65세로 연장되었다. 또 연금보수의 산정기준을 정전 보수월액에서 기준소득으로 전환하였다. 연금지급률은 20년에 걸쳐 현행 재직기간 1년당 1.90%에서 1.70%로 인하하고, 공무원이 부담하는 보험료율인 기여율과 정부가 부담하는 부담률은 기준소득월액의 7.0%에서 9.0%로 높였다. 개편 후 공무원연금의 수익비가 2.6~1.7배로 국민연금의 수익비 1.2~1.7배보다 여전히 후하다.[50)]

---

50) 이번 개혁안이 본격 적용되는 2036년 이후에 들어오는 공무원은 받는 돈이 현직 공무원보다 크게

공무원연금은 기금으로 운영하며, 공무원연금기금은 특별회계가 아니며 행정안전부장관이 설치하여 공무원연금공단에 관리를 위탁한 공공기금이다.

2018년에는 공무원연금법에 포함된 재해보상부분을 분리하여 '공무원재해보상법'을 제정하였다. 이는 기존에 공무원연금의 일부로 취급되어 오던 재해보상제도를 별도로 분리하여 공무수행 중 발생한 재해에 대한 보다 강화된 보상을 통해 공무원들이 직무에 전념할 수 있는 여건을 조성하고 그 유족의 복지를 향상시키기 위한 것이 그 취지이다. 주요 내용으로는 순직보상의 수준이 민간 산재보상 대비 53~73% 수준에 불과하여 국민을 위해 헌신, 희생한 공무원들에 대한 처우가 열악하다는 비판을 수용하여 유족에 대한 합당한 생활보장과 국가책임을 강화하였다.

② 연금급여의 종류

우리나라의 연금은 장기급여와 단기급여로 나눌 수 있다. 장기급여 13종과 단기급여 4종 등 급여의 종류를 17종으로 구분하고 있다.

단기급여는 연금기금을 운용하는 과정에서 공제조합과 같은 사업을 하고 있는데, 이러한 사업에 의하여 지급되는 급여를 말한다. 여기에는 공무상요양비·공무상요양일시금·재해부조금·사망조위금 등이 있다. 장기급여는 20년 이상 재직자에게 연금이 지급되는 것을 말한다. 퇴직연금은 20년 이상 근무하고 퇴직한 때(다만 1996년 이후에 임용된 공무원이 퇴직한 때에는 60세부터) 월보수액의 50/100~76/100 범위 안에서 지급한다. 월보수액은 봉급과 기말수당·정근수당·장기근속수당의 연간지급합계액을 1/12로 나눈 금액이다. 유족연금을 보면, 연금 수급권자가 사망한 때 그 연금의 60/100[51]에 상당하는 금액을 지급한다(공무원연금법 제56조 제1항, 제57조 제1항).

③ 재원의 조성 방법

연금기금의 재원은 정부의 부담금과 공무원의 기여금에 의하여 조성되고 있다. 즉, 기금제 및 기여제를 채택하고 있다. 공무원기여금비율은 1986년에 5.5%였던 것이 2001년에는 8.5%로 지속적으로 인상되어 왔다. 그러다가 최근 공무원연금법 개정을 통해 공무원이 내는 기여금은 종전의 보수월액의 1,000분의 85에서 기준소득월액의 1,000분의 90으로 바뀌었으며,[52] 이 경우 기준소득월액은 공무원 전체의 기준소득월액 평균액의 100분의 160을 초과할 수 없다(공무원연금법 제66조).[53] 그리고 국가나 지방자치단체

깎인다. 개혁의 효과를 20년 뒤에 들어올 후배 공무원들에게 미룬 것이다(조선일보, 2015. 5. 30).

51) 종전에는 70%였으나 이번 공무원연금법 개정(2009. 12. 31)을 통해 60%로 조정됨.

52) 2010년부터 과세소득 기준을 적용해 2010년에는 6.3%, 2011년에는 6.7%, 그리고 2012년부터 7.0%가 적용되었다. 2012년에 변경된 기준소득월액의 7.0%는 종전 보수월액 기준 10.8%에 해당된다.

53) 보수월액은 본봉, 정기상여금, 장기근속수당만 포함된다. 그러나 과세 대상 소득이 연금의 기준이 돼

가 내는 부담금 부분에서는 매 회계연도 대통령령으로 정하는 보수예산의 1,000분의 70에서 1,000분의 90으로 변경되었다(공무원연금법 제69조).

(4) 문제점과 개선책

① 저부담·고급여 구조의 개선

종전에는 20년 재직 시 50%, 매 1년 초과 재직연수마다 2%를 가산하여 33년 근무 시 76%까지 받을 수 있어 높은 수준이었다.[54] 일본은 40년 근무 시 69%이다(인태환, 2000: 173~174). 보험료율 17%(국가 8.5%, 가입자 8.5% 부담)에 퇴직 전 최근 3년간 평균보수 월액의 최대 76%까지 지급되는 현행 급여체계가 과도하다. 1980년에 임용된 공무원의 경우 20년 재직 시 수익비가 약 6배에 달하며, 이로 인해 재정 문제가 표출되고 있다. 공무원연금은 2005년에 6천 96억 원의 적자가 났고, 2010년에는 2조 이상의 적자가 예상되고 있다.[55] 이러한 상황에서 '저부담·고급여 정책'은 이제 '적정부담·적정급여' 정책으로 전환되어야 한다는 주장이 강하게 제기되었다.[56] 일본이 2006년에 공무원연금을 민간연금과 통합하면서 본인부담률을 더 올리고 연금산정 기준보수도 평생급여를 기준으로 하고 있는 점을 참고할 필요가 있다. 이번 2009년 공무원연금법 개정안에는 대폭적인 개선안이 담겨져 있는데, 기여금 및 부담금이 인상되었고 연금지급액도 인하되었다. 좀 더 구체적으로 보면, 법 개정 이전 재직기간은 종전 규정에 따른다. 즉, 법 개정 당시의 3년(2007~2009) 평균 보수월액(퇴직 시까지 환산)×76%이지만, 개정 이후(2010년 1월 이후)는 전(全) 재직기간을 대상으로 평균소득을 산정하게 됨으로써 고급여에 다소 수정이 가해지게 되었다. 이후 2015년 연금개혁에서 기여액 대비 급여액이 높은 점을 개선하기 위해 '더 내고, 덜 받고, 늦게 받는' 조치가 부분적으로 이루어졌다. 그러나 다음과 같은 문제들에 대해 계속적인 관심이 필요하다(박천오 외, 2010: 409).

첫째, 연금제도의 목적이 노후의 풍족한 삶이 아니라 생활보장에 있다는 점에서 국민연금의 지급률 정도에 맞추는 것이 공적연금의 형평성 차원에서 적합하다. 만일, 연

야 한다는 지적에 따라 보수월액에 초과근무수당, 연가보상비 등이 더해진 기준소득월액이 기여금 납부의 기준이 되었다. 그런데 공무원연금법 부칙 제9905호에 따르면 기여금과 부담금에 관한 특례가 있는데, 2010년에는 1,000분의 63, 2011년에는 1,000분의 67로 정하고 있다.

54) 20년 이상 재직 시 퇴직연금을 산정하는 식은 (최종 3년 평균보수월액×0.5)+(최종 3년 평균보수월액×20년 초과 재직년수×0.02).

55) 공무원연금관리공단의 장기 재정 추이에 따르면 2010~2019년 공무원 연금 적자로 정부가 보전해야 하는 액수가 총 43.5조 원에 이를 것으로 추정하고 있다. 장기 재정 추이에 따르면 연금 적자로 정부가 보전해야 하는 액수가 2017년 6조 2천 624억 원, 2019년 8조 2천 816억 원으로 증가 추세를 보이고 있다(강성철 외, 2014: 494).

56) 국민연금은 낸 돈의 평균 2.22배를 받지만 공무원연금은 3.53~3.88배를 받는다(이철규, 2007: 256).

금지급률을 낮추기 어렵다면 가입자의 부담률을 높여서 적정부담 적정급여의 원칙이 수립되어야 한다.

둘째, 연금기금의 정부예탁에서 시장보다 현저하게 낮은 예탁수익률의 제고가 필요하다. 낮은 수익률은 그대로 두고 공무원의 부담률만 높인다면 반발을 초래하기 때문이다.

② 연금관리 주체의 분리

현재는 공무원연금공단[57]이 공무원 연금을 독점적으로 운영하고 있다. 하지만 공단의 전문성에 관해 의문이 많이 제기되는 상황에서 관리 주체의 분리가 필요하다고 본다. 우선 국가공무원과 지방공무원 연금의 관리 주체가 분리되어야 한다. 또 공단 관리체제에서 전문 금융기관 관리체제로 다변화하는 방안이 모색되어야 한다.[58] 현재의 정부 퇴직공무원들이 공단의 이사를 거쳐 가는 자리로 인식하는 상황에서 전문성을 기대하기는 어려운 실정이다.

3) 고충처리 및 제안제도

(1) 고충처리 심사

소청심사와 고충처리심사제도는 공무원의 입장에서 정부의 인사결정이나 근무조건 또는 징계수준이 본인이 생각한 것과 차이가 있을 때 이의 시정을 정부에 요구하는 제도이다.

중대한 불이익처분에 대한 심사 청구가 소청심사청구라면, 고충심사청구는 불만이나 애로사항을 대상으로 한다는 점에서 차이가 있다. 고충처리는 공무원의 근무조건·직장생활 관계에 관한 불만, 인사관리 기타 신상 문제에 대한 고충을 심사하고 그에 대한 판단과 시정 조치를 하는 과정을 의미한다.[59] 이 제도는 공무원이 소신을 가지고 근무하고 활동에 대한 막연한 불안감을 해소해 주는 차원에서의 의미는 크다고 본다(강성철 외, 2008: 462).

우리나라는 중앙고충심사위원회를 설치하여 5급 이상 공무원의 고충과 소청을 심

57) 2009년 12월 공무원연금법 개정에 따라 종전의 공무원연금관리공단이 공무원연금공단으로 명칭이 변경됨.

58) 공무원연금법 및 공공자금관리기금법에 의거 연금기금의 일정액을 정부의 재정투융자특별회계에 예탁토록 의무화함으로써 예탁수익률 감소와 정부보전의 악순환을 반복하고 있다(이철규, 2007: 256).

59) 소청심사도 고충처리의 한 종류로 볼 수 있으나 그 대상이 무엇이냐에 따라 구분된다. 소청심사는 구체적인 행정처분의 취소·정지의 요구를 그 대상으로 하는 데 비하여, 고충처리에 있어서는 승진·전보 등 적극적인 처분의 요구를 그 대상으로 한다(김종희, 2005: 344). 소청심사의 경우 법적 구속력이 있어 위원회의 결정은 처분행정청을 기속하지만, 고충심사위원회의 경우는 법적 구속력이 약하다.

사·처리하게 하고, 임용제청권자나 임용권자 단위로 보통고충심사위원회를 두어 6급 이하 공무원과 기능직 공무원의 고충을 심사·처리하게 하고 있다. 고충심사위원회는 고충을 접수한 날로부터 30일 이내에 고충사항을 심의하되 i) 시정, ii) 정책반영, iii) 공무원에 대한 자문 및 설득 등의 결정을 내려야 한다(박용치·송재석, 2006: 468). 심사결과를 통보받은 해당 기관장은 필요한 조치를 취해야 한다.

(2) 제안제도

① 의 의

제안제도(suggestion system)는 조직구성원에게 업무상 유익한 착상이나 개선안의 제출을 장려함으로써 행정의 능률성 제고에 기여하는 제도이다. 우리나라는 1963년에 국가공무원법에 제안제도 조항을 삽입하였으며, 1973년 대통령령으로 제안규정이 제정되어 실시되고 있다.

제안의 종류는 제안자가 과제를 임의로 선정하여 제출하는 자유제안, 각 부처가 과제를 미리 정하여 모집하는 지정제안, 직무수행 과정에서 창의성을 발휘하여 현저한 개선 효과를 가져 온 경우 소속기관장의 추천에 의하는 추천제안이 있다. 제안의 심사는 제안심사위원회에서 실시하며, 채택된 제안에 대해서는 그 등급에 따라 각종 포상과 인사상의 특전을 부여한다. 심사 결과 채택된 제안을 정부에서는 '창안'이라고 하는데, 창안등급이 금상인 경우에는 500만 원 이상 800만 원 미만, 은상은 300만 원 이상 500만 원 미만, 동상은 100만 원 이상 300만 원 미만, 장려상은 50만 원 이상 100만 원 미만의 부상금을 지급받는다(공무원 제안 규정 제17조). 제안 채택에 따른 인사 특전을 보면, 금상, 은상, 동상의 경우 5급 이하는 특별승진, 4급 이상은 특별승급된다. 기존에 있었던 노력상은 2011년부터 폐지되었다.

② 장·단점

장점으로는 첫째, 좋은 제안은 직무수행절차를 개선하고 근무환경 등을 개선할 수 있기 때문에 행정의 합리화·능률화를 촉진시킨다. 둘째, 제안이 채택되어 실시되는 경우 제안자의 성취감이 충족되고 조직에 대한 일체감·귀속감이 강화되어 사기가 앙양된다. 셋째, 직무에 대한 관심을 높여 공무원의 창의성과 문제해결능력을 향상시킨다.

반면, 단점으로는 첫째, 직원의 경쟁심리를 자극하여 직원 간의 인간관계에 나쁜 영향을 미칠 가능성이 있다. 둘째, 여러 제안의 상대적 가치를 객관적으로 공평하게 평가하기 어렵다.

③ 제안제도의 성공적 운영요건

제안제도의 운영이 그리 활발하지 못한 편인데,[60] 그 이유는 제안제도 자체의 문제도 있지만 경쟁 풍토, 실적주의 사고가 확립되지 않은 행정문화에 기인하는 바가 크다고 볼 수 있다(이종수 외, 2005: 484). 이러한 분위기에서 제안제도를 성공적으로 운영하기 위해서는 ⅰ) 쉽게 제안할 수 있는 절차의 수립, ⅱ) 채택된 제안은 반드시 실시할 것, ⅲ) 경제적인 것은 물론 인사 상의 적절한 보상 등을 고려해 볼 필요가 있다.

제 4 절 공무원의 행동규범

1. 공무원의 신분보장과 징계

1) 신분보장의 의의와 필요성

공무원은 법이 정한 사유에 의하지 않고는 불이익을 받지 아니 하는데,[61] 그것은 신분의 안정을 통하여 국민에 대한 봉사의 질을 높이는 데 있다.

이처럼 법제상으로는 공무원의 신분이 보장되고 있으나, 실질적으로는 공무원의 신분을 위협하는 수단들이 많은 실정이다. 권고사직과 같은 비공식적 징계수단이 그 예이다.

2) 징계제도(완)

(1) 의 의

징계제도란 법령·규칙·명령 등의 위반에 대한 처벌로서 공무원 신분을 변경·상실하게 하는 것을 말한다. 징계사유가 발생하면 본인은 물론이고 감독자나 조직에도 손해를 입힌다. 따라서 징계는 그 사유가 발생하기 전에 미리 예방하는 것이 바람직하다고 할 수 있다.

---

60) 2005년도의 총 제안 접수 건수는 19,162건이며, 이 중 불과 29건이 창안으로 채택된 바 있다(강성철 외, 2008: 460).

61) 국가공무원법 제68조: 공무원은 형의 선고, 징계 처분 또는 이 법에 정하는 사유에 의하지 아니하고는 그 의사에 반하여 휴직, 강임 또는 면직을 당하지 아니한다. 다만 1급 및 직무등급이 가장 높은 고위공무원단에 속하는 공무원은 그러하지 아니하다(국가공무원법 제68조).

(2) 사 유

공무원의 징계사유는 징계처분의 대상이 되는 행동의 유형을 말한다. 우리의 경우, 국가공무원법 제78조에 규정되어 있는데, 그 사유는 ① 이 법 및 이 법에 의한 명령에 위반하였을 때, ② 직무상의 의무에 위반하거나 직무에 태만하였을 때, ③ 직무의 내외를 불문하고 그 체면 또는 위신을 손상하는 행위를 한 때로 규정되어 있다.

이처럼 징계사유가 상당히 추상적이어서 실제 징계사유가 발생해도 극소수만 징계를 받는다. 그리고 자체 내에서 자발적으로 징계하는 경우는 드물다. 외부에 알려지지 않는 한 덮어주는 경우가 많다.

(3) 징계처분의 종류

국가공무원법에서 규정하고 있는 징계처분의 종류는 ① 파면, ② 해임, ③ 강등, ④ 정직(停職), ⑤ 감봉, ⑥ 견책(譴責)의 여섯 가지이다(제79조). 이 중 파면·해임·강등·정직은 중징계에 해당하며, 감봉·견책은 경징계로 분류된다. 파면된 사람은 5년 동안 공무원으로 임용될 수 없고 해임의 경우에는 3년 동안 공무원으로 임용될 수 없다. 또한 파면의 경우에는 퇴직 급여액의 1/2이 삭감(5년 미만 근무자에게는 퇴직 급여액의 1/4이 삭감)된다. 그러나 해임의 경우에는 연금법상의 불이익이 없다. 단 금품 및 향응수수, 공금의 횡령 유용으로 징계해임된 경우에 재직기간이 5년 미만인 사람의 퇴직급여는 8분의 1을 감액하고, 5년 이상인 사람은 4분의 1을 감액한다. 정직처분을 받은 공무원은 공무원의 신분을 보유하지만 직무에 종사하지 못한다. 강등은 1계급 아래로 직급을 내리고(고위공무원단에 속하는 공무원은 3급으로 임용하고, 연구관 및 지도관은 연구사 및 지도사로 한다) 공무원신분은 보유하나 3개월간 직무에 종사하지 못하며 그 기간 중 보수는 전액을 감한다. 정직은 1개월 이상 3개월 이하의 기간으로 하고, 정직 처분을 받은 자는 그 기간 중 공무원의 신분은 보유하나 직무에 종사하지 못하며 보수는 전액을 감한다. 그리고 감봉은 1월 이상 3월 이하의 기간 동안 보수의 1/3을 감하는 처분이며, 견책은 잘못된 행동에 대하여 훈계하고 회개하게 하는 처분으로서, 6개월간 승급을 정지하고 그 사실을 인사기록에 남긴다. 징계처분 중 가장 가벼운 것이다. 현재 공무원의 징계 통계를 보면, 전체 징계 인원 중 견책과 같은 경징계가 파면이나 해임 및 강등보다 압도적으로 많음을 알 수 있다. 지방공무원징계자 수를 보면, 2017년 말 현재 1,857명 중 경징계에 해당하는 견책이 45.3%에 달하는 843명이나 되어 중징계보다 경징계가 훨씬 더 많음을 알 수 있다(2018 행정안전통계연보).

징계는 아니지만 사실상 징계처분과 같은 목적으로 사용되는 것으로 전보와 권고

사직이 있다. 권고사직은 법적 제도는 아니지만 자발적인 형식을 취하는 사실상의 강제퇴직으로서, 본인의 사회적 체면을 고려하여 그리고 파면에 따른 불이익을 최소화하기 위한 목적으로 이용되기도 한다. 이처럼 비공식적인 성격을 지니는 권고사직은 공무원 인사제도의 정상적인 운용을 저해한다는 점에서 최대한 억제되어야 할 것이다.

(4) 징계절차

공무원의 징계는 징계위원회의 의결을 거쳐 징계위원회가 설치된 소속기관의 장이 행한다. 징계위원회는 5급 이상 공무원 등의 징계사건을 다루는 중앙징계위원회와 6급 이하 공무원의 징계사건을 다루는 보통징계위원회로 나뉜다.

① 징계 의결의 요구: 5급 이상 공무원은 소속장관이, 6급 이하는 소속기관의 장이 관할 징계위원회에 징계의결을 요구한다.

② 징계위원회의 의결: 징계위원회는 징계요구서를 접수한 날로부터 30일 이내(중앙징계위원회는 60일 이내)에 징계에 관한 의결을 하여야 한다. 징계위원회는 위원장을 포함한 위원 5인 이상의 출석과 출석위원 과반수의 찬성으로 의결한다.

③ 징계의 집행: 징계처분권자는 징계의결서를 받은 날로부터 15일 이내에 이를 집행하여야 한다.

④ 재심사 청구: 징계 의결을 요구한 기관의 장이 심사 또는 재심사를 청구하고자 할 때에는 징계의결을 통보받은 날로부터 15일 이내에 관할 징계위원회에 관련서류를 첨부하여 제출한다(공무원징계령 제7조). 또한 징계 의결에 불복하는 징계 혐의자는 소청심사위원회에 이에 대한 심사를 청구할 수 있다.

(5) 운영상 유의점

우리나라 공무원 징계제도의 가장 큰 문제점은 온정주의적 처벌 관행이다. 즉, 징계 기준에 제시된 징계 양정보다 낮은 수위의 처벌, 봐주기식 의원면직 처리, 형사 미고발 등의 사례가 빈발할 뿐 아니라, 또한 징계소청(재심)제를 통해서도 상당 부분 징계감경 처분이 되고 있어 '솜방망이 처벌'이라는 비판이 제기되고 있다(강성철 외, 2014: 557). 이러한 문제점을 해결하기 위해서는 부패행위에 대한 징계·소청제도를 보다 엄정하게 운영할 필요가 있다.

3) 직위해제와 대기명령

(1) 직위해제

직위해제란 공무원에게 신분은 보존시키되 직위를 부여하지 않는 처분을 의미한다. 직무수행 능력이 부족하거나 근무성적이 극히 나쁜 자, 파면·해임·강등 또는 정직에 해당하는 징계 의결이 요구 중인 자, 형사 사건으로 기소된 자, 고위공무원 중 적격심사를 요구받은 자 등에 대해서는 직위를 부여하여서는 안 된다고 규정하고 있다. 임용권자는 직위해제된 자에게 3개월의 범위에서 대기를 명하게 되며, 대기 명령을 받은 자에게 능력 회복이나 근무성적의 향상을 위한 교육훈련 또는 특별한 연구과제의 부여 등 필요한 조치를 하여야 한다. 이 기간 중 능력 향상이 기대하기 어렵다고 인정된 때에 임용권자는 직권면직을 통해 공무원의 신분을 박탈할 수 있다(국가공무원법 제73조의3).[62]

(2) 대기명령과 직권면직

① 대기명령

직무수행능력이 부족한 사람, 근무성적불량자, 근무태도 불성실 공무원으로서 직위가 해제된 자에 대하여 3개월 이내의 기간 동안 대기명령을 내리고 능력회복이나 태도개선을 위한 교육훈련 또는 특별한 연구과제의 부여 등 필요한 조치를 취하는 제도를 말한다. 기간 중 능력의 향상 또는 개전의 정이 없다고 인정된 때에 임용권자는 직권면직을 통하여 공무원의 신분을 박탈할 수 있다.

② 직권면직

면직은 공무원 관계를 소멸시키는 것을 말하는데, 그것이 자의에 의한 것이냐 타의에 의한 것이냐에 따라 의원면직(依願免職)과 직권면직(職權免職)으로 구분된다. 전자는 공무원 스스로의 희망에 의하여 면직하는 경우이다. 후자의 사유는 다음과 같다(국가공무원법 제70조). i) 직제와 정원의 개폐 또는 예산의 감소 등에 따라 폐직(廢職) 또는 과원(過員)이 되었을 때, ii) 휴직 기간이 끝나거나 휴직 사유가 소멸된 후에도 직무에 복귀하지 아니하거나 직무를 감당할 수 없을 때, iii) 대기 명령을 받은 자가 그 기간에 능력 또는 근무성적의 향상을 기대하기 어렵다고 인정된 때, iv) 전직시험에서 세 번 이상 불합격한 자로서 직무수행 능력이 부족하다고 인정된 때, v) 징병검사·입영 또는 소집의 명령을 기피하거나 군복무를 이탈하였을 때, vi) 해당 자격증의 효력이 없어지거나 면허가 취소되었을 때, vii) 고위공무원단에 속하는 공무원이 적격심사 결과 부적격 결정을 받은 때 등이다. 위에서 설명한 직위해제와 직권면직을 비교하면 다음 표와 같다.

---

62) 사유가 징계사유에 해당할 때 징계처분의 절차를 밟아야 하나, 징계처분보다 절차가 간편하고 인사권자의 독단적 운영이 가능한 직위해제가 남용되는 사례가 많다(강성철 외, 2005: 284).

〈표 8-3〉 직위해제와 직권면직의 비교

구분	직위해제	직권면직
개념	다음 사유에 해당하는 공무원에 대해 일정기간(3개월 이내) 직위를 부여하지 않을 수 있는 처분	다음 사유에 해당하는 자를 직권으로 면직(신분박탈)하는 인사 처분
사유	1. 직무수행능력이 부족하거나 실적이 불량한 자 2. 징계의결 중인 자(중징계에 한함) 3. 형사사건으로 기소된 자 4. 고위공무원단에 속하는 자 중 근무성적이 불량하여 적격심사 요구를 받은 자	1. 직무능력 부족 및 성적불량으로 직위해제된 자가 직위해제 기간 중 그 향상이 기대될 수 없을 때 2. 전직시험에서 3회 이상 불합격한 자로서 직무능력이 부족한 자 3. 직제·정원의 개폐 및 예산 감소로 인한 감원 시 4. 휴직기간 만료에도 직무 감당할 능력이 없을 때 등

4) 정년제도

(1) 의 의

정년제도(停年制度)는 일정 연령을 넘으면 업무수행능력이 저하하게 되므로 행정능률의 유지를 위하여 일정한 시기에 자동적으로 퇴직하게 하는 제도를 말한다.

(2) 유 형

정년제도는 정년의 기준에 따라 다음 세 가지로 나눌 수 있다.

① 연령정년제

가장 일반적인 정년제도이다. 고령이 되면 직무수행능력이 저하되고 그들을 통제하는데도 어려움이 있다는데 근거한다. 우리나라는 경찰, 소방공무원도 일반 공무원과 동일하게 정년 나이는 60세로 동일하다. 즉, 공무원 정년 나이는 계급에 상관없이 60세로 모두가 동일하다. 이러한 연령제한은 평균수명이 늘어나고 있는 추세에 비추어 너무 낮다고 볼 수 있다.[63]

② 근속정년제

공직에 임용된 후 일정한 근속연한이 지나면 자동적으로 퇴직시키는 제도이다. 이 제도는 공직의 신진대사를 촉진시킨다는 점을 제외하고는 정당화의 근거가 미약하다.

---

63) 미국의 경우, 1968년 정년제를 폐지하였고 1986년에는 '취업·해고 등에서 70세 이하 차별금지'를 규정하였던 연령차별금지법을 개정하여 아예 연령 상한을 삭제하였다. 이에 따라 70세 이후에도 능력과 의사가 있는 근로자는 일할 수 있게 하고 있다(김종희, 2005: 371).

우리나라에서는 근속정년제를 채택하지 않고 명예퇴직제로 운영하고 있다.

③ 계급정년제

공무원이 일정한 기간 승진하지 못하고 동일한 계급에 머물러 있으면 그 기간이 만료된 때에 그 사람을 자동적으로 퇴직시키는 제도이다. 무능공무원을 도태시킬 수 있고, 공무원들이 승진하기 위해 성취지향적인 풍토를 조성하게 한다. 그러나 직업적 안정성을 해치고 따라서 공무원의 사기를 저하시킬 위험이 있다. 군인과 경찰공무원에게는 연령정년제와 계급정년제를 동시에 적용하고 있다.

(3) 정년제도 개선 방안

① 퇴직 후 재고용

일단 정년 연령을 그대로 놔둔 채 정년퇴직하도록 하고 다시 새로운 조건으로 재고용하는 방안이다. 일본의 재고용제도는 임명권자가 심사를 거쳐 대상을 선정하여 재임명하고 있다.

② 퇴직시키지 않고 계속 고용

퇴직을 유보하고 계속 고용을 유지시키는 근무연장이다. 일본에서는 직무의 특수성 또는 직원의 직무수행 상 특별한 사정으로 볼 때 정년에 해당하는 직원이 그대로 정년퇴임을 하면 공무운영에 현격한 지장이 생긴다고 인정되는 충분한 이유가 있을 때에 근무연장을 할 수 있다(인사원 규칙11－8 제7조). 이 제도 하에서는 공무원 정규직의 신분을 그대로 유지하게 되고 직무도 당연히 이전의 업무를 계속 담당하게 된다.

③ 개인별 탄력적 정년제의 도입

정년제도를 개인별로 다양화하는 방안이다. 영국에서처럼 연금의 전액 수령이 가능한 최저 정년 연령을 정하고 동시에 최대 정년 연령을 정하여 공무원 본인에게 자신의 정년을 선택하게 할 수 있는 제도를 도입하는 것이다.

④ 공식적인 정년연장

모든 공무원의 정년을 연장하는 방법이다. 정년을 연장할 경우 고용연장형 임금피크제의 도입을 통해 인건비를 줄이기 위한 노력이 요구된다.

(4) 우리나라의 정년제도

중앙과 지방 공무원의 정년은 국제통화기금(IMF) 사태 직후인 1998년 5급 이상의 경우 61세에서 60세로, 6급 이하는 58세에서 57세로 각각 단축됐었다. 그러나 앞으로는 중앙공무원에 이어 6급 이하 지방공무원의 정년이 현재 57세에서 2013년부터 5급 이상

공무원과 같은 60세로 연장된다. 개정안은 현행 57세 이하인 6급 이하 지방공무원의 정년을 5급 이상 지방공무원과 같은 60세로 단일화하되 내년부터 2년 단위로 1년씩 단계적으로 연장하도록 했다. 이에 따라 6급 이하 지방공무원의 정년이 2011년부터는 59세, 2013년부터는 60세로 조정된다. 2015년 현재 공무원의 정년은 60세이다.

5) 소청심사제도

(1) 소청심사제도의 의의

소청심사(訴請審査)제도는 징계처분과 신분상 불이익처분 등에 대하여 처분의 적법 타당성 여부를 심사 결정하여 줄 것을 구하는 행위이다. 우리나라는 행정안전부에 독립성과 합의성을 지닌 소청심사위원회를 설치하여 운영하고 있다. 자신의 의사에 반하여 불이익 처분을 받은 공무원은 위법적 인사 처분에 한하여 소청을 제기할 수 있다. 신분상의 모든 불이익 처분이나 부작위가 소청심사 대상이며, 승진 탈락 및 근무성적평정 결과는 대상이 아니다.

국가공무원법 제16조 제2항은 소청심사위원회의 심사·결정을 거치지 아니하면 행정소송을 제기할 수 없다는 규정을 두고 있으므로, 소청심사는 행정소송을 제기하기 전에 반드시 거쳐야 하는 필요적 전심절차이다.

(2) 소청심사 절차

절차를 보면 심사의 청구, 심사 그리고 결정의 3단계로 이루어진다. 심사가 청구되면 위원회는 지체 없이 심사하여야 한다. 징계 처분이나 강임·휴직·직위해제 또는 면직 처분에 대해 불복할 경우에는 그 설명서를 받은 날부터, 그 밖에 그 의사에 반한 불리한 처분을 받았을 때에는 그 처분이 있은 것을 안 날부터 각각 30일 이내에 소청심사위원회에 이에 대한 심사를 청구할 수 있다(국가공무원법 제76조). 소청사건의 결정은 심사청구를 받은 날로부터 60일 이내에 해야 하며, 재적위원 2/3 이상의 출석과 재적위원 과반수의 합의에 의한다. 징계 처분에 대한 소청심사에서는 원래의 징계 처분보다 무거운 징계를 결정하지는 못하며, 위원회의 결정은 처분행정청을 기속한다(강성철 외, 2014: 559~560).

(3) 소청심사 운영 상 문제점

소청심사를 거치면서 징계 수위가 낮아지는 온정주의적 행태가 지적된다. 심지어 징계 수위가 2단계 이상 감경되는 비율이 2006년 1.6%에서 2008년 12.6%로 크게 늘어나기도 했다(강성철 외, 2014: 561).

또 다른 문제점으로 소청심사위원회의 위원 구성에서 소속 국장급 공무원 3명이 포함되다 보니 온정주의적 결정이 발생하고 있다. 소청제도의 공정한 운영을 위해서는 위원 구성의 합리화와 온정주의적 행태를 타파하기 위한 노력이 뒤따라야 할 것이다.

2. 공무원단체

1) 공무원단체의 의의와 필요성

공무원단체란 공무원의 권익을 옹호하고 근무조건을 개선하기 위하여 조직되는 단체를 말하는 것으로 공무원은 이를 통하여 스스로의 생존권을 보장해 나가려 한다. 그러나 공익을 추구해야 할 공무원 신분관계의 특수성으로 말미암아 근로기본권의 제약은 불가피하다(박용치·송재석, 2006: 471).

노동조합은 현대 사회의 민주화 과정에서 필수적인 제도로 인식하고 있으나 공무원단체에 대한 정책은 그 성격상 나라마다 다르다고 하겠다. 대체적으로 보면, 대부분의 국가에서 단결권은 인정하고 있으나, 단체교섭권에 대해서는 부분적으로만 인정하고 단체행동권의 경우는 영국 등 일부 국가를 제외하면 대체로 금지하거나 엄격히 제한하고 있는 실정이다.[64]

2) 공무원단체의 활동내용

공무원단체의 활동 내용은 단체구성, 단체교섭 및 단체행동으로 구분된다. 단결권은 조합을 결성하는 것이고, 단체교섭권은 보수 등을 협의하는 것이며, 단체행동권은 협상이 결렬되었을 때 태업(怠業) 또는 파업(罷業)을 하는 것이다(정철현, 2004: 171). 이들을 구체적으로 보면 다음과 같다.

① 단결권

공무원이 공무원단체를 결성할 수 있는 권리이다. 2004년 공무원노동조합설립법률이 통과되어 6급 이하 일반직 공무원도 공무원노동조합을 결성할 수 있다. 특정직 공무원과 정무직, 5급 이상 공무원은 가입할 수 없다.

② 단체교섭권

공무원이 보수와 근무조건 등을 관리층과 단체적으로 교섭하는 권리이다. 미국의

64) 일본은 경찰관, 해상보안청 직원, 소방관, 교도관, 자위관을 제외한 모든 공무원과 공기업 직원에 대해서 단결권이 인정된다. 그러나 국가공무원은 노동조합이 아닌 '직원단체'를 결성할 수 있을 뿐이다. 결국 일반직 국가공무원과 일반직 지방공무원의 단체교섭권과 단체행동권은 인정되지 않는다(박천오 외, 2010: 419).

경우 연방정부와 40여개 주정부에서는 공무원노조의 단체교섭을 인정하고 있으나 나머지 주는 아직까지 보장하지 않고 있다(이종수, 2006: 307).

③ 단체행동권

공무원의 근무 조건에 대한 단체교섭이 순조롭게 진행되지 않아 분쟁 상태가 생긴 경우 동맹파업·태업·직장패쇄 등의 쟁의행위를 할 수 있는 권리를 말한다. 그러나 단체행동권의 행사는 국가의 존립에 중대한 영향을 미치므로 극소수의 국가를 제외하고는 대부분의 국가에서 부인되고 있다. 미국은 1947년의 태프트 하틀리(Taft Hartely)법에 의하여 행사를 금지하고 있으며, 영국에서도 이를 특별히 금지하는 규정은 없으나 필요시 제한할 수 있도록 하고 있다.

3) 우리나라의 공무원단체

(1) 진행 과정

우리나라 공무원단체는 현업기관 중심의 노동조합, 공무원직장협의회, 일반직 공무원노동조합으로 확대 발전되고 있다. 여기서는 공무원단체의 발전과정을 3단계로 나누어 살펴보고자 한다.

① 현업기관 중심의 노동조합

1987년 개정 헌법에서 공무원인 근로자의 노동3권을 법률에 위임함에 따라 사실상 노무에 종사하는 체신부·철도청 소속의 현업기관과 국립의료원의 작업현장에서 노무에 종사하는 기능직 및 고용직 공무원에게만 제한적으로 노동권을 인정하였다. 결국 이 시기에는 단순노무자들에게 노동3권 중에서 단체행동권은 유보하고 단결권과 단체교섭권만을 제한적으로 허용하였다.

② 공무원직장협의회

민주화의 진행과 더불어 공무원들도 노동권의 보장을 강하게 요구하게 되었다. 이러한 요구에 대해 정부로서는 쉽게 응해 줄 수 있는 제도적 여력이 부족하였다. 이에 정부는 잠정적 대응방안으로 공무원직장협의회를 구상하였다(이목훈, 2007: 279).

공무원직장협의회는 1999년 1월부터 설립이 허용되었다. 가입 대상은 6급 이하의 공무원이다. 협의기구로서 근무여건의 개선을 당해 기관장과 협의할 수 있을 뿐이다. 즉 공무원직장협의회는 근무환경 개선, 업무능률 향상, 고충, 기관의 발전에 관한 사항 등을 협의할 수 있으나 단체교섭권은 없었다.

③ 일반직 공무원노동조합

행정자치부는 2002년 9월 「공무원조합의 설립 및 운영에 관한 법률안」을 확정하여 국회에 상정하였다. 그에 따르면 단결권과 단체교섭권은 인정하되, 단체교섭권의 일부(협약체결권)와 단체행동권은 제한하고, 그 명칭도 공무원조합으로 한다는 것이었다. 이에 대해 노동계는 노동3권의 보장과 명칭도 공무원노동조합을 주장하였다. 「공무원의 노동조합 및 운영 등에 관한 법률」이 2004년 12월 국회를 통과하고 2005년 1월 27일 법률 제7380호로 공포되고, 2006년 1월 28일부터 시행되었다. 이 법에 의하여 교원 및 6급 이하 일반직 공무원 등도 '노동조합'과 '공무원직장협의회'를 동시에 결성할 수 있게 되었다. 그리고 노동조합법의 유니언숍 허용 규정은 공무원노동조합에는 적용되지 않으므로 공무원노동조합은 유니언숍 조항을 체결할 수 없다. 그리고 공무원노동조합을 설립하려면 고용노동부장관에게 설립신고서를 제출하여 설립 신고증을 받아야 한다. 공무원노조와 공무원직장협의회의 특징을 비교하면 다음 표와 같다.

〈표 8-4〉 공무원노조와 공무원직장협의회의 비교

구분	공무원노조	공무원직장협의회
교섭협의사항	단체교섭 및 협약체결권 인정	협의만 가능
노조전임자	전임 인정(무급휴직)	전임금지
사용자의 교섭의무	정당한 이유 없는 교섭거부·해태 등은 부당노동행위로 규정되며, 노동위원회에 구제 신청이 가능	기관장에게 매년 2회 협의의무를 부과하고 있으나, 거부·해태 시 제재규정 없음
분쟁조정	중앙노동위원회에 공무원노동관계 조정위원회 설치	별도의 규정이 없으므로 일반적 행정구제 절차에 따름

(2) 부여된 권한

① 단결권

헌법 제32조 제2항은 "공무원인 근로자는 법률이 정하는 자에 한하여 단결권, 단체교섭권 및 단체행동권을 가진다"고 규정하여, 일부 공무원에 대해서만 노동3권을 인정하고 있다. 현행 헌법과 법률에 의하면 공무원의 단결권은 '사실상 노무에 종사하는 공무원'[65]을 제외하고는 인정되지 않고 있었다. 그러다가 2006년 1월 28일 발효된 「공무

65) "사실상 노무에 종사하는 공무원"이라 함은 지식경제부 소속의 현업기관과 국립의료원의 작업현장에서 노무에 종사하는 기능직공무원(기능직공무원의 정원을 대체하여 채용된 일반계약직공무원 및 시간제일반계약직공무원을 포함한다)(공무원복무규정 제28조).

원의 노동조합 설립 및 운영 등에 관한 법률」에 의해 6급 이하의 일반직 공무원[66] 등이 공무원노동조합을 결성할 수 있는 제도적 장치가 마련되었다.

② 단체교섭권

우리나라는 전통적으로 '사실상 노무에 종사하는 공무원'에 대해서만 단결권과 단체교섭권을 인정해 왔다. 그러다가 교원 및 6급 이하 공무원으로 구성된 공무원노동조합이 단결권과 단체교섭권을 갖게 되었다.

공무원노동조합의 대표자는 노동조합에 관한 사항 또는 공무원의 보수·복지, 그 밖의 근무조건에 관한 사항에 대해 정부 측 교섭대표와 교섭하고 단체협약을 체결할 권한을 갖는다. 그러나 정책결정에 관한 사항이나 임용권의 행사 등 그 기관의 관리·운영에 관한 사항으로서 근무조건과 직접 관련 없는 사항은 교섭 대상이 될 수 없다.

정부교섭대표는 단체교섭을 요구하는 노동조합이 둘 이상인 경우에는 해당 노동조합에 대하여 교섭창구 단일화를 요청할 수 있고, 교섭창구 단일화가 될 때까지 교섭을 거부할 수 있다.

③ 단체행동권

단체행동은 단체교섭을 통한 합의가 이뤄지지 않을 경우, 분쟁을 해결하기 위해 노동자 및 노동조합이 그 노동력의 제공을 집단적으로 통제해 벌이는 파업 또는 태업을 말한다.

국가공무원법 제66조에서 "공무원은 노동운동 기타 공무 이외의 일을 위한 집단적 행위를 하여서는 아니 된다"는 집단행위의 금지를 규정하고 있다. 또한 「공무원의 노동조합 설립 및 운영 등에 관한 법률」에서 "노동조합과 그 조합원은 파업·태업 그 밖에 업무의 정상적인 운영을 저해하는 일체의 행위를 하여서는 아니 된다"고 쟁의행위의 금지를 규정(제11조)하고 있으므로 공무원의 경우 노동기본권 중에서 단결권, 단체교섭권은 인정되나 단체행동권은 인정되지 않음을 분명히 하고 있다. 그것은 공무원의 단체행동이 국민의 일상생활에 심대한 영향을 미칠 수 있기 때문이다.

(3) 분쟁조정기구

단체교섭이 결렬되면 당사자 일방 또는 쌍방은 중앙노동위원회에 조정을 신청할 수 있다. 중앙노동위원회는 7인 이내의 공익위원으로 구성된 공무원노동관계조정위원

66) 그러나 6급 이하 공무원이라 하더라도 다른 공무원에 대해 지휘·감독권을 행사하는 공무원, 노동조합과의 관계에서 행정기관의 입장에 서서 업무를 수행하는 공무원, 교정·수사 등의 업무에 종사하는 공무원 등은 노동조합에 가입할 수 없다(시행령 제3조).

회를 두어 조정·중재하고 있다.

(4) 향후 과제

정부와 공무원 노조는 몇 가지 핵심적 사항에서 합의점을 찾지 못하고 있다. 우선 권리의 범위에 대해, 노조 측은 제한을 철폐하고, 노동3권을 보장할 것을 요구하고 있다. 가입의 범위에 있어서는 시·군·구 6급 이하의 경우 특정 성격의 업무를 수행하는 공무원에 대하여 가입을 제한하는 규정을 철폐할 것을 주장한다.[67] 전공노[68]는 헌법소원을 제기한 상태이고, 공노총 역시 반대 입장을 선언한 상태이다.

양자가 상생할 수 있도록, 적대적 교섭모형을 극복하고, 협력적 교섭모형의 기반을 정착시켜야 한다. 노동분쟁의 조정을 원활하게 하기 위해 조정중재위원회를 설치할 필요가 있다(이종수, 2006: 318). 현행법은 공무원노사관계에서 발생하는 분쟁을 조정하고 해결하기 위해 중앙노동위원회 내에 공무원노동관계조정위원회를 설치하고 있다. 그러나 노동위원회의 분쟁해결 효율성에 대해서는 많은 의문이 제기되고 있어 새로운 대책 마련이 필요하다고 본다.

그런데 1996년에 노동쟁의조정법을 폐지하고 후속법 성격의 「노동조합 및 노동관계조정법」(1997년 3월 제정) 제41조 제2항이 쟁의행위를 할 수 없는 자의 범위를 주요 방위산업체에 종사하는 근로자로 한정해 공무원 관련 문구를 삭제한 것은 법 규정의 일치를 지향한 진일보 조치라 할 수 있다(강성철 외, 2014: 547~548).

이 밖에 우리나라 공무원노조 관련 문제점으로 관련 법규가 일원화되지 않고 산재하여 각 법 규정에 따라 상이하게 구성된 공무원노조의 종류가 너무 많다는 점이다. 그리고 관련 법규의 해석이 모호하고 상충될 가능성이 있다(이종수 외, 2018: 403).

---

67) 우리나라 노동조합 조직률은 10% 내외인데 반해, 공무원 노조의 조직률은 71%이다. 지방자치단체 조직률은 81.5%에 이른다(이철규, 2007: 268).

68) 전공노(전국공무원노동조합)는 단체행동권 등 노동3권의 쟁취를 목표로 강경 투쟁 노선을 취해 온 단체로 2008년 5월 현재 가입율 26%로서 다른 단체, 즉 공노총이나 민공노에 비해 가입비율이 제일 떨어진다(강성철 외, 2008: 564). 2002년에 출범한 전공노는 단체행동권이 확보되지 않았다는 이유로 출범 후 5년간 법외단체로 머물다가, 2007년에 합법노조로의 전환을 선언했다.

CHAPTER 09

재 무

제 1 절 예산의 일반이론

1. 예산의 개념과 기능

1) 개 념

예산(豫算)이란 한 회계연도에 있어서 세입·세출의 예정적 계산이다. 전선에서 전쟁을 잘 치르려면 적시에 군수물자가 공급되어야 하는 것과 같이, 예산이 제때에 지원되어야 행정기관의 업무가 제대로 집행된다. 미국이나 독일은 예산이 법률로서 성립하지만 우리나라의 중앙정부 예산은 국회의 '의결'을 통하여 성립한다.

2) 기 능

예산의 기능을 ① 재정통제적 기능, ② 정치적 기능, ③ 법적 기능, ④ 경제적 기능, ⑤ 행정관리적 기능 등으로 구분하기도 하고, 혹은 재정정책적 기능과 행정관리적 기능으로 대별하여 설명하기도 한다. 여기서는 예산의 기능에 대해 후자의 입장으로 살펴보고자 한다(나성린·전영섭, 2007: 174~176).

첫째, 재정정책적 기능이다. 소득분배의 불공평성을 치유하기 위하여 정부는 예산을 통하여 복지 부문에 지출하며, 사회간접자본에 예산을 통해 투자지출을 함으로써 경제성장을 촉진한다. 둘째, 행정관리적 기능이다. 예산의 통제·관리·계획기능을 예산의 행정관리적 기능이라고 한다. 20세기에 들어와 예산제도는 초기의 통제 중심에서 관리 중심으로, 그리고 최근에 와서는 계획 중심으로 변모해 오고 있다.

2. 예산의 범위와 규모

국가의 경제활동은 크게 민간부문과 공공부문으로 구분할 수 있으며, 공공부문은 다시 공공기관과 정부활동으로 구분된다. 넓은 의미의 재정은 중앙정부 재정과 지방자치단체 재정을 포함하게 되나, 예산의 편성이나 예산정책자료의 분석 등 실제 수행면에서는 중앙정부의 재정활동을 대상으로 하고 있다.

중앙정부 재정활동은 다시 예산과 기금으로 구분된다. 일반적으로 중앙정부 예산이라고 할 때는 일반회계와 특별회계만을 의미하며, 기금은 중앙정부 재정활동으로는 파악되나 예산에는 포함되지 않는다. 이 중 일반회계는 중앙정부 예산의 중심회계로서 중앙정부의 전조세(全租稅) 수입이 집결되고, 기본적인 국가 고유 활동과 주요 재정사업이 모두 이 회계를 통하여 계리(計理)된다. 통상 예산이라고 할 때는 일반회계 세입·세출예산만을 일컫는 경우가 많다.

예산의 범위와 관련하여 예산규모를 이야기할 때도 세입·세출예산 총계, 세입·세출예산 순계, 일반회계 예산규모, 통합 예산규모 등과 같이 구분하여 파악할 수 있다. 세입·세출예산 총계는 일반회계 규모와 특별회계 총규모를 그대로 합한 규모이다. 세입·세출예산 규모의 순계는 일반회계 규모와 특별회계 내부의 계정 간 거래 — 계정 상호간 이중 계상 — 를 제외한 금액을 합한 것을 말한다. 세입·세출예산 순계는 특별회계 내부의 계정 간 거래는 물론 회계 상호간의 전출·입에 의한 이중 계상을 모두 공제한 후의 순예산 규모이다. 일반회계 예산규모는 글자 그대로 일반회계의 세입·세출예산액을 말한다. 그리고 통합 예산규모는 일반회계 및 특별회계뿐만 아니라 정부 관리기금까지 포함한 규모를 말한다.

우리나라 정부의 예산 규모를 보면, 2006년도에 중앙정부 세입예산은 206조 2,108억 원으로 일반회계가 147조 8,668억 원이며 특별회계가 58조 3,441억 원이었다. 일반회계의 세입은 내국세, 관세, 방위세, 교육세 등으로 구성되는데 그 중 내국세가 일반회계의 75.4%인 111조 4,700억 원을 차지하고 있다. 세출을 보면 경제개발비가 20.8%로 가장 많고 그 다음으로 교육비, 방위비가 차지하고 있다. 이듬해인 2007년도의 총수입 규모를 보면, 일반회계가 148조 1,000억 원, 특별회계가 18조 5,000억 원, 기금이 84조 원으로 합계 250조 6,000억 원을 기록하고 있다. 2012년의 일반회계의 총계규모는 더욱 늘어 223조 1,000억 원이 되었다. 이러한 증가 추세가 이어지면서 정부재정 규모는 갈수록 커져 2013년에 342조 원, 2014년에 355조 8천억 원, 2016년에 386조 원, 2017년에는 400조를 넘어섰다.

우리나라 정부의 재정 규모는 회계기준에 따라 달라진다. 첫째, 통합재정 규모는 일반회계, 특별회계, 기금의 지출 규모에서 내부거래와 채무상환을 차감한 순수한 재정 활동의 규모이다 통합재정 규모는 국제통화기금(IMF)의 기준에 따르며, 통합재정 규모는 경상지출+자본지출+순융자(융자지출－융자회수)로 나타낸다.

둘째, 총지출 규모는 총계 개념으로 파악한다. 따라서 통합재정 규모보다는 항상 규모가 크다. 총지출 규모는 경상지출+자본지출+융자지출로 산출한다.

셋째, 일반정부재정 규모는 OECD의 기준에 따른다. 정부기능을 수행하는 민간관리기금과 비영리공공기관이 포함된다.

3. 예산의 원칙

예산원칙은 공무원들이 예산운영 상 반드시 지켜야 할 규범과 준칙으로서 정부는 자원을 동원하고 배분할 때 사회적 이익의 극대화를 도모해야 함을 말한다. 이러한 원칙에는 다음과 같은 것들이 있다.

1) 전통적 예산원칙

이것은 예산담당자들로 하여금 행정의 효과성 보다는 합법성을 강조하여 그들을 통제하려는 원칙이다.

(1) 예산 공개의 원칙

예산운영의 모든 상태는 국민에게 공개되어야 한다는 원칙이다. 정부의 수입이 어떤 근거에서 얼마나 들어오고, 그것이 어떤 절차에 의해서 얼마나 지출되는가를 국민들이 알아야 한다.[1] 예산 운영 시에 국가의 재정 상황, 예산의 심의와 결산 과정 등이 공개되어야 한다.

(2) 예산 사전의결의 원칙

예산을 집행하기 전에 국민의 대표기관인 입법부의 사전승인을 받아야 한다. 행정부가 입법부에 제출한 예산은 늦어도 회계연도 개시 30일 전까지 입법부의 의결을 받아야 한다. 즉 국민의 대표기관인 국회의 의결을 거친 후에야 세입과 세출행위를 할 수 있다는 것이다. 이 원칙에 대한 예외로는 재정상의 긴급명령(헌법 제76조)이나 준예산(準豫算)제도가 있다.

---

1) 우리 정부도 매년 「나라살림: 예산개요」를 발간하고 있는데 1개 사업이 1개 줄 정도로 처리되어 있다. 지나친 요점 위주의 형식적 공개라는 비난을 면하기 힘들다(이철규, 2007: 279).

(3) 예산 한정성의 원칙

예산의 각 항목은 상호 명확한 경계를 지니고 있어서 ① 각 항목 간의 융통을 금하며, ② 계상된 금액 이상의 지출을 금지하고, ③ 정해진 회계연도 내에 지출이 이루어져야 한다. 국가재정법 제3조와 제45조에서도 각각 회계연도 독립의 원칙과 예산의 목적 외 지출을 금지하고 있다.

그러나 예산의 이용과 전용, 그리고 예산의 이월, 계속비, 과년도 수입, 과년도 지출 등을 허용함으로써 예산 한정성의 원칙에 예외를 인정하고 있다.

(4) 예산 통일의 원칙

특정 수입으로 특정 지출을 하도록 되어 있는 것이 아니라, 모든 수입은 국고(國庫)에 편입되어 거기서 지출되어야 한다. 이것이 예산 통일의 원칙이며, '비영향(non-affection)의 원칙'이라고도 한다. 그래야만 의회가 통제하기 쉬운데 여기에 예외가 되는 것으로 특별회계와 목적세가 있다. 목적세에는 국세로는 교통세가, 그리고 지방세로는 도시계획세, 공동시설세, 사업소세, 지역개발세, 지방교육세 등이 있다. 이들은 모두 특정한 수입으로 특정한 지출을 하는 것이므로 예산 통일의 원칙에 어긋나는 것이다.

(5) 예산 단일의 원칙

정부의 재정 활동을 손쉽게 알아볼 수 있도록, 정부 예산은 하나여야 한다는 것이다. 1회계연도에는 1개의 예산만 있어야 한다. 그러나 현실적으로 특별회계, 정부투자기관의 예산, 기금 등의 운영 주체가 다양한 까닭에 여러 종류의 예산이 운영되고 있다. 특히 추경이나 기금의 정치적 운영은 시급히 바로잡아야 할 과제이다. 추경은 재정을 상반기에 당겨 사용하고 하반기에 추가로 예산을 짜내는 '비뚤어진 국가예산 편성방법'이라고 할 수 있다.

(6) 예산총계주의 원칙

한 회계연도의 모든 수입과 지출은 예산에 계상되어야 한다는 뜻이다. 예산 완전성의 원칙이라고도 부른다. 그래야 의회와 국민에 의한 재정 감독이 가능하기 때문이다. 지방정부가 개발부담금을 징수하여 중앙정부로 이전시킬 때 징수비용을 제외한 순수 수입만을 중앙정부 세입예산에 반영시켜서는 안 되는 것이다.

그러나 중앙정부 예산에서 기금은 예산 외로 운영되고 있다. 그리고 정부가 현물로 출자한 경우, 외국차관을 도입하여 전대하는 경우에는 세입세출예산 외로 처리할 수 있도록 함으로써 예산총계주의 원칙의 예외를 인정하고 있다(국가재정법 제53조).

2) 현대적 예산원칙

입법국가에서 행정국가 시대로 전환되어 감에 따라, 종래의 통제지향적인 예산원칙을 통해서는 복잡한 사회문제를 풀어나가기도 어렵게 되었다. 이에 현대 행정에 걸맞는 새로운 현대적 예산의 원칙이 요청되었다. 그것은 행정기능이 확대되고 정부로서도 기업적 활동을 하지 않을 수 없게 되었으며, 재정정책적 기능 등 예산기능이 크게 확대되었기 때문이다. 현대적 원칙은 행정부의 재량과 전문성을 보장하고, 예산의 관리 및 계획기능을 반영하는 데 주안점을 둔다. 현대적 예산원칙은 행정부가 재량권을 가지고 적극적으로 국민복지의 향상 등을 추구하도록 하는 아래와 같은 예산운영의 준칙을 담고 있다(이목훈, 2007: 296~297).

(1) 계획의 원칙

정부의 예산은 단순히 지출내역을 담는 것 이외에 정부 전체적인 사업계획을 포함하는 것이 더 중요하다. 즉 예산은 사업계획을 수립하고, 이를 실현하는 정부의 모든 활동과 책임을 반영하는 것이 되었다.

(2) 적절한 예산수단 구비의 원칙

정부가 책임 있게 예산을 관리하기 위하여 편성·심의·집행 등에 있어서 적절한 제도적 수단을 마련해야 한다는 원칙이다.

(3) 다원적 절차의 원칙

현대행정의 다양한 활동, 즉 일반행정기능, 공기업 활동 등을 획일화된 예산절차로 규율한다면 효과적이고 능률적인 활동을 보장하지 못할 것이다. 따라서 분야별로 편성과 집행에 있어서 적절한 절차를 달리해야 할 것이다.

(4) 시기의 신축성과 재량의 원칙

건설이나 개발사업 등 국민경제에 크게 영향을 미치는 사업계획의 경우, 경제사정을 고려하여 5년 정도 내에 집행을 할 수 있도록 허용한다면 시기의 신축성이 확보될 수 있다. 또한 의회에서 세부적으로 지출항목을 규정하는 명세예산보다 좀 더 포괄적으로 비목을 정하는 총괄예산을 통과시켜 행정부에 보다 많은 자유재량의 여지를 부여해야 할 것이다

(5) 예산기구 상호성의 원칙

행정수반과 중앙예산기관 및 각 기관 예산담당부서 사이에 보고와 지침하달 형식의 의사소통과 정보교환이 원활히 이루어져야 한다는 원칙이다.

3) 두 가지 입장의 조화

하나는 입법부의 우위라는 입장에서 행정에 대한 철저한 감독에 주안점을 두고 있고, 다른 하나는 행정의 능력을 발휘하기 위한 점을 강조하고 있다. 두 종류의 원칙들이 서로 부정적인 관계에 있는 것은 아니고 기본원칙과 신축성을 부여하는 관계로 조화될 수 있다.

4. 예산의 분류

예산은 기준에 따라 몇 가지로 구분할 수 있다. 일반적으로 예산을 유형화하는 기준으로는 회계별 분류, 성립시기, 예산 불성립 시의 대처 방안 등을 들 수 있다.

1) 회계별 분류

국가예산은 회계 주체에 따라 중앙정부 재정과 지방자치단체 재정으로 구분되는데, 이들은 각각 예산과 기금으로 나눌 수 있다.

중앙정부의 기금은 재정활동으로는 파악되나, 그 운용은 예산 외로 취급하고 있다. 그러나 기금이 특정 목적을 위하여 예산 외로 운영된다 하더라도 사업내용이나 재원조달 및 운용과정은 통화, 재정수지 등 정부의 주요 재정활동과 국민경제에 큰 영향을 미치게 된다. 따라서 정부의 재정활동은 정부예산과 기금을 총체적으로 파악할 필요가 있다.2)

한편 지방자치단체의 재정은 자치단체별 일반회계와 특별회계, 시·도교육청 특별회계로 구성되어 있다. 중앙정부 예산과의 관계에 있어서는 중앙정부 일반회계 예산으로부터 교부금과 보조금을 지원받고, 국가균형발전특별회계를 통해 지원을 받고 있다. 지방자치단체의 재정은 지방세, 세외수입 등의 자치단체의 자체 세입과 중앙정부로부터의 지원을 세입으로 하여 자치단체별로 예산을 편성·운용해 나가고 있다.

여기서는 중앙정부의 재정을 중심으로 정부회계의 목적에 따라 분류되는 각 회계

---

2) 국가재정법이 중요한 역할을 한다. 국가재정법은 예산편성 및 예산집행에 관한 사항뿐만 아니라 국가재정 운용 전반에 걸친 사항을 규정한다. 이것은 예산회계법과 기금관리기본법을 통합 일원화하여 2006년 10월 4일에 제정되었다. 그 주요 내용을 보면, i) 국가재정의 효율성 제고: 재정사업의 성과평가가 용이하도록 예산체계를 프로그램 예산체계로 변경하였다. ii) 재정의 투명성 제고: 기존의 예산회계법은 예산을 일반회계와 특별회계로 나누어져 관리하던 이른바 '칸막이식 재정운용'이었으나 국가재정법은 예산의 범위에 기금을 포함해 통합재정시스템을 구축하였다. iii) 재정의 건전성 유지: 예산회계법상 세계잉여금은 추경수요 발생 시 우선 사용이 가능하였으나 국가재정법에서는 국가채무의 상환에 세계잉여금의 30% 이상을 우선 사용한 후 잔액을 추경재원으로 사용토록 규정한다.

별 내용과 회계체계 간의 상호 관계를 설명한다.

(1) 일반회계예산

일반회계예산은 일반적 국가 활동에 관한 총세입·총세출을 망라하여 편성한 예산이다. 이와 같이 일반회계는 중앙정부 예산의 중심회계로서 치안, 사법 등 국가의 안녕과 질서유지를 위한 기본적인 기능은 물론 교육, 주택 등 경제개발사업이 모두 이 일반회계를 통하여 이루어지고 있으므로 일반회계는 정부재정의 근간이 된다고 할 수 있다. 일반적으로 정부예산이라고 하면 일반회계를 지칭한다.

일반회계 세입은 크게 소득세·법인세·부가가치세 등 국세, 공기업주식 매각수입 등 세외수입, 국채발행 수입으로 구성된다. 일반회계 세출은 54개 중앙행정기관의 운영비와 사업비가 포함된다. 기능별로 분류하면 경제개발비, 교육비, 방위비, 사회개발비, 지방재정 교부금, 일반 행정경비, 채무 상환, 예비비 등으로 구성된다.

(2) 특별회계예산

특별회계예산이란 국가의 회계 중에서 특정한 세입으로 특정한 세출에 충당함으로써 일반회계의 세입·세출과 구분하여 처리할 필요가 있을 때에 설치되는 회계이다. 이것은 국가의 세입·세출은 통일적으로 경리되어야 한다는 예산통일원칙의 원칙에 반하는 것이다. 그러나 정부가 자원을 투자하여 운영하는 사업의 수지를 명백히 하고 행정기관의 자유재량의 여지를 크게 줌으로써 행정능률의 향상과 경영의 합리화를 기할 수 있다는 장점이 있다(박용치·송재석, 2006: 499). 단점으로는 예산구조가 복잡해지고, 국가재정의 전체적인 관련성 파악이 곤란하며, 국회의 예산통제, 즉 예산에 대한 민주 통제가 곤란하다는 점 등을 들 수 있다.[3)]

우리나라의 재정은 2017년 1월 현재 1개의 일반회계, 18개의 특별회계, 그리고 65개의 기금으로 구성되어 있다. 그 중 특별회계는 설치 목적에 따라 다음 세 가지 유형으로 나뉜다. 첫째, 국가에서 특정한 목적의 사업을 운영하는 유형(예: 철도·통신·양곡관리·조달 등 기업특별회계), 둘째, 정부가 특정한 자금을 보유하여 운용하는 유형(예: 재정융자특별회계), 셋째, 특정한 세입으로 특정한 세출에 충당함으로써 일반회계와 구분하여

3) 과거에는 일반회계 지출이 전체 재정의 대부분을 차지하였다. 일반회계가 전체 중앙정부 지출 및 순융자에서 차지하는 비중은 1977~87년 중 75% 수준을 보였다. 그러나 1988년부터 일반회계의 지출은 감소하고 특별회계 및 기금의 지출은 증가하여 1995년 이후에는 일반회계의 비중이 약 50%가 되었다. 특별회계·기금의 난립으로 재정운영의 칸막이 현상이 유발되고 있으며, 특별회계·기금이 유사기능을 중복 수행하는 등 재정운영의 효율성·투명성이 저하되었고 다수의 특별회계가 일반회계에 의존하여 일반회계의 부담을 가중시킨다는 문제점이 제기된 바 있다(정부혁신지방분권위원회, 2007a: 231).

계리할 필요가 있는 유형(예: 농어촌특별세관리특별회계) 등이 있다.

그런데 특별회계의 수가 많은 것이 좋은가 적은 것이 좋은가에 대해서는 논란이 있다.[4] 전자는 정부기업의 수지를 명백히 하고, 행정기관의 재량의 여지를 크게 하여 능률을 증진시킬 수 있기 때문이라는 것이다. 후자는 입법부 우위론의 입장에서 특별회계의 수가 적어야 행정부의 감시가 용이하기 때문이라는 것이다(김종희, 2005: 434).

그러나 특별회계가 예산집행의 탄력성을 높이는 측면이 없지 않지만 특별회계가 지나치게 비대해질 경우 재정운용의 일관성 있는 기준 적용을 어렵게 하고 사실상의 예산규모 팽창을 촉진하여 재정인플레를 초래할 소지를 가지게 된다. 그 동안 각 부처는 일반회계보다 융통성 있게 쓸 수 있는 특별회계를 선호하고, 예산당국은 일반회계 증가에 대한 비판을 피하기 위해 특별회계를 늘리는 경향이 있었다(신해룡, 2005: 32~33).

(3) 일반회계와 특별회계의 비교

일반회계예산은 영구적인데 비하여, 특별회계예산은 임시적이다. 특별회계예산은 철도·우편·의료 서비스 등 준공공재를 제공하기 위하여 존재하는 것으로 이것은 임시적인 것이므로 그 설치요건이 소멸하면 없앨 수 있다. 그리고 특별회계는 일반회계를 보완해 주는 역할에 국한되어야 한다.

적용법규를 보면, 일반회계는 국가재정법의 적용을 받고 특별회계는 기업예산회계법의 적용을 받는다. 그리고 특별회계는 독립채산제를 채택할 수 있으나 일반회계는 허용되지 않는다. 마지막으로 일반회계는 공공성 추구에 역점을 두는 데 반하여 특별회계는 기업성을 추구한다.

(4) 기 금

특정한 분야의 사업에 대하여 지속적이고 안정적인 자금지원이 필요한 경우에 예산과는 별도로 정부가 직접 기금을 조성하여 운용하거나 민간이 조성하여 운용하는 기금에 출연함으로써 정부의 정책목적을 달성하고 있다. 기금은 2005년도 계획의 경우 57개에 이르고 있으며, 기금운용 규모는 일반회계예산 규모의 2.4배 수준인 319조 원에 달하고 있었다. 이 규모는 그 후 크게 확대되어 2014년 현재 기금운용 실적치는 515조 4,000억 원이며, 기금의 수는 2014년 현재 64개의 기금이 존재한다(윤영진, 2014: 61).

예산과 달리 한 해의 수입을 모두 지출하는 것이 아니고 원본(준비금)을 적립하여 두고 원본을 운용하여 얻은 수익으로 사업을 수행한다. 그래서 기금은 세입·세출예산에 의하지 아니하고 운용할 수 있다(국가재정법 제5조 제2항). 이때 기금은 반드시 법률에

4) 1948년도에 특별회계는 2개에 불과했으나 2000년에 23개, 2014년 현재 18개의 특별회계가 있다.

의하여 설치하도록 되어있다. 기금은 주로 정부가 특정 부문의 육성과 개발을 촉진하기 위하여 원활한 자금 지원을 한다든지, 정부가 직접 수행하는 사업에 — 예컨대 조달·보훈 등 — 수반되는 자금의 효율적인 운용·관리를 위하여 설치하는 경우가 많다. 기금은 자금의 조성이나 운용이 세입·세출예산 외로 취급되어 사업 추진을 위한 자금의 공급과 관리에 탄력성을 부여할 수 있다. 2002년 기금관리기본법이 개정되어 기금도 국회 심의를 받게 됨에 따라 특별회계와 큰 차이는 없어졌으나, 기금은 특별회계에 비해 운용 상 자율성이 다소 높다. 즉 주요 항목 지출금액의 20%(금융성 기금의 경우 30% 범위 내)에서는 별도의 국회 심의 없이 변경이 가능하다.[5] 반면, 개별 목적을 위한 각종 기금이 독자적으로 운용됨으로써 전체 재정 운용과의 연계성을 저하시키기도 한다.[6] 현재는 금융성 기금을 포함한 모든 기금의 기금운용계획안과 기금 결산에 대해 예산과 마찬가지로 국회의 심의·의결을 받도록 했다.[7] 2007년부터 발효된 국가재정법에 의해 기존 예산회계법과 기금관리기본법이 폐지되었다.

(5) 회계체계 간의 상호관계

① 일반회계와 특별회계

일반회계와 특별회계의 상호 관계를 보면 일반회계는 기업 특별회계와 대부분의 기타 특별회계의 부족 자금을 전출금으로 지원하고 있다.

② 일반회계와 기금

일반회계와 기금의 관계를 보면 일반회계는 세출예산 중의 출연금 또는 전출금의 형태로 각종 정부관리기금에 대하여 자금을 지원하였으나, 1988년부터 재정투·융자 특별회계가 이를 담당하게 되었다. 재정투·융자 특별회계로부터 지원받는 출연금 또는 전출금은 기금 쪽에서 보면 수입이 된다.

2) 예산의 성립 시기별 분류

예산은 성립 시기를 중심으로 본예산·수정예산·추가경정예산으로 구분할 수 있다.

---

5) 금융성 기금의 경우 기금의 관리 및 운영에 소요되는 경상비에 해당하는 주요 항목 지출 금액에 대해서는 20% 이하로 변경 가능하다.

6) 일반회계나 특별회계 예산의 경우 중앙예산기관과 국회의 엄격한 통제와 감시의 대상이 되지만, 기금의 경우에는 중앙예산기관이나 국회의 통제보다는 기금운용 주체인 주무부처의 재량을 우선시하여 기금운용의 효율성을 추구한다(김태일·김상헌, 2003: 201~202). 이전에는 기금 주체가 기금운용계획과 결산을 소관 상임위에 보고만 하면 되었지만 2003년부터는 기금운용계획과 결산을 국회에서 심의 및 의결을 받도록 했다(김태일·김상헌, 2003: 215).

7) 정부는 확정된 기금운용계획안을 회계연도 개시 120일 전까지 국회에 제출해야 하고, 국회 예산결산특별위원회의 심의를 거친 후 본회의의 의결을 받아야 한다.

본예산은 국회의 의결을 얻어 확정·성립된 예산이다. 다음 회계연도의 모든 세입·세출을 계상한 예산안은 기획재정부의 사정과 국무회의의 심의를 거쳐 대통령의 승인을 얻은 후 회계연도 개시 120일 전까지 국회에 제출되며, 국회는 회계연도 30일 전까지 이를 의결한다.

수정예산은 예산안이 국회에 제출된 후 심의를 거쳐 성립되기 이전에 부득이한 사유로 인하여 그 내용의 일부를 수정하고자 하는 경우 작성되는 예산을 의미한다. 수정예산안은 그 성질상 회계연도 개시 전에, 그리고 국회가 기제출한 예산안을 의결하기 전까지 제출하여야 하며, 국무회의 심의와 대통령의 승인을 요한다. 우리나라에서 수정예산안이 편성·제출된 것은 3회에 불과하다(신해룡, 2005: 62).

추가경정예산은 예산안이 국회를 통과하여 확정된 후 생긴 사유로 인하여 필요한 경비의 과부족이 생길 때 본예산에 추가 또는 변경을 가한 예산을 말한다. 국가재정법에는 재정 건전성 확보 차원에서 추경예산 편성을 극히 제한적으로 허용하고 있다. 추경예산 편성이 가능한 경우는 다음의 세 가지 경우에 한정된다(국가재정법 제89조). ① 전쟁이나 대규모 자연재해가 발생한 경우, ② 경기침체, 대량실업, 남북관계의 변화, 경제협력과 같은 대내·외 여건에 중대한 변화가 발생했거나 발생할 우려가 있는 경우, ③ 법령에 따라 국가가 지급해야 하는 지출이 발생하거나 증가하는 경우 등이다. 그리고 추가경정예산은 본예산과 별개로 성립·집행되므로 예산 단일성의 원칙에 배치된다. 그리고 추가경정예산은 반드시 국회의 심의·의결을 받아야 한다. 수정예산은 예산안을 국회에 제출한 후 의결되기 전에 그 내용의 일부를 수정하는 예산인 데 반하여, 추가경정예산은 '예산 성립 후'에 생긴 사유로 예산 금액을 추가 또는 변경시킨다는 점에서 다르다.

3) 예산 불성립 시의 종류

행정부의 예산안은 입법부의 의결을 거쳐야 확정되는데, 회계연도 개시 때까지 의결이 못될 경우에 대비해 아래와 같은 제도적 장치를 마련하고 있다.

(1) 잠정예산

잠정예산은 회계연도 개시 전까지 예산이 국회에서 의결되지 못하였을 경우 몇 개월분에 해당하는 일정한 금액을 국고로부터 지출할 수 있도록 허가해 주는 제도이다. 영국, 캐나다 및 일본 등에서 사용되며 우리나라에서는 채택한 적이 없다.

본래의 예산이 성립되는 경우에는 잠정예산은 자동적으로 본예산에 흡수되어 그때까지 지출된 항목이나 국고채무부담행위 등은 모두 본예산에 의하여 지출된 것으로 효력이 발생한다.

(2) 가(假)예산

가예산은 새로운 회계연도가 개시될 때까지 예산안이 의결되지 못할 경우, 예산 공백기간 중 최소한의 국정운영을 위하여 1개월 이내의 예산의 집행을 허용하는 제도로서 의회의 의결을 요한다. 이처럼 가예산은 사용기간을 1개월 이내로 제한하고 있는 점이 잠정예산과 다르다. 잠정예산과 마찬가지로 본예산이 성립되면 이에 흡수된다. 우리나라는 제헌 이후 1960년 6월 15일 제5차 개정헌법 공포 전일까지 6차례 운용한 바 있다(신해룡, 2005: 65).

(3) 준(準)예산

준예산은 새로운 회계연도가 개시될 때까지 예산안이 국회에서 의결되지 못할 때 ① 헌법이나 법률에 의하여 설치된 기관 또는 시설의 유지·운영, ② 법률상의 지출의무 이행, ③ 이미 예산으로 승인된 사업의 계속을 위한 경비를 전년도 예산에 준하여 지출하도록 되어 있다.

준예산의 특징은 지출할 수 있는 경비의 항목을 최소한으로 규정하였고, 준예산안을 편성하여 국회의 동의를 받을 필요 없이 행정부 내부절차로 확정한 후 사용하면 된다는 점이다. 당해 연도의 예산이 정식으로 성립되면 그 성립된 예산에 의하여 집행된 것으로 간주된다. 우리나라의 경우 제5차 개정헌법에서 도입하였으나 아직까지 한번도 사용한 적은 없다.

4) 조세지출예산제도(tax expenditure budget)

정부가 개인이나 기업에게 재정지원을 하는 방법으로 현금급여나 보조금 지원이 아닌 세액공제나 소득공제와 같은 조세감면을 통해 지원할 수 있다.[8] 후자의 경우 세수의 손실은 사실상 정부지출과 동일하므로 이러한 세수의 손실을 조세지출(tax expenditure)이라 한다. 즉, 조세지출이란 개인이나 기업의 특정한 경제활동에 유인을 주기 위해, 비과세, 감면, 공제, 세율인하 등의 세제 상의 각종 유인장치를 통해 포기된 세수로 정의된다(나성린·전영섭, 2007: 186).[9]

조세지출은 세출예산상의 보조금과 같은 경제적 효과가 있기 때문에 우리나라는

8) 지방정부의 조세지출예산 규모는 2004~2006년도 지방세 부과액 대비 평균 4,500억 원(16%)으로 지방정부의 재정수입의 감소를 초래하고 있다(류춘호, 2008: 147).

9) 2005년 기준으로 국세의 비과세 감면액은 20조 원이 넘어 전체 14% 정도를 차지하고 지방세는 3조 5천억 원 정도로 전체 지방세의 9%에 이를 정도로 조세 지출 규모가 증대되었다(이종수 외, 2008: 478). 그리고 조세지출은 합법적인 세수손실만을 의미하며 불법적인 탈세 등은 포함되지 않는다.

새로 제정한 국가재정법에서 조세지출예산제도를 위한 근거를 마련하고 있다(국가재정법 제27조). 조세지출예산제도란 조세지출의 내용과 규모를 주기적으로 공표하여 조세지출을 관리·통제하는 제도이다(이종수 외, 2008: 478). 선진국들에서는 이미 이 제도를 시행하고 있으며, 우리나라도 국가재정법 제27조에 의거하여 2009년까지는 조세지출보고서를 국회에 제출하고 2011년도부터는 본격적인 조세지출예산제도를 실시해야 한다. 기획재정부장관은 조세지출예산서를 작성하여 대통령의 승인을 받은 국회에 제출토록 하고 있다(국가재정법 제34조).

조세지출예산제도의 장점을 보면 첫째, 많은 조세지출의 경우 그것이 직접지출과 같은 효과를 지니면서도 예산 상에 나타나지 않음으로써, 지원의 필요가 없어진 후에도 계속되어 자원배분의 비효율과 심각한 공평성의 문제를 드러내며 세수의 감소를 초래하고 있는데, 조세지출예산의 작성은 이와 같은 항목을 투명하게 드러내는 효과가 있는 것이다. 둘째, 조세지출예산은 각종 세법에 산재해 있는 다양한 조세지출제도를 일관성 있게 통합·정리할 수 있어 불필요한 조세지출을 폐기하고 새로운 조세지출을 도입하는 데도 도움이 된다.

단점을 보면 첫째, 조세지출 측정이 간단하지 않다. 왜냐하면 조세지출이 주어지면 사람들은 자신들의 행위를 그에 따라 조정할 것이고, 그에 따라 조세감면의 대상이 되는 과세 전 소득 자체가 변할 것이기 때문이다. 둘째, 조세지출제도에 포함될 소득의 항목들을 결정하는데 자의성이 개입될 수 있다는 것이다. 이것은 소득에 어떤 항목들이 포함되어야 하는가에 대해 일관성 있는 기준이 없기 때문이다.

4) 기타 예산의 종류

(1) 총계예산과 순계예산

경비의 공제 여부에 따라 총계예산과 순계예산으로 구분된다. 총계예산은 총계예산주의에 입각하여 필요경비를 공제하지 않고 세입·세출의 총액을 계상한 예산을 말한다. 이에 비해 순계예산은 예산을 계상함에 있어서 경비를 공제한 순세입 또는 순세출만을 계상하는 것을 말한다.

(2) 예산총계와 예산순계

중복분 공제 여부에 따라 예산총계와 예산순계로 구분된다. 예산총계는 일반회계와 특별회계를 합한 총액을 말하며, 예산순계는 예산통계에서 중복된 부분을 공제한 것을 가리킨다.

5. 예산의 내용

예산은 국회의 의결을 그 성립요건으로 하며, 정부가 국회에 제출하는 예산은 법률이 정한 일정한 형식을 구비하여야 한다. 이것은 주로 국가재정법에 규정되어 있는데, 이 법에서는 예산은 그 형식적 내용을 중심으로 예산총칙, 세입·세출예산, 계속비, 명시이월비, 국고채무부담행위 등으로 구분하고 있다. 이 중에서 예산총칙(豫算總則)은 나머지 구성요소들에 관한 총괄적 규정이며 이들 나머지 부분에 대한 설명은 다음과 같다.

1) 세입·세출예산

이것은 예산의 가장 중심이 되는 것으로서 한 회계연도의 모든 수입과 지출의 예정액이 표시되며, 국가의 중요 정책이나 사업계획 및 경비요소 내용 등이 모두 세입·세출예산을 통하여 계리·운용된다. 따라서 일반적으로 예산이라고 할 때에는 이 세입·세출예산을 총칭한다. 세입·세출예산은 그 수입과 지출을 관할하는 중앙행정기관의 조직별로 구분할 수 있고, 세출예산에서는 그 내용을 기능별·성질별로 다시 구분한다.[10] 또한 세출예산 중 경비의 성질상 회계연도 내에 그 지출을 하지 못할 것이 예측될 때에는 그 취지를 세입·세출예산에 명시하여 미리 국회의 승인을 얻어 다음 회계연도에 이월하여 사용할 수 있다. 세출예산에는 예비비[11]가 있는데, 과거에는 세출예산 총액의 100분의 1 이상을 계상하도록 하였으나, 2006년에 국가재정법 개정으로 100분의 1 이하로 축소되었는데, 이는 예산의 유용을 방지하기 위한 노력의 연장이라고 할 수 있다.

예산과목을 개관하면, 우선 세입예산은 관(款), 항(項), 목(目)으로 구성되는데, 관(내국세) – 항(소득세) – 목(신고분, 원천세)이 그 한 예이다. 이 때 관·항은 입법 과목, 목은 행정 과목이다. 세출예산은 장, 관, 항으로 구분한다. 실제 세출예산을 편성할 때에는 장(章), 관, 항, 세항, 세세항, 세사업, 목, 세목으로 구분하는데 장, 관, 항까지는 입법 과목, 그 이하는 행정 과목이다. 입법 과목은 국회의 심의·의결 대상이 되는 예산 과목

10) 국가예산의 기능별 분류를 보면, 일반행정(100), 방위비(200), 사회개발(300), 경제개발(400), 지방재정교부금(500), 채무상환기타(600)의 6개 부문으로 구분하고 각 부문 밑에 장·관·항·세항의 코드체계로 과목을 분류하고 있다(신해룡, 2005: 75). 성질별 분류의 예를 보면, 세입예산의 경우, 성질별로 관·항으로 구분한다. 관·항은 입법 과목이며 항 아래에 행정 과목인 목을 설치·운용한다. 세출예산의 경우는 각목 코드가 1로 시작되면 인건비, 2로 시작되면 물건비를 의미하게 된다.

11) 예비비는 그 성질에 따라 일반예비비와 목적예비비로 구분한다. 일반예비비는 새로운 정책수요, 예기치 못한 사건 등에, 목적예비비는 재해대책, 환차손 보전 등에 충당한다. 그리고 예비비 집행 과정에서 불법적인 지출이 있었다면 변상조치의 대상이 된다.

으로 과목 상호간의 융통은 물론 신설 또는 변경에 대해 제한을 받는다. 행정 과목은 입법 과목의 하위체계로서 일정한 요건 하에 행정부의 재량에 의해 운용되는 과목이다. 세출예산의 과목 구조를 교육부의 한 예산 항목을 예로 들어 보면 다음 도식과 같다.

소관 부처(교육부) – 장(교육) – 관(대학교육) – 항(사업별 대학교육) – 세항(대학정보화) – 목(용역비) – 세목(연구개발비)

2) 계속비

계속비란 완성에 수년을 요하는 공사나 제조 및 연구개발사업비처럼 한 회계연도를 넘어 계속하여 지출할 필요가 있는 경비이다. 정부 발주공사나 제조 및 연구개발 사업에 있어서 그 완성에 수년을 요하는 경우 소요 경비의 총액과 연도별 액수를 정하여 미리 국회의 의결을 얻은 범위 안에서 다년도에 걸쳐 지출할 수 있는 경비를 말한다(국가재정법 제23조). 수년에 걸칠 경비의 총액을 일괄하여 국회의 의결을 얻으면 당해 연도를 포함한 5년 이내에 허용된 경비 총액 범위 내에서 계속 지출할 수 있다. 각 연도별 예산액 중 당해 연도에 지출하지 못한 것은 5년 이내의 계속비 사업 완성 연도까지 연차로 이월하여 사용할 수 있다. 그러나 계속비 총액이나 연도별 액수에 변동이 있을 때는 다시 국회의 승인을 받아야 한다.

현재 우리나라에서 계속비 이용이 점차 줄어들고 있는데, 그 이유는 첫째, 선거와 관련한 정치적 요구를 예산에 적절히 반영하는 데에는 계속비제도가 부적절하다는 것이다. 둘째, 개별 사업의 총사업비가 계속 증가하기 때문에 계속비제도로 총사업비를 한정할 수 없다(신해룡, 2005: 85).

3) 명시이월비

세출예산 중 연도 내에 그 지출을 끝내지 못할 것이 예측될 때에 미리 국회의 의결을 얻어 다음 연도에 이월하여 사용하는 것으로서, 회계연도 독립의 원칙에 대한 예외가 된다.

우리나라에서 당초 예산에서 명시이월비로 편성된 사례는 극히 드물다. 우리나라의 명시이월비는 매년 일반회계 전체 예산액 대비 0.1~0.2% 수준을 유지하고 있다.

사고이월은 행위를 할 당시에는 연도 내 지출이 가능했기에 연도 내에 지출원인행위를 하고 불가피한 사유로 연도 내에 지출하지 못한 경비이다.

4) 국고채무부담행위

국가가 각종의 시책을 수행하고자 할 때에는 금전적 채무를 부담하는 행위를 국고

채무부담행위라고 하며, 미리 국회의 의결을 얻어야 하는 예산 집행 상의 재정통제를 말한다. 특별법에 의한 것과 세출예산액 또는 계속비의 총액의 범위 내의 것 이외의 국가가 채무를 부담하는 행위를 말한다.

우리나라에서는 당해 회계연도에 사업을 시행하여 다음 연도에 채무를 이행하는, 소위 외상공사 또는 외상구입에서 주로 사용되고 있다(신해룡, 2005: 94). 공관건물 신축, 함정구입 및 수리 등에 주로 사용된다.

6. 예산결정 이론

이것은 왜 그러한 예산배분이 이뤄지는가에 관한 이론적 설명이다. 예산결정 이론은 크게 총체주의와 점증주의로 구분할 수 있다. 전자는 합리적 선택모형에 입각한 예산상의 의사결정을 의미하며, 후자는 총체주의와 대비되는 결정 모형으로서 상황의 불확실성과 인간 능력의 부족을 전제로 한 결정 모형이다. 여기서는 다중 합리성 모형의 소개를 위해 루빈(I. S. Rubin)의 '실시간 예산 운영(real time budgeting: RTB) 모형'을 설명하고자 한다. 루빈의 이 모형은 기본적으로 예산 정치에 관한 모형이다. 그녀에 의하면 예산 운영은 변화하는 환경에 융통성을 가져야 하는데, 이러한 융통성은 느슨하게 연계된 다섯 개의 의사결정 흐름과 그와 관련된 의사결정자들, 각각의 예산 운영의 정치가 통합되는 의사결정 구조에 의해 생겨난다는 것이다. 다섯 개의 의사결정 흐름을 살펴보면 다음과 같다(윤영진, 2016: 269~272).

1) 세입흐름

누가 얼마만큼 부담할 것인가의 질문에 답하는 것이다. 여기에는 설득(persuasion)의 정치가 내재해 있다.

2) 세출흐름

예산 획득을 위한 경쟁과 예산의 배분에 관한 의사결정이다. 선택(choice)의 정치로 특징지어진다.

3) 예산 균형 흐름

제약조건(constraints)의 정치의 성격을 갖는다. 균형을 어떻게 정의하고 어떻게 달성할 것인지를 결정해야 한다.

4) 예산 집행 흐름

책임성(accountability)의 정치의 성격을 갖는다. 예산계획에 따른 집행과 수정 및 일탈의 허용범위 문제가 이 흐름에서 중요한 문제다.

5) 예산 과정 흐름

누가 예산을 결정하는 가의 정치다. 누가 참여하는 가는 예산 결과에 영향을 미치는데 이 흐름에서의 갈등은 결정 권한의 균형에 관한 것이다.

이상 다섯 개의 흐름들은 핵심 정보가 서로 연계시켜 주기 때문에 준독립적이지만 상호 의존적이다.

제 2 절 예산제도

1. 품목별 예산제도

1) 의 의

품목별 예산제도는 지출 항목별로 한도를 정해 줌으로써 담당 공무원의 권한과 재량을 제한하고 회계 책임을 명확히 할 수 있는 제도이다. 품목별 예산은 투입 지향적 예산이며 사업의 성과나 예산 운영 방식보다는 비용에 대해 초점을 맞춘다. 예산담당자들은 전년도에 비해 개별 사업 항목들이 얼마나 더 증감되었는지를 확인할 뿐 특정 사업에 대한 성과 확보 여부를 직접적으로 고려하지 않는다(이종수 외, 2005: 553). 통제 지향적인 품목별 예산제도는 정부가 구입하는 물품이나 서비스에 치중하는 예산으로서 그 주된 요소는 ⅰ) 기관별 예산, ⅱ) 기관의 운영과 행정작용에 소요되는 품목의 나열, ⅲ) 소요경비와 그 품목별 내용의 금전적 표시라고 할 수 있다. 이처럼 품목별 예산제도는 지출항목별로 한도를 정해 줌으로써 지출을 담당하는 공무원의 권한과 재량을 제한하고 회계 책임을 분명히 하는 데 유리하다.

정부 지출의 대상이 되는 물품 또는 품목을 기준으로 하는 예산제도로서 우리나라 예산구조에서는 목(目)에 해당하며 인건비, 물건비 등을 중심으로 예산을 편성한다. 우리의 경우, 49개 목이 있는데 인건비 영역의 '기본급'·'수당', 물건비 영역의 '여비'·'업무추진비'·'용역비'·'저장품 매입비' 등이 바로 목에 해당한다.

세출예산은 54개 중앙행정기관별로 구분된 후, 예산의 기능을 중심으로 장·관·항·세항으로 분류하며 다시 경비의 성질을 중심으로 49개 목별로 분류하여 관리한다.

2) 효용성

첫째, 지출에 대한 근거를 요구하고 확인할 수 있기 때문에 회계 책임이 명확해지고 재정통제가 용이하다는 장점을 가지고 있다.

둘째, 예산삭감이 이루어질 때 이익집단의 저항을 덜 초래한다는 측면에서 정치적인 장점이 있다. 이 제도는 정치지도자들에게 사업 삭감보다 항목의 삭감이라는 보다 구미에 맞는 대안(palatable option)을 제공해 준다(Denhardt & Denhardt, 2000: 177~178). 사업별로 예산이 편성되어 있을 때, 예를 들어 고아원개선사업의 예산을 삭감한다면 당장 심각한 반발을 초래할 수도 있다. 그러나 보건복지부의 인건비, 소모품비, 건물수리비 등을 삭감한다면 그 영향이 결국 고아원개선사업의 예산 삭감까지 미친다 해도 파급효과가 그리 쉽게 눈에 띄지 않는다.

셋째, 어떠한 예산제도를 채택하더라도 품목별 예산제도는 필수적으로 병용되어야 한다. 왜냐하면 예산의 최종적인 지출은 인건비·물건비 등으로 이루어지기 때문이다. 이러한 이유로 어느 나라에서나 현재까지 품목별 예산제도를 버리지 못하고 있다(백완기, 1999: 517).

3) 문제점

최소의 행정이 최상의 행정이던 시대에는 품목별 예산으로 충분했다. 그러나 복잡하고 다양한 사업을 수행하는 현대 행정에서 품목별 통제는 장님 코끼리 만지기식 통제에 불과하다. 품목별 예산만 봐서는 정부가 무엇을 하는지 이해할 수가 없다(이철규, 2007: 284~85). 첫째, 예산이 국민경제에 영향을 주는 전략적 수단으로 사용될 수 있는데, 품목별 예산제도는 이에 전혀 도움을 주지 못한다.

둘째, 어느 품목에 얼마나 사용되었는가는 명확히 밝혀 주어도 누구를 위해서 무엇 때문에 사용되었는가에 대해서는 말해 주지 않는다.

셋째, 회계책임의 명확성을 강조하면서, 그만큼 집행상의 신축성을 저해하고 있다.

넷째, 지출의 전체적인 성과를 알 수 없다는 취약점을 지니고 있다.

다섯째, 지출항목별 단가를 모든 부처에 동일하게 적용하기 때문에 부처별로 인건비 등 업무 특수성에 따른 차이를 반영하지 못한다.

2. 성과주의 예산제도

1) 의 의

성과주의예산(performance budget system)은 정부가 '무엇'을 하는지에 대한 대답을 해주는 예산 제도이다. 1949년 미국의 후버위원회의 권고에 힘입어 주로 미 연방정부에 의해 발전된 예산제도다. 예산 운용에 있어 지출대상보다는 사업을 운영하여 얻게 되는 성과에 강조점을 두고 운영한 제도이다. 즉 품목별 예산이 정부가 구입하는 물품이나 서비스를 품목별로 나열하고 이에 소요되는 경비를 하나하나 구체적으로 표시하는 방법을 활용했다. 예를 들어 도로 건설의 경우, 사람 몇 명 얼마, 장비 몇 대 얼마 식이다. 이렇게 해가지고서는 사람을 왜 고용해야 하는지, 장비 몇 대가 왜 필요한지는 알 수 없다. 사람을 고용하고 장비 몇 대를 사용해서 어떤 성과를 거두게 되는지도 알 수 없게 된다.

그러나 성과주의 예산에서는 정부가 무엇을 구매하느냐 하는 것보다 예산을 들여 '무엇'을 하는지에 대한 정보를 제공하는 데 초점을 맞추고 있다. 이 제도는 '무엇'을 하는지에 대한 정보를 제공함으로써, 품목별 예산제도가 정부의 구매내역만 표시할 뿐 사업시행의 성과를 나타내지 못하는 문제점을 극복할 수 있다. 성과주의 예산 편성의 간단한 예를 들면 다음과 같다.

〈표 9-1〉 성과주의예산 편성의 예

사업명	사업목적	측정단위	단가	실적	금액	변화율
비상출동	아파트 화재 시 현장에 5분내 출동	출동 횟수	10만 원	2,500건	2억 5,000만 원	+15.4%

2) 운영방식

지출을 필요로 하는 사업계획과 이러한 세부사업을 사무 측정 단위로 세분한 다음 이에 따라 예산을 편성하게 된다. 사업을 구체적인 하위사업으로 나누어 소요경비를 산출하기 위해 업무 측정 단위량×단위원가=예산액이 계산되는데, 그 절차는 다음과 같다(강신택, 1993: 410~413).

첫째, 정부의 주요 사업들을 세부사업으로 나누고 세부사업별로 업무 측정 단위를 선정한다. 예를 들어 조림사업의 경우 조림이 완성된 면적, 즉 평방미터(㎡) 등을 업무 측정단위로 들 수 있다.[12]

---

12) '명', '개소'와 같은 업무 측정 단위가 없다고 해서 업무단위를 분류할 수 없는 것은 아니다. 측정할

둘째, 위의 업무 측정 단위 1개를 생산하는 데 소요되는 인건비, 물건비 기타 간접비를 포함한 단위원가를 산출한다.

셋째, 세부사업별로 달성하고자 하는 업무 측정 단위의 양을 결정하고 그것에 1단위당 원가를 곱하면 사업별 예산액이 산출된다.

3) 효용성

첫째, 성과주의 예산제도는 품목별 예산제도에 비해 사업을 관리하는 데 매우 효과적이다. 품목별 예산에서는 비록 인건비나 물품비의 전년 대비 변화율이 나온다 하더라도 무엇을 했는지를 알기 힘들지만, 성과주의 예산에서는 전년도 사업에 비해 금년도에 어느 분야의 사업에 중점을 두고 있는지를 알 수 있다.

둘째, 기획의 중요성과 필요성을 인식시켜 기획을 개선시키며, 행정부의 장기적인 정책·계획의 수립·실시를 용이하게 한다.

4) 한 계

첫째, 품목별 분류에 비하여 행정부에 대한 입법통제가 곤란하다. 성과주의 예산제도는 어떤 구체적인 성과수준을 달성하겠다는 약속 하에 총괄예산을 수령하는 것과 같다. 어떤 사업에 필요한 예산의 총액보다는 통제를 위해 지출항목별로 세출을 승인하기를 선호하는 의원들에게 있어 이와 같은 도급경비식의 계약은 좀 거북한 것이다(강신택, 2003: 417).

둘째, 계량화의 문제이다. 위의 예에서처럼 사업을 측정이 가능한 단위로 분류하고 비용을 계산한다는 것이 가능한 경우도 있겠지만, 극단적으로 인권과 같이 양이 아니라 질로 평가해야 하는 사업의 경우 측정의 문제가 발생한다. 사실 정부가 하는 일 중에는 가시적이고 측정할 수 있는 산물로 나타나지 않는 일들이 너무 많다.

셋째, 사업단위로 예산을 편성할 때 장점은 기존의 부서나 관료제의 벽을 허물 수 있다는 것인데, 거기에는 오히려 책임 소재가 분산됨으로써 사업관리가 느슨해질 수 있다는 우려도 있다(유민봉, 2006: 551).

넷째, 단위원가의 산출이 어렵다. 결핵병원의 성과주의 예산 제도의 경우, 환자의 연령, 상태, 치료 방법 등에 따라 단위원가를 정하기 어렵다.

다섯째, 사업단위에서 선정한 성과목표가 대부분 중간목표 또는 산출(output)이지 최종산출물(outcome)이 아니기 때문에 수단과 목표가 전도되는 부작용이 생길 수도 있

수 없는 것 중에서도 중요한 것이 많이 있으므로 그러한 업무단위에 대해서는 문장으로 기술하여도 된다(신무섭, 2007: 429).

다(유민봉, 2006: 551).

여섯째, 성과별 분류의 대상은 업무나 성과를 계량적으로 측정할 수 있는 일부 부·국 수준이라는 소규모 단위업무이므로 사실상 총괄예산 계정에는 부적합하다.

3. 계획예산제도

1) 의 의

계획예산제도는 비용편익분석을 정부지출 결정에 활용하려는 목적을 가지고 출발했다. 제2차 세계대전이 종결되면서 거시경제학의 발전, 정보기술과 의사결정기법의 발달, 그리고 예산과 기획의 점진적 통합경향에 따라 예산운영에서 기획의 관점을 강조하게 되었다. 1960년대에 그러한 관점이 계획예산제도(PPBS: planning programming budgeting system)로 구체화되었다. 특히 국방 관련 사업에 계획의 관점이 강조되었는데, 이는 많은 재원이 소요되는 방위 관련 사업을 단기간 내에 수행할 수 없었던 까닭이다(이도형, 2007: 363). 당시 월남전을 수행하고 있던 국방성에서 무기 개발은 매우 중요한 사업이었고, 이들 무기 개발에는 지속적인 예산 지원이 필요하였다. 따라서 1년 주기로 편성되던 기존의 품목별이나 성과주의 예산제도는 그 적합성이 떨어졌다.

계획예산제도는 예산과 계획의 연계를 강조하는 예산제도이다. 장기계획 수립(planning)과 단기적 예산편성(budgeting)을 프로그램 작성(programming)을 통해 유기적으로 연결시킴으로써 자원배분에 관한 의사결정의 일관성과 합리성을 도모하려는 예산제도이다(Zwick, 1968: 18). 성과주의 예산은 정부의 산출만을 나타내지만 계획예산제도는 계획과 성과까지 측정한다. 사업 수행에 있어 절약과 능률도 중요하지만 사업을 수행하여 소기의 목표를 달성할 수 없다면 그 사업은 무익한 것이라는 점에서 계획예산제도는 효과성을 강조한다. 계획예산제도는 종래의 예산제도와 다른 몇 가지 성격을 가지고 있다. 즉 중장기계획을 필요로 하고, 사업계획의 구체적 기술을 필요로 하며, 비용편익분석과 같은 수량적 분석기법을 필요로 한다(김종희, 2005: 520).

2) 기본 요소와 과정

품목별 예산제도에서 장·관·항별로 예산을 분류하는데 비하여, 계획예산제도에서는 한 성청(省廳)의 업무를 5~10개의 프로그램으로 대분류하고 이를 다시 2차(중분류 사업)·3차(단위사업)로 분류하는 3층 분류구조를 갖는다.[13] 이 때 목표-수단의 논리성을

13) 예를 들면, 큰 사업으로 '안전보호'를, 중간사업으로 '사업장 사고 방지', '교통사고 방지' 등을, 마지

갖도록 사업을 구체화하는 과정이 단순히 사변적 판단에 의한 것이 아니라 비용편익 내지 비용효과 분석을 통해 다수의 대안 중에서 예산 효과가 높은 대안을 선정하는 체계적인 분석에 의존한다(유민봉, 2006: 553).

형성된 사업구조는 기획에 의해 장기적인 시계를 갖도록 전환되는데 이를 돕는 것이 사업－재정계획이다. 이 계획은 예산연도와 그 다음 4개년을 계획기간으로 하여 각 기관의 산출과 비용 및 재정수요를 요약하여 제시하고 있는 장기종합계획의 총괄서이다(강신택, 1993: 436). 마지막으로 사업구조화와 기획에 의해 다년간의 기대효과가 담긴 단위사업계획이 완성되면 각 단위사업별로 예산을 배정한다. 단위사업은 ① 명백히 산출을 정의할 수 있고, ② 부처의 최종 산물이어야 하며, ③ 단위사업의 투입은 산출과 연계되어야 한다.

3) 평 가

장점을 보면 첫째, 장기적 사업계획의 신뢰성을 들 수 있다. 계획예산제도는 사업과 예산의 연계에서 한 단계 더 나아가 계획과 예산을 시스템적으로 연계시켰다. 다시 말해, 종래의 장기계획은 예산상의 뒷받침이 불충분하여 대개 형식적이었으나, 계획예산제도는 시간적으로 장기적 사업의 효과가 나올 수 있도록 예산을 뒷받침한 것이다(유민봉, 2006: 553).

둘째, 조직의 목표에서부터 목표－수단의 연결 구조를 가지고 최종사업이 정해지기 때문에 성과주의 예산제도와는 달리[14] 조직 목표달성 차원에서의 성과가 가능하다.

단점으로는 첫째, 의사결정이 지나치게 집권화되고 전문화되어 외부통제가 어렵다. 이 예산 제도는 비용편익분석 등 대안분석에 있어 계량분석을 동원하기 때문에 권한이 전문가에게 집중되므로, 입법부에서의 상대적 통제가 약화된다.

둘째, 실현가능성이 낮다는 점이다. 행정부의 집권화에 대한 반발과 대중적인 이해가 쉽지 않기 때문에 정치적 실현가능성이 낮다. 분석적 차원에서도 공공가치를 추구하는 행정목표의 추상성을 고려할 때 사업구조화의 개념적 모호성, 비용편익분석을 포함한 계량분석의 한계[15] 때문에 방법론적 실현가능성도 낮다(유민봉, 2006: 554).

막 사업요소로 '안전교육', '증량통제' 등을 들 수 있다. 미국 연방정부의 경우, 이들의 명칭을 프로그램 카테고리(program category), 프로그램 서브카테고리(program sub－category), 프로그램 엘리멘트(program element)로 부르고 있다.

14) 성과주의 예산에서는 성과가 중간목표 수준에 그쳐 그 이후의 조직목표가 간과된다(유민봉, 2006: 553).

15) 비용편익분석은 주된 가치기준이 경제적 효율이기 때문에 합리적이기는 하지만 정치적·경제 외적 요인을 감안해야 하는 현실성이 결여되어 있다(김문성, 2004: 242).

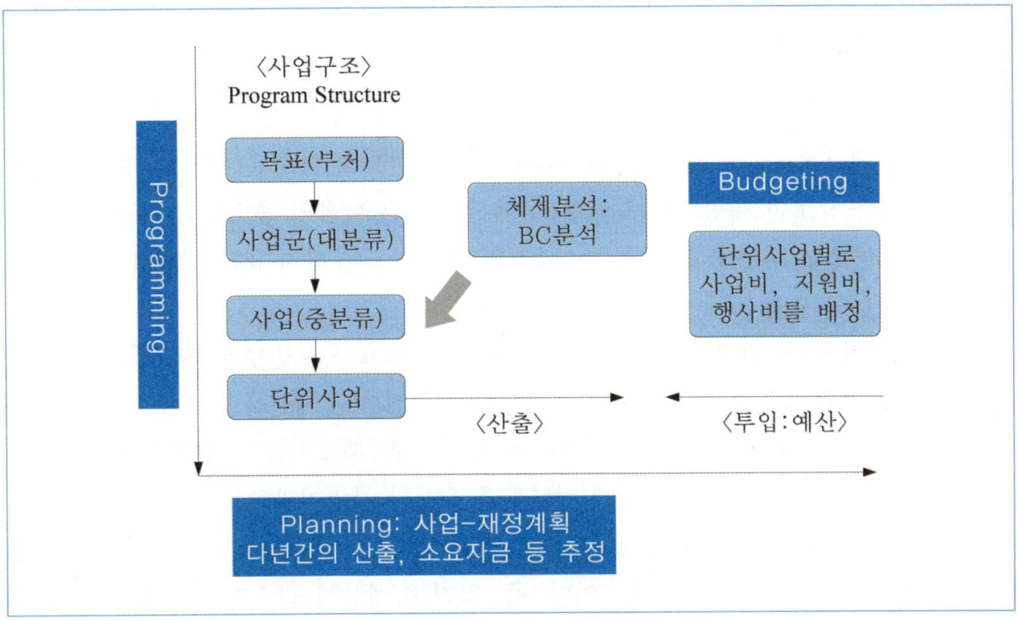

자료: 유민봉, 2006: 552.

[그림 9-1] 계획예산제도의 도식적 이해

셋째, 사업구조 작성의 곤란이다. 3계층의 분류구조를 하기가 어렵고, 사업구조에 따라서 예산을 작성하는 환산 작업도 힘들다. 예를 들어 보건 및 생활환경 개선사업을 하는 경우, 대분류(사업범주)와 중분류(하위사업)를 중복되지 않게 분류하기가 쉽지 않다. 관련 부처가 여러 개인 경우 그에 따른 예산 배정 문제 등 난제가 많다. 학교보건의 경우 보사부, 교육부, 체육부 등이 담당하게 된다. 따라서 강력한 중앙집권적 결정구조가 없는 한 그것은 매우 어려운 일이다(신무섭, 2007: 444~445).

이러한 한계 때문에 도입된 지 6년만인 1971년에 이 제도는 종결되었다.[16] 원래 미국 국방부에서 사용하고 있던 제도를 모방한 것인데, 사실 국방부는 전문성이 축적되어 있었고 또 국방 분야의 무기체계는 계량화하기에 적합했지만 그렇지 못한 다른 일반 부서에 계획예산제도를 그대로 적용하는데 따른 애로가 불가피했던 것이다. 그럼에도 불구하고 계획예산제도에 담겨 있는 프로그램(사업) 중심의 예산편성은 이후의 예산제도에 지속적인 영향을 준 것으로 보인다(유민봉, 2006: 554).

16) Schick는 PPBS가 실패한 원인으로 1) 충분한 준비 없이 도입되었고, 2) 최고관리층의 적극적인 지지가 없었으며, 3) 미국의 정치적 전통을 무시하고 기술관료에게 예산결정권을 맡기려고 하였고, 4) 유능한 분석인력과 자료가 부족했기 때문이라고 지적하였다(김종희, 2005: 523 재인용).

4. 영기준 예산

1) 의 의

영기준 예산제도(zero base budget: ZBB)는 지난 년도의 예산은 완전히 무시되고 모든 예산항목을 새로이 재평가하게 되므로, 예산의 모든 항목의 총비용이 새롭게 정당화되고 승인받아야만 되는 제도이다. 즉, 과거의 관행을 고려하지 않고 사업에 대한 근본적인 재평가를 한다는 것이 영기준의 의미이다.

정부팽창에 대한 반발과 예산감축에 대한 사회적 요구를 반영해 1977년 카터 행정부에 의해 도입된 영기준 예산은 예산을 편성할 때 전년도 예산을 기준으로 하여 점증적으로 예산을 책정하는 폐단을 시정하려는 데서 나온 제도이다. 전년도 대비 일정 수준을 책정하는 방식을 탈피하기 위해 전년도와 유사한 사업이라도 그 사업의 수행목적, 수행방법, 수행효과, 소요경비 등을 '영(zero)의 수준'에서 판단하여 우선순위를 결정하고 그에 따라 예산을 배정하는 제도이다. 즉, 영기준 예산제도는 기존 사업, 새로운 사업을 구분하지 않고 모든 사업을 엄밀히 분석하고, 사업의 정당성을 검토한다.[17)]

이와 같이 영기준 예산제도는 전년도 답습주의를 타파하려는 미래지향적인 예산제도라는 점에서 높은 평가를 받고 있다. 그리고 이것은 조직구성원의 참여를 중시하는 분권적·상향적 예산편성 도구이다. 우리나라에서는 회계연도 1983년도 예산안 편성에 이 제도를 적용한 바 있다.

2) 절 차

영기준 예산의 편성은 예산운영단위(decision unit)의 선정, 단위사업 분석표(decision package)의 작성, 단위사업 분석표의 순위 결정(ranking) 순으로 이루어진다.[18)]

(1) 예산운영단위의 선정

예산운영단위(decision unit)란 예산의 운영을 담당하는 주체나 관리자가 의미 있는

17) 그러나 모든 사업을 매년 새로 검토하기란 쉽지 않은 일이다. 현실적으로는 감축 우선순위에 해당하는 사업에 대해서만 제로베이스에서 검토하는 방법을 택한다. 미국의 피닉스 시는 매년 예산의 10% 범위 내에서 부서별로 삭감대상 리스트를 작성하여 의회에 제출한다. 의회는 이들에 순위를 부여하고 삭제 여부를 표결로 결정한다(이철규, 2007: 286).

18) 수정 ZBB 모형(Adapted ZBB Model): 피츠버그 시 외곽에 위치한 The Borough of Mt. Lebanon는 ZBB와 품목별 예산제도를 혼합사용하고 있다. 그들은 ZBB 예산의 하위 구성요소로 자세한 품목별 예산구조를 유지했다. Adapted ZBB Model의 절차는 selection of goals and objectives, selection of decision units, selection of decision packages, ranking decision packages(McKinney, 2003: 134~137)이다.

결정을 내릴 정도의 단일 사업을 말한다. 따라서 이것을 어떻게 정하느냐에 따라서 예산 운영의 능률성과 효과성이 좌우된다. 여기서 중요한 것은 예산운영단위를 선정할 때 조직의 책임구조를 고려해야 한다는 점이다. 조직 내 예산결정 책임의 흐름에 부합되게 예산운영단위가 선정되어야 하는데, 이것은 예산운영단위마다 그 단위 내의 모든 활동에 대한 우선순위와 예산 요구를 결정할 권한을 가진 관리자가 지정되어 있어야 한다는 말과 같다.

예산운영단위는 조직단위일 수도 있고 사업단위일 수도 있다. 국을 단위로 하여 예산운영단위를 정하면 국장 중심으로 예산 편성 작업이 이루어짐으로써 하위 직원의 참여가 어려워지며, 반대로 활동수준을 중심으로 예산운영단위를 작성하면 단위사업분석표를 많이 만들게 되어 서류 작업이 많아지고 동시에 조직의 목표가 잘못 해석될 가능성이 있다(신무섭, 2007: 449~450).

(2) 단위사업 분석표(decision package)의 작성

각 예산운영단위에서는 사업목표를 달성할 수 있는 대안을 개발하고 이들 대안의 비용편익에 대한 비교분석을 통해 가장 효과가 높은 대안을 추천하게 된다. 사업의 생존 내지 예산운영단위를 유지하는 데 필요한 최소한의 예산규모를 기준으로 하여 사업을 현재 수준으로 유지하거나 확대할 때 필요한 예산증액분을 각각 표시한 대안을 개발한다.

관리자는 목표 달성을 위한 수단의 개발과 선택된 수단을 지원할 수준을 정하는 두 가지 작업을 해야 한다.[19] 지원할 수준은 최소 수준, 현행 수준, 증액 수준으로 구분된다. 최소 수준은 현행 수준보다 낮은 수준으로서 이 수준보다 더 축소시키면 사업 자체가 무의미해지는 수준이다. 현행 수준은 최소 수준에 한두 가지의 점증적 수준이 허용된 경우이다. 마지막으로 증액 수준은 현행 수준을 초과하는 한 가지 이상의 점증 수준이 채택된 경우다. 즉, 자금과 성과가 증가된 수준이다(윤영진, 2014: 354).

(3) 단위사업 분석표의 순위 결정(ranking)

상급관리자는 그의 관할 내에 있는 모든 예산운영단위들이 제출한 단위사업 분석표에 대해 상대적인 우선순위를 부여한다. 이러한 과정을 거쳐 소관 부처 차원의 우선순위표가 만들어지고 가용예산이 정해지면 그 예산 범위 안에서 사업이 선정된다.[20]

19) 계획예산제도가 사업에 대한 결정에 초점을 맞춘 제도라면, 영기준예산은 사업뿐만 아니라 금액에 대한 결정에도 초점을 맞추고 있는 점이 특징이다.

20) 단위사업 분석표의 순위를 정하는 과정이 영기준 예산제도의 문제점인데, 분석표가 많으면 많을수록 우선순위를 정하기 곤란하기 때문이다. 이에 대해서 단순화한 영기준 예산제도가 대안으로 등장

3) 영기준 예산제도의 공과

장점으로는 첫째, 예산 증대의 억제를 들 수 있다. 영기준 예산제도는 선례 답습적·점증주의적 예산 편성에서 탈피함으로써 자원 배분의 효율성을 높인다. 기존의 사업이라고 해서 당연히 예산이 인정되는 것이 아니라 분석을 통하여 그것이 정당성을 가질 때에 한하여 인정함으로써 불필요한 지출을 억제할 수 있다.

둘째, 감축관리가 가능해진다. 영기준 예산은 행정조직을 운영해 나가는 과정에서 발생하는 역기능과 중복적 기능을 줄이고, 기능·기구·인력·정책을 의도적으로 축소해 나갈 수 있기 때문에 감축관리의 좋은 도구로 활용된다. 이런 점에서 작은 정부를 추구하는 오늘날에 있어 예산 편성의 지침으로 용이하게 사용될 수 있다.

셋째, 조직구성원의 참여 촉진이다. 영기준 예산은 그 원리가 일선 관리자로부터 상부로 올라가면서 의사결정이 이루어지게 되어 있어 예산결정 과정에서 도외시되기 쉬운 실무계층의 참여를 증대시켜 합리성을 보장한다. 즉, 단위사업 분석표의 작성, 단위사업 분석표의 순위 결정에 조직의 구성원이 참여하는 등 어느 제도보다 조직구성원의 참여가 허용된다.

단점으로는 첫째, 노력과 시간 낭비를 들 수 있다. 영기준 예산은 시간·정보·분석기술 등의 제약으로 인하여 모든 프로그램을 영기준에서 분석하기가 현실적으로 어렵다. 그리고 각 사업의 경제성 분석에 기초한 우선순위가 경제 외적 요인을 고려했을 경우 항상 일치하지 않을 수도 있으며, 경제성 분석에만 국한할 경우 조직단위의 책임자들이 대안을 제시하기가 쉽지 않아 많은 시간과 노력을 필요로 한다. 예컨대 국방비와 같은 경직성 경비를 영기준에 의거하여 편성하는 것은 쉽지 않으며, 교육비나 인건비 같은 필수불가결한 예산에 대해 매년 영기준을 전체로 검토한다는 것은 거의 불가능하다.

둘째, 새로운 사업의 제안이 곤란해진다. 영기준 예산을 운영하면 관리자들은 최소 수준의 대안에 관심을 집중시키기 쉽다. 왜냐하면, 최소 수준은 우선순위가 높아서 예산이 인정되는 경우가 많을 것이기 때문이다. 사업의 목적보다 값싼 대안에 강조점이 주어지기 쉽고 새로운 대안에 대한 관심은 저하될 것이다(신무섭, 2007: 456).

셋째, 장기적 목표의 경시이다. 관리도구로서 부분적인 성공을 하였지만, 장기적 계획, 기본적인 정책 문제 등을 경시함으로써 소기의 목적을 달성할 수 없다(신무섭, 2007: 457).

한다. 이는 각 사업별로 단위사업 분석표를 작성하고 각각의 단위사업 분석표를 정책결정자들이 함께 모여 대면적 대화를 통하여 검토함으로써 예산을 정하는 것이다(신무섭, 2007: 454~455).

5. 자본예산

1) 대두 배경과 특징

자본예산이 발생하게 된 기본적인 동기는 다 같은 예산의 지출이지만, 공무원에 주는 봉급과 다리를 놓는 데 쓰는 돈은 서로 다르다는 것이다. 전자가 소비성을 띤 지출이라면, 후자는 투자성을 띤 지출이다. 따라서 이처럼 다리를 놓는 일은 투자의 성격을 띠고 있기 때문에 일반적인 경상적 지출과 달라야 한다는 것이다(백완기, 1999: 470).

자본예산(capital budget)은 1930년대의 공황기에 스웨덴에서 개발된 예산제도로서, 제2차 세계대전 후에 공공시설의 투자자금을 조달하기 위한 방안으로 미국 도시정부에서 채택되었다(Cope, 1996: 307). 종전(終戰)과 함께 다시 공공사업과 시설 확충에 착수하게 되었지만 이 당시 미국의 도시정부는 조세의 세목과 세율에 제한이 있었고, 정부의 재정통제를 받아야 하는 관계로 조세 수입에만 의존할 수 없어 적자재정과 공채 발행에 의존하게 되었다. 이러한 여건 하에서 미국 도시정부에서 자본예산제도의 발달이 촉진되게 된 것이다.

2) 의 의

자본예산제도는 자본시설계획과 그 재원계획을 통합한 것으로서 기본적으로 세입예산과 세출예산을 공히 경상예산(operating budgeting)과 자본예산(capital budgeting)으로 각각 구분한다. 경상예산의 지출은 경상수입으로 충당하여 균형을 이루도록 하고, 자본적 지출의 재원은 적자재정과 공채 발행 및 경상예산의 잉여분으로 충당케 함으로써 일시적 적자예산을 편성하는 불균형 예산제도로서, 적극예산·팽창예산이다.

이러한 자본예산제도는 장기적인 시설투자사업계획에 효율적으로 대응할 수 있으며, 자본예산이 경상예산과 함께 사용될 때 복식예산(double budget)의 하나가 된다.

3) 자본예산 수립 과정과 기준

(1) 수립 과정

자본예산 편성을 위해서는 먼저 '자본 증진 투자계획(Capital Improvement Program: CIP)'이 수립되어야 한다. CIP를 작성하기 위한 수립절차를 보면 크게 세 단계로 구분할 수 있는데, 제1단계는 향후 15~20년 앞을 전망하며 장기적인 종합개발계획(comprehensive development planning)을 구상하는 것이며, 제2단계는 장기계획에 기초하여 종합적인 시설개발계획(physical plan)과 관련된 기본계획을 작성하는 것이다. 그리고 제3단계는 정부의 세입·세출에 관한 재정 분석을 하고, 이에 입각하여 자본 증진 투자계획과 중기

재정계획을 작성하는 것이다.

(2) 사업선정기준

자본예산을 활용하기 위해서는 어떤 기준에 의거하여 자본사업을 선정할 것인가의 문제가 제기된다. 사업선정기준은 학자들마다 다른데, 호워드(Howard, 1975: 207)는 자본적 지출의 우선순위를 현재 위험한 시설, 현시설의 이용극대화를 위한 지원시설, 현재 계획의 확장, 미래계획의 확장 등을 들고 있다.

4) 평 가

장점으로는 첫째, 투자분석과 자원의 효율적 이용에 도움을 준다. 자본예산은 장기 자본시설계획을 지원하기 때문에 대상사업의 선정에 있어서 비용－편익분석 등을 이용한 투자수익성 분석을 필요로 한다. 이를 통하여 사업 선정에 과학성을 제고할 수 있으며, 의사결정자에게 합리적 결정을 위한 정보를 제공해 줄 수 있다.

둘째, 세대 간 부담의 공평을 기할 수 있게 하여 준다. 자본시설사업은 현세대만이 혜택을 보는 것이 아니라 후세대에게도 편익이 돌아가기 때문에 세대 간에 투자비용을 분담하는 것이 바람직하다. 이를 위한 방안으로 공채발행을 통한 재원조달을 들 수 있는데, 이는 미래의 조세를 앞당겨 징수하는 것이다.

셋째, 정부 순자산 상태의 변동 파악을 가능하게 한다. 자본시설에 대해서는 감가상각을 하게 되므로 자산의 감모분(減耗分) 및 잔존가치를 파악할 수 있다. 이는 정부의 순자산 상태가 해마다 어떻게 변해가고 있는가를 알려주는 것이다.

단점으로는 첫째, 경상비의 적자를 은폐하기 위한 수단이나 무리한 지출을 정당화하기 위한 수단으로 악용될 가능성이 많다. 국민의 이익보다는 정치적 목적을 위해서 사용될 가능성이 크다는 말이다.

둘째, 정부의 경비를 경상비와 자본적 경비로 명확하게 구분한다는 것은 대단히 어려운 일이다. 이러한 구분은 사기업에서도 어려운데, 정부부문에서는 더 말할 것도 없다(백완기, 1999: 472).

5) 적용 실태

우리나라 정부 예산에도 자본예산적 요소가 가미되어 있다. 특별회계 특히 공기업 특별회계는 주로 자산의 형성과 운용을 다루고 있어 자본예산과 유사한 성격을 띠고 있다. 또한 자본예산제도의 기본적인 재원이 되는 공채를 인정하고 있는 점도 자본예산제도의 한국적 적실성을 어느 정도 인정할 수 있는 부분이다(권기헌, 2009: 343).

6. 성과관리 예산제도

1) 의 의

미국에서 GPRA에 의해[21] 기업가형 정부개혁이 추진되면서 자율성을 부여하는 대신 결과에 대한 책임을 지는 전략이 선택되었다. 어떻게 그런 사업성과가 나왔는가의 과정보다 그 사업성과가 좋은가 나쁜가의 결과를 강조한 것이다. 즉, 사업성과와 예산을 연계시키되 투입요소인 예산이 아니라 산출요소인 사업성과를 중심으로 예산을 운영하는 데 초점을 맞춘 것이다.

성과관리 예산제도는 '기업형(entrepreneurial)', '사명지향적(mission drive)', '결과지향(result oriented)', '성과에 기초한(outcome-based)' 예산 등의 이름으로 발전되어 왔는데, 기존의 성과주의 예산제도와 구분하여 새로운 성과주의 예산 또는 결과 예산제도로 부른다. 우리나라에서는 성과관리(예산)제도라는 명칭으로 2005년도에 26개 중앙부처에 도입하였다(유민봉, 2006: 558~559).

2) 성과관리제도의 특징

성과관리제도는 국가재정운용계획 및 총액배분 자율편성(top-down) 제도를 토대로 각 부처의 예산편성 자율권을 대폭 확대하고, 이에 상응하여 재정집행에 대한 부처의 책임성을 제고하기 위해 도입되는 제도이다. 이제까지의 예산이 주로 투입·통제 위주의 제도였다면 성과관리제도는 국민의 세금을 투입하여 추진한 사업의 최종 성과를 관리하기 위한 것이다. 예컨대, 거리청소사업의 경우 과거에는 "청소부 인건비, 청소차량 구입비 및 유지비가 예산대로 집행되었는가"에 관심을 두었지만 성과관리제도 하에서는 거리청소사업의 성과목표인 "거리환경이 얼마나 깨끗해졌는가"에 관심을 갖도록 하는 것이다.

성과관리는 '예산편성-집행-결산'의 예산주기처럼 3년의 주기로서 '성과계획서 작성-당해 연도 사업집행-성과보고서 작성'의 과정으로 이루어진다. 구체적으로 보

21) 미국의 '정부 성과 및 결과법(Government Performance and Result Act: GPRA)'에 의하면, 연방정부의 각 기관들은 관리예산처(OMB) 및 국회와 연계하여 5개년 전략적 기획을 수립하도록 의무화되어 있다. 이 계획에는 구체적이고 측정 가능한 성과목표를 설정하고, 예산 요구 시에 업무 활동에 대한 성과목표를 달성하기 위한 연간 성과계획을 제출하도록 되어 있다. 그리고 과거의 성과주의 예산이 행정기관이 국회와 직접적인 연계 없이 목표, 발전계획, 성과 측정을 하였던 것과 달리, 신성과주의 예산은 행정기관, 이해관계자, 그리고 위원회가 협상하여 성과목표, 측정, 기획을 수립하는 과정에서 국회가 핵심적 역할을 한다. 이렇게 함으로써 행정기관에 획일적으로 예산이 배정되지 않고 각 기관의 수요에 맞게 예산이 배정될 수 있다(Rosenbloom & Kravchuk, 2002: 323).

면, '전략목표－성과목표－성과지표'의 구조로 체계화하여, 기관의 임무 수행을 위해 중장기적으로 추진하는 전략목표의 하위개념으로 주요 재정사업을 통해 달성하려는 복수의 구체적인 성과목표, 성과목표의 달성 여부를 판별하기 위한 척도인 성과지표로 이루어진다. 성과지표에 의해 성과의 달성 수준을 측정할 수 없을 경우에는 성과관리제도의 목적을 달성할 수 없기 때문에 성과지표는 성과관리제도의 가장 중요한 요소라 할 수 있다.

성과관리제도에 문제가 있지만, 서비스의 질을 개선하고 서비스 비용을 줄여 줄 것이다. 이것은 두 가지 메시지를 정부 효율성에 대해 회의적이거나 세금 납부를 꺼리는 국민들에게 던지고 있다. 하나는 성과관리제가 서비스 제공 일을 맡은 사람들이 효율성에 기초한 정책결정을 해 달라는 것이고, 다른 하나는 예산 관료들은 납세자의 편익을 극대화하기 위해 각종 지출들을 면밀하게 조사해야 한다는 것이다(Janet and Rivenbark, 2003: 45).

3) 구 조

성과관리 예산제도는 크게 세 가지 기본 구조를 가지고 있다(유민봉, 2006: 559~561). 첫째, 각 사업단위는 성과계획서를 작성하여 기관장과 성과협약을 맺는다. 기관의 일방적 지시가 아니라 참여에 의한 합의 도출이 중요하다. 성과계획서에는 조직의 미션을 달성하기 위한 전략목표와 성과목표를 포함한다. 또한 성과목표를 구체적으로 측정할 수 있는 성과지표 및 사후 성과 평가 시 검증할 수 있는 구체적인 방법을 제시한다. 예를 들어, BK 21사업의 경우 성과지표로 SCI 게재 논문 수, 지역대학 산업체 취업률 등이 있을 수 있다.

둘째, 중앙예산기구에서 사업단위별 예산을 결정해 주었으면 각 사업집행부서의 장은 예산 범위 안에서 자율적인 예산편성권을 가지고 사업 시행에 필요한 예산을 집행한다.

셋째, 사업집행 결과에 대한 평가를 토대로 한 성과보고서의 작성과 활용이다. 최종목표에 대한 달성도를 중심으로 평가하는데, 목표 미달 시에는 미달사유, 목표달성을 위한 향후 노력 등을 기술하도록 한다.

4) 평 가

이러한 접근법의 핵심은 공공 관리자에게 충분한 융통성을 부여하여 비용 절감의 기회를 놓치지 않고, 서비스 전달에 있어 새로운 기술이나 기법을 창의적으로 사용할 수 있도록 하는 것이다. 신성과주의의 기본 취지는 결과에 초점을 맞춤으로써 정부는 시민의 욕구나 관심에 보다 대응적으로 되며, 서비스 전달에 있어 효율성과 효과성이 증대되게 된다는 것이다.

성과관리 예산제도는 결과 중심의 성과를 강조하기 때문에 국민의 요구에 대한 대응성 내지 책임성을 높일 수 있다.[22] 그 이유는 중간목표가 아니라 행정서비스의 최종 수요자인 국민을 중심으로 성과를 접근하기 때문이다. 그리고 예산집행의 자율권을 부여함으로써 사업집행이나 서비스 전달의 구체적인 수단을 탄력적으로 동원할 수 있어 효율성을 높일 수 있다. 투입이나 과정의 통제로 야기되는 각종 비용도 절감할 수 있기 때문에 최종적으로는 국민에게는 양질의 서비스를 제공하면서 예산의 낭비를 줄일 수 있는 장점이 있다.

단점은 예산편성 과정에서 독자적인 사업선정 기준과 과정을 제시하지 않고 있어 기관 간 비교가 곤란하고 그 결과 국가 전체 차원에서 자원배분의 효율성을 확보하기가 곤란하다(유민봉, 2006: 561).

제 3 절 예산과정

예산은 매년 정부에 의하여 편성되고 국회의 심의·의결을 거쳐 확정되며 관계부처에 의하여 집행된다. 그리고 감사원의 감사를 받아 그 결산이 국회에 제출되며, 국회의 결산승인이 나면 당해 예산의 기능은 완결된다.

1. 예산편성

1) 의 의

예산편성이란 다음 회계연도에 정부가 수행할 정책이나 사업계획을 재정적 용어나 금액으로 표시하고, 예산액을 작성하는 행위로서 예산안편성지침의 작성으로부터 예산안의 확정에 이르는 일련의 과정을 말한다. 우리나라는 조직 개편 이전에는 기획예산처(企劃豫算處)가 예산을 편성했으나, 2008년 2월 29일 재정경제부와 통합하여 기획재정부

22) 참여정부는 국민의 정부에서 1998년에 시범 도입되었던 성과주의 예산제도를 폐기하고 2003년에 재정사업 성과관리제도로 전환하였다. 재정사업 자율평가를 통해 2006년도 예산편성 시 40개 부처 555개 사업 중 미흡으로 평가된 87개 사업에 대해 원칙적으로 전년대비 10% 이상 삭감하도록 하여 재정사업 성과관리제도와 예산편성의 연계를 강화하였다(장병완, 2006: 110~113).

로 개편되면서 폐지되었다.

예산편성 과정은 필연적으로 한정된 재원을 두고 서로가 보다 우위에 설 수 있도록 설득, 호소, 압력 등 다양한 수단을 동원하여 벌이는 타협의 역동적인 과정이라 할 수 있다.

2) 절 차

(1) 중기사업계획서 제출

각 중앙관서의 장은 매년 1월 31일까지 중기사업계획서를 기획재정부 장관에게 제출해야 한다(국가재정법 제28조). 중기사업계획서는 당해 회계연도부터 5회계연도 이상의 기간 동안의 신규사업 및 기획재정부 장관이 정하는 주요 계속사업을 대상으로 한다.

(2) 예산안편성지침과 기금운용계획 작성지침의 통보

기획재정부 장관은 매년 3월 31일까지 예산안편성지침과 기금운용계획안 작성지침을 각 중앙관서의 장 및 기금관리 주체에게 통보해야 한다(국가재정법 제29조). 예산안편성지침은 다음 연도 예산편성의 기본방향과 중점목표 등을 제시한 것으로서, 다음 연도의 국내외 전망, 재정운용 방향, 경비별 편성지침, 예산요구서에 사용할 각종 서식 등으로 구성되어 있다. 그리고 기획재정부 장관은 예산안편성지침을 시달한 데 이어, 부처별 지출 한도를 결정해 통보한다.

(3) 예산요구서 제출

각 중앙관서의 장은 다음 연도의 세입·세출예산, 계속비, 명시이월비 및 국고채무부담행위요구서를 작성하여 매년 5월 31일까지 기획재정부 장관에게 제출하여야 한다. 2003년부터 각 중앙관서의 장은 예산요구관리프로그램(NBSnet) 및 예산정보관리시스템(FIMSys)을 사용하여 예산요구서를 작성하고, 이를 예산정보망을 통하여 송부하도록 하고 있다. 각 중앙관서의 예산 요구의 정도를 보면, 그 동안 예산 요구 증가율은 전년도 예산 대비 25-30% 정도를 차지했으나, 2004년 예산총액배분 자율편성제도 도입 이후 예산 요구의 정도는 10% 미만으로 대폭 감소했다(윤영진, 2014: 153).

(4) 예산요구서 사정

기획재정부장관은 각 중앙관서의 장이 제출한 예산요구서를 사정한다.[23] 예산의

---

23) 경제적 타당성을 주된 조사대상으로 하는 예비타당성 조사는 기획재정부가 담당한다. 예산의 비효율적 배분 방지를 위해 도입되었으며 대상사업으로는 총사업비가 500억 원 이상이면서 국가의 재정지원 규모가 300억 원 이상인 신규사업이다. 공공건설사업은 예비타당성 조사를 통하여 타당성이 검증된 경우에 한하여 타당성 조사 및 기본설계비 → 실시설계비 → 보상비 → 공사비의 순서로 예산

사정이란 각 부처의 예산요구서에 담긴 사업내용을 분석하고 소요예산을 산출하는 작업을 말한다. 예산사정이란 단순한 검토나 조정 수준이 아니라 예산을 '대패질'하는 과정이라 할 수 있으며(유민봉, 2006: 525), 삭감의 초점은 주로 사업경비에 모아진다. 예산사정은 6월부터 8월까지 계속되는데, 재정사업 자율평가제도를 시행하면서 평가 결과를 다음 연도 예산 편성에 반영하는 환류 기능이 강화되고 있다.

(5) 예산안 확정 및 국회 제출

기획재정부 장관은 종합된 예산안을 편성하여 이를 국무회의 심의를 거쳐 대통령의 승인을 얻어 회계연도 개시 120일 전까지 국회에 제출하여야 한다. 종전의 90일 전까지에서 120일 전까지로 변경한 것은 국회의 예산심의 기간을 늘리기 위한 조치라고 볼 수 있다. 국가재정법이 2007년 1월부터 시행됨에 따라 국가재정운용계획을 예산안과 함께 국회에 제출하도록 의무화하고 있다.

3) 문제점

첫째, 공무원들이 재정여건을 감안하지 않고 전년도를 답습하는 형태의 예산안을 편성한다. 둘째, 비현실적인 예산단가의 문제이다.[24] 셋째, 예산편성과 중기재정계획과의 연계가 부족하다.

4) 예산편성과 관련된 최근의 제도개혁

(1) 국가재정운용계획

① 의 의

기존의 예산편성은 단년도 위주로 이루어져 예산과 계획의 연계가 어려우며,[25] 중장기적 시각에서 국가비전과 발전전략을 효과적으로 지원하고 재정건전성을 견지하기가 곤란하다. 또한 특별회계나 기금의 증설로 재정의 투명성이 저하된다는 비판을 받아 왔다.

이에 정부는 예산과 기금을 포괄하는 통합재정 기준으로 5년 단위의 국가재정운용계획을 수립하여, 중장기적 시계(time horizon)에서 국가재원의 전략적 배분을 도모했다.[26]

을 반영한다.

24) 중앙관서 예산 업무 담당 공무원을 대상으로 한 설문조사에서 '예산단가가 비현실적이다'라는 항목에 45.6%가 '그렇다' 이상으로 응답하고 있다(유민봉, 2006: 528). 예산단가의 비현실성은 부실공사의 한 원인이 될 수 있다. 건설단가의 경우 편성기준상 단가가 실지급 규정상 단가의 최고 93.3%에서 최저 69.2% 수준에서 결정되어 부실공사의 원인이 된다(김성철·윤진훈, 2004: 95).

25) 기존의 중기재정계획은 개략적인 투자방향을 제시하는 데 그쳤으며, 단년도 예산편성 및 기금운용계획 수립과의 연계도 미흡했을 뿐만 아니라, 대외적으로 공개되지 않고 내부 참고자료로만 활용됨에 따라 그 실효성도 높지 않았다(권기헌, 2009: 514).

26) 김성식 의원이 최근 발의한 국가재정법 개정안은 정부가 국가재정운용계획을 제출하기 전에 해당

② 기대효과

첫째, 재정운용의 효율성: 중장기적 시계의 국정비전과 정책우선순위를 고려한 전략적 재원배분이 이루어지게 되므로 재정운영의 효율성을 제고할 수 있다.

둘째, 재정운용의 건전성: 정책별 배분되는 자원의 양과 비중을 보면서 정책의 방향에 대한 예측이 가능하게 되고, 재정적인 규모·비율 등을 볼 수 있게 되므로 재정운용의 건전성이 확보된다.

셋째, 재정운용의 투명성: 국가재정운용계획은 공개토론회, 국무위원 토론회, 국무회의 보고 등을 통해 분야별 재원배분계획이 확정되므로 재원배분의 투명성이 제고될 수 있다.

③ 한 계

첫째, 중기재정관리의 대상이 모호하고, 계획의 전제가 되는 경제 전망과 세입 전망의 객관성이 부족하다.

둘째, 재정운용기관의 자율성과 책임성이 충분하지 못하다.

(2) 예산 총액배분 자율편성제도

① 의 의

이 제도는 재정당국이 국가재정운용계획을 수립하고 이를 토대로 분야별·부처별 지출한도를 미리 설정한 후 개별 사업별로 예산안을 편성하는 것이다. 이 제도가 마련된 계기는 단년도와 상향적 예산편성은 제정당국의 미시적 통제로 인하여 정책과 예산의 연계를 어렵게 했다는 것이다. 그 결과, 재정당국과 각 부처 간 정보의 비대칭으로 인하여 효율성 저하가 초래되었다. 이에 이 제도가 도입되었는데, 도입 후 가장 큰 변화는 전년 예산 대비 예산증가 요구율이 현저하게 감소한 것이다.

구체적인 내용을 보면 첫째, 기획재정부는 국가재정운용계획을 고려하여 지출한도를 설정한다. 둘째, 하향식 예산편성 방식으로 재원을 배분한다. 통보된 지출한도 범위 내에서 예산을 편성하여 기획재정부에 요구하게 된다. 셋째, 각 부처는 지출한도 범위 내에서 자율적으로 사업별 재원배분을 하게 된다.

② 성 과

첫째, 과다요구와 대폭삭감의 관행이 개선되었다. 예년의 25% 안팎의 증가율을 보이던 것이 2005년도 예산요구서에서는 증가율이 5%대로 대폭 낮아졌으며, 일반회계는 예년의 30% 수준의 요구에서 11.7%로 낮아졌다. 이러한 현상은 각 부처가 예년의 경우

상임위원회에 보고하도록 되어 있다(조선일보, 2010. 4. 29).

예산을 부풀려 요구했지만 이제는 기획재정부가 각 부처의 지출한도를 미리 통보함에 따라 시급하지 않은 예산을 스스로 감축하고 우선순위가 높은 사업으로 자체 조정한 후 예산을 요구하였기 때문인 것으로 설명하고 있다.

둘째, 예산편성의 문제점이 개선되었는데, 이 제도에서는 예산편성 시에 일반회계·특별회계·기금까지 포함하여 총액으로 예산을 결정한다. 따라서 이전에 특별회계나 기금예산 등을 부처의 비가식적인 예산 팽창 수단으로 이용했던 경향을 줄일 수 있게 되었다.

셋째, 각 부처와 기획재정부가 함께 편성하는 예산으로 전환하였다. 지출한도 내 요구는 대부분 반영됨으로써 주무부처의 정책적 의지가 예산에 반영되게 되었다.

③ 한 계

이러한 성공에도 불구하고 아직 총액배분 자율편성제도가 완전히 정착되었다고 보기 어렵다. 부처별로 자율예산 편성을 인정했지만 구체적인 성과를 관리·평가하고 결과에 책임성을 부여하는 성과관리가 병행·연계되지 못하고 있는 점이 이에 해당한다. 이러한 상황에서 일선부처는 현재까지도 기획재정부의 통제가 과다하다고 생각하고, 또 기획재정부는 일선부처의 책임감이 확립되어 있지 않으며 우선순위 설정능력도 미흡하다고 생각하는 경향이 있다(정부혁신지방분권위원회, 2005a: 131~133). 최근에도 자율을 편법으로 활용해 외생적으로만 지출한도를 준수하고 실질적으로는 위반하는 도덕적 해이 현상이 발생하고 있는 실정이다.

2. 예산심의

1) 의 의

예산의 심의는 행정부에서 제출한 정부예산안을 국회에서 심의·조정하여 다음 연도 예산을 확정하는 단계이다. 예산심의는 입법부가 행정부를 통제하는 도구로 재정민주주의를 실현하는 과정이다. 국회로 하여금 예산안을 심의·확정하게 한 취지는 국민이 낸 세금을 사용하는데 있어서 전체 국민을 대표하고 있는 국회에서 의견수렴이라는 과정을 거치게 하고 동의를 얻도록 하는 데 있다고 본다(신해룡, 2005: 165).

2) 절 차

(1) 안건제출

2014년부터 정부예산안 제출기한이 종전의 회계연도 개시 90일 전까지에서 120일

전으로 당겨졌다.[27]

(2) 대통령의 시정연설, 국정감사

제출된 예산안은 본회의에 상정되어 예산안과 관련된 대통령의 시정연설[28]과 기획재정부 장관의 예산안 제안 설명이 이어진다. 예산안 심의에 앞서 국정감사를 실시하는데, 국정감사는 1972년 이후 폐지되었다가 1987년에 부활되었다. 국정감사제도가 행정부의 감시와 견제 기능을 하고 있지만 운영상의 폐해도 지적되고 있다. 문제 해결 지향적이라기보다 폭로 지향적이고 과다한 자료 요구 등의 부정적 측면이 그것이다.

(3) 상임위원회별 예비심사

예산안의 구체적이고 효율적인 심사를 위하여 5~7인의 소위원회를 구성하여 실질적인 심사를 행한다. 소위원회 심사가 완료되면 예비심사보고서를 작성하여 예결위에 회부한다.

(4) 예산결산특별위원회[29]의 종합심사

상임위원회의 예비심사가 소관별 예산을 심사하는 데 반해 예결위원회에서는 국가예산 전반에 걸쳐 종합적인 심사를 하게 된다.[30] 분과위원회의 부별심사 결과는 '예산안 및 기금운용계획안조정소위원회'에 회부되어 계수조정(計數調整)을 거친 뒤 예결위 전체회의에서 논의 의결한다. 여기서 말하는 계수조정은 부처별로 나뉘어 심사된 예산액을 다시 종합하면서 세입예산액과 일치시켜 나가는 과정이다. 의장은 예결위의 심사가 끝나면 본회의에 부의하게 되고, 본회의에서는 예결위 위원장의 심사보고에 이어 찬반 토론을 행한 다음, 예산안을 의결·확정하게 된다. 현재 예결위는 과거의 비상설위원회에서 상설위원회로 격상됨으로써 예산 심의의 계속성과 일관성을 유지하는 데 일정 부분 기여하고 있다.

(5) 본회의 의결

예산안이 본회의에 상정되어 정책질의와 찬반투표를 거쳐 의결함으로써 예산이 확

---

27) 이는 국회에 입법권이 전속되는 대신에 행정부가 예산안편성권을 독점하는 것을 나타낸다.

28) 공식명칭은 '… 년도 예산안 및 기금운용계획안 제출에 즈음한 대통령 시정연설'이다.

29) 17대 국회에서 예결위를 상임위원회로 만들기 위한 시도가 있었지만 아직 이루어지지 않고 현재까지 상설특별위원회로 남아 있다. 이에 따라 종전에는 정기국회 중에만 운영하던 것을 2월, 4월, 6월 임시회 시에도 개회하여 연중 정부의 재정활동을 통제할 수 있도록 하였다. 50인 위원 임기 1년의 상설화 법적 강제기구이다.

30) 상임위원회의 예비심사권을 존중한다는 취지에서 2003년 1월 국회법 개정으로 소관 상임위원회의 예산안 심사내용 중 삭감한 세출예산 각 항의 금액을 증액하거나 새 비목을 설치할 경우 소관 상임위원회와 협의하도록 했던 규정을 소관 상임위원회의 동의를 얻도록 변경되었다(신해룡, 2005: 192).

정된다. 예산은 법률과 달리 대통령에 의한 공포를 효력 요건으로 하지 않으며, 정부에 의한 거부제도도 인정되지 않고 오직 국회의 심의·의결에 의해 확정된다. 헌법에서는 국회에서 회계연도 개시 30일 전인 12월 2일까지 의결하여야 한다고 규정하고 있다.[31] 만일 새로운 회계연도 개시 전까지 예산안을 국회가 의결하지 못하는 경우에 정부는 전년도 예산에 준해서 준예산을 집행하도록 되어 있다.

3) 문제점 및 개선방향

(1) 졸속심사

예산심의가 의례적으로 이루어져 대개 행정부 예산안의 1~3% 정도를 삭감하는 선에서 심의가 졸속적으로 이루어지고 있는데, 이는 여야 간의 경쟁이나 밀어붙이기식 격돌이 많고, 예산심의기간이 짧은 데서 기인하고 있다(이도형, 2007: 350~351).[32]

국회 예결위를 상임위로 전환하여 전문성을 확보하고 연중 예산심의가 이루어질 수 있도록 해야 한다.[33] 특히 소요재원의 마련에 대한 뚜렷한 대책도 없이 의원들이 정치적 인기를 위해 마구잡이식으로 발의하는 입법안건에 대해선 통과유보제(pay-go) 원칙을 도입해야 하며, 의원 입법안에 대해 정확한 재정추계를 해 줄 수 있도록 국회 예산정책처의 기능을 대폭 강화해야 한다(이도형, 2007: 352).

(2) 비합리적 조정

현재 우리나라 예산 심의의 문제점으로는 예산 규모나 내용의 조정 또는 수정이 매우 비합리적이란 것이다(강신택, 1993: 267~268). 보통 상임위에서는 소관 부처의 사업에 대해 동조하는 성향이 있으므로 소관 부처의 예산액을 증액하려는 경향을 나타낸

---

31) 2014년부터 예산결산특별위원회는 예산안의 심사를 매년 11월 30일까지 마쳐야 한다. 그리고 이 기한 내에 심사를 마치지 아니한 때에는 그 다음날에 위원회에서 심사를 마치고 바로 본회의에 부의된 것으로 본다.

32) 우리 정부는 매년 10월 2일(회계연도 90일 전)까지 국회에 예산안을 제출한다. 헌법상 12월 2일까지 이를 처리하도록 한 만큼 법정 심사기간은 60일이다. 그러나 국회의 10월은 국정감사와 대정부 질문 등으로 바쁘기 때문에 11월 초나 돼야 본격적인 예산심의에 들어간다. 회계연도가 10월 1일에 시작되는 미국은 대통령이 매년 1월 국회에 예산안을 제출한다. 9월 초까지 심의를 한다 해도 심사 기간이 8개월여다. 이를 위해 미국 행정부는 해당 회계연도 개시 1년 6개월 전부터 예산안 준비에 들어간다(중앙일보, 2008. 12. 8). 현재는 회계연도 개시 120일 전까지로 변경되어 심의시간이 90일이다.

33) 예결위의 상임위로의 전환에는 찬반양론이 있다. 현재처럼 특별위원회로 존치하는 것은 전문성을 살릴 수 없다는 점과 상임위와 예결위의 겸직으로 인해 예산심의에 충분한 시간을 할애하기 어렵다는 단점이 있지만, 다음과 같은 장점도 있다는 것이다. 첫째, 각 상임위의 입장을 존중하며 전체 예산안을 조율할 수 있다. 둘째, 다수 의원들이 예결위에 참여할 기회를 가짐으로써 재정적 시각을 두루 갖출 수 있다. 셋째, 예결위가 고착된 입장 또는 경직된 운영방식에서 벗어날 수 있다(최병선·최종원, 2008: 612).

다.[34] 여야 의원들이 지역구 민원을 해결하기 위해 대부분의 상임위에서 익년도 세출 규모를 늘리고 있다. '상임위 예비심사→예결위 심의'라는 이원적 심사구조가 비효율적이라는 지적도 많다. 애초 상임위의 전문성을 최대한 활용한다는 의도에서 도입됐지만 실제 상임위와 예결위의 업무가 분명히 구분되지 않아 중복심사로 시간과 인력이 낭비되고 있다.

(3) 예결위와 상임위의 중복

또 다른 문제점으로는 예결위는 상임위원회와의 중복성을 피하고 중립성을 유지하기 위해 매년 재구성되도록 하고 있다. 이것은 여야 간에 정치적 갈등이 있을 경우 위원 선임을 어렵게 하고 심사기간의 단축을 가져왔다(임동욱·함성득, 2000: 126). 예결위의 경우 예산심의기간이 평균 10일도 안 되는데 그 중 2분의 1 이상을 정책질의에 쓰고 있다(강신택, 1993: 267). 이러한 심의기간의 부족은 합리적인 예산심의를 저해하고 예산심의의 형식화를 초래한다. 이러한 실정을 반영하여 2000년 국회법 개정을 통해 예산결산위원회는 상설 특별위원회 형태로 운영되고 있다. 전반적으로 볼 때 형식적인 예산심의를 탈피하기 위한 제도적 보완이 시급한데,[35] 감사원을 국회로 이관하고 예산정책처를 보강하여 심의의 수준을 높여야 한다는 주장이 나오는 배경이 이것이다.

3. 예산집행

1) 의 의

예산의 집행이란 국회에서 의결·확정된 예산에 따라 수입을 조달하고 공공경비를 지출하는 재정활동을 의미한다. 이는 단순히 예산으로 정해진 금액을 수납하고 지출하는 것만을 뜻하는 것이 아니라 수입의 조정, 납입의 통지, 수납, 예산 및 자금의 배정, 지출원인행위의 실행, 지방채의 발행, 일시차입금의 차입, 세출예산의 이용·전용·이체, 계약의 체결 등을 모두 포함하는 것이다(신해룡, 2005: 227).

---

34) 우리나라 상임위의 예산 예비심사는 괜한 시간 낭비일 뿐이라는 주장이 있다. 행정부는 소관 상임위 국회의원의 요구사항을 배려해 주고, 국회의원들은 지역구나 관련 단체의 현안 예산을 확보하기 위해 선심성 증액이 곳곳에서 벌어진다(이철규, 2007: 299).

35) 2003년 10월 19일에 시행에 들어간 국회법 제93조의2 제2항은 "정기국회 기간 중에 위원회 및 본회의에 상정하는 법률안은 다음 연도의 예산안 처리에 부수하는 법률안에 한한다. 다만, 긴급하고 불가피한 사유로 위원회 또는 본회의의 의결이 있는 경우에는 그러하지 아니하다"라고 규정하고 있다. 이는 정기국회에서 예산안 심의에 주력하기 위함이다(송하중 외, 2005: 138).

2) 집행절차

(1) 예산의 배정

국회에서 예산안이 통과되었다 해서 각 기관에 배정된 예산이나 사업비가 바로 집행되는 것이 아니라, 예산배정이 이루어진 뒤 현금지출에 이르게 된다. 중앙관서의 장이 예산배정요구서를 기획재정부 장관에게 제출하면, 기획재정부 장관은 분기별 예산배정계획을 작성하여 국무회의의 심의를 거친 후 대통령의 승인을 얻어야 한다(국가재정법 43조). 국회를 통과하여 예산이 확정되었더라도 해당 예산이 배정되지 않은 상태에서는 지출원인행위를 할 수 없다.

(2) 예산의 재배정

중앙관서에 대한 예산 배정이 끝나면 이어서 중앙관서의 장은 예산 배정의 범위 내에서 예산 지출 권한을 하급기관에 위임하는 절차를 이행하는데 이것을 예산의 재배정이라고 한다. 부처 장관이 예산배정계획서와 월별 자금계획에 의한 월별 한도액을 참고하여 하급기관에 재배정하면, 하급기관장은 재배정받은 예산의 범위 내에서 지출을 할 수 있다.

(3) 수 입

수입이란 조세 기타의 세입을 법령에 의하여 징수 또는 수납하는 것을 뜻한다. 기획재정부 장관은 세입의 징수와 수납을 총괄하고 각 중앙관서의 장은 소관 세입의 징수와 수납을 관리한다.

수입은 ① 세입의 조사 결정, ② 납입 고지, ③ 수납 등의 절차를 따르며, 징수기관과 수납기관은 분립되도록 되어 있다(국고금관리법 제13조).

(4) 지 출

지출은 예산 지출의 원인이 되는 지출원인행위와 수표 발행을 뜻하는 좁은 의미의 지출로 구성된다. 재무관은 지출원인행위를, 그리고 지출관은 채권자의 금융기관 계좌로 입금되도록 조치를 취한다. 재무관의 지출원인행위와 지출관의 계좌 이체는 성격을 달리한다.[36]

3) 예산집행의 신축성

예산집행의 신축성 유지란 계획한 대로 예산이 집행되도록 행정기관이 예산상황

36) 지출원인행위와 지출행위와 구별된다. 지출원인행위를 한 후 중앙예산기관으로부터 자금을 배정받은 범위 내에서 국고를 지출하게 되는데, 이를 지출행위라 한다.

변화에 대응하여 수정 조치를 취하는 일련의 행동을 말한다(신무섭, 2007: 357). 예산집행의 신축성을 유지한다는 것은 예산통제를 완화한다는 의미인데, 신축성 유지 방안에는 다음과 같은 것들이 있다.

(1) 전통적 방법

① 이용과 전용

가. 의 의

이용(移用)이란 장·관·항 등 입법 과목 간 예산의 상호 융통을 말한다(한정성 원칙의 예외). 이용은 사업계획이나 여건의 변화에 따라 예산집행을 신축적으로 운용함으로써 사업을 보다 효율적으로 추진하고 예산의 적정한 사용을 도모하기 위한 제도로서, 목적 외 예산사용 금지의 예외적인 조치이다.

이용은 입법 과목, 즉 의회의 의결 과목인 장·관·항에 대한 조치이므로 원칙적으로 허용되지 않는다. 즉 각 중앙관서의 장은 세출예산이 정한 목적 이외에 경비를 사용하거나 예산이 정한 각 기관 간, 각 장·관·항 간에 상호 이용할 수 없다. 다만 예산집행 시 필요에 의하여 미리 국회의 승인을 얻은 것에 한하여 기획재정부 장관의 승인 하에 운용할 수 있다. 공무원의 보수, 공공요금, 배상금, 재해대책비 등에 부족이 생겼을 때는 당해 소관 내의 타 비목으로부터 이용할 수 있다고 규정하고 있다(2014년도 예산총칙 제10조).

전용(轉用)이란 세항·목 등 행정 과목 간 예산의 상호 융통으로서(한정성 원칙의 예외), 전용은 행정재량에 맡겨져 있으므로 그 규모가 크고 다양한 편이다. 예산의 전용은 사업내용이나 규모의 변경 없이 특정 사업의 수행수단을 변경하는 것을 의미한다. 국회의 사전 승인까지는 필요하지 않으나 기획재정부 장관의 승인을 요한다.

나. 절 차

먼저 이용절차를 보면, 각 중앙관서의 장은 예산이 정한 각 기관 간, 또는 각 장·관·항 간에 상호 이용할 수 없다. 다만 예산집행 상 필요에 따라 미리 예산으로써 국회의 의결을 얻은 때에는 기획재정부 장관의 승인을 얻어 이용하거나 기회재정부 장관이 위임하는 범위 안에서 자체적으로 이용할 수 있다(국가재정법 제47조 제1항). 미리 국회의 의결을 얻는다는 것은 예산총칙에 이용범위를 정하여 국회의 심의·확정을 거친다는 의미이다. 2005년도 예산의 경우 예산총칙 제10조·제11조에 이용범위를 정하고 있다.

전용절차는 국가재정법 제46조 제1항에서 각 중앙관서의 장은 대통령령이 정하는 바에 따라 기획재정부 장관의 승인을 얻어 각 세항 또는 목의 금액을 전용할 수 있다고 규정하고 있다.

다. 이용과 전용의 남용

예산의 이용과 전용이 남용되면 예산집행 단계에서의 신축성은 유지되지만 통제의 역할은 거의 수행하지 못한다. 우리는 겉으로는 예산의 이용과 전용이 활발하지 않은데 실제로는 규정을 어기는 이용과 전용이 만연되고 있다. 예산 이·전용은 대부분 사업계획 변경과 사업 확대, 인건비 부족, 직제 개정 등의 사유로 이루어지고 있었다.

② 이 체

이체(移替)란 폐지되거나 기능이 이관된 기관의 예산을 신설된 부처의 예산으로 재분배하는 작업이다.[37] 예산의 사용목적은 변화시키지 않고 책임 소관만 변동시키는 것으로서, 국회의 사전 승인은 필요 없으나 기획재정부 장관의 승인을 요한다. 이것은 사전 의결 원칙의 예외가 된다. 그리고 기획재정부 장관은 예산을 이체한 때에는 당해 중앙관서의 장 및 감사원에 통지해야 한다(국가재정법 제47조 제3항).

예산의 이체는 조직의 변동이 사전에 계획되어 해당 연도 예산편성 때 미리 반영되어 있으면 이체는 발생하지 않는다. 예산이 이체되는 경우에도 예산액은 변동되지 않는다.

③ 이월(移越)

예산의 이월은 회계연도를 달리하여 다음 해로 예산을 옮기는 것이다. 예산의 효력은 1년이기 때문에 승인받지 않은 사용 금액은 다음 연도의 세입이 된다. 그러나 사업의 성격상 1년 내에 그 지출을 완료할 수 없는 경우 이월제도를 두어서 예산의 연도 내 사용원칙을 완화하고 있다.

이월에는 명시이월과 사고이월이 있다. 명시이월이란 세출예산 중 연도 내에 그 지출을 마치지 못할 것이 예측될 때에 미리 국회의 승인을 얻어 예산을 다음 연도로 넘겨서 사용하는 것이다. 그런데 예산 성립 후에 발생한 사유도 명시이월의 이유가 되므로 본예산에서는 명시이월비가 아니었더라도 추가경정예산에서 명시이월비가 될 수 있다. 사고이월은 연도 내에 지출원인행위를 하고 불가피한 사유로 인하여 연도 내에 지출하지 못한 경비와 연도 내에 지출원인행위를 하지 않은 부대경비를 다음 연도에 이월하여 사용하는 것이다. 명시이월은 다음 회계연도에 재차 이월이 가능하나 사고이월은 재

---

37) 2008년 2월 29일에 새로운 정부조직법이 통과되면서, 4천여 개 사업, 이체대상 135.2조 원의 예산집행이 새로운 조직의 이름으로 가능하게 되었다. 이번 예산이체의 특징을 보면, 정부조직법 개정에 따라 예산편성 단위인 부처소관이 60개에서 50개로 10개 소관이 축소되었으며, 그에 따라 부처 당 예산규모는 증가했다.

차 이월할 수 없다.

④ 예비비

이 외에도 집행의 신축성을 위하여 예비비가 사용되고 있다.[38] 예비비란 예측할 수 없는 예산의 지출 또는 예산 초과지출에 충당하기 위한 경비를 말한다. 정부는 예비비를 책정하여 총액으로 국회의 의결을 받아야 한다.

추가 경비 지출의 원인인 새로운 사태의 발생이나 사정변경의 정도가 작은 경우에 한하여 예비비로 충당하여야 하며, 그 정도가 클 때는 추가경정예산을 편성하여야 한다.

예비비의 한도는 과거의 예산회계법에서는 세출예산의 1/100 이내를 계상하였으나 1989년의 개정에서 그 한도를 삭제하고 '상당하다고 인정되는 금액'이라고 하고 있다. 그 이유는 1/100 규정이 예비비의 과다한 팽창을 조장하였다는 이유였다(김종희, 2005: 481). 그러다가 이번 국가재정법에서는 다시 1/100 규정을 삽입하고 있다. "예측할 수 없는 예산 외의 지출 또는 예산 초과 지출에 충당하기 위하여 일반회계 예산 총액의 1/100 이내의 금액을 예비비로 세입세출예산에 계상할 수 있도록"하고 있다(제22조).

⑤ 계속비

계속비란 정부 발주 공사나 제조 및 연구개발사업에 있어서 그 완성에 수년을 요하는 경우 소요 경비의 총액과 연부액(年賦額)을 정하여 미리 국회의 의결을 얻은 범위 안에서 다년도에 걸쳐 지출할 수 있는 경비를 말한다(국가재정법 제23조). 수년에 걸칠 경비의 총액을 일괄하여 국회의 의결을 얻으면 당해 연도를 포함한 5년 이내에 허용된 경비 총액 범위 내에서 계속 지출할 수 있다. 각 연도별 예산액 중 당해 연도에 지출하지 못한 것은 5년 이내의 계속비 사업 완성 연도까지 연차로 이월하여 사용할 수 있다. 그러나 계속비 총액이나 연도별 액수에 변동이 있을 때는 다시 국회의 승인을 받아야 한다.

계속비 제도는 회계연도 독립의 원칙에 대한 예외이다. 이것은 이미 착수된 사업이 중도에 중단되어 예산을 낭비하는 일이 없도록 하기 위한 것이다.

(2) 현대적 방법

① 예산성과금

정부는 예산의 집행방법 또는 제도의 개선 등으로 수입이 증대되거나 지출이 절약된 경우에는 증대 또는 절약된 예산의 일부를 이에 기여한 사람에게 성과금으로 지급

38) 예비비와 구별되는 것으로 예비금이 있다. 예비금은 국회, 법원, 헌법재판소의 독립성을 보장하기 위해 별도로 예비비를 청구하지 아니하고도 내부에서 융통성 있게 사용할 수 있도록 한 제도이다.

하거나 다른 사업에 사용할 수 있도록 허용함으로써 예산집행 부서의 경비 절감을 유도하고 있다. 예산성과금 지급 규모는 각 부처 자발적으로 법령상 직제를 축소한 경우 축소된 인력 해당 인건비의 1년분, 경상적 경비 절약이 발생한 경우 절약액의 50% 이내, 주요 사업비에 절약이 발생한 경우 절약액의 10% 이내, 국고수입을 증대한 경우 수입증대액의 10% 이내이다(윤영진, 2014: 195).

② 수입대체경비

수입대체경비란 용역 및 시설을 제공해 발생하는 수입과 관련되는 경비로서 기획재정부 장관이 정하는 경비를 말한다. 즉, 국가가 특별한 역무 또는 시설을 제공하고 그 제공을 받은 자로부터 비용을 징수하는 경우의 경비, 수입의 범위 안에서 관련 경비의 총액을 지출할 수 있는 경우의 경비 등으로서 대법원의 등기소 등기부 등·초본 발행 경비, 외교부의 여권 발급 경비 등을 들 수 있다.

수입대체경비는 국고통일주의에 대한 예외이다. 국고 세입·세출은 하나의 국고로 통일하여 관리하는 것이 원칙으로 수입과 지출을 연계시키지 못하도록 하고 있다. 문제는 이런 원칙이 경우에 따라 일에 대한 동기를 부여하지 못한다는 것이다. 자식이 돈을 벌어 자율적으로 쓰지 못하고 부모님의 통장에 넣어 승인을 받아 사용하라고 하는 경우에 비유할 수 있다. 정부는 수입대체경비라 하여 수입을 국고에 납부토록 하지 않고 그 수입의 범위 안에서 직접 지출할 수 있도록 허용하고 있다.

③ 총액계상예산

총액규모만 예산에 반영하고 세부사업별 지출은 집행부서에 위임하는 방식이다. 이 방식은 세부 내용을 미리 확정하기 곤란한 사업의 경우에 사용한다. 총액계상예산은 대상사업 또는 장소가 전국적으로 분포되어 있거나 전국에 걸쳐 연례적으로 이루어지는 사업을 대상으로 한다. 일반국도사업, 문화재 유지보수사업, 경지정리사업 등이 이에 해당한다.

④ 국고채무부담행위

국가재정법 제25조는 “법률에 따른 것과 세출예산 금액 또는 계속비의 총액의 범위 안의 것 외에 국가가 채무를 부담하는 행위를 할 때에는 미리 예산으로 국회의 의결을 얻어야 한다”라고 규정하고 있다. 이 규정에 따라 국가가 채무를 부담하는 행위를 말한다.

특징은 지출권한을 인정받은 것이 아니고 채무부담 의무만 지는 것이므로 실제 지출에 대해서는 미리 예산으로서 국회의 의결을 얻어야 한다. 국가가 금전 급부의무를 부담하는 행위로서 그 채무이행의 책임은 다음 회계연도 이후에 있는 것이 원칙이다.

4) 문제점 및 개선방안

(1) 문제점

우리 예산제도의 가장 큰 취약점은 예산을 남김없이 다 써야 한다는 점이다. 대표적인 예산 낭비 사례가 상습적인 보도블럭 교체 공사이다. 이 가운데 상당수가 불필요한 공사로 예산낭비성 사업으로 볼 수 있다. 실제 이 같은 도로 유지·보수 및 굴착공사 가운데 30%가 연말인 11~12월에 몰려 있다. 모두 사용하지 않으면 불용액(不用額)이 되고 차기 연도의 예산이 삭감되거나 경우에 따라서는 감사에서 지적받기도 한다. 최근에는 경쟁 입찰 방식이 일반화되면서 예산이 절약되기도 하지만 공무원들은 예산을 남기는 일을 위험한 일로 인식한다.

신축적인 예산집행에는 문제가 따른다. 일례로 전용, 이월 등이 내부적으로 남용되는 경우가 많다. 불용액이 있어 예산이 남으면 다음 연도에 그만큼 예산확보가 어렵다고 보아 사고이월의 형식을 많이 사용하고, 앞서 언급한 대로 가능한 한 연말까지 예산을 집행하려고 한다.

다음 사례는 이러한 현실을 잘 나타내 주고 있다. 충남 홍성군은 2008년에 2억 9,000만 원을 들여 자전거도로를 파헤치고 이 자리에 가로수 100여 그루를 심었다. 나무심기 예산을 제때 사용하지 않아 국고에 반납해야 할 위기에 놓이자 서둘러 도로조경사업에 나선 것이다. 겨울철에 무리하게 나무를 옮겨 심으면 뿌리가 잘려 차갑고 건조한 겨울 날씨에 말라죽을 가능성이 높다. 그러나 군은 예산이 불용처리되는 것을 막기 위해 공사를 강행한 것이다(동아일보, 2008. 12. 20).

(2) 개선방안

이를 막기 위한 대안으로는 첫째, 연말 마구잡이식 예산집행의 원인은 통제 지향형의 점증주의 예산편성 때문이다. 즉 전년도 예산이 주요 기준이 되고 그 삭감기준이 예산 불용액이 되니 다 써버리는 것이다. 따라서 영기준 예산을 적절한 범위 내에서 추구해야 하고, 예산불용액을 예산절약액으로 그 명칭을 변경해 예산절약 마인드를 유도하고, 절약 시에는 그에 대한 유인책을 제공할 필요가 있다.[39] 둘째, 정부는 단년도 위주에서 다년도 예산편성 방식으로 전환해 당해 연도에 완료하지 못할 것으로 예상되는

---

39) 영국, 캐나다, 호주 등에서는 각 부처의 연도 말 예산관리에 보다 많은 융통성을 주는 방안을 채택하여, 인건비와 물건비를 포함한 불용액 가운데 일정 부분을 다음 연도로 이월할 수 있도록 허용하고 있다. 호주와 아일랜드는 더 나아가서 익년도 배분분에서 미리 차용하는 것까지도 허용한다. 이러한 개혁은 연도 말에 집중되는 비효율적 지출을 예방하는 데 크게 기여하였다(이철규, 2007: 306).

사업은 명시이월 예산으로 편성하도록 해 예산집행의 신축성을 제도적으로 확보하는 방안이 있을 수 있다. 셋째, 담당공무원의 윤리의식, 책임의식이 필요하다. 왜냐하면 아무리 법적 규제조치가 잘 정비되어 있어도 공무원이 그 빈틈을 이용해 재량예산의 취지를 악용한다면 아무 소용이 없기 때문이다(이도형, 2007: 354~355).

4. 결산과 회계검사

1) 의 의

결산은 입법부가 정해준 대로 행정부가 예산을 집행했는지를 심사하는 과정으로서, 한 회계연도[40] 내에 있어서의 정부의 세입과 지출의 실적을 확정적 계수로써 표시하는 행위이다. 결산은 예산과는 달리 정부활동을 규제하는 직접적이고 명백한 법적 성격을 가지지 못하나, 결산이 정당한 경우 정부의 책임을 해제시킨다는 의미를 갖는다.

2) 결산과정

결산은 각 중앙행정기관의 장들이 세입세출결산보고서, 계속비결산보고서 등을 작성하여 다음 연도 2월 말일까지 기획재정부 장관에게 제출한다. 기획재정부 장관은 각 중앙관서의 장이 제출하는 결산보고서에 의거하여 총결산보고서를 작성해서 다음 연도 4월 10일까지 감사원에 제출한다. 감사원은 결산의 검사 및 확인이 끝나면 결산검사보고서를 5월 20일까지 기획재정부 장관에게 송부한다. 정부는 감사원의 검사를 거친[41] 국가결산보고서를 다음 연도 5월 31일까지 국회에 제출한다. 종전에는 다음 연도의 회계연도 개시 120일 전까지 제출하면 되었으나 이를 대폭 단축했다. 국회에 제출되면 국회는 예산결산위원회에 회부하여 심사하고, 이를 본회의에 보고하여 본회의에서 의결되도록 함으로써 결산이 확정·승인된다. 결산의 심사 결과 위법하거나 부당한 사항이 있는 경우 국회 본회의 의결 후, 정부 또는 해당 기관에 문제되는 재정지출액에 해당하는 변상 또는 책임에 대한 징계조치 등 시정을 요구한다. 결산 결과 문제가 있는 특정 사안에 대해서는 국회가 감사원에 감사를 요구할 수 있다. 결산은 정기국회 개회 전까지 완료해야 한다.

---

40) 한 회계연도는 1월 1일부터 12월 31일까지이다. 그러나 현실적으로 수입 지출이 회계연도 내에 완결되지 못하므로 출납기한인 다음 연도 2월 10일까지 완결토록 하고 있다.

41) 감사원에 의한 결산의 확인은 결산의 합법성과 정확성에 관한 최종적·확정적 판정이며, 결산의 국회 제출을 위한 전제조건이다. 다만 결산이 위법·부당하다는 판정이 내려져도 이미 수입·지출된 행위를 무효로 하거나 취소할 수 없다. 따라서 감사원의 기능은 발견된 비위의 시정조치를 요구하는 데 그 초점을 두고 있다(김문성, 2004: 265).

3) 문제점과 개선방안

먼저 현실적으로 예산과 결산의 연계가 미흡하다고 볼 수 있다. 이는 회계검사가 단순히 합법성 차원에 머물러 있기 때문이다. 국회의 역할도 미흡하다. 회계검사를 도와줄 기구가 없어 감사원에 의존하다 보니 충분한 통제가 어렵고 전문성이 결여되어 결산에서의 역할이 형식적이기 쉽다. 감사원의 회계검사[42] 역시 형식 위주에 그치고 있다. 대개의 감사결과에서 징계요구나 고발이 적음을 알 수 있다.[43]

결산은 사후감독이기 때문에 위법적 지출, 부당한 지출이 있어도 이를 무효·취소시킬 수는 없다. 따라서 결산은 법률적 의의보다는 정치적 의의가 강하다. 그러다 보니 국회의 결산은 다분히 형식적 추인의 성격을 띠고 있다. 그런데 개정국회법은 국회결산심사권의 실효성을 확보하기 위해 국회 결산심사 결과 시정요구권을 신설하였다. 이에 따라 2002 회계연도 결산심사 결과 195건, 2003 회계연도 결산심사 결과 81.5%가 증가된 354건의 시정요구를 하였다(신해룡, 2005: 176).

그리고 국회법 개정을 통해 세입·세출예산의 제출을 회계연도 개시 90일 전에서 120일 전으로 바꾸어 결산기간을 30일 늘려 놓은 것은 국회의 결산심사 강화에 대한 의지를 담은 것으로 볼 수 있다(박용치·송재석, 2006: 545). 그러나 국회법만 개정을 하였을 뿐이고 예산회계법을 개정하지 않아 행정절차가 변하지 않는 문제점을 노정하였다. 이에 사실상 이 국회법 개정은 사문화되었다. 그러다가 2006년 국가재정법의 도입을 통해 조기결산제의 의미가 실현되게 되었다. 6월에 결산 심의를 마치고 이 결과를 가지고 10월에 예산 심의를 할 수 있도록 조기결산제의 도입 의미를 실현할 수 있게 되었다(이원희, 2008: 328).

일부에서는 감사원의 회계검사 기능을 국회로 이관하자는 주장도 나오고 있다.[44] 그리고 이제는 회계검사가 단순히 지출의 적법성이 아니라 지출의 효과성에 초점을 맞

---

42) 감사원의 기능은 크게 회계검사와 직무감찰로 나눌 수 있는데, 예산과 관계가 있는 것은 회계검사기능이다.

43) 감사원은 감사 결과를 법률이 정하는 바에 의하여 ① 변상, ② 문책·해임 등의 징계 요구, ③ 시정요구, ④ 개선 요구, ⑤ 고발 등을 한다(감사원법 제31~35조). 2000년의 경우, 감사원은 3,784건을 감사하여 시정(1,306건)이나 주의(1,584건)에 비해 징계·문책(91건)이나 고발(12건)이 현저히 적음을 알 수 있다(2005년도 감사연보: 58).

44) 감사원의 회계검사 기능의 국회 이관을 놓고 논의가 있다. 찬성론자들은 감사원이 실질적인 독립성을 부여받지 못하고 있는 점을 지적 한다. 대통령 직속기관으로 설치되어 비록 국회의 동의를 받지만 감사원장을 대통령이 임명하기 때문이다. 반대론자들은 국민의 신뢰를 받지 못하고 있는 국회에 회계검사권을 부여하는 것은 재정에 대한 민주적 통제보다는 회계검사기관의 전문성과 중립성을 훼손할 위험이 더욱 크다고 한다(김종희, 2005: 505~506).

추어야 한다면 정책감사로의 방향전환이 필히 요구된다는 주장도 제기되고 있다. 이는 정책의 잘잘못을 사후적으로 따져 그것의 시정을 촉구하고 유인하는 강제적 활동인데, 공익과 사회후생을 효과적으로 확보하기 위해 정책감사가 보다 활성화되어야 할 것이다(이도형, 2007: 356). 여기에다가 예산결산위원회가 상임위원회로 전환된다면 적어도 예결위만이라도 전문화되고 연중 활동할 수 있기 때문에 결산에 대한 국회기능이 크게 보강될 수 있을 것이다.

5. 지방정부의 예산과정

1) 예산과정

지방정부의 예산과정은 예산편성, 예산심의, 예산집행, 결산 및 결산 승인으로 이루어진다.

(1) 예산편성

첫째, 편성을 보면, 2005년 예산까지는 예산편성 기본지침에 따라 예산편성을 했다. 예산편성지침의 내용은 크게 두 가지로 구분되는데, 첫째는 예산편성 시의 경비 기준이고, 둘째는 예산 과목 구분과 설정이다. 2005년 8월 지방재정법이 개정됨에 따라 2006년 1월 1일부터 새로운 제도가 시행되면서 지방예산편성지침은 폐지되었다. 대신 '지방자치단체 재정운용편람'[45]을 작성·보급하고 있다. 행정안전부는 전년도 7월 31일까지 지방자치단체에 통보한다. 행정안전부령으로 통보되는 예산편성 운용에 관한 규칙에서는 예산편성 단위, 세입예산과 세출예산에 관한 원칙 등이 포함되어 있다.

사업부서의 예산요구서의 작성, 예산총괄부서의 예산조정을 거쳐 예산안이 작성되면 편성된 예산안은 지방의회로 보내진다. 제출 기한은 광역시도가 11월 11일(회계연도 개시 50일 전)까지이고, 시·군·구는 이보다 열흘 늦은 11월 21일(회계연도 개시 40일 전)까지이다. 지방자치단체는 중앙정부에 상당한 재원을 의존하고 있기 때문에 지방교부세나 국고보조금의 액수가 확정되기 전에는 예산의 편성은 불확실한 추정액수에 근거할 수밖에 없는 문제가 있다.

---

45) 기존의 지방예산편성지침은 지방재정법령에 근거한 것으로서 법규적 성격을 지니며 위반 시에는 지방교부세법에 의한 페널티의 적용 대상이 되는 등 불이익을 받게 되었으나, 재정운용편람은 재정운영 여건과 방향, 예산운영실무 등 지자체의 예산업무 및 재정운용 연찬을 위한 실무 안내 목적으로 작성된다. 정부는 이처럼 이것이 지방자치단체를 강제하는 것이 아니며 법적 구속력도 없으며, 단지 지방자치단체의 예산편성을 도와주는 도우미 역할을 한다고 하지만 지방자치단체단체들은 여전히 이를 예산편성지침으로 받아들이고 있다.

(2) 예산심의

지방의회의 심의과정은 '예산안 제안 설명→소관별 상임위원회의 예비심사→예결위의 종합심사[46]→본회의 의결→예산 이송 및 고시의 순으로 이루어진다. 예결위의 종합심사가 끝나면 예결위 위원장이 종합심사보고서를 의회 의장에게 제출한다. 예산안의 의결은 시·도의회에서는 회계연도 개시 15일 전(전년도 12월 16일)까지, 시·군·자치구 의회에서는 회계연도 개시 10일 전(전년도 12월 21일)까지 이를 의결하여야 한다. 심의에 있어, 지방의회 의원들은 예산에 대한 전문지식이 결여된 것이 일반적이므로 보좌할 예산전문기관의 설립이 필요하다. 그 외 심의 과정의 공개 등도 고려해야 할 것이다.

지방의회 의장은 의결된 예산을 의결된 날부터 3일 이내에 자치단체장에게 이송해야 한다. 예산은 의회 의결로 법적 효력을 가지며, 지자체장은 고시할 뿐이다.

(3) 예산집행

집행은 확정된 예산에 따라 수입과 지출을 구체적으로 실행하는 모든 행위이다. 예산집행의 절차는 ① 예산 배정과 자금 배정, ② 세입사무의 절차, ③ 지출사무의 절차로 이루어진다. 각 회계연도의 경비는 당해 연도의 세입으로 충당하여야 하나, 당해 연도의 수입이 경비를 충당하기 부족한 때에는 지방의회의 의결을 얻어 다음 연도의 수입을 앞당기어 충당·사용할 수 있다. 이 경우 앞당기어 충당·사용한 금액은 다음 연도의 세입세출예산에 편입하여야 한다(지방재정법 제7조). 그리고 집행단계에는 연말에의 과도한 예산 집행, 불용예산 등의 문제가 있으므로 집행의 자율성과 신축성을 보장하되, 이월 제도의 활성화를 통하여 예산의 낭비를 줄이는 방안을 고려하여야 할 것이다.

(4) 결산 및 결산 승인

결산은 예산집행 결과에 대한 사후심사로서 결산승인권은 예산심의권과 함께 지방의회가 집행기관에 대한 중요한 재정적 통제수단이 되고 있다. 자치단체의 장은 회계연도가 종료되면 출납 폐쇄(2월 말) 후 80일 이내에 결산서 및 증빙 서류를 작성하고 지방의회가 선임한 검사위원[47]의 검사의견서를 첨부하여 다음 회계연도 5월 10일까지 지방의회에 제출하여야 한다. 결산의 심사 결과 위법 또는 부당한 사항이 있는 경우 지방의회는 해당 기관에 시정을 요구하고 해당 기관은 처리 결과를 지방의회에 보고해야 한다.

---

46) 예산결산특별위원회의 심사를 거친 예산안의 수정동의는 재적의원 3분의 1 이상의 찬성으로 의제가 된다.

47) 시·도는 5인에서 10인 이하, 시·군·구는 3인 이상 5인 이하로 구성된다. 의원이 검사위원회의 1/3 이상을 점할 수 없다(지방자치법 시행령 제46조의2).

2) 지방정부 예산과정의 개혁[48)]

(1) 예산편성

국가예산 확정이 지연됨으로 인한 교부세와 보조금의 규모와 내역의 미확정으로 1회 추가경정예산이 3월경에 관례적으로 편성되고 있고, 모든 지방자치단체마다 연평균 3회 정도 추가경정예산이 편성되고 있어 이에 많은 인력과 경비가 소요된다. 이 밖에 시·군·자치구의 경우 예산 팀에 2~3명의 인원이 편성과 결산까지 담당하고 있어 전문성을 제고하는 데 한계가 있다.

(2) 예산심의

지방의회가 예산안을 심의할 수 있는 기간이 시·도의 경우 35일, 시·군·자치구의 경우 30일에 불과한 실정이다. 특히 제2기 정기회는 다른 의안이 집중되는 시기이기 때문에 예산안을 충분히 검토할 시간적 여유가 없다. 그리고 상임위원회별로 전문위원이 시·도의회의 경우에는 1~2명의 보좌 인력이 있으나 작은 지방자치단체에는 전문위원을 위원회에 두지 않아 현실적으로 의원들의 심의기능을 보조하는 데 한계가 있다. 따라서 예산결산특별위원회에는 전문위원의 전원 가동이 필요하고, 필요한 경우 외부기관이나 전문가의 지원을 받을 수 있는 시스템의 확보도 필요하다.

(3) 예산집행

예산과 계획의 연계가 이루어지지 않고, 높은 불용액 발생률은 예산편성 상의 비계획성을 반영하며 예산 지출에 낭비적 요소가 상당히 많음을 말한다. 따라서 장기적인 지역개발계획과 중기지방재정계획, 그리고 단년도의 예산이 유기적으로 연계될 수 있도록 사업 선정부터 세심한 주의를 기울여야 할 것이다. 또 이용과 전용 같은 집행 상의 탄력성을 부여하는 제도의 운용을 더욱 확대해야 한다. 그러나 일부 자치단체의 경우 경상적 경비를 조달하기 위해 예산의 이용과 전용 같은 신축적인 제도가 악용되는 경우도 있고, 계속비 제도를 활용하여 고의로 사업을 소규모로 분할하여 여러 차례에 걸쳐 발주하는 등 제도를 악용하는 경우도 발견되고 있으므로 이에 대한 방지 방안도 함께 고려되어야 할 것이다.

---

48) 이 부분에 관한 자세한 내용은 김용철 외, 2006: 316~339를 참조 바람.

제 4 절 예산 및 회계제도의 개혁

1. 거버넌스식 예산과정의 설계

최근 우리나라도 예산과정에 거버넌스적 시도가 이루어지고 있다. 대표적인 사례로 광주시 북구의 주민참여예산제[49]를 들 수 있다. 이는 시민의회 또는 시민예산위원회에 예산결정권의 일부를 위임하는 것으로, 브라질 알레그레 시(Porto Alegre)의 모형을 벤치마킹한 것이다. 주민참여예산제는 단체장의 선심성, 인기성 위주의 비효율적 재정운영을 방지하고 동시에 재정민주주의를 구현하게 된다.

주민참여예산제가 위에 적은 긍정적인 효과를 거두고 있는 점은 인정할 수 있지만, 예산편성 및 집행 과정에 대한 적극적인 정보 공개가 미흡한 것과 지방의회가 주민참여위원회의 활동을 지나치게 견제하고 있는 점 등은 시정되어야 할 것이다.

위의 제도가 예산편성 과정에서의 거버넌스라면, '함께 하는 시민행동'이라는 한 시민단체의 예산감시 운동은 예산집행 및 결산단계에서의 거버넌스라고 볼 수 있다. 이 운동은 주민들이 납세자의 주권을 확보하는 계기를 마련하기 위해 출범했다. 구체적인 활동 목적은 정부와 지자체의 예산 수립과 집행의 효율성, 투명성에 대한 감시활동 및 대안 제시, 예산편성·집행·결산 과정의 정보 공개 등을 들 수 있으며, 국내 최초로 납세자소송 특별법 제정 청원을 한 바 있다(이도형, 2007: 367).

2. 프로그램예산제도

1) 의 의

성과지향 예산제도는 몇 가지 유형이 있지만 그 중에서도 특히, 프로그램예산제도

49) 주민참여예산제는 2003년 광주시 북구가 처음 실시한 이후 2006년 현재 전국 14개 기초자치단체에서 시행하고 있다. 그 조직구성을 보면, 우선 두 개의 주민 조직을 두고 있다. 지역회의와 시민위원회이다. 지역회의는 동별 10명 내외로 구성된다. 공개모집하거나 주민자치위원 중에서 동장이 위촉한다. 지역회의는 예산안 편성을 앞둔 7~8월쯤 예산안에 반영할 동네 주민들의 의견을 수렴한다. 시민위원회는 절반은 공개모집하고 나머지는 지역회의 추천과 비영리 민간단체 추천을 받아 구청장이 위촉한다. 이들은 주민 요구 사항에 대한 우선순위 결정, 각 부서별 예산 사업에 대한 우선순위 결정 등의 일을 한다. 시민위원회의 각 분과위를 통과한 예산안은 예산협의회로 넘겨진다. 협의회는 10월 말쯤 예산안 초안을 짜고, 11월 하순 지방의회에 제출된다. 의회 심의를 거쳐 12월 하순쯤 다음해 예산이 결정된다. 그 동안 광주시 북구의 경우 2005년 54건의 주민 의견을 접수해 2006년 예산안에 14건을 반영했다(조선일보, 2007. 1. 4).

가 대표적이다. 프로그램예산제도는 정부 활동, 즉 예산집행의 성과를 측정하고 성과측정 결과를 잘 활용하여 행정의 효율성과 효과성을 높이는 예산제도이다. 프로그램예산제도의 형성 배경을 보면, 품목별 예산제도가 예산낭비를 억제하는 긍정적인 면도 있으나 예산당국이 6천여 개에 달하는 세부사업의 세출에 시간과 인력을 사용함으로써 정책과 예산의 연계 부족 및 사업별 성과관리의 문제점을 노정했다. 이러한 문제점을 개선하기 위하여 프로그램을 중심으로 그 목표 달성도를 측정하고 그것을 토대로 자원을 배분, 관리하는 체제를 핵심으로 한다.

2004년 6월에 디지털 예산회계기획단을 설립하여 디지털 예산회계시스템을 구축하기 위한 사업을 시작했다. 이 시스템의 핵심적 인프라가 프로그램예산제도이다. 프로그램예산제도는 2005년 2월에 각 부처에 지침을 통보하였고, 2005년도에는 기존 예산안과 더불어 프로그램 예산에 의한 예산안을 동시에 국회에 시범 제출하였으며, 2007년도 예산 및 기금운용계획 작성 시부터 정식으로 적용되었다.

현행 품목별 예산제도는 개별 사업의 성과와 결과보다는 사업 내 단위품목에 대한 투입과 통제 중심으로 되어 있다. 이를 극복하기 위해 예산과정에서 프로그램이 예산관리의 중심이 되도록 한다. 예산분류체계도 장－관－항－세항－세세항－목의 구조에서 분야－부문－프로그램－단위사업으로 재분류한다. 예를 들면 해양수산부의 어촌관광단지 조성, 어촌 민속전시관, 어촌 체험관광마을, 어촌 어항 복합공간 조성 등 사업은 ‘어촌종합개발’ 하나의 프로그램으로 통합된다(이철규, 2007: 313). 또 다른 예를 들면 어업질서 확립, 자율관리업 육성, 수산자원 회복사업 등은 ‘수산자원관리 및 조성’이라는 프로그램으로 묶이게 된다. 프로그램은 같은 정책을 수행하는 단위사업의 묶음을 말한다. 이렇게 되면 현재의 세출예산의 기능별 분류는 20장 66관에서 16분야 66부문으로 개편된다.

품목별 예산과 프로그램 예산의 차이를 그림으로 나타내면 다음과 같다.

2) 현 황

2000년에 시범실시를 거쳐, 2003년에 성과관리제도로 변화되었다. 2004년 연말에는 ‘프로그램 예산체계’의 도입이 발표되고, 2008년도부터 대상 부처의 모든 사업에 대하여 성과보고서를 작성하도록 확대 시행되었다.

2008년 회계연도부터 지방자치단체에서 사용해 오던 품목별예산제도가 성과관리가 가능한 사업별 예산제도로 전면적으로 개편되었다. 이에 따라 자치단체의 세출예산의 기능별 분류 기준은 13개 분야 51개 세부문으로 바뀌게 되었다. 2007년도는 품목별

〈표 9-2〉 품목별 예산과 프로그램 예산의 비교

A) 품목별 예산 형식

	합계	사업A	사업B	• •
인건비				
물건비				
시설비				
•				

⇒

B) 프로그램 예산 형식

	합계	인건비	물건비	• •
사업A				
사업B				
사업C				
•				

<문제점>

- ㅇ 단위사업별 총예산 규모 파악 곤란
- ㅇ 사업 목적(성과)에 대한 관심 미흡
- ㅇ 전년 대비 점증적 예산 편성
- ㅇ 정책분석에 관심 미흡
- ㅇ 품목별 총액 내 지출사업 자율 변경
- ㅇ 품목별 한도 내에서 관리책임 국한

⇒

<기대되는 효과>

- ㅇ 단위사업별 예산 규모 파악 용이
- ㅇ 프로그램 예산 대비 성과측정 용이
- ㅇ 사업 기간별 중장기 예산 편성
- ㅇ 사업성·효과성 등 정책분석 강조
- ㅇ 사업별 총액 내에서 지출 자율 변경
- ㅇ 사업의 성과관리에 대한 책임 강화

자료: 이종수 외, 2008: 505.

과 병행하여 사업별예산서를 참고용으로 지방의회에 제출하였으며, 2008년부터 이 제도가 전면적으로 도입되었다.

그동안의 도입 효과를 보면 첫째, 품목 중심의 통제 중심 재정 운영에서 프로그램 중심의 성과 중심 재정 운영으로 바뀌게 된다. 둘째, 일반회계, 특별회계, 기금이 모두 포괄적으로 표시됨으로써 총체적 재정 배분 내용을 파악할 수 있다. 셋째, 프로그램예산제도는 사업관리 시스템이 함께 운용되기 때문에 재정 집행의 투명성과 효율성을 제고할 수 있다. 넷째, 기능별 분류를 중앙정부와 지방정부 간에 통일시킴으로써 중앙정부와 지방정부 예산의 연계가 가능해진다. 다섯째, 프로그램 중심의 예산은 일반국민이 예산사업을 쉽게 이해할 수 있게 된다(윤영진, 2014: 96~98).

3) 문제점과 개선방안

현행 프로그램예산은 회계와 기금의 단위사업별, 성질별로 사후적으로 유출된 비용을 집계하는 수준에 불과하다. 즉 기존에 수행하고 있는 단위사업을 프로그램으로 사후적으로 묶는 것이다. 이러한 체계 하에서는 중복사업의 축소나 통합을 유도할 수 없는 것이다.

문제는 사업별 예산제도가 도입되었음에도 불구하고 사업별로 어떻게 원가를 책정할 것인가에 대한 논의가 부족한 실정이다. 사실 단위사업별로 직접사업비의 일부만 제공되고 간접비나 공통비 등의 비용정보를 제공해주지 못하여 프로그램 혹은 사업단위의 소요비용을 정확히 파악할 수 없다(국회예산정책처, 2007: 17). 이를 해결하기 위해서는 각 부처가 기관의 특성에 맞는 원가관리회계시스템을 구축하는 것이 필요하다.

3. 발생주의회계와 복식부기

경제위기와 재정적자의 누적에 따라 재정정보를 보다 체계적으로 제공할 필요성이 제기되었으나 단식부기·현금기준 방식으로는 쉽지 않았다. 단식부기·현금기준 방식은 정부서비스의 공급과 비용을 적절하게 대응시키기 어려워 원가와 성과 개념에 따른 적절한 정보나 유인을 제공하지 못한다(임동완, 2007: 130). 이러한 문제를 해결하기 위하여 많은 국가들은 예산 및 회계를 복식부기·발생기준으로 전환하고 있다. 우리나라도 2009년도부터 시행될 국가회계법 제12조 재무회계의 원칙에서는 "국가의 재정활동에서 발생하는 경제적 거래 등은 발생 사실에 따라 복식부기 방식으로 회계 처리되어야 한다"고 규정하고 있다.

사실 우리는 그동안 예산과목과 정부회계과목의 연계가 부족했다. 정부의 사업계획을 화폐단위로 표시한 예산과 그 예산의 집행을 기록하는 정부회계는 연계되어야 한다. 우리는 예산제도에서는 현금거래만을 기록하는 현금주의를 유지하고, 정부회계에서는 현금거래와 비현금거래를 모두 기록하는 발생주의를 사용하는 이원체계를 선택하고 있다.

1) 발생주의회계(accrual accounting)

이는 현금의 수수에 관계없이 어떤 사건이 발생된 시점에 거래를 인식하는 것을 의미한다. 수입은 현금이 유입될 때가 아니라 발생할 때에 기록되며, 지출은 현금이 지불될 때가 아니라 재화를 수령하거나 서비스를 사용하였을 때에 발생한다.[50)]

현금주의는 현금의 유입과 유출이 수반되지 않는 거래는 회계처리 대상으로 보지 않는다. 따라서 현금주의는 자산, 부채, 자본 등을 인식하지 못한다. 현금주의는 이해하기 쉽고, 통제가 용이하다는 장점이 있으나 자산 및 부채의 비효율적 관리, 감가상각과 미지급금 등의 인식 불가능의 단점이 있다.

발생주의 회계는 원가를 계산하거나 효과와 효율을 평가하려고 할 때에 보다 적절한 제도이다. 자산과 부채를 효율적으로 관리할 수 있게 한다. 또 자원사용에 대한 완

50) 그런데 수입이 발생했다고 하더라도 반드시 수납되는 것이 아니기 때문에 수입의 기록은 현금주의로 하고 지출의 기록은 발생주의로 하는 것을 수정발생주의회계라고 한다(강신택, 2003: 321~322).

전한 원가와 산출물별 단위원가의 산정을 통해 정부의 의사결정에 유용한 정보를 제공하게 된다. 발생주의회계가 정부의 재정 상태를 평가하는 데 있어서 유리하나 회계절차가 매우 복잡하다는 어려움이 있다(강신택, 2003: 322).

2) 복식부기 제도

복식부기는 거래가 발생할 때, 거래금액을 장부에 두 번 기록하는 것이다. 이러한 이중적 기록으로 자산이나 부채의 발생 원인을 알게 된다.[51] 모든 거래는 원인과 결과로 차변과 대변에 동시에 기록하게 되어 차변의 합계와 대변의 합계는 일치하게 된다. 이러한 일치 현상을 대차평균의 원리라고 한다. 이러한 일치 현상을 확인함으로써 기록과 계산의 정확성 여부를 검증할 수 있게 하는데 이를 자기검증 기능이라고 한다. 이러한 자기검증의 기능이야말로 복식부기의 가장 중요한 특징의 하나이다(백완기, 1999: 542).

구체적으로 보면, 복식부기 시스템에서는 세출을 발생시키는 거래 유형별로 정형화된 계정과목이 생성될 수 있도록 하고 예산회계의 세출을 복식부기와 연동시키는 구조를 가지고 있는데 이를 회계처리 분개연계표라 한다.

예를 들어, 자산취득비(405－01) 세목으로 사무용 컴퓨터 100만 원이 지출되었을 때, 예산회계에서는 다음과 같이 기록된다.

－ 지출시: 405－01 100만 원

복식부기에서는 동일한 거래를 컴퓨터 검수시점과 대금 지급 시점에 다음과 같이 기록한다.

－ 검수시: (차)	집기비품	1,000,000	(대) 일반미지급금	1,000,000
－ 지출시: (차)	일반미지급금	1,000,000	(대) 현금과 예금	1,000,000

이처럼 단식부기는 100만 원이 405－01 세목으로 지출되었다고 기록한 것이고, 복식부기는 100만 원을 지출하여 집기부품을 취득한 것으로 기록한 결과가 된다(주운현, 2008: 150).

정부회계에서는 대차대조표를 재정상태보고서라고 부른다. 재정상태보고서는 일정 시점의 정부재정 상태를 표시하는데, 자산총계에서 부채총계를 차감한 잔액을 순자산으로 표시한다. 재정운영보고서는 기업의 손익계산서에 해당하는 것으로 '수익－비용－운영차익'의 등식이 적용된다.

---

51) 단식부기에서는 미지급금과 같은 상당액의 부채가 존재해도 현금으로 지출되지 않은 경우 세입세출 결산서에는 재정이 건전한 상태인 것처럼 결산될 수 있다(이종수 외, 2008: 507).

〈표 9-3〉 정부의 재정상태보고서의 구조

차변	대변
자산	부채
	순자산(자산-부채)

〈표 9-4〉 정부의 재정운영보고서의 구조

차변	대변
비용	수익
운영차액(수익-비용)	

2008년부터 시행하기로 했던 국가회계법이 2009년부터 시행되는 것으로 연기되었는데 그 이유는 복식부기·발생기준 회계 도입에 대한 각 중앙관서의 인식이나 수용도가 여전히 미흡한 것으로 판단되었기 때문이다(임동완, 2007: 146). 국가회계법과 국가재정법에 중복·분산되어 있는 결산 관련 규정을 체계적으로 정비할 필요에 따라 2008년 12월 31일부로 관련 규정을 최종 정비한 후 이명박 정부는 이에 근거하여 2009년 1월 1일부터 발생주의[52]·복식주의 회계제도를 시행하고 있다.

3) 발생주의·복식부기 회계제도의 발전 과제[53]

(1) 예산과 회계의 연계 강화 필요

발생주의 회계정보가 예산과정에 적절히 환류되기 위해서는 결산자료를 충분히 활용해야 한다. 또한 발생주의 회계 결산자료를 각종 재정사업이나 사업수행자의 평가에 활용할 필요가 있다. 예산에서 불용이 발생되면 좋은 평가를 받지 못하므로 그 결과 불필요한 예산 집행이 행해진다. 따라서 발생원가와 성과를 비교하여 예산을 효율적으로 사용한 사업에 대해서는 정당한 평가를 해야 한다.

(2) 재무정보의 신뢰성 제고 노력 필요

신뢰성 있는 발생주의 결산정보가 산출되고 있다는 확신이 없다면 이러한 정보가 예산안심의 과정에서 적극적으로 활용되거나 정책결정에 참고되기는 어려울 것이다.

(3) 프로그램별 원가정보 및 성과정보의 연계 강화 필요

예산체계와 성과관리체계가 유기적으로 연결되도록 예산이나 성과계획서가 보다 정교하게 작성되어야 한다.

52) 발생주의는 자신의 변동 및 증감의 발생사실에 따라 회계정리한다. 산출물에 대한 정확한 원가 산정으로 성과의 파악이 용이하지만, 현금주의에 비해 절차가 복잡하고 회계 처리비용이 많이 드는 단점이 있다.

53) 김춘순, 2012: 581~582.

4. 그 밖의 조치

1) 국가재정운영계획의 수립·정착

우리나라는 재정의 건전성과 효율성을 제고하기 위해서 재정당국은 2004년부터 중기적 시계의 '국가재정운용계획'을 매년 수립하여 국회에 제출하고 있다. 국가재정운용계획에서는 단년도에 한정된 재정운용을 지양하고 중장기적 세입 및 세출 여건, 우선순위, 재정건전성의 위협요인 등을 체계적으로 고려하여 국가채무, 재정수지 등 총량목표의 관리목표를 구체적으로 제시하여 예산과 기금운용 계획을 작성하는 틀로서 활용하게 된다. 국가재정법에는 "정부는 재정 운용의 효율화와 건전화를 위하여 매년 당해 회계연도부터 5회계연도 이상의 기간에 대한 재정운용계획을 수립하여 회계연도 개시 120일 전까지 국회에 제출하여야 한다"고 규정하고 있다.

이 계획은 일반회계, 특별회계, 기금을 포괄하는 통합재정 기준으로 작성되기 때문에 정부 전체의 재정규모와 구조를 정확하게 파악할 수 있다. 현재 중앙정부로 국한되어 있는 국가재정의 범위도 지방정부와 산하기관, 공기업까지 확대되며 예산도 부처별, 사업별 칸막이가 없어지고 정책단위로 관리된다. 사실 현행 방식으로는 국가재정의 40% 이상이 누락돼 그 동안 IMF, OECD 등 국제기구의 불신을 받아왔다(이철규, 2007: 313).

국가재정운용계획은 연평균 총지출 증가율을 기준으로 할 때 우선적으로 재원이 투입될 분야, 재원 배분 비율이 감소할 분야, 그 수준을 유지할 분야 등으로 나누어 재원배분의 우선순위가 최소한 분명하게 드러나고 있다. 또 재원 배분 비율이 종전 수준을 유지하거나 축소되는 분야에 대해서는 투융자사업의 내실화, 수익자부담 원칙의 적용 등 시장원리를 도입하려는 의지를 보이고 있어 재정의 효율성에 대한 기대를 가지게 한다(신해룡, 2005: 164).

이러한 여러 장점에도 불구하고 국가재정운영계획은 중기재정계획이 갖는 문제점을 그대로 드러내고 있다는 데 한계가 있다. 앞서 언급한 대로 중기재정관리의 대상이 모호하고, 계획의 전제가 되는 경제 전망과 세입 전망의 객관성이 부족하다는 점을 들 수 있다.

2) 성과관리제도 정착

재정사업을 통해 달성하고자 하는 성과목표를 사전에 설정하고, 성과목표의 달성 여부를 측정할 수 있는 성과지표를 개발하여 사업시행 결과를 평가한 후 그 결과를 재정운영에 반영하는 것이다. 이 제도에서는 사업의 최종 성과를 관리하게 된다. 거리청소사업의 경우 과거에는 청소부 인건비, 청소차량 구입비 및 유지비가 예산대로 집행되었는가에 관심을 가졌으나, 이 제도 하에서는 거리환경이 얼마나 깨끗해졌는가에 관심을 가진다. 재정성과관리제도는 1999년부터 시범 운용 중인 성과예산제도가 발전되어 현재는 '통합형 성과관리제도'의 일환으로 운용되고 있다.

재정성과관리제도는 재정성과목표관리제도, 재정사업자율평가제도, 재정사업심층평가제도의 세 가지 형태로 운영되고 있다. 재정성과목표관리제도는 기관별 성과계획서와 성과보고서를 통해 설정된 성과 목표의 달성 여부를 모니터링한다. 성과계획서는 매년 회계연도 개시 120일 전까지 정부예산안 국회 제출 시 다음 연도 예산안의 첨부서류로 제출한다. 그리고 성과보고서는 매년 5월 31일까지 국가결산보고서를 국회에 제출할 때 국가결산보고서의 서류로 제출한다. 재정사업자율평가제도는 매년 부처별 소관 재정사업 가운데 1/3을 평가해 평가 결과를 예산편성 및 재원 배분에 반영한다. 재정사업 자율평가의 지표 체계는 일반재정사업·정보화사업과 R&D사업을 구분해 구성되어 있다. 항목별 평가 결과를 종합 점수화해서 사업별로 5단계로 등급화한다. 5단계 등급은 ① 매우 우수(90점 이상), ② 우수(89~80점), ③ 보통(79~60점), ④ 미흡(59~50점), ⑤ 매우 미흡(50점 미만)이다. 평가 결과는 다음 연도 예산 편성 시 세출예산 구조조정에 활용되는데, '우수' 이상 급 사업은 원칙적으로 예산을 증액하고, '미흡' 이하 등급 사업은 수정평가를 통한 등급 개선이 없을 경우 차기 평가 도래 연도까지 10% 이상 삭감한다. 재정사업심층평가제도는 재정사업 자율평가 결과 성과가 미흡한 사업 가운데 심층분석이 필요한 사업을 깊이 있게 평가해 개선 방안을 도출한다. 부처 간 유사·중복 사업 또는 비효율적인 사업 추진으로 예산 낭비의 소지가 있는 사업 등이 그 대상이 되는데 심층평가의 주체는 기획재정부 장관이다. 심층평가는 2009년까지 개별 사업을 대상으로 이루어져 왔으나 2010년부터는 심층평가 대상을 사업군으로 변경하여 다문화가족 지원 사업군, 대학경쟁력 강화 사업군 등에 대해 심층평가를 실시했다(윤영진, 2014: 376~381).

3) 총액배분 자율편성제도의 정착

전통적인 방식에서는 새로운 사업에 대해서는 엄격한 심사를 통해서 예산을 결정했다. 이에 반해 총액배분 자율편성제도는 하향식 예산편성제도로서 연초에 부여한 총액한도 내에서 예산편성에 자율성을 부여한다. 성과주의 예산제도나 프로그램예산제도와 같은 다른 예산제도들과 연동하여 운영하면 효과를 높일 수 있다.

재정당국은 단년도 예산편성과 달리 국가재정운용계획에 근거하여 연도별 재정규모, 분야별·중앙관서별·부문별 지출한도를 제시한다. 각 부처는 지출한도 내에서 소관 정책과 우선순위에 입각하여 자율적으로 재원을 배분한다. 이 제도와 기존의 예산제도 간의 주된 차이는 다음과 같다. 첫째, 지출한도의 도입이다. 국가재원배분회의를 거쳐 결정된 예산의 지출한도를 통보하면 예산집행기관이 예산을 배정하는 방식이다. 둘째, 기존 예산제도는 예산 편성 시 사전적 통제가 중요시되나 새로운 제도는 부처의 자율적 편성을 근간으로 하기 때문에 사후적 통제가 중요시된다. 셋째, 예산결정에 자율성 부여이다. 기존 제도는 인건비, 기본사업비, 주요 사업비 등을 구분하지 않고 기획재정부가 결정했으나, 이 제도는 인건비 등 일부 항목을 제외하고는 부처가 자율적으로 결정하게 했다.

각 부처의 자율적인 구조조정 실적이 2005년 5.6%(2.4조 원 삭감)에서 2006년 9.3%(4.2조 원 삭감)로 크게 상승하고 있다. 예산요구 단계에서부터 각 부처가 보다 현실성 있는 예산안을 마련하고 있는 것도 바람직한 변화이다. 2004년 일반회계 요구 증가율이 30.8%에서 2006년 예산요구의 경우에는 9.3%로 대폭 줄어들었다. '과다요구 → 대폭삭감'의 악순환이 서서히 자취를 감추고 있는 것이다(이철규, 2007: 312).

하지만 기대효과와는 달리 실제 운용 과정에서 적지 않은 문제점도 노출되었다(윤영진, 2014: 150). 첫째, 부처의 자율성이 아직도 많은 제약을 갖고 있다. 지출 한도가 주어져 예산 요구를 이전과 같이 자유로이 할 수 없는 상황에서 재정당국의 통제와 조정, 특히 신규사업에 대한 간섭은 이전과 근본적으로 차이가 없다. 둘째, 중기계획 상의 금액과 편성된 예산의 금액이 일치되지 않는다. 셋째, 실제 지출 한도 결정은 세부사업까지 검토·심의해 이뤄지므로 부처의 자율성을 저해하는 문제가 있다.

CHAPTER

10 전자정부

제 1 절 전자정부의 개념적 이해

1. 정보화 시대의 행정환경 변화

지식기반 정보사회가 도래하면서 행정환경은 급변하고 있다. 박우서 외(2005)는 정보화 시대의 행정환경 변화를 아래 세 가지로 설명하고 있다. 정보통신기술의 도입, 자동화와 조직관리 상의 문제, 시민과의 네트워크 확산 등이다. 먼저 정보통신기술의 도입을 보면, 통신기술과 컴퓨터 기술이 결합하면서 디지털 혁명을 실감하고 있다. 정보처리에 대한 일반 시민들의 수요 또한 폭발적으로 증가하고 있다. 다음으로 자동화와 조직관리 상의 문제는 사무자동화로 시간과 비용이 감축되어 업무 처리의 효율성을 높이게 되었다. 조직구조도 신축적인 형태로 변화되었다. 마지막으로 시민과의 네트워크 확산으로 시민들은 정부의 새로운 역할을 요구하고 있다.

이러한 상황 변화에 직면하여 기존의 산업시대 행정의 부정합성이 부각되고 있으며, 정보화 사회에 부합하는 새로운 행정모형을 개발할 필요성이 대두하고 있다. 전자정부도 그 중의 하나라 하겠다. 전자정부는 아직 미성숙 단계에 머물고 있고 잠재하고 있는 문제 역시 적지 않지만 엄연한 사실은 전자정부와 그것과 관련되는 공공관리 개혁의 시대가 이미 우리에게 다가오고 있다는 것이다.

과학기술의 변천이 관료체제에 미친 충격 또한 적지 않다. 전자정부는 조직이 계층제가 아닌 정보의 흐름에 기반을 둘 수 있게 했다. 한편 과학기술의 변천은 조직에서 중간관리자의 존재 가치를 약화시켰다. 고위관리자는 직접 정보를 획득할 수 있고 일선

직원들도 그렇게 엄격하게 감독할 필요가 없게 되었다. 물론 관료체계는 권력 관계에 있어 여전히 무시하지 못할 위치를 점하고 있어 계층제는 소멸되지 않겠지만, 그렇게 많은 계층은 이제 필요 없게 되었다.

계층제에 대한 또 다른 영향은 하위직원들이 유효한 자료를 사용할 수 있게 되면서 비교적 높은 수준의 임무를 수행할 수 있게 된 점이다. 자동화 기계를 사용하면서 하위직 직원들도 복잡한 평가를 해낼 수 있게 되어 관료체계 중의 직위분류의 간소화를 가져왔다고 볼 수 있다(Fountain, 1999: 139).

2. 전자정부의 개념

1) 의 의

전자정부(electronic government)라는 용어는 미국의 고어(Gore) 부통령에 의해서 언급되기 시작했다.[1] 이 개념은 전자은행(electronic banking)에서 비롯된 것이다. 즉, 전자정부란 전자적 커뮤니케이션 도구를 이용하여 정부정책과 서비스를 결정하고 관리·수행하는 형태를 말한다. 정원식은 이를 one-stop과 non-stop 체제에서 고객지향적 정부서비스를 실현하는 것이라고 말한다(정원식, 2003: 258). 전자정부의 개념을 살펴보면 미국의 경우 "공통의 정보통신 기반 위에 하나로 연결된 각종 행정 서비스를 언제, 어디서나, 어떤 방법으로든 제공할 수 있는 정부"로 정의하고 있고, 우리는 "정보기술을 활용하여 행정기관의 사무를 전자화함으로써 행정기관 상호간 또는 국민에 대한 행정업무를 효율적으로 수행하는 정부"(전자정부법)로 정의하고 있다.

지금까지 논의된 전자정부에 대한 개념은 두 가지로 나눠진다(윤상오, 2002: 245). 하나는 과정적 측면에서 본 전자정부이고 다른 하나는 목적적 측면에서 본 전자정부이다. 전자는 정보기술을 이용한 정부혁신과 행정개혁에 초점을 맞추고 있다. 정보기술을 활용하여 관료제 정부의 각종 문제점을 해결하고 지식정보화 시대에 맞는 새로운 정부를 모색하는 과정이 이에 해당한다.[2] 후자는 행정이념과 목표의 측면에서 살펴볼 수 있다. 작고 효율적이며 고객지향적이고 투명한 민주적 정부의 구현이 전자정부가 실현해야 할 목표로서 자리잡게 된다.

---

1) 1993년에 고어(Al. Gore) 부통령이 정부성과관리위원회(National Performance Review: NPR)를 설치하고 국가정보기반구축사업(National Information Infrastructure: NII)을 추진했다.

2) Snellen(1990)은 전자정부에 있어서 전자통신기술의 역할을 세 가지로 분석하고 있다. 1) supporting economy of implementation, 2) supporting public service provision, 3) supporting democracy.

현재 많은 국가에서 정부혁신을 추진하고 있는데 이들 국가들은 전자정부 구현을 정부혁신의 중요한 기반으로 인식할 뿐만 아니라, 효율적으로 혁신 목표를 달성하기 위한 전략적 도구와 수단으로서 채택하고 있다(최창학, 2006: 31). 행정정보화가 행정의 효율성을 중심으로 내부지향적 성격이 강한 반면, 전자정부는 효율성 향상을 통한 국민편익 증진이라는 고객지향적 측면이 강하다. 기존 행정정보화가 정보통신기술을 행정업무에 활용하는 점에 역점을 두었다면, 전자정부는 행정기능과 조직의 개편으로 대국민 서비스 수준을 획기적으로 증대시키는 것이다. 즉 정보통신기술의 활용이 행정 업무의 신속한 처리에 머무는 것을 행정정보화라고 일컫는 반면 고객을 만족시키기 위한 노력으로 발전될 때에 전자정부라고 말할 수 있는 것이다(이윤식, 1998: 95).

전자정부의 개념 정의에는 변화가 있다. 이에는 3가지 유형으로 나누어 볼 수 있는데(최영훈, 2007: 68), 제1유형은 eProcessing으로 정보기술을 이용하여 시민에 대한 정부서비스 전달방식을 변경하는 것이다. 이것은 eBanking에 뿌리를 두고 있다. 제2유형은 eOperation으로 모든 정부업무를 보다 효율화하기 위해 정보기술을 이용하는 방식이다. 전자정부는 지능적 정부가 되며, 정부의 내부부분들을 연결하여 보다 잘 작동하도록 하기 위해 인터넷기술을 사용하는 정부이다. 제3유형은 eGovernance로서, 공공부문 제도들을 변형시키기 위해 전자적 수단 또는 ICT를 이용하여 단순한 정부서비스 전달과정을 넘어선 어떤 것으로 이해한다. 이것은 전자정부를 정부 자체의 본질–즉 정부가 '무엇을 어떻게 왜' 하는지–을 변형시킬 진정한 시민혁명으로 간주하고 있다.

위의 분류와 관련되는 또 다른 관점에서 전자정부의 개념을 정의할 수 있다(이종수 외, 2008: 536~537). 먼저 '정부기관의 기능 영역'에서 기능을 첫째, 정책 결정과 집행 기능, 둘째, 공공서비스 제공 기능, 그리고 셋째, 조직의 기본 행정관리 기능으로 보고, 이들 세 가지 기능에 대해 정보화하는 것, 즉 전자정책결정(e–policy making), 전자서비스공급(e–service delivery), 전자관리(e–management)를 전자정부 영역으로 보는 관점이다.

전자정부를 개념 정의함에 있어서 기술의 발달과 사회의 변화의 관계에 대한 이해가 필요하다. 기술발달이 사회변화를 유발시킨다는 기술결정론이 있는가 하면, 기술은 원천적으로 기술 외적인 목적에 의해 발전하지만 이러한 기술 개발은 사회적 목적 달성에 있어서 핵심적인 수단이 된다고 보는 사회결정론이 있다. 기술결정론의 입장에서 전자정부 발전 초기에는 대부분의 학자들이 기술적인 측면을 강조했다. 초소형 전자기술에 바탕을 둔 컴퓨터와 데이터통신의 결합에 의한 디지털화와 네트워크화를 강조한 것이다. 그러나 사회결정론의 입장에서, 기술의 발달이 사회변동을 유발시킬 수는 있으나 기술 그 자체만으로는 사회적 관계나 제도를 변화시킬 수 없다고 본다. 결국 사회경제적 요인에 의해서 기술의 발달이 규정된다고 본다(정충식, 2014: 279~281).

2) 전자정부의 목표

전자정부의 비전은 정보기술을 활용하여 국민 위주의 질 높은 행정서비스를 제공하는 지식정보사회형 전자정부를 실현함으로써 지식정보 강국을 구현하는 데 있다. 이러한 비전 달성을 위해 전자정부의 추진 목표를 세 가지로 잡고 있다(이종수 외, 2008: 537).

첫째, 정부의 고객인 국민을 위해 누구에게나, 언제나, 어디서나 한 번에 서비스가 제공되는 정부를 구현한다. 24시간 처리가 가능한 전자민원 서비스, 구비서류의 제출 없이도 한번만 신청하면 되는 간편한 서비스를 제공하는 것이다.

둘째, 생산성이 획기적으로 향상되는 정부를 구현한다. 종이 없는 행정을 구현하고 전자화된 행정정보가 각 행정기관 간에 유통되게 하는 것이다.

셋째, 정보 네트워크를 통해 국민과 하나가 되는 정부를 구현한다. 정부정보를 전자적으로 생산하여 전자적 정보공개를 촉진하고, 다양한 매체를 활용하여 국민이 정부정보에 쉽게 접근할 수 있게 하여 투명한 열린 정부를 구현하는 것이다.

참여정부의 전자정부 목표는 '세계 최고수준의 열린 전자정부 구현'이었다. 그것은 크게 두 가지 관점에서 볼 수 있는데 첫째, 정보통신 인프라와 애플리케이션을 활용하여 전자정부를 지속적으로 진화시켜 나간다. 둘째, 열린 전자정부를 통해 투명성과 국민적 참여의 활성화를 도모한다. 전자정부 목표의 행정적, 기술적 구조에서 보면, 전자정부의 목표는 제1단계(일방적 정보 제공)에서 제2단계(쌍방향적 의사전달)를 거쳐 제3단계(능동적 참여)로 진화되는 사회발전 방향을 보여주고 있다. 즉 전자정부는 '국민을 위한 정부' 이상으로 '국민에 의한 정부'라는 민주주의의 절차적 합리성을 강조한다(정부혁신지방분권위원회, 2005: 19).

3) 전자정부의 효용성

Moon(2002)은 전자정부를 통해 정부의 성과를 제고할 수 있고, 국민들의 신뢰를 촉진할 수 있다고 본다. 정부의 무제한적인 확충에서 정부가 비효율적으로 움직이고 있고 정책소외(policy alienation)를 가져 오면서 시민들은 신뢰를 보내지 않고 있고 나아가 정부의 합법성에 위기를 초래하고 있다. 그러나 전자정부는 정부와 일반국민 간의 시공상의 거리를 극복할 수 있게 하고 관리자의 효율을 증진시키며, 일반국민 중심의 행정서비스를 제공할 수 있으며, 결과적으로 과정의 투명화나 온라인상의 정책 참여 등을 통해 일반국민들의 정부에 대한 신뢰를 회복시켜 준다는 것이다(Moon, 2002: 3).

4) 전자정부의 발전단계

벨라미와 테일러는 정부의 정보통신 발전은 3개 단계를 밟는다고 한다. 제1단계는 자동화(automation)이다. 그 목표는 기기를 사용하여 비용을 줄이고 종이 작업을 줄인다. 제2단계는 정보화(informatization)이다. 자동화로부터 정보화로의 전이이다. 제3단계는 전환(transformation)이다. 전자정부의 최종 목표로서 정부와 국민 간 관계가 새로이 정립될 수 있다(Bellamy and Taylor, 1998: 38~64).

2002년 유엔 사무국이 미국행정학회(ASPA)와 공동으로 190여 회원국을 대상으로 전자정부 구현 수준을 평가하면서 인터넷으로 제공되는 행정서비스 수준에 따라 전자정부서비스를 아래 5단계로 구분하고 있다. 1단계: 착수 — 2단계: 발전 — 3단계: 상호작용 — 4단계: 전자거래 — 5단계: 통합처리(이종수 외, 2005: 585). 우리나라는 2005년 평가에서 세계 5위를, 2007년 평가에서는 세계 6위를 차지하였다(정충식, 2009: 170~173). 그 후 격년으로 평가하는 UN 전자정부 평가에서 3회 연속 한국이 1위를 차지했다.[3)]

정부혁신위원회는 2005년 12월부터 약 한 달 동안 43개 중앙행정기관을 대상으로 전자정부 5단계 발전모형에 따라 전자정부 수준을 진단·평가하였다. 그 결과에 따르면, 우리나라 전자정부 수준은 3단계(전자처리)에서 4단계(통합업무처리)로 전환 중에 있는 것으로 분석되었다(강동석·오강탁, 2005: 132).

한편, 미국 브루킹스연구소(Brookings Institution)가 발표한 2008년도 세계 전자정부 평가 결과, 우리나라가 2006년과 2007년에 이어 올해까지 3년 연속 세계 1위를 차지했다. 이번 평가는 정부간행물 제공 여부를 비롯한 18개 세부 평가항목에서 우리나라는 64.7점을 이어 대만이 2위로 58.7점을 받았다.

우리나라는 경제협력개발기구(OECD)가 2015년 7월 6일 발표한 '2015년 정부백서(Government at a Glance 2015)'에서 공공데이터 개방지수 0.98(1점 만점)을 기록했다. 이는 OECD 전체 평균치(0.58)보다 크게 높은 수준으로, 이번에 조사한 OECD 30개 국가 중 1위다. 공공데이터 개방지수는 OECD에서 각국의 공공데이터 개방전략 수립, 이행을 돕기 위해 개발하여 올해 처음 발표하였으며, 가용성(availability), 접근성(accessibility), 정부지원(government support) 등 3개 분야 19개 지표로 구성되어 있다.

우리나라의 전자정부의 성공적인 성과는 국가 주도의 중장기적 발전 계획을 통해 체계적이고 일관된 정책의 집행 결과로 평가되고 있다. 변화하는 환경에 대응하여 역대

---

3) UN 전자정부 평가지표로 2016년에는 '지속가능한 발전'이 들어올 가능성이 있다. 지속가능한 발전은 사회적, 경제적 및 환경적 지속 가능성 등 세 가지이다.

대통령들의 강력한 의지와 리더십을 바탕으로 목표지향적인 중장기 종합계획 수립, 추진조직 정비, 예산, 법·제도 도입, 정보기술 자원 등을 사회기술적 환경과 수준에 맞게 동원하면서 지속적으로 추진한 결과로 보인다.

하지만 우리의 전자정부 수준은 사용자가 능동적으로 서비스를 요구하는 수준에 이르지 못하고 수동적으로 제공되는 서비스를 수용하는 수준으로 볼 수 있다. 또 서비스 신뢰도에 대한 수준이 지속적으로 향상되고 있으나 전반적으로 서비스 보증 및 보안 관련 이슈가 상존하고 있다. 전자정부의 성과와 관련해서 보면 정보취득, 활용, 참여, 가치창출에서 우리는 아직 만족할 만한 수준에 도달한 것은 아니라고 하겠다.

5) 전자정부의 장애요인

전자정부의 장애요인들에 대해서는 여러 가지 견해가 제시되고 있는데, 여기서는 아래 두 가지 관점에서 파악하고자 한다(오석홍, 1999: 913).

첫째, 여건 불비와 저항이다. 국민과 정치적 리더십의 지지 결여, 추진체제의 능력부족, 개혁을 위한 투자 부족, 정보화 인프라의 불비, 정부 관료제의 저항이 정보화의 길을 가로막고 있다.

둘째, 실책과 폐단이다. 기술적 정보화로 인한 업무의 의미 상실, 인간적 소외, 대고객 관계의 비인간화, 정보과다·경쟁격화로 인한 정보스트레스 증가, 개인정보와 인권의 침해, 컴퓨터 오작동·고장, 그리고 전산망의 안전성 침해가 우려된다. 또 인터넷을 사용하는 사람들과 사용하지 않는 사람들을 분할하는 디지털 디바이드(digital divide)의 폐단도 문제이다. 인터넷을 사용하지 않는 시민은 공공서비스 공급에서 간과되거나 차별받을 위험이 있다.[4] 반면 네티즌(netizen: network citizen)의 영향력은 지나치게 커질 수 있다.

4) 인도의 경우, 천 명 중 단지 20명만이 전화를 보유하고 있고, 천 명 중 단지 3명만이 컴퓨터를 보유하고 있다(Holmes, 2001: 26).

제 2 절 전자정부와 행정서비스

1. 전자적 행정서비스

1) 의 의

이는 정부가 제공하는 서비스를 전자화하는 것이다. 즉, 전자적 행정서비스는 정보통신기술을 활용하여 공간적으로나 시간적으로 가상적 환경에서 행정업무를 수행하고 서비스를 제공하는 방식이다. 전자적 행정서비스의 영역은 전자민원처리, 전자정보 공개, 전자문서 교환,[5] 정보 공동 활용, 키오스크/스마트 카드 등의 서비스이다.

전자적 행정서비스 제공의 편익은, 국민의 입장에서 보면, 행정서비스가 인터넷 환경에 맞게 제공됨으로써 여러 곳을 다닐 필요 없어 시간과 경비의 불편을 벗게 되었다. 정부도 행정 업무를 정보화를 통해 제공함으로써 중복 업무로 인한 업무 부담을 줄일 수 있다.

2) 유 형

전자적 행정서비스는 크게 수혜대상, 정부와 국민의 관계적 측면, 서비스의 발전단계에 따라 분류할 수 있다.

(1) 수혜대상별 분류

먼저 일반국민을 위한 전자적 행정서비스로 민원서비스 혁신사업(G4C), 4대 사회보험 정보 연계 시스템, 인터넷을 통한 홈택스 서비스(HTS) 등이 대표적이다. 각각의 주요 내용은 다음과 같다(김동원 외, 2006: 223~231).

① 민원서비스 혁신(G4C)

정부를 대표하는 포털사이트를 구축하여 각 행정기관의 정보를 연계 제공하는 단일창구(http://www.egov.go.kr)를 제공하고 있다. 사무실이나 가정에서 직접 민원 신청이 가능해짐으로써 시간적·물질적 비용을 절감할 수 있다. 그러나 G4C를 통한 서비스 대부분이 민원 안내, 열람, 신청에 제한되어 있고, 장애인 등 정보 소외계층을 위한 서비스가 미흡하다.

---

5) 전자문서 교환(EDI: Electronic Data Interchange)은 서로 다른 조직 간에 약속된 포맷을 사용하여 상업적 또는 행정상의 거래를 컴퓨터와 컴퓨터 간에 행하는 것이다(이종수 외, 2008: 550).

② 4대 사회보험 정보 연계 시스템

26종의 첨부 서류 중 15종 폐지 및 11종에 한해 제한적인 첨부 서류를 징구하는 등의 문서 간소화를 이룬 후, 사회보험 정보 포털 서비스(http://www.4insure.or.kr)를 통해 국민들은 4대 공단 지사별로 3회씩 신고하던 것을 어느 공단 지사에서나 1회 신고만으로 일괄 처리할 수 있게 되었다.

③ 인터넷을 통한 홈택스 서비스(HTS)

이는 납세자가 세무서를 방문하지 않고 사무실이나 가정에서 인터넷으로 세금 업무를 처리하는 서비스를 말한다. HTS는 국세청 홈택스 서비스 포털(http://www.hometax.go.kr)을 통해 국세에 대한 신고, 고지, 납부, 민원 처리 및 부가 서비스를 인터넷으로 할 수 있게 한다.

다음으로 기업활동을 위한 전자적 행정서비스로는 국가종합전자조달 시스템(G2B)이 가장 대표적이다. G2B 사업은 국가종합전자조달 나라장터(http://www.g2b.go.kr)를 통해 사업자 등록, 업체 실적, 입찰, 낙찰, 계약, 문서 유통 및 전자 결재 등 전자 조달과 관련된 전체 생애주기를 전자화하여 1회 등록으로 전국의 공공기관 입찰을 가능하게 하였다.

그 동안 조달과정에서는 공공기관별로 입찰정보를 매번 공고하고, 조달업체는 그것을 매번 수집하고, 직접방문에 따른 대면접촉과 과도한 문서행정으로 투명성과 효율성이 저하되는 등 어려움이 많았다(김종희, 2005: 539). 이러한 상황에서 G2B 사업을 통해 조달행정은 투명성과 공정성을 제고하고, 모든 조달업무가 단일창구로 통하여 처리됨으로써 관련 비용도 줄게 되었고 궁극적으로는 기업경쟁력을 향상시키는 데 크게 기여하게 되었다.

마지막으로 정부 내부의 업무를 효율화하기 위한 행정서비스는 국가재정정보시스템, 시·군·구 행정종합정보화시스템, 시도행정정보화시스템, 전자인사관리시스템 등이 대표적이다. 이러한 시스템은 행정 내부적으로 업무의 효율성과 생산성 향상, 그리고 합리적 정책 결정 제고를 위해 서비스가 제공되고 있다.

(2) 고객과의 관계에 따른 분류

정부와 국민의 관계적 측면에서 정보 배분, 국민과 정부 간의 의사소통, 그리고 시민참여로 분류된다.

① 정보배분

정부에 의한 일방향 정보 제공을 말한다. 공공기관에서 제공하는 정보를 단순히 읽

어볼 수 있도록 구성된 홈페이지에서 제공한 정보 형태가 이에 해당한다.

② 의사소통

정부와 국민 간의 의사소통은 쌍방향적 정보 제공을 의미한다. 행정정보 공개청구는 대표적인 예가 될 수 있다.

③ 시민참여

정책결정 과정에서 국민들이 적극적이고 능동적인 의사를 표명하여 정책에 대해 토론하고, 정책을 제안하는 등 참여 활동에 관여하는 형태를 말한다.[6] 예를 들어, 시민들이 게시판, 정책 포럼 등 쌍방향 홈페이지에 접속하여 자신의 견해를 제기할 수 있는 형태가 포함된다.

(3) 발전단계별 분류

단순한 정보 제공 서비스에서 온라인 업무 처리 서비스로 발전하고 있다. 이와 같은 발전단계에 따른 분류는 전자적 행정서비스의 제공 수준의 단계에 따른 분류와 전자적 행정서비스 전달의 발전단계에 따른 분류로 구분된다.

① 전자적 행정서비스의 제공 수준

학자들마다 견해가 조금씩 다르지만 대체로 정보 제공, 쌍방향 서비스 제공, 온라인 업무 처리로 구분할 수 있다.

가. 정보 제공 단계

정보 제공은 정부가 정보를 이용자에게 일방적으로 제공하는 단계를 말한다. 대부분의 공공기관에서 단순히 홈페이지를 통해 행정정보, 생활정보, 기타 정보 등을 제공하는 수준을 말한다.

나. 쌍방향 서비스 제공 단계

이는 정보의 일방적 제공이 아니라 쌍방향적으로 정보 제공이 이루어지는 단계를 말한다. 쌍방향 서비스 제공은 사용자가 필요한 정보를 검색·획득하고, 전자메일이나 게시판을 통해 상호 질의, 의견 전달, 그리고 응답이 이루어지는 수준을 말한다.

다. 온라인 업무 처리 단계

이는 사용자가 제품이나 서비스를 온라인으로 이용하기 위한 거래 및 업무 처리가

---

6) 지방자치단체들이 정책 수립 시 시민들의 의견을 듣기 위해 '온라인 정책토론'을 실시하고 있다. 주민과의 소통을 강화하기 위한 조치이지만, 각 지자체의 온라인 정책토론은 안건별로 평균 10~20명 가량이 토론에 참여해 이름뿐인 정책으로 전락하고 있다(서울신문, 2015. 4. 28).

전자적으로 이루어지는 단계를 말한다. 금전적 거래가 이루어지는 온라인 세금 납부 업무가 전자적으로 이루어지는 행정서비스의 경우가 대표적인 예가 된다.

② 전자적 행정서비스 전달의 발전단계

전자적 행정서비스 전달의 발전단계는 시작단계, 활성화단계, 성숙단계, 통합단계로 구분된다.

가. 시작단계

각 기관이 웹 사이트를 개발하여 활용을 개시하는 단계이다. 즉 기관들이 인터넷을 통한 전자적 행정 서비스를 시작하게 된다.

나. 활성화단계

한층 심화된 전자적 행정서비스를 제공하게 된다. 기본적인 G2C(Government to Citizen) 서비스가 제공되는 단계이다. 국민들이 기관이 보유하고 있는 구직 데이터베이스를 탐색해 필요한 정보를 찾고 활용할 수 있다. 또한 국민들이 민원행정 서비스를 위한 서식 등을 다운로드 받아서 활용하는 것을 이 단계에서 할 수 있다.

다. 성숙단계

이 단계의 서비스는 기관 간의 정보 공동 활용을 통해 추진된다. 전 단계에서의 행정서비스가 개별 기관 수준으로 수행된 반면 성숙단계에서는 여러 기관이 개입된 행정서비스가 이루어짐으로써 완전한 통합 서비스에 이르지는 못하지만 어느 정도 원스톱 서비스가 가능하다. 이를 통해 국민들은 여러 기관을 방문하는 번거로움을 어느 정도 덜 수 있게 되고 경비도 줄어드는 효과를 기대할 수 있다.

라. 통합단계

이 단계는 인터넷을 통한 전자적 행정서비스의 발전을 완성하는 단계로서 진정한 의미의 원스톱 그리고 논스톱 서비스가 제공된다. 정부의 통합 웹사이트를 통해 행정서비스가 제공되고 정부기관의 전자행정 서비스 시스템이 정보를 공유하여 상호간에 연계되고 무서류의 행정서비스가 보편화된다. 따라서 민원인들은 하나의 통합된 서비스 접근점을 통해 사소한 주소 변경에서부터 인·허가에 이르는 복합 민원 처리에 이르기까지 편리한 서비스를 수혜받게 된다.

2. 전자적 행정서비스의 향후 과제

최근 선진국을 중심으로 포털과 같은 단일 웹사이트를 통해 모든 정부서비스를 제공하고 있다. 예를 들어, 미국의 FirstGov 프로젝트와 같이 인터넷을 통해 통합적인 정부서비스를 제공하고자 노력하고 있다.[7] 이러한 포털을 통한 행정서비스의 제공은 발전적 형태의 전자적 행정서비스의 전달 모형이 되고 있다(최영훈 외, 2006: 247).

이러한 포털을 통한 행정서비스의 전달을 위해서는 고려해야 할 사항들이 있다. 첫째, 적절한 서비스 제공 방식을 도입해야 한다. 시민과 접촉하는 최선의 서비스 방식을 찾아내는 것이 중요하다.

둘째, 시스템 간, 그리고 서비스 제공 프로세스 간의 표준화가 이루어져야 한다. 기관마다 서로 다른 서비스 처리 절차로 인해 민원인들이 불편을 겪기도 한다. 따라서 처리 절차와 프로세스의 표준화가 요구된다.

셋째, 포털 서비스는 개인 정보의 집중 현상이 불가피하며, 이에 따라 개인의 프라이버시 침해와 보안 문제를 고려해야 한다. 해킹 또는 불법적 활용에 따른 부작용에 대처하기 위한 기술적 방어 인프라의 구축이 고려되어야 한다.

넷째, 포털 서비스를 지원하는 인프라의 정비가 선결 과제이다. 전자문서와 전자서명의 공식적인 인정이 이에 해당한다.

다섯째, 지방자치단체를 포함한 각 정부기관의 협력이 필수적이다. 그러나 기관 간의 협력이 증가할수록 수반되는 비용과 관리의 문제, 그리고 수익의 배분 문제가 중요한 사안으로 등장하게 된다.

제 3 절 우리나라 전자정부의 추진과정 및 과제

1. 추진과정

1) 사업착수기(1987~1994년)

1967년 경제기획원 조사통계국에 최초의 컴퓨터가 도입된 이래 행정전산화 사업 등에 정보기술이 다양한 형태로 활용되었으나, 당시 정보기술은 몇몇 단위업무를 처리하기 위한 보조적 역할에 국한되었고 정보시스템 간 네트워크 연결도 이루어지지 않아

7) 미국의 경우 일반국민들이 정부 웹사이트를 사용하면 할수록 전자정부에 만족하고 있고, 이러한 전자정부에 대한 만족은 나아가 그들이 정부에 대해 보내는 신뢰와 긍정적으로 연계되어 있음을 알 수 있다(Welch, 2005: 371).

오늘날 의미하는 정보화 개념에 포함시키기 어렵다.

한국에서 본격적 의미의 정보화가 시작된 것은 국가기간전산망사업부터라고 할 수 있다. 실제로 행정, 금융, 교육, 연구, 국방, 공안 등 5대 핵심분야를 대상으로 1단계(1987~1991)와 2단계(1992~1996)로 나누어 추진된 국가기간전산망사업은 지식정보사회를 구현하는데 필요한 기본 토대를 성공적으로 정비한 것으로 평가받고 있다(양승함, 2006: 565). 이 사업은 최초의 본격적인 다부처 정보화 사업으로서 1단계에서는 대통령과 전산망조정위원회가 강력한 조정 역할을 수행했다.

국가기간전산망사업은 공공부문의 컴퓨터를 연결하고 소프트웨어와 데이터베이스를 중앙집중적으로 개발하고 운영하는 것을 전제로 하며, 이 시기에는 중앙집중식 대형 컴퓨터 위주의 기술환경과 중앙집권적인 정치환경이 이를 가능하게 하였다.

국가기간전산망사업은 2단계사업을 끝으로 「정보화촉진기본법」에 의한 관련 부문의 정보화사업으로 통합·추진되게 되었다. 국가기간전산망사업의 추진체계는 행정망, 금융망, 교육·연구망, 국방망, 공안망 등 5개 추진위원회를 설치하고 그 위에 각 전산망을 종합지원·조정하는 전산망조정위원회를 두었다. 전산망조정위원회는 당초 대통령 소속 하의 비상임위원회로 구성되었으나, 1994년 말에 체신부가 정보통신부로 개편되고 1995년에 제정된 「정보화촉진기본법」에 의거 설치된 정보화추진위원회가 그 역할을 대체하였다(문신용, 2008: 534~536).

2) 본격 추진기(1995~2000년)

단군 이래 최대의 국책사업으로 여겨졌던 초고속정보망 구축사업도 미국의 정보고속도로(information super highway)를 좇아 1993년부터 준비되기 시작하여 1995년에 본격적인 사업을 개시하였다. 1996년에 「정보화촉진기본법」에 의거한 '정보화 촉진 기본계획'을 수립하였고, 전자정부 구현을 위한 행정정보화 등 10대 과제를 추진하였다.

1997년의 IMF 경제위기 상황은 미래의 성장동력을 확보해야 할 필요성을 절감케 하여 1998년을 기점으로 전체 일반회계예산에서 정보화예산의 비율을 1% 이상으로 높였고, 1999년 이후부터는 1.4% 이상의 비중을 유지하였다.

3) 고도화기(2001~2006년)

2001년 이후 한국의 정보화는 전환단계에 진입하였다. 이 단계는 이전의 양적 확산을 바탕으로 한 질적 고도화를 도모한 단계로서, 전자정부 구현을 실제화한 단계라 할 수 있다. 이전 정부의 정보화가 주로 업무별·부처별로 진행되었을 뿐이고, 행정의 효율성과 서비스를 제고시키는데 큰 효과를 갖는 다부처 정보화가 미흡하였다. 그리고 그 원인은 국무총리를 정점으로 한 기존의 정보화추진체계가 부처 간 조정과 기획의 역할을 효과적으로 수행하지 못한 점에서 찾아졌다.

따라서 정부는 2001년 2월 대통령 직속의 정부혁신추진위원회에 전자정부특별위원회를 설치하고 하향식(top-down) 방식으로 전자정부 사업을 추진토록 하였다. 이 위원회에서는 전자정부 구현에 핵심적인 11대 중점사업을 선정하고, 그 추진성과를 정기적으로 대통령에게 보고함으로써 조정력을 발휘할 수 있었다. 이 위원회는 노무현 정부에 들어와 정부혁신·지방분권위원회 산하의 전자정부전문위원회로 이어지게 된다.

각 전자상거래법, 전자서명법 등이 제정되었으며, 2001년에는 「전자정부 구현을 위한 행정업무 등의 전자화 촉진에 관한 법률」이 발효되었다. 이어서 2003년 8월 전자정부 추진 기본계획으로 "참여정부의 전자정부 로드맵"을 수립하였다. 전자정부 로드맵에는 "세계 최고 수준의 열린 전자정부 구현"을 목표로 4대 혁신방향에 따른 10대 어젠다, 31대 우선추진과제가 선정되었다. 여기서 4대 혁신방향은 일하는 방식 혁신, 대국민 서비스 혁신, 정보자원관리 혁신, 법·제도 정비 등이다. 2003년부터 향후 5년간 1조원이 넘는 예산을 투자하여 추진하였다. 또한 전자정부를 행정개혁과 연계하여 보다 효과적으로 추진하기 위해 2004년 3월 정부조직법 개정을 통해 전자정부 주무부처를 정보통신부에서 행정자치부로 변경하였으며, 한국전산원은 전자정부가 차질 없이 추진되도록 전문기술지원기관으로 지정되었다.

4) 정착기(2007년~)

2007년에 전자정부 실현의 기본법인 「전자정부법」이 제정되었다. 2008년 12월에는 국가정보화 비전 선포식을 통해 국가정보화 기본계획이 마련되었다. 이와 함께 정보화의 부작용을 막기 위한 방안으로 「개인정보보호법」이 2009년에 통과되었고, 「전자정부법 시행령」이 전면적으로 개편되는 등 정보화에 대한 입법적 토대가 구축되었다.

5) 최근의 전자정부 추진 정책

(1) 「전자정부 2020 기본계획」과 「전자정부 2020 실행계획」

2016년 4월에 정부는 「전자정부 2020 기본계획」을 수립하였다(정충식, 2018: 153~173). 이 계획은 전자정부법 제5조에 따라 최초로 성립된 5개년 전자정부 계획이다. 그 주요 내용은 ① 정부서비스 Re-디자인, ② 인지·예측기반 지능행정 실현, ③ 산업과 상생하는 전자정부 신생태계 조성, ④ 신뢰 기반 미래형 인프라 확충, ⑤ 글로벌 전자정부 질서 주도 등이다. 정부는 2016년 9월에 기본계획의 과제를 구체화시킨 「전자정부 2020 실행계획」을 확정 발표하였다. 그 내용으로는 ① 전자정부 거버넌스 확립, ② 전자정부

성과관리 강화, ③ 예산과 연계 강화, ④ 기본계획과 실행계획의 연계 등이 있다.

(2) 2017년 지능형 정부 기본계획

정부는 다양한 정보화사업들을 지능형정부 사업으로 체계적으로 재편함으로써 빠르게 변화하고 있는 ICT 환경에 대응하고자 2017년 3월에 「지능형 정부 기본계획」을 발표하였다. 지능형 정부는 지능정보기술을 활용하여 국민을 중심으로 정부 서비스를 최적화하고 스스로 일하는 방식을 혁신하며, 국민과 함께 국정운영을 실현함으로써 안전하고 편안한 상생의 사회를 만드는 디지털 신정부를 지향한다. 2017년 지능형 정부 기본계획의 목표는 다음과 같다. ① 마음을 보살피는 정부, ② 사전에 해결하는 정부, ③ 가치를 공유하는 정부, ④ 안전을 지켜주는 정부 등이다.

2. 주요 추진기관

1) 정보화추진위원회

이것은 1996년 정보화촉진기본법에 의해 정보화 총괄심의·조정기구로 국무총리를 위원장으로 전 부처가 참여한 형태로 이루어졌다. 국무총리가 위원장, 재경부장관이 부위원장이 되며 간사는 국무조정실장이 된다. 주요 기능은 정보화촉진기본계획 및 시행계획의 수립·변경, 정보화촉진 등에 관한 정책이나 사업추진의 조정, 초고속정보통신기반의 구축, 정보화촉진시책의 추진실적 평가에 관한 사항 등을 심의하는 것이다.

2) 정부혁신지방분권위원회의 전자정부특별위원회

'국민의 정부'에서는 정부혁신추진위원회에 전자정부특별위원회를 설치하였다. 참여정부에서 초기에는 대통령자문기구인 정부혁신지방분권위원회 산하 전자정부전문위원회가 전자정부 로드맵의 청사진을 제공하고, 관련 부서 및 행정자치부가 행정적, 재정적 지원을 담당하며, 한국전산원이 기술지원을 담당하는 체제였다.[8] 전자정부전문위원회는 다수 부처가 연계되어 파급효과가 큰 핵심 전자정부 사업을 선정하여 추진하고, 이에 대한 부처 간 정책이견을 조정하는 역할을 수행하였다.

그러다가 2005년 상반기에 관계 부처 차관급과 민간전문가 등 총 18명으로 구성된 전자정부특별위원회가 발족되면서 전자정부전문위원회는 해체되었다. 전자정부 구현

8) 이러한 2원적 구성은 정책 현장에서 지속적이 마찰을 불러일으켰다. 행정자치부가 전자정부를 총괄한다는 것과 위원회가 과제들을 심의하고 기획하며 조정한다는 것이 정책 현장에서는 두 기관 간의 마찰로 나타났다(엄석진, 2008: 116).

성과관리를 제고하기 위해 만들었지만, 현실적으로 전자정부특별위원회는 주로 자문기능을 수행하면서 관련 부처 이견을 조정하는 데에는 큰 역할을 수행하지 못했다.[9] 즉, 2006년 1월 혁신관리수석실의 조정에 의하여 이 위원회의 기능과 역할이 순수한 대통령 자문기능으로 전환되었으며, 전자정부 관련 집행기능은 행정자치부로 이관되었다.

3) 행정자치부 전자정부본부

참여정부에서는 전자정부특별위원회의 주요 사업과 예산심의·조정, 부처 간 이견 조정 등의 기능은 행자부로 이관되어 전자정부 추진이 행정자치부로 일원화되었다. 2006년부터 한국정보사회진흥원 이사회에 행정자치부 전자정부본부장이 당연직 이사로 참여하고, 행정자치부 소속 공무원을 파견하여 전자정부 조정관으로 보임함으로써 양 기관 간에 협력이 이루어질 수 있었다.

4) 국가정보화전략위원회

이명박 정부에서는 2009년 11월 국가정보화전략위원회가 최고 정책 심의기구로 출범하였다. 기존의 국무총리 소속 정부위원 중심의 정보화추진위원회를 대통령 소속 민관 합동위원회로 격상했다. 장관급 정부 당연직 위원 15명과 민간 위촉직 위원 14명을 합하여 총 31명의 위원이 활동하였다. 그러나 이 위원회의 활동 결과는 그다지 만족스럽지 못했는데 그 이유는 과거 정보통신부가 가지고 있던 정보화촉진기금이 행정안전부에는 없었기 때문이다.

5) 정보통신전략위원회

박근혜 정부에서는 2013년에 정보화예산을 총괄하는 기획재정부와 국가정보화를 총괄하는 미래창조과학부[10] 간 구성된 정보화예산협의회에서 국가정보화 전략을 협의하기로 했다. 그리고 정보통신 기반의 융합 활성화를 위해 정보통신 진흥 및 융합 활성화에 관한 특별법(2014년 2월 시행)에 따라 총리를 위원장으로, 미래창조과학부 장관을 간사로 하는 국무총리실 소속 정보통신전략위원회를 설치하였다. 정보통신전략위원회는 국가정보화 추진에 관한 주요 사항 등을 심의·의결하는 기능을 담당하며, 정부위원

9) 전자정부특별위원회는 정규 행정조직이 아니고 자문위원회 성격을 띠었기 때문에 우리나라와 같은 행정문화 하에서는 제한적인 역할만을 수행할 수밖에 없는 한계점을 노정하였다고 볼 수 있다(문신용, 2008: 544). 즉 전자정부 로드맵 초기단계에서는 과제를 기획하고 부처 간 이견조정에 민간전문가 중심의 전자정부특별위원회의 기능과 역할이 유효하였으나, 과제의 집행단계에서는 책임 있는 관리가 요구되었던 것이다.

10) 국가정보화와 관련하여 2013년 3월 국가정보화기본법 개정을 통해 국가정보화 추진에 관한 사항이 미래창조과학부로 일원화되었다.

12명과 민간위원 13명 등 총 25명으로 구성되었다. 정보통신 분야 최상위 의결기구로서 중앙행정기관 간 업무조정 권한도 가진다. 중앙행정기관은 개선 요구를 받은 날로부터 3개월 이내에 이행 계획을 위원회에 보고해야 한다.

그간의 추진실적을 보면 ICT와 ICT 융합 분야의 중요 정책을 심의·의결했다. 제8차 정보통신전략위원회에서는 4차 산업혁명에 대응한 지능정보사회 중장기 종합대책을 심의·의결했고, 2017년에 있었던 제9차 위원회에서는 국가정보화 기본계획 추진실적 보고(안)을 보고·접수했다(한국정보화진흥원(NIA), 2017: 19~20).

그러나 일각에서는 정보통신전략위원회가 구체적인 권한이 없는 의미 없는 '옥상옥'에 불과하다고 평가하기도 한다.

6) 4차 산업혁명위원회

문재인 정부가 2017년 5월에 출범하면서 ICT 거버넌스 분야에서 다양한 개편이 이루어졌다. 첫째는 과거 미래창조과학부를 과학기술정보통신부로 개편했고, 중소기업청을 중소벤처기업부로 승격했다. 둘째는 기존의 정부 3.0위원회를 폐지하고, 셋째는 대통령 직속의 4차 산업혁명위원회를 신설했다. 이 위원회는 5년간 한시적으로 운영되는 조직이기 때문에 위원회를 법제화하기 위한 작업이 진행되고 있다. 또 하나의 과제로는 현재 행정안전부의 전자정부위원회가 전자정부법이 아닌 행정안전부 장관의 훈령에 기초해 설립된 점이다. 따라서 전자정부추진위원회를 전자정부법에 명문화하여 설립 근거를 확고히 해야 할 것이다(정충식, 2018: 591).

3. 전자정부정책의 성과: 문제점과 개선방안

그 동안 전자정부 구축 노력은 국민들에게 행정서비스 수준을 제고했다. 2003년 12월 기준으로 행정기관 전자결재율 93.8%, 전자문서 유통률 88.9% 등이 이를 잘 말해 준다. 그뿐만 아니라 민원증명 발급이 가능한 종합국세서비스(HTS)의 가동으로 사업자들의 전자적 활용이 급증하고 있다.

이러한 성과를 바탕으로 우리나라는 전자정부 수준에서 세계적 평가를 얻고 있다. 2014년 UN 전자정부 평가에서 우리나라가 세계 1위를 차지한 것이 이를 잘 말해 주고 있다. 그러나 그 후 몇 가지 요인들로 인해 그 명성을 그대로 이어가지는 못하고 있는 실정이다.

1) 문제점

이처럼 외형적인 결과는 선진국 대열에 들어갔으나, 그것이 일반국민들에게 주는 효과는 미약함을 알 수 있다(윤상오, 2007: 7~11). 이를 구체적으로 보면 첫째, 투명성 제고 측면: 투명성 부문은 과거에 비해서 상당히 개선되고는 있으나 전자정부의 수준이 세계 선진국 대열에 들어간 것에 비해서 상당히 낮은 수준을 보이고 있다.

둘째, 국가경쟁력 제고 측면: 일반적으로 전자정부는 국가경쟁력 향상에 긍정적 효과를 미치는 것으로 알려져 있다. 그러나 우리나라는 IMD 평가 결과 국가경쟁력 면에서 세계 55개국 중에서 29위를 차지하고 있어 여전히 낮은 수준에 머무르고 있다. 이는 전자정부의 구현 효과가 국가 사회 전반의 경쟁력 향상에 확산되지 못하고 여전히 공공부문의 정보화 인프라 구현 수준에 머물러 있다는 점을 간접적으로 시사하고 있다.

셋째, 민원서비스 부문: 기업의 전자정부 이용 만족도는 5점 만점에 3.8점으로 긍정적인 평가를 얻었다. 특히 업무처리 시간 단축을 가장 개선된 점으로 평가했다. 그러나 일반국민들이 느끼는 민원서비스 부문의 효과는 여전히 미흡하다. 민원서류 발급건수가 오히려 증가하는 추세를 보이기 때문이다. 주민등록 등·초본의 경우 거의 대부분이(96.2%) 읍·면·동사무소를 방문하여 오프라인으로 발급하고 있으며, 무인민원발급기 발급은 23%, 인터넷 발급은 1.5%로 나타나 전자정부 서비스 이용수준이 매우 낮은 것으로 나타났다. 여기서 한 가지 강조하고자 하는 것은 전자정부에 대한 우리들의 과거 실적에 도취되어 자만해서는 안 된다는 것이다. 실제로 우리나라의 전자정부 수준은 2014년을 정점으로 하고 그 이후는 하락세를 보이고 있는 게 사실이다. 우리나라는 2010년 이후 3회 연속 유엔(UN)이 발표한 전자정부 발전부문 종합순위에서 1위를 차지했다. 그러나 2016년에 인적자본지수가 18위로 하락하면서 전체 종합순위가 3위로 떨어졌다. 오스트리아 같은 다른 국가들이 성장할 동안 우리나라는 과거의 명성에 안주했다고 보아야 할 것이다. 이제라도 R&D 개발에 집중하여 신기술을 개발하고 이를 통해 예측이 가능하여 에러와 시행착오가 적은 정부를 만들어야 할 것이다. 이러한 부정적인 결과가 빚어진 이유를 아래 몇 가지로 정리할 수 있다.

(1) 추진 주체의 다기화

행정자치부의 전자정부추진위원회와 국무총리실의 정보화추진위원회의 기능이 중복되고 있다. 또한 대통령 직속 정부혁신지방분권위원회 산하의 전자정부특별위원회를 중심으로 하여 전자정부 핵심사업이 추진되고 있는데, 이들 사업은 정보화추진위원회도 추진하고 있어 중복되고 있다. 현행 법령상 우리나라 최고의 정보화 추진 주체는 정보화촉진기본법에 근거한 정보화추진위원회이다. 그러나 각 부처의 장관으로 구성된 정보화추진위원회는 국무회의와 구성원의 절대다수가 중복되기 때문에 전문성과 효율성을 기대하기 곤란한 실정이다. 따라서 정보화추진위원회에 대한 비판은 정보화추진체계 개편 논의에서 늘 제기되었다.

행정자치부는 2005년 기존의 전자정보국과 전자정부지원센터를 통합하여 전자정부본부와 전자정부아카데미로 개편하였다. 전자정부본부는 전자정부진흥원 설립을 통해 전자정부 관련 정책 총괄기관으로서의 위상을 강화하려는 과정에서 한국정보사회진흥원을 관할하고 있는 정보통신부와 갈등을 빚은 바 있다. 현재 우리는 정보화책임관협의회를 운영하고 있는데(전자정부법 제49조: 2007년 1월 개정 시 신설), 위원장은 행정안전부 장관, 위원은 각 부처 정보화책임관 48명과 간사인 행정안전부 전자정부본부장이다. 그동안 이 협의회는 정보화추진위원회와의 역할이 모호하여 제 기능을 발휘하지 못했다(행정자치부, 2008: 36).

박근혜 정부 때는 ICT 관련 정부위원회가 너무 많이 설치되어 운영되었다. 행정안전부가 간사 역할을 수행하는 공공데이터전략위원회, 정부 3.0추진위원회 및 전자정부추진위원회는 기능이 중복될 수밖에 없는 구조를 가지고 있었다. 그 결과 다기화된 구조로는 국가적으로 큰 문제에 직면했을 때 서로 간에 연계가 미흡하여 무기력한 모습을 보여주었다.

(2) 개별 추진 주체들의 조정력과 전문성 부족

정보화추진위원회는 각 부처 장관으로 위원회를 구성한 결과 부처 간 이견을 조정하는 데에 매우 무기력한 모습을 보여주고 있다. 또 지방분권혁신위원회의 전자정부전문위원회는 비상임 전문위원으로 구성되어 전자정부에 대한 충분한 전문성과 역량을 발휘하기 쉽지 않았다.[11)]

부처 간 통합 정보화로 변화하여 신속한 이견조정이 필요하나, 현행 추진체계는 개별 부처의 전산화를 촉진하는 데에만 적합한 구조를 갖추고 있어서 이견조정이 곤란하다. 정보화추진위원회의 분과별 기능이 중복사업에 대한 조정도 포함하고 있지만, 서면심의로 관련 회의가 대체되는 등 운영이 형식화되어 실질적인 조정력을 발휘하지 못하고 있다.

또한 전자정부전담기관으로서의 권한을 정통부로부터 넘겨받은 행자부는 전문성

---

11) 정보화추진위원회를 그대로 두고 별도로 정부혁신지방분권위원회 내에 전자정부전문위원회를 설치하여 전자정부 로드맵 과제를 확정하여 추진 및 조정기구의 혼란을 야기했다는 지적을 받고 있다(박민정, 2007: 71).

면에서 문제가 있다. 전자정부의 주무부처로 행정자치부에 전자정부본부가 설치되었으나, 추진 부처들 간의 기능 중복은 여전하다.

(3) 예산과 행정력의 낭비

중앙정부와 지자체가 전자행정 구축 사업을 별도로 추진함으로써 예산과 행정력의 낭비 현상을 드러냈다. 행정자치부는 지자체들이 사용하고 있는 것과 호환이 이뤄지지 않는 인사관리 프로그램을 개발, 2000년부터 전국의 자치단체에 보급하고 있다. 이에 따라 새로 보급된 인사프로그램을 도입하는 시·군들은 이미 개발한 프로그램을 폐기하거나 기존 프로그램과 일치하지 않는 부분에 대한 수정·보완 작업에 많은 인력을 투입하는 등 불편을 겪고 있다(최영훈 외, 2006: 380).

업무중복 및 중복투자의 또 다른 예는, 국가통신망 활용도 정통부가 추진 중인 '전자정부통신망' 사업과 행자부가 기존 3대 국가망을 통합해 쓰고 있는 '전자정부통합망' 사업이 중복되고 있다.[12] 또한 전자서명도 정통부에서 전자서명법에 의해 추진하는 국가공개키 기반구조(NPKI: National Public Key Infrastructure)와 행자부가 전자정부법에 의해 추진하는 공공공개키 기반구조(GPKI: Governmental Public Key Infrastructure)가 서로 중복되고 있다.

2) 개선방안

(1) 추진체계의 정비

전자정부 추진에서 부처 간 갈등이 발생하게 된 근본 원인중의 하나가 전자정부 추진기능이 기획·집행과 기술·인프라로 나뉘고 행자부·정통부·전자정부특위·정보화추진위 등으로 다원화되었기 때문이다. 따라서 다원화되어 있는 추진체계를 시급히 정비할 필요가 있다. 우선 행자부의 '전자정부본부'와 정통부의 '미래정보전략본부'를 통합할 필요가 있다. 또 정보화추진위와 전자정부특위로 이원화되어 있는 조정 및 평가기능도 일원화시키는 것이 필요하다. 이를 위해서는 전자정부특별위원회를 정보화추진위 산하로 옮기고 동시에 정보화추진위원회의 위상을 대통령 직속으로 격상시킬 필요가 있다. 이와 관련하여 정진우는 현행 정보화추진위원회를 대통령이 주재하는 '국가사회

12) 행자부는 중앙행정기관을 지원하고 있는 정부고속망, 지방자치단체를 지원하고 있는 지방행정정보망, 중앙과 지방 간 행정전화 및 화상통신을 지원하는 행정전화망을 통합하는 전자정부 통합망 사업을 추진하여 2004년 8월에 완공하였다(행자부, 2004. 8. 16 보도자료). 반면 정통부는 국가·국민·기업 간 정보공유 및 유통을 활성화를 위하여 전자정부 31대 과제로 선정된 전자정부통신망 고도화 과제를 추진하기 위하여 '04년 정보화전략계획을 수립하였고, '05년 사업계획서를 수립하여 본격 추진에 돌입하고 있다(정보통신부, 2005. 3). 이에 대하여 감사원은 '05년 전자정부사업 감사에서 행자부의 전자정부통합망과 정통부의 전자정부통신망이 유사해 중복투자라고 지적하고 있다(전자신문, 2005. 6. 21).

정보화추진위원회'(가칭: 위원장-대통령, 부위원장-국무총리, 간사: 국가 CIO로 지정된 수석비서관)로 개편하고 현재의 전자정부 관련 추진체계들을 흡수하여 운영을 내실화하는 방안을 고려해 볼 필요가 있다고 했다(정진우, 2007: 14).13)

이러한 상황에서 통합전산센터와 정보공유센터가 통합되어야 한다는 주장이 대두되었다. 그간의 진행 과정을 보면, 처음에는 통합전산센터의 주관기관이 정보통신부로 결정되었지만, 행정자치부가 공식적으로 전자정부 주관부처로 결정되면서(2004. 7. 3 정부조직법 개정) 다시 이 사업의 주관기관이 행정자치부로 변경된다. 그러다가 다시 주관부처 기능을 정보통신부가 넘겨받게 되고, 반면에 행자부는 2005년 12월 행정정보공동이용센터를 설립한다. 통합전산센터와 정보공유센터가 통합되어야 한다. 정보공유센터는 통합전산센터의 발전과정 선상에 있는 조직으로서 효율적인 전자정부 추진을 위해 두 조직의 통합은 필수적이라는 것이다(정국환·김희연, 2008: 360).

그리고 현재의 전자정부추진위원회가 「전자정부추진위원회 설치 및 운영에 관한 규정」에 따라 만들어진 점을 감안하면 지속가능성을 담보할 수 없다. 따라서 서둘러 이를 전자정부법에 명문화할 필요가 있을 것이다.

(2) 조정체계의 강화

추진체계의 원활한 작동을 위해서는 권한을 가진 조정기구가 구축되어야 한다. 국민의 정부 시절의 '정보화전략회의'가 부처 간 갈등을 조정했는데, 참여정부에서는 국무조정실이나 전자정부특위, 정보화추진위 차원에서 조정이 원만하게 이루어지지 못해 결국 대통령에 의해서 직권조정이 이루어지고 있는 현실이다(유홍림·윤상오, 2006: 417).

법상의 형식적이고 모호한 추진주체인 정보화추진위원회나 임시기구로 기능하며 점차 조정력 및 추진력을 잃어가는 전자정부전문(특별)위원회의 개선 및 이를 통합하는 방안으로 대통령 비서실의 리더십을 바탕으로 하는 일관적 조정 방식의 고려 및 새로운 조정기구 마련이 요청되어진다(박민정, 2008: 104). 또는 영국처럼 전자정부처(e-Ministry)의 설립을 통해 전정부적인 전자정부 사업을 추진·조정하는 역할을 부여하는 방안이 있다. 이와 아울러 대통령실에도 전자정부를 담당하는 전문비서를 두어 전자정부 관련 정책조정과 조율할 수 있는 기능을 부여할 필요가 있다(문신용, 2008: 544).

---

13) 정부는 새로운 국가정보화 총괄·조정 기구로서 정보화추진위원회를 개편하여 대통령 소속의 (가칭) 국가정보화전략위원회를 제시하였다(정보화추진위원회, 2008). 국가정보화전략위원회는 국무총리와 민간전문가를 공동위원장으로 하고, 위원은 관계부처 장관 및 민간전문가를 위원으로 구성하여 국가정보화 정책방향과 기본계획 등의 결정, 국가정보화 현안에 대한 조정 등의 기능을 총괄적으로 수행하도록 할 계획이다. 국가정보화전략위원회는 통합과 협업이라는 정보화의 새로운 가치를 실현하기 위해 대통령 소속으로 둠으로써 강력한 조정력을 확보할 예정이며, 주요 관계부처 및 지방자치단체의 장, 청와대 관계비서관, 헌법기관, 민간전문가들이 참여할 예정이다(정충식, 2008).

(3) 행정정보 공동이용을 통한 민원창구의 업무 처리의 혁신

① 전자결재시스템과 행정정보 공유시스템의 통합

이를 통해 공동 활용으로 조회한 내용이 전자결재시스템에 첨부되거나 전자결재시스템에 조회 내역이 나타나도록 하여 사용자로 하여금 이중 작업을 할 필요가 없도록 해야 한다(정충식, 2008: 74).[14)]

② 법과 제도의 개선

감사 상 이유로 문서 형태로 일정 기간 보관해야 하는 실정으로 대다수 기관들은 보관 상 어려움을 호소하고 있다. 그러나 법적으로 출생신고와 사망신고는 종이문서에 부모 또는 친척이 기입하여 신고하도록 되어 있기 때문에 호적법과 주민등록법이 개정되지 않는다면 정보의 공동 활용을 할 수 없는 실정이다.[15)] 이러한 상황에서 행자부의 「행정정보공유촉진에 관한 법률」 제정은 바람직한 시도로 평가할 수 있다.

그리고 현행 예산제도 상 부처단위로 예산심의와 배분이 이루어지기 때문에 다부처 연관 정보연계 및 공동활용 사업은 예산확보가 매우 어려운 상황이다. 이제 정보 공동 활용으로 인한 시너지효과가 큰 부문에 대해서는 우선순위를 두어 전략적인 지원을 해 주는 방향으로 가야 할 것이다. 최근 예산제도가 총액배분 자율편성제도로 바뀜에 따라 각 부처가 할 수 있는 부문이 되었다.

③ 전자정부 구축과 정부조직 혁신의 연계

그간 정부업무에 많은 정보시스템이 도입되었으나 정부행정의 효율성이 크게 향상되지 못했다. 그 주요 원인은 우리의 전자정부 구축 과정이 행정조직 혁신과 연계되어 추진되지 못하고 있는 것에서 찾아 볼 수 있다. 향후 정부조직 설계 시 기능 재편 중심의 조직 개편이 아니라 정보기술을 활용한 행정정보 공유의 관점도 포함되어야 한다.

전자정부와 정부혁신 연계 추진의 실현이 요구된다. 1980년대 생산성 역설(productivity

---

14) 두 사례를 비교해 본다. 일본의 경우 전자정부서비스를 위한 본인확인수단으로 활용되는 주민기본대장네트워크카드 보급률도 매우 낮게 나타나고 있다. 신청은 인터넷으로 전자신청을 하고 서류는 기존과 동일한 서류를 우송 내지는 직접 창구로 가져가 제출하는 번거로움이 있기 때문에 전자신청을 회피하게 되었다(고선규, 2007). 이에 반해 부산시는 지방세 전자납부 제도를 활성화하기 위해 온라인으로 납부하는 시민들에게 건당 500원씩을 교통카드에 충전해 주는 제도를 7월부터 시행할 계획이라고 4월 18일 밝혔다. 부산시는 '사이버지방세청'(http://etax.busan.go.kr)에 회원으로 가입해 종이 대신 온라인고지서 받기로 납부방법을 선택하고 본인의 교통카드 일련번호를 입력하면 해당 시민이 시내 전역에 있는 무인 충전기 등에서 교통카드에 돈을 충전할 때 건당 500원씩 자동으로 넣어주는 방식을 채택하기로 했다(국제신문, 2008. 4. 18).

15) 싱가포르와 홍콩은 이미 출생신고와 사망신고의 민원행정서비스를 인터넷을 통하여 제공하고 있다. 우리나라도 기술적으로는 G4C를 통하여 이러한 민원행정서비스를 제공할 수 있는 기반이 마련되어 있다(정충식, 2008: 75).

paradox)[16] 현상이 발생한 이후 전자정부와 정부혁신의 연계는 강조되고 있다. 기존의 계층제적 관료제 조직구조는 유연한 조직체계로 재편해야 하며, 사람 중심의 기존 행정시스템을 '사람과 컴퓨터 그리고 네트워크가 결합한 새로운 행정시스템'으로 재설계해야 한다. 기존의 Off-line에 근거한 업무처리 방식을 과감하게 On-line 방식으로 전환해야 하며, 이 과정에서 업무과정 재설계(BPR: Business Process Reengineering)가 적극 추진되어야 한다(최창학, 2006: 52).[17] 마이클 해머에 의해 처음으로 소개된 BPR은 업무의 역할과 수행방법에 대해 근본적으로 재검토하는 것을 의미하는 것으로, 현재의 업무처리과정을 근본적으로 분석하고 여기에 새로운 방식을 도입하는 것이다(권기헌, 2008: 99).

(4) 통합 데이터센터 구축

지자체별로 시스템을 구축, 운영해 중복개발이 발생하고 시스템 연계가 미비하다. 행정구역 개편 등 법·제도 대응과 행정정보 공유가 어렵고 과다 운영비용 발생 등 예산낭비도 있다(전자신문, 2015. 5. 21).

이에 따라 행자부는 지자체 국가위임사무 등 정보시스템 대상 통합·연계 강화를 위해 범정부적 관리체계 방안을 마련했다. 무엇보다 개별적으로 보유한 정보자원을 통합 데이터센터로 모아 클라우드 컴퓨팅 환경으로 전환하는 계획도 수립한다.[18] 국가위임사무와 공통사무 정보시스템 중복개발 방지를 위한 법·제도도 개선된다.

행자부는 국가위임사무 통합정보관리체계가 마련되면 중앙과 지방 간 정보자원 관리가 효율화될 것으로 기대한다. 민원 프로세스 개선으로 대국민 행정서비스도 향상되고 전산장애 대응과 보안도 강화된다. 정보시스템 도입·운영비용은 최소 20% 이상 절감되고 클라우드 적용 시 30%까지 확대된다.

---

16) 생산성 역설이란 1980년대 미국의 대기업들이 정보기술에 엄청난 재정투자를 하였음에도 불구하고 생산성이 즉각 향상되지 않은 거시경제 차원의 현상을 의미하며, 그 원인을 규명하는 과정에서 재래적인 업무방식과 프로세스를 그대로 유지한 채 새로운 정보기술을 도입하면 정보화 성과가 나타나지 않으므로, 정보기술과 업무프로세스 혁신을 접목하는 전략을 도출하는 계기가 되었다(최창학, 2006: 43).

17) BPR을 공공부문에 적용 가능한가에 대해 학자들 간의 의견이 다르다. 적극적으로 도입을 주장하는 자들은 민간조직과 마찬가지로 공공조직에서도 정보기술을 활용하여 기존의 업무절차와 방식을 획기적으로 개선할 수 있다는 것이다. 한편 회의적인 견해를 보이는 자들은 다분히 경제적이며 관리지향적 접근방식인 BPR이 공공부문에 적용되면서 부정적이며 예상치 않은 결과들이 나타났으며, 이러한 접근방식은 주로 예산상 압박을 받는 기관에서 주로 시도되었기 때문에 조직 내의 인간적 요소나 중요한 사회적 가치에 대해 무관심했다고 비판하였다. 이는 조직의 내외부적인 저항과 무관심으로 나타나 공공부문에서 BPR을 제대로 적용시킬 수 없게 된다(권기헌, 2008: 109).

18) 정부는 'G-클라우드'를 통해 2014년 기준으로 260개의 전자정부 시스템을 클라우드로 전환했는데, 2015년 연말까지 143개를 추가하고 오는 2017년에는 전체 시스템의 60%인 740개까지 확대할 예정이다. 정부 시스템이 클라우드로 전환되면 약 40%의 운영비용을 절약할 수 있으며, 통계청의 인구총조사시스템처럼 특정 기간에 트래픽이 몰리는 서비스에 대해서도 유연하게 자원을 할당할 수 있다.

이에 따라 기존 전자정부통합망과 통합전산센터 통합망을 통합하여 일원화했다. 대전통합전산센터와 광주통합전산센터에 이어 2015년에 제3통합전산센터의 입지가 대구시로 선정되었고, 이어서 2017년에는 정부통합전산센터의 명칭이 국가정보자원관리원으로 변경되었다. 예산 절감 성과를 보면, 2017년 말 현재 장비 공동구매, 클라우드 전환을 통해 부처단위 구매보다 50% 정도의 비용 절감 효과를 거두고 있다(정충식, 2018: 412).

(5) 국민들의 만족도 제고

'2014년 전자정부서비스 이용실태조사' 결과에 따르면 행정서비스를 이용하기 위해 직접 공공기관을 방문하는 비율은 50.3%로 전년에 비해 7.2%포인트 떨어졌다. 반면 인터넷 이용 비율은 48.4%로 전년에 비해 6.7%포인트 높아졌다.

2014년 전자정부서비스로 민원서류 발급이나 세금 납부 등을 이용한 국민은 72.5%에 달하여 2013년에 비해 15.6%나 상승했다. 서비스 만족도는 85.8%였다. 그러나 전자정부서비스를 다시 이용하지 않겠다고 답한 응답자(1.6%)는 그 이유로 '이용절차가 번거롭고 복잡해서'(77.4%)와 '개인정보 유출[19]이 걱정돼서'(46.5%)를 꼽았다(동아일보, 2015. 4. 13). 이용하지 않으려는 가장 큰 이유가 '본인확인절차' 등 이용절차가 번거롭고 복잡하다는 것이다.

4. 사례분석 — 정부 3.0

1) 주요 내용

(1) 배 경

스마트 시대가 도래하면서 차세대 전자정부의 등장이 앞당겨졌다. 첫째, 스마트 시대에는 데이터가 질적·양적으로 폭발적으로 성장한다. 둘째, 정보처리능력도 눈부신 발전을 보이고 있다. 셋째, 스마트 시대에는 사람이 아니라 조직 자체가 높은 학습능력을 갖게 된다. 이렇게 스마트 사회가 빠르게 전개되는 만큼 정부도 그에 맞는 운영 체계를 만들어 가야 할 것이다.

---

19) 정부가 주민등록번호 대체수단으로 보급했던 공공아이핀의 부정발급 사건이 발생하면서 정보보안업계들도 안전한 전자정부서비스를 위해서는 '개인정보보호'가 가장 시급하다고 인식한다. 응답자의 43.2%가 개인정보보호를 가장 시급한 서비스로 응답했다(보안뉴스미디어, 2015. 5. 15). 아이핀 도용사고가 빈발하는 이유는 아이핀에도 ID－비밀번호가 적용되고 있으며, 유출된 아이핀 계정이 주민번호와 같이 불법으로 거래되고 있기 때문이다.

(2) 정부 3.0(Gov 3.0)의 개념[20)]

정부 3.0은 스마트 기술을 활용해 정부로 하여금 올바른 일을 올바른 방법으로 하도록 하는 미래 전자정부라고 정의할 수 있다. 3.0이란 숫자를 붙인 이유는 일방향(1.0)을 넘어 쌍방향 정부(2.0)를 구현하고 이를 바탕으로 개인별 맞춤정보와 서비스를 제공하는 '정부 3.0 시대'를 달성하자는 것이다. 기존의 전자정부와 비교하면 <표 8-3>과 같다.

〈표 8-3〉 전자정부 종류별 특성

	Gov 1.0	Gov 2.0	Gov 3.0
개념	e-Government	Gov as a Platform (Open Government)	Smart Government
목표	프로세스 혁신 (how-to-do internal)	거버넌스 혁신 (how-to-do external)	정책 혁신 (what-to-do)
특징	업무자동화, 온라인화	열린 정부, 민관협력	지식조직, 과학적 정책
기술	인터넷 기술	소셜 기술(web2.0)	스마트 기술
핵심 자원	application	web & app	data

자료: 황종성(2013: 509).

(3) 정부 3.0의 특징

첫째, 정부 3.0이 갖는 가장 큰 특징은 '데이터 기반 정책 결정'의 실현이다. 기존 데이터의 활용 제고를 통해 가능해진다.

둘째, 정부 3.0으로 정책의 적시성을 보장한다. 정부 3.0은 센서와 스마트 기기를 통해 실시간 대응이 가능하다.

셋째, 조직구조 측면에서 정부 3.0은 협업을 본격화한다. 정부 3.0을 구축하는 것 자체가 정부의 협업 시스템을 발전시킨다.

(4) 정부 3.0의 중점 추진 과제

정부 3.0의 중점 추진과제들은 다음과 같이 정리된다(정충식, 2018: 141~144). 첫째, 소통하는 투명한 정부로서, 여기에는 공공정보 적극 공개로 국민의 알 권리 충족, 공공데이터의 민간 활용 활성화, 민·관 협치 강화 등이 해당한다.

둘째, 일 잘하는 유능한 정부로서, 여기에는 정부 내 칸막이 해소, 협업·소통 지원을 위한 정부운영 시스템 개선, 빅데이터를 활용한 과학적 행정 구현 등이 해당한다.

20) 이 부분 설명은 황종성, 2013: 506~514 참조.

셋째, 국민 중심의 서비스 정부로서, 여기에는 수요자 맞춤형 서비스 통합 제공, 창업 및 기업 활동 원스톱 지원 강화, 정보 취약계층의 서비스 접근성 제고, 새로운 정보기술을 활용한 맞춤형 서비스 창출 등이 해당한다.

2) 평 가

박근혜 정부 들어 정부 3.0을 추진하면서 전자정부와는 전혀 무관한 것으로 거리를 두었다. 정부 3.0에 연간 3,500억 원씩을 투자하면서 박근혜 정부는 전자정부가 아니라 정부 3.0정책을 중점적으로 추진했다고 볼 수 있다.

정부 3.0정책은 실패한 정책으로 볼 수 있는데, 이러한 부정적 평가를 내릴 수 있는 이유는 아래 세 가지로 요약할 수 있다(정충식, 2018: 572~581).

(1) 지속 가능성 없는 정책

5년마다 원점에서 새로 시작하는 '정책블랙홀'이 만들어졌다. 저탄소녹색성장이나 그린 IT 정책이 정권 교체와 함께 사라진데서 알 수 있듯이 전자정부의 관점에서는 '잃어버린 10년'이 되었다.

(2) 이념의 부재 및 개념의 혼돈

정부 3.0은 이론적 바탕이 미약하기 때문에 일선 행정 현장에서 정부 3.0의 개념에 대하여 지속적으로 의문을 제기하였다. 정부 3.0의 가장 큰 취약점은 수행할 수 있는 시스템을 갖추지 못했다는 것이다. 국민들에게 맞춤형 서비스를 제공하기 위해서는 전자적인 민원행정서비스의 기반을 갖추어야 한다. 하지만 정부 3.0은 데이터의 개방 및 활용만을 강조하였지 시스템 기반의 구축은 제대로 이루어지지 못하였다

(3) 추진체계의 문제점

정부 3.0 추진을 위한 전담조직이 설치되지 못한 상황에서 일선 현장에서 정부 3.0 정책은 혼선이 야기되었다. 정부 3.0이 아니라 정부 0.3 수준이라는 비판도 제기되었다. 이러한 비판 속에 2014년 상반기에 정부 3.0 추진을 위한 전담기구인 정부 3.0추진위원회가 출범하였다. 그러나 이미 골든타임을 놓친 상태여서 추진동력은 매우 약했다.

박근혜 정부 후반에 정부 3.0정책의 추진은 국무총리실 소속 정부 3.0추진위원회가 중심이며, 이를 지원하는 총괄 업무를 행정자치부 창조정부조직실이 맡고 있었다. 당시 행정자치부 내의 조직을 볼 때, 창조정부조직실의 정부 3.0과 전자정보국의 전자정부가 분리되어서 따로 움직이는 모습을 보여주었다. 이 과정에서 창조정부조직실은 전자정부를 정부3.0의 하위집행수단으로 활용하였다. 이것은 주객이 전도된 것이었다.

제 4 절 미래의 전자정부: 유비쿼터스 정부

1. 의의와 단계

유비쿼터스는 5Any(Anytime, Anywhere, Anydevice, Anynetwork, Anyservice)를 지향하고 있는데, 이는 일상생활 및 업무환경이 이전의 정보화와 다른 새로운 영역으로의 진화를 의미한다. 전자정부는 기술적으로는 인터넷을 기반으로 한 전자정부(e-government)에서 무선·모바일 환경에 기초한 전자정부(m-government)를 거쳐 유비쿼터스 전자정부(u-government)로 진화하는 한편, 내용적으로 정부의 모든 업무과정의 전자적 혁신에 기반을 둔 전자정부(e-gov)를 거쳐, 지식의 편재에 따른 조직의 재편 및 정부의 혁신에 기초한 지식정부(k-gov)의 구축과 동시에, 누구든지 언제, 어디서나 정부의 서비스를 제공받고, 정부의 행위에 참여할 수 있는 유비쿼터스 전자정부(u-gov)가 구현되는 진화단계를 밟고 있다(정충식, 2009: 395~396). 유비쿼터스 정부(U-Gov)의 주요 특징은 ① 정보화 영역이 확대되어 생활공간 속의 사물들까지 지능화·네트워크화되어 언제 어디서나 보이지 않게 사용자가 지원한다. ② 유선 인터넷과 웹 기술을 넘어 무선인터넷과 증강현실(augmented reality) 기술을 활용해 실감형 정보를 현실세계에 증강한다 등이다.

유비쿼터스 정부(U-Gov)는 전자정부(E-Gov)에 유비쿼터스 컴퓨팅 기술을 활용하여 정보의 생산, 활용, 서비스의 측면에서 새로운 패러다임을 전개하고 있다.[21] 정보통신기술을 이용하는 측면에서는 공통점이 있지만 기술적인 측면, 행정서비스 전달방법의 측면, 업무방식의 측면에서 다음과 같은 차이가 있다(조덕호·엄홍석, 2004: 167~168; 권기헌, 2008: 178~179).

첫째, 기술적인 측면에서 E-Gov는 초고속정보통신망과 네트워크, 인터넷기술이 기반기술이지만, U-Gov는 브로드밴드와 무선 & 모바일 네트워크, 센싱, 칩 기반기술이라고 할 수 있다. 전자정부는 컴퓨팅 환경이 PC와 웹 기술 등 일반 인터넷 기술을 활용한 것이었다면, 유비쿼터스 정부의 컴퓨팅 환경은 임베디드 기술을 활용하여 사람이 인식할 수 없는 공간 속의 환경이나 사물에 컴퓨터를 내재시켜서 사람이 의식하거나 일을 하기 위해 조작할 필요가 없는 컴퓨팅 환경을 지향한다.

---

21) 기존의 전자정부가 전자공간 상의 서비스에 국한되어 물리공간과의 연계가 이루어지지 않았던 한계가 있지만, 유비쿼터스 정보기술은 물리공간과 전자공간을 융합시키기 위해 전자공간을 물리공간에 통합시킴으로써 물리공간과 전자공간의 기능적, 본질적 한계를 극복하게 해준다(권기헌, 2008: 178).

둘째, 행정서비스 전달 방법의 측면에서 E-Gov는 정부간, 정부와 시민·기업 간 원활한 의사소통을 통해 신속·투명한 서비스 제공을 목표로, U- Gov는 지능적인 업무수행과 개인의 수요에 적합한 맞춤형 서비스 제공을 목표로 한다.

셋째, 업무방식의 측면에서는 E-Gov는 신속성·투명성·효율성·민주성을, U-Gov는 고객지향성·지능성·형평성·실시간성을 추구한다. E-Gov의 기술환경은 온라인 상의 환경이므로 완전한 시간적·공간적 제약점을 극복할 수 없는 점이 있다. 그러나 U-Gov에서는 언제 어디서나 네트워크나 단말기에 제한받지 않는 장점을 가지고 있다. 특히 U-Gov에서는 의식하지 않는 상태에서 의사소통이 자동적으로 이루어지기 때문에 노인·장애인 등과 같이 전자정부의 웹서비스에 접근이 어려운 사람들에게 형평성 차원에서 문제가 발생한 E-Gov와는 달리 그들의 행정수요가 정부에 자동적으로 전달되게 함으로써 행정서비스를 형평성 있게 활용할 수 있다(김선경, 2003: 115).

다음으로 U-Gov의 단계를 보면, 사물이나 시스템의 지능화 수준이 낮고 높음에 따라 다섯 가지 계층으로 구분된다. U-커뮤니케이션 서비스, U-정보제공 서비스, U-상황고지 서비스, U-행위제한 서비스, U-완전지능형 서비스[22] 등이다. 일례로 U-IT를 활용한 재난관리 분야를 보면, 한국산림과학원은 디지털 방위계를 이용한 산불발생위치 자동전송 시스템을 이용하고 있다. 산불감시원의 무선통신 음성정보를 자동적으로 센터에 전송함으로써 GIS 상의 산불 발생위치가 자동적으로 표시되게 함으로써 산불의 조기 진화에 나서도록 하고 있다(최호진, 2008: 37~38).

2. 유비쿼터스 정부의 동인

유비쿼터스 전자정부의 동인을 기술적 요인과 행정수요적 요인으로 나눠서 살펴보면 다음과 같다(권기헌, 2008: 174~175).

1) 기술적 요인: 센서기술과 IPv6

유비쿼터스 전자정부의 기술적 요인으로 센서기술의 발달과 IPv6를 들 수 있다.

(1) 센서기술의 발달: RFID(Radio Frequency IDentification)

전파신호를 통해 비접촉식으로 사물에 부착된 얇은 평면 형태의 태그를 식별하여

22) 이 단계에서는 노모의 건강상태에 이상이 있을 경우 사람이 없어도 센서나 홈 로봇이 119를 부르거나 주치의에게 연락하여 원격진료를 받을 수 있도록 하는 것 또는 구급약을 투약하도록 하는 것 등이 가능해진다(김선경, 2003: 120).

정보를 처리하는 시스템을 말한다. 지금까지 정보수집은 주로 사람에 의해 이루어져 비용이 많이 들었고, 그 결과 실시간 정보를 활용하기 어려웠다. 반면 RFID는 정보수집과 유통비용을 획기적으로 낮춤으로써 실시간 현실정보를 활용한 서비스가 가능하게 된다.[23)]

(2) IPv6: 다른 기종 간의 통합 가능성

IPv6는 현재 IP주소의 고갈 문제를 해소할 대안으로 등장하였으며, 정보가전이나 휴대단말, 자동판매기 등의 다양한 컴퓨터 칩이 내장된 단말에 인터넷프로토콜을 이용하여 유비쿼터스 네트워크를 가능하게 한다.

2) 행정수요적 요인: 접근성과 맞춤행정

정부는 전자정부서비스를 적극 추진하고 있지만 국민의 활용도와 만족도 면에서는 의도한 만큼의 성과를 거두지 못하고 있다. 공급자 위주의 서비스 제공 방식, 손쉽게 서비스를 활용할 수 없는 제약조건 등 정보화 기반 여건의 취약에서 비롯된다.

유비쿼터스 전자정부는 '항상 어디에나' 존재하는 정부로서 특정 계층의 IT에 대한 거부감을 줄여 공공서비스의 수요를 진작시킬 것이며, PC 등의 플렛홈보다 개인화된 도구로서 한 사람을 위한 맞춤행정에 적합한 전자정부의 형태로 자리 잡을 것이다.

3. 유비쿼터스 정부 추진 상의 난제

유비쿼터스 국가전략을 그리는 데 있어 넘어야 할 장애물이 적지 않게 존재한다. 첫째, 유비쿼터스 컴퓨팅과 관련된 개념들이 모호하여 객관적이고 체계적인 전략 수립이 어렵다. 유비쿼터스 사회의 구조와 작동방식, 서비스의 형태에 대해서도 많은 이견이 존재한다.

둘째, 유비쿼터스 컴퓨팅이 가져올 혜택에 대해 명확한 인식이 부족하여 이를 국자발전전략에 담는 데 한계를 가질 수밖에 없다. 경험과 연구를 통해 유비쿼터스 컴퓨팅의 가치를 심도 깊게 이해한 연후에나 진정한 유비쿼터스 발전 전략의 수립이 가능할 것이다(양승함, 2006: 576~577).

---

23) RFID 코드가 미국 EPC에 의해 주도되는 사례에서 보듯이 자체 역량을 조기에 확보하지 못하면 선도국가들의 기술과 표준에 전적으로 의존할 수밖에 없다(양승함, 2006: 584).

4. 유비쿼터스 정부의 발전 전략[24)]

1) 대국민 서비스 측면

전자투표, 능동적 쌍방향 의사소통을 근거한 고객관리 등이 포함된다. 특히, PC 이외의 매체를 통한 전자정부에 대한 정보접근성 확대는 유비쿼터스 전자정부 실현을 위한 기본전략이 될 것이다. 즉, 포털의 사용자 인터페이스는 유비쿼터스 시대의 PDA, 휴대폰, 노트북 등에서도 편리하게 사용될 수 있도록 구상되어야 한다.

2) 정부 효율성 측면

정부 효율성 측면에서는 행정의 투명성과 효율성이 담보될 수 있는 협업의 관점이 새롭게 정리되어야 할 것이다. 협업체계 구현을 위해서는 필요한 법과 규제에 대한 정비가 필요할 것이며, 기술적인 측면에서는 P2P 기술이나 무선 또는 이동통신기술이 유용하게 사용될 수 있을 것이다.

3) 기술 인프라 측면

인프라 측면에서는 표준화 기반 위에서 범정부 통합전산환경이 완성되어야 할 것이다. 유선환경에서는 지속적으로 광대역화 방향으로 고도화되고, 무선기반 기술의 확산이 필요할 것이다. 특히, 무선 및 모바일 기술의 이용 확산[25)]과 IPv6라는 인터넷 주소체계로의 전환은 유비쿼터스 전자정부 구현을 위한 필수조건이라 할 수 있다.

이러한 발전 전략 못지않게 중요한 것은 신뢰 확보다. 유비쿼터스의 경우 눈에 보이지 않는 컴퓨터의 서비스를 믿고 받아들이는 이용자의 신뢰가 최종단계에서 시장을 폭발시킬 방아쇠 역할을 할 것이다. 만약 신뢰가 없다면 이용자는 유비쿼터스 컴퓨팅의 서비스 내용을 일일이 검증해야 한다. 이것은 마치 저속의 인터넷이 이용자에게 불편을 초래했듯이 유비쿼터스 서비스 발전에 최대의 장애요인으로 작용할 것이다(양승함, 2006: 594).

---

24) 이 부분은 권기헌, 2008: 180을 인용함.

25) 다중네트워크로 이루어지는 유비쿼터스 정보화는 네트워크 간의 이질성 문제가 생길 수 있다. 예를 들어 기차역에서 행정서비스를 무선으로 활용하기 위해 802.11b라는 접근포인트를 사용했지만 기차역에서 한참 벗어난 경우에는 다른 접근포인트를 이용해야 하므로 사용자는 두 가지 네트워크 사이를 왔다 갔다 해야 하는 네트워크의 이질성(network heterogeneity) 문제가 발생한다. 이처럼 네트워크의 적용범위가 충분치 못한 범역이 존재하여, 즉 네트워크의 적용범위를 벗어난 dead spot가 존재하여 무선으로 온라인에서 작업하는 것이 비능률적이 되면 무선·모바일 네트워크의 사용을 선호하지 않게 될 것이다(김선경, 2003: 122).

CHAPTER 11

지방자치

제 1 절 지방자치의 본질

1. 지방자치의 개념

지방자치(local autonomy)란 극히 다의적인 개념을 가지고 있는데, 이는 각국이 자국 내에 발달한 자치의 형태에 따라 지방자치의 개념을 달리 규정하기 때문이다. 그런데 지방자치의 기본적인 의미는 '지역의 문제를 해당 지역 주민들이 스스로 결정하고 처리하는 것'이라고 할 수 있다.

그러나 이러한 지방자치의 다원성에도 불구하고 지방자치 제도는 크게 두 가지 유형으로 나눌 수 있다. 하나는 영국을 중심으로 발전한 주민자치(住民自治)이고, 다른 하나는 독일과 프랑스를 중심으로 발전한 단체자치(團體自治)이다. 따라서 지방자치의 개념에는 기본적으로 주민자치와 단체자치의 두 가지 요소가 포함되어 있다.

1) 주민자치

주민자치는 '풀뿌리 민주주의' 원리를 구현하고자 하는 사상으로서, 지역 주민의 책임 하에 스스로 또는 주민이 선출한 대표자를 통해 사무를 처리하는 것을 의미한다. 주민자치는 지방정치에의 주민 참여, 즉 자치단체와 주민의 관계에 중점을 두는 제도로서 정치적 의미의 자치라고 말하며 영·미에서 발달한 제도이다.

핵심적인 내용을 보면 첫째, 자치권에 대한 인식에서 지역공동체의 모든 사항은 주민 스스로가 당연히 처리해야 하고, 이러한 권리는 국가 성립 이전부터 존재했던 것으로 본다. 둘째, 지방적 사무의 처리에 대해서는, 지방적 사무를 중앙정부에 의하지 않고, 그 지방의 주민에 의해 직접 혹은 대표자의 선출을 통해 자주적으로 처리한다는 것이다.

2) 단체자치

자치를 단순히 정치적인 현상으로 파악하지 않고 국가와의 관계에서 법률효과를 도출할 수 있는 법적 현상으로 이해하려는 경향이 나타났다. 유럽대륙을 중심으로 발달하여 온 단체자치는 국가와 별개의 법인격을 가진 지방자치단체가 국가로부터 독립된 지위와 권한을 부여받아 일정한 범위 내에서 중앙정부의 통제를 받지 않고 독자적으로 지방의 사무를 처리하는 제도를 말한다(김기옥 외, 2002: 358).

이 제도는 지방자치단체의 자치권의 본질을 파악하는 시각도 주민자치에서와 같이 자치권을 주민이 향유하는 당연한 권리가 아니라 법으로 국가에 의해 부여된 전래적 권리로 인식하였다. 지방자치단체가 국가의 사무를 위임받아 처리할 경우 그 지방자치단체는 국가의 하급행정기관의 성격을 지니게 됨으로써 지방자치단체가 자치사무를 처리하는 경우에도 그것이 국가로부터의 수여물이라는 이론적 토대 위에서 중앙정부의 통제를 받도록 하는 것이다. 따라서 단체자치는 법률적 의미의 자치라고 한다(김기옥 외, 2002: 359).

3) 양자의 관계

이 두 개념의 차이는 자치의 중점이 어디에 있는가 하는 것이며, 주민자치는 자치단체와 주민의 관계에 중점을 두고 있으나, 단체자치는 중앙정부와 자치단체의 관계에 초점을 두고 있다(안용식 외, 2001: 257).

그런데 실제에 있어서는 이 두 가지가 별개로 존재하는 것은 아니다. 지방자치가 실현되기 위해서는 당연히 중앙정부에 대해 독립된 조직이나 재정 등을 갖춘 지방자치단체가 존재하여야 하기 때문에 우선 단체자치가 확보될 필요가 있다. 그렇다고 독립적인 지방자치단체가 존재한다고 하여 자동적으로 지방자치가 이루어진다고 보기는 어렵다. 주민이 배제된 단체자치는 생각할 수 없기 때문이다. 또한 단체자치 없는 주민자치도 생각하기 어렵다. 주민참여를 통한 영향력 행사의 대상이 되는 지방자치단체가 중앙정부에 종속적인 단체라면 주민의 의사가 지방자치단체의 의사결정에 반영되기 어려워 주민자치가 이루어질 수 없기 때문이다.

2. 지방자치의 필요성

1) 정치적 측면

지방자치는 민주주의 사회의 보편적 가치로서, 민주주의의 훈련장, 학교의 역할을 한다. 또한 지방행정 과정에 주민들의 선거, 주민발의, 주민투표 등으로 참여 기회 확대로 정치적 욕구불만이 해소된다. 그것은 민주주의의 기본원리인 자기결정성과 자기책임성을 실천하게 되기 때문이다(최창호, 1996: 62).

2) 행정적 측면

(1) 갈등해결 능력의 제고

지방정부는 지역 주민들과 직접 접촉하므로, 지방정부에게 자율성을 부여하면 중앙정부보다 사회적 갈등을 보다 잘 해결할 수 있다. 임실 고추 파동 사례에서, 중앙정부는 고추 수매량 확대를 제시했으나 농민들의 불만은 여전했다. 그리하여 지방자치단체가 직접 시민단체인 애향운동본부와 공동으로 '내 고향 고추 사주기 운동'을 지원하여 '공무원 고추 사주기 운동'을 전개하여 농민들의 불만을 해소하는 데 주효했다(정원식, 2003: 270).

(2) 행정의 능률성, 책임성, 대응성 확보

지역적 특수성에 알맞는 행정을 가능하게 한다. 행정기능을 중앙정부와 지방자치단체 간에 적절히 분담하게 하므로 중앙정부의 과중한 부담으로 인한 행정능률의 저하를 막아 준다. 그리고 지방자치는 주민을 주인으로 알게 한다.

3) 사회경제적 측면

(1) 경제적 효용으로는 자원 배분의 효율성이 극대화될 수 있고, 소비자 선호성을 구현할 수 있으며, 지역 실정에 맞는 특수산업을 발전시키는 데 용이하다.

(2) 사회적 효용으로는 지역 주민으로 하여금 지역 간의 경쟁성과 창의성을 제고할 수 있고, 주민들의 주체의식 함양에 기여할 수 있다.

3. 지방자치의 본질

자치권의 본질에 대해서도 고유권설과 전래권설 두 가지 학설이 대립되고 있다. 앞서 언급한 주민자치는 고유권설에, 단체자치는 전래권설에 좀 더 근접한 주장이라 할 수 있다.

1) 고유권설

지방자치단체가 가지고 있는 인격과 자치권은 그 사회적 사실과 역사적 전통에서 볼 때 고유한 것이라는 입장이다. 국가권력은 지방자치단체의 정치적 지배권을 승인할 뿐 그것을 제한하거나 외부로부터 그것을 창조하거나 부여받을 수 없다는 것이 고유설의 요점이다(안용식 외, 2006: 35). 즉, 자치권을 기본권의 보장과 동일하게 이해하는 입장이다.

그러나 자치권이 보장되었다고 할지라도 이를 지방자치단체 고유의 기본권이라고 해석하는 것은 무리라는 비판도 제기되고 있다.

2) 전래권설

전래권설은 지방자치단체의 자치권은 국가로부터 위탁받은 것이고 지방자치단체에 고유한 것은 아니라는 것으로 수탁설이라고도 한다.

지방자치단체는 법률의 창조물이며, 자치권은 국가로부터 수탁·전래된 권리이다. 국가권력의 단일성을 전제로 모든 권한은 국가에 속하는 것이나 국가가 특히 필요하다고 생각하는 권한을 지방자치단체가 국가를 대신하여 행사하는 것을 승인·허용한 것이다. 지방자치단체는 국가로부터 허용된 권한을 행사하는 것이기 때문에 필연적으로 국가로부터 엄격한 통제를 받게 된다.

전래권설은 주체의 입장에 따라 순수탁설과 준독립설로 구분된다. 전자는 지방자치단체가 국가의 이익을 위하여 국가사무를 행해야 한다고 하고, 후자는 지방자치의 본질을 지방자치단체가 오직 자기의 특수이익을 위하여 지방적 공공사무를 행하는 것으로 이해하는 설이다(안용식 외, 2006: 36).

3) 제도적 보장설

지방자치단체의 자치권은 국가에 의해 승인된 지방자치단체의 권리라 할지라도 헌법에 의해 제도적으로 보장되고 있는 권리라는 것이다. 제도적 보장설은 슈미트(Carl Schmitt)에 의해 확립되었는데 전래권설과 유사하지만 역사적·전통적으로 확립된 일정한 공법상의 제도를 헌법에 보장함으로써 입법에 의해 변경하지 못하도록 한다는 데 그 특징이 있다(星野光南, 1982: 23~26. 정일섭, 2006: 77 재인용).

따라서 지방자치를 법률로 파기할 수 없으며, 지방자치단체를 법률로 해지·해산하는 것도 원칙적으로 헌법 위반이 되는데, 제도적 보장설은 오늘날의 다수설이다(정일섭,

2006: 77).[1)]

4. 우리나라 지방자치의 연혁

1949년 7월에 지방자치법이 제정·공포되었다. 그러나 전쟁으로 지방의원 선거를 실시하지 못하다가 1952년에 지방의회 의원 총선거가 실시되면서 비로소 근대적 의미의 지방자치가 실시되었다. 그 후, 5·16군사혁명을 계기로 지방의회가 해산되고, 지방자치단체장을 국가공무원으로 임명하게 함으로써 지방자치는 사실상 중단되었다.

1990년 지방자치법 개정 법률이 공포되었고, 1991년 3월에 기초의회의원 선거, 6월에는 광역의회의원 선거가 실시되었다. 그 후 지방자치단체장 선거는 지연되어 오다가 1995년 6월에 4대 지방선거가 동시에 실시되어 1961년에 중단된 지방자치가 부활하게 되었다.

현행 제도 중 변화된 몇 가지를 보면, 2005년 8월 4일에 개정된 지방자치법은 지방의회의원들이 일정액의 수당을 지급받을 수 있는 근거 규정을 마련했다. 그리고 지방자치단체의 장이 다음 각 호의 1에 해당되는 경우에는 부단체장이 그 권한을 대행한다. ⅰ) 궐위된 경우, ⅱ) 공소 제기된 후 구금상태에 있는 경우, ⅲ) 금고 이상의 형의 선고를 받고 그 형이 확정되지 않은 경우, ⅳ) 의료법에 의한 의료기관에 60일 이상 계속하여 입원한 경우 등이다.

한편, 2006년 1월 11일의 지방자치법 개정을 통해 ⅰ) 청구권자의 연령 조정: 조례의 제정·개폐 및 감사 청구권자의 연령을 종전의 20세에서 19세로 조정했다. ⅱ) 조례의 제정 및 개폐 요건의 완화: 조례의 제정 및 개폐를 청구하기 위해 필요한 연서 주민수를 시·도는 19세 이상 주민 총수의 100분의 1 이상 70분의 1 이하, 시·군·구는 50분의 1 이상 20분의 1 이하의 범위 안에서 당해 지방자치단체의 조례로 정하도록 함으로써 청구 요건을 완화했다.

1) 우리나라는 헌법 제117조와 제118조를 통해 지방자치제도를 헌법적으로 보장하고 있다.

제 2 절 지방자치단체의 종류와 구성

1. 지방자치단체의 종류

1) 의 의

지방자치단체는 국가로부터 독립된 법인격을 가진 공법인(公法人)이며, 광역자치단체와 기초자치단체로 구분된다. 지방자치단체는 의결기관과 집행기관을 포괄하는 개념이다. 현재 우리나라의 지방자치단체 현황은 광역자치단체는 특별시 1개, 광역시 6개, 도 8개, 제주특별자치도, 세종특별자치시 등 모두 17개이다. 기초자치단체는 시·군·자치구 총 226개로 구성되어 있다.

2) 종 류

(1) 보통지방자치단체

보통지방자치단체는 해당 지역 안에서 종합적인 자치기능을 수행하는 자치단체이다. 통상 지방자치단체라고 할 때에는 이러한 자치단체를 뜻한다. 우리나라의 특별시·광역시·도·특별자치도·특별자치시와 시·군·구가 이에 해당된다.

지방자치단체의 계층구조는 단층제와 중층제가 있다. 하나의 보통지방자치단체가 다른 보통지방자치단체를 그 구역 안에 포괄하고 있어서 지방자치단체가 중첩되어 있는 경우에 이를 중층제라 하고, 하나의 구역 안에 모든 지방적 사무를 도맡아 처리하는 단일의 지방자치단체만이 있는 경우에 이를 단층제라 한다. 우리나라는 중층제 중 2층제로서, 하위 지방자치단체인 시·군·구를 기초자치단체라 부르고, 상위의 지방자치단체인 특별시·광역시·특별자치시·도 및 특별자치도는 광역자치단체라 부른다. 지방자치단체인 구는 특별시와 광역시·특별자치시의 관할구역 안의 구에 한하며, 이를 특별시나 광역시 및 특별자치시가 아닌 인구 50만 이상의 시에 둘 수 있는 구와 구별하기 위해 자치구라 하고 있다.

(2) 특별지방자치단체

특별지방자치단체는 자치행정상의 정책적 관점에서 특정한 목적을 수행하거나 특수한 행정사무를 처리하기 위해 또는 행정사무의 공동 처리를 위해 설치되는 자치단체를 말한다(김두식 외, 2006: 539). 보통지방자치단체가 행정구역 중심이라면, 특별지방자치단체는 특정의 행정구역을 벗어나는 행정수요를 처리하기 위해 만든 것이다(금창호,

2004: 100).

미국의 특별구(special district)가 대표적인 예인데, 우리나라에는 특별지방자치단체로서 지방자치법상 지방자치단체조합이 있다. 지방자치단체조합은 두 개 이상의 지방자치단체가 특정 사무의 전부 또는 일부를 공동으로 처리하기 위해 시(특별시·광역시)·도는 행정안전부 장관, 시·군·자치구는 도지사, 시장의 승인을 얻어 설립할 수 있다. 다만 조합의 구성원인 시·군·자치구가 두 개 이상의 시·도에 걸치는 조합은 행정안전부 장관의 승인을 얻어야 한다(김두식 외, 2006: 539).

우리나라에는 수도권매립지운영관리조합, 자치정보화조합, 부산·진해와 광양, 인천의 경제자유구역청 등이 있다. 수도권매립지운영관리조합은 서울시, 인천시, 경기도가 1991년에 공동으로 설립했으며, 부산·진해 경제자유구역청은 부산시와 경상남도가 설립했으며 재원은 각각 50%씩 분담하고 있다.

2. 지방자치단체의 구성

지방자치단체의 기관은 의결기관과 집행기관이 단일기관에 속하는가 아니면 분리되어 각각의 기능을 수행하는가에 따라 크게 기관통합형과 기관분립형으로 구분되고 이 두 형태가 절충된 것을 절충형이라고 한다. 기관통합형은 국가의 정부 형태와 비교해 보면 내각책임제와 유사하고 기관분립형은 대통령 중심제와 유사한 형태이다(정일섭, 2006: 107).

1) 기관구성

(1) 기관통합형

① 의 의

기관통합형은 주로 의원내각제 전통을 취하는 국가에서 채택하고 있는 기관 구성 형태로서, 의결기능과 집행기능을 분리하지 않고 의결기관과 집행기관이 상호 통합되어 있는 형태를 의미한다. 대체로 지방의회의 의장이 지방자치단체장으로서의 역할을 수행하나 실질적인 집행권을 행사하는 집행부의 수장이라기보다는 자치단체를 의례적으로 대표하는 상징적인 존재인 경우가 대부분이다. 행정수반으로서의 실질적인 권한 집행은 지방의회의 각 위원회에서 담당하고 있다.

기관통합형의 가장 전형적인 실례는 영국의 의회형과 미국의 위원회형, 그리고 최근 프랑스의 의회의장형을 들 수 있다.

② 장·단점

우선 장점으로는 첫째, 지방행정에 대한 권한과 책임이 주민대표기관인 의회에 집중되어 민주정치와 책임정치의 구현에 적합하다. 둘째, 의결기관과 집행기관 간의 대립이나 반목의 여지가 없으므로 지방행정의 안정성과 능률성 확보가 용이하다. 셋째, 집행기관이 주민 직선에 의한 다수의 의원으로 구성되므로 주민의 의사가 좀 더 충실히 반영될 수 있다.

단점으로는 첫째, 위원회와 같은 기관 구성을 통하여 행정 업무를 처리하기 때문에 위원회 간의 업무나 이견을 조정할 수 있는 집행책임자의 부재가 나타날 수 있다. 둘째, 의결기관과 집행기관이 분리되지 않아 견제와 균형의 원리가 적용될 수 없으며 권력이 남용될 우려가 있다. 셋째, 의회가 집행 기능도 수행하므로 지방행정에 정치적 요소가 개입될 여지가 있으며, 지방행정의 전문성이 결여될 가능성이 있다.

(2) 기관분립형

① 의 의

대통령제와 유사한 것으로 권력분립주의 원칙에 입각하여 지방자치단체의 의결기능과 집행기능을 각각 다른 기관에 분담시켜 기관 간에 견제와 균형이 이루어지도록 한 형태를 말한다. 기관분립형에 속하는 것으로서 우리나라의 현행 지방자치제도[2]나 미국의 일부 카운티(county)에서 볼 수 있는 의회 개별 행정관형, 위원회 수석 행정관형 등 여러 가지 유형이 있으나, 그 가운데서 가장 보편적인 것은 의회수장형이다.

② 유 형

기관분립형의 유형은 크게 시장－의회형과 의회－시지배인형으로, 또 시장－의회형은 다시 어느 기관의 권한이 더 강한가에 따라 강시장－의회형과 약시장－의회형으로 구분해 볼 수 있다(안용식 외, 2006: 235).

가. 강시장－의회형

시장의 권한을 대폭 강화시킨 기관 구성 형태이다. 시장은 지방행정에 대한 전적인 책임과 통제권을 가지며 강력한 정치적 리더십을 행사하게 된다.

---

2) 우리의 지방자치단체는 1949년 지방자치법이 처음 제정된 이래로 기관분립형을 채택하고 있다. 5·16 군사 쿠테타에 의해 지방자치가 정지된 이후 1995년 동시선거가 실시될 때까지는 단체장이 중앙정부에 의해 임명되었다. 기관분립형 중에도 집행기관을 주민이 직접 선출하므로 집행기관 직선의 기관분립형이라 할 수 있다. 그리고 의결기관보다는 집행기관의 권한이 우월하므로 집행기관 우위의 기관분립형이라고 할 수 있다.

나. 약시장－의회형

권력이 한 명의 시장에게 편중되는 것을 막기 위하여 만들어진 기관 구성 형태로 여러 명의 의원으로 구성된 의회가 고위직 공무원에 대한 인사권과 행정 운영에 관한 감독권을 지니고 있다. 시장 외 많은 공직자들이 시민에 의하여 직접 선출되기 때문에 시장의 권한 범위가 매우 제약되어 있다.

다. 의회－시지배인형

기능상 의결기관과 집행기관이 분리되어 있으나 집행기관을 실질적으로 총괄하는 시지배인(manager)을 의회가 선임하는 특징을 지닌다. 시지배인은 의회의 동의를 받아 행정부서장에 대한 임명·파면 등의 인사권을 지니는 실제적인 행정의 총책임자가 된다. 반면에 시장은 의례적이고 명목적인 기능만 수행하게 된다.

③ 장·단점

장점은 첫째, 주민 직선에 의해 지방의원과 집행기관을 선출하므로 행정에 대한 효과적 통제가 이루어진다. 둘째, 단체장의 임기가 보장되므로 주민의 지지를 바탕으로 지방행정을 안정적이고 강력하게 수행할 수 있다. 셋째, 의결기관과 집행기관을 분리함으로써 견제와 균형의 원리에 의해 일방적 독주를 막을 수 있다.

단점은 첫째, 의회와 단체장 간의 갈등이나 대립이 심화되면 지방행정이 지연되거나 마비될 우려가 있다. 특히 집행기관의 장과 의결기관의 다수당의 소속 정당이 서로 다를 때 지방행정에서 정쟁이 나타날 수 있다. 둘째, 단체장이 차기 선거를 의식하여 선심성 사업이나 인기 위주의 사업에 치중하여 예산 낭비의 우려가 있다.

집행기관 직선형 외에 중앙정부에 의한 집행기관 임명형과 지방의회에 의한 집행기관 임명형이 있다. 전자는 중앙정부가 자치단체장을 임명하는 유형으로 중앙정부와의 원활한 협조를 통해 행정의 일관성 확보가 용이하지만, 단체장이 주민의 의견보다 중앙정부의 입장을 우선시할 우려가 있다는 단점이 있다. 후자의 경우는 지방의회가 행정에 대한 풍부한 경험과 전문적 지식을 갖는 전문행정인(city manager)을 임명하고 행정에 대한 일체의 책임을 담당하는 유형이다. 행정능률을 향상시킬 수 있지만 전문행정인은 정치적 지지기반이 취약하여 강력한 행정을 수행하기 어렵다는 단점이 있다.

(3) 절충형

① 의 의

이 유형은 의결기관과 집행기관을 분립시킨다는 점에서 기관분립형의 요소를 갖추고 있으나, 서로 대립시키지 않고 기관통합형의 요소도 갖추고 있어서 절충형이라고 한다. 양 기관을 상호 대립적 관계보다는 유기적 관계를 형성하도록 하는 구성 형태이다.

② 특 징

첫째, 의결기관과 집행기관을 분리시키면서도 집행기관을 합의제로 운영한다는 점에서 기관분립형과 구별된다.

둘째, 집행위원회가 의회를 모체로 하면서도 독립된 집행기능을 수행한다는 점에서 기관통합형과 구별된다.

③ 장·단점

장점은 의결기관과 집행기관 간의 원만한 협조를 확보할 수 있다. 또 집행기관이 합의제로 운영되므로 행정이 좀 더 신중하게 이루어질 수 있다.

단점은 합의제이므로 행정 책임의 소재가 불명확할 수 있고, 또 합의제이므로 행정의 신속성이 저해될 수 있다.

(4) 주민총회형

주민총회형은 직접주민제의 원리를 현실적으로 적용한 조직 유형이다. 즉, 해당 자치단체의 유권자 전원으로 구성되는 주민총회가 해당 자치단체의 최고기관으로서 자치단체의 기본 정책, 예산, 인사 문제 등을 직접 결정하며 집행하는 것이다. 일본의 町村총회, 미국의 타운미팅(town meeting), 스위스의 주민총회 등이 이에 속한다.

주민 의견이 지방행정에 직접 반영될 수 있어서 주민 본위의 행정이 이루어질 수 있지만, 소규모 자치단체가 아니면 실질적으로 도입될 수 없다는 한계를 안고 있다.

2) 기관: 집행기관과 의결기관

(1) 의 의

집행기관이란 지방자치단체의 사무를 처리하고 의회의 의결사항을 집행하는 지위에 있는 기관을 뜻한다. 이러한 집행기관에는 일반집행기관(지방자치단체의 장, 장의 보조기관 등)과 특별집행기관(교육위원회, 교육장 등)이 있다.

(2) 지방자치단체장

① 지 위

지방자치단체장은 외부에 대해 그 지방자치단체를 대표하고, 그 지방자치단체의 사무를 집행하는 최고책임자로서의 지위에 있다. 자치단체장의 임기는 4년이며 계속 재임은 3기에 한한다. 신분은 정무직 공무원이다.

② 권 한

자치단체장의 권한은 크게 지방자치단체를 대표하는 권한, 의회와 관련된 권한 및 집행기관 운영에 대한 권한 등으로 대별할 수 있다.

가. 대표·통할권

지방자치단체장은 당해 지방자치단체를 대표하고, 그 사무를 통할(統轄)한다(지방자치법 제92조). 여기서 '대표'의 의미는 자치단체장의 행위가 지방자치단체의 행위로 효력을 발생한다는 것을 의미하고, 사무를 '통할'한다는 의미는 지방자치단체의 사무를 전반적으로 관할한다는 것을 말한다.

나. 의회 운영과 관련된 권한

의회 임시회의 소집요구권, 지방의회에서 의결한 의안에 대한 재의 요구 및 제소권과 특정 사안에 대한 선결처분권을 갖는다.

가) 임시회의 소집요구권

자치단체장은 임시회의 소집을 요구할 수 있다. 지방의회 의장은 자치단체장이나 재적의원 3분의 1 이상의 요구가 있는 때에는 15일 이내에 임시회를 소집해야 한다고 규정하고 있다(지방자치법 제45조 제2항).

나) 지방의회의 의결에 대한 재의(再議) 요구권과 재의결 사항에 대한 제소권

지방자치단체장은 지방의회의 의결이 월권 또는 법령에 위반되거나 공익을 현저히 해한다고 인정되는 때에는 그 의결 사항을 이송받은 날로부터 20일 이내에 이유를 붙여 재의를 요구할 수 있다(지방자치법 제107조 제1항). 재의 요구가 집행기관을 우위에 있게 한다고 보는 이유는 ① 다수의 의원으로 구성된 의회의 의결에 대해 단체장 개인이 재의를 요구할 수 있다, ② 법령 위반 여부가 법원의 판결이 아니라 단체장의 판단에 의한다, ③ 재의 요구에 대해서는 통상적인 의결정족수보다 많은 재적의원 과반수의 출석과 출석의원 3분의 2 이상의 찬성에 의해 의결되는 경우만 확정될 수 있다(지방자치법 제107조 제2항).

또 지방자치단체장은 재의결 사항이 법령에 위반된다고 판단되는 때에는 재의결된 날로부터 20일 이내에 대법원에 소(訴)를 제기할 수 있고, 필요하다고 인정되는 때에는 그 의결의 집행을 정지하게 하는 집행정지 결정을 신청할 수 있다(지방자치법 제172조 제3항).

다) 예산상 집행 불가능한 의결의 재의요구권

지방자치단체장은 지방의회의 의결이 예산상 집행할 수 없는 경비가 포함되어 있

다고 인정되는 때에는 그 의결 사항을 이송받은 날로부터 20일 이내에 이유를 붙여 재의를 요구할 수 있다(지방자치법 제108조 제1항).

라) 선결처분권

지방자치단체의 의회가 의결 또는 결정하는 사항에 대하여, 일정 요건에 해당하는 경우에는 장은 의회를 대신하여 그 권한을 행사할 수 있다. 이것이 선결처분 제도이다. 지방자치단체장은 지방의회가 성립되지 아니 한 때와 지방의회의 의결 사항 중 주민의 생명과 재산 보호를 위해 긴급하게 필요한 사항으로서 지방의회를 소집할 시간적 여유가 없거나 지방의회에서 의결이 지체되어 의결되지 않은 때에는 선결처분할 수 있다(지방자치법 제100조 제1항). 여기서 선결처분이란 의회의 의결이 필요한 사항에 대해 의결에 앞서서 처분을 한다는 것을 의미한다. 선결처분은 지체 없이 지방의회에 보고하여 승인을 얻어야 하는데, 의회의 승인을 얻지 못하는 경우 일본에서는 그 처분의 효력에는 영향이 없다고 해석하지만, 우리나라에서는 그 선결처분은 그때부터 효력을 상실하게 되어 있다(지방자치법 제109조 제3항).

그런데 이 규정이 단체장의 권한을 우위에 있게 하는 이유는 '긴급하게 필요한 사항'이라든지 '시간적 여유'와 같은 추상적인 불확정 개념으로 규정한 경우는 자의적인 해석이 가능하여 남용의 소지가 있기 때문이다. 물론 선결처분은 앞서 언급한 대로 지방의회에 보고하여 승인을 받도록 하고 있으나 처분이 이루어진 후에는 사후에 승인을 받지 못해 효력을 상실한다고 하더라도 그것의 완전한 회복은 불가능한 경우가 많기 때문이다.

다. 집행기관 운영에 대한 권한

가) 지휘 및 감독권

광역자치단체장은 기초자치단체의 사무에 대해 조언·권고·지도할 수 있고, 이를 위해 필요한 때에는 자료의 제출을 요구할 수 있다. 또한 광역자치단체장은 기초자치단체장의 명령 또는 처분이 법령에 위반되거나 현저히 부당하여 공익을 해한다고 인정될 때(자치사무는 법령에 위반하는 것에 한정)에는 기간을 정해 서면으로 시정을 명하고 그 기간 내에 이행하지 않을 때에는 취소 및 정지할 수 있다. 여기서 '처분의 취소'란 그 처분의 효과를 원칙적으로 처분 시에 소급하여 소멸시키는 것을 말하고 '정지'한다는 것은 그 처분의 효력을 일정 기간 정지시키는 것을 말한다.

나) 규칙제정권

지방자치단체장은 법령 또는 조례가 위임한 범위 안에서 그 권한에 속하는 사무에 관해 규칙을 제정할 수 있다(지방자치법 제23조). 규칙제정권의 범위는 자치사무나 단체위임사무 외에 단체장에게 위임된 기관위임사무도 그 범위에 포함되므로, 대상 사무의 범위에 있어 규칙이 조례보다 오히려 더 넓다고 할 수 있다.

다) 인사권

㉮ 광역자치단체의 부단체장 임명: 행정부시장 또는 행정부지사는 국가공무원으로 보하는데, 이들은 시·도지사의 제청으로 행정안전부 장관을 거쳐 대통령이 임명한다. 정무부시장 또는 정무부지사는 지방공무원으로 보하는데, 지방의회의 동의를 받도록 하고 있지는 않다. 따라서 정무부시장이나 정무부지사의 경우는 행정부시장이나 행정부지사의 경우와는 달리 행정안전부나 지방의회의 개입 없이 실질적으로 단체장의 판단에 의해 임명된다.

㉯ 기초자치단체의 부단체장 임명: 시의 부시장, 군의 부군수, 자치구의 부구청장은 일반직 지방공무원으로 보하며, 당해 시장·군수·구청장이 임명한다. 기초자치단체의 경우 부단체장 임명 시에 지방의회의 동의를 받도록 하고 있지도 않을 뿐더러 자격 기준에 대해 조례로 정한다는 규정도 없다. 따라서 기초자치단체의 경우는 지방의회가 부단체장 임명에 개입할 여지는 광역자치단체의 경우에 비해 더욱 적다.

㉰ 지방의회의 사무직원 임명: 지방의회의 사무직원은 지방의회 의장의 추천에 의하여 당해 지방자치단체장이 임명(지방자치법 제91조 제2항)하도록 되어 있다. 이처럼 의회를 위해 일할 직원에 대해 의장이 추천할 뿐이고 임명권은 당해 자치단체장이 행사하여 지방의회의 지위를 약화시키고 있다.

라) 주민투표 실시권

지방자치단체장이 직권에 의해 주민투표를 실시하고자 하는 때에는 그 지방의회 재적의원 과반수의 출석과 출석의원 과반수의 동의를 얻어야 한다. 그러나 지방의회가 주민투표 실시를 청구할 때에는 재적의원 과반수의 출석과 출석의원 3분의 2 이상의 찬성으로 그 지방자치단체장에게 주민투표의 실시를 청구할 수 있다(주민투표법 제9조).

(3) 지방의회

① 의 의

주권자의 직접 참여가 인구 증가로 인해 불가능해짐에 따라 선거를 통해 선출한 대표가 모여서 중요한 의사를 결정하고 집행을 감시하는 기관이 등장하게 되었다. 이것이 바로 의회이다. 의회는 국가 단위에 설치된 국회와 지방에 설치된 지방의회가 있는

데, 지방의회에 대해 우리나라 헌법은 "지방자치단체에 의회를 두되, 그 조직·권한·운영에 관한 사항은 법률로 정한다"(헌법 제118조)고 규정하고 있다.

② 권 한

현행 지방자치법상 지방의회의 주요 권한은 의결권, 행정사무조사권, 청원수리권, 자율권 그리고 자치단체장의 선결처분에 대한 사후승인권 등으로 나눌 수 있다.

가. 의결권

조례의 제정 및 개폐, 예산의 심의·확정, 결산의 승인, 청원의 수리와 처리 등이 이에 해당한다(지방지치법 제39조).

지방자치단체는 법령의 범위 안에서 자치에 관한 규정을 제정할 수 있다(헌법 제117조 제1항). 지방자치단체는 헌법에 의해 보장되는 자치권의 하나로 자치입법권을 가지며, 이 중 지방의회가 행사하는 자치입법권이 조례제정권이다. 조례는 자치사무와 단체위임사무에 관해 법령의 범위 안에서 제정되는 자치법규이다.

헌법 제117조 제1항은 "지방자치단체는 주민의 복리에 관한 사무를 처리하고 재산을 관리하며, 법령의 범위 안에서 자치에 관한 규정을 제정할 수 있다"고 규정하고, 지방자치법 제15조 본문은 "지방자치단체는 법령의 범위 안에서 그 사무에 관하여 조례를 제정할 수 있다"고 규정하고 있다. 여기서 말하는 '법령의 범위 안'이란 당해 조례가 상위규범인 헌법·법률·법규명령 및 헌법상의 원칙이나 행정법의 일반원리에 위반되지 않을 것을 말한다.[3] 즉 법률우위의 원칙이다.

다음으로 예산의 심의·확정권은 조례 제정·개폐와 아울러 의회의 가장 중요한 역할의 하나이다. 지방자치단체장에 의해 제출된 예산안[4]은 시·도의회에서 회계연도 개시 15일 전까지, 시·군 및 자치구 의회에서는 회계연도 개시 10일 전까지 이를 의결하여야 한다. 결산 승인권은 지방자치단체의 장은 출납 폐쇄 후 80일 이내에 결산서 및 증빙 서류를 작성하고 지방의회가 선임한 검사위원의 검사의견서를 첨부하여 다음 연도 지방의회의 승인을 얻어야 한다.[5]

---

3) 조례가 헌법에 위반한 한 가지 사례를 들면 다음과 같다. 경상북도의회에서 증언·감정 등에 관한 조례안은, 행정사무 감사나 조사 시에 증인이 정당한 이유 없이 불출석하면 의장이 동행명령을 발부하도록 하고 있다. 이는 헌법 제12조 제3항의 영장주의에 위반된 것이라고 판시하였다(대법원 1995. 6. 30. 선고 93추83 판결). 법률우위원칙에 위배한 조례는 언제나 무효이다.

4) 예산은 조례와 달리 그 제출권은 지방자치단체의 장에 전속한다.

5) 지방자치법 제35조에 제시된 것 이외에 지방자치법에서 지방의회의 의결을 받도록 규정한 것은 다음과 같다. i) 보증채무 부담행위: 지방자치단체의 장은 공익을 위해 필요하다고 인정하는 경우에는 미리 지방의회의 의결을 얻어 보증채무 부담행위를 할 수 있다. ii) 계속비의 지출: 지방자치단체의 장은 한 회계연도를 넘어 계속하여 경비를 지출할 필요가 있을 때에는 그 총액과 연도별 금액

나. 행정사무 감사 및 조사권

감사권은 기관위임사무까지 행사할 수 있으나, 조사권은 기관위임사무 이외의 자치단체의 고유사무에 대하여서만 조사할 수 있다.[6] 사무 구분의 애매함으로 인하여 행정조사권 행사에 많은 제약을 받고 있다.

다. 기 타

지방의회는 주민으로부터의 청원을 수리하고 심사·처리하는 권한을 가지고 있으며, 또 지방의회는 지방의회의 내부조직, 의원의 신분, 회의 및 징계[7]에 관한 회의규칙 등을 스스로 결정할 수 있는 자율권을 가지고 있다.[8] 그리고 지방의회는 재적의원 과반수 출석과 출석의원 3분의 2 이상의 찬성으로 그 지방자치단체의 장에게 주민투표의 실시를 청구할 수 있다(주민투표법 제9조 제5항).

③ 지방의회와 집행기관의 관계

지방의회와 집행기관을 분립시킨 기관분립형 제도, 지방의회 권한에 대한 집행기관 권한의 불균형적 우위 등이 갈등의 요인이 되고 있다. 기관분립형은 견제와 균형을 이룰 수 있도록 설계될 경우 이상적이라고 할 수 있으나, 그렇지 못할 경우에는 대립·갈등의 소지가 내재된 제도이다.

3. 지방자치단체의 사무배분

1) 의 의

일정 국가 내에서 처리되어야 할 공공사무를 국가사무와 자치사무로 나누고, 처리

을 정해 계속비로서 지방의회의 의결을 얻어야 한다. 다른 법령에 지방의회의 의결을 받도록 규정된 대표적인 예는 다음과 같다. ⅰ) 지방자치단체의 출자(지방재정법 제18조): 지방공사나 지방공단에 출자를 하고자 할 때에는 당해 지방의회의 의결을 얻어야 한다. ⅱ) 지방자치단체장의 직권에 의한 주민투표 실시권(주민투표법 제9조 제6항): 지방자치단체장이 직권에 의해 주민투표를 실시하고자 하는 때에는 그 지방의회 재적의원 과반수의 출석과 출석의원 과반수의 동의를 얻어야 한다. ⅲ) 지방채의 발행: 지방자치단체가 지방채를 발행하고자 하는 경우에는 지방의회의 의결을 얻어야 한다(지방재정법 제11조 제2항).

6) 감사는 그 실시를 위하여 의원의 발의를 요건으로 하지 않으나, 조사의 경우는 재적의원 3분의 1 이상의 연서로 그 이유를 명시한 서면으로써 발의하여야 한다(지방자치법 제41조 제2항).

7) 징계의 종류로는 공개회의에서의 경고, 공개회의에서의 사과, 30일 이내의 출석 정지, 제명 등이 있다. 제명의 경우에는 재적의원 3분의 2 이상의 찬성이 있어야 한다(지방자치법 제88조).

8) 지방의회의 의원이 다른 의원의 자격에 대해 이의가 있을 때에는 재적의원 4분의 1 이상의 연서로 의장에게 자격심사를 청구할 수 있다. 이 때 지방의원의 자격 상실은 재적의원 3분의 2 이상의 찬성이 있어야 한다(지방자치법 제79조 제1항, 제80조 제1항).

권한을 중앙정부와 지방자치단체에 부여하는 것을 사무배분이라고 한다.

2) 우리나라의 사무배분 원칙

(1) 국가사무 처리 금지의 원칙

지방자치단체는 법률에 다른 규정이 있는 외에는 국가사무를 처리할 수 없다고 규정하고 있다(지방자치법 제11조).

(2) 지방자치단체 우선의 원칙

국가와 지방자치단체 간에 사무를 배분함에 있어서는 지방자치법 제11조에 규정된 국가사무를 제외하고는 가능한 한 지방자치단체에 배분해야 한다고 규정하고 있다. 지방분권특별법에도 그러한 원칙이 제시되고 있다(제6조 제2항).

(3) 기초자치단체 우선의 원칙

서로 경합되는 경우에는 시·군 및 자치구에서 우선적으로 처리한다. 주민의 복리 및 생활 편의와 직접 관련된 권한 내지 사무는 시·군 및 자치구에 우선적으로 배분할 것을 규정하고 있다.

3) 우리나라의 사무배분 방식

(1) 포괄적 예시주의

지방자치법 제9조에서 지방자치단체의 사무로 주민의 복지 증진에 관한 사무를 비롯한 6개 영역과 제10조에서 광역과 기초 간의 사무배분을 예시하고 있다. 행정처리 결과가 2개 이상의 시·군 및 자치구에 미치는 광역적 사무는 시·도에, 시·도가 처리하는 것을 제외한 사무는 시·군 및 자치구의 사무로 예시되어 있다.

(2) 특례주의

지방자치법의 사무배분 방식은 포괄적 예시주의를 채택하고 있으나 광역과 기초자치단체 간에는 지방자치단체의 특수성에 따라 다음과 같은 두 가지 예외를 적용하고 있다.

① 자치구에 대한 특례: 지방자치법 제2조 제2항

지방자치법에서 자치구의 자치권의 범위는 법령이 정하는 바에 의해 시·군과 다르게 할 수 있다고 규정하고 있다. 자치구에 대한 특례를 인정하는 이유는 자치구가 행정적 편의에 의해 만들어진 행정구역이라는 성격이 강하기 때문이다.

② 인구 50만명 이상 도시에 대한 특례: 지방자치법 제10조 제1항 제2호

인구 50만 이상의 시에 대해서는 도가 처리하는 사무의 일부를 직접 처리하게 할 수 있다고 규정하고, 지방자치법 시행령 제10조에서는 '인구 50만명 이상의 시'라 함은 자치구가 아닌 구가 설치된 시를 말하며, 이들이 처리할 수 있는 도의 사무를 아래와 같이 예시하고 있다. 도시계획에 관한 사무, 지방공기업에 관한 사무, 묘지·화장장 및 납골당의 운영 관리에 관한 사무 등 18개 종류로 되어 있다.

4) 사무배분의 제약과 사무의 유형

(1) 제 약

지방자치법 제9조 제2항에서는 지방자치단체의 사무로 지방자치단체의 구역, 조직 및 행정관리 등에 관한 연구와 주민의 복지 증진에 관한 사무 등을 비롯한 6개 분야 57개의 사무를 예시하고 있다. 그러나 제9조 제2항 단서에는 "다만, 법률에 이와 다른 규정이 있는 경우에는 그러하지 아니하다"라는 단서 조항이 있다. 따라서 다른 법률에서 지방자치법에 예시된 사무의 처리 주체를 다르게 규정하면 국가의 사무가 될 수도 있다는 한계가 있다.

(2) 사무의 유형

① 자치사무

가. 의의 및 종류

자치사무는 고유사무로도 불리며 지방자치단체가 자체적으로 재원을 조달하여 자기 책임 하에 추진하는 사업이다. 자치단체의 존립 목적이 되는 사무로서 주민의 복리 증진을 위한 사무가 해당된다.

자치사무는 임의적 자치사무인 수의사무(隨意事務)와 의무적 자치사무인 필요사무(必要事務)로 구분되는데, 전자는 사무의 수행 여부와 그 수행방식에 관하여 자치단체가 재량권을 지니는 사무를 말하며, 후자는 그 사무를 수행할 의무가 법률로 규정되어 있는 사무 예를 들면, 초등학교의 설치·운영(초중등교육법 제12조 제2항), 하수도의 설치 및 관리(하수도법 제3조 제2항) 등이 해당된다.

지방자치법에 예시된 자치사무의 수는 57개 항목으로 제시돼 있고, 동법 시행령 별표에는 지방자치단체의 종류별 사무를 구분하여 시·도 사무는 323개, 시·군·자치구의 사무는 389개 항목에 걸쳐 명시하고 있다.

나. 특 성

자치사무의 특성을 표로 나타내면 다음과 같다.

〈표 11-1〉 자치사무의 특성

구분	내용
이해관계	전국적 이해관계보다 지방적 이해관계가 큰 사무이다.
지방의회의 관여	지방자치단체 존립 목적과 직결되는 본래적 사무이므로 주민대표기관인 의결기관의 관여가 당연히 인정된다.
경비 부담	해당 지방자치단체가 전액 부담한다.
감독	국가의 감독은 합법성에 관한 사후 교정적 감독에 한정되고 합목적성에 의한 감독이나 사전 예방적 감독은 배제된다.

다. 사무의 종류

지방자치단체의 존립·유지에 관한 사무와 지방의 복지에 관한 사무이다. 상하수도 사업, 쓰레기, 공원, 도서관, 초등학교 교육, 학교급식, 주민등록·호적 등에 관한 사무가 이에 속한다.

② 단체위임사무

가. 의 의

지방자치단체 본래의 사무가 아니고 개별 법령에 의해 지방자치단체에 위임한 것이지만, 위임된 이상 자치단체의 사무로 취급되며 반드시 처리하지 않으면 안 되는 사무이다.[9] 지방자치법 제9조 제1항의 "법령에 의하여 지방자치단체에 속하는 사무"가 바로 단체위임사무를 의미한다.[10] 단체위임사무는 어디까지나 국가 또는 다른 공공단체의 사무이며, 따라서 단체위임사무의 처리비용은 위임자가 부담하는 것이 원칙이며, 사무의 처리에 있어 국가 등의 지시와 감독을 받으며, 감사를 받는 경우에는 그 적법성의 여부뿐만 아니라 합목적성의 심사도 이루어지게 된다.

나. 특 성

단체위임사무의 특성을 표로 나타내면 다음과 같다.

9) 단체위임사무는 기관위임사무와 달리 의회 의결권의 대상이 된다.

10) 현실적으로 단체위임사무는 시·군의 도세징수사무(지방세법 제53조 제1항 본문) 정도에 불과하여 단체위임사무라는 개념을 인정할 실익이 있는지에 대하여 회의적인 입장을 보이는 견해도 있다.

〈표 11-2〉 단체위임사무의 특징

이해관계	지방적 이해관계와 전국적 이해관계를 동시에 갖는 사무이다.
지방의회의 간여	지방자치단체 자체에 위임된 사무이므로 지방의회의 간여는 당연히 인정된다.
경비 부담	해당 지방자치단체와 국가가 공동으로 부담한다.
감독	국가의 감독은 합법성과 합목적성의 사후 교정적 감독에 한정되고, 사전 예방적 감독은 배제된다.

다. 사무의 종류

각종 예방 접종 사무, 시·군의 재해 구호사업, 국도(國道)의 유지 및 수선 사무, 공과금 징수, 실업대책의 실시 등이 있다.

③ 기관위임사무

가. 의 의

전국적인 통일을 요하는 사무로 소요경비 전액을 국가에서 교부금으로 부담한다. 법령에 의해 국가 또는 상급자치단체로부터 지방자치단체의 집행기관에게 위임된 사무인데, 지방자치법은 "시·도와 시·군 및 자치구에서 시행하는 국가사무는 법령에 다른 규정이 없는 한 시·도지사와 시장·군수 및 자치구의 구청장에게 위임하여 행한다"(지방자치법 제102조)고 규정하고 있다. 이 사무들이 바로 기관위임사무이다.[11] 사무를 위임한 국가기관의 엄격한 지휘·감독을 받기 때문에 지방자치단체는 이들 기관의 하부기관의 지위에 놓인다.

나. 특 성

기관위임사무의 특성은 다음 표와 같다.

〈표 11-3〉 기관위임사무의 특징

이해관계	지방적 이해관계보다 전국적 이해관계가 큰 사무이다.
지방의회의 간여	자치단체장에게 위임된 사무이므로 특별한 규정이 없는 한 지방의회의 관여는 배제된다.
자치단체장의 지위	자치단체장은 중앙정부의 일선기관의 지위를 갖는다.
경비 부담	소요 경비 전액을 위임기관이 부담한다.
감독	위임기관은 수임기관에 대해 전면적인 감독을 할 수 있다.

11) 기관위임사무는 일반적으로 법률에서 ○○부 장관의 권한으로 표시하고, 대통령령에서 법률의 위임 근거에 따라 시·도지사 등에게 위임하는 방식을 취한다.

다. 사무의 종류

천연기념물 관리사무, 대통령·국회의원 선거사무, 국민투표 사무 등이 있다.

라. 존립근거

첫째, 전국적으로 또는 자치단체의 구역을 넘어서는 사무는 통일성을 기할 필요가 있다, 둘째, 지방자치단체의 현실적 특성을 파악할 필요가 있다. 셋째, 국가의 지방 일선기관을 설치하는 것이 비경제적이라는 것 등 세 가지 이유의 결합 때문이다(안용식 외, 2006: 417).

마. 기관위임사무의 문제점

첫째, 자치권의 제약이다. 기관위임사무의 존재는 지방자치단체를 국가의 하급기관으로 전락시켜 자치권을 제약한다.

둘째, 행정책임 소재의 불명확이다. 사무는 국가사무이나 처리는 지방자치단체장이 하므로 양자 간에 책임 소재가 불명확해지는 문제가 있다.

셋째, 주민 참여의 제약이다. 기관위임사무에 대해서는 지방의회의 관여가 배제되므로 행정에 대한 주민 참여를 제약한다.

넷째, 지방재정 부담의 가중이다. 사무 처리에 소요되는 경비를 전액 국가가 부담하는 것이 원칙이나 국가가 이를 이행하지 않는 경우 지방의 재정적 부담을 가중시킨다.

일본의 경우, 2000년 지방자치법이 개정되면서 기관위임사무가 폐지되고 자치사무와 법정수탁사무로 법제화되었다. 법정수탁사무는 기존의 기관위임사무와는 달리 자치단체의 장이 아닌 지방자치단체 자체를 대상으로 하며, 상하 간의 위임이 아니라 반드시 법률에 근거해야만 하는 위탁과 수탁관계로 바뀌었다. 기관위임사무가 국가의 사무인 것과는 달리 법정수탁사무는 지방자치단체의 사무이다(최봉석, 2007: 200).

5) 사무 구분의 필요성

(1) 지방의회의 관여

지방의회는 자치사무에 대하여 감사하거나 조사할 수 있으며, 단체위임사무나 기관위임사무의 경우에도 일정한 경우 지방의회가 감사와 조사를 행할 수 있다(지방자치법 제41조). 한편, 지방의회는 자치사무와 단체위임사무에 속하는 사항에 대하여는 조례를 제정할 수 있으나, 기관위임사무에 관한 사항은 당해 지방자치단체와 무관하므로 조례의 대상으로 삼을 수 없다.

(2) 취소·정지권

자치단체장의 명령이나 처분이 법령에 위반되거나 현저히 부당하여 공익을 해한다고 인정될 때에는 주무부 장관이나 시·도지사가 기간을 정하여 서면으로 시정을 명하고 그 기간 내에 이행하지 않을 때에는 취소·정지할 수 있다. 이 경우 자치사무에 대해서는 법령 위반의 경우에 한한다.

(3) 국가 등의 감독

자치사무는 행정안전부 장관 혹은 광역자치단체장의 감독을 받게 된다. 반면 단체위임사무와 기관위임사무는 위임되는 사무가 국가사무인 경우에는 위임자(주무부 장관)와 광역지방자치단체장이 지도·감독권을 갖는다. 그리고 자치사무의 경우에는 해당 사무의 적법성 여부만이 감독의 대상이 되는데 반하여, 단체위임사무와 기관위임사무의 경우 적법성 여부와 더불어 합목적성의 심사도 이루어질 수 있다. 감사의 대상을 보면, 국가나 광역자치단체의 기관위임사무는 국정감사나 광역자치단체의 감사 대상이 되지만 고유사무는 감사의 대상이 될 수 없다.

(4) 경비 부담의 문제

자치사무는 지방자치단체 자신의 사무이므로 그 처리비용은 자치단체가 부담한다. 반면 위임사무의 경우에는 그 사무를 위임한 국가 또는 다른 지방자치단체가 그 비용을 부담하여야 할 것이다(지방자치법 제141조; 지방재정법 제20조).

6) 사무배분의 문제점[12)]

(1) 중앙집권적 사무배분

2005년에 전체 사무 중 지방사무가 차지하는 비율은 27.6%를 기록했다. 그러다가 2014년에는 국가사무가 31,161건, 67.7%를 차지했고, 지방사무는 14,844건, 32.3%로 다소 증가하였다. 이처럼 다소의 증가가 있기는 하지만 여전히 지방사무의 비중은 취약할 뿐 아니라 단순 집행 사무의 비중이 크다.

(2) 국가사무와 지방사무의 불명확

지방자치법 제9조 제2항에서 지방자치단체의 사무를 예시하고 "다만, 법률에 이와 다른 규정이 있는 경우에는 그러하지 아니하다"라고 규정하여 국가사무와 지방사무의 구별이 불명확하다.

12) 이 부분은 정일섭, 2006: 176~178을 정리한 것임.

(3) 사무배분의 불명확

단위 사무를 시·도나 시·군·자치구 중에서 어느 한 계층에 전적으로 배분하지 않고 두 계층에 사무배분을 하여 자치단체 간에 권한다툼이나 책임 전가의 문제가 발생할 수 있다. 아동상담소의 설치·운영이 시·도 사무이자 시·군·자치구의 사무로 제시된 것이 그 예이다(지방자치법 시행령 별표 1).

(4) 자치단체의 특성 무시

인구 50만명 이상의 시나 자치구에 대한 사무배분에서는 예외가 적용되고 있지만 지방자치단체의 행정적·재정적 능력, 산업구조의 특성, 인구 규모 등에 따른 특성을 반영하지 못하고 대체로 일괄적인 사무배분이 이루어지고 있다.

(5) 중앙정부 주도의 사무배분

지방자치단체의 계층별 사무배분에 대해서는 지방자치법 제10조 제1항에서 시·도와 시·군·자치구 간의 배분 기준에 대해 규정하고, 구체적인 기능 배분은 제10조 제2항에서 "제1항의 배분 기준에 따른 지방자치단체의 종류별 사무는 대통령령으로 정한다"라고 규정하고 있어서 중앙정부가 광역과 기초 간의 사무배분을 주도할 수 있게 되어 있다.

(6) 사무배분과 재정의 불일치

기관위임사무는 국가적 이해관계가 큰 사무로 사무 처리에 소요되는 경비를 전액 국가가 부담하는 것이 원칙이나 국가가 이를 이행하지 않는 경우가 있어 지방의 재정적 부담을 가중시킨다.

제 3 절 지방자치단체의 자치권

1. 자치권의 의의와 부여방식

자치권이란 지방자치단체가 그 존립목적을 실현하기 위하여 가지는 일정한 범위의 권능을 말한다. 자치권의 본질에 관하여는 자연법사상을 바탕으로 한 고유권설과 국권설을 바탕으로 한 수탁설 또는 전래설로 양분되어 있었으나, 오늘날에는 제도적 보장설이 통설로 되어 있다. 제도적 보장설에서는 지방자치단체의 자치권은 국가에 의해 승인된 것이지만 헌법에 의해 제도적으로 보장되고 있는 권리라는 것이다. 제도적 보장설은 전래설과 유사하지만 자치권을 헌법에 보장함으로써 입법에 의해 변경하지 못하도록 한다는 데 그 주된 특징이 있다.

다음으로 자치권 부여방식은 개별적 지정주의, 포괄적 위임주의, 절충주의로 구분된다. 개별적 지정주의는 개개의 지방자치단체별로 사무종목을 지정하여 배분하는 방식을 말한다. 이 방식은 지방자치단체의 특성과 능력 등을 고려하여 행정업무를 지정하는 것이어서 지방자치단체별로 각기 다른 사무를 수행하게 만든다. 이는 영국·오스트레일리아·캐나다 등에서 채택되고 있다. 포괄적 위임주의는 지방자치에 관한 일반법을 제정하여 지방자치단체의 행정업무를 일률적이고 포괄적으로 지정하는 방식을 말한다. 이 방식은 지방자치단체의 구별 없이 모든 자치단체가 거의 동일한 행정사무를 수행하도록 만든다. 이는 프랑스·독일 등 대륙계 국가에서 채택하고 있다. 절충주의는 개별적 지정주의와 포괄적 위임주의의 특징을 절충한 방식이 활용되고 있다. 지방자치에 관한 기본법을 통하여 모든 지방자치단체를 대상으로 지방자치에 관한 주요 업무를 포괄적으로 배분하고, 지방자치단체의 규모와 능력에 맞추어 세부적 사무내용을 개별적으로 지정하는 방식이 절충방식이다.

2. 자치입법권

1) 의 의

자치입법권이란 지방자치단체가 스스로 법규를 제정할 수 있는 권능을 말한다. 자치입법권의 근거로 헌법 제117조 제1항에서 "자방자치단체는 … 법령의 범위 안에서 자치에 관한 규정을 제정할 수 있다"고 규정하고 있다. 그것은 국가의 입법권에 대응하는 표현으로서 이 권능에 의하여 정립된 법을 자주법이라고 하는데 자주법에는 조례와 규칙의 두 가지가 있다. 일반적으로 조례가 규칙보다 우선하며, 양자가 경합되는 경우나 조례가 위임조항을 두어 구체적인 규정을 규칙으로 위임하는 경우에는 규칙은 조례에 종속되는 법체계이다. 그러나 주민의 권리·의무와 관련 있는 사항은 원칙적으로 조례로써 규정해야 할 사항이며, 장의 권한에 속하는 사항이나 자치법상 규칙으로 정하도록 명시된 사항 등은 규칙의 전속적 권한이다. 따라서 조례와 규칙은 각각 독자의 대상 영역을 지닌 상호 병렬적인 법원(法源)이라 할 수 있다(안용식 외, 2006: 194).

2) 조례제정권

(1) 의 의

조례는 지방자치단체가 법령의 범위 안에서 그 권한에 속하는 사무에 관하여 지방의회의 의결로써 제정하는 법을 말하며, 규칙은 지방자치단체의 장이 법령 또는 조례가 위임한 범위 내에서 그 권한에 속하는 사무에 관하여 제정한 법이다.

(2) 조례제정권의 범위

① 법령의 범위

이처럼 헌법과 지방자치법이 '법령의 범위 안'(헌법 제117조; 지방자치법 제22조)에서 조례를 제정할 수 있다고 규정함에 따라, 자치단체의 조례 제정 활동이 크게 제약받고 있다. '법령의 범위 안'이라 할 때 법령은 법률과 명령을 의미한다. 행정입법인 명령에 의해 조례 제정의 범위가 제한된다는 것은 행정부에 의해 자치입법권이 제한된다는 문제점이 제기될 수 있다.

법령의 범위 안에서 조례를 제정하는 경우 실제 법률→시행령→시행규칙에서 중요 처리기준 등을 정하고, 조례로는 단순 신청절차 등만 위임하여 조례의 제정범위가 매우 제한적인 것이다.

② 소관사무의 범위

조례제정권의 범위는 소관사무의 범위에 한정된다. 그런데 소관사무의 범위에 대해 "지방자치단체는 그 관할구역의 자치사무와 법령에 의하여 지방자치단체에 속하는 사무를 처리한다"(지방자치법 제9조 제1항)고 규정하고 있다. 따라서 자치사무와 단체위임사무가 조례로 규정할 수 있는 사항이 된다. 그러나 지방자치단체장이 중앙정부의 일선기관의 지위에서 처리하는 기관위임사무에 대해서는 조례를 제정할 수 없다.[13] 지방사무 중에서 기관위임사무가 대부분을 차지하고 자치사무의 비중은 매우 낮다.

또한 지방자치단체의 사무 중에서도 다른 개별 법령에 다른 규정이 있을 경우 조례로 정하지 못하도록 하는 개별법 우선 적용의 원칙에 의해서도 자치입법권은 제약되고 있다. 더욱이 주민의 권리 제한이나 의무 부과에 관한 사항에 대해서는 법령의 위임이 있어야만 자치입법을 제정할 수 있도록 하고(법률유보주의), 법률의 위임이 없는 한

13) 기관위임사무에 대해서는 조례를 제정할 수 없지만 법령으로 조례에 위임하면 기관위임사무에 대하여도 조례를 정할 수 있다고 해석된다. 이러한 사례는 부천시 담배자동판매기 설치금지 조례에서 찾아볼 수 있는데, 이 조례의 특징은 기관위임사무에 대하여 법령의 위임으로 조례를 제정한 사례에 해당한다. 조례의 주된 내용은 담배자판기는 성인이 출입하는 업소 외에는 부천시 전역에 설치할 수 없고 조례의 시행 전에 설치된 자판기는 시행일로부터 3월 이내에 철거하는 것이다. 담배사업법 및 담배사업법 시행규칙의 위임 한계를 벗어난 것이 아니다(안용식 외, 2006: 200).

조례로써 형벌의 부과와 벌칙을 규정할 수 없도록 하고 있다.

3) 규칙제정권

(1) 의 의

규칙은 지방자치단체장이 법령 또는 조례가 위임한 범위 안에서 그 권한에 속하는 사무에 관해 정하는 규범이다.

(2) 범 위

① 소관사무의 범위

규칙의 제정은 지방자치단체의 고유사무와 단체위임사무뿐만 아니라 기관위임사무도 대상으로 할 수 있다. 기관위임사무는 지방자치단체 전체가 아닌 집행기관에 위임된 사무이다. 따라서 기관위임사무는 지방의회의 조례로는 제정할 수 없고 반드시 규칙으로만 정해야 한다.

② 법령과 조례의 범위

지방자치단체장은 법령 또는 조례가 위임한 범위 안에서 규칙을 정해야 한다.

(3) 벌칙 규정 금지

벌칙은 조례로만 가능하고 그것도 법률의 위임이 있는 경우에 한한다. 따라서 규칙으로는 벌칙을 정할 수 없다.

4) 자치입법권의 제정 절차

조례의 제정 또는 개폐는 지방의회의 의결을 거쳐야 한다.

(1) 조례안의 발안

조례안의 발안은 지방자치단체의 장이나 재적의원 5분의 1 이상 또는 의원 10인 이상의 연서로 발의한다.[14] 주민은 조례를 발의할 수는 없지만, 제정이나 개폐를 청구할 수 있다.

(2) 심의·의결

발의된 조례안은 해당 상임위원회 또는 특별위원회의 심의를 거쳐 본회의에 회부

---

14) 1991년부터 2006년까지 4기에 걸쳐 전국 광역의회의 의원발의 조례안 수는 1, 2, 3, 4기 의회 동안 각각 전체의 12%, 9.3%, 9.7%, 13.6%로 나타났다. 이러한 결과는 조례안 발의에 있어서 지방의회의 주도성은 집행기관에 비해 낮은 수준에 있음을 말해주고 있다. 이러한 현상은 의원 발의 조례안의 상당수가 운영위원회에서 처리된 의회운영과 관련된 조례안이었음을 감안할 때 더욱 그러하다(송광태, 2007: 32~33).

되어 심의·의결을 거친다. 조례안의 의결은 재적의원 과반수의 출석과 출석의원 과반수의 찬성으로 의결하며 가부 동수인 때에는 부결된 것으로 본다(지방자치법 제64조).

(3) 조례안의 이송, 보고, 공포

조례안이 지방의회에서 의결된 때에는 의장은 의결된 날로부터 5일 이내에 그 지방자치단체의 장에게 이를 이송하여야 한다. 지방의회의 의결이 법령에 위반되거나 공익을 현저히 해한다고 판단될 때에는 시·도에 대하여는 주무부 장관이, 시·군 및 자치구에 대하여는 시·도지사가 재의를 요구하게 할 수 있고 재의를 요구받은 지방자치단체의 장은 의결 사항을 이송받은 날로부터 20일 이내에 지방의회에 이유를 붙여 재의를 요구하여야 한다. 재의하지 않을 경우에는 20일 이내에 조례안을 공포하여야 하며, 20일 기간 내에 공포나 재의 요구를 하지 아니한 때에도 그 조례안은 조례로서 확정된다.

(4) 자치단체장의 재의 요구 및 재의결

지방자치단체장은 이송받은 조례안에 대하여 이의가 있는 때에는 이송받은 날로부터 20일 이내에 이유를 붙여 지방의회로 환부하고 그 재의를 요구할 수 있다. 이 경우 지방자치단체의 장은 조례안의 일부에 대하여 또는 조례안을 수정하여 재의를 요구할 수 없다. 지방자치단체장이 지방의회에 대하여 재의를 요구하게 되면 지방의회는 재의에 부쳐 재적의원 과반수의 출석과 출석의원 3분의 2 이상의 찬성으로 전과 같은 의결을 하면 그 조례안은 조례로서 확정된다.

(5) 제 소

지방자치단체장은 재의결된 사항이 법령에 위반된다고 판단되는 때는 재의결된 날로부터 20일 이내에 대법원에 소를 제기할 수 있다. 이 경우 필요하다고 인정되는 때에는 그 의결의 집행을 정지하게 하는 집행정지 결정을 신청할 수 있다.

5) 자치입법권의 한계와 확대 대책

경범죄처벌법 상의 제재수단보다 조례 벌칙수단이 미약한 실정이다. 조례위반행위에 대해서는 제재수단으로서 과태료 벌칙만 과할 수 있으나 경범죄처벌법에서는 10만원 이하의 벌금, 구류 또는 과료의 형으로 벌한다(제1조). 이는 자치입법권에 부수되는 자율권을 지나치게 제한한 것이라 할 수 있다.

자치입법권 확대와 관련해서 지방자치법 제9조 2항 단서 조항을 삭제해야 하고, 동법 제22조의 '법령의 범위 안에서'를 '법령에 위배되지 않는 범위 내에서'로 개정해야 한다.[15)]

---

15) 이러한 개정 주장에 대해 혹자는 법령의 범위 내와 법령에 위반하지 않는 범위 내는 같은 개념으로

그리고 무엇보다도 중앙정부와 지방정부의 관계, 중앙정부와 지방정부의 책무 등에 관한 것이 법률의 형태로 표현되어야 한다.

차상붕은 법률에 준하는 지위를 갖는 독자적인 자주법으로서의 조례로 이해하면, 국회 전속적 입법사항과 조례의 병립적 지위를 인정할 필요성이 있다고 본다. 따라서 헌법 제117조 제1항 후단의 '법령'을 '법률'로 규정하는 것이 법률과 조례의 병립적 논리구조에 적합하다는 것이다(차상붕, 2006: 508).

3. 자치행정권

1) 의 의

자치행정권이란 지방자치단체가 자기의 독자적 사무를 가지고 원칙적으로 국가의 관여 없이 그 사무를 자주적으로 처리할 수 있는 권능을 말한다.

2) 주요 내용

(1) 취소·정지권

자치단체의 사무에 관한 장의 명령이나 처분이 위법하거나 또는 부당하여 공익을 해한다고 인정될 때에는 시·도지사에 대하여는 주무부 장관이, 시·군 및 자치구의 장에 대하여는 시·도지사가, 기간을 정하여 서면으로 시정을 명하고, 그 기간 내에 이행하지 않을 때에는 이를 취소하거나 정지할 수 있다(지방자치법 제169조 제1항). 다만 자치사무에 관한 명령이나 처분은 법령에 위반한 것에 한한다고 했다. 즉, 자치사무에 관한 단체장의 명령·처분이 위법하다고 판단되거나, 위임사무에 관한 명령·처분이 위법 또는 부당하다고 인정될 때 주무부 장관은 법원에 소송을 제기하지 않고 그 자의적 판단에 근거하여 취소·정지할 수 있도록 했다.

(2) 직무이행명령권

과도한 중앙통제로 인한 지방자치권의 훼손을 가져오는 대표적인 예로 직무이행명령을 들 수 있다. 지방자치법 제170조에 의하면, 지방자치단체의 장이 위임사무의 집행을 명백히 게을리하고 있다고 인정되면 주무부 장관이 이행을 명령할 수 있다. 직무이행명령은 자치단체장이 위임사무를 이행하지 않는 데 대한 통제수단으로 간주된다.

해석한다. 자치입법권을 제한하고 있는 것은 법령의 범위 내가 아니라 조례유보의 근거를 법률이 아닌 법령으로 규정한 대목이라는 것이다. 따라서 지방자치법 제22조의 '법령'을 '법률'로 개정하야 한다는 것이다. 이를 위해 헌법 제117조가 규정하는 법령을 법률로 개정하는 일이 선행되어야 한다(권순복, 2006: 19~21).

(3) 대집행권

정해진 기간 내에 직무이행명령을 이행하지 아니할 때에는 주무부 장관 또는 시·도지사는 당해 자치단체의 비용 부담으로 대집행하거나 행정·재정상 필요한 조치를 할 수 있다. 지방자치단체의 장은 이행명령에 이의가 있는 때에는 이행명령서를 접수한 날로부터 15일 이내에 대법원에 소를 제기할 수 있다. 이 경우 지방자치단체의 장은 이행명령의 집행을 정지하게 하는 집행정지 결정을 신청할 수 있다.

(4) 자치사무에 대한 감사권

행정안전부 장관 또는 시·도지사는 지방자치단체의 자치사무에 관하여 보고를 받거나 서류, 장부 또는 회계를 감사할 수 있다. 이 경우 감사는 법령 위반 사항에 한하여 실시한다.

(5) 사전승인권

지방자치법은 자치사무에 대하여도 자치단체장의 자율적인 결정·집행권을 보장하지 않고 주무부 장관의 승인을 얻도록 규정하고 있어 자치행정권이 제약되고 있다.

(6) 행정규칙에 의한 자치행정권의 침해

주무부 장관은 법률의 아무런 근거 규정도 없이 지침, 준칙, 내시, 훈령 등 내부규칙을 남발하여 자치단체의 자주적 행정을 제약하고 있다.

3) 자치행정권의 문제점 및 확대 대책

우리나라의 자치행정권에 대한 중앙정부의 관여와 감독은 매우 강한 것으로 나타나고 있다. 즉, 지방자치법에 의하면 주무부 장관은 지방자치단체장의 명령, 처분에 대한 취소·정지권, 위임사무 불이행에 대한 직무이행명령권 및 대집행권, 자치사무에 대한 감사권을 가지고 있어서 자치행정권이 근본적으로 침해되고 있다.

자치행정권의 확대 대책으로는 자치행정권과 관련하여 주무부 장관이 일방적으로 직무이행명령과 대집행을 할 수 있도록 한 것은 감독관청의 우월적 지위를 확보해 줌으로써 지방자치단체의 자치권을 손상하는 요인으로 작용하고 있으므로 이의 개정이 요구된다. 즉, 직무이행명령 불이행 시 바로 주무부 장관 또는 시·도지사에게 대집행권을 부여할 것이 아니라, 직무이행을 구하는 소송을 제기하도록 하고 그 결과에 따라 대집행을 할 수 있도록 하는 것이 바람직하다(김종성·육동일·신희권, 2004: 45). 법원이 발해야 할 직무이행명령권을 어떻게 주무부 장관과 시·도지사에게 부여할 수 있는지 알 수가 없는데, 소송 절차도 거치지 않고 주무부 장관에게 직무이행명령권과 그 불이행 시의 대집행권까지 부여하고 있는 것은 자치행정권을 크게 말살하는 조치인 것이다. 자치단체장의 명령·처분이 위법한가의 여부는 법률상 쟁송이며 사법작용이지 행정작용이 아니기 때문이다(강인제 외, 2005: 69~70).

4. 자치조직권

1) 의 의

자치조직권이란 지방자치단체가 법령 등의 국가법에 의하여 규제받지 않고 그가 가진 자치권, 즉 자기의 조례, 규칙 등에 의하여 자기의 조직을 자주적으로 정하는 권능을 말한다. 지방자치단체는 그 기구·정원·보수·사무분장 등을 자신의 조례나 규칙을 통하여 자주적으로 정하는 권능을 뜻한다.

2) 현 황

실정법상으로는 각 자치단체가 그 지방의 실정에 맞는 조직을 편성할 수 있는 자치조직권을 어느 정도 가지고 있다 할 것이다. 그러나 아래와 같은 제약을 받고 있어 자치조직권의 폭은 매우 좁다고 할 것이다. 일례로 행정구역 통합 문제도 지방자치단체의 자체적 필요성에 의해 단행할 수 없다. 부산시의 원 도심 4개 구의 급격한 인구 감소에 따라 행정 효율성이 떨어지고 공공서비스 비용이 급등하자 통합을 추진하고 있다. 하지만 주민들의 통합 의사나 지방자치단체의 필요성과 상관없이 원 도심 통합은 최종적으로 행정안전부의 통합 권고와 법률 개정이 뒤따라야 한다(부산일보, 2018. 2. 20).

(1) 현행 법령으로 인해 지역 수요에 비탄력적이다. 예를 들어 시·도의 행정기구 설치는 대통령령이 정하는 범위 안에서 조례로 정한다. 그러나 지방자치단체의 행정기구·공무원 등에 관한 사항은 법률 또는 대통령령으로 정하도록 되어 있어 자치조직권의 폭은 매우 제한되어 있다.

특별시·광역시·도의 국·실 단위 이상의 기구는 법령에 의하여 중앙정부가 결정하고, 과 이하의 조직과 시·군·자치구의 행정기구만 지방자치단체의 규칙으로 정하게 되어 있다. 그러나 규칙으로 정하도록 되어 있는 경우에도 행정안전부 장관의 승인을 받게 함으로써 중앙정부의 통제는 과 단위 기구에까지 미치고 있다.

(2) 제도가 변경되기 전까지는 표준정원 범위 안에서 정원을 책정해야 했다.[16] 일

16) 표준정원 산식에서 고려된 독립변수는 인구수, 기관수, 일반회계 최종결산액, 면적 등이고 비용변수로는 생보자 수, 관광객 수, 주간인구, 해안선 연장 등을 사용하고 있으나 전국적 공통성을 갖는 변

례로 서울시의 경우, 공무원 정원 = <466.94 + (0.000985968 × 인구수)> × 표준화지수(0.95946)가 되는데, 이처럼 정원관리가 상급기관의 규정에 의하고 있었다.

지방공무원[17] 정원제도 변화를 보면, 1988년 총정원관리제도[18]로 변화되었다가 다시 1997년에 표준정원제도로 변모했다. 표준정원제는 지방자치단체의 전체 업무 처리에 필요한 인원을 행정자치부가 산정해 그 범위 내에서 단체장이 자율적으로 인원을 조절할 수 있는 제도이다. 그러나 5년 동안 5만 6천명을 감원하는 공무원 구조조정이 이루어지면서 이 제도는 시행이 중단되었다. 그러나 정부는 2003년 4월부터 표준정원제를 부활시켰다.

그 후 자치조직권 강화 차원에서 표준정원제에서 총액인건비제로 제도적 변화가 있었다. 2004년 총액인건비제의 도입으로 2005년부터 2006년까지의 시범기간을 거쳐 2007년부터 전면실시가 이루어졌다. 총액인건비제도는 각 지방자치단체별 적정 인건비 규모만 정해놓고, 예산범위 내에서 자치조직권의 재량을 확대하자는 것이다(이병기 외, 2006: 296~298). 그러나 총액인건비제는 지방자치단체의 총정원과 인건비총액한도를 이중으로 관리하였기 때문에 지방자치단체에서 자율적으로 조직을 운영하는데 있어서 상당한 제약이 있었다. 이러한 문제점을 해결하기 위해 2014년에 기준인건비제가 도입된다. 기준인건비제는 행정안전부에서 기준인건비를 산정하여 전년도 12월 31일까지 각 지방자치단체의 장에게 통보한다. 지방자치단체는 지방자치단체별로 정원 자율 관리가 가능한데 자율 운영 범위는 1~3% 추가가 허용된다. 기준인건비와 자율 범위를 합한 것을 초과 시 패널티가 부여된다. 자율 허용 범위를 주는 이유는 지방자치단체가 복지, 안전 및 지역별 특수한 행정수요에 대응할 수 있도록 하기 위해 허용되는 것이다. 허용범위는 지방자치단체별 재정 여건에 따라 결정된다는 점에서 지방의 인력관리에 대한 자율성과 탄력성이 제고된다는 의미를 갖는다.

하지만 여전히 부단체장 수는 지방자치법으로 3급 이상 공무원이 장을 맡은 기구의 수는 대통령령인 '기구정원규정'으로 정하고 있다. 따라서 지자체는 조직의 정원을 법률과 시행령으로 정하는 범위 안에서만 지자체 조례로 정할 수 있다. 예를 들어 서울특별시가 서울 관광청이나 도시재개발청을 신설하고 싶어도 불가능하게 되는 것이다.

수와 지역의 특수한 행정수요를 반영하는 변수들이 적절히 조화되어 있지 못하다는 것이다(하혜수, 2004: 19).

17) 2005년 말 지방자치단체 소속 공무원은 총 274,400명으로 지방직 공무원 274,271명(99.95%), 국가직 공무원 129명(0.05%)이다.

18) 총정원제에서 공무원 1명만 증원하려고 해도 내무부의 승인을 받아야 했으므로 자치단체의 정원억제에 목적이 있다기보다는 내무부의 권력유지수단으로 평가되기도 하였다.

〈표 11-4〉 총액인건비제와 기준인건비제의 비교

구분	총액인건비제	기준인건비제
개념	• 행정안전부에서 총정원과 인건비 총액 한도를 이중으로 관리	• 행정안전부에서 기준인건비만 제시하고 지자체별 정원관리 자율화 • 자율 운영 범위 1~3% 추가 허용
페널티 부여	• 총액인건비 초과 시 부여 • 총정원 초과 시 부여	• 기준인건비+자율범위 초과 시 부여
교부세 반영 여부	• 총액인건비는 교부세 반영	• 기준인건비는 교부세 반영 • 자율 범위의 인건비는 교부세 미반영

또 각 지자체의 현원이 기준인건비에 적용된 기준인력에 비하여 많은 경우 인건비 총액이 부족하게 된다. 이러한 결과에 대해 보통교부세의 인건비 패널티가 적용되어 인건비가 더욱 부족하게 되는 문제점도 있다.

3) 대 책

자치조직권 확대와 관련해서, 지방자치단체별로 총액인건비를 설정하고, 그 안에서 지방정부가 자율적으로 설치, 운영하게 한다. 총액인건비제도는 각 지방자치단체별 적정 인건비 규모만 정해놓고, 예산범위 내에서 자치조직권의 재량을 확대하자는 것이다.[19] 총액인건비제도의 핵심은 부처 자율성이라고 할 수 있는데, 그 주요 내용은 다음과 같다(남궁근·서원석, 2005: 440~444). 첫째, 인사관리부처에서는 국가공무원 총 정원 및 부처 정원의 상한만 관리하고 부처별 정원규모 및 직급별 정원은 부처 자율로 결정한다.[20] 기구설치의 자율성도 확보되는데, 지금까지의 획일적인 실·국·과 형태의 보조기관 설치 방식을 지양하고 보조기관의 설계를 각 부처의 자율에 맡긴다. 예를 들어 본부, 팀 등이 이에 해당한다.

둘째, 공개채용 및 공개채용 직렬로의 특별채용 이외의 채용시험 실시권은 각 부처

19) 총액인건비의 분류체계는 ① 인건비 중 기본항목은 행정안전부 장관이 종합 관리하고, 자율항목은 시행기관이 자율적으로 운영한다. ② 운영경비 중 맞춤형 복지예산은 시행기관이 자율적으로 운영하고, 이를 제외한 운영경비는 기획재정부 장관이 종합 관리한다. 총액인건비제도의 시행 전후를 비교해 보면, 먼저 종전에는 조직과 정원 분야의 경우 정원 1인을 증감하는 때에도 행정안전부의 승인이 필요했지만, 제도 시행 후에는 행정안전부가 정원 상한만 관리하고 총 정원의 3% 내 증원은 자율로 결정할 수 있게 되었다(2010. 3. 30 중앙부처 총액인건비제 세부 운영지침).

20) 종전의 직급별 정원 규정인 "지방자치단체의 지방공무원의 직급별 정원은 합리적인 직급체계를 이룰 수 있도록 부득이한 경우를 제외하고는 행정자치부령이 정하는 기준에 의하여야 한다"가 2008년에 들어 "지방자치단체의 지방공무원의 직급별 정원은 합리적인 직급체제를 이룰 수 있도록 하여야 한다. 이 경우 직급별 정원책정기준은 해당 지방자치단체의 조례로 정한다"로 개정되었다.

에 위임한다.

셋째, 각 부처에 기본 보수항목 이외의 보수수준 및 보수지급의 자율성을 부여한다.

넷째, 총액인건비 중 잉여인건비 사용에 대한 부처 재량권을 확대한다.

한편, 기준인건비의 경우, 현재 기준인건비를 초과하여 지방공무원의 현원을 운영하고 있는 지방자치단체들은 그 원인을 분석하여 자체적인 인력 혁신 방안을 실행해야 할 것이다.

5. 자치재정권

1) 의 의

자치재정권이란 지방자치단체가 자치사무를 처리하는 데 필요한 경비를 자주적으로 거둘 수 있는 권능과 거두어들인 재원을 자주적으로 관리할 수 있는 권능이다. 즉, 지방자치단체의 조세권에 기초하여 세금을 부과·징수하고, 거두어들인 재원을 자치단체가 자치사무를 효율적으로 처리하기 위하여 자주성을 가지고 예산을 편성·집행하는 권능이 바로 자치재정권이라고 할 수 있다.

자치재정에 관한 이론은 자주재원주의와 일반재원주의로 대별된다. 전자는 지방자치단체가 자신의 활동 경비를 자체재원을 통해 조달하도록 해야 한다는 것과 세입의 자치, 즉 과세자주권을 강조한다. 이에 반해 후자는 지방재정 자주성을 위해 '세입의 자치'보다는 실제적 '세출의 자치'가 중요하다고 하고 국세를 지방세로 이양하는 방식보다는 국고보조금처럼 용도가 정해진 재원을 용도가 지정되지 않은 지방교부세 같은 일반재원으로 대체할 것을 주장한다.

2) 주요 내용

재정경제적 측면을 보면, 먼저 과세자주권과 관련해서 헌법 제59조는 "조세의 종목과 세율은 법률로 정한다"라고 규정하고 있는데, 여기서 조세의 범위를 국세와 지방세를 포함하는 것으로 규정하고 있다. 이러한 조세법률주의는 지방정부의 과세권에 대한 논의를 원천적으로 봉쇄하고 있다. 그리고 지방세법 제5조와 제6조에서는 지방자치단체가 거두어들일 수 있는 지방세의 세율을 규정하고 있어 지방자치단체가 스스로 세목과 세율을 결정할 수 있는 권한은 없다. 판례도 조례는 법률이 아니므로 국민의 권리·의무에 관한 사항을 법률의 위임 없이 정할 수 없음을 밝히고 있다(김성호, 2007: 124).

3) 자치재정권 확대 대책

자치재정권 확대를 위해 과세자주권 확대가 필요하다. 중앙정부가 지방세법으로 여러 가지 세목을 정하고 그 범위 안에서 지방정부가 조례로 지역 실정에 맞는 세목을 선택하게 한다. 사실 우리는 현재 헌법 제59조에 의한 조세법률주의에 의해 지방정부의 과세권이 부여되지 않아 지방정부 스스로 조세 구조를 개선하기는 무리이다.

이와 관련하여 차상붕(2006: 509)은 지방세를 부과·징수하는 직접적인 근거는 당해 지방자치단체의 조례이며, 이는 지방세조례주의와 연결된다. 따라서 "대표 없이는 과세 없다"라는 취지를 연장하여 조세법률주의와 함께 지방세조례주의를 헌법에 명문화하는 것이 바람직하다. 그 대신 자기책임성을 명확히 함으로써 향후 세목 결정권이나 세율 결정권의 자의적 행사를 제한할 필요가 있다고 주장하고 있다.

6. 자치교육제와 자치경찰제

교육과 치안은 지방자치의 핵심적 요소이다. 그것은 안전과 교육이야말로 인간의 기본적 욕구이기 때문이다(이철규, 2007: 363). 교육과 치안은 어느 정도의 특수성이 인정된다. 정치적 중립성이 강조되며, 전문적 관리의 필요성도 제기된다. 따라서 의결기관 내지 집행기관을 일반지방행정기관과 달리 구성해야 한다는 것이다.

1) 지방교육자치

(1) 의의와 현황

지방교육자치는 지방자치와 교육자치의 두 요소를 포함하고 있다. 즉, 중앙으로부터의 자치와 일반행정으로부터의 자치라는 두 가지 요소가 복합되어 있다고 할 수 있다. 지방교육자치는 교육의 자주성·전문성 및 정치적 중립성을 보장하여, 지역의 특성과 주민의 요구에 따르는 교육을 구현하는 것을 의미한다.

종전에는 시·도 교육위원회가 교육·학예 사무에 대한 의결권을 독자적으로 행사하였다. 다만 조례, 예·결산, 주민부담 사항 등은 교육위원회를 거쳐 시·도의회가 다시 의결하도록 되어 있었다. 이러한 중복심의라는 이중장치는 서로 간의 타협의 산물이었다.

(2) 교육자치제의 유형

① 분리형

지방교육을 일반지방자치단체와 분리하여 운영하는 제도를 분리형이라고 한다. 분리형은 정치가 불안정한 나라에서 교육의 전문성과 정치적 중립성을 높일 수 있다. 그러나 중앙정부에서는 교육부가 행정부에 소속되어 운영되는데, 지방에서는 지방의 집행기관과 별도의 조직으로 운영되어 예산의 낭비와 행정상의 혼란이 야기될 우려가 있다.

② 통합형

지방교육조직을 일반지방자치단체에 통합시켜 일반행정과 교육행정이 밀접한 연계를 가지고 수행되는 형태이다. 영국에서는 지방의회의 한 분과위원회로서 교육위원회를 두고 교육 기능을 수행하고 있다.

③ 절충형

지방교육조직을 일반지방자치단체에 부분적으로 통합하는 형태로 일본이 이에 해당한다. 절충형은 분리형에서 발생될 수 있는 행·재정적 낭비와 업무 중복의 문제와 통합형에서 발생될 수 있는 교육의 전문성 상실을 방지하려는 취지에서 등장한 제도이다.

(3) 우리나라의 교육자치기관 구성

2014년 7월에 교육위원회가 폐지됨에 따라 지방교육자치에 있어서 의결기관은 지방의회로 일원화되고, 집행기관은 시·도지사와 교육감으로 이원화하였다.

① 교육감

교육감은 시·도의 교육집행기관인 동시에 국가 교육사무의 수임자로서 국가의 하급 행정기관의 지위에도 있게 된다. 현재 교육감의 임기는 4년으로 하며, 교육감의 계속 재임은 3기에 한한다. 교육감 역시 주민의 보통·평등·직접·비밀선거에 따라 선출한다. 정당은 교육감선거에 후보자를 추천할 수 없다.

② 교육청

하급 행정청으로서 교육청에 교육장을 두며 장학관을 보한다.

2) 자치경찰

(1) 의 의

경찰기능을 국가에 귀속시키고 경찰조직을 국가의 행정보직으로 하는 것이 국가경찰이고, 경찰기능을 지방에 귀속시키고 경찰조직을 지방자치단체의 행정조직으로 하는 것이 자치경찰이다. 우리나라는 줄곧 국가경찰 일원주의를 유지해 왔다.

일반적인 경향으로 국가경찰과 자치경찰을 함께 운영하는 것을 많은 국가들에서 볼 수 있는데 우리나라에서도 자치경찰제도의 도입을 주장하는 목소리가 높다. 도입의 필요성은 다음과 같다(이철규, 2007: 373). 첫째, 경찰행정의 비효율성을 극복하기 위해서다. 중앙의 경찰청에서 모든 것을 지휘·통제하는 체제로는 늘어나는 경찰수요를 효율적으로 수행할 수가 없다.

둘째, 진정한 민생치안체제를 확립하기 위해서다. 자기가 근무하는 지역의 안녕과 질서를 유지하는 일이야말로 경찰 본연의 임무다.

셋째, 경찰의 민주성을 확보하기 위해서다. 주민에게서 멀리 떨어진 경찰은 권력자가 되고, 주민 앞에 가까이 다가선 경찰은 봉사자가 된다.

(2) 경찰제도의 유형

① 대륙계: 국가경찰 중심형

전국적으로 통일된 경찰행정이 이루어진다. 이러한 국가경찰제는 경찰이 국가권력을 배경으로 강력한 집행력을 가지고 능률성을 확보할 수 있고 국가 긴급사태나 광역적 사건에 효율적으로 대처할 수 있는 장점을 가진 반면에 경찰행정의 관료화와 정치화의 우려가 있고, 지방의 특성이 무시될 수 있는 단점을 가지고 있다(정일섭, 2006: 298).

② 영·미계: 자치경찰 중심형

영·미계에서는 경찰기능을 지방자치단체가 수행한다. 생활 치안을 실현할 수 있고 분권화와 민주화를 실현할 수 있는 장점이 있다. 그러나 경찰행정이 일반행정에 지나치게 예속되어 집행력이 약화될 가능성이 있다.

③ 절충형

일본의 경우 국가경찰과 광역자치경찰의 이원체제이다. 경찰기능은 광역자치단체(都·道·府·縣)에서 수행하고, 국가는 긴급사태를 제외하고는 직접 경찰권을 행사하지 않으나 성격상 통일적 업무 처리가 요구되는 사항에 대해서는 지방경찰을 지휘·감독할 수 있다(정일섭, 2006: 299).

일본의 자치경찰에서 과장급인 총경 이상은 국가공무원이며 총경 이하 공무원은 지방자치경찰공무원이다. 그리고 자치경찰 최고 책임자인 도·도·부·현 경찰본부장은 국가공안위원회가 임명한다(김형만 외, 2007: 139~140).

(3) 한국의 경찰제도

현재까지는 유럽 대륙계의 국가경찰 중심형이라고 할 수 있으며, 조직 구성은 다음과 같다.

① 경찰위원회

행정안전부에 경찰행정에 관한 심의·의결기관으로 경찰위원회가 설치되어 있다

(경찰법 제5조). 경찰위원회는 경찰의 인사와 예산 등의 중요 정책을 다룬다.

② 경찰청

행정안전부 장관 소속 하에 경찰청을 둔다. 경찰청장은 경찰위원회의 동의를 얻어 행정안전부 장관의 제청으로 국무총리를 거쳐 대통령이 임명한다. 이 경우 국회의 인사청문을 거쳐야 한다.

③ 지방경찰청

시·도지사 소속 하에 지방경찰청을 둔다. 그러나 시·도지사의 지휘·감독을 받는 것이 아니라 경찰청장의 지휘·감독을 받는 것이다. 이같이 경찰법은 지방경찰청장의 소속과 지휘·감독체계를 달리하고 있다.

④ 경찰서

지방경찰청의 사무를 지역적으로 분담 수행하기 위하여 일정한 지역 단위에 경찰서를 둔다. 경찰서장은 지방경찰청장의 지휘·감독을 받아 관할구역 안의 소관 사무를 관장하고, 소속 공무원을 지휘·감독한다.

(4) 자치경찰 도입 시도와 유의점

정부는 2004년에 주민생활 중심의 자치경찰제 도입방안을 확정했다. 자치경찰법안이 2005년 11월에 행정자치위원회에서 심의되었으나 법안 심사가 보류되었고, 제17대 국회 임기 만료일인 2008년 5월 29일을 기해 자동 소멸되었다. 2008년 12월 2일에 출범한 대통령 소속 '지방분권촉진위원회'는 자치경찰제 도입을 20개 분권과제 중의 하나로 선정한 바 있고, 현재 행정안전부의 자치경찰제실무추진단 및 지방분권지원단과 지방분권촉진위원회에서 정부의 자치경찰제안이 논의되고 있다. 정부안의 기본 방향을 살펴보면 다음과 같다(최종술, 2009: 8~9).

첫째, 광역단위를 보면, 광역시와 도는 자치경찰제 실시대상에서 제외하고 치안행정위원회만 설치한다. 위원회 위원은 11명으로 하되, 시·도지사가 위촉하고, 2명, 즉 행정부지사(행정부시장), 지방경찰청 차장은 당연직으로 하고, 9명은 도(광역시), 도의회(광역시의회), 경찰청에서 각각 3명씩 추천한다. 위원장은 당연직 위원이 아닌 위원 중에서 호선한다. 위원회 주요 기능은 시·군 자치경찰대 간의 분쟁조정, 시·도와 시·도 국가경찰청 간의 업무 협의 및 조정 등이 된다.

둘째, 기초단위를 보면, 시·군·구에는 국가경찰(경찰서)과는 별도로 자치경찰위원회와 자치경찰대를 설치한다. 자치경찰위원회는 지역주민 가운데 10인 이내 위원으로 구성하되, 시장·군수가 위촉하는 바, 1/3은 시·군의회, 1/3은 경찰서장, 1/3은 시장·군

수가 추천한다. 자치경찰대는 시·군·자치구의 직속기관으로 설치한다. 자치경찰대장은 시장·군수·구청장이 자치경찰위원회의 동의를 얻어 임명한다. 자치경찰의 사무에 있어서 수사권은 인정되지 않는다. 자치경찰의 사무는 생활안전 사무, 지역교통 및 지역경비에 관한 사무 그리고 지방자치단체 소관 특별사법경찰관리 업무(보건, 위생, 주정차·환경 단속)를 수행한다. 또한 시·군·구 자치경찰대 소요재원은 범칙금 등으로 마련하고, 국가에서 일정 부분 지원하도록 한다.

한편, 제주특별자치도 특별법에 자치경찰법(안)의 주요 내용이 거의 반영되고 이에 의거하여 제주자치경찰이 창설(2006. 7. 1)되어 시범적으로 운영된 것은 큰 진전이라고 할 수 있다.[21)]

자치경찰제를 도입할 경우 당면하는 문제들이 많다(이철규, 2007: 376~377). 첫째, 실시 범위이다. 광역단위이냐 아니면 기초 단위로 실시할 것인가의 문제이다. 초기에는 기초자치단체가 재정여건, 권한, 인력 등이 미흡하므로 광역 단위로부터 실시하는 것이 바람직해 보이지만,[22)] 궁극적으로는 기초자치단체 중심의 자치경찰로 가야 할 것이다.

둘째, 기관 형태는 독임제로 운영해야 한다. 경찰 책임자의 선임방법도 선거제와 임명제가 있을 수 있으나 자치교육제와 동일하게 하는 것이 이해하기 쉽다.

셋째, 자치경찰에 어느 정도의 권한을 부여할 것인가이다. 자치경찰에 수사권을 부여하는 문제는 검·경 간의 수사권 조정 문제도 해결되지 않은 상황에서 아직은 시기상조이며, 경찰의 수사권 독립 추이를 지켜보면서 풀어갈 과제이지만, 자치경찰을 방범대나 순찰대 수준으로 왜소화시켜서는 안 된다.[23)]

자치경찰제가 아직 도입되지 않고 있지만, 지방자치위원회는 「자치경찰법」 제정 등 법제화 이후 2016년부터 시범실시를 거쳐 본격화하겠다고 밝혔다. 도입 대상은 기초지자체이며 소규모 지자체는 필요 시 인근 지자체와 통합이 가능토록 했다. 도입 여부는 지자체가 자율적으로 결정토록 했는데, 자치경찰의 기본조직은 시·군·구에 자치경

21) 현행 제주지방경찰청을 중심으로 한 국가경찰의 시스템은 그대로 유지하고 별도의 조직으로 도지사 소속의 자치경찰을 운영한다. 「제주특별자치도 설치 및 국제자유도시 조성을 위한 특별법」 제108조에서 제주경찰의 사무를 보면, ⅰ) 주민의 생활안전 활동에 관한 사무, ⅱ) 지역교통 활동에 관한 사무, ⅲ) 공공시설 등의 지역경비에 관한 사무, ⅳ) 특별사법경찰관리의 직무 등이다. 제주자치경찰은 경찰이면서도 일반적인 범죄수사 업무를 고유의 임무로 규정하고 있지 않다. 형법상의 범죄가 아닌 일부 질서위반행위에 대해서는 행정제재나 지도, 단속할 권한은 부여되어 있으나, 일반적인 범죄에 대한 법집행권이 없다는 한계를 가지고 있다.

22) 광역안은 치안사무가 광역적 사무가 많기 때문에 광역자치단체가 도입단위가 되어야 한다는 주장이다. 거의 모든 학자들이나 경찰들에 의해 주장되고 있다. 일본이 이에 해당한다.

23) 일본의 경우, 자치경찰이 대규모 재해에 관계되는 사항, 지방의 안전을 해치는 소란행위 방지, 긴급사태에 대처하기 위한 계획의 수립·시행 등 광범위한 권한을 가지고 있다(이철규, 2007: 377).

찰단을, 시·도에 자치경찰위원회를 설치토록 했다. 1만 2,000명에서 1만 4,000명 안팎의 인력이 필요할 것으로 전망했는데, 재원 확보 방안은 지방소비세 규모 확대, 과태료 징수 이관과 징수교부금제 도입, 자치경찰 단속 범칙금 지자체 귀속 등이다.[24)]

정부는 2019년에 서울시와 세종시 등 5개 시(市)에 자치경찰제를 도입할 계획을 세우고 있다. 계획대로 진행되면 2022년까지 전국 11만여 명의 국가경찰 중 40% 가량인 4만 3천명이 자치경찰로 이관된다. 경찰권이 시·도지사에게 넘어가면 발생할 수 있는 권력 남용을 방지하기 위해 합의제 행정기관으로 시·도경찰위원회를 설치할 계획으로 있다.

제 4 절 지방자치단체와 주민과의 관계

주민은 선거할 때만 자기의 의사를 표시할 수 있을 뿐이고, 선거 후에는 대표자의 의사에 종속된다. 이러한 문제를 보완하기 위한 수단으로 도입된 것이 직접민주제이다.

1. 주민투표

1) 의 의

지방의회에 대한 견제기능을 발휘하고 주민의사가 적극적으로 반영될 수 있다는 점에서 의의가 있다. 소수자의 이익보호와 불만해소 차원에서 직접민주주의에 기여한다.

2) 주민투표의 대상

주민투표의 대상은 읍·면·동의 명칭 변경, 문화회관 설치 등 자치단체의 권한에 속하면서 주민에게 과도한 부담을 주거나 중대한 영향을 미치는 주요 결정 사항이며,[25)]

---

24) 제주특별법 제107조에 의하면, 자치경찰단장은 도지사가 임명하며, 도지사의 지휘·감독을 받게 되어 있다고 규정함으로써 자치경찰단장을 자치단체장의 보조기관화하였다. 또 예산지원에 있어서도 2011년 제주특별자치도의 자치경찰에 대한 국가보조금은 34.19%이며 제주특별자치도 부담금은 65.81%로 자치단체에 막대한 재정 부담으로 작용하고 있는 점(최관, 2013: 285~286) 등이 추후 관련 법령 제정 시 참고되어야 할 것이다.

25) 동일한 사항에 대하여 주민투표가 실시된 후 2년이 경과되지 아니한 사항은 주민투표에 부칠 수 없다.

주민은 투표권자 총수의 20분의 1 이상, 5분의 1 이하의 범위 안에서 조례로 정하는 수 이상의 서명으로 주민투표를 청구할 수 있다. 지방의회는 재적의원 과반수 출석과 출석의원 3분의 2 이상의 찬성으로 지자체장에게 청구한다. 또 지자체장은 직권에 의하여 주민투표를 실시하고자 할 때에는 그 지방의회 재적의원 과반수 출석과 출석의원 과반수의 동의를 얻어야 한다. 주민투표에 부쳐진 사항은 주민투표권자 총수의 3분의 1 이상의 투표와 유효투표수 과반수의 득표로 확정된다. 전체 투표수가 주민투표권자 총수의 1/3에 미달되는 때에는 개표를 하지 아니한다.

3) 투표 사례

2004년 1월 「주민투표법」 제정 이후 이루어진 주민투표 실시 사례는 다음과 같다.

(1) 제주도 행정체제 개편(2005. 6): 혁신안 찬성(57%)

(2) 청주·청원 통합(2005. 9): 청원군 반대(53.5%)

(3) 방폐장 입지 선정(2005. 11): 경주시(89.5% 찬성)로 결정

4) 평 가

주민의 직접참정권 활성화 및 국가와 지역현안의 합리적 해결을 가져 왔다고 할 수 있으나, 시행 초기인 관계로 관련 당사자의 운영 미숙과 법 제도 상의 미비점도 노출되었다.

2. 주민발안

1) 의의와 유형

일정 비율의 유권자가 능동적으로 법의 제정, 개정, 폐지를 발의하고, 유효투표의 과반수로 채택 여부를 결정하는 제도이다. 가장 전형적인 직접민주제도라 할 수 있는데, 주민투표가 초안을 의회가 작성하고 단지 최종 승인만 주민에게 묻는 것과는 달리 주민발안은 주민이 법안의 초안도 작성하고 동시에 법안의 승인까지도 결정한다. 널리 알려져 있는 미국 캘리포니아주의 주민발안(proposition 13)이 그 대표적인 예이다.

주민발안의 유형에는 직접적 주민발안과 간접적 주민발안이 있다. 전자는 주민의 발안이 있으면 반드시 주민투표에 회부하는 제도이다. 후자는 일단 지방의회의 심의에 회부하여 의회가 그 발안내용을 받아들이면 주민투표에 부칠 필요 없이 바로 확정되며, 의회가 발안내용을 수용하지 않을 때 주민투표에 부치는 제도이다(이철규, 2007: 385).

2) 장·단점

장점으로는 주민의 의견이 반영될 가능성을 높여 준다. 그리고 지방의회에 대해 압력 수단이 된다. 단점으로는 주민의 능력만으로는 실현되기 어렵고 또 특정 집단의 이익 실현 수단으로 이용될 가능성이 있다.

3) 우리나라의 현황

19세 이상의 주민은 연서(連署)로 자치단체장에게 조례의 제정 또는 개정을 청구할 수 있다. 시·도 및 50만 이상의 대도시에서는 19세 이상 주민총수의 1/100 이상 1/70 이하, 시·군 및 자치구에 있어서는 1/50 이상 1/20 이하의 범위 안에서 조례로 정하는 수 이상의 연서로 청구한다(2009. 4. 1 개정). 청구인이 법안의 초안을 작성한다는 점에서 주민발안제의 개념과 일치한다. 청구 제외 대상으로는 ① 법령 위반 사항, ② 지방세 사용료·수수료·부담금의 부과·징수 또는 감면에 관한 사항, ③ 행정기구의 설치·변경에 관한 사항 또는 공공시설의 설치를 반대하는 사항 등이 있다.

자치단체장은 청구를 수리한 날로부터 60일 이내에 조례의 제정 및 개폐안을 지방의회에 부의하여야 한다. 의회가 발안 내용대로 의결하면 발안은 주민투표를 거칠 필요없이 바로 조례로 확정되며, 의회가 발안 내용을 의결하지 않을 때에는 주민투표에 부쳐진다. 이처럼 우리나라는 간접발안제를 채택하고 있다.

3. 주민감사청구제도

1) 의 의

지방자치단체의 사무처리가 법령에 위반하거나 공익을 현저히 해한다고 인정되는 경우에 주민이 감사기관에게 감사를 요청하는 제도이다.

2) 청구권자 요건

지방자치단체의 19세 이상 주민으로 특별시·광역시·도는 500명, 인구 50만 이상의 대도시는 300명, 시·군·자치구는 200명을 넘지 않는 범위에서 당해 자치단체의 조례로 정하는 수 이상의 연서로 감사를 청구할 수 있다.

〈표 11-5〉 조례의 제정과 개폐 청구권 및 주민의 감사청구권의 비교

제도	조례의 제정과 개폐 청구권	주민의 감사청구권
주체	• 지방자치단체의 19세 이상의 주민 • 국내거주 외국인·재외국민	지방자치단체의 19세 이상의 주민
정족수	• 19세 이상 주민 총수의 • 시·도(50만 이상) → 1/100 이상 1/70 이하 • 시·군·자치구 → 1/50 이상 1/20 이하 (범위에서 조례로 정하는 19세 이상 주민 수 이상의 연서)	• 시·도는 500명 • 50만 이상 대도시는 300명 • 시·군·자치구는 200명 (범위에서 조례로 정하는 19세 이상 주민 수 이상의 연서)
청구 대상	해당 지방자치단체의 장	시·도 → 주무부 장관 시·군·자치구 → 시·도지사
청구 제외 사항	① 법령을 위반하는 사항 ② 지방세·사용료·수수료·부담금의 부과·징수 또는 감면에 관한 사항 ③ 행정기구를 설치하거나 변경하는 것에 관한 사항이나 공공시설의 설치를 반대하는 사항	① 수사나 재판에 관여하게 되는 사항 ② 개인의 사생활을 침해할 우려가 있는 사항 ③ 다른 기관에서 감사하였거나 감사 중인 사항 ④ 동일 사항에 대하여 주민소송이 진행 중이거나 그 판결이 확정된 사항

3) 처 리

주무부 장관이나 시·도지사는 감사청구를 수리한 날부터 60일 이내에 감사청구된 사항에 대하여 감사를 끝내야 한다.

4) 문제점

남소를 방지하기 위하여 주민감사청구 전치주의를 채택하고 있지만 이것은 주민소송제도를 제약하는 요소로 작용하고 있다(윤영진, 2016: 349).

첫째, 주민감사청구를 상급기관에 하게 함으로써 감사의 독립성과 공정성이 담보되지 않는다. 일본의 주민감사청구가 상급기관이 아닌 주민이 직접 참여하는 주민감사위원회에 청구하는 것과 대비된다.

둘째, 사무처리가 끝난 날부터 2년을 경과하면 감사청구를 제기할 수 없도록 한 점도 문제다. 대상 사안들이 2년을 경과해 진상이 밝혀지는 경우가 너무 많기 때문이다.

4. 주민소송

1) 의 의

지금까지는 지자체가 잘못된 행정이나 불법·비리로 예산을 낭비해도 이를 막거나 시정시킬 방법이 없었다. 그러나 이젠 다르다. 2006년 1월부터 시행된 주민소송제 덕분이다.

지방자치단체가 위법·부당한 재무회계 행위를 한 경우 감사 청구한 주민은 감사 결과 등에 불복이 있는 경우에는 감사 청구한 사항과 관련 있는 위법한 행위나 해태(懈怠) 사실에 대해 당해 지방자치단체장을 상대방으로 주민소송을 제기할 수 있다.[26)]

주민소송으로 다투는 대상이 될 수 있기 위하여서는 첫째, 적법한 주민감사청구를 거쳤을 것, 둘째, 일정한 재무회계상의 행위 또는 해태 사실일 것, 셋째, 감사청구의 제외대상이 아닐 것 등을 들 수 있다(함인선, 2006: 30).

제소는 해당 감사결과나 조치 요구 내용에 대한 통지를 받은 날로부터 90일 이내에 제기하여야 한다.

2) 실시 사례

경기도 광명시 음식물 처리 시설 건이다. 2005년 8월 58억 원을 들여 시설을 완공했지만 시설에 문제가 생겨 아직까지 정상 가동이 되지 않고 있다. 이러한 부실 관급공사에 대해 주민 320명의 연대서명을 받아[27)] 2006년 3월 경기도에 주민감사청구를 한 뒤 6월 주민소송을 냈다. 이 외에도 2007년 4월 현재 5건이 더 제기되었다. 경기도 성남시 탄천변 불법 도로공사, 충남 서천군, 인천 부평구, 서울 성북구 등의 업무추진비 등 예산 낭비, 충남 청양군의 인공폭포 조성 등 예산낭비 등이다(조선일보, 2007. 1. 6).

3) 평 가

주민소송제로 인하여 지방자치행정에 대한 주민 참여의 폭이 크게 넓어진 것이 사실이다. 따라서 주민감사청구나 주민소송 모두 주민의 주관적 이익을 위한 것이 아니라 지역의 공익을 위한 것임을 감안하면 지금처럼 소송비용을 주민 부담으로 하는 것은 문제가 있으며, 따라서 국선변호인제를 시행할 필요가 있다.

---

26) 시·도는 500명, 인구 50만 이상의 대도시는 300명, 그 밖의 시·군 및 자치구는 200명을 초과하지 않는 범위 안에서 정하는 주민 수 이상의 연서로 감사 청구할 수 있다. 감사청구는 사무처리가 종료된 날부터 2년을 경과하면 제기할 수 없다.

27) 광역단체는 지역유권자의 500명, 50만명 이상 대도시는 300명, 기초단체는 200명의 서명만 받으면 감사를 청구할 수 있다(조선일보, 2007. 1. 6).

5. 주민소환

1) 의 의

지방자치단체장의 자의적 권한 행사와 지방의회의 비효율적 운영 등이 발생함에도 불구하고 이에 대한 견제장치는 매우 미약한 실정이었는데, 이의 해결 방안으로 도입된 것이 주민소환제도이다.

주민소환은 일정 수 이상 유권자의 연서에 의하여 지방자치단체장, 지방의원이나 주요 공무원의 해직과 지방의회의 해산 등을 청구하여 주민투표로 결정하는 제도이다. 「주민소환에 관한 법률」이 2006년 5월에 제정되어 2007년 5월부터 본격 시행에 들어갔다. 주민소환 투표 대상자는 투표결과를 공표할 때까지 그 권한행사가 정지되며, 부단체장이 그 권한을 대행한다. 주민소환은 주민소환투표권자 총수의 3분의 1 이상의 투표와 유효투표 총수 과반수의 찬성으로 확정된다. 주민소환 대상자는 지방자치단체장, 비례대표의원을 제외한 지방의회의원, 교육감이다. 주민소환투표청구권자 서명인 수는 대상 공직자별로 아래와 같이 차이가 난다.

〈표 11-6〉 대상 공직자별 서명인 수

대상	서명인 수
특별시장, 광역시장, 도지사	청구권자 총수의 100분의 10 이상
시장, 군수, 자치구의 구청장	청구권자 총수의 100분의 15 이상
시·도의원 및 시·군·구의원	청구권자 총수의 100분의 20 이상

2) 평 가

공직자의 책임의식이나 윤리의식이 향상될 수 있지만, 남용되는 경우 지방자치가 마비될 우려가 있으며 지방행정의 불안정을 초래할 수 있다. 일례로 미국 캘리포니아주의 데이비스 주지사에 대한 주민소환 투표 결정도 위법 사실에 대한 구체적 물증 없이 주지사 자리를 노리는 백만장자 정치인의 재정 지원으로 진행된 측면이 있는 것이 이를 반증한다(동아일보, 2003. 7. 30).

3) 보완장치

특정 지역 중심의 주민소환투표청구가 남용되지 않도록 하기 위해 시·도지사에 대한 주민소환투표를 청구함에 있어서는 당해 지방자치단체 관할구역 안의 시·군·자치구 전체의 수가 3개 이상인 경우에는 3분의 1 이상의 시·군·자치구에서 각각 주민소환

투표청구권자 총수의 10,000분의 5 이상 1,000분의 10 이하 범위 내에서 대통령령이 정하는 수 이상의 서명을 받아야 한다.

제 5 절 지방재정

1. 지방재정의 기본적 이해

1) 의 의

지방자치단체는 독립된 경제 주체로서의 지위와 역할이 있는데 지방재정이란 이러한 지방정부의 경제활동을 의미한다. 즉 지방정부가 그 기능을 수행하기 위해서 재원을 조달하고 이를 운용하는 일체의 활동이다.

2) 국가재정과 지방재정

(1) 국세 위주의 조세 구조

우리나라 국세와 지방세의 비율을 보면, 2014년도 최종예산에서 78.8% 대 21.2%를, 2015년도 당초예산에서 78.8% 대 21.2%를 기록하고 있다. 이처럼 우리나라의 세입분권의 수준은 매우 낮은 편임을 알 수 있다.

(2) 낮은 재정적 자주성

지방의회의 선출로 지방자치가 부분적으로 부활된 1991년의 지방재정자립도[28]는 69% 수준이었으나, 15년 이상이 경과된 2007년 예산기준으로 지방재정자립도는 53.6% 수준으로 오히려 5%p 이상 하락한 것으로 나타나고 있다. 최근의 상황은 더욱 나빠져 행정자치부가 발간한 '2015년 지방자치단체 통합재정개요'를 보면, 전체 지자체 243곳

---

28) 재정지표들을 보면, 먼저 재정자립도란 지방자치단체의 전체 재원에 대한 자주재원(지방세, 세외수입)의 비율을 의미하는 지방세+세외수입-지방채/일반회계예산으로 나타낸다. 그리고 재정자주도는 일반회계 세입에서 자주재원과 지방교부세를 합한 일반재원의 비중으로 생계급여 등 사회복지 분야에서의 차등보조율을 설계할 때 사용된다. 지방세+세외수입+지방교부세+조정교부금/일반회계예산으로 나타낸다. 재정력지수는 지방교부세제도에서 규정되어 있는 '기준재정수요액' 대비 '기준재정수입액'의 비율이다. 재정력지수가 1이 넘는 지방자치단체는 자체적인 재정수입만으로 기초적인 재정수요를 모두 충당할 수 있어 재정력이 우수한 것으로 평가받는다(이종수 외, 2008: 576). 그런데 기준재정수입액은 보통세 수입의 80%로 정해져 있다. 보통세 수입을 모두 기준재정수입액으로 하지 않은 이유는 보통세 수입의 20%는 지방자치단체가 기준재정수요액을 산정할 때 인정되는 사업 이외의 사업에 자주적으로 쓰도록 한다는 의미가 있다(정일섭, 2006: 256).

가운데 30%에 달하는 74개소가 자체 수입으로 인건비도 감당하지 못할 정도로 재정 상태가 좋지 않음을 알 수 있다. 재정자립도는 2014년 44.8%에 이어 2015년은 45.1%에 그친다. 특히 전국 군 지역 자립도는 11.6%까지 낮아질 것으로 관측되고 있다(매일경제, 2015. 4. 30). 이와 같이 지방자치단체의 재정력이 갈수록 어려워지는 것은 현행 지방세제가 세수 신장성을 담보하기 어려운 구조로 되어 있고, 지방자치단체가 독자적으로 세입 확충을 도모할 수 없도록 규율하고 있는 법·제도의 제약에 기인한 결과라고 할 수 있다(송상훈, 2008: 219).

2. 지방수입 구조

지방재정의 구조는 크게 자주재원과 의존재원으로 구분할 수 있다. 자주재원은 다시 지방세 수입, 지방세외 수입 등으로 구분되며, 의존재원으로 지방교부세, 보조금, 지방채 등과 같은 재원이 존재한다.

1) 자주재원

(1) 지방세 수입

① 의 의

지방세는 지방자치단체의 재원조달 수준 중 비중이 가장 큰 것으로 지방자치단체가 주어진 기능 수행에 필요한 경비에 충당하기 위해 주민 또는 구역 안에서 일정한 행위를 하는 자로부터 특정한 반대급부 없이 강제적으로 부과·징수하는 경제적 부담을 의미한다.

지방세로서 적절한 세목이 되기 위한 조건으로서는 i) 세원의 지역 간 이동이 적어야 한다. ii) 조세의 부담이 비거주자에게 전가되지 않아야 한다. iii) 조세의 부담이 지역주민에게 느껴져야 한다(나성린·전영섭, 2007: 404).

② 지방세 구조

우리나라의 조세구조는 국세와 지방세로 구분된다. 국세는 통관 절차를 거치는 물품을 대상으로 하는 관세와 관세를 제외한 조세인 내국세로 구분된다. 국세와 대별되는 지방세는 보통세와 목적세로 구성되어 있으며 보통세는 지방소비세,[29] 지방소득세, 취득세, 등록면허세, 주민세, 재산세 등 9개 세목이고, 목적세는 지방교육세, 지역자원시설세 등 2개 세목이다.

---

29) 지방소비세의 세액은 과세표준에 100분의 5를 적용하여 계산한 금액으로 한다.

③ 지방세제의 문제점

가. 지방세원의 빈약

지방자치단체 일반회계 예산 순계 중 지방세 수입은 2004년 기준으로 48%로 나타났다. 지방세 세수 규모가 2007년도 총 규모가 38조 732억 원으로 지방자치단체 총 예산의 34%에 불과하다.[30] 이러한 수치는 개선되지 않고 2013년에도 34.2%에 그치고 있다. 또한 자주재원의 하나인 세외수입 역시 1991년에는 30.5%였으나 지속적으로 낮아져 2013년에는 21.2%로 급감하였다. 이처럼 지방재정에서 대표적인 자주재원인 지방세의 비중이 낮다는 것은 그만큼 재정의 자주성이 취약하다는 것을 의미한다. 2013년 현재 지방세 수입으로 당해 자치단체의 인건비를 충당하지 못하는 자치단체가 125개로 전체의 51.2%에 달하고 있다. 세외수입 등을 합한 자체수입으로 인건비를 충당하지 못하는 단체는 38개로 전체의 15.6%에 해당한다. 이는 지방세 수입이 자치단체의 기본적인 재정수요를 감당할 수 없다는 것을 의미한다. 이와 같은 현상이 발생한 이유는 다양할 수 있으나 그 중에 하나는 지방세의 비중이 높지 않기 때문에 발생하였다고 볼 수 있다(라휘문, 2014: 46~47). 2015년에 국세가 215조, 지방세 64조로 지방세가 차지하는 비율은 23%에 불과하다. 2016년에도 지방세가 전체 세수 중 차지하는 비율은 23%에 그치고 있는데, 일본과 비교할 때 우리나라의 지방세비중이 거의 절반 수준임을 알 수 있다.[31]

나. 세원의 지역적 편재

2013년도 자치단체별 지방세 분포 현황을 보면 지방세원이 광역자치단체에 편중되어 있음을 알 수 있다. 2013년 지방세수 분포는 광역 : 기초가 66.6 : 33.4로 되어 있다. 계층별로는 특별시는 본청 : 자치구가 90.8 : 9.2, 광역시는 본청 : 자치구 : 군이 80.0 : 16.8 : 3.2로 되어 있다. 도는 본청 : 시 : 군이 49.6 : 44.4 : 6.0으로 되어 있다. 따라서 대도시는 국세의 지방세 이양을 요구하고 도, 소도시 및 군은 지방교부세의 증액을 요구한다.

다. 지방 세수의 신장성 저조 요인

지방재정 수요 증가에 능동적으로 대처하기 위해서는 지방세도 비례적으로 신장되

---

30) 부산 최대 기업인 한진중공업이 2007년도에 낸 세금 중 영도구청 몫은 6억 원, 부산시가 30억 원 정도 되는 반면, 국가로 들어간 세금은 150억 원이다. 전체 세금 180여억 원 가운데 국세와 지방세의 비율이 8대 2의 수준으로 나뉜 것이다. 현행 국세/지방세 납부 비율 제도 하에선 엄연한 현실이며 이러한 격차는 재정분권의 족쇄로 작용한다. 국세와 지방세의 비율도 2002년 76.7대 23.3에서 2007년에는 79.5대 20.5 수준으로 오히려 격차가 더 벌어졌다(국제신문, 2008. 4. 8).

31) 2011년 현재 한국의 지방세 비중은 21.4%인 반면 일본은 43.1%를 기록하고 있다(라휘문, 2014: 47).

어야 하나 다음과 같은 문제가 있다. 첫째, 자산 과세 중심이다. 소득과세나 소비과세에 비해 신장성이 낮다. 세수(稅收) 신장도 및 탄력성이 큰 소득과세가 국세에 편중되어 있다.[32)]

둘째, 각종 조세감면제도이다. 수출 진흥, 특정 산업 육성, 농민 조세 부담 경감 등 조세감면제도가 세수의 신장을 저해한다. 특히 비과세 감면의 대부분이 부동산 관련 세목에 집중되어 있어 조세부담능력이 충분한 납세자가 주로 감면대상이 되기 때문에 조세의 형평성이 저해된다(최봉석, 2007: 93).

셋째, 과세 자주권의 결여이다. 자치재정권의 본질이라 할 수 있는 과세권이 지방세법의 통제를 받고 있으며, 지방세의 세목·세율·과세방법 등이 전국적으로 획일적으로 적용되고 있다.[33)] 지방세법 제3조 제1항에서 지방자치단체는 지방세의 세목, 과세객체, 과세표준, 세율 기타 부과·징수에 관하여 필요한 사항을 정함에 있어서 지방세법이 정하는 범위 안에서 조례로써 하여야 한다고 규정하고 있다.

(2) 세외수입

① 의 의

지방자치단체의 지방세 수입을 제외한 자체 수입 중 지방채 수입과 공기업 수입을 제외한 세외 수입, 즉 일반회계수입을 의미한다. 지방자치단체가 제공하는 서비스에 대한 대가의 성격이 있다.

② 구 성

가. 사용료와 수수료

사용료란 자치단체의 공공시설의 이용 또는 재산의 사용에 대해 징수하는 대금이다. 공유수면 사용료, 공연장 사용료, 시민회관 사용료 등이 이에 해당한다. 한편 수수료란 특정인을 위한 지방자치단체의 사무에 징수하는 공과금을 말한다. 제 증명서 발급에 따른 수입, 각종 공공시험에 관한 증지 판매 수입 등은 대표적이다. 수수료가 사용료와 다른 점은 수수료는 자치단체가 특별한 활동에 의하여 이익을 받은 경우에 부과

32) 지방세수의 70% 정도가 재산 관련세이며 소비과세가 20% 정도, 그리고 소득과세가 10% 정도이다. 따라서 지방세는 소득과 소비의 탄력성이 낮은 세목으로 구성되어 있어 국세에 비하여 상대적으로 세원이 빈약하다. 소득과세나 소비과세는 소득 및 소비의 증가에 따라 세수가 탄력적으로 증가하기 때문에 세수의 신장성이 보장되지만, 재산과세의 경우는 과세표준을 기준으로 하기 때문에 그 신장성이 매우 미약하다(안용식 외, 2006: 448).

33) 그러나 지방정부에 과세자주권을 부여할 경우 대도시와 중소도시, 도시와 농촌 간 등 지역 간의 세원 편차가 매우 심각한 상황에서 지역 간 차등과세가 되어 지역 간의 부익부 빈익빈의 현상을 가속화시킬 수 있다(안용식 외, 2006: 448~449).

하는 데 비하여 사용료는 자치단체의 공공시설을 개인이 이용함으로써 이익을 받는 경우 부과하는 점이 다르다(안용식 외, 2006: 453).

나. 분담금과 부담금

지방자치단체의 재산 또는 공공시설의 설치로 인해 주민의 일부가 이익을 받는 경우 징수하는 공과금으로서, 수수료가 이용에 따른 대가인 데 비하여 이것은 현재 이용하고 있느냐의 여부에 관계없이 그것을 이용할 예정으로 있는 자에 대하여 부과되는 점이 다르다.

다. 징수교부금

시·군 및 자치구가 납입한 특별시세·광역시세 및 도세징수금의 100분의 3에 해당하는 징수교부금을 그 처리비로 당해 시·군 및 자치구에 교부해야 한다(지방세법 시행령 제41조).

③ 세외수입의 평가와 문제점

세외수입 특히 사업수입은 지방자치단체의 경영화의 영역을 확장할 수 있는 중요한 세원으로 인식되고 있다. 수익자 부담 원칙이 적용되기 때문에 지방세와 달리 조세저항이 상대적으로 적다는 이점을 갖고 있다. 그러나 세외수입은 지역 여건이나 경제환경에 따라 수입 규모가 달라지고 불규칙적인 경우가 많기 때문에 합리적인 예측이 어려운 단점이 있으며, 지방정부가 경영수익사업을 통하여 민간경제를 침해하거나 공공성보다는 수익성을 추구한다는 비판을 받을 수 있다(안용식 외, 2006: 457). 그리고 현행 사용료 및 수수료제도가 안고 있는 문제점은 크게 낮은 원가보상률과 요율체계의 불균형 등이다.

(3) 공기업 수입

특별회계로 운영되는 공기업에서 얻어지는 수입, 예를 들어 상수도사업, 지하철사업 등이 해당한다. 2014년 12월 기준 지방공기업은 지방직영기업 254개, 지방공사·공단 143개 도합 397개가 있다.

단순히 양적 증가 외에도 직영기업 위주의 성장에서 벗어나 간접경영 형태의 증가와 지방공기업의 유형에 있어서도 공단의 증가와 자치단체 50% 미만의 지분형태가 대폭 증가하였다. 자치단체 지분 50% 미만의 민관합작투자는 민간의 자본과 신경영기법을 공공부문의 자본과 신뢰를 바탕으로 지역경영과 지역경제 활성화를 위해 시작되었지만, 2003년도부터 그 부실에 대한 지적이 많다. 최근 3년간의 제3섹터형 지방공기업의 영업수지를 검토한 결과, 검토대상 35개 기업 중 7개 기관이 3년간 지속적인 경영적

자를 나타내고 있고, 12개 기관이 2년간, 그리고 24개 기관이 최근 1년간 경영적자인 것으로 나타났다(신열, 2006: 89). 이러한 적자 운영 실태는 시간이 지나면서도 제대로 개선되지 못하고 있는데, 그 현황을 보면, 394개 지방공기업의 총 부채는 2013년 12월 말 현재 74조 원으로 2009년에 비해 27.1% 늘었다. 이들 중 도시개발공사의 부채 총액은 2013년 말 현재 43조 2,000억 원으로 총 부채의 58.4%를 차지했다. 그리고 실제 394개 지방공기업들은 2013년에 1조 1,826억 원 손실을 냈다. 이는 2009년에 비해 4.1배 급증한 것이다. 특히 지방공기업 부채 중 이자를 지불해야 하는 금융부채가 전체 부채의 67.9%나 돼 지방재정 악화의 주범이 되고 있다(동아일보, 2015. 2. 14).

세금 먹는 하마로 지목받아 온 지방공기업 문제를 해결하기 위해 '해산명령제'가 있다. 명령을 받은 지방공기업은 3주 이내에 해산등기를 해야 한다(지방공기업법 개정안 입법예고 중). 그러자 지방공사는 수익을 내지 않아도 되는 지방공단으로 탈바꿈했다. 부채비율 400% 이상, 유동비율 50% 미만, 이자보상비율 0.5 미만 공기업은 부채상환능력이 없다고 보고 청산 대상 기관으로 지정한다(매일경제, 2015. 5. 23).

이러한 지방공기업의 부채와 영업손실은 그렇지 않아도 어려운 지방자치단체의 재정난을 더욱 가중시키고 있다. 2015년 2월 13일에 발간한 국회 예산정책처의 '지방공기업 재정건전성 평가'에 따르면, 394개 지방공기업의 총 부채는 2013년 12월 말 현재 74조 원으로 2009년에 비해 27.1%인 15조 8,000억 원이 늘었다.

지방공기업들의 부채가 늘어난 데에는 여러 가지 요인이 있겠지만 각 지방자치단체 소속 15개 도기개발공사의 빚이 급증한 탓이 컸다. IMF 사태 이후 장기간 존재한 부동산 경기침체가 초래한 결과이다. 물론 지방공기업들의 부채비율이 304개 중앙정부 공공기관 부채비율보다는 상대적으로 낮지만, 이는 결코 지방공기업들의 실적이 좋았기 때문이 아니라 지속적인 지자체의 예산투입 덕인 것이다.

2) 의존재원

지방자치단체가 자체 재원으로 조달하는 것이 바람직하나, 현실적으로는 세원 편재로 인한 지역 간의 재정력 격차가 발생함으로써 자치단체별 재정불균형 현상이 나타나고 있다. 이러한 지역 간 불균등한 재정 상태를 시정하고 지역 간 형평성 있는 행정을 도모하기 위한 국가와 지방 간의 재원이전 장치가 지방재정 조정제도이다.

(1) 국고보조금

① 의 의

국가가 정책상 혹은 자치단체의 재정 사정상 필요하다고 인정될 때 자치단체의 업무 수행에 소요되는 경비의 일부 또는 전부를 충당하기 위해 용도를 특정하여 자치단체에 교부하는 자금이다(지방재정법 제23조). 따라서 용도 외의 사용이 금지되어 있다. 그리고 국고보조사업에 대해서는 상급기관의 행·재정적 감독을 받게 되어 지방정부의 재정 자율성이 약화될 수 있다.

② 장·단점

우선 장점으로 첫째, 통일적 행정 수준을 확보할 수 있는데, 행정서비스의 수준을 국가적 차원에서 통일할 수 있다. 둘째, 지방자치단체의 사회간접자본 확충에 기여할 수 있다.

다음으로 단점은 첫째, 지방행정의 자주성 침해이다. 보조 조건에 의한 지시와 간섭에 의해 지방행정의 자주성이 침해될 우려가 있다. 둘째, 재정 격차의 심화 가능성이다. 획일적 보조 조건으로 재정력이 약한 자치단체는 지방비 부담의 수용이 곤란하여 재정 격차의 심화 가능성이 있다. 지방재정법 제22조에 따르면, 국고보조사업에 대해 지방자치단체장은 지방비 부담액을 다른 사업보다 우선하여 그 회계연도의 예산에 계상해야 한다고 지방정부 경비 부담 우선 원칙을 규정하고 있다.

③ 운영 현황

국고보조금 지원이 안정적이지 못하고, 국가 재정 요건에 따라 지원규모 등의 불규칙성이 심화되고 있다. 국고보조금이 지방재정에서 차지하는 비중은 약 15% 이내인데, 문제는 중앙정부의 정책목표가 우선 감안되어 대상사업이 선정되는 점이다.[34]

2015년 현재 국고보조금 규모는 58조 4천억 원으로 2010년의 42조 7천억 원과 비교하면 크게 증가했음을 알 수 있다. 이러한 증가에는 중앙정부가 국고보조금을 선호하는 점이 작용하는데, 그 이유는 보조금과 같은 조건부 대응 지원금은 국가가 추진하고자 하는 특정 공공재의 생산을 촉진하는 데에는 무조건부 지원금인 교부금보다 더 효율적이기 때문이다. 중앙정부의 입장에서는 중앙정부의 부담을 적게 하면서 공공재를 공급할 수 있게 되는 것이다(윤영진, 2016: 195).

④ 문제점과 개선방안

우선 국고보조금의 문제점으로는 첫째, 중앙정부가 국고보조금을 지방을 통제하는 수단으로 활용하며 지방정부의 자율적 재정 운용은 많은 제약을 받고 있다.

둘째, 현행 국고보조금 운영체계는 1980년대 중반에 설계했던 낡은 제도로서 국고

34) 2012년 국고보조금의 규모를 보면 46조 4,724억 원이다. 이 중에서 지방자치단체에 대한 보조가 34조 1,965억 원이다. 경상보조가 19조 3,100억 원이고 자본보조가 14조 8,865억 원이다(국회예산정책처, 2012: 29).

보조율의 문제점은 기준보조율과 차등보조율 모두에서 제기된다.

셋째, 국고보조사업이 소액·유사사업으로 지나치게 세분화되어 있고 중복된 경우가 많아 재정 배분의 비효율 및 예산 낭비 요인이 되고 있다.

이러한 문제점을 해결하기 위한 방안으로 첫째, 포괄보조금제도의 도입이 필요하다. 종류별 보조금은 중앙정부가 미리 보조금이 사용되는 프로그램을 지정하여 제공하는 데 반하여, 포괄적 보조금은 반드시 보조금 내역에 명시된 기능들을 위해 사용되어야 하지만 지방정부는 명시된 기능 내에서의 보조금의 구체적인 사용은 자유로이 정할 수 있다. 즉, 포괄적인 범위 내에서 보조금의 구체적인 사용결정은 지방정부에서 내릴 수 있다. 포괄적 보조금은 지방정부의 재정운용의 자율성을 강화하여 중앙정부 관료들의 통제력을 감소시킬 수 있고 지역사회의 욕구에 맞는 프로그램을 위해 사용될 수 있다. 보조 금액과 사업을 포괄적으로 지정하여 지방자치단체에 교부하는 미국의 포괄보조금 제도의 도입이 필요하다(손희준 외, 2001: 224).

둘째, 차등보조율제도의 활성화이다. 보조사업에 대해 획일적으로 보조율을 적용하는 방식을 지양하고 자치단체별 재정규모 격차나 지역 특수요인을 감안하는 차등보조율제도 역시 활성화되어야 한다. 현실을 보면 지방비 부담이 어려워 국고보조사업을 반납하는 사례가 많이 발생하고 있는데, 지방정부의 부익부 빈익빈 현상을 없애기 위하여 보조금의 예산 및 관리에 관한 법률에 정해진 차등보조율제도를 적극적으로 활용할 필요가 있다. 즉, 재정력이 빈약한 자치단체에 대해서는 인상보조율 적용을 확대하고, 반대로 부유한 자치단체에 대해서는 인하보조율의 적용을 확대해야 한다(손희준 외, 2005: 218~219).

그러나 현행 보조금의 예산 및 관리에 관한 법률 시행령 제5조는 기준보조율에 가산하여 적용하는 인상보조율은 대도시 자치구를 제외한 재정이 어려운 도, 시, 군에 한하여 적용된다. 그러나 기초생활보장 수급자들이 대도시에 집중되어 있다는 점을 감안하면 이 시행령은 재정력이 취약한 대도시 자치구에도 적용되는 방향으로 개정될 필요가 있다(박병현, 2008: 22).

셋째, 보다 근본적으로는 국고보조사업을 원칙적으로 없애고 이를 지방교부금에 추가하여 지방정부가 자율적으로 지역사업을 할 수 있도록 해야 한다. 그 근거는 기획재정부가 발표한 '2015년 국고보조사업 운용평가'에서 찾아 볼 수 있다. 이것에 따르면 보조사업 1,422개 가운데 734개(51.6%)만이 정상 운영되고 있다고 한다.

넷째, 현행 기준보조율 체계를 개선해야 한다. 보조율은 복지사업의 성격이 중앙정부 책임이 클수록 보조율을 높이고 중앙과 지방 간 협력이 필요한 사업은 중간 정도의 보조율, 지방정부의 책임이 클수록 보조율을 낮추는 방식으로 설계할 수 있을 것이다(윤영진, 2016: 211).

(2) 지방교부세

① 의의와 특성

지방자치단체 간의 재정적 불균형을 조정함으로써 지방행정의 건전한 발전을 기함을 목적으로 그 사용에 아무런 조건을 첨부하지 않는 재정지원금이다. 지방교부세(부동산교부세 제외)의 재원은 내국세 총액의 1만분의 1,924에 해당하는 금액[35]과 종합부동산세법에 따른 종합부동산세 총액이다. 지방교부세의 주요 특성은 다음과 같다.

첫째, 지방교부세는 용도가 지정되어 있지 않는 지방정부의 재량권에 맡겨진 일반재원이다.

둘째, 지방교부세는 중앙정부의 일반회계로 관리·운영된다. 재원을 중앙정부의 일반회계예산에 편성하고 이 예산을 현행 행정안전부 소관으로 이관하여 지방자치단체에 교부하고 있다.

② 종 류

지방교부세는 2005년 1월 1일 개정 법률에 의해 네 종류로 구분되는데, 종류별 세부 내역은 다음과 같다.

가. 보통교부세

내국세 총액의 19.24%의 97%를 재원으로 한다. 자치단체가 기본적인 행정수준 유지를 위해 일반재원으로 사용할 수 있도록 매년 기준재정수입액이 기준재정수요액에 미달하는 지방자치단체에 대하여 그 미달액을 기초로 하여 산정 교부하는 재원을 말한다.[36] 재정력지수가 1을 넘는 자치단체는 보통교부세가 교부되지 않는다. 재정력지수는 기준재정수요액 분의 기준재정수입액이 된다. 여기서 기준재정 수요액은 기초수요액+보정수요액±수요 자체 노력, 기준재정수입액은 기초수입액+보정수입액±수입 자체 노력으로 계산한다.

나. 특별교부세

예측하지 못한 특별한 재정수요에 대비하여 지방교부세의 일정 비율을 재원으로

---

35) 지방교부세법의 개정(2005. 12. 30)으로 교부세 재원이 내국세 총액의 만분의 1,913에서 1만분의 1,924로 됐다. 이 때의 내국세는 국세 중 관세를 뺀 금액 전부를 의미한 것이 아니라 목적세와 특정 재원으로 사용되는 세액을 제외한다.

36) 2005년에 도입되었던 분권교부세는 2015년부터 보통교부세로 통합되었다.

교부하는 제도이다.[37] 집행과정에서의 불투명성에 의한 지대 추구, 특혜성 선심예산의 배분 시비, 특정 지역 편중 등의 문제로 인해 규모 축소가 꾸준히 제기되어 왔다. 결국 2004년 1월 29일 특별교부세 비율을 11분의 1에서 분권교부세액을 제외한 교부세 총액의 100분의 4로 축소하게 되었다.[38] 2009년부터는 시책수요를 신설 운영하고 있다. 시책수요란 지역 역점시책 등을 위한 특별한 재정수요로 인하여 특별한 재정수요가 있는 경우에 교부된다. 현재 재원은 내국세 총액의 19.24%의 3%이다.

다. 부동산교부세

부동산교부세는 국세인 종합부동산세를 전액 지방에 이전하는 일반재원이다. 종합부동산세 도입에 따른 자치단체의 재원 감소분을 보전하고 재정 형평성을 재고하기 위해 종합부동산세 총액을 예산에 매년 계상해 자치단체에 전액 교부한다.

교부 기준은 재정 여건 50%, 사회복지 35%, 지역교육 10%, 부동산교부세 총액의 1.8%에 해당하는 금액을 교부한다.

라. 소방안전교부세

소방안전교부세는 세월호 참사 이후 국민안전처가 발족되면서 2015년에 신설되었다. 소방안전교부세는 광역자치단체인 특별시·광역시·특별자치시·도 및 특별자치도에 교부한다. 재원은 담배에 부과하는 개별소비세 총액의 20%에 해당하는 금액으로 마련한다.

소방안전교부세를 사용할 수 있는 대상사업은 소방시설의 확충 및 소방안전관리 강화 등이다. 대상사업은 중점사업과 재량사업으로 구분된다. 소방안전교부세의 교부 기준은 다음과 같다. ① 소방 및 안전시설 현황과 투자 소요 40%, ② 재난 예방 및 안전 강화 노력 40%, ③ 재정 여건 20%인데 재정 여건은 재정자주도를 사용한다.

소방직 국가직화를 위한 소방공무원법이 개정되면 소방안전교부세율은 현행 20%에서 2019년 35%, 2020년 45%로 인상될 예정이다.

③ 문제점

현행 지방교부세의 산정 방식은 첫째, 인구규모가 클수록 유리하다. 둘째, 자치단체의 징세 노력을 제고하는 유인체제가 미흡하다. 셋째, 재정 운용의 효율성을 제고하는 유인체계가 미흡하다 등의 문제를 안고 있다. 그리고 지방교부세 대부분이 경상경비

---

37) 지방교부세법 제9조의 재원배분기준은 다음과 같다. 1) 지역 현안에 대한 특별한 재정수요가 있는 경우, 2) 보통교부세 산정기일 후에 발생한 재해 복구 등, 3) 국가적 장려사업, 국가와 지자체 간에 시급한 협력이 필요한 사업 등.

38) 2012년 기준 특별교부세 규모는 1조 2,162억 원이다.

에 지출되고 있는 점과 징세 노력이 부족한 자치단체에 오히려 더 많은 교부세가 배분되는 모순이 문제점으로 지적되고 있다.

④ 개선방안

가. 교부세율의 상향 조정

지방자치의 실시에 따른 행정 수요의 증가와 중앙과 지방 간의 기능 재조정에 따른 재정수요의 증가에 대응하기 위해서는 교부세율의 상향 조정이 필요하다.

법정교부율이 2005년 12월 30일 지방교부세법 개정으로 18.3%에서 19.24%로 인상되었지만 실질적인 지방재정 확충효과는 미약한 실정이다. 이는 국고보조사업의 지방이양에 따른 보전과 종합부동산세 신설에 따른 지방세수 감소에 대한 보전을 위해 증액된 것이지 기존 지방교부세의 증액은 아니기 때문이다(신해룡, 2005: 459).

나. 특별교부세의 비중 축소

본래의 취지 외에 국회의원의 지역구 숙원사업 해결을 위한 수단 등 정치적으로 많이 이용되는 특별교부세는 보통교부세에 흡수하거나 비중을 축소해야 한다. 2005년부터 특별교부세가 교부세 총액의 11분의 1인 9.09%에서 4%로 축소되었다.

(3) 지역발전특별회계제도

지방양여금[39]의 재원이었던 주세를 기본 세입원으로 하여 운영되는 국가균형발전특별회계 도입의 핵심 목적은 국고보조금을 포괄보조금으로 전환하여 지자체의 자율적 재정운영과 창의성을 개발하는 데 있다(정부혁신지방분권위원회, 2007b: 163). 국가균형발전특별회계는 지역개발사업 계정과 지역혁신사업 계정으로 구분되는데(국가균형발전특별법 제32조), 지역개발사업 계정은 낙후지역 개발 및 농어촌 개발사업 등의 추진을 재정적으로 지원하기 위한 것이며, 지역혁신사업 계정은 지역 주도의 자립형 지방화를 위하여 클러스터 구축을 통한 지역전략산업의 육성 등의 추진을 재정적으로 지원하기 위한 것이다.

2015년 박근혜 정부에서 국가균형발전 특별회계는 지역발전특별회계로 그 명칭이 변경되었으며, 체계는 4개 계정, 8개 사업군으로 구성되어 있다. 계정별 재원을 보면, 생활기반계정의 경우 주세 60%, 개발부담금과 과밀부담금 등, 일반회계 및 다른 특별회계 전입금 등으로 구성되어 있다.

---

39) 지방양여금은 지역 간 불균형을 해소하기 위해 도입되었다. 주세 전액과 교통세의 142/1,000, 농어촌특별세의 23/150을 지방에 양여하여 도로정비사업, 농어촌지역개발사업, 수질오염방지사업, 청소년육성사업, 지역개발사업 등 5개 사업에 사용되어 왔다.

예산편성 절차를 보면, 신청주의에 의해 지자체가 대상 사업 예산을 해당 부처에 신청하고 각 부처는 기재부에 예산을 요구한다. 이 때 지역발전위원회는 예산편성 의견과 평가 결과를 기재부에 제출한다.

각 부처에 흩어져 있던 지역개발사업이 지역발전특별회계로 통합되고 예산편성의 주체가 지방자치단체가 된 것은 바람직한 현상이지만, 지역발전특별회계와 기존의 국고보조금제도 간의 차별성이 부족한 점은 문제로 지적된다. 특별회계가 포괄보조금이 아니라 국고보조금과 유사하게 사업별로 예산을 주는 특정보조금이라는 비판이다(강성철 외, 2018: 376).

또 지역발전특별회계에서는 지자체의 자율성과 책임성을 강조하고 있으나, 실제로는 자율성에 많은 제약을 받고 있으며 중앙 부처의 관여도 매우 크다.

(4) 지방채 수입

① 개념 및 법적 근거

지방채는 지방자치단체가 재정수입의 부족액을 충당하기 위해 채권 발행을 통해 조달하는 차입자금을 의미한다. 우리의 경우 지방자치법 제124조 제1항에서 지방자치단체의 장 또는 지방자치단체조합은 지방채를 발행할 수 있다고 규정하고 있으며, 지방재정법 제11조에서도 긴급한 재난 복구 등의 필요가 있을 때 지방채를 발행할 수 있음을 규정하고 있다.

지방채 발행은 부담의 공평을 도모할 수 있다. 내구적 공공재 지출의 수익이 당해연도 납세자 외에 장래까지 파생되는 경우에 소요 재원을 조세로 충당하면 비용 부담연도에 거주하는 주민에게 비용을 전담시키는 결과가 되어 편익의 혜택과 비용 부담간의 대응성을 저해한다. 따라서 장기 지방채 발행을 통해 재원을 조달하면 세대 간에 비용을 공평하게 부담시킬 수 있다. 예를 들어, 어느 지역에 교량을 설치했다고 하자. 교량 건설에 200억 원이 들고 10년 뒤에 완공된다면 10년 뒤에 사용할 사람이 돈을 내야 형평성이 제고되는데, 예산으로 하게 되면 사용하지도 않는 현재 사람들이 돈을 전액 부담한다는 문제가 생기게 된다. 하지만 지방채를 발행하여 200억 원을 충당하고 완공 후 수익금으로 돌려준다면 형평성이 확보될 것이다.

부적절한 지방채 발행에 대해서는 제재조치가 시행된다. 첫째, 재정적인 페널티 적용이다. '교부세감액제 적용'이 이에 해당하는데, 지방채 발행 승인을 얻지 아니하고 지방채사업 예산을 편성하는 경우 이와 관련하여 지출한 금액 이내에서 교부세를 감액조치 한다. 둘째, 관련 조치의 시정 및 제재이다. 위법·부당한 처분의 시정 명령, 관계공무원에 대한 제재가 있다.

② 지방채 발행 기준

가. 한도액 범위 내의 지방채

2005년까지는 지방채를 발행할 경우 중앙정부에서 사업별로 승인을 했다. 2006년부터는 일정 범위 금액 내에서 자치단체가 지방의회의 의결을 거쳐 자율적으로 지방채를 발행할 수 있는 '지방채발행한도제'가 시행되고 있다. 지방채 발행 시 지방의회의 승인은 무조건이고, 지방의회의 승인 이전에 행안부 장관의 승인을 받아야 하는 경우로 아래 3가지가 있다. ① 한도액의 초과, ② 외채 발행, ③ 지방자치단체조합의 발행 등이다. 다시 말해 한도액 내라 하더라도 외채발행이면 행정안전부 장관의 승인을 받아야 한다.

그리고 지방채 발행이 허용되는 경우라도 다음과 같은 소규모 사업은 지방채를 발행하는 것이 불가능하다. 첫째, 투융자심사 대상 규모 이하의 사업은 지방채 발행이 불가능하다. 광역시·도 40억 미만, 시·군·구 20억 미만이 해당된다. 둘째, 지방채 발행은 자본적 지출사업에 대하여 발행할 수 있다. 따라서 소모성 경상적 지출, 인건비는 지방채 발행이 불가능하다. 경상적 지출이란 경상적 유지보수비 및 일반적 조사·연구비, 소모성 기자재비 등을 말한다(라휘문, 2014: 277).

나. 한도액을 초과한 지방채

단체유형별로 승인기준에 차이가 있다. 첫째, 관리채무부담도가 60% 미만인 자치단체는 지방재정 투융자 승인을 받은 사업, 관계중앙부처의 의견이 적정인 사업에 대하여 승인하는 것이 원칙이다. 둘째, 관리채무부담도가 60% 이상인 자치단체는 채무규모가 많이 증가되지 않도록 발행연도 지방채 상환금액을 감안하여 승인하는 것이 원칙이다.

③ 지방채 발행 절차

모든 지방채는 중앙정부가 건별로 발행을 승인하고 지방의회가 의결해야 확정되었다.[40] 이러한 지방채발행 승인제도는 중앙정부에서 대상사업별로 발행규모를 통제하는 것으로 지방채무를 억제하기 위한 것이었지만 지방재정의 운영을 지나치게 경직화시키

40) 우리나라는 2005년까지 사업별로 안전행정부 장관의 승인을 받아 지방채를 발행하는 기채승인 방식을 채택해 왔다. 기채승인제도는 건전재정원칙에 입각한 비모채주의를 근간으로 사업의 타당성, 차입자금의 성격, 지방자치단체의 재무적 건전성을 토대로 단위사업별로 기채를 승인하였다. 그러나 이러한 기채승인제가 재정자율성을 저해한다는 비판에 따라 2005년 8월 지방재정법을 개정하여 2006년부터 지방채 발행 총액한도제를 실시하고 있다(최정열, 2014: 245).

는 단점이 있었다. 발행 절차의 완화 요구에 따라 2005년 8월에 개정된 지방재정법은 법 제11조에서 '지방채 발행 총액한도제'를 도입하고 있는데, 통보되어 온 한도액의 범위 내에서는 지방의회의 의결을 거쳐 지방채를 발행할 수 있으며, 한도액을 초과하는 경우에는 행정안전부 장관의 승인을 얻은 범위 안에서 지방의회의 의결을 거쳐 지방채를 발행할 수 있다.[41] 지방채 발행 한도액은 지자체의 재정 상황, 채무 규모 등을 고려해 지자체 전전년도 예산액의 10% 범위 안에서 행정안전부 장관이 정한다. 발행 한도액 선정 기준은 채무상환 비율과 예산 대비 채무 비율을 기준으로 유형별로 차등화된 한도액을 설정하고 있다.

지방채 발행 총액한도제의 시행이 부패를 감소시키는 것으로 나타나고 있다. 이것은 지방채 발행 총액한도제의 시행이 분권화를 통해 지방관료들을 지역주민에게 더 노출시킴으로써 부패행위에 대한 주민의 감시를 용이하게 할 수 있기 때문이다(최정열, 2014: 255).

④ 지방채 현황

지방채의 규모는 2011년에 28조 1,618억 원, 2017년 7월 현재는 20조 9천억 원을 기록했다. 지방채는 국내채와 국외채로 구분되고, 발행 방법에 따라 증서차입채(차입금)와 증권발행채(공채)로 구분할 수 있다. 증서차입채는 지방자치단체가 증서에 의해 차입하는 지방채를 말하며, 증권발행채는 지방자치단체가 증권 발행의 방법에 의해 차입하는 지방채이다. 증권발행채에는 교부공채와 매출공채가 있다. 전자는 토지매입이나 공사 대금 지불 시에 현금 대신에 발행하는 것이며, 후자는 지방정부로부터 특정 서비스를 제공받는 주민 등을 대상으로 강제로 발행하는 것이다. 2011년 기준으로 증서차입채가 전체의 62.4%를 차지하고 있고 증권발행채는 37.6%인 것으로 나타났다. 이율별로 보면 4% 미만이 63.2%로 가장 많은 비중을 차지하고 있고 그 다음은 5% 미만인 것으로 나타났다(라휘문, 2014: 282~286). 그러던 것이 2014년에 오면 증서차입채가 32.1%, 증권발행채가 67.9%로 역전됨을 알 수 있다. 그렇게 된 것은 지역개발기금에서 차입하던 방식을 지역개발채권 발행으로 전환한 것에서 연유한다(윤영진, 2016: 144). 그리고 2014년에는 4% 미만의 비중이 96.1%로서 대분분을 차지하고 있다. 이렇게 낮은 이자율의 지방채를 발행할 수 있는 것은 최근의 저금리와 관련이 있는데 그만큼 지방채 발행의 부담을 줄일 수 있다.

---

41) 하지만 외화채, 기준 초과 대규모 사업의 승인 등은 여전히 행정안전부 장관의 승인을 받아야 한다.

3. 지방재정 확충 방안

1) 방향성의 정립

현재 국세와 지방세의 비중이 7대 3이지만, 재정지출의 주체로 보면 40 : 45(교육 제외)이다. 즉 중앙정부가 지방정부에 지원을 하는 재원을 가지고 지방자치단체가 재정지출을 하는 것이다. 이럴 경우 지방자치단체의 자기 책임성이 줄어든다. 따라서 일본의 삼위일체 개혁은 시사하는 바 있다. 교부금과 보조금을 줄여서 국가에 대한 의존을 줄이는 대신 지방세를 늘려서 지역의 부담으로 지역에서 필요한 재원을 마련하도록 하는 것이다. 우리도 지방재정 구조에서 지방세를 늘리고 의존재원을 줄이는 방향 설정이 필요하다(최병선·최종원, 2008: 580).

2018년 들어 정부는 현재의 국세와 지방세 비율인 8대 2를 2022년까지 7대 3으로 조정하겠다고 발표했다. 그러기 위해서 현재 11%인 지방소비세율을 2019년에 15%로 올린 뒤 2020년에는 21%까지 상향 조정하기로 했다. 그러나 이렇게 되면 새로운 문제가 생길 수도 있다. 그것은 18개 기초자치단체는 7대 3으로 바뀌면서 재원이 오히려 감소할 수 있다는 것이다. 중앙정부는 내국세의 19.24%를 지자체에 지방교부세로 내려보내고 있는데 지방세가 늘면서 국세가 줄어 교부세도 같이 감소한다. 그러면 교부세 의존도가 높은 일부 지자체는 늘어나는 지방세보다 줄어드는 교부세가 더 클 수 있다는 것이다.

2) 자주재원 확충

(1) 지방세 확충

지방세수의 증대를 위해서는 지방자치단체의 재정자주권을 확대하는 조치가 이루어져야 한다. 현재 명목적으로는 자주재원의 증대 여부가 지방자치단체의 자율에 의해 결정될 수 있는 것처럼 되어 있지만 실질적으로는 법률이나 중앙정부에 의한 통제를 거쳐야 하는 상황이다.

자주재원 확충의 방안으로 가장 활발하게 논의되었던 것의 하나는 국세의 지방세로의 이전이다. 많은 지방자치단체들이 국세인 상속세, 양도세, 증여세 등을 지방세로 이양해 줄 것을 요구하고 있으며, 국세와 지방세의 다른 조정방안으로는 지방소비세와 지방소득세의 도입을 들 수 있다.[42] 국세인 소득세 세수의 일부를 재원으로 하는 지방

42) 국세의 지방세 이전 효과는 지방소비세 4조 1,000억 원, 지방소득세 2조 8,000억 원, 지방특별소비세 3,000억 원 등 7조 2,000억 원으로 추정된다. 국세의 지방세 전환에 따라 지방교부세 중 총 재원이

소득세의 도입과 함께 지방세의 소비 관련 세목을 확대하여 지방소비세를 신설 또는 국세 중 대중적인 세인 교통세(휘발유 소비세 및 경유 소비세)를 이양하여 지방소비세에 포함시키는 방법이 논의되기도 했다. 마침내 지방소비세와 지방소득세가 도입됨으로 해서 소득과세와 소비과세의 비중이 높아지기는 하였으나 여전히 재산과세의 비중이 높다.

그리고 국세를 지방세로 이관할 경우 오히려 지역 간의 재정 격차를 더욱 크게 해서 빈익빈 부익부 현상을 가중시킬 수 있는 문제점을 안고 있다는 것이다. 국세 세원의 70% 정도가 수도권 지역에 편재해 있어 국세를 지방세로 이관하는 것이 용이하지 않음을 알 수 있다(안용식 외, 2001: 213).

이처럼 국세의 지방세 전환은 현실적으로 어려운 점이 있어 다음으로 논의되는 것이 새로운 지방세원의 개발이다. 관광세, 온천세 등이 그 예인데 이러한 새로운 세원의 발굴 노력은 세금 증대라는 면에서 지역 주민들의 반발에 직면할 가능성이 높기 때문에 대체로 세금 부담이 외지인에게 지워지는 방안으로 모색되고 있다.

현재 우리나라 지방자치단체의 과세자주권은 법률과 조례의 범위 내에서만 과세자주권을 인정하고 있다. 그러나 일본의 경우 '법정외세 제도'가 있어서 자치단체의 세목 결정에 상당한 권한을 인정하고 있다. 법정외세란 법률로 정한 세목 이외에 각 지방자치단체가 조례에 의하여 세목을 설치하여 과세하는 조세를 의미한다. 우리는 현재 헌법 제59조에 의한 조세법률주의에 의해 지방정부의 과세권이 부여되지 않아 지방정부 스스로 조세 구조를 개선하기는 무리이다.[43] 이러한 점에서 지방자치단체로 하여금 각 지역의 특성을 고려하여 발굴한 신세원에 대해서는 당해 자치단체의 조례에 의거하여

1조 4,000억 원 가량 감소할 것이다. 따라서 조정효과는 2006년 당초예산으로 5조 8,000억 원으로 국세 대비 지방세 비율은 20.5%에서 24.8%(2005년 기준)로 상승할 것으로 본다. 지방소비세는 과세특성상 지방재정 자율성이 떨어지는 조세이다. 왜냐하면 소비세의 경우 전국적으로 동일한 세율이 적용되는 것이 원칙이고 이 경우 지방자치단체가 자율적으로 세율을 결정할 여지가 없다. 또한 지방소비세의 주 대상이 되는 부가가치세의 경우 세수의 절반 이상이 수입품에 대한 것이고, 소비세의 특성상 조세수출이 발생하기 때문에 지역발전과의 연계성도 소득과세에 비해 떨어진다. 국세인 소득세 세수의 일부를 재원으로 하는 지방소득세의 도입은 세수의 신장성과 안정성을 담보할 수 있고 복지, 문화, 교육 등 지방기능의 지방공공재의 종류가 다양해짐에 따라 응능원칙적 과세인 소득세도 지방세에 포함되는 것이 설득력을 가지게 되고, 세수규모가 작은 여러 세목을 지방세로 이양하는 방안보다 지방소득세 도입은 상대적으로 간편하고 지방세구조를 단순화하는 장점을 감안할 때 그 도입을 적극적으로 추진할 필요가 있다고 판단된다(송상훈, 2008: 238). 지방소비세와 지방소득세 도입 시 장·단점을 표로 나타낸 것은 심혜정, 2008: 44의 <표 20>을 참조 바람.

43) 헌법 제59조에서 말하는 조세의 종목과 세율을 법률로 정하도록 요청하고 있으나 이 법률의 범위에 지방세 조례가 포함된다며, 지방세조례주의가 헌법 제59조의 조세법률주의에 위반하지 않는다는 주요 논거는 첫째, 지방자치단체는 헌법 제117조 제1항에 의하여 보장하고 있는 지방자치권의 내용의 하나로서 과세자주권을 갖고 있다. 둘째, 헌법 제59조에서 정하고 있는 조세법률주의는 국세에 관한 기본원칙이고, 지방세에 대하여는 헌법이 조세조례주의를 예정하고 있다(최봉석, 2007: 83).

과세할 수 있는 법정외 세목 신설에 대한 재량적 권한을 확대해 주는 실질적인 조치가 이루어져야 한다.

지방세법 개정에 따라 2008년부터 서울시는 현재 자치구세인 재산세의 50%를 특별시세로 하고 그 세수는 자치구로 균등 배분하도록 하고 있는데, 그 적용대상을 광역시에로 확대할 필요가 있다. 부산시 등의 경우 자치구 간 세수 격차가 크게 나타나고 있기 때문에 공동재산세 방식을 적용하여 자치구 간 세수 격차를 완화할 필요가 있다(원윤희, 2007: 9).

(2) 세외수입 증대를 위한 수익사업 경영

사용료와 수수료의 강화가 필요하다. 그 이유는 지방자치단체가 공급하는 서비스의 대부분은 순수공공재라기보다는 준공공재나 외부성이 있는 서비스이기 때문에 전적으로 조세수입에 의존하기보다는 적정수준의 요금을 부과하여 조달하는 것이 바람직하다. 물론 자치단체가 수입의 확대를 위해서 수수료나 사용료를 대폭 인상할 수도 없는 입장이기 때문에 이를 통한 수입 확대에도 한계가 있다.

세외수입 가운데 최근에 지방자치단체에서 재원 확보를 위해 경쟁적으로 추진되고 있는 사항의 하나는 수익사업의 경영이다. 골프장, 생수사업 투자, 무역회사 설립, 택지개발 등이 이에 해당한다. 정부의 수익사업 경영에 대해 비판적인 견해가 많다. 규범적 측면에서 보면, 골프장 운영 같은 사업들이 정부가 운영해야 할 만한 공공성이나 윤리성을 인정받고 있다고 보기 어렵다.[44] 사실적 측면에서는, 정부의 수익사업 경영이 능률적인가 하는 점이다. 민간부문과 경쟁하는 경우 경쟁력을 확보하지 못하기 때문에 부족한 재원을 오히려 낭비하는 결과를 초래하게 된다(안용식 외, 2001: 215).

3) 중앙으로부터의 더 많은 재원 확보

국고보조금의 경우, 기준보조율이 정액보조 혹은 50~100%로 정해져 있어 실제로 필요하지만 자치단체의 자체 부담력이 약한 경우에는 국고 보조를 받을 수 없는데, 이를 좀 더 상세히 설명하면 다음과 같다. 국고보조율은 갈수록 낮아지고 지방비 부담률이 높아지는 바람에 자치단체들의 재정압박은 더욱 커지고 있다. 일례로 재해위험지역 정비사업의 경우 종전에는 국고보조율이 60%였으나 2014년부터 50%로 10%포인트 낮아졌다. 전라북도의 경우 재해위험지역 정비에 89억 원을 추가로 부담해야 하는 실정이

44) 골프장 건설에 따른 지방세 수입을 보면, 경기도 용인시가 2003년 골프장을 통한 지방세 수입은 종합토지세 등 모두 210억 원이다. 이는 수원시가 2003년 삼성전자로부터 받은 지방세 230억 원과 맞먹는 액수이다. 여주군이 골프장에서 연간 130억 원을 지방세로 거뒀다. 여주군의 연간 지방세 수입이 690억 원인 점을 감안하면 골프장 없이는 지방자치단체의 운영이 곤란한 상황이다(정일섭, 2006: 274).

다.[45] 심지어 지방비 부담을 할 수 없어 지역개발사업을 반납하기도 한다. 이처럼 국고보조금의 경우 자치단체 간 격차를 더욱 확대시킬 수 있으므로 재정이 빈약한 자치단체의 경우 보조율을 높이는 방안이 강구되어야 한다.

위의 방안들 못지않게 중요한 것이 지자체의 자체 혁신 노력이다. 일부 지자체들의 시민혈세 낭비 행태에 많은 시민들이 실망감을 나타내고 있다. 이러한 상황 속에서 일부 지자체들은 예산 낭비를 차단하려는 노력을 게을리하지 않고 있다. 경기도 성남시는 '계약심사제'를 통해 수십 억 원의 혈세가 누수되는 것을 막았다. 이 제도는 각종 사업의 발주 전 단계에서 사업의 원가산정, 이중계상 및 설계 누락 여부, 공법 선정의 적정성을 면밀히 심사·검토해 예산낭비 요인을 사전에 차단하는 제도이다. 성남시는 2015년 상반기 발주하는 3,000만 원 이상 공사·용역과 2,000만 원 이상 물품 구매 등 664건 사업에 대해 이 제도를 시행하여 총 30억 2,900만 원을 절감하기도 했다(국민일보, 2015. 7. 14).

4. 재정위기관리제도와 긴급재정관리제도

1) 재정위기관리제도

제정위험의 수준이 심각하다고 판단되면 재정위기단체로 지정할 수 있다. 통합재정수지 적자 비율이 30%를 초과한다든지 지방공사의 부채가 순자산의 6배를 초과할 경우 등이 '심각' 기준에 해당한다. 재정위기단체의 장은 재정 건전화 계획 및 이행 상황을 매년 2회 이상 주민에게 공개해야 한다.

2) 긴급재정관리제도

재정위기단체 지정제도보다 더 강력한 긴급재정관리제도가 2015년에 도입되었다. 지정할 수 있는 경우는 ① 재정 건전화 계획을 3년 이행했음에도 불구하고 재정위험 수준이 악화된 경우, ② 소속 공무원의 인건비를 30일 이상 지급하지 못한 경우, ③ 상환일이 도래한 채무의 원금 또는 이자 상환을 60일 이상 이행하지 못한 경우다.

45) 전라북도의 지리산·덕유산권 산림치유단지 조성사업은 예비타당성 조사까지 통과했지만 전북도와 진안군은 이 사업을 포기했다. 사업비의 50%를 지방비로 부담할 능력이 없고 매년 80억 원의 운영비도 마련하기 힘들었기 때문이다(서울신문, 2015. 1. 29).

CHAPTER

12 공공서비스

제 1 절 서비스행정의 대두

1. 공공서비스의 의의

일반적으로 공공서비스는 정부가 국민들에게 공급하는 유·무형의 생산물을 의미한다(이종수 외, 2005: 642). 그러나 반드시 정부나 공공기관에 의해 제공되는 서비스만을 지칭하는 것은 아니며, 민간부문에서 제공되더라도 비경합성과 비배제성의 두 가지 특성을 지니고 있으면 공공서비스라고 할 수 있다. 따라서 공공서비스는 국가나 지방자치단체 등 공공부문에 의해 공급되거나 또는 공급 주체와 관계없이 사회공공의 공동목적을 위해 제공되는 서비스로 정의할 수 있다(정환용, 2007: 363).

2. 공공서비스에 대한 관심과 변화

지금은 행정이 공공관리(public management)에서 공공서비스(public service)로, 국민이 행정대상(object)에서 주인(principal)으로, 공무원이 관료(public official)에서 공복(public servant)으로 전환하고 있는 시점에서(이도형, 2006: 369~370), 1997년에 실시된 「납세자권리헌장」에서 납세자의 권리의식을 정부가 처음으로 나서서 보장하겠다고 선언한 것은 아주 중요한 역사적 의미를 갖는다(이도형, 2006: 369).

이러한 맥락에서 시민이 정말 필요로 하는 것은 무엇인가, 그리고 서비스 제공 방식을 어떻게 하면 행정고객인 시민들에게 더 큰 만족을 줄 수 있는가를 다루는 서비스

행정에 대한 관심이 고조되고 있는 것이다.

1) 정부의 역할

스미스(Adam Smith)의 '보이지 않는 손(invisible hand)'은 소비자와 생산자가 시장 메커니즘 하에서 각자의 이익을 극대화하고자 행동함으로써 궁극적으로 공익을 달성할 수 있다고 본다. 즉 개인별 의사결정이 사회 전체적인 경제적 효율성을 달성할 수 있다는 것이다. 그러나 공공서비스의 공급에서는 시장 메커니즘이 적절하게 대응하지 못한다. 비배제성과 비경합성에 따라 공공재에 대한 시장수요를 정확히 파악할 수 없게 되고, 이에 따라 정부에 의해 조세라는 일반재원을 통해 보편적 서비스로 공급하게 된다.

2) 공공서비스 공급의 가치지향 변화

정부가 직접 나서서 공공서비스를 공급하던 것이 이제는 시장체계의 도입이 전향적으로 이루어지고 있다. 그것은 정부가 주도하는 독점적 공급이 정부실패라는 비효율을 가져 왔기 때문인데, 이제 보편적인 서비스 공급을 지향했던 전통적인 입장들이 재검토되고 있다(이종수 외, 2008: 593~594).

첫째, 정부가 민간부문과 효율성 경쟁이 가능한 수준까지 재정운용 체계를 강화하고 있다.

둘째, 재정긴축 상황에서 서비스 공급을 위한 대안적인 재원으로서 사용자 부담금이 선호되었다.

셋째, 다양한 품질과 가격체계를 가진 공공서비스의 공급이 선호되고 있다. 이러한 선호에 따라 집합적으로만 존재했던 공공서비스들이 점차 시장 상품화되고 있다.

넷째, 전통적으로 공공서비스는 소비재의 성격이 강했으나, 오늘날에는 경제재의 성격이 강조되고 있다. 이를 위해 민간부문의 효율적인 경영기법의 도입이 요구된다.

다섯째, 공공서비스 공급의 준거가 종전의 '형평적' 분배 중심에서 시장가격 체계를 준용하는 '효율적' 배분에 대한 비중이 강화되고 있다. 시장가격을 감당하기 힘든 자들이 서비스 공급에서 배제되는 양상이다.

3. 공공서비스의 유형

공공서비스 공급에 정부가 개입해야 하는 것은 비배제성과 비경합성이라는 특성 때문이다. 비배제성이란 돈을 내는 사람이나 그러지 않는 사람이나 차별 없이 서비스를 제공할 수밖에 없는 것을 말한다. 비경합성이란 편익의 불가분성(indivisibility of benefits)

〈표 12-1〉 공공서비스의 유형

		비경합성	
		경합성	비경합성
비배제성	배제성	시장재 (private goods)	요금재 (toll goods)
	배제 불가능	공유재 (common-pool goods)	집합재 (collective goods)

자료: 이종수 외, 2008: 596.

으로도 나타내는데, 예컨대 국방은 어떤 사람이 혜택을 본다고 해서 다른 사람들의 국방 혜택이 줄어들지 않는다.

사바스(E. S. Savas)는 경합성과 배제성이라는 두 가지 기준으로 공공서비스를 <표 12-1>과 같이 시장재, 요금재, 공유재, 집합재 등 네 가지 형태로 구분했다(이종수 외, 2008: 595~597).

1) 시장재 성격을 가지는 공공서비스

경합성과 배제성을 동시에 가진 서비스를 시장재라고 한다. 주로 시장에서 제공되는데 우리가 일상생활에 필요한 대부분의 재화가 여기에 속한다. 공공부문 개입이 최소화되는 부분인데, 다만 사회적 약자를 보호하기 위한 정부의 부분적인 개입을 필요로 한다.

2) 공유재 성격을 가지는 공공서비스

공유재는 경합성은 있지만 배제는 불가능한 서비스이다. 소비는 경합되지만 정당한 대가를 지불하지 않아도 배제시킬 수 없기 때문에 비용 회피와 과잉소비로 인해 공유재 파괴라는 비극이 초래되는 영역이다.[1] 공유지의 비극을 방지하고 공유재의 공급

---

1) 공유지의 비극(tragedy of the commons)이란 주인이 없거나 접근이 자유로운 공유지는 반드시 과다 이용되는 폐단이 있다는 것이다. 사유지인 경우에는 그 이용자가 1,000원의 비용을 추가로 지불한 대가로 1,000원의 추가이익이 나오는 지점에 이르기까지 자원을 최적으로 이용한다. 이른바 한계비용=한계수익의 원칙이 작동된다. 어떤 사람이 공유지가 아닌 자기 소유 목장에서 소 100마리를 키우다가 101마리로 늘렸을 때 추가한 1마리의 수익은 여전히 1,000원인데 비용이 1,100원이라면 당연히 100마리만 키울 것이다. 이에 반해 공유지의 경우에는 이 원칙이 파괴된다. 왜냐하면 공유지의 이용에 지불되는 비용 1,000원을 사용자 본인이 아닌 공중이 지불하기 때문이다. 예를 들어 공원에 쓰레기를 무단 투기할 경우 그 비용은 지방납세자가 공동 부담하는 것이지 쓰레기를 버린 특정 개인이 부담하는 것은 아니다. 즉 공유지의 사용에 따른 비용의 상당 정도가 타인에게 전가되므로 비용을 생각하지 않고 마구 쓰레기를 버린다는 것이다(조원희, 2007).

을 안정적으로 확보하기 위해서는 집합적인 행동이 필요하다. 수질오염 방지를 위한 하수정화시설, 폐수처리시설 규제와 같은 통제 등이 그 예이다(박종화, 2005: 238).

3) 요금재 성격을 가지는 공공서비스

요금재는 경합 없이 공동소비가 가능하나 배제가 용이한 재화나 서비스이다. 대가를 지불하지 않는 소비자를 배제할 수 있기 때문에 시장기구를 통해 서비스를 공급할 수 있는 여지가 많다. 여기에는 전기, 가스, 상하수도, 도로 등과 같은 사회기반시설이나 국립공원, 유료도로 등과 같은 이용시설 등이 속한다. 요금재의 상당 부분을 정부가 공급하는 이유는 자연독점[2]으로 인한 시장실패에 대응해야 하기 때문이다(이종수 외, 2008: 596).

4) 집합재 성격을 가지는 공공서비스

집합재는 비배제성과 비경쟁성을 동시에 가지고 있으므로 전형적인 공공서비스이다. 집합재는 이러한 특징 때문에 항상 과소 공급과 과다 공급의 쟁점을 야기시키는 만큼 원칙적으로 공공부문에서 공급해야 할 서비스이다. 이 경우 비용 부담에 따라 서비스 혜택을 차별화하거나 혜택으로부터 배제할 수 없으므로 '무임승차(無賃乘車)'의 문제가 야기된다. 국방, 외교 등의 순수공공재와 복지, 지역개발, 공공의료 등의 준공공재가 여기에 속한다(이종수 외, 2005: 648). 집합재의 속성상 이용 정도에 따라 돈을 지불하는 것이 불가능하기 때문에 수요와 공급 과정이 시장 메커니즘에 의존하는 것이 아니고 정치적 과정에 의존하여야만 한다(박종화, 2005: 239).

제 2 절 공공서비스의 공급 방식

정부가 서비스를 공급한다고 해서 그것이 곧바로 서비스를 생산하는 것을 의미하는 것은 아니다. 정부가 제공하되 생산은 어느 방식이 더욱 효율적인지에 따라 정부가 직접 생산하거나 민간에 맡길 수도 있으며, 관·민 합동으로 공동생산할 수도 있다. 여기서는 서비스 공급 방식을 정부에 의한 공급, 민간에 의한 공급 그리고 관·민 협동에 의한 공급으로 구분하여 설명하고자 한다.

---

2) 이는 비용체감 또는 규모의 경제성이 존재하는 경우에 기업의 규모가 어떤 일정 수준까지는 규모가 커지면 비용이 적어지는 자연독점(natural monopoly) 상태를 이루게 된다.

1. 정부에 의한 서비스 공급방식

(1) 정부에 의한 직접공급

공익성이 강하고 기업성은 약해 민간부문에게 전적으로 위탁하거나 공동으로 제공하기 곤란한 서비스들은 정부의 직접공급이 일반적이다. 생활서비스나 민원서비스 등의 정부서비스는 정부가 공무원을 활용하여 직접 서비스를 전달하게 된다. 이 경우 정부는 서비스 생산자와 제공자로서의 역할을 통합적으로 수행한다. 도시정부의 직접공급은 일반행정기구나 사업소 또는 지방 직영기업에 의해 이루어진다.

① 일반행정기구

도시정부는 공공서비스를 생산·공급하기 위하여 조례에 의해 행정기구를 설치한다. 도시정부의 행정기구는 대통령령이 정하는 범위 내에서 지방 조례로 정하도록 되어 있어 도시별로 상이하다.

② 사업소(事業所)

사업소는 지방자치단체가 특정 업무를 효율적으로 수행하기 위하여 조례로 설치한다. 업무의 성격이나 업무량 등으로 보아 별도의 기관에서 업무를 수행함이 효율적이거나, 사업장의 위치에 따라 현장에서 업무를 추진하는 것이 효율적인 경우에 사업소를 설치할 수 있다. 사업소는 그 유형이 매우 다양하지만 문화회관, 복지관 등이 이에 해당한다.

③ 지방 직영기업

지방 직영기업은 지방자치단체가 전액 출자하여 지자체의 행정기구 형태로 조직하고 자신의 공무원을 통해 직접 경영하며 매년 지방의회의 의결로 확정되는 지방공기업 특별회계예산에 따라 운영된다. 지역 주민의 생활에 불가결한 공공서비스는 경제적으로 채산이 맞지 않는 경우에도 공영으로 제공해야 한다는 취지에서 지방상수도·하수도, 공영개발사업 등이 이에 해당한다.

이 경우 공공서비스 공급의 부족재원에 일반재원의 지원이 가능하므로 주민의 수요에 대응하여 공공성을 최대한 확보할 수 있다. 반면에 지방 직영기업은 공무원이 직접 운영하므로 경직된 관료적 사고, 전문지식의 부족, 낮은 요금으로 인한 재무구조의 불안정 등을 문제점으로 지적할 수 있다.

(2) 공기업에 의한 간접공급

① 의 의

정부는 기업성을 띠고 있지만 순수한 이익추구의 형태로만 맡기기에는 곤란한 공공성도 함께 가지고 특정의 서비스를 생산해야 한다. 이를 위해 정부는 공기업을 설치·운영한다.

공법인 형태로 설립되는 지방공사나 공단에 의한 서비스공급이 이에 해당한다.[3] 지방공사나 지방공단은 지방자치단체가 출자하여 설립하고 재정적·행정적 원조를 제공하면서 경영에 관여하는 법인으로서 간접경영 방식을 취한다. 지방자치단체와 독립된 재정구조를 가지며, 소속직원은 공무원이 아니다.

② 평 가

지방자치단체에서 전액 출자한 지방공사와 지방공단의 수가 급속하게 증가하고 있다. 그러한 급격한 증가는 1999년 「지방공기업법」의 제5차 개정으로 지방공사·공단의 설립인가 승인권, 정관변경 승인권 등이 행정안전부 장관에서 지방자치단체장으로 이양된 것이 그 이유이다.[4] 또한 IMF 시기의 지방자치단체 공무원 감축으로 인한 퇴직공무원을 지방공기업 직원으로 전환하는 데 이용되기도 했다.

③ 도시 간 협약공급

도시 간 협약공급 유형에는 협정과 계약이 있다(정환용, 2007: 374). 협정은 공동으로 공급계획을 수립하고 재원을 조달하는 방식이고, 계약은 한 도시가 특정 서비스를 공급

---

3) 지방공사·지방공단은 지방자치단체가 별도의 독립법인을 설치하고 간접관리하는 방식이다. 지방공사는 지방자치단체가 자본금의 50% 이상을 출자 또는 출연하여 설립한 법인이고, 지방공단은 지방자치단체가 전액 출자하여 설립된 민간참여 단체를 의미한다. 지방공단은 공사와는 달리 지방자치단체가 위탁하는 특정 사업만 수행한다. 지방공사에는 경기공사, 서울의료원 등이 있고, 지방공단은 각 자치단체의 도시관리공단 등이 해당된다. 주식회사형은 지방자치단체가 자본금의 50% 미만을 출자 또는 출연하여 민간과 공동으로 상법상의 주식회사나 민법상의 재단법인 형태로 운영하는 것이다. 이 방식은 지방정부의 재정자립도 한계에서 오는 문제를 보완하고, 민간의 전문적 경영성과를 구현하기 위한 것이다. 지방공사와 지방공단의 차이점을 표로 나타내면 다음과 같다.

〈표〉 지방공사와 지방공단의 차이

구분	지방공사	지방공단
성격	일종의 회사	일종의 공공기관
업무관계	독립사업경영	특정 사무의 위·수탁
자본조달	민간출자 가능	민간출자 불가
경영자	사장, 부사장, 이사	이사장, 부이사장, 이사

자료: 정장현, 1996: 385~386을 재작성.

4) 자치단체장은 주민편익이나 효율성 측면보다 자신이 선호하는 인물을 장으로 임명하여 '참호구축효과(intrenchment effect)'를 가져 오고 있다(여영현, 2008: 52).

하기 위하여 다른 도시에 생산을 위탁하고 비용을 지불하는 방식을 의미한다. 도시 간 협약공급은 중복투자 방지의 긍정적 효과가 있으나 반면 서비스 생산의 중지로 인해 당해 지방정부의 전문성 상실 및 유사시 공급의 어려움 등이 있을 수 있다(이용우·배용수, 2000: 30~31).

미국의 경우 도시 간 공동공급은 하수처리·폐기물처리·도서관·교도소·경찰 및 소방 등과 같이 대규모 시설이나 장비가 요하는 광역서비스 공급방식으로 활용되고 있다. 특히 규모가 작은 지방자치단체는 공동공급 방식을 통해 건축비·시설투자비·관리비 등의 재정지출을 절감하는 장점이 있다. 우리나라에서도 하수종말처리장, 폐기물매립장 및 소각장 등의 공동건설에 활용하고 있다. 그러나 협약공급은 개별 지자체가 시설입지의 어려움을 극복하고자 주로 광역 환경기초시설에 국한되어 이루어지고 있으므로 보조적인 공급유형이라 할 수 있다(이용우·배용수, 2000: 31).

2. 민간에 의한 서비스 공급

1) 민간위탁

(1) 개 념

민간위탁(Contract-Out) 방식은 공공성 기준이 상대적으로 완화될 수 있는 공공서비스 가운데, 정부가 서비스 공급의 '책임'은 지지만, '생산'기능은 민간에서 수행하는 것이 정부가 하는 것보다 더 효율적이라고 판단될 경우 민간에 위탁하여 생산하는 방식이다. 민간위탁에서는 민간부문이 서비스 생산자가 되고, 정부는 서비스 제공자의 역할을 수행하며, 정부가 생산자에게 비용을 지불한다. 즉 민간위탁은 서비스의 공급에 대한 최종적인 책임은 정부가 계속 보유하면서 서비스의 공급 주체를 정부가 아닌 민간에게 이전하는 것이다.[5)]

시장 논리에 의한 경쟁 속에서 효율적으로 작동하는 민간부문에게 공공서비스의 생산을 위탁해 작은 정부와 효율적인 서비스 공급을 추구할 수 있는 수단으로서 민간위탁의 필요성이 지속적으로 제기되고 있다(이종수 외, 2005: 651). 다시 말해 정부가 독점적으로 공급하던 서비스를 민간부문을 통해서 공급함으로써 민간이 가지고 있는 전문

5) 영국의 의무경쟁입찰제도(CCT: Compulsory Competitive Tendering)는 지방정부를 대상으로 공공서비스 공급의 경쟁화를 통한 공공서비스의 질적 수준 향상과 생산성 제고를 유도하는 제도이다(이종수 외, 2005: 657). 이 제도는 기존에 서비스 공급에 참여하고 있던 공무원팀을 민간부문과 경쟁입찰에 참여할 수 있게 허용했다는 점에서 민간위탁과 구별된다.

적인 기술과 경영마인드를 활용하게끔 하여 양질의 서비스를 제공하고 효율성을 높여 비용을 절감하고자 하는 목적이 있다(유영철, 2006: 348).

(2) 민간위탁의 주요 방식

사바스(E. S. Savas)는 서비스의 소비자, 생산자, 공급결정자의 세 가지 기준에 의거하여 정부의 직접 서비스, 판매, 정부 간 협약 또는 계약, 면허, 증서, 교부금 등 열 가지 공급 방식을 유형화한 바 있다(이종수 외, 2008: 601~603). 이들 가운데 몇 가지를 보면, 바우처(voucher) 제도는 특정 수혜자에게 현금에 상당하는 권리를 가진 증서를 교부한다.[6] 기존의 공급자 지원 방식과 바우처 방식을 비교하면 [그림 12-1]과 같이 나타낼 수 있다.

대표적인 것이 미국의 푸드 스탬프(food stamp)이다. 유자격자는 현금 대신 이 스탬프를 받고 식품 가게에서 식품을 구입한다. 이 제도는 정부가 저소득층에게 직접 식품을 공급하는 어려움을 해결하는 복지정책으로 도입된 제도인데, 민간부문의 효율성을

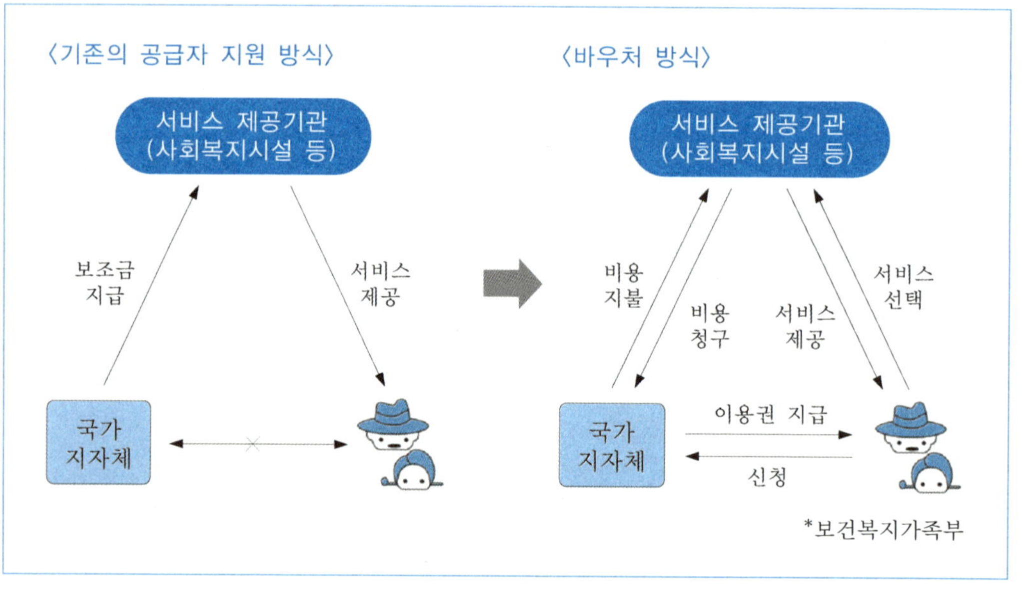

자료: 조선일보, 2008. 1. 9.

[그림 12-1] 기존 방식과 바우처 방식의 비교

6) 최근에는 종이 바우처 대신 전자 바우처도 서비스 이용 시 지불 수단으로 사용한다. 우리나라에서도 2007년도부터 금융기관의 신용카드 결재시스템과 연계한 사회서비스 전자바우처를 실시하고 있다. 노인돌봄 서비스, 장애인활동보조 서비스 등이 이에 속한다(이종수 외, 2008: 602).

이용하여 정부의 정책을 수행하고, 민간의 경쟁을 유발하여 서비스의 질을 제고하는 장점이 있다. 단점은 바우처를 목적 외의 용도에 사용하는 경우가 있다는 점이다(윤성식, 1998: 479~480). 그리고 면허 방식은 시민은 서비스 제공자에게 비용을 지불하며 서비스 수준과 질은 정부가 규제한다. 폐기물 수거·처리, 자동차 견인 및 보관, 구급차 서비스 등의 분야에 활용된다. 면허 방식은 정부가 서비스 수준 및 요금체계를 통제하면서도 서비스 생산을 민간부문에 이양하는 장점이 있다(이종수 외, 2008: 601).

(3) 위탁대상 분야

병원 경영, 쓰레기 처리, 구내식당 운영 등이 있는데, 공익성보다 능률성이 현저히 요청되는 사무, 특수한 전문지식 및 기술을 요하는 사무 등이 이에 해당한다(행정권한의 위임 및 위탁에 관한 규정 제11조).

(4) 평 가

민간위탁은 정부 관료제의 다양한 한계를 강조하는 관료실패이론(bureaucracy failure theory)과 경쟁을 전제로 한 공공선택론에 의하여 강력한 이론적 지지를 받는다(김재훈, 2005: 206). 전자는 정부의 산출물이 측정이 곤란한 소위 '연성서비스(soft service)'에 해당하고 주인인 국민에 의한 감시가 상대적으로 덜 엄격하게 이루어지므로 정보 비대칭으로 인한 문제가 상대적으로 두드러진다. 후자는 정부 비효율의 원인을 정부의 독점성으로 파악한다. 사회에 반드시 필요한 서비스를 공급하는 정부는 독점적인 지위를 갖기 때문에 그 공급이 아무리 비효율적이라도 파산하지 않고 이러한 비효율이 지속될 수 있다.

서비스 질에 있어, 찬성론자들은 공공기관과 사기업 간의 계약에 있어 경쟁적일 경우 서비스 공급의 효율성이 올라간다는 것이다. 한 연구에 의하면, 청소년수련원의 경우 우선 경제적으로 상당한 효과가 있는 것으로 나나났다. 먼저 적자 폭이 크게 하락하였는데 1999년 시 당국이 직접 수련원을 운영하고 있을 때는 약 2,800만 원의 적자가 발생하였으나 민간위탁 후에 2년간 연 평균 560만 원으로 감소하였다. 또 청소년 수련 프로그램 수가 시(市)가 직영할 때는 단 한건도 없었으나 민간위탁을 시작한 첫 해인 2000년도 11회, 2001년도 13회, 2002년 9월까지 10회 정도를 개최함으로써 해마다 큰 폭으로 증가하였다(이성로, 2005: 319).

민간위탁은 단순한 경제적 효율성 증대만이 아니라 공공부문 전반에 걸친 관료제 운영의 민주성과 효율성에 긍정적 영향을 줄 수 있다. 즉 민간위탁을 통해 관료제의 폐쇄성과 경직성을 파괴할 수 있었다는 것이다(이성로, 2005: 322).

그러나 반대론자들은 정부기관과 민간수탁자 사이의 장기간에 걸쳐 생긴 특유의 계약규범(contracting norms) 때문에 이것이 장기적으로는 정치레짐(political regime)으로 제도화되어 부패가 생기고 결국 상품서비스의 질적 수준은 저하된다고 보고 있다(김용철, 2003: 21). 단일기관 또는 단일업체에 민간위탁을 하는 경우 독점적인 권한을 부여하게 되어 지방자치단체가 수행할 때보다 더 심각한 비효율성이나 서비스 결여, 폭리 등의 결과를 초래할 수 있는 단점도 있다(오희환, 1997: 10~11).

2) 민영화

(1) 의 의

민영화는 공기업의 자산이나 주식매각을 의미하며, 이는 소유권이 정부소유에서 민간소유로 이전되는 것을 말하고, 시장구조가 독점에서 경쟁으로 전환되는 것을 말한다. 이러한 점에서 민영화는 앞서 언급한 민간위탁과 차이점을 나타내고 있다.

(2) 필요성

공기업 민영화의 필요성은 무엇보다 공기업의 비효율성에서 찾을 수 있다. 첫째, 공기업이 비경쟁 상황을 전제하므로 독점 및 과점에 따른 사회적 후생 상실에 기인하는 자원배분의 비효율성이 발생한다는 것이다. 둘째, 공기업은 연성예산 제약 하에 있으므로 과잉 생산시설이 유발된다. 셋째, 복대리인 문제가 발생하여 비효율이 발생한다.

공기업은 신이 내린 직장이라는 말이 있다. 이는 공기업의 안정성이 인기를 얻고 있다는 것으로 그만큼 공기업이 개혁과 변화의 사각지대에 놓여 있다는 의미도 된다. 그들은 내부적으로 정년보장, 보수인상을 통하여 기득권을 유지하려 한다(이철규, 2007: 163).

민영화를 통해 공기업 효율성을 증진시키는 것은 공기업 비효율의 핵심 원인 중 하나인 소유구조상의 문제가 대리인문제에서 기인한다고 보기 때문이다(박진우, 1996: 127).

(3) 공기업 민영화의 방법

① 보유 주식의 매각

이 방식은 가장 적극적인 민영화 방법이다. 주식 매각에는 정부가 기업 공개를 함으로써 증권시장을 이용하는 방법이 있고, 또 비공개법인의 경우 장외시장을 이용하여 정부 보유 주식을 민간에 매각함으로써 정부 소유 지분을 이전하는 방식이다. 이 방법은 상당한 재정수입을 짧은 기간에 가져온다는 매력이 있다.

② 계약제도

계약제도(contracting out)란 민영화의 한 형태로 재화나 용역에 대한 생산을 일정 기간 사기업이 담당하되 그에 필요한 재원은 정부가 담당하는 제도로서 프랜차이즈 제도 및 대여 제도 등이 이 범주에 속한다고 할 수 있다. 전자는 상품 및 재화의 분배나 공급권을 일정 기간 동안 특정한 사람 또는 기관에게만 부여하는 제도이고, 후자는 정부가 기업을 소유하되 기업 전체를 사기업체로 전환 대여하는 것을 말한다.

③ 정부규제 완화

규제 완화는 기존의 규제를 폐지하거나 강도를 약화시키는 것이다. 규제 완화는 일반적으로 경제적 규제에 해당되며, 시장에 경쟁을 도입하는 데 사용된다. 1980년대에 대두된 경합시장이론(theory of contestable market)이 규제 완화의 이론적 뒷받침이 되고 있다.

(4) 평 가

찬성론자들은 민영화를 통해 효율성을 증진시키고, 작은 정부를 실현할 수 있으며, 소비자 위주의 서비스 제공이 이루어질 수 있다고 하는 반면, 반대론자들은 독점 공기업의 출현, 소비자가격의 상승, 자본시장의 취약, 시장의 실패를 가져올 수 있다는 것이다(윤성식, 1998: 438~448). 본격적인 논의에 들어가기 앞서 현재 공기업에서 벌어지고 있는 행태들을 아래에 소개한다.

사례 1 부패한 공사 사장

감사원은 26일 대한석탄공사가 가짜 문서를 만들어 회사채를 발행한 뒤 부도난 건설업체에 1,800억 원을 지원했다가 1,100억 원을 떼일 상황에 있다고 밝혔다. 감사원은 이런 사실을 보고 받고도 조용히 사건을 무마하도록 묵인·방치했다는 혐의로 ○○○(64) 석탄공사 사장과, 사건을 주도한 혐의로 유동자금 담당 본부장 등 4명을 이날 검찰에 수사 의뢰했다.

김 사장은 1995~2006년 강원도 정선군수를 3차례 연임한 뒤 작년 2월 석탄공사 사장에 임명됐다. 지식경제부 관계자는 "자치단체장이 곧바로 석탄공사 사장으로 가는 경우는 아주 드물다"며 "당시 정권 '실세'의 입김이 작용했다는 소문이 관가에 나돌았다"고 말했다. 감사원에 따르면, 석탄공사는 2006년 말 시설투자에 쓴다고 빌린 돈 418억 원을 M건설의 어음을 매입하는 데 썼다. 이어 작년 6월 석탄공사 직원의 퇴직금을 중간정산한다고 허위서류를 꾸며 1,100억 원을 차입한 뒤 M건설에 빌려줬다. 그러나 M건설은 작년 7월 1차 부도가 났고 현재는 인수·합병이 된 상태다(조선일보, 2008. 3. 27)

사례 2 신(神)도 놀랄 '흥청망청 공기업'

증권예탁결제원의 임원들이 2005~2007년 안마시술소와 나이트클럽, 골프장 등에서 법인카드로 8억 4,800만 원을 쓴 사실이 31일 감사원에 의해 적발됐다. 증권예탁결제원은 퇴직자 기념품인 황금 열쇠도 법인카드로 샀는가 하면 청사에서도 열 수 있는 이사회를 제주도 골프장과 용평리조트 등에서 열어 9,700만 원을 사용한 사실도 드러났다. 감사원에 따르면 조폐공사는 2005년과 2007년 신입사원을 뽑으면서 불합격 대상인 666등을 45등으로 만들어 합격시켰다. 감사원 관계자는 "회사 간부의 청탁을 받은 담당자들이 자격증 점수 등을 조작해 26점짜리를 72점으로 둔갑시켰다"고 했다. 감사원 관계자는 "감사를 받은 24개 공공기관(31개 중 금융 공기업 제외)의 2006년 말 부채는 119조 원으로 2002년 말의 74조 원보다 60% 이상 늘어났다"고 밝혔다(조선일보, 2008. 4. 1).

사례 3 공기업의 이면합의

공기업 등 상당수 공공기관 노사가 외부에 공개하지 않는 이면(裏面)합의를 통해 편법으로 월급과 수당을 올리고, 과도한 복지 혜택을 누려온 것이 드러났다. 조세연구원 분석에 따르면 이면합의의 핵심은 수당 등 인건비를 부풀리는 것이었다. A기관은 2006년 12월 노조의 요구로 시간외 근무 실적과 무관하게 전 직원에게 일률적으로 5시간씩의 시간외 근무 수당을 지급해 18억여 원의 예산을 허비한 것으로 조사됐다. B기관은 2006년 9월 감사원에서 월차휴가보전수당을 폐지토록 하자 3개월 뒤 월차보전수당을 폐지하는 대신 같은 금액을 기본급에 추가해 2008년 말까지 60억 원을 부당하게 지급한 사실이 드러났다. C기관은 오후 7시 이후부터인 시간외 근무 규정과 달리 오후 5시 30분부터 시간외 근무로 인정해 수당을 지급했다. 그 외 이면합의를 통해 터무니없이 복지 혜택을 늘리는 경우도 많았다. 공공기관의 사내근로복지기금은 1인당 평균 1,530만 원으로 민간기업(404만 원)의 3배 이상에 달하는 것으로 조사됐다. D기관의 경우 2007년부터 2년간 노조 요구에 따라 회계 처리를 바꿔 20억 원이 넘게 사내근로복지기금을 과다 출연했다. 국민의 세금으로 지원된 예산을 노조의 복지기금으로 써버렸다. E기관은 장기 근속자에게 최대 145일간의 유급 휴가를 주는 등 비정상적인 장기근속휴가제도를 운영했다. 또 노사 합의로 임차 사택의 지원 대상을 확대, 주택보유자 66명에게 임차 사택을 제공했다(조선일보, 2010. 4. 24).

① 민영화에 대한 찬성론

공기업은 자신의 것이 아니라는 의식에서 나오는 낭비와 부주의로 인하여 자원의 효율적 사용을 가져오지 못한다고 본다. 더 나아가 공기업이 존재하면 그것을 뒷받침하기 위한 정부의 각종 조치를 수반하며 이러한 조치는 민간 경제활동에 대한 불필요한 규제를 유발할 가능성만 높여 준다는 것이다. 그리고 공기업의 경우에는 정보의 비대칭성 때문에 발생하는 대리인 문제가 심각하다. 따라서 대리인에게 편재된 정보의 비대칭성을 치유하기 위해서는 주인이 곧 대리인이 되도록 하는 민영화가 최상의 방법이 된다(이상철 외, 2001: 323).

포스코, KT&G 등의 우량기업은 민영화 이후에도 지속적으로 생산성이 증가하고 있으며 기업이윤과 생산성에 매우 긍정적인 영향을 야기한다(김지영, 2008: 371). 김현숙(2007)도 7개 민영화된 기업의 성과에 대한 연구에서 포스코, KT&G 등 7개 민영화 기업이 2조 8,700억 원의 민영화 효과를 거둔 것으로 조사하였다. 이는 구조조정 등을 통해 경영효율성이 크게 높아졌기 때문으로 분석되고 있다.

② 민영화에 대한 반대론

민간 소유가 반드시 효율을 증대시키는 것은 아니라고 본다. 더욱이 민간부문의 경영자들이 이윤추구 전략의 기업관행으로 인해 다수의 국민에게 필수적인 서비스를 불충분하게 또는 전혀 제공하지 않게 되는 점에 의무감을 가지지 않는다는 것이다.

또한 민영화가 보다 작은 정부를 유도한다는 주장에도 비판이 적지 않다. 이윤을 추구하는 민간기업은 종전에 정부부문 생산자들이 수행했던 것 못지않게 공공지출의 확장을 위한 로비에 정열을 기울인다는 것이다(이상철 외, 2001: 325). 주경태·윤성식(2006)은 민영화된 대부분의 기업에서 매출액은 증가한 반면 수익지표나 경영효율지표는 악화되었다며, 이에 근거하여 민영화가 오히려 기업의 외형적 성장만을 촉진할 수 있음을 시사하였다. 또 최성락 외(2005)는 KT 민영화를 이해관계자 분석(stakeholder analysis)을 이용하여 분석한 결과, 해당 기업에는 부정적 영향을 끼친 반면 주된 이익은 정치집단에 편중되었다는 것이다.

3) 민자유치

(1) 의 의

민자유치(民資誘致)는 국가나 지방자치단체가 공공시설의 효율적인 건설을 위하여 건설재원의 전부 또는 일부를 민간부문으로부터 조달하고 그들에게 공공시설의 관리 및 수익원을 부여하는 행위이다. 민자유치는 공공시설의 건설재원을 보충하고, 민간기법을 활용하여 공공부문의 비효율성을 극복하며, 민간기업에게 새로운 투자기회를 제공하기 위하여 추진되고 있다.

(2) 방 식

민자유치 방식은 민간부문과 공공부문 간의 계약에 의해 결정된다. 민·관 사이의 계약은 민간부문의 참여수준, 사업리스크의 분담관계, 민간의 책임과 자율성의 정도, 자본투자의 비율 및 수준, 계약기간, 시설이용자와의 관계 등에 따라 다양하게 결정된다(정환용, 2007: 378). 활용되고 있는 유형으로 여러 가지가 있는데, 그 중 BTO(Build-Transfer-Operate)는 민간사업자가 시설을 건설하면 당해 시설의 소유권이 곧 바로 정부부문에 기부채납 방식으로 귀속되면서 사업시행자에게 일정기간의 시설관리 운영권을 인정하는 방식이다. BLT(Build-Lease-Transfer)는 시설 건설 후 제3자에게 일정기간 동안 임대 후 정부부문에 기부채납하는 방식이다. BOT(Build-Own-Transfer)[7]는 민간사업자가 자본을 투입하여 시설을 건설하면 일정기간 동안 사업시행자에게 당해 시설의 소유권이 인정되며, 그 기간이 만료되면 시설소유권이 정부부문에 귀속되는 방식이다. BOO(Build−Own−Operate) 방식은 사회간접자본 시설의 준공과 동시에 사업시행자에게 당해 시설의 소유권이 인정되는 방식이다.

(3) 우리나라의 제도

정부가 수립한 '민간투자사업기본계획'에 의해 주무관청에서는 당해 연도 대상사업을 선정하여 민간투자시설사업기본계획을 작성한다. 민간투자사업을 시행하고자 하는 자는 이 계획에 따라 사업계획을 작성하여 제출하면, 주무관청은 이를 검토하여 협상대상자를 선정하고 사업시행 조건을 협상하여 실시협약을 체결함으로써 사업시행자가 지정된다. 사업시행자는 주무관청의 승인을 얻은 사업의 실시계획에 의해 사업을 시행한다.

지방정부의 경우 민자유치 추진 방식이 다양하지 못하고 매우 한정되어 있음을 알 수 있다. 주로 BTO, BOO 방식이 주종을 이루고 있으며, 나머지 방식에 의한 사업 추진이 전무한 실정이다. 그리고 BTO 방식보다는 BOO 방식으로 추진된 민간투자사업의 적실성이 떨어지고 있는 것으로 분석된다[8](원구환, 2001: 182).

민자유치 방식으로는 대부분 BTO 방식이 주종을 이루었으나, 현재는 BTL(Build−Transfer−Lease) 방식이 정부의 주요 정책 방향으로 제시되고 있다. BTL은 민간이 공공시설을 짓고 정부가 이를 임대해서 쓰는 민간투자 방식이다. 민간이 자금을 투자해 공공시설을 건설(Build)하고, 민간은 시설 완공 시점에서 소유권을 정부에 이전(Transfer)하는 대신 일정 기간 동안 시설의 사용·수익권한을 획득하게 된다. 민간은 시설을 정부에 임대(Lease)하고 그 임대료를 받아 시설투자비를 회수한다. 반면, BTO는 개발도상국형으로 도로, 철도, 전력 등 부족한 사회간접자본(SOC) 시설을 확충하는 데 사용되었다. 양자의 차이를 그림으로 나타내면 다음과 같다.

---

7) BOT는 1984년 터키의 공공부문을 민영화하면서 처음 사용된 민간자본 조달 방식이다. 이 방식은 주로 시설물 입지를 위한 공간이 충분히 마련되어 있는 상태에서 지역개발을 도모하는 좋은 수단으로서, 특히 개발도상국가들의 공공부분의 부채를 줄이고 외국자본을 유치할 수 있는 좋은 방법으로 채택하였다. 그러나 우리나라의 경우 국토의 협소함으로 사용 가능한 토지가 충분히 마련되어 있지 않은데다 정부가 시설의 소유권을 먼저 가지지 못한다는 측면에서 활용되지 못하고 있다(유영철, 2008b: 32~33).

8) 소유권을 정부에 이전하고 운영권을 민간 사업시행자가 보유하는 제도보다는 민간에 대한 소유권의 이전과 운영이 동시에 보장되는 방식일수록 사업 추진이 제대로 이루어지고 있지 못하다는 사실이다(원구환, 2001: 184).

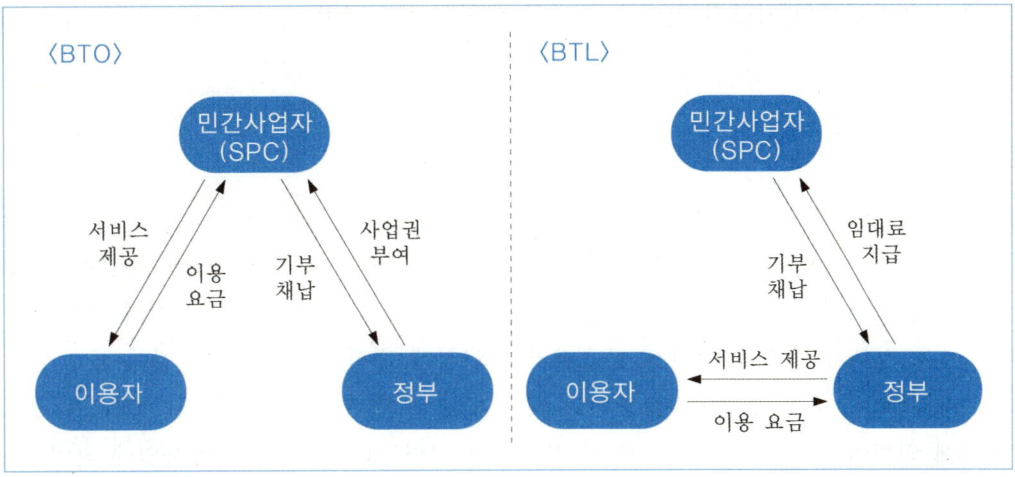

자료: 안용식 외, 2006: 644.

[그림 12-2] BTO 방식과 BTL 방식의 운영

(4) 정책 개선 방향

성공적인 사업 추진을 위한 대안을 보면, 우선 BTO의 경우는 평가 점수별로 보상하는 방식을 통해 경쟁 활성화가 필요하다. 민자적격성 조사를 현행 기준 3,000억 원 이상에서 500억 원 이상으로 적격성 심사 대상의 폭을 확장하여야 한다. 출자자의 자기자본비율이 건설기간 중에는 25% 이상, 운영기간 중에는 10% 이상을 유지하도록 하고 있다(사회기반시설에 대한 민간투자법 2004: 제6조 제3항). 민자사업 활성화를 위해 자금 재조달 특히 후순위채 도입에 따른 이익을 주무관청이 상당 폭 회수할 필요가 있다.

BTL의 경우 첫째, 지급금의 상당한 부분이 국가의 연기금에서 충당되는 만큼 정부가 국회로부터 받는 통제장치가 있어야 할 것이다. 둘째, 자산의 실질 소유주는 처음부터 정부로 규정하고 중앙의 각 부처와 지방자치단체는 이를 특별회계화하여 처리할 필요가 있다. 셋째, 장기적으로 공공성이 낮으나 수익이 확실치 않은 사업에도 BTL 유형이 적용될 가능성이 높아지고 있으므로 사업 범위의 제한이 있어야 할 것이다. 또한 지역 중소업체에 대해 해당 시설의 설치에 관하여 법인세 및 기타 세제의 특별감면이 요청된다(유영철, 2008: 21~24).

아울러 지방정부의 민자유치사업의 주도권을 정부가 갖고 있어 정부가 민자유치 가능성이 있는 사업을 정하고 사업참여에 관한 공모를 시행함으로써 정부 주도적이었다고 할 수 있다. 이제 우리도 일본처럼 민간부문의 제의에 의한 사업 선정을 우선시함으로써 민간부문의 자발적 참여를 유도하는 적극적 개념이 필요하다(원구환, 2001: 183).

3. 민관협력공급

1) 의 의

여러 국가들에서 정부부문의 경쟁력 강화, 공공부문의 재원조달능력의 한계 등을 극복하기 위하여 공·사 협력방식, 공동생산, 제3섹터 등 다양한 방법들이 활용되고 있다. 이제 정부가 독점적 서비스 공급자라는 인식에 변화가 오고 있는 것이다.

제3섹터란 공공 부문인 제1섹터와 사기업 또는 민간 부문의 제2섹터가 공동 출자 방식에 의하여 사업체를 구성하고 이 사업체가 지역 개발 등 공공개발사업에 참여하는 방식을 의미한다.[9] 지방행정 수요가 급격하게 증가하고 있는데, 이러한 행·재정수요에 대응함에 있어서 지방자치단체의 재정능력의 한계를 극복하고 민간부문의 자본·기술·경영능력을 도입, 활용하기 위해서는 제3섹터 방식의 활용이 요구된다.

2) 제3섹터 방식

(1) 의 의

제3섹터는 지방정부와 민간기업이 공동으로 참여하여 공공서비스를 공급하는 형태이다. 제3섹터 방식은 지방공사의 운영을 위하여 필요한 경우 자본금의 50% 이내의 범위에서 민간이 출자한 지방공사형 제3섹터와 지자체가 자본금의 50% 미만을 출자하여 민간과 공동으로 상법에 의한 주식회사 또는 민법에 의한 재단법인을 설립하는 사법인형 제3섹터가 있다(정환용, 2007: 381). 현재 우리의 경우는 민법상의 재단법인 형태가 존재하지 않기 때문에 지방공사형과 주식회사형만이 있다.

(2) 평 가

장점은 지방자치단체의 입장에서 첫째, 민간자금의 도입이 가능하고, 민간의 사업운영기술을 활용할 수 있다. 그리고 민간기업의 입장에서는 지방자치단체의 채무보증이나 재무지원을 받을 수 있다.

---

9) 제3섹터의 개념을 두고 미국과 일본 간에 다소 차이를 보이고 있다. 미국에서는 제3섹터를 제1섹터(정부)도 아니고 제2섹터(민간)도 아닌 독립섹터의 의미를 갖는다. 즉 자발성에 근거한 민간의 비영리 목적의 단체를 의미한다. 이에 반해 일본에서는 제3섹터는 공공부문과 민간부문의 혼합방식의 조직을 지칭한다. 일본에서 사용되고 있는 공공－민간 양 부문의 혼합방식에 의한 사업주체로서의 제3섹터의 의미는 미국의 민관협력사업이라는 용어와 같은 의미로 사용되고 있다(이상철 외, 2001: 389~390).

그러나 민관이 합하여 경영관리를 하기 때문에 책임소재가 불분명하며, 주식회사에 의한 제3섹터의 경우 원칙적으로 채산성을 중시하기 때문에 공공성이 무시되는 경우가 많다(이상철 외, 2001: 396~397).

3) 시민공동생산(co-production)

(1) 의 의

공동생산은 공공부문과 민간부문이 서로 협력하여 필요한 공공서비스를 생산해 내는 것을 말한다. 이것은 시민들이 정부에 일방적으로 사회문제의 해결을 요구만 하는 것이 아니라, 정부와 시민이 협조해 공동의 생활문제를 해결하는 생산적 참여이다(이도형, 2007: 381).

공동생산을 통하여 시민은 단순한 소비자에서 탈피하여 공공서비스의 생산에 기여하게 됨에 따라 서비스의 생산과정과 관련한 주요한 의사결정에 참여할 수 있다. 공동생산은 비용절감을 통한 공공서비스 공급의 효율성 제고는 물론이고, 시민과 도시정부가 상호 접촉할 수 있는 기회를 제공함으로써 도시행정의 투명성과 신뢰성을 확보하게 하는 장점이 있다(정환용, 2007: 381~382).

(2) 특 성

지방정부의 공공서비스를 민간부문과 공동으로 생산하게 되면 민간부문의 인력과 재원을 활용할 수 있게 됨으로써 지방정부의 인력과 재정규모 팽창을 억제할 수 있으며, 민간부문의 전문성과 다양한 생산기법을 활용함으로써 보다 양질의 서비스를 제공할 수 있다. 특히 공동생산은 주민참여의 원리를 바탕으로 지방행정의 성과를 제고할 수 있는 전략이라는 측면에서 그 중요성이 인정되고 있다(정환용, 2007: 382).

(3) 유 형

공동생산의 유형은 개별적·집단적·집합적 공동생산으로 구분할 수 있다(이달곤, 2004: 100~101).

① **개별적 공동생산**: 개인적 차원에서 진행되는 공동생산이다. 쓰레기 줍는 행위가 그 예이다.

② **집단적 공동생산**: 많은 시민이 집단을 형성하여 적극적으로 참여하는 것으로, 동네 자율방범대가 그 좋은 예이다.

③ **집합적 공동생산**: 생산되는 재화와 서비스의 편익이 공동체 전체에 의해 향유된다. 쓰레기 분리수거제도 같은 것이 해당된다.

제 3 절 공공서비스 공급의 혁신

책임경영 체제의 강화를 통해 공공서비스 공급의 혁신을 도모할 수 있다. 책임운영기관은 1988년도에 영국에서 국방·보건·교도소 등 140여 개의 부서를 집행기관(Executive Agency)으로 지정하면서 처음 등장했다. 책임운영기관은 인사와 예산에서 자율성이 확대되는 반면 운영 성과에 대해 인센티브와 벌칙이 주어지는 새로운 형태의 정부기관이다. 책임운영기관은 공공성 측면에서 민영화가 어려운 기능을 정부가 직접 수행하기 위한 제도인데, 기관장을 계약직으로 공개 채용하지만 소속 직원들은 공무원 신분을 유지하고 다른 부처와 인사교류도 가능한 정부기관이다.

우리나라는 2018년 현재 중앙책임운영기관 1개, 소속책임운영기관 49개 등 총 50개의 책임운영기관이 운영되고 있다. 담당 업무의 성격에 따라 조사연구형, 교육훈련형을 비롯한 6개 유형으로 구분하고 있다.

책임운영기관은 정부가 하는 일 중에서 집행적 기능을 따로 분리시켜 민간부문의 유연한 관리 방식을 도입하자는 것이므로 이러한 기본 취지를 살려 향후 공공서비스 공급에 이 기관의 비중을 확대할 필요가 있다.

사례 1 우리나라 공기업 민영화정책의 분석

Ⅰ. 공기업 민영화의 배경

우리나라 공기업 민영화의 추진 배경은 아래 세 가지로 압축할 수 있다(안현호, 2005: 6). 첫째, 개방, 탈규제, 민영화를 중심축으로 하는 이른바 '워싱톤컨센서스'와 관련이 있다. 1998년 당시 세계은행으로부터 경제재건차관(ERL)과 구조조정차관(SAL)을 받는 과정에서 '1차 구조조정 차관(SAL Ⅰ)' 과정에서 확보된 공동이해를 바탕으로 '국유기업에 대한 대대적인 개혁과 사유화 프로그램'을 요구받았다. 여기에는 일반공기업 뿐 아니라 사회간접자본에 속하는 통신, 전력, 가스 등이 모두 구체적으로 적시되어 있고, 이 협의에 따라 세계은행으로부터 차관을 도입하게 되었다.[10)]

둘째, 김대중 정부의 신자유주의적 속성이 작용했다. 김대중 정부는 재벌개혁을 시장주의적 해외자본과 결합하여 추진하려 하였고 이는 무분별한 경제적 자유주의의 유입을 촉진하는 결과를 낳았다.

셋째, IMF 이후의 자본시장 완전개방의 효과를 들 수 있다. 자본시장이 개방됨으로써 외자유치는 주로 증권시장을 통해 이루어졌는데 당시 증권시장의 수요를 유인할 수 있는 견실한 기업들로서는 공기업이 유일했던 것이다. 그리하여 공기업을 매각하여 외자를 유치하자는 논의는 매우 설득력 있게 제기되었다.

---

10) ERL은 1997년 12월 23일에 30억불, SAL Ⅰ은 1998년 3월 27일에 20억불, SAL Ⅱ는 1999년 5월 11일에 20억불을 받았다(안현호, 2005: 6).

II. 우리나라의 민영화 추진 과정

김영삼 정부 시절의 공기업 민영화는 소유권은 유지한 채, 경영의 자율성과 전문성을 제고하고 견제기능을 강화함으로써 경영을 효율화하자는 내용으로 되어 있어서, "이 안은 어디까지나 공기업의 경영효율화 방안에 불과하고, 1인 최대 소유 한도 제한을 제외하면 민영화 내용은 없다"라는 평가를 받았다(류상영 외, 1997: 31).

그러다가 김대중 정부 시기에 이르러 경제위기의 근본적 원인이 경제구조의 후진성에 있음을 인식하고 기업 및 금융부문과 더불어 공기업부문의 개혁을 체계적으로 추진하였다. 그리하여 김대중 정부 임기 동안 8개 공기업의 민영화를 완료하였다(배용수·주선미, 2004: 3). 이 시기의 민영화는 이전의 민영화와는 달리, '주인 있는 민영화'라는 명분 아래 재벌에게 매각(예: 한국중공업)하거나, 경영을 규율할 수 있는 기관투자자 중심의 분산 매각(예: POSCO, KT, KT&G)하는 경우가 나타났다는 점이 큰 특징이다. KT 민영화정책에 대해 알아본다.

1. 김대중 정부 이전

경제기획원은 공기업민영화추진위원회를 구성하여 한국전기통신공사의 부분 민영화 방침을 수립하였으며, 그 일환으로서 1992년까지 국민주 방식으로 지분의 49%를 매각하기로 하였다. 그러나 노태우 정부 시기에는 침체국면을 맞이한 주식시장의 장세와 정기국회 개회 지연 등으로 인해 민영화계획이 실행에 옮겨지지 못하였다.

김영삼 정부에 들어와 한국전기통신공사의 주식 매각은 정부보유 지분의 28.8%를 매각하는데 그쳤다. 재벌에 대한 특혜시비, 경제력 집중에 대한 우려, 증시상황의 악화 등이 주요 원인이었다. 1997년 10월에 한국전기통신공사법이 폐지되고 '공기업의 경영구조 개선 및 민영화에 관한 법률'이 새로 적용되어 정부지분이 50% 이상임에도 불구하고 한국통신은 정부투자기관에서 전문경영인 책임의 주식회사 형태로 경영체제가 전환되었다. 그러나 이것은 상황에 떠밀려서 이루어진 것으로서 사실상 민영화계획의 후퇴를 의미하는 것이었다.

2. 정책의 추진-김대중 정부 이후

1) 단계적 민영화정책의 수립-해외매각[11]

1998년 7월 김대중 정부는 11개 공기업의 민영화를 추진하기로 하였다. 단순한 공기업의 경영효율화 차원을 넘어 한국 경제 시스템을 근본적으로 전환하는 차원이었다. 완전민영화 대상은 기업성이 강한 공기업으로서 조기에 민영화를 통해 주인 있는 책임경영을 실현하는 것을 목표로 하였으며, 단계적 민영화 대상은 조기 민영화가 곤란한 경우로서 구조조정을 추진한 후 단계적으로 민영화하되 연차별로 추진상황을 점검하도록 하였다. 한국통신은 담배인삼공사, 한국가스공사 등과 함께 단계적 민영화 대상으로 선정되었다.

1998년에는 외국인 총지분한도가 20%에서 33%로 확대되었고, 12월에는 한국통신 주식이 증권거래소에 상정되었다. 이 조치들은 지분의 해외매각에도 긍정적으로 작용하여 1999년 5월 해외 DR[12]을 발행하는 데 성공하였다.

---

11) 국내매각과 해외매각의 차이를 보면, 전자는 강력한 경영진이 요구되는 부실 공기업의 경우에 적합한 민영화 방법이다. 또한 주식시장이 발달되어 있지 않은 상황에서 가능한 방식이다. 후자는 국내자본이 취약할 때 취할 수 있는 마지막 방법으로, 이 경우 국익을 확보할 수 있는 조치가 필요하며, 국민의 동의를 얻기가 어렵다(김현조, 2005: 210).

12) DR은 주식의 국제적 유통 수단으로 외국에서 원활하게 거래되도록 개발된 주식 대체 증권이다.

2) 완전 민영화정책의 수립–국내매각

마이크로소프트사(MS)와의 전략적 제휴와 신주인수조권부 사채(BW) 형태의 투자는 완전 민영화의 획기적인 계기가 되었다. 사명을 KT로 변경한 데 이어 2002년 5월 공기업민영화추진위원회의 국내매각 방안이 발표되었다.

2002년 5월 유가증권 직접매각과 교환사채(EB) 발행을 혼합한 형태로 동시매각을 실시하여 5월 25일 KT의 매각이 완료되었다.

Ⅲ. 우리나라 민영화정책의 평가

1. 긍정적 평가

우선 민영화 추진체계가 확립된 것을 들 수 있다. 공기업민영화추진위원회가 총괄적인·계획을 수립하고, 이 계획에 따라 기획예산처가 전반적 추진상황을 점검하였다. 특히 기획예산처는 매각방안 및 매각가격 결정방식에 있어 시장의 요구사항을 적극 수용하는 시장친화적 태도를 취함으로써 투자자들의 적극적 참여를 유도하였다.[13)]

그리고 민영화가 정치권의 간섭을 끊는 가장 효과적인 대안이다. 사실 그동안 많은 공기업들이 비효율적으로 운영된 이유는 공기업을 정부 산하 단체로 만들어 관료와 정치인이 인사와 경영에 계속 간섭해 왔기 때문이다. 따라서 다른 부작용이 있을 수 있다 하더라도 민간이 주인을 내세움으로서 관료와 정치인에 의한 간섭 가능성을 제도적으로 줄이고 경영의 자율성과 책임성을 확보해 주는 것이 가장 현실적인 대안이라는 것이다(김승욱 외, 2004: 275~276).

2. 부정적 평가

그러나 비판의 목소리 또한 없지 않은데, 정부의 공기업에 대한 구조조정 추진이 시장경제 논리와 부합하는 기본적인 룰과 원칙 하에서 기업의 자발적이고 자율적인 선택 위에서 진행되기보다는 정부가 직접 개입하여 졸속 추진을 강요함으로써 구조조정 본래의 취지에서 벗어나 도덕적 해이[14)]와 실업문제, 노사 간의 갈등을 심화시키는 결과만을 초래하였다는 것이다.

또 정부지분 매각 실태를 평가해 보면, 매각 목적이 공적자금 회수에 초점이 두어져 있다. 따라서 '경영권 프리미엄을 포함한 매각대금 극대화'를 강조하고 있다. 공적자금 투입 공기업의 정부자금 매각방식이 경영권을 포함한 51%의 M&A의 일괄매각 방식을 고집하는 것은 인수회사로 하여금 안정적 지배권 확보를 보장하고 경영권 프리미엄으로 공적투입자금 회수를 보장한다는 것이다.

그런데 이러한 매각방식은 매각과정에서 이해당사자인 종업원들의 참여를 배제하여 투명성과 공정성면에서 문제점을 가지는 것 외에도 아래와 같은 여러 가지 잠재적 문제점을 가진다(안현효, 2005: 9~11).

---

13) 정보통신부는 SK텔레콤이 지분을 5% 이상 인수하지 못하도록 하는 예외조항을 두는 것을 검토하였다. 그러나 특정 기업의 지분인수를 제한하는 조치를 두면 KT 민영화가 성공하지 않을 수도 있다는 기획예산처의 반대에 부딪쳐 예외조항을 두지 않았다.

14) 지난 97년부터 2005년 7월까지 모두 84조 5,942억 원의 공적자금이 투입된 17개 국내 은행 임직원들의 2004년 평균임금은 5,900만 원으로 국내 전체 근로자의 평균임금(2,800만 원)의 배가 넘는 것으로 나타났다(국제신문, 2005. 10. 4).

첫째, 해당 기업 중 많은 기업들이 정부지분이 50%가 넘는 경우가 많고, 자산 규모 역시 수조 원에 이르는 주요 기간산업들이다. 따라서 매각 시 해당 기업의 중장기 발전 가능성이 중요한 고려사항이 되어야 하나 이 점이 고려되지 못했다.

둘째, 기업가치의 장기적 극대화라는 고려사항은 공적자금투입 회수를 보장해야 한다는 단기적 논리에 의해 가려졌다. 한국자산관리공사의 회수율은 33조/39조로서 매우 높다. 한편 한국산업은행 지분은 한국산업은행의 채권을 출자전환한 것이 대부분이다. 일부 워크아웃 기업 중에는 실제로 적자에서 탈출하여 정상운영이 되고 있는 기업들이 있다. 대우종합기계, 대우조선해양 등인데 이런 경우는 한국산업은행이 배당이익을 보고 있는 상황이다. 이 경우에는 출자전환한 주식을 시급히 매각해야 할 이유가 없음에도 불구하고 경영권 프리미엄을 받기 위해 한국산업은행 주식까지 끼워 매각하거나 위임하는 사례가 나타나고 있다. 이 과정에서 해당 기업의 장기발전 가능성에 대한 고려가 무시되고 있는 사례가 빈번히 나타나고 있는 것이다.

셋째, 매각 시 인수자의 사업능력의 적절성에 대한 검증이 부족했다는 점이다. 우선협상자를 선정한 후 협상하는 과정에서 매각가격이 하락하는 경우가 자주 발생하였다. 예를 들어 정부가 44%의 지분을 가지고 있어 사실상 공기업이었던 삼성자동차를 시일에 쫓겨 싼 값에 매각하게 된 경우를 들 수 있다.

넷째, 매각 이후 인수 기업 하에서 노사관계가 악화된 경우가 많았다. 한국중공업의 경우 두산이 인수한 이후 노사관계가 악화된 사례가 있다. 인수 이후 고용불안정과 노사관계 불안정은 결과적으로 고용보험지불 등 사회적 비용의 증가로 귀결될 것이다.

다섯째, 특혜 매각 시비가 있다. 제일은행을 뉴브리지캐피탈에 서둘러 5,000억 원에 매각하고서 최종적으로 17조 원의 공적자금을 투입한 경우, 푸르덴셜투자증권에 3,550억 원에 매각한 현대투자증권의 경우 향후 5년간 1,250억 원의 이익을 보장한 경우가 이에 해당한다.

결과적으로 1980년 대 이후 민영화된 6개 기업을 대상으로 한 실증연구에서, 이들 기업들은 원가, 인건비 등 비용요소보다는 매출액 상승, 높은 가격 등 산출요소에 집착하는 행태를 보인다. 이들 기업 대부분이 민영화 이후 재무성과가 나빠져 오히려 민영화 이전보다 비효율적인 것으로 분석되었다. 민영화기업들이 효율성 향상을 위해 노력하도록 하는 유인이 존재하지 않았기 때문이다. 이러한 결과는 소유권 이전을 통한 민영화가 자동적으로 기업의 효율성을 증가시키지 못한다는 것을 보여주는 결과이며, 그 원인은 경쟁부재, 정부규제 등 여러 가지 요인들이 복합적으로 작용한 것이라고 판단된다(주경태·윤성식, 2006: 90).[15]

이상의 논의에서 볼 때 우리는 정책 추진 과정에서 투명성의 부족으로 인해 사회 전체로부터의 협조를 이끌어 내지 못했다고 볼 수 있다. 이러한 점에서 일본의 사례는 우리에게 시사하는 바 적지 않다고 하겠다. 나카소네 정권의 '작은 정부 지향'은 3공사 민영화의 토대가 되었다. NTT는 기술부문별, 지역별로 그룹의 조직을 세분했다. JR은 여객부문을 6개 지역별로 분할해 지역특성에 맞는 운영방식을 유도했고, JT는 국내외 시장에서의 공정한 경쟁조건을 정비하기 위해 전매제를 폐지했다. 그리고 민영화를 구조개혁의 다양한 수단 중 하나로만 활용함으로써 정책자원의 집중현상을 피하고 유연성을 확보했다. 즉, PFI(Private Finance

15) KT도 민영화 이후 자기자본 비율과 매출액 증가율은 감소하고, 부채비율은 크게 증가했으며 주가는 지속적으로 하락했다. 이러한 결과는 한국의 민영화가 해당 기업의 경제적 효율성을 위해서 추진되었다기보다는 정치적 이익에 의해서 추진된 면이 강하다는 점을 시사한다(최성락·최정민·박종웅·박정아, 2005: 201).

Initiative),[16] PPP, 시장화 테스트 등 다양한 정책을 고루 활용했던 것이다. 우정민영화는 우정민영화 담당 장관직을 신설해 총리 직할체제로 민영화를 주도했다. 총무장관(구 우정장관)이 아닌 총리 직할로 운영된 점에 주목할 필요가 있다. 또 국민의 이해를 돕기 위해 고이즈미 총리는 경제재정자문회의에서 합의된 사항을 3일 후 홈페이지에 공개하게 함으로써 투명한 의사결정 시스템을 확보했던 것이다.

16) PFI는 시설정비나 공공서비스 제공 등에 민간자금을 활용하는 정책수단으로, 일본 법무성은 2007년 5월 야마구치현 미네시에 PFI 방식을 도입한 최초의 교도소를 개소한 바 있다(삼성경제연구소, 2008: 13).

CHAPTER 13

행정개혁: 미래의 청사진

제 1 절 행정개혁의 의의

1. 행정개혁의 개념과 성격

행정조직은 시대 변화와 함께 새로운 행정수요에 대응하기 위해 지속적인 변화와 발전을 요구받고 있다. 여기서 행정개혁의 필요성이 제기되었는데, 행정개혁(administrative reform)은 행정체제를 어떤 하나의 상태에서 그보다 나은 다른 상태로 변동시키는 것을 말한다.[1] 행정개혁이라는 개념에 내포되어 있는 주요 속성으로 첫째, 목표의 지향성을 들 수 있다. 행정개혁은 보다 포괄적 개념으로 생산성 제고라는 특정의 목표 하에 추진된다. 이러한 목표는 개혁 추진 과정에서 일어날 수 있는 각종 저항을 극복할 수 있게 해 주는 정당화의 근거가 된다. 둘째, 행정개혁은 주변 행정환경의 변화에 따라 기존의 방법으로는 적용에 한계가 있게 되면서 새로운 방법을 모색하여 이를 적용하려는 시도를 하게 된다.

2. 행정개혁의 추진 배경

공공부문 개혁의 추진 배경은 다음과 같다(이철규, 2007: 436~437). 첫째, 행정환경의

1) 행정개혁과 유사 개념으로 정부혁신이 있는데, 전자가 가치가 실린(value laden) 개념이라면, 후자는 좀 더 광범위하며 가치중립적인(value neutral) 개념이다. 행정개혁이 조직개편 등 하드웨어적 개편에 중점을 둔 개념이라면, 정부혁신은 이러한 조직개편을 포함하여 조직변화의 아이디어, 절차, 방법, 기법 등의 도입을 통해 조직의 일하는 방식의 변화를 강조하는 개념이다(권기헌, 2009: 458).

변화이다. 시민사회가 종전의 피동적인 존재가 아니라 권리의식이 충만하고 참여욕구가 비등하고 있어서, 종래의 오만하고 밀폐된 행정만으로는 시민들의 다양한 욕구를 충족시킬 수가 없게 되었다. '자궁에서 무덤까지(from the womb to the tomb)'로 행정의 수비(守備) 범위가 넓어지면서 구태의연한 행정기법으로는 시민들을 만족시킬 수 없게 되었다.

둘째, 정부불신이다. 정부에 대한 시민의 좌절과 환멸이 팽배하고 있다. 시장이 정부보다 효율적이라는 인식을 국민들이 함에도 불구하고 관료들은 그에 부합되는 개혁을 거부했었다.

3. 행정개혁의 전략과 접근방법 및 모형

1) 행정개혁의 전략

행정개혁의 전략으로 다양한 의견이 제시되고 있으나, 오석홍(2005: 750~762)은 행정개혁의 전략으로 아래의 5C를 제시하고 있다.

(1) 명확한 목표를 설정하라: 핵심전략(core strategy)

목표를 명확히 하는 전략을 핵심전략이라고 부른다. 그 이유는 이것이 정부의 핵심기능, 즉 정책수립 혹은 정책조정 기능을 다루기 때문이다. 다른 4개의 전략이 정책집행과 행정서비스의 향상에 초점을 맞추고 있는 반면, 핵심전략은 주로 정책수립 기능의 향상에 관한 것이다. 예를 들어, 영국이 넥스트스텝(Next Steps)을 통해 정책수립과 집행을 분리시켜 정부부처가 정책수립과 방향설정에 몰두하고 집행기관은 행정서비스 전달에 몰두하도록 한 것을 들 수 있다.

(2) 직무성과의 결과를 확립하라: 성과전략(consequencies strategy)

공무원은 업무성과와는 무관하게 동일한 급료를 받는데, 이러한 모순된 유인체제를 바꾸어야 한다. 시장과 경쟁체제의 도입이 이에 해당한다.

(3) 고객을 최우선시하라: 고객전략(customer strategy)

조직이 고객에게 책임을 지도록 하는 것이다. 소비자들에게 서비스 전달 조직을 선택하도록 하고 그러한 서비스 전달 조직이 충족해야 할 고객서비스 기준을 설정해 준다. 영국 메이저 총리의 시민헌장이 그 예이다.

(4) 권한을 이양하라: 통제전략(control strategy)

상당한 의사결정권을 관료제적 계층제의 하층부로 이양해 주며 때로는 지역사회로 넘겨준다. 일선공무원의 의사결정권을 확보해 주고 나아가 공공조직으로부터 지역사회로 통제를 전환시키기도 한다. 대처 총리가 학교에 대한 통제권을 지역사회단체에 위임한 것이 그 한 예이다.

(5) 기업가적 문화를 창조하라: 문화전략(culture strategy)

관료제의 방어적인 조직문화를 타파하기 위하여 고객과의 만남, 고객 체험을 하기도 하고 공유된 비전의 구축 등을 시도한다.

2) 행정개혁의 접근방법

일반적으로 행정개혁에 대한 논의는 행정의 관리적· 기술적 측면을 강조하는 관리주의적 지향과 공적 가치를 구축하고 지향하는 두 가지 흐름으로 구분된다. 전자는 주로 서구 국가들을 중심으로 추진된 시장성을 지향하는 행정개혁의 방향이라 할 수 있으며, 신공공관리론(NPM)에 의거한 산출 중심적인 개혁방안의 내용들이 여기에 포함된다. 반면 규범주의적 지향은 시장성보다는 행정의 민주성이나 공공성에 초점을 맞추고 있다는 점에서 차이를 보인다. 민주성이나 공공성에 대한 가치의 강조는 행정개혁의 산출보다 행정개혁 과정에서의 참여나 협력, 공개 등을 주목한다는 점에서 산출 중심적 접근에 대비해 과정 중심적 접근이라고 할 수 있을 것이다. 이와 같은 두 가지 행정개혁에 대한 접근방식과 관련해 기존 연구에서는 전통적으로 관리주의적 개혁 논의가 개혁과정에서뿐만 아니라 이론적 논의와 관련해서도 주도적으로 작용하였다고 평가한다.

(1) 구조·기술적 접근방법

이 접근은 행정을 구조·기술적 과정으로 파악하면서, 최적의 구조와 기술이 최적의 업무수행을 가져와 행정성과를 향상시킬 수 있다는 논리에 바탕하고 있다. 구체적으로 첫째, 구조와 직제의 간소화, 기능중복의 제거, 둘째, 행정사무의 적절한 배분과 권한·책임의 명확화, 셋째, 집권화 또는 분권화의 확대, 넷째, 의사소통체제의 개선, 다섯째, 행정절차의 표준화 및 업무처리에 필요한 장비·기술(예: OR, EDPS) 도입 등을 통해 행정개혁을 이루고자 하는 것이다.

그러나 이런 방법은 인간적·사회적 요인을 등한시한 채 행정의 구조·기술·절차의 합리적 개혁에만 초점을 둠으로써, 행정개혁이 그 소기의 목적을 달성하기 어렵고, 따라서 자칫 개혁이 형식적이 될 우려를 안고 있다(이도형, 2007: 390~391).

(2) 인간행태론적 접근방법

관료의 가치관·신념·태도를 변화시켜 행정개혁을 도모하고자 하는 방법으로서, 개혁의 중점을 인간의 행태 변화에 두고 있다. 앞의 구조·기술적 접근방법이 행정에서 인간을 도외시한 데에 대한 반론으로 제기된 것으로, 아무리 구조와 기술을 합리적으로 작용시켜도 관료들의 행태 변화가 없으면 개혁이 성공할 수 없다는 것이다.

그러나 관료의 행태 변화는 장시간이 소요되며, 또한 사기업이 아닌 행정조직에 비공식적·정서적 요인을 중시하는 이 방법을 전면적으로 적용하기는 어렵다.

(3) 종합적 접근방법

행정의 구조·과정·행태와 이를 둘러싸고 있는 환경과의 상호관련성을 중시하는 방법으로서, 앞의 두 가지 접근방법을 통합적으로 적용하고자 하는 방법이다(이도형, 2007: 391 재인용).

행정조직의 능률성이라는 관점에서 행정개혁을 본다면, 구조·기술적 접근이나 인간관계론적 접근이 개혁논리로서 타당하겠지만, 행정개혁의 실천 가능성이라는 측면에서 볼 때는 국민의 정치적 요구 및 지지와 행정인의 개혁의지가 뒷받침되어야 하므로, 체제 외적 요소까지 행정개혁 과정에서 고려하는 체제론적인 종합적 접근전략이 필요하게 된다. 따라서 행정개혁은 체제 내적 요소와 체제 외적 요소가 상호 유기적 관련성을 갖고 개혁과정에서 작용할 때, 비로소 기대하는 성과를 거둘 수 있다.

단 종합적 접근 시 고려하게 되는 네 가지 변수, 즉 구조, 기술, 인간, 환경 중에서 행정개혁이 사회구조 개선이나 생활의 질 향상 등 환경적 요소를 목표로 하는 것을 감안하면 환경을 가장 우선시해야 하고, 다음으로 행정인의 가치 변화가 수반되지 않는 구조나 기술의 변화가 크게 의미가 없으므로 인간이 두 번째로 우선시되어야 한다.

3) 행정개혁의 모형

행정개혁의 모형에는 시장모형, 참여모형, 조직모형 및 관리모형 등이 있다(김태룡, 2012: 509~513).

(1) 시장모형

정부를 민간처럼 운영함으로써 효율적이고 효과적으로 만들 수 있다고 본다. 이에 따라 정부실패의 원인이 분명한 만큼 행정개혁을 위한 시장모형의 처방도 명확하다는 입장을 견지한다.

(2) 참여모형

시장모형이 경제적 관점에 기초한 것이라면, 참여모형은 정치적 관점에 근거한 접근방법이라 할 수 있다. 시민들이 불만을 가지는 상황에서 관료제가 지닌 규범적 통치와 제도적 관행을 종결시키고 참여를 조정함으로써 정부조직을 개혁할 수 있다고 본다.

(3) 조직모형

공공부문의 문제점이 과도한 계층제에 있다고 본다. 계층제는 사회경제적 환경이 급변하는 상황에서는 신축적으로 대응할 수 없다. 조직모형은 조직 감축이나 계층 축소 등에 초점을 둔다.

(4) 관리모형

공공부문의 종사자들이 각종 규칙과 규제에 의해 제약을 받고 있다고 본다. 이 모형은 정부조직 내부의 규칙이나 관행을 개선하는 방식으로 행정개혁을 추구한다.

제 2 절 행정개혁의 과정과 저항

1. 행정개혁의 과정

행정개혁은 일시에 전격적으로 이루어지기도 하지만, 행정개혁과 관련된 요인들이 복잡·다양하기 때문에 개혁을 성공적으로 이끌기 위해서는 일정한 절차 또는 과정을 통해 시행하는 것이 바람직하다(이종수 외, 2005: 673).

행정개혁의 과정에 대해서는 다양한 견해가 소개되고 있으나, 케이든(G. E. Caiden)은 ① 개혁 필요성의 인식: 개혁 필요성에 대한 개혁 주체세력의 주관적인 인식이 필요하다. ② 개혁안의 작성: 개혁안을 작성함에 있어 개혁 범위와 수준 및 개혁 전략 등을 고려해야 한다, ③ 개혁 시행: 개혁안 실천에 필요한 조직과 예산 등을 확보하기 위한 조치들이 수반되어야 한다, ④ 개혁 평가: 행정개혁이 기대한 효과를 성취했는가를 확인하는 등으로 나누고 있다(Caiden, 1968: 129~160).

1) 개혁의 필요성 인식

행정개혁을 행하기 위해서는 먼저 개혁 주체가 개혁의 필요성을 인식해야 한다. 그 이유는 행정의 객체인 국민은 행정개혁의 필요성을 인식하고 있으면서도 특별한 이유가 아니면 개혁을 요청하지 않기 때문이다. 그런데 현실을 보면, 행정조직은 본질적으로 보수적이고 현상유지적 경향이 있고, 행정개혁에 저항하는 경향이 있기 때문에, 행정조직 내의 병리가 있어도 이를 인식하지 못하거나 추진하지 못한다.

따라서 최고 지도자나 개혁의 추진 주체는 조직 내 병리를 인식하고, 엄밀히 분석하여 개혁의 필요성을 설득·확산시킬 수 있는 능력을 갖고 있어야 한다. 이러한 능력을 높이기 위해서는 개혁 성공 사례의 학습활동의 강화, 기존의 관료와는 다른 마인드를 가지고 있는 외부인사의 영입, 그리고 강력한 인센티브제의 도입 등 제도적 장치의 마련이 필요하다(권기헌, 2009: 462).

2) 행정개혁안의 작성

개혁안의 작성 단계는 개혁의 목표를 정립하고, 개혁 실현을 위한 전략과 행동방안을 수립하는 단계이다.

(1) 개혁의 범위와 수준 결정

개혁의 범위를 행정의 모든 부문에 걸쳐 진행할 것인지, 아니면 일부 정책이나 절차를 대상으로 할 것인지를 결정해야 한다. 그리고 개혁의 수준은 이상적인 최적수준으로 할 것인지, 현실적인 만족수준으로 할 것인지를 결정해야 한다.

(2) 개혁전략의 수립

개혁전략은 개혁의 반대자나 이익집단을 설득시킬 수 있는 방안을 강구하는 것으로, 일반적으로 행정개혁의 속도에 따라 급진적 방식과 점진적 방식으로 대별할 수 있다.[2]

① 급진적(radical) 개혁방식

주어진 시간이 그다지 여유가 없을 때 사용할 수 있는 방식이다. 개발도상국가에서 빠른 시일 안에 개혁의 효과를 빨리 달성하기 위하여 사용된다. 이 전략은 강력한 리더십을 갖춘 정치 지도자가 있을 경우 신속한 변화 유도를 이끌어 낼 수 있다. 그러나 필히 수반되는 각종 저항을 극복할 수 있을 때라야 이 방식은 성공을 거둘 수 있다.

---

2) 이 외에도 명령적·하향적 전략과 참여적·상향적 전략으로 구분하여 살펴볼 수 있다. 이에 대한 설명은 권기헌, 2009: 465를 참조 바람.

② 점진적(incremental) 개혁방식

이 방식은 행정의 계속성을 파괴시키지 않고도 새로운 필요와 조건에 점진적으로 적응해 가는 방식으로서, 개혁에 따른 저항을 최소화시킬 수 있다. 가장 현실적이므로 실현 가능성 또한 가장 높으나 반쇄신적이고 보수적이라는 비판을 받는다. 그 결과 개혁이 원래의 목표를 상실하고 표류할 가능성 또한 배제할 수 없다.

(3) 개혁안 작성 주도자

개혁안 작성 주도를 조직의 외부자가 할 것인가 아니면 조직 내부자가 할 것인가가 문제 된다. 조직 내부자는 상급자의 영향을 배제할 수 없으나 조직 외부자는 특정 조직과 관련이 없으므로 과감한 개혁안을 작성할 수 있다. 또 조직 내부자가 주도하면 개혁안의 실행이 용이하고 빠르다. 이러한 점에서 볼 때, 양자의 의견을 수렴하여 작성하는 것이 바람직하다고 할 수 있다.

3) 개혁안의 실행

개혁 실행이란 결정된 개혁안을 개혁추진기구를 통하여 개혁을 실현시키는 것이다. 개혁수단별로 개혁의 실행을 살펴보면 다음과 같다(김종희, 2005: 549~550).

첫째, 정치적 혁명에 의한 개혁은 개혁내용이 매우 포괄적이고 과격하다.

둘째, 조직의 신축성을 위한 개혁은 행정기구를 환경변화에 신축성 있게 적응시키려는 것으로서 업무절차의 재조정, 능력 향상 등이 있어야 한다.

셋째, 법률 개정을 통한 개혁은 개정안의 기초·상정·의결 등의 어려운 절차가 따르지만 그 과정을 통해 충분히 검토되고 국민에게 그 내용을 알릴 수 있다.

넷째, 행태변화를 통한 개혁은 가장 본질적이지만 어려운 개혁이다. 진정한 개혁은 기구의 개혁만이 아니라 기구 속의 사람의 행태에 변화가 일어나야 한다.

4) 개혁의 평가

개혁의 평가는 개혁의 결과 기대했던 성과를 거두었는가를 확인하는 과정이다. 행정개혁의 평가에서 고려해야 할 요소는 다음과 같다.

첫째, 평가의 시점 문제이다. 기대했던 성과가 곧 나타나지 않는 경우 과연 어느 시기까지의 성과를 개혁의 성과로 볼 것인가 하는 문제이다.

둘째. 평가의 기준 설정 문제이다. 개혁의 평가를 위해서는 일정한 기준이 설정되어야 하지만, 평가의 기준이 다양하고 기준마다 평가의 결과가 달라질 수 있으므로 기준 설정이 어렵다.

2. 행정개혁에 대한 저항과 극복방안

1) 저항의 요인

행정개혁은 일종의 변혁이므로 이에 대해 저항이 있기 마련이며, 경우에 따라서는 강력한 저항에 의해 좌절될 수도 있다. 사실 개혁은 혁명보다 더 어렵다.[3] 혁명(revolution)은 짧은 시간 안에 한 사회의 정치·경제·사회·문화적 가치관과 구조를 근본적으로 바꾸는 것이다. 혁명처럼 힘으로 한순간에 뒤바꾸어 버리기보다는 이성에 의거해 기존의 것들 중 옥석을 가려 잘못된 점만 뜯어고치는 것이 더 어려운 법이다. 따라서 많은 경우 개혁이 실패한다(이도형, 2007: 412).

저항이 발생하는 원인으로 첫째, 기득권의 침해, 둘째, 타성으로 인한 저항,[4] 셋째, 개혁내용의 불확실성, 넷째, 고객집단의 저항 등을 들 수 있다. 개혁이 어려운 또 하나의 이유로 '제도의 경로의존성'이라는 개념을 들 수 있다. 초기의 선택을 뒤집기에는 너무 많은 비용이 들고 그것에 익숙하기에 이미 선택한 경로로부터 크게 벗어나기 어렵다는 것이다. 다시 말해서, 경로의존성이 시사하는 일차적 함의는 모든 행위와 선택이 합리적 효용성의 관점에 의해 지배되기보다는 역사적 인과관계에 의해 형성된 구조에 의해 제약되며, 이에 따라 의도되지 않은 결과를 빚게 된다는 사실이다(이종수, 2006: 106). 한 번 만들어진 제도는 특별한 일이 없으면 제도 그 자체의 진행방향을 오히려 강화하는 현상을 보여 좀처럼 제도의 틀을 고치기 어렵다(이종수 외, 2005: 672).

2) 개혁에 대한 저항 극복

저항을 무조건 부정적으로만 볼 것이 아니라, 새로운 발전의 계기로 삼고 적절한 수정을 가할 수도 있을 것이다. 극복 방법에는 규범적, 공리적, 강제적 접근방법이 있다.

(1) 규범적 방법

이는 자발적 협력과 수용을 유도하려는 전략으로, 이해관계자들에게 개혁의 당위성 및 예상되는 성과를 제시하며 설득한다. 이는 저항에 대한 근본적인 해결책이 될 수 있다. 그러나 지속적인 노력과 시간을 많이 필요로 하는 전략이다.

---

3) 라틴어로 개혁의 의미에는 목숨을 바치지 않으면 이룰 수 없다는 뜻이 들어 있다고 한다(한상일·배득종 외, 2006: 275).

4) 행정관료들은 본질적으로 보수적·현상유지적 성향이 강하고, 이들은 자발적이기보다는 타성적으로 움직이는 성향이 강하다. 따라서 행정개혁을 통해 변화가 일어나는 경우 이에 저항하게 된다.

(2) 공리적 방법

되도록 기득권을 덜 침해하는 방법으로 개인적으로 입게 되는 손해에 대해서는 적절하게 보상해 준다. 그러나 이는 비용이 많이 들게 되고, 저항을 근본적으로 극복하는 것이 아니라 양보하고 타협하는 결과를 빚게 되며, 개혁의 의미가 퇴색할 가능성이 있다.

(3) 강제적 방법

최종적으로 저항을 극복하기 위해서는 저항자에 대해 물리적 제재나 불이익의 위협을 가하는 수밖에 없다. 명령이나 신분상의 불이익처분 등이 이에 해당한다. 강제적 전략은 저항을 근본적으로 해결하지 못하고 그것을 단기적으로 또는 피상적으로 억압하는 대증요법(對症療法)에 불과할 때가 많아 개혁의 영향을 받는 자들이 장래에 더 크게 저항할 가능성이 있다.

이상과 같이 개혁 저항에 대한 전략은 어느 하나의 전략만이 옳고 다른 전략은 옳지 않다고 생각해서는 안 된다. 여기에 제시한 각각의 전략은 처하게 되는 상황에 따라서는 때로는 장점으로 작용할 수도 있고 때로는 단점으로 작용할 수도 있다. 저항을 극복하고 행정개혁이 성공하기 위해서는 무엇보다 주도세력의 개혁 의도가 흔들리지 않는다는 것을 보여 주어야 하며, 그러한 개혁의 당위성이 구성원 개개인들이 자신들의 이익을 위해 저항할 수 없을 만큼 타당성을 갖는 것이어야 할 것이다.

제 3 절 선진국의 행정개혁

1. 행정개혁의 배경과 특징

선진국의 행정개혁은 다음의 두 가지 전략에 초점을 맞추고 있다(이종수 외, 2005: 691).

첫째, '경쟁원리의 도입'이다. 정부실패에 대한 반작용으로 경쟁적 요소를 도입한 것은 1990년대 각국 정부에서 흔히 볼 수 있는 현상이었다. 둘째, '결과 중심의 관리체제 구축'에 초점을 맞추었다. 자율성은 부여하되 성과에 대해서는 책임을 묻는 방식으로서, 영국의 책임운영기관(Executive Agency)과 프랑스의 책임운영센터(Centre de Responsablite) 등이 대표적인데, 이들의 가장 유사한 특징은 자율성 보장, 책임성 및 평가의 강화로 요약할 수 있다. 인사와 예산을 포함한 조직운영에 있어 자율성이 대폭 확대되어 운영상의 유연성을 확보할 수 있게 되었다. 동시에 소속장관과 기관장 사이에 성과 목표에 대한 평가를 통해 그 결과에 대해 책임을 지게 되었다. 영국은 행정개혁으로 정부규모 축소를 지향하였고 프랑스는 조직 축소나 인력 감축보다는 행정의 효율성을 추구하였다고 할 수 있다.

2. 선진국 행정개혁의 사례

1) 영 국

영국은 1979년 대처 수상의 주도 하에 재정개혁을 시작으로 행정개혁을 추진했다. 공기업 민영화를 추진했고, 넥스트 스탭(Next Steps Programs)[5)]을 통해서 책임운영기관제도를 본격적으로 도입했으며, 이후 의무경쟁입찰제(CCT), 시장성테스트(market testing) 등 다양한 개혁 조치를 취했다.

2) 뉴질랜드

더글러스의 주도 하에 시작된 뉴질랜드의 행정개혁은 다른 나라들에 비해 상당히 광범위하고 매우 혁신적인 방법으로 추진되었다(이종수 외, 2005: 689). 급격한 규제 완화와 함께 정부 관료제를 축소하여 과감하게 공기업화하는 조치를 취했다. 아울러 기업화가 어려운 공공기관의 경우 책임운영기관 형태로 독립기관화하여 기관의 자율성을 유지하되 그 책임성을 강조하는 형태의 개혁 조치를 취해 뉴질랜드 공공기관의 2/3 정도가 이러한 책임운영기관 체제를 유지하고 있다.

3) 미 국

고어(A. Gore) 부통령의 주도 하에 국정성과평가(NPR: National Performance Review)팀에 의해 행정개혁이 출발되었다. 고객만족도를 제고하기 위해 경쟁적 시장원리에 입각한 공공서비스 제공을 강조했고, '정부성과 및 결과에 관한 법률(GPRA)'을 제정하여 예산을 성과에 연계시킴으로써 정부지출의 효과성과 효율성을 증대시키고자 시도했다.

이상의 선진국 사례에서 우리는 아래 두 가지 측면을 검토해 볼 필요가 있다. 첫째, 행정개혁의 방법상 변화가 필요하다. 우리는 급진적인 방법으로 추진하는 경우가

---

5) Next Steps는 중앙부처가 담당하던 집행 및 서비스 기능을 정책기능으로부터 분리하여 책임집행기관(executive agency)이라는 새로운 형태의 별도 집행조직으로 하여금 수행하도록 하였다. 정부는 총괄적인 사업목표와 재원관리의 범위만을 결정해 주고, 책임자에게 관리재량의 자율성과 융통성을 대폭 허용하였다.

많았는데, 이는 짧은 기간 안에 가시적인 성과를 도출하기 위해서였다. 둘째, 행정개혁의 주체에 있어, 영국과 프랑스가 내각사무처와 총무·국가개혁부로 일관성이 있는 데 비해, 우리는 총리 소속의 위원회, 기획예산처, 대통령 소속의 위원회 등으로 변화되어 왔으며 경우에 따라서는 행정개혁이 분산되어 추진되기도 한다(윤광재, 2006: 263).

제 4 절 우리나라 행정개혁의 현황과 과제

1. 행정개혁의 현황

우리나라에서는 정권이 교체될 시기마다 정권 차원에서의 행정부 효율성 제고, 정부 역할의 재정립, 공직 분위기 쇄신 등을 위해 행정개혁이 지속적으로 추진되었다. 특히 IMF 경제위기에 따른 위기관리 정부로 시작한 김대중 행정부는 영미계 국가의 논리에 따라 강력한 행정개혁을 시도했으며 실제로 모든 공공부문에 걸쳐 구조조정을 비롯하여 전례 없는 개혁 조치를 취한 바 있다(이종수 외, 2005: 669). 김영삼 정부 때의 행정쇄신위원회를 통해 구조보다는 행정운영 체계의 개선에 주력했다. 김대중 정부 때는 이전에 비해 포괄적이고 체계적으로 추진되었다. 특히 추진체계에 있어 이전처럼 외부 전문가 위주의 임시조직인 위원회가 아니라 개혁 주체 조직을 정부부처 안에 상설기구로 설치했다. 노무현 정부에선 지방분권과 국가 균형발전을 위한 제도 개혁에 주력했다. 그러나 역대 정부들의 개혁 조치는 소기의 성과를 거두지 못했는데 그 이유는 무엇인가? 이홍규는 이에 대해 네 가지 이유, 즉 4R로 설명하고 있다(동아일보, 2007. 7. 9). i) Repositioning: 시장과 정부 간 관계에서 정부 역할의 정립이 이루어지지 않았다, ii) Restructuring: 정부의 구조조정이 이루어지지 않았다, iii) Reengineering: 효율적인 프로세스 구축이 미흡했다, iv) Revitalizing: 정부 활력의 충전이 이루어지지 않았다 등이다.

한편, 개혁의 부정적 산물에 대해 임도빈(2007: 51~54)은 첫째, 부처 간 권력관계의 악화를 들고 있다. 돈, 조직, 인력관리, 통제를 담당하는 기획예산처, 중앙인사위원회, 행자부, 감사원 등의 참모조직이 국민에게 서비스를 제공하는 기능부처들을 지배하는 참모조직의 과대화 현상이 나타난 것이다.

둘째, 개인적 수준에서 보면, 고위공무원들의 관료로서의 소신보다는 급속한 정치화를 초래했다. 한편, 개혁에 소극적인 관료들에 대해서는 개혁주도자들은 더 큰 힘에 의존하려 한다. 이런 관료제의 경화가 증폭되어 결국 황폐화된다.

이제 행정개혁을 통한 정책집행과 서비스 공급방식의 변화는 민주주의에 대한 논쟁으로 확장된다. 즉, 민주주의를 위해 존재하는 행정부인가, 아니면 시장의 가치를 이루기 위한 행정부인가에 대한 원론적인 질문에 대해 논의를 해야 할 것이다(임도빈, 2007: 41~42).

2. 행정개혁의 특징

신공공관리론에 입각하여 1990년대 후반부터 추진된 우리나라의 행정개혁은 영국을 모델로 추진되어 왔으며, 정부기구의 축소와 인력 감축과 같은 하드웨어적인 측면에만 초점이 맞추어졌다. 대부분의 정부에서 과정보다는 결과 위주의 조직개편 등을 더 자신들의 주요 개혁성과로 내세웠는데(황혜신, 2008: 486), 이러한 조직개편의 특징은 일회적이며 급격하다. 다시 말해, 영국을 모델로 하였지만 영국과 같은 다양한 관리기법을 통해 점차적으로 정부기구 및 인력을 감축한 것이 아니었다. 그리고 가시적인 행정개혁의 성과에 집착하여 공공부문에 실제적으로 적용되고 운영될 수 있는 성과를 도출하는 데 실패하였다(윤광재, 2006: 261~262).

앞서 살펴본 영국과 프랑스 두 나라는 행정개혁의 목표가 비교적 뚜렷하고 목표에 따라 대상의 범위와 수준이 정확하게 설정되고 있다. 그러나 우리의 경우, 타국의 행정개혁 목표를 차용하여 설정한 경우가 많으며 이로 인해 대상의 범위 및 수준이 구체성을 갖는 데 어려움이 있다(윤광재, 2006: 263~264).[6)]

우리나라에서 신공공관리론적 개혁은 정경유착이나 사실상 특권계층을 약화시켜 민주행정을 실현시키기 위한 구조적 개혁이라기보다는 미시적인 조직관리적 측면에서 기능을 바꾸려는 것이었다는 한계가 있었다(안병영, 2002: 206).

3. 행정개혁의 향후 과제

이종수 외(2008)는 우리나라 행정의 정부혁신을 위한 과제를 네 가지 범주에서 구

---

6) 윤광재(2006)는 우리나라가 행정개혁을 추진함에 있어 영국의 경우를 참조한 데 대해 문제를 제기하고 있다. 그에 의하면 우리나라는 오히려 행정운영 방식이나 공무원의 역할이 프랑스와 유사하다면서, 영국의 행정개혁은 우리나라에 이상적인 모델이었지 현실적으로 적용 가능한 모델은 아니라고 한다(윤광재, 2006: 261~262).

분하고 있다. 시장과 정부, 집권과 분권, 시민과 고객 그리고 자율과 책임이 그것이다. 그리고 오석홍(2008: 1~15)은 한국 행정개혁이 추구해야 할 원리로 민주화 촉진, 통합성 행정, 성과주의의 발전, 정보화 촉진, 반부패주의의 강화, 행정체제의 연성화, 작은 정부 구현, 정치 친화적 행정의 발전, 지방화 촉진, 세계화 대응능력의 향상 등을 제시하고 있다. 우리는 여기서 시급한 과제라 할 수 있는 규제개혁과 인사개혁에 대해 살펴본다.

1) 규제개혁

규제사례

화약업체인 A사는 0.1그램의 화약을 운반하는 데도 매번 운반신고를 하고 무장 호송관을 탑승시켜야 했다. 완성된 총기·탄약·폭발물을 운반할 때 호송관을 탑승시키고, 운송 신고를 해야 한다는 방위사업법 규정 때문이다. 문제는 화약의 경우 '00그램 이상일 경우'라는 규정이 빠져 있다는 것. A사는 2006년 한 해만 서른 차례 넘게 화약 1그램 미만을 운반하면서도 호송관을 탑승시켰다. 또 다른 황당한 규제를 보면, 공장을 신설할 경우 연면적이 300㎡ 증가할 때마다 1대 주차 공간을 만들어야 하는 규정이 있다. 하지만 대형 공장 근로자들은 보통 D회사가 마련해 준 출·퇴근 버스나 대중교통을 이용하기 때문에 그만큼 많은 주차 공간이 필요 없다. 30여년 전에 만들어진 주차장법이 기업들의 투자를 어렵게 만들고 있다(조선일보, 2008. 1. 22).

위의 사례 외에도 불합리한 규제의 예로 최근에 있었던 단말기유통구조개선법(이하 단통법)을 들 수 있다. 이것은 휴대폰 보조금을 규제하기 위한 법안으로 2014년 10월 1일부터 시행되고 있다. 고가 요금제와 연계한 보조금 차등 지급을 금지하고, 통신사뿐 아니라 제조사 장려금도 규제대상에 포함시키는 게 주요 내용이다. 하지만 시행 결과를 보면, 당초 기대와는 달리 시장의 질서를 교란시켜 행위자들의 탐색비용을 포함한 거래비용을 오히려 증가시켰다. 단통법 시행 이후 단말기 출고가나 할부원금이 내려가지 않아 소비자들의 부담이 여전한 반면, 이동통신업체의 영업이익만 증가했으며 결과적으로 제조업체나 유통업체를 포함한 이동통신 관련사업 전체의 발전으로 연결되지 못했다. 단말기 구입비용은 매우 높은 가격으로 평준화되었고, 많은 수의 대리점과 판매점은 폐업하게 되었으며 가격 인하 효과는 나타나지 않았던 것이다. 오히려 보조금 지급을 이유로 비싼 요금제를 강요하게 되면 소비자들 부담만 늘어나게 되었다(이혜영, 2016: 81~82).

우리나라에서 규제로 인해 국민 한 명당 315만 원을, 기업 한 개당 4,306만 원을 추가로 부담하고 있다는 분석 결과가 있다. 한국의 시장규제지수는 1.88로 31개국 가운데 27번째로 높았다. 시장규제를 OECD 평균 수준으로만 개선해도 GDP가 16% 늘어나고 29만 9,000여개의 일자리가 생길 수 있다고 전경련 산업본부장은 분석하고 있다(한국경제, 2015. 4. 30).

(1) 규제개혁의 근거법, 일관성과 통합성

어느 분야보다도 법률유보의 원칙이 엄격하게 적용되어야 할 규제행정에서 법령에 의한 행정이 아니라 행정규칙, 즉 고시·예규·훈령의 형식에 지나치게 의존하는 것은 지양되어야 한다. 법규명령은 각 부처→법제처→국무회의를 거쳐 제정된다. 그러나 행정규칙은 각 부처가 자체적으로 제정하고 반기별로 법제처의 심사를 받는다. 행정규칙은 제정 절차가 간편한 대신 잘못될 가능성도 그만큼 커진다(이철규, 2007: 404).

정부의 입장에서 보면 세금의 증가보다는 규제의 부과가 정치행정적으로 훨씬 쉽고 따라서 매력적인 수단이다. 그러나 당연히 세금으로 해야 할 일을 규제로 하게 될 경우 정책목적 자체가 손상당하고 만다. 예를 들어, 민간기업에 장애인 고용을 의무화하게 되면 장애인이 일자리를 구하기가 더 어려워질 수도 있다(최병선·최종원, 2008: 113).[7)]

그리고 개혁기구 다기화를 줄여야 한다. 정부는 금융개혁위원회, 의료제도개혁위원회, 정부혁신위원회 등 별도의 위원회를 설치하였다. 이런 현상은 각 개혁과제의 중요성과 정치적 상징성 측면에서 정당화될 수 있겠으나, 다기화되면 될수록 국정개혁의 일관성 확보는 어려워진다는 사실에 대한 인식이 필요하다.[8)] 이들을 관통하는 규제개혁의 철학이 전제되어야 한다(최병선·최종원, 2008: 111~112).

(2) 규제개혁위원회의 개편

현행 행정규제기본법 제23조에 의하면, 규제개혁위원회는 정부 규제정책의 심의·조정뿐만 아니라 규제의 심사·정비 등 규제개혁과 관련된 사항을 종합적으로 추진하는 핵심 기관이다. 그러나 대통령 직속의 법정위원회로서의 제 기능을 못하고 있다. 규제개혁의 중요사항인 전략과제의 선정과 그 심의·의결이 전부 정부부처의 장관으로 구성된 규제개혁장관회의에서 최종 결정되어 시행되고 있어 규제개혁위원회의 권한이 크게 훼손되고 있는 실정이다(김병호, 2007: 8). 그 결과, 규제개혁 건의사항이 있을 때 대기업들 중 52.6%는 규제개혁위원회가 아닌 해당 정부 부처를 활용통로로 인식하고 있다는

7) 정부 규제가 이상의 덫에 빠져 더 큰 재앙을 초래할 수 있다는 것을 규제의 역설이라고 한다. 1777년 조지 워싱턴은 펜실베니아주 밸리포지(Valley Forge) 전투에서 참패했다. 참패 이유는 주정부가 군비 부담을 줄이고 충분한 군수물자를 공급한다는 취지로 군수물자 가격을 통제했던 데 있었다. 가격 통제 결과는 반대로 나타났다. 정부 고시가격에 불만을 가진 농부들이 식량을 시장에 내놓지 않았고 군수물자 가격은 폭등했던 것이다. 경제가 법이나 명령, 지시로만 움직이는 게 아니라, 시장의 흐름에 따라 움직인다는 것을 간과해 벌어진 일이다(조선일보, 2007. 2. 22).

8) 법령의 중복과 다양화가 관련 기관의 중복으로 연계된다. 산업안전과 관련된 분야는 노동부가 총괄하는 것으로 되어 있지만 실제로 산업안전과 관련된 주요 부처만 해도 5개 부처, 11개 산하기관, 18개 법률로 구성되어 있다. 이처럼 부처와 기관이 다원화되면서 업무와 기능의 중복은 물론이고 규제의 중복을 더욱 더 심화시키고 있다(김정해·이종한 외, 2008: 89).

것이다(최진욱 외, 2007: 94).

규제개혁위원회는 법정위원회임에도 불구하고 종래의 자문위원회의 운영방식을 답습하고 있다. 그런데 행정규제기본법에 따르면 규제개혁위원회가 각 부·처·청의 규제개혁 추진을 지도하고 독려하는 중요한 임무를 부여받고 있음을 볼 때, 동 위원회를 민·관 합동의 자문위원회 형태로 운영하는 것은 매우 부적절하다(최병선·최종원, 2008: 118). 보다 근본적인 문제점으로 규제개혁 추진체계의 이원화를 들 수 있다. 종전의 규제개혁기획단이 국가경쟁력강화위원회로 확대 개편되면서 규제개혁위원회와의 업무와 기능 중복을 피하기 어렵다.[9)]

이러한 현상을 개선하기 위해서는 규제개혁위원회를 독립적인 합의제 행정위원회로 재편하고, 상시운영체제로 정상화해야 한다(최병선·최종원, 2008: 123). 상시적으로 운영하지 않고서는 행정의 지체를 막을 수 없다. 그리고 업무 분담 면에서, 규제개혁 추진 업무는 규제개혁위원회에서 전담하여 수행하고 국가경쟁력강화위원회는 추진되고 있는 규제개혁이 원활하게 수행되도록 사후적인 감독 역할을 하는 것이 바람직하다.

(3) 규제개혁 추진방식의 개선

규제의 질의 제고가 필요하다, 우리나라는 출자총액제한제도의 경우, 도입－폐지－재도입－폐지 등의 악순환을 거듭하고 있다. 무조건적으로 규제의 철폐와 완화를 외치기보다는 이런 악순환을 막기 위한 노력이 긴요하다.

이러한 점에서 규제의 질과 관련하여 규제영향분석(RIA: regulatory impact analysis) 시행이 필요한 시점이다. 이 제도가 시행되면 규제비용과 편익에 대한 비교 평가가 선행되지 않는 한 규제의 신설이 불가능해지기 때문이다(최병선·최종원, 2008: 130~136). 그러나 우리의 현실은 자원이 제대로 투입되지 않으면서 시행 체제를 전혀 갖추지 못하고 있다. 다시 말해 제도는 도입했으면서 형식에 그치고 있다. 이 제도의 궁극적 목표인 규제기관과 관료의 의사결정 과정, 의식과 행태의 변화 측면에서는 거의 아무런 기여도 못하고 있다. 비현실적이고 불합리한 규제를 개혁할 경우 우리 사회가 얻게 되는 큰 이득을 생각하면 이러한 부문에 투자를 서둘러야 할 것이다.[10)] 물론 우리가 줄여나가야 할 규제는 주로 기업의 자율성과 본원적 활동에 간섭하는 경제규제(economic regulation)이지 환경규제, 산업안전규제, 소비자안전규제, 사회적 차별 규제 등 사회규제(social

9) 물론 국가경쟁력강화위원회는 중점과제만 담당하고 규제개혁위원회는 일반과제를 담당한다고 영역을 분리해 놓았지만 실제로 중점과제의 하나하나는 일반과제에 해당한다(김정해·이종한 외, 2008: 237).

10) 미국의 경우, RIA의 비용 대 사회적 편익의 비율은 1 : 1,000이라고 한다(최병선·최종원, 2008: 131 재인용).

regulation)가 아니라는 점은 분명히 해야 할 것이다(최병선, 2008: 15). 최근 이루어지고 있는 바람직한 방향으로 들 수 있는 것은 금융위원회가 규제비용총량제의 조기 도입을 추진키로 한 것이다. 규제비용총량제(Cost-in & cost-out)는 규제 신설로 증가하는 사회적 비용만큼 기존 규제를 완화하는 제도이다.[11] 2014년 7월부터 10개 부처를 대상으로 시범 도입됐지만 금융위는 대상이 아니었는데 ○○○ 금융위원장은 금융규제의 큰 틀 전환의 일환으로 이 제도의 도입을 추진한 것이다(머니투데이, 2015. 5. 19).

또 하나 새로운 규제방식으로 '규제 샌드박스'가 2019년부터 시행에 들어간다. '규제 샌드박스'는 기업들이 창의적인 아이디어를 펼쳐 새로운 제품·서비스 시도가 가능하도록 일정한 조건 하에서 기존규제의 일부 면제, 유예를 통해 테스트를 허용하는 제도이다. 핵심은 사전에 규제하지 않고 실행을 통해 배워 나가겠다는 것이다. 그 주요 내용을 보면 i) 규제신속확인제도: 관계부처가 30일 이내에 규제를 신속히 확인해 주고, 그 안에 회신이 없다면 규제는 없는 것으로 간주된다. ii) 실증특례제도와 임시허가제도: 규제가 모호하거나 불합리하면 심의위원회 심의를 통해 실증테스트 기회 또는 임시허가를 줄 수 있다.

하지만 이 제도에도 부작용이 예상되기 때문에 다음과 같은 안전장치가 마련되어 있다. i) 사업자는 사전에 반드시 책임보험에 가입해야 한다. ii) 소비자 안전을 위해 실증테스트 중이라도 문제가 있으면 즉시 취소할 수 있다. iii) 문제가 생겼을 때 고의나 과실이 없음을 입증해야 하는 것은 사업자의 몫임을 밝히고 있다.

사 례 **규제하나 풀었더니 —서울반도체 "7000억 투자"**

LED 전문업체인 서울반도체가 1공장과 2공장을 연결하는 180미터 통로 건설공사 허가를 받아 숙원을 해결했다. 이에 서울반도체는 공장의 해외 이전을 검토하다가 방향을 선회하여 2019년까지 고용 인원을 두 배로 늘리고 투자도 40% 확대하기로 했다.

1공장과 2공장 사이에 연결 통로가 없어 현재 1.2㎞ 돌아가야 하는 불편이 있어, 2014년 3월 20일에 열렸던 '제1차 민관합동 규제개혁 점검회의'에서 대통령에게 고충을 토로한 후, 이후 403일 만에 풀리게 되어 운송통로 설치사업 시행계획 승인을 받게 되었다(한국경제신문, 2015. 5. 29; 매일경제, 2015. 5. 29)

---

11) 영국은 규제비용총량제의 도입을 통해 규제개혁에 실질적인 효과를 얻은 것으로 분석되고 있다. 2011년 규제비용총량제를 적용할 당시 각 부처는 전체 157개의 규제를 제안했고, 이 중 119개가 기업에 부담을 가하는 것이었지만 이 제도를 도입하면서 각 부처는 규제 도입에 좀 더 신중해지게 되어 규제제안이 157개에서 46개로 70% 감소했고, 46개의 제안된 규제 중에 11개만이 기업에 부담을 주는 것으로 분석되었다. 2011년 1월부터 2013년 12월까지의 신설규제의 비용과 편익 총량를 보면 이 기간 동안 사업자에 초래되는 연간규제비용이 약 931백만 파운드(약 1조 6천억 원) 감축되었다(이혁우, 2014: 6).

2) 인사개혁

일반국민들 사이에 관료제에 대한 부정적인 평가가 자리하게 된 배경을 보면 다음과 같다. 첫째, 우리나라 공직사회에서는 수직적 협력에 비해 수평적 협력이 잘 이루어지지 않고 있다. 둘째, 우리나라 공무원들은 정보공유에 소극적이다. 유관 부서나 업무담당자들 간의 정보공유가 안 되고 있다. 셋째, 우리나라 공무원들은 조직에 기여하기 위해 자기 스스로를 개발하려는 의지와 노력이 부족하다. 공직사회에 만연한 '무사안일'의 이면이다. 마지막으로 우리나라의 공무원들은 담당업무 외의 조직 내 다른 활동에 소극적이다.

이러한 인식 위에서 2007년 이후 우리나라의 일부 지방자치단체에서 전에 볼 수 없었던 혁신적인 인사개혁을 실시하고 있다. 몇 군데 사례를 보면, 울산시는 시정지원단을 신설하여 능력이 없거나 다른 직원들이 기피하는 직원들을 배치하고 있다. 이곳으로 발령받은 4명의 공무원은 환경과 교통 분야의 현장 업무를 지원하는 업무를 받았다. 하지만 연말 개인역량평가 결과가 나쁠 경우 퇴직을 각오해야 한다. 또 경상남도의 경제통상국 투자유치과장 오춘식 씨는 공무원 출신이 아니라 삼성테크윈 부장 출신이다. 2003년 9월 공모에 응시해 지방전임 계약공무원 4급으로 임용되었으며 계약기간은 5년이다(동아일보, 2007. 1. 25). 한편, 서울시는 '공무원퇴출제도'를 비롯한 신인사시스템을 시행하고 있다. 그 핵심 내용인 '원스트라이크 아웃제'는 100만 원 이상의 금품·향응 수수자에 대해선 예외 없이 해임 이상의 징계양정을 적용해 공직에서 퇴출하고, 금품비리 내용이 100만 원 미만이라도 ① 공금횡령, ② 금품·향응을 요구한 자, ③ 정기적 또는 상습적으로 수뢰·알선한 자, ④ 위법·부당하게 업무를 처리한 자는 퇴출시키는 것을 주요 내용으로 한다. 또 서울시는 최근 한 구청의 국장이 50만 원어치 상품권을 받았다고 해임 처분을 했다. 「서울시 공무원 행동강령」에 따르면 업무 연관성이나 대가성을 따지지 않고 공무원이 다른 사람에게 1,000원이라도 받으면 처벌할 수 있게 돼 있다. 100만 원 이상은 물론 100만 원이 안 돼도 금품이나 향응을 적극 요구하면 해임 이상의 중징계를 내릴 수 있다.[12]

공무원들로 하여금 보다 더 일을 잘하게 만들려는 이러한 시도는 긍정적으로 평가될 수 있다. 다만 이러한 조치는 인사의 공정성이 확보될 때라야 그 효과를 볼 수 있다는 것을 인식해야 할 것이다. 이와 아울러 보다 근본적인 문제로 노무현 정부 때 필요

12) 이번 처분에 대해 현행 지방공무원법에서 100만 원 미만의 금품을 받은 공무원은 경징계 처분을 받게 돼 있기 때문에 '상위법 우선의 원칙'을 어겼다는 지적도 있다(서울신문, 2015. 7. 3).

이상으로 늘어난 공무원 수를 축소해 나갈 방안을 모색해야 할 것이다. 많은 문제가 예상되는 미국식 고위공무원단 제도의 도입 그 이면에는 관료들 전체의 이익 확대가 있었다는 지적이 있다.[13] 노무현 정부가 집권한 4년 사이에 고액연봉의 고위직 공무원은 30% 가까이 늘어났는데 이를 시정하고, 또 실제 운영은 과거와 비슷하면서 자리만 늘린 경우도 바로잡아야 할 것이다(최병선·최종원, 2008: 550).

박근혜 정부 들어 퇴직공직자에 대한 취업제한이 한층 강화되고 있다. 퇴직일부터 3년간 퇴직 전 5년 동안[14] 소속하였던 부서의 업무와 밀접한 관련이 있는 일정 규모 이상의 영리를 목적으로 하는 영리사기업체나 또는 영리사기업체의 공동이익과 상호협력 등을 위하여 설립된 법인·단체에 취업할 수 없다고 규정하고 있는데, 이러한 취업제한 강화는 '관피아'를 막겠다는 진일보한 방안으로 생각할 수 있다. 다만 이 방안의 실효성을 높이기 위해서는 우회할 수 있는 편법을 막아야 할 것이다. 퇴직공직자들의 불법 로비행위를 근절할 수 있는 보다 강력한 조치가 있어야 할 것이다,

마지막으로 지방공기업의 책임자 자리를 전문성을 갖춘 인물에 맡겨야 할 것이다. 현실은 그렇지 못한데, 일례로 광주시를 보면 민선 3~6기 동안 시 산하 4개 공사·공단 기관장으로 임명된 이는 전체 20명으로 이 중 해당 분야 전문가는 고작 6명에 불과했다. 20개 출자·출연기관 역시 이 기간 임용된 34명 중 전문가는 10명에 그쳤다(국민일보, 2015. 4. 28).

13) 미국이 자신들의 직위분류제적 제약을 완화하고 계급제적 요소를 도입하기 위해 만들었던 것이 고위공무원단 제도인데, 그런 제도를 우리가 굳이 벤치마킹할 필요가 없다는 지적이 있다(오석홍, 2007: 30).

14) 개정 전에는 퇴직일로부터 2년간 퇴직 전 3년 이내로 규정하고 있었다. 이처럼 2015년 3월 31일 이후 퇴직자에 대해 취업제한기간이 퇴직 후 2년간에서 퇴직 후 3년간으로 늘어났으며, 위반 시 벌칙도 종전의 1년 이하 징역 또는 1,000만 원 이하 벌금에서 2년 이하 징역 또는 2,000만 원 이하 벌금으로 변경되었다.

참고문헌

1. 국내문헌

강근복 (2000). 「정책분석론」 (개정판). 서울: 대영문화사.

강동석·오강탁 (2005). 참여정부 전자정부 추진현황과 향후 추진전략, 「한국경영정보학회 춘계 학술대회논문집」.

강성철 외 (2005). 「새인사행정론」 (개정4판). 대영문화사.

______ (2008). 「새인사행정론」 (개정5판). 대영문화사.

______ (2018). 「새인사행정론」 (개정9판). 대영문화사.

강승규 (2006). 한국 공무원단체 활동의 변천과정에 관한 연구, 「한국행정사학지」 제19호.

강신택 (1987). 행정학 연구방법의 변천과정과 앞으로의 방향, 「한국행정학보」 21(1).

______ (1993). 「재무행정론」. 서울: 박영사.

강여진·권경득 (2008). 중앙과 지방정부간 인사교류 운영실태 및 성과 평가, 「한국행정학보」 42(2).

강인제 외 (2005). 「자립적 지역발전 모델」. 서울: 대영문화사.

강인호 (2001). Governance와 행정윤리. 「한국행정학회 추계학술대회 발표논문집」.

경기개발연구원 (1998). 「광역자치단체 평가시스템 개발에 관한 연구」.

______ (2000). 「경기도 전자정부 구축에 관한 연구: 행정정보화를 중심으로」.

고선규 (2007). 일본의 전자정부 성과 평가와 향후 과제. 「전자정부법제연구」2(1).

곽채기 (2008). 공기업 선진화 방안. 「한국행정학회 추계국제학술대회 발표논문집」.

공병천 (2005). 상위평가에 관한 비판적 소고. 「한국행정연구」 14(1).

구광모 (2003). 정책평가와 프로그램평가의 비교. 「중앙행정논집」 17(2).

구승모·김재홍 (2004). 불확실성을 고려한 농업투자사업의 경제성 분석－몬테칼로 시뮬레이션 기법의 적용사례－. 「농업경영·정책연구」 31(1).

구현우 (2009). 역사적 제도주의와 비교정책연구. 「한국정책학회보」 18(2).

국민건강보험공단 (2000). 「직장재정보험료 조정 심의자료」.

국회사무처 예산정책국 (2000). 「예산 부수법안의 법안 비용 추계에 관한 연구」.

국회예산정책처 (2012). 「재정수첩」.

권기헌 (2008). 「정책학」. 서울: 박영사.

______ (2009). 「행정학」. 서울: 박영사.

권순만·김난도 (1995). 행정의 조직경제학적 접근: 대리인 이론의 행정학적 함의를 중심으로.

「한국행정학보」 29(1).
권순복 (2006). 자치단체의 자치입법권과 잘못된 입법관행, 「자치행정」 224.
금재덕·노승용 (2008). 지방재정 자율성이 효율성에 미치는 영향에 관한 연구. 「한국행정학회 동계학술대회 발표논문집」.
금창호 (2004). 지방자치단체조합 활용 요건의 비교분석, 「지방행정연구」 18(3).
김경한 (2004). 목표관리제의 효과성에 대한 영향요인 연구. 「한국행정학보」 38/1.
김근세 (1997). 권위에서 시장으로: 뉴질랜드 정부조직 개편의 본질과 한계. 「한국정책학회보」 제6권 제2호.
김기옥 외 (2002). 「행정학개론」. 서울: 대왕사.
김길수 (1997). 핵폐기물 처분장의 입지 선정에 있어서 주민 저항의 원인. 「한국정책학회보」 제6권 제1호.
김대기 (2014). 「덫에 걸린 한국경제」. 서울: 김영사.
김덕근 (2006). 교육정책형성과정에서 나타난 이익집단의 활동전략 분석. 「한국정책학회보」 15(2).
김동원 (2005). 행정학의 규범이론을 위한 포스트모더니즘의 인식론적 함의. 「한국행정학보」 39(3).
김두식 외 (2006). 「행정학원론」. 대영문화사.
김명환·안혁근 (2006). 대상집단에 대한 사회적 인식의 전환에 따른 정책변화: 성매매특별법을 대상으로. 「한국행정학보」40(4).
김명환 (2007). 행정학의 민주적 국정운영이론의 정립을 위하여: 해석적 패러다임의 관점에서. 「한국행정연구」 16(3).
김문성 (2004). 「행정학. net」. 박영사.
______ (2009). 「행정학. net」 개정판. 박영사.
김민전 (1999). 민주주의 공고화를 위한 국회 개혁. 「사상」 제41호.
김병섭·박광국·조경호 (2002). 「조직의 이해와 관리」. 서울: 대영문화사.
김병호 (2007). 규제개혁추진실태와 개선과제. 「The KAPS」 10월호 한국정책학회.
김상구·최병대 (2003). 지방정부 정책과정에서의 NGO 참여와 역할에 관한 연구: 부산광역시 명지대교 건설 사례를 중심으로. 「지방정부연구」 7(3).
김상헌 (1998). 예산편성 상 정보의 비대칭성에 대한 미시경제적 분석. 「한국행정학보」 32(1).
김서용 (2004). 비용편익분석에서 인지적, 문화적 판단편향에 대한 연구. 「행정논총」 42(2).
김석준 (1993). Peter DeLeon의 정책종결이론. 오석홍 외 「정책학의 주요 이론」. 서울: 경세원.
김선경·염일열 (2004). 서울시 전자정부서비스의 발전 단계와 제약 요인에 관한 탐색적 연구. 「한국지방자치학회보」 16(2).
김선경 (2003). 유비쿼터스 정보기술을 활용한 차세대 전자정부의 기본구도 탐색. 「도시행정학보」 16(2).
김선명 (2005). 공공부문 혁신의 접근 방법에 관한 인식론적 비판: 현상학적 접근방법을 중심으로. 「한국행정학보」 39(4).

김성무 역 (1983). 「과도기의 정치학」. 서울: 고려원.

김성배 (2006). 공공서비스 전달의 적정 거버넌스 모형 모색: 특별지방행정기관의 기능조정을 중심으로. 「한국지방자치학회보」 18(2).

______ (2008). 불완전계약이론을 통한 공공서비스 전달의 거버넌스 비교 연구. 한국경제학회 경제학 공동학술대회.

김성철·윤진훈 (2004). 우리나라 중앙관서의 예산편성에 대한 예산담당관의 인식조사. 「한국행정학보」 38(6).

김성태 (2000). 광역자치단체의 전자정부 추진 실태 분석: 정보화 지표와 지표 간 관계를 중심으로. 「한국행정학보」 34(4).

김성호 (2007). 국가권력의 수직적 분권을 위한 헌법개정안 연구－경기도를 중심으로. 「한국지방자치학회보」 19(4).

김순은 (2001). 21세기 지방분권과 디지털 경제. 「제1회 동의대·와세다대 공동국제학술대회논문집」.

김승욱·김재익·조용래·유원근 (2004). 「시장인가? 정부인가?」. 서울: 도서출판 부키.

김승태 (2002). 공무원 채용시험제도 평가 및 개선방안에 관한 연구. 「사회과학논집」 제24권 제1호. 한국외대 사회과학연구소.

김시윤 외 2인 (2000). 「정부와 기업」. 서울: 대영문화사.

김영래·이정희 외 (2004). 「NGO와 한국정치」. 서울: 아르케.

김영민 (1996). 한국 행정학의 반성. 「한국행정학회 국제학술대회논문집」.

김영삼 (2001). 전자적 행정서비스의 발전과 한국 지방정부의 대응 방안. 「2001년도 춘계학술대회 발표논문집」, 한국지방정부학회.

김영우·임소연 (2006). 공무원 보수체계 개편방향, 「한국인간관계학보」 11(1).

김영호 (2006). 예산편성 및 집행실태. 「계간 감사」 91호.

김용철 (2003). 지방정부 업무 민간위탁의 쟁점과 과제. 「한국지방정부학회 2003학년도 춘계학술대회논문집」.

김용철 외 (2006). 「지방정부와 혁신정책」. 대영문화사.

김용훈 (2000). 정부 인증기반 구축을 둘러싼 부처 간 경쟁에 관한 연구. 「한국행정학보」 34(3).

김의섭 (2007). 공공선택론적 재정관. 「재정정책논집」 9(1).

김재훈 (2005). 민간위탁의 계약유형에 관한 비교연구. 「한국행정학보」 39(3).

______ (2007). 참여정부의 재정분권 평가. 「한국지방자치학회보」 19(4).

김재훈·이재원 (2008). 국고조조사업의 지방이양을 위한 분권교부세 평가와 개편과제. 「2008년 하계공동학술대회 발표논문집」 (2).

김정하 (2016) 「잃어버린 한국행정—한국행정의 재설계」. 박영사.

김정해·이종한 외 (2008). 「규제 전달체계와 사후감독체계 개선방안」. 한국행정연구원.

김종근 (2000). 「정책변동에 관한 연구」. 행정학석사 학위 논문. 서울대 행정대학원.

김종미·김항규 (2006). 「행정학입문」. 대경.

김종성·육동일·신희권 (2004). 지방자치법상 지방자치단체에 대한 국가감독제도의 개선방안. 「행정논총」 42(3).

김종희 (2005). 「신행정학」. 범론사.
김준기 (2001). 한국에서의 '제3자적 정부'에 대한 논의. 「행정논총」 39(2).
김준기·신정헌 (2003). NGO의 내부 의사결정구조에 관한 연구. 「행정논총」 41(4).
김지영 (2008). 공기업 민영화의 현황과 과제. 「한국의 조세·재정정책」. 한국조세연구원.
김지원·김현구 (2010). 「정책평가론」. 한국방송통신대학교출판부.
김춘순 (2012). 「국가재정－이론과 실제」. 박영사.
김태룡 외 (2006). 「새 한국정부론」. 서울: 대영문화사.
김태룡 (2007). 「행정이론」. 서울: 대영문화사.
______ (2012). 「새한국행정론」. 서울: 대영문화사.
______ (2017). 「새한국행정론」. (개정판). 서울: 대영문화사.
김태승·한상용·권태형·김건영 (2004). 「혼잡통행료제도 확대시행의 효과분석」. 교통개발연구원 연구총서.
김태일·김상헌 (2003). 기금평가 결과에서 나타난 기금운용의 특성 분석. 「한국행정학보」 37(3).
김태환 외 (2003). 「지역발전을 위한 지방분권 실태와 지역화 방안 연구」. 국토연구원.
김행범 (1986). 한국 이익집단의 이익표출에 관한 연구－한국노동조합총연맹을 중심으로. 「한국행정연구 1」. 대영문화사.
______ (1995). 실증적 정책집행에 관한 연구. 「한국행정학보」 제29권 제4호.
______ (1998). 예산 지출 관료의 행동모형에 관한 공공선택론적 연구. 「한국행정학보」 제32권 제1호.
김행범·구현우 (2014). 「정책학: 이론과 사례의 통합」. 부산대학교출판부.
김현숙 (2007). 「공기업 민영화효과에 대한 연구」. 한국조세연구원.
김현조 (2005). 「공기업관리론」. 대영문화사.
김형만 외 (2007). 「비교경찰제도론」 (제2판). 법문사.
김호정 (2001). 변혁적·거래적 리더십이 조직몰입에 미치는 영향: 공·사조직의 비교. 「한국행정학보」 35(2).
______ (2002). 행정조직문화가 조직몰입과 직무만족에 미치는 영향. 「한국행정학보」 36(4).
______ (2008). 한국행정학의 위기와 한국조직학 연구. 「2008년도 하계공동학술대회 발표논문집」 (4).
나성린·전영섭 (2007). 「공공경제학」 (제3판). 박영사.
남궁 근 (1994). 「행정조사방법론」. 서울: 법문사.
남궁 근·서원석 (2005). 팀제와 참여정부 인사개혁의 정합성 검토. 「행정논총」 43(4).
노시평 (1998). 입법부의 자율성과 행정통제 기능. 강인재·이달곤 외. 「한국행정론」. 서울: 대영문화사.
노시평 외 (1999). 「정책학」. 서울: 학현사.
노화준 (1995). 「정책학원론」. 서울: 박영사.
______ (1998). 카오스 이론이 정책연구에 주는 시사점 분석. 「행정논총」 30(1).
______ (2003). 「정책분석론」 (제2전정판). 서울: 박영사.

라휘문 (2014). 「지방재정론」. 서울: 한국행정DB센터.
류상영 외 (1997). 「민영화와 한국경제」. 삼성경제연구소.
류춘호 (2008). 지방정부의 조세지출예산제도에 관한 연구－비과세 및 감면제도를 중심으로. 「한국지방정부학회 2007년도 동계학술대회논문집」.
명승환 (2001). 지방정부 정책결정과정 합리화를 위한 지식기반행정 모형. 「2001년도 하계학술대회 발표논문집」. 한국행정학회.
문신용 (2008). 전자정부. 「한국행정60년」. 법문사.
박덕영 (2006). 쌀시장 개방 유예 재협상 결과의 주요내용 고찰. 「국제거래법연구」 15(2).
박미옥 (2000). 폐기물 종량제 정책의 평가: 수원시 사례분석을 중심으로. 「한국정책학회보」 9(3).
박민정 (2008). 「참여정부의 전자정부 추진과정과 전략 평가 연구」. 한국행정연구원.
박병현 (2003). 「사회복지정책론: 이론과 분석」. 서울: 현학사.
______ (2008). 노무현 정부의 복지재정분권정책에 따른 지방정부 사회복지재정 실태 분석 및 정책적 개선방안. 「동의대 지방자치연구소 추계 심포지움 자료집」.
박상필 (2002). 「NGO와 정부 그리고 정책」. 서울: 아르케.
박성복·이종열 (2000). 「정책학강의」. 서울: 대영문화사.
박수영 외 (2006). 「현대사회와 행정」 (개정판). 서울: 대영문화사.
박연호 (1984). 「행정학신론」. 서울: 박영사.
박용치·송재석 (2006). 「최신 행정학원론」. 서울: 경세원.
박우서 외 (2005). 「새내기를 위한 행정학」. 대영문화사.
박재완 (2002). “대통령과 중앙관리기능”. 박세일 외. 「대통령의 성공조건」. 동아시아연구원.
박재희 (2000). 「정책결정시스템과 정책조정」. 한국행정연구원.
______ (2001). 부처 간 갈등과 정책조정력 강화 방안. 「한국행정연구」 9(4).
박종민 (2008). 행정(학)은 과학인가 기술인가. 「2008년 한국행정학회 동계학술대회 발표논문집」.
박종민·정무권 (2009). 「한국행정연구－도전과 과제」. 박영사.
박종화 (2005). 「도시행정론」 (제3판). 대영문화사.
박진우 역 (1997). 「과학적 관리의 원칙」. 서울: 박영사.
박진우 (1996). 공기업문제에 대한 경쟁정책적 접근, 「KDI정책연구」 18(2).
박천오 (1995). 한국·미국 환경 전담 행정기관의 비교 연구: 외적 정치권력 기반을 중심으로, 「한국정치학회보」 29(1).
______ (1999). 한국 이익집단의 정책과정상의 영향력과 활동 패턴: 정부관료제와의 관계를 중심으로. 「한국행정학보」 33(1).
박천오 외 (2000). 「인사행정의 이해」. 서울: 법문사.
______ (2010). 「현대인사행정론」 제2판. 서울: 법문사.
박흥식 (2007). 공무원 윤리법규의 개선을 위한 대안 모색. 「한국행정논집」 19(2).
______ (2008). 공직자 이해충돌(conflict of interest) 행위의 개선을 위한 연구: 법적·윤리적 시각을 중심으로. 「한국행정학보」 42(3).

배용수·주선미 (2004). 민영화정책의 결정과정 분석－Zahariadis모형의 KT 적용을 중심으로－. 「한국정책학회보」 13(1).

배인명 (2007). 지방재정분석제도의 실효성에 관한 연구. 「국정관리연구」 2(2).

배정훈 (1997). 국민의 정부 청와대 비서실 운영 원칙과 비서실장의 역할(요건) 및 발탁 사항에 관한 연구. 「한국행정학보」 31(4).

______ (2006). 「동기부여론」. 서울: 형설출판사.

배철효·박은미 (1999). 정책결정과정에 있어서 참여자의 역할: 의료보험제도를 중심으로. 「복지행정논총」 9. 한국복지행정학회.

백기복 (1996). 「조직행동연구」. 법문사.

백승기 (1986). 政策代案의 豫測에 관한 연구: 理論과 實例, 「동의법정」 2, 동의대.

______ (2001). 중앙－지방 관계로 본 한국과 중국 지방정부의 자율성에 대한 국가 간 비교 연구. 「지방정부연구」 4(2).

______ (2005). 「정책학원론」 (개정판). 대영문화사.

______ (2008). ACF(Advocacy Coalition Framework) 모형에 의한 정책변동 사례 연구: 출자총액제한제도를 중심으로. 「한국행정학보」 42(3).

______ (2010). 옹호연합모형(ACF: Advocacy Coalition Framework)에 의한 의료보험 통합정책에 관한 비교 연구: 한국과 대만의 사례를 중심으로. 「한국행정학보」 44(4).

______ (2015). 중국 지방정부 '토지재정의존행위(土地財政依賴行爲)'의 분석. 「지방정부연구」 19(2).

______ (2016). 「정책학원론」 (제4판). 대영문화사.

백완기 (1999). 「행정학」. 박영사.

백현관 (1999). 「일선관료의 재량과 표준운영절차에 관한 연구」. 서울대 행정대학원 행정학 석사학위 논문.

사공영호 (2002). 재량권, 지대 그리고 부패: 토지·건축 분야를 중심으로. 「한국정책학회보」 11(4).

삼성경제연구소 (2008). 일본 공기업 민영화의 성공요인과 시사점, 「SERI 경제 포커스」 192.

성은숙 (2009). 「전략BSC 성과혁신」. 서울: (주)시그마인사이트컴.

소병희 (1993). 「공공선택의 정치경제학」. 서울: 박영사.

______ (1996). 공공선택론의 이해와 정책학 분야에서의 응용. 「한국정책학회보」 5(2).

손희준 외 (2001). 「지방재정론」. 서울: 대영문화사.

______ (2005). 「지방재정론」 (개정판). 서울: 대영문화사.

송광태 (2007). 「부산시의회 늘푸른연구모임 창립 1주년 기념 공동 정책세미나 발표논문집」.

송근원 (2001). 공·사조직 구성원의 직무 동기에 영향을 미치는 요인: 허즈버그 이론의 검증. 「지방정부연구」 5(4).

송병철 (2007). 한국과 미국의 위임입법 비교와 시사점, 「국회보」 12월호.

송상훈 (2008). 지방자치 정착을 위한 지방소득세도입. 「2008년 하계공동학술대회 발표논문집」 (2).

송윤현 (2016) 「프리미어행정학」. 서울: fides.

송하중 외 (2005). 「정책·행정서비스의 업그레이드」. 나남출판.

신두범 (1988). 「행정학원론」 (전정판). 박영사.

신무섭 (2007). 「재무행정학」 (개정5판). 대영문화사.

신 열 (2002). 지방공기업 경영평가제도의 전략적 발전 방안. 「한국정책학회보」 11(4).

______ (2006). 지방공기업제도의 변화와 성장, 「지방행정연구」 20(2).

신태곤 (2007). 부산시 조정교부금제도의 기준재정수요산정의 문제점과 개선방향. 「지방정부연구」 11(3).

신해룡 (2005). 「예산정책론: 예산결산과 재정정책」. 세명서관.

심재무 (2001). 유전자분석과 낙태의 정당화 사유. 「비교형사법연구」 3(2).

심혜정 (2008). 지방정부 재정자주권의 국제비교와 정책적 시사점. 「경제현안분석」 35. 국회예산정책처.

안병영 (1980). 집권·분권의 문제: 이데올로기적 조직이론적 접근. 「정경문화」 4월호.

______ (2002). 김대중 정부의 개혁정치와 연고주의. 「계간사상」 여름호.

안용식 외 (2001). 「지방정부론」. 대영문화사.

______ (2006). 「지방행정론」. 대영문화사.

안해균 (1997). 「정책학원론」. 서울: 다산출판사.

안현효 (2005). IMF 이후 민영화와 정부지분 매각의 현황과 문제점. 「한국경제학회 2월 학술대회 논문집」.

양승함 (2006). 「노무현 정부의 국가관리 중간평가와 전망」. 연세대학교 국가관리연구원.

엄석진 (2008). 전자정부 추진 결과의 제도적 결정요인. 「한국행정학회 추계국제학술대회 발표논문집」.

여영현 (2008). 지방공기업 및 출자·출연기관의 효율성 증진 방안. 「지방재정과 지방세」 4.

예산감시위원회 (2004). 「16대 국회 생산성 보고서」. 서울: 함께하는 시민행동.

오덕화 (2007). 「뒤집어 읽는 농세상」. 서울: 로렐라이.

오마에 겐이치 (1999). 「국가의 종말」. 박길부(역). 서울: 한언.

오석홍·김영평 편저 (2000). 「정책학의 주요 이론」 (제2판). 서울: 법문사.

오석홍 (1999). 「조직이론」(제3판). 박영사.

______ (2005). 「행정학의 주요 이론」. 제3판. 법문사.

______ (2006). 「행정학」 (제2판). 서울: 박영사.

______ (2008). 「행정학」 (제4판). 서울: 박영사.

______ (2007). 참여정부와 인사행정 개혁. 「정부학연구」 13(2).

______ (2008). 우리나라 행정개혁의 진로. 「한국사회와 행정연구」 19(1).

오연천 (1998). 지방정부 개혁의 논리와 정부간 관계의 재구축. 「행정논총」 36(1).

오현희·원성수 (2010). 공무원의 BSC 인식도 제고요인에 관한 사례연구. 「한국인사행정학회보」 9(1).

오희환 (1997). 지방자치단체의 민간위탁 현황 및 평가, 「지방행정정보」 10월 호. 한국지방행정연구원.

원구환 (2001). 지방정부 민자유치사업의 주체와 방식에 관한 연구, 「한국지방자치학회보」

13(4).
원윤희 (2007). 지방자치 발전과 지방세 역할 강화. 「지방세」 6.
유민봉 (2016). 「한국행정학」 (제5판). 박영사.
유영철 (2006). 「정부와 기업」. 삼영사.
______ (2008a). 사회기반시설의 확충을 위한 민간투자 정책개발에 관한 연구. 「한국정책학회보」 17(2).
______ (2008b). 신거버넌스로서 민－관 협력 그리고 민간투자에 관한 연구. 「한국행정논집」 20(1).
유재원 (2004). 정책과정에서 비정부기구(NGO)의 역할변화. 「행정논총」42(4).
유종해 (1995). 「현대행정학」 제3전정판. 박영사.
유홍림·윤상오 (2006). 전자정부 추진과정에서 부처 간 갈등 분석: 행자부와 정통부간 갈등을 중심으로. 「한국정책과학학회보」 10(4).
윤건수 (2006). 기초단체장의 변혁적 리더십 연구를 위한 새로운 접근: 이야기꾼으로서의 기초단체장. 「한국행정학보」 40(2).
윤광재 (2006). 영국과 프랑스의 행정개혁에 관한 비교연구. 「한국행정학보」 40(2).
윤상오 (2002). 전자정부 성숙도 평가모형의 개발과 적용에 관한 연구. 「한국정책학회보」 11(4).
______ (2007). 참여정부의 전자정부 추진정책 평가. 「한국행정학회 동계학술대회논문집」
윤성식 (1998). 「공기업론」. 서울: 박영사.
______ (2003). 「정부개혁의 비전과 전략」. 서울: 열린 책들.
윤영진·김태룡 외 (2001). 「지방정부 개혁」. 서울: 대영문화사.
윤영진 (2016) 「새지방재정론」. 대영문화사.
윤은기 (2007) 사회계약론에 근거한 신공공관리론의 영미행정이론의 분석. 「한국행정학회 추계학술대회논문집」.
이강웅·허철행 (2008). 「현대행정론」. 부산: 도서출판 금정.
이군희 (2002). 「사회과학연구방법론」. 법문사.
이극찬 (2004). 「정치학」 (제6전정판). 서울: 법문사.
이달곤 (2004). 「지방정부론」. 박영사.
이대희 (2007). 「감성정부」. 대영문화사.
이도형 (2006). 「행정학의 샘물」. 선학사.
이명석 (1996). 정책분석에서의 게임이론의 활용. 「한국행정학보」 30(2).
______ (2007). 행정학의 패러다임과 거버넌스. 「국정관리연구」 2(2).
이목훈 (2007). 「현대행정학의 이해」. 서울: 대왕사.
이문영 (1991). 「自傳的 行政學」. 실천문학사.
이병기 외 (2006). 지방자치단체 공무원 정원산정 방법에 대한 소고: 시 자치단체를 중심으로. 「정책분석평가학회보」 16(4).
이상철 외 (2001). 「공기업의 이해」. 대영문화사.
이상철·권영주 (2008). 경영성과 제고를 위한 공공기관의 조직문화유형 분석: 공익형 공공기관과 기업형 공공기관의 비교를 중심으로.「한국행정학보」 42(3).
이선우 (2000). 행정학 분야의 비계량적 연구에 대한 소고.「정부학연구」 6(1).
_____ (2004). 사법부의 판결이 정부 인사정책 및 행정행태에 미치는 영향 분석.「한국정책학회보」 13(1).
이성로 (2004). 민간위탁의 과정과 효과: 어느 중소도시의 사례.「행정논총」 43(4).
이성복 (2004).「도시행정론」(제4판). 법문사.
이양수 (2004). 조직행태론에 관한 소고: 학문의 정체성 분석.「한국행정학보」 38(3).
이영조 외 (2008).「행정학원론」(전면개정판). 서울: fides.
이용우·배용수 (2000).「21세기 도시경영의 과제와 전략」, 국토연 2000-8.
이원희 (2008). 예산과정.「한국행정 60년」(2). 한국행정연구원.
이종수 (2006).「정부혁신과 인사행정」. 다산출판사.
이종수 외 (2005).「새행정학」(4정판). 대영문화사.
_____ (2008).「새행정학」(5정판). 대영문화사.
_____ (2018).「한국행정의 이해」(개정판). 대영문화사.
이준수·최흥석 (2003). 정책변동의 지연과 한계에 관한 연구: 농어촌 구조개선사업을 중심으로.「한국정책학회보」 12(4).
이창원·최창현 (2007).「새조직론」(개정판). 대영문화사.
이철규 (2007).「한국행정의 이론과 실제」. 서울: 법문사.
이헌수 (1999). 국민의 행정 신뢰에 관한 영향요인 분석: 공무원에 대한 신뢰를 중심으로.「한국행정학보」 33(2).
이혁우 (2014).「전문가보고서 규제비용총량제」. 국회도서관.
이혜영 (2016) 단말기 보조금 규제정책 사례연구.「공공부문 정책사례」. 대영문화사.
인태환 (2000). 공무원연금.「한국행정학보」 34(1).
임도빈 (1996). Jacques Chevallier의 단일 사회과학으로서의 행정학.「행정학의 주요이론」. 오석홍 편, 서울: 경세원.
_____ (2002). 행정윤리관의 분석틀 모색: 서양철학이론을 중심으로.「행정논총」 40(3).
_____ (2007). 관료제, 민주주의, 그리고 시장주의: 정부개혁의 반성과 과제.「한국행정학보」 41(3).
임동완 (2007). OECD 주요국가 중앙정부의 복식부기·발생기준 예산 및 회계 제도화에 대한 비교연구.「한국행정학보」 41(4).
임세헌 외 공역 (2007).「RFID의 전략적 구현과 ROI-성공을 위한 실무 로드맵」. 서울: 한올출판사.
임의영 (2009). 사회적 형평성의 정의론적 논거 모색.「한국행정학보」 43(2).
_____ (2016).「행정철학」. 대영문화사.
임익순·소영일 (1988).「경영관리론」. 박영사.
임창희 (2010).「조직론」. 학현사.
장병완 (2006). 우리나라의 재정혁신 정책-국민의 정부와 참여정부의 비교를 중심으로.「한국정책학회보」 15(1).

장연수 (2000). 대통령의 정책 의지와 부처예산 형성에 관한 연구. 「한국행정학보」 34(4).
전상경 (1999). 공공선택론의 고전들. 「정부학연구」 5(1). 고려대학교 정부학연구소.
______ (2001). 「정책분석의 정치경제」 (개정판). 서울: 박영사.
전영평·장임숙 (2004). 규제거버넌스와 NGO의 정책참여: 기여와 한계. 「한국행정학보」 제38권 제3호. 한국행정학회.
전진영·최정인(2014), 국정조사제도의 운영현황과 개선방안, 「이슈와 논점」 제898호, 국회입법조사처.
정국환·김희연 (2008). 전자정부의 갈등관리와 추진체계 관련 시사점–통합전산센터의 경우를 중심으로. 「한국행정학회 2008년도 하계공동학술대회 발표논문집」.
정명주 (2000). 정보화 추진 과정에 나나난 부처 간 갈등 양상 분석. 「2000년 하계학술대회 발표논문집」. 한국지방정부학회.
정부혁신지방분권위원회 (2005a). 「참여정부의 재정세제개혁」.
______ (2005b). 「참여정부의 전자정부」.
______ (2007a). 「제도변화로 본 한국의 정부혁신」.
______ (2007b). 「참여정부의 혁신과 분권」.
정용덕 (2001). 「현대국가의 행정학」. 서울: 법문사.
정원식 (2003). 「공공행정과 정치」. 서울: 형설출판사.
______ (2006). 「공공행정과 정치」 (개정판). 서울: 형설출판사.
정충식 (2014) 「이야기 행정학」. 서울: 조명문화사.
______ (2018) 「2018 전자정부론」. 서울: 서울경제경영.
조택 (2006). 대형 국책사업에서의 시민참여에 관한 연구. 「국정관리연구」 1(1).
정장현 (1996). 「지방자치단체의 재정현황과 과제」. 서울: 푸른숲.
정재호·박순찬 (2007). WTO/DDA 협상과 관세율 체계 변화 연구. 「재정포럼」. 한국조세연구원.
정정길 (2000). 「정책학원론」 (개정판). 서울: 대명출판사.
______ (2005). 「행정학의 새로운 이해」. 대명출판사.
정정길 외 (2003). 「정책학원론」 (개정판). 서울: 대명출판사.
정진우 (2007). 차기정부의 전자정부 추진체계 개편방안. 「한국행정학회 동계학술대회논문집」.
정철현 (2001). 「행정의사결정론」. 서울: 다산출판사.
______ (2004). 「최신행정학」. 서울: 다산출판사.
______ (2005). 「행정이론의 발전: 베버에서 오스본까지」. 다산출판사.
정충식 (2008). 행정정보 공동 이용을 통한 민원 창구의 업무 처리 혁신 사례분석. Journal of Information Technology. 7(1).
정환용 (2007). 「도시관리론」. 박영사.
정홍익 외 (2008). 「문화행정론」. 대영문화사.
조경호·주효진 (2005). 공직구조 재설계 방안 연구: 직종·직렬체계를 중심으로. 「행정논총」 43(1).
조성대 (2003). 국가발전을 위한 인사행정의 개혁방안, 「한국정책과학학회보」 7(1).

조원희 (2007). “공공성의 경제학”. 「비평」 17.
조택희 (2006). 충북 지방재정의 자주재원 확충방안, 「충북개발연구」 17(1).
주경태·윤성식 (2006). 공기업 민영화정책의 효과성에 관한 연구. 「행정논총」 44(3).
주운현 (2008). 복식부기회계제도에서의 지방자치단체사업의 원가산정에 관한 연구-공공도서관 사업을 중심으로-. 「지방행정연구」 22(1).
중앙인사위원회 (2006). 「공무원인사개혁백서」.
______ (2007). 부처뉴스.
지종화 (2006). 산업정책에서의 지대추구-벤처기업 육성정책을 중심으로. 「한국정책학회보」 15(1).
차상붕 (2006). 자치권의 규범력 제고. 「공법학연구」 7(1).
최관 (2013). 영국자치경찰과 제주자치경찰의 비교분석을 통한 한국자치경찰제도 발전방안. 「지방행정연구」 26(1).
최근열 (2007). 지방자치단체 다면평가제도의 평가와 개선방안-구미시를 사례로-. 「한국행정논집」 19(3).
최근호· 엄태호 (2017). 정보기술을 활용한 지방정부 환경규제의 성과에 관한 연구: 음식물쓰레기 종량제를 중심으로. 「지방정부연구」 21(2).
최도림 외 (2006). BSC의 성공적 도입과 활용에 영향을 미치는 요인. 「한국행정학회 동계학술대회 발표논문집」.
최병대·김상구 (2004). 정책과정에서의 NGO 역할에 관한 실증적 연구: 관련 집단의 인식을 중심으로. 「한국정책학회보」 13(1).
최병선 (1992). 「정부규제론」. 서울: 법문사.
______ (2008). 신 정부 규제개혁 노력의 평가와 과제. 「경영계」 5월호.
최병선·최종원 공편 (2008). 「국가운영시스템: 과제와 전략」. 나남.
최봉석 (2007). 「지방자치의 기본법리」. 한국법제연구원.
최성두 (2000). 의보통합정책의 설계 논리와 실현가능성 평가. 「한국정책학회보」 9(1).
______ (2000). 카오스 행정론의 유용성 평가. 「한국행정논집」 12(4).
최성락·이혜영 (2004). IMT 2000 사업자 선정 정책 변동에 대한 정책네트워크 접근의 타당성 검토. 「행정논총」 42(2).
최성락·최정민·박종웅·박정아 (2005). KT 민영화의 정책효과 분석에 관한 연구. 「행정논총」 43(4).
최영훈 (2007). 전자정부가 공무원과 국민관계에 변화를 가져 올 것인가? 「인문사회과학논문집」 37. 광운대.
최영훈 외 (2006). 「전자정부론」. 대영문화사.
최정열 (2014). 분권화와 부패: 지방채발행 총액한도제를 중심으로. 「한국행정학보」 48(4).
최종술 (2009). 우리나라 자치경찰제(안)의 변천과정과 비교. 「2009년도 한국행정학회 동계학술대회 발표 논문집」.
최종원 (1998). 정책집행연구의 이론적 틀에 대한 비판적 고찰. 「한국정책학회보」 7(1).

최진욱 (2005). 제도와 부패: 홍콩 염정공서의 반부패 활동에 대한 평가,「한국행정학보」 39(4).
최진욱 외 (2007). 참여정부의 규제개혁에 대한 체감도 분석.「한국정책학회보」 16(1).
최창학 (2000). 한국의 e-government: 현황과 과제.「2000년도 하계학술대회 발표 논문집」. 서울행정학회·한국지방정부학회.
______ (2006). 전자정부와 정부혁신 연계추진 현황과 과제.「전자정부법제연구」 1.
최창현 (2017).「조사방법론」. 서울: 윤성사.
최창호 (1996).「지방자치학」, 서울: 삼영사.
______ (1999).「새행정학」. 서울: 삼영사.
최창호·정세욱 (1989).「행정학」. 법문사.
최항순 (2006).「신행정조직론」. 서울: 대명출판사.
최호진 (2008). 유비쿼터스 IT를 활용한 지능형 위기관리 전략,「행정포커스」 7,8월호.
하연섭 (2002). 신제도주의의 최근 경향: 이론적 자기 혁신과 수렴.「한국행정학보」 36(4).
하혜수 (1999). 미국의 일몰제도 성과: 행정개혁 수단으로서의 평가.「한국정책학회보」 8(2).
______ (2000). 경기도 일몰제도의 성과평가. 윤영진·김태룡 외,「지방정부개혁」. 서울: 대영문화사.
______ (2004). 우리나라 지방정부의 자치조직권과 인사자율권 개혁방안.「지방재정」 10월호.
하혜수·양덕순 (2007). 공무원 정원관리제도의 경로의존성 연구: 지방자치단체의 총액인건비제를 중심으로.「행정논총」 45(2).
한국부패학회 (2004).「부정부패의 논리와 행정윤리」.
한국정보화진흥원 (2017).「2017 국가정보화백서」.
한상일·배득종 외 (2006).「행정학 헤드스타트」. 서울: 박영사.
한석태. (2005). 정책결과예측의 불확실성과 대응방법의 유형화에 관한 소고.「한국사회와 행정연구」 15(4).
한승준 (2000).「사회조사방법론」. 서울: 대영문화사.
함성득·임동욱·박찬표 (2001). 국회법 개정에 따른 제16대 국회의 과제.「행정논총」 39(1).
함인선 (2006). 주민소송의 대상에 관한 법적 검토.「공법연구」 34.
행정자치부 (1998).「전자정부의 비전과 전략: 21세기 전자정부로 가는 길」.
______ (2001).「2001년도 지방자치단체예산편성기본지침」.
______ (2004).「행정자치부 통계연보」.
______ (2007).「책임운영기관 설치·운영현황 및 확대계획」.
______ (2008).「2007 전자정부사업 연차보고서」.
행정안전부 (2018).「2018 행정안전통계연보」.
형광석·정승기 (2000).「컴퓨터 활용 경제학」. 서울: 청목출판사.
홍은주 (2009).「경제를 보는 눈」. 서울: 도서출판 개마고원.
홍정선 (2014).「신행정법입문」. 서울: 박영사.
홍준현 (2008). 지방재무행정.「한국행정60년 2. 국정관리」.
환경부 (1997).「쓰레기 종량제 시행 2년, 실적분석평가 및 개선대책」.

황성돈 (2006). 전자정부사업 추진체계에 관한 소고. 「사회과학논집」 24(1). 한국외대.

황성원 (2003). 공공조직의 성과급제에 관한 소고. 「한국행정연구」 12(4).

황성종 (2013). Gov3.0: 미래 전자정부 개념 정립과 추진전략 모색. 「한국정책학회 춘계학술대회 발표논문집」.

황윤원 (2006). 「행정학원론」 (개정판). 형설출판사.

황해봉 (2008). 우리나라의 입법과정에 관한 고찰. 「법제」 57.

황혜신 (2005). 공공의료서비스 민간위탁의 성과에 관한 연구. 「한국행정학보」 39(1).

______ (2008). 행정개혁. 「한국행정 60년」 (2). 법문사.

2013 안전행정통계연보.

매일경제, 2015. 4. 30, 2015. 5. 23.

조선일보, 2001. 5. 16, 2010. 4. 29, 2015. 5. 30, 2016. 9. 30.

국민일보, 2015. 4. 22.

동아일보, 2008. 12. 20.

서울신문, 2015. 4. 28, 2018. 10. 17.

전자신문, 2005. 6. 21.

국제신문, 2008. 4. 18.

이데일리, 2018. 9. 27.

부산일보, 2018. 2. 20.

2. 외국문헌

Akerlof, G. A. (1970). "The Market for 'Lemon': Qualitative Uncertainty and the Market Mechanism." *Quarterly Journal of Economics*, 84.

Allan, Harry T. (1966). "An Empirical Test of Choice and Decision Postulates in the Cyert－March Behavioral Theory of the Firm." *Administrative Science Quarterly* 11(3).

Allison, Graham T. (1971). *Essence of Decision*. Boston: Little, Brown and Co.

Almond, Gabriel A. and Powell, G. B. (1978). *Comparative Politics: System Process, and Policy*. Boston, Mass.: Little, Brown & Co.

Anderson, James E. (1975). *Public Policy－Making*. New York: Praeger.

______ (1976). *Cases in Public Policy－Making*. N. Y.: Praeger Publishers.

______ (1979). *Public Policy－Making*. (2nd ed.). New York: Holt, Rineharts and Winston.

Anthony, Robert N. (1965). *Planning and Control Systems: A Framework for Analysis*. Boston: Harvard University Graduate School of Business Administration.

Arrow, Kenneth J. (1963). *Social Choice and Individual Values*. New York: Wiley.

Bachrach, Peter and Baratz, Morton(1962). "Two Faces of Power." *APSR* 56.

______ (1970). *Power and Poverty: Theory and Practice*. N. Y.: Oxford University.

Bailey, J. J. & O'Connor, R. J. (1975). "Operationalizing Incrementalism, Measuring Muddles." *PAR* 35(1).

Bale, Malcolm and Dale, Tony (1998). "Public Sector Reform in New Zealand and its Relevance to Developing Countries." *The World Bank Research Observer.* 13(1).

Bardach, Eugene (1976). "Policy Termination as a Political Process." *Policy Science* 7.

Barnard, C. (1970). *The Functions of the Executive*, 19th. printing, Harvard University Press.

Bass, Bernard M. (1985). *Leadership and Performance beyond Expectations*, N. Y. : The Free Press.

Bay, C. (1968), "Needs, Wants and Political Legitimacy," *Canadian Journal of Political Science* 1(3).

Baylis John & Steve Smith (1997). *The Globalization of World Politics* N. Y. : Oxford University Press,

Beckhard, Richard (1969). *Organization Development: Strategies and Models.* Reading, Mass: Addison－Wesley.

Bellamy Christine. and Taylor, John (1998). *A Governing in the Information Age.* Buckingham: Open University Press.

Bellows, R. M. (1955). *Psychology of personnel in business and industry*, N. Y. : Prentice－Hall.

Bennis, Warren G. (1966). Changing Organization, *Journal of Applied Behavioral Science* 2.

Bickers Kenneth N. and John T. Williams (2001). *Public Policy Analysis: A Political Economic Approach.* Boston, MA: Houghton Mifflin.

Blau, P. M. & Scott, W. R. (1962). *Formal Organizations: A Comparative Approach*, Chandler Publishing Co.

Boulding, Kenneth E. (1969). *Conflict and Defense.* New York.

Box, Richard C. et al. (2001). New Public Management and Substantive Democracy. *PAR* 61(5).

Brown, Brack (1989). "The Search for Public Administration: Roads Not Followed," *PAR*, 49(2).

Burke, J. P. (1987). "A Prescriptive View of the Implementation Process: When Should Bureaucrats Exercise Discretion?." *Policy Studies Review* 7(1).

Caiden, G. E. (1982). *Public Administration* (2nd), Palisades Publishers.

Campbell, Donald T. (1973). "Reform as Experiments." in J. A. Capraso and L. L. Roos, Jr., *Quasi－Experimental Approaches: Testing Theory and Evaluating Policy.* Evanston: Northwestern University Press.

Cayer, N. Josheph. (2004). *Public Personnel Administration.* Wadsworth Publishing Company.

Chelimsky, Eleanor, and Shadish, W. R. (1997). *Evaluation for the 21st Century: A Handbook.* Thousand Oaks Calif.: Sage Publications.

Cobb, Roger W. and Elder, C. D. (1972). *Participation in American Politics: The Dynamics of Agenda－Building.* Boston: Ally and Bacon Inc.

Collier, Ruth Bernis and Collier, David (1979). "Inducement Versus Constraints: Disaggregating Corporatism." *American Political Science Review* 37(4).

Coombs, Fred. S. (1981). "The Bases of Noncompliance with a Policy." in J. G. Grumm, and

Wasby, S. L. (eds.). *The Analysis of Policy Impact.* Lexington: Health.

Cooper, Jerry (2006). The Reaponsible administrator: an approach to Ethics for the administrative Role, John Wiley & Sons, Inc.

Cyert, Richard M. and March, James G. (1963). *A Behavioral Theory of the Firm.* Englewood Cliffs, N. J.: Prentice–Hall.

Dahl, Robert A. (1961). *Who Governs?* New Haven: Yale University Press.

Dale, E. (1952). *Planning and Developing the Company Organization Structure.* American Management Association.

Dawson, Richard E. and Robinson, James A. (1963). "Inter–Party Competition, Economic Variables, and Welfare Policies in the American States." *Journal of Politics* 25.

DeHoog, Ruth Hoogland (1984). Contracting Out for Human Services. *Economic, Political and Organizational Perspectives.* Albany , N. Y. : State Univ. of New York Press.

DeLeon, Peter (1978). "A Theory of Policy Termination." in J. U. May and Aaron B. Wildavsky (eds.). *The Policy Cycle.* Beverly Hills: Sage, Publication.

______ (1988). *Advice And Consent: The Development of The Policy Science*, N. Y..; Russell Sage Foundation.

______ (1994). "Reinventing the Policy Sciences. Three Steps Back to the Future." *Policy Sciences* 27.

Denhardt, Robert B. & Grubbs, Joseph W. (2003). *Public Administration: An Action Orientation* (fourth edition). Wadsworth: Belmont.

Denhardt, Robert B. & Denhart, Janet Vinzant (2000). "The New Public Service: Serving Rather than Steering." *PAR* 60(6).

______ (2003). *The New Public Service: Serving, not Steering.* New York: M. E. Sharpe.

Dimock, Marshall E. (1937). *Modern Politics and Administration.* N. Y.: American Book.

Dror, Yehezkel (1964). "Muddling Through–Science or Inertia?," *PAR* 24(3).

______ (1971). *Ventures in Policy Sciences.* N. Y.: American Elsevier Publishing Company, Inc.

Dunn, William N. (1981). *An Introduction to Public Policy Analysis.* Englewood Cliffs: Prentice–Hall.

Dye, Thomas R. (1978). *Understanding Public Policy.* Englewood Cliffs. New Jersey: Prentice–Hall.

Easton, David (1953). *The Political System.* New York: Alfred A. Knopf.

______ (1965). *A Systems Analysis of Political Life.* N. Y.: John Wiley and Sons.

______ (1969). "The New Revolution in Political Science." *APSR*, Vol. LXIII.

Elmore, Richard F. (1979–80). "Backward Mapping: Implementation Research and Policy Decision." *Political Science Quarterly* 94(4).

______ (1985). "Forward and Backward Mapping: Reversible Logic in the Analysis of Public Policy." in Kenneth Hanf and Theo A. J. Toonen (eds.). *Policy Implementation in Federal and Unitary System.* Dordrecht, Netherland: Matinus Nijhoff Publishers.

Etzioni, Amitai (1967). "Mixed Scanning: A Third Approach to Decision Making," *PAR* 27(5).

______ (1968). *The Active Society.* N. Y.: The Free Press.

Eyeston, Robert (1971). *The Threads of Public Policy: A Study in Policy Leadership.* Indianapolis; Bobbs−Merril.

______ (1978). *From Social Issues to Public Policy.* N. Y.: John Wiley & Sons.

Fabricant, S. (1952). *The Trend of Government Activity in the US since 1900,* New York: National Bureau of Economic Research Inc.

Forester, John (1984). "Bounded Rationality and the Politics of Muddling Through," *PAR* 44(1).

Fountain, Jane E. (1999). The Virtual State: Toward A Theory of Federal Bureaucracy in the 21st Century. E. C. Kamarck and J. S. Nye (eds) *Democracy. com? Governance in a Networked World.* Hollis, NH, Hollis Publishing.

Farazmand, Ali (1999). "Globalization and Public Administration." *Public Administration Review* 59(6).

Fredrickson, H. G. (1980). *New Public Administration,* The University of Alabama Press.

Fukuyama Francis (1999). *The Great Disruption: Human Nature and the Reconstitution of Social Order.* New York: Simon & Schuster.

Gerston, Larry N. (1997). *Public Policy Making: Process and Principles.* New York: M. E. Sharpe, Inc.

Gerth & Mills, (1958). *From Max Weber: Essays in Sociology.* New York: Basic Books.

Geva−May, Iris (1997). *An Operational Approach to Policy Analysis: the Craft.* Boston: Kluwer Academic Publishers.

Goggin, M. L. (1986). "The Too Few Cases/Too Many Variables Problem in Implementation Research," *Western Political Quarterly.* 39.

Goggin, M. L. et al. (1990). *Implemenntation Thoery and Practice Toward A Third Generation.* III.: Scott, Foresman and Company.

Gortner, Harold F. & Nicholson, J. B. (1997). *Organization Theory: a Public Perspective.* Florida: Harcourt Brace & Company.

Greenwood, J. and Wilson, D. (1989). *Public Administration in Britain Today.* London: Unwin Hyman.

Guess, George M. and Farnham, P. G. (1989). *Cases in Public Policy Analysis.* New York: Pitman Publishing Inc.

Halperin, Morton H. (1976). "Implementing Presidential Foreign Policy Decisions: Limitations and Resistance", in James E. Anderson (ed.). *Cases in Public Policy−Making.* N. Y.: Praeger Publishers.

Ham, C. and Hill, M. (1984). *The Policy Process in the Modern Capitalist State.* N. Y.: St. Martin's Press.

Hasenfeld, Y. and Brock. T. (1991). "Implementation of Social Policy Revisited." *Administration and Society* 44(4).

Heclo, Hugh (1978). "Issue Networks and the Executive Establishment." in A. King(ed.), *The New American Political System.* Washington DC: American Enterprise Institute.

Helmer, Olaf (1983). *Looking Forward: A Guide for Futures Research.* Beverly Hills: Sage Publications.

Hersey, P. & Blanchard, K. H. (1977). *Management of Organizational Behavior: Utilizing Human Resources.* N. Y. : Prentice–Hall.

Hodgetts, Richard M. (1982). *Management: Theory, Process and Practice.* N. Y.: The Dryden Press

Hogwood, Brian W. and B. Guy Peters (1983). *Policy Dynamics.* New York: St. Martin's Press.

Hogwood, Brian W. and Gunn, Lewis A. (1984). *Policy Analysis for the Real World.* N. Y.: Oxford University Press.

Holett, M. and Ramesh, M. (1995). *Studying Public Policy: Policy Cycles and Policy Subsystem.* Oxford University Press.

Holmes, Douglas (2001). *E–Gov: E–Business Strategies for Government.* London: Nicholas Brealey Publishers.

Hood, christopher (1991). "A Public Management for All Seasons?" *Public Administration*, 69.

Huitte, Ralph K. (1968). "Political Feasibility" in Austin Ranney(ed.). *Political Science and Public Policy.* Chicago: Markham.

Hy, Ronald J. (1978). "An Overview of Policy Analysis Concepts." in W. D. Coplin(ed.). *Teaching Policy Studies.* Lexington, Mass.: D. C. Heath and Company.

Ingram, Helen M. and Mann, D. E. (1980). "Policy Failure: An Issue Deserving Analysis." in H. M. Ingram and D. E. Mann(eds.). *Why Policies Succeed or Fail.* Beverly Hills: Sage.

Iyenger, Shanto and Kinder, Donald R. (1987). *News That Matters.* Chicago: University of Chicago Press.

Janet, M. Kelly and William C. Rivenbark (2003). *Performance Budgeting for State and Local Government*, M. E. Sharpe, Armonk, New York.

Jones, Charles O. (1977). *An Introduction to the Study of Public Policy.* North Scituate Mass.: Duxbury Press.

Jones, T. E.(1980). *Options For The Future: A Comparative Analysis of Policy–Oriented Forecasts.* New York: Praeger Publishers.

Kay, G. (1995). "Effective Meetings through Electronic Brainstorming." *Journal of Managrment Development* 14(6).

Kelman, Steven. (1981). Cost–Benefit Analysis: An Ethical Critique. *Regulation* (Jan./Feb.).

Kingdon, John W. (1984). *Agendas Alternatives and Public Policies.* Boston: Little Brown and Company

Klitgaard, Robert (1997). Cleaning Up and Invigorating the Civil Service. *Public Administration and Development.* 17.

Larson, James S. (1980). *Why Government Programs Fail.* N. Y.: Praeger Publishers.

Laski, Harold (1950). *A Grammar of Politics.* London: Allen & Unwin.

Lasswell, Harold D. (1951). "The Policy Orientation," in Daniel Lerner and Harold D. Lasswell (eds). *The Policy Sciences: Recent Development in Scope and Methods.* Stanford: Stanford University Press.

______ (1971). *A Pre-View of Policy Sciences.* New York: American Elsevier Publishing Company, Inc.

Lasswell, Harold D. and Kaplan, Abraham (1970). *Power and Society.* New Haven: Yale University Press.

Lee Jong Youl & Chad Anderson (2008). *Policy Analysis.* Seoul: Dymbook.

LeLoup, Lance T. (1978). "The Myth of Incrementalism: An Analytical Choice in Budgetary Theory," *Polity* 10.

Lester and Stewart, Jr. (1996). *Public Policy: An Evolutionary Approach.* New York: West Publishing Company.

Levine, Charles H. (1978). "Organizational Decline and Cutback Management," *PAR* 38(4).

Lewis-Beck, M. (1977). "Government Growth in the United States." *Journal of Politics.*

Lindblom, Charles E. (1959). "The Science of Muddling Through," *PAR* 19(1).

______ (1980). *The Policy-Making Process* (2nd ed.). Englewood Cliffs, N. J.: Prentice-Hall.

Lipset, Seymour M. (1959). "Some Social Requisites of Democracy: Economic Development and Political Legitimacy." *American Political Science Review* 53.

Lowenthal, R. (1979). "Political Legitimacy and Cultural Change in West and East." *Social Research* 46(3).

Lowi, Theodore J. (1972). "Four Systems of Policy, Politics, and Choices." *World Politics* 14.

______ (1979). *The End of Liberalism*, 2nd ed. New York: W. W. Norton.

Mackenzie G. C. (1986). *American Government Politics and Public Policy*, N. Y. : Random House.

Majone, Giandomenico (1977). "On the Notion of Political Feasibility," in Stuart S. Nagel(ed.), *Policy Studies Review Annual.* Vol. I.

March, J. M. (1994). *A Primer on Decision Making: How Decision Happen.* New York: The Free Press.

Masuch, M and P. Lapotin (1989). "Beyond Garbage Cans: A Model of Organizational Choice." *ASQ* 34.

May, Peter J. (1991). "Reconsidering Policy Design: Policies and Publics." *Journal of Public Policy* 11(2).

______ (1992). "Policy Learning and Failure." *Journal of Public Policy* 12(4).

McCombs, Maxwell E. and Donald L. Shaw. (1972). "The Agenda－ Setting Function of Mass Media", *Public Opinion Quartly* Vol. 36,

McKinney Jerome B. (2003). Implementing and Managing Zero－Base Budgeting, Aman Khan & W. Bartley Hildreth ed., *Case Studies in Public Budgeting and Financial Management* (2nd ed), Marcel Dekker, Inc., N. Y.

Meier. Richard L. (1963). Communications Overload. *Administrative Science Quarterly* 7.

Merelman, Richard M. (1966). "Learning and Legitimacy," *American Political Science Review* 60.

Merton, Robert K. (1940). Bureaucratic Structure and Personality. *Social Forces*. 19.

Migue, Jean－Luc and Belanger, Gerard (1974). "Toward a General Theory of Managerial Discretion," *Public Choice* 17.

Miller, A. H. (1974). "Political Issues and Trust in Government." *American Political Science Review* 68.

Mliier, R. (1975). "Rawls and Marxism." in Norman Daniels, *Reading Rawls: Critical Studies of A Theory of Justice*. New York: Basic Books, Inc.

Moon M. J. (2002). "Can It Help Government to Restore Public Trust? Decling Public Trust and Potential Prospects of It in the Public Sector," Paper for the 36th Hawaii International Conference on System Sciences.

Moore, Mark H. (1976). "Anatomy of The Heroin Problem: An Exercise in Problem Definition." *Policy Analysis* 2(4).

Nachmias, David (1979). *Public Policy Evaluation: Approaches and Methods*. New York: St. Martin's Press.

Nakamura, Robert T. and Smallwood, Frank (1980). *The Politics of Policy Implementation*. New York: St. Martin's Press.

Nelson D. (1980). *Frederick W. Taylor and the Rise of Scientific Management*. Madison, Wisconsin: Univ. of Wisconsin Press.

Newmann, William W. (1998). "Foreign Policy Decision Making, Garbage Cans, and Policy Shifts." *American Review of Public Administration* 28(2).

Newman, William H. and Summer, Charles E. (1961). *The Process of Management: Concepts, Behavior and Practice*. Englewood Cliffs, N. J.: Prentice－Hall.

Nice, D. C. (1987). "Incremental and Nonincremental Policy Responses: The States and the Railroads." Polity 20.

Nichols, Ralph G. (1959). LIstening: "What Price Inefficiency?" *Office Executive*, April.

Nigro, Felix A. (1990). *Modern Public Administration*. New York: Harper and Row.

Nonaka, Ikujiro & Takeuchi, Hirotaka (1995). *The Knowledge－Creating Company*. Oxford, England: Oxford University Press.

Okun, Arthur (1975). *Equality and Efficiency: the Big Tradeoff*. Washington D. C.: The Brookings Institution.

Osborn, Alex F. (1957). *Applied Imagination* (2nd ed.). New York; Scribner.

______ (1963). *Applied Imagination* (3rd ed.). New York; Scribner.

Ostrom, Vincent (1974). *The Intellectual Crisis in American Public Administration.* Alabama: University of Alabama Press.

O'Toole, Laurence, J. Jr. and Montjoy, Robert S. (1984). "Interorganizational Policy Implementation: A Theoretical Perspective." PAR 39(5).

Parsons, Talcott (1960). *Structure and Process in Modern Societies.* Glencoe, IL.: The Free Press.

Polsby, Nelson W. (1980). *Community Power and Political Theory.* New Haven: Yale University Press.

Poole, R. W. (1979). *Cutting Back City Hall.* N. Y.: Universe Books.

Posner, R. A. (1976). "The Social Costs of Monopoly and Regulation." *Journal of Economy.* 83.

Pressman, Jeffrey and Wildavsky, Aaron (1979). *Implementation*, Berkeley: University of California Press.

Pross, Paul A. (1986). *Group Politics and Public Policy.* Tonto: Oxford Press.

Quinn, R. & kImberly, J. (1984). *Managing Organizational Transitions.* Homewood, IL: Dow–Jones–Irwin.

Riggs, Fred W. (1964). *Administration in Developing Countries.* Boston: Houghton Mifflin.

Ripley, Randal B. (1983). *Congress, Process and Policy*(3rd ed.). New York: Norton.

Ripley, Randal B. and Franklin, Grace A. (1980) *Congress, the Bureaucracy, and Public Policy*(2nd ed.). Homewood, III.: The Dorsey Press.

______ (1984). *Congress, the Bureaucracy, and Public Policy* (3d ed.). Homewood, III.: The Dorsey Press.

______ (1986). *Policy Implementation and Bureaucracy.* Chicago: Dorsey.

Rosenbloom, D. H. (1998). *Public Administration* (4th. ed). N. Y.: McGraw Hill.

Rossi, Peter H. and Freeman, H. E. (1982). *Evaluation: A Systematic Approach* (2nd ed.). Beverly Hills, Calif.: Sage.

Rourke, Francis E. (1976). *Bureaucracy, Politics and Public Policy.* Boston: Little, Brown and Company.

Ryan, N. (1996). "A Comparison of Three Approaches to Programme Implementation." *International Journal of Public Sector Management* 9(4).

Sabatier, Paul A. (1986). "Top–Down And Bottom–Up Approaches To Implementation Research: A Critical Analysis And Suggested Synthesis." *Journal of Public Policy.* 6(1).

Sabatier, Paul A. and Mazmanian, Daniel (1979). "The Conditions of Effective Implementation: A Guide to Accomplishing Policy Objectives." *Policy Analysis* 5(5).

______ (1983). "Policy Implementation" in S. S. Nagel ed., *Encyclopedia of Policy Studies.* New York: Harcl Dekker.

Salamon, L. (2001). *The Tools of Governance: A Guide to the New Governance*, N. Y. : Oxford

University Press.

Schachter, Hindy Lauer (2007). "Does Frederick Taylor's Ghost Still Haunt the Halls of Government? A Look at the Concept of Governmental Efficiency in Our Time." *PAR* 67(5).

Schattschneider, E. E. (1960). *The Semi－Sovereign People*. New York: Holt, Rinehart and Winston.

Schein, E. H. (1985). *Organizational Culture and Leadership*. San Francisco: Jossey－ Bass.

Schick, Allen (1998). "Why Most Developing Countries Should Not Try New Zealand's Reforms." *The World Bank Research Observer* 13(1).

Scott, W. Richard (1992). *Organizations: Rational, Natural, and Open Systems* (3rd ed.). NJ: Englewood Cliffs.

Shafritz, Jay M. et al. (2007). *Introducing Public Administration*. 5th ed. N. Y.: Addison－Wesley Educational Publishers Inc.

Sharkansky, Ira and Hofferbert, Richard I. (1972). "Dimensions of State Policy" in Jacob, Herbert and Vines, K. N. (eds.). *Politics in The American States* (2nd ed.). Boston: Little, Brown.

Sharkansky, Ira. (1972). *Public Administration: Policy－Making in Government Agencies*. Chicago: Markham.

Smith, W. R. (1993). "International Economy and State Strategies: Recent Work in Comparative Political Economy." *Comparative Politics* 25.

Snellen (1990). *Information Strategy for Public Policy*. Elsvier Science Publisher.

Spitzer, Robert J. (1987). "Promoting Policy Theory: Revising the Arenas of Power." *Policy Studies Journal* 15(4).

Stahl, O. G. (1983). *Public Personnel Administration*, 8th. ed. N. Y. Harper & Row Publishers, Inc., 1983.

Stainland, M. (1985). *What is Political Economy?: A Study of Social Theory and Underdevelopment*. New Haven: Yale University Press.

Stillman, Richard J. Ⅱ (1973). "Woodrow Wilson and the Study of Administration: A New Look at an Old Essay. *The American Political Science Review*. Vol. ⅩLⅩⅦ, No. 2.

Suchman, Edward. A. (1972). "Action for What? A Critique of Evaluative Research", in C. H. Weiss (ed.). *Evaluating Action Programs*. Boston: Allyn and Bacon.

Trottier, Tracey, Montgomery Van Wart, Xiao Hu Wang. (2008). "*Examining the Nature and Significance of Leadership in Government Organizations*." PAR 68(2).

Vedung, Evert (1998). "Policy Instruments: Typologies and Theories." in Marie－Louise Bemelmans－Videc, Ray C. Rist, Evert Vedung. *Carrots, Sticks & Sermons: Policy Instruments & Their Evaluation*. Transaction Publishers: New Brunswick, New Jersey.

Wade, Larry L. (1972). *The Elements of Public Policy*. Columbus, Ohio: Merrill.

Waldo, Dwight (1987). "What Is Public Administration?" in Jay M. Shafritz and Albert C. Hyde, eds., *Classics of Public Administration*, 2nd ed., Pacific Grove, Calif.: Brooks/Cole Publishing

Company.

Weaver, Maxwell E. David H. Weaver, Doris A. Graber, Chaim H. Eyal. (1981). *Media Agenda Setting in A Presidential Election: Issues, Images, and Interest.* New York: Praeger.

Wendell. L. French & Cecil H. Bell, Jr. (1973). *Organization Development, Behavioral Science Interventions for Organization Improvements*, Prentice－Hall, Englewood Cliffs, N. J.

Weiss, Carol H. (1972). *Evaluation Research: Methods of Assessing Program Effectiveness.* Englewood Cliffs: Prentice－Hall Inc.

Weimer, D. L. and Vining, Aidan R. (1999). *Policy Analysis: Concepts and Practice.* 3rd ed. Upper Saddle River, NJ: Prentice－Hall, Inc.

Welch, Eric C. (2005). Linking Citizen Satisfaction with E－Government and Trust in Government. *Journal of Public Administration Research and Theory* 15.

Wren D. A. (1979). *The Evolution of Management Thought.* N. Y.: John Wiley & Sons.

Zwick, Charles J. (1968). Budgeting for Federal Responsibilities. *The Annals of the American Academy of Political and Social Science*, September.

기출문제

제 3 장 행정학의 접근방법과 최근의 주요 행정이론

01 행정학을 포함한 현대 사회과학에서 새로운 연구방법으로 자리매김하고 있는 신제도주의이론에는 강조점이 서로 상이한 세 가지 접근방법(합리적 선택 신제도주의, 역사적 신제도주의, 사회학적 신제도주의)이 있다. (총 50점) 2009 행정고시

1) 신제도주의가 등장하게 된 이론적 배경을 기술하시오. (10점)
2) 신제도주의이론의 세 가지 접근방법을 제도의 개념, 주요 특징, 이론적 한계 등을 중심으로 상호 비교하시오. (20점)
3) 아래 제시된 정부조직개편 사례의 원인과 대책을 신제도주의의 세 가지 접근방법으로 설명하시오. (20점)

> 정부는 1990년대 후반 내무부와 총무처를 통합하였고, 부총리·정무장관·공보처·민주평화통일자문회의 사무처를 폐지하는 등 대대적인 조직통폐합을 단행하였으며, 14만 여 명의 공무원을 감축하였다. 그러나 정부는 2001년 이후 경제부총리와 교육부총리, 여성부를 부활 또는 신설하였고, 감축하였던 공무원을 다시 증원하기 시작하였다.

제 4 장 행정이념과 행정윤리

01 행정이념들은 서로 조화를 이루기도 하고, 때로는 갈등을 일으키기도 한다. 이와 관련하여 다음의 물음에 답하시오. (총 50점) 2008 행정고시

1) 합법성과 민주성의 의미를 설명하시오. (10점)
2) 구체적인 사례를 통하여 합법성과 민주성의 조화 관계를 설명하시오. (10점)
3) 구체적인 사례를 통하여 합법성과 민주성의 갈등 관계를 설명하고, 그 사례에 대한 갈등 해소방안을 제시하시오. (30점)

02 다원화된 사회에서 공익과 사익(개별이익)은 서로 일치하기도 하지만 충돌하기도 한다. 예컨대 기업가 집단과 노동자 집단의 이해대립, 의사집단과 약사집단의 이해대립, 지역과 지역 간의 이해대립 등으로 인해 사회적 갈등이 심화되기도 한다. 이와 관련하여 다음 문제에 답하시오. (총 50점)

2003 행정고시

1) 공익이란 무엇인가를 정의하고, 공익의 기능을 설명하시오. (15점)
2) 공익과 사익의 관계를 논평하시오. (15점)
3) 과정설의 입장에서 볼 때, 다양한 개별이익들 가운데에서 공익이 형성되는 방식을 설명하시오. (10점)
4) 정부의 중재가 실패하여 중재안이 수용되지 못할 때 정부가 공권력을 행사하는 것이 개인주의에 입각한 오늘날의 민주정부에서도 정당한가를 논평하시오. (10점)

03 공무원 행태에 대한 다음 제시문을 읽고 물음에 답하시오. (총 25점)

2017 5급 행정

> ○ 이전 정부의 정책을 적극적으로 추진해오던 관료들이 새 정부의 기조에 맞춰 주요 정책의 방향을 선회하는 일이 빈번하게 발생하고 있다. 이에 대해, 직업 관료들은 '영혼 없는 공무원'이라는 자조의 목소리가 나오기도 한다.
> ○ 하지만, 관료제 하에서 정해진 규칙과 절차에 따라 주어진 업무를 전문성에 입각하여 추진하는 것은 직업 관료의 역할이다. 이런 측면에서 공무원은 영혼이 없어야 한다.

1) 위에서 제시된 상반된 입장이 나타나게 된 원인과 배경에 대하여 설명하시오. (10점)
2) 위와 같은 서로 다른 입장에서 관료들이 선택할 수 있는 가치 판단의 기준을 행정이론에 근거하여 설명하시오. (10점)
3) 두 가지 입장 중 하나를 선택해서 자신의 주장을 정당화하시오. (5점)

제 5 장 행정책임과 행정통제

01 NGO(NON-GOVERNMENTAL ORGANIZATION)에 의한 행정통제의 의의와 한계에 대하여 설명하시오. (30점)

2005 행정고시

02 일반시민의 시민윤리와 조직구성원의 직업윤리는 공통기반이 있지만 동일하지는 않다. 또한 민간조직 종사자와 공직 종사자에게 요구되는 직업윤리에도 차이가 있다. 다음 물음에 답하시

오. (총 30점) 2013 5급 행정

1) 민주국가에서 공직 종사자에게 요구되는 윤리와 민간조직 종사자에게 요구되는 윤리의 차이점을 설명하시오. (14점)
2) 이에 근거하여 공직 종사자의 비윤리적 행위에 대한 전통적 통제방안으로 외부통제와 내부통제에 대해 설명하고, 새로운 통제방안으로 내부고발제도의 적용 가능성 및 한계에 대하여 논의하시오. (16점)

제 6 장 정 책

01 정부규제에 대해 대상집단들이 인지하는 비용과 편익의 분포에 따라 다양한 규제 상황을 아래의 4가지 유형화할 수 있다. 이러한 규제상황에 따라 정부규제의 특성과 관료의 형태가 다르게 나타날 수 있다. (총 40점) 2008 행정고시

<표> 규제상황의 4가지 유형

	인지된 비용이 넓게 분산	인지된 비용이 좁게 집중
인지된 편익이 넓게 분산	①	②
인지된 편익이 좁게 집중	③	④

1) 위의 4가지 규제상황의 특성을 해당하는 규제사례를 들어 설명하시오. (15점)
2) 위의 4가지 규제상황에서 특징적으로 나타나는 관료형태를 설명하시오. (25점)

02 우리나라 정부에서 실시 중인 책임운영기관(Executive Agency)을 설명하고, 바람직한 발전방향을 제시하시오. (25점) 2003 행정고시

03 최근 사회적 이슈를 둘러싼 정책갈등이 빈번해지면서 공공갈등관리가 시급한 사회적 과제로 대두되고 있다. (총 50점) 2010 행정고등고시

1) 공공정책으로 인해 발생할 수 있는 정책갈등의 원인을 구체적 사례를 들어 정책의제 설정단계, 정책결정단계, 정책집행단계별로 설명하시오. (30점)
2) 정책갈등을 해소할 수 있는 방안을 다양한 정책행위자들(policy actors)의 정책참여양태와 관련하여 제시하시오. (20점)

04 정부정책을 성질별로 분류하면 규제정책, 조장정책, 중재정책으로 분류할 수 있는데, 규제정책은 다른 유형과 비교하여 독특한 특징을 갖는다. 다음 물음에 답하시오. (총 30점) 2013 5급 행정

1) 규제정책의 특징을 조장정책 및 중재정책과 비교하여 설명하시오. (10점)
2) 정책대상집단 요인이 규제정책 집행에 미치는 영향을 보호적 규제정책과 경쟁적 규제정책으로 구분하여 논의하시오. (20점)

05 정책분석에 사용되는 비용편익분석과 비용효과분석의 개념을 설명하고 적용상의 차이점을 논하시오. (10점) 2009 행정고시

06 정책집행의 성패가 정책순응에 의해 좌우된다고 할 때, 정책순응에 영향을 미치는 요인을 설명하시오. (10점) 2012 5급 행정

07 정책과정에서 정책의제의 중요성을 설명하고, 다양한 정책의제 설정의 유형들이 사회적 환경변화에 따라 어떠한 양상으로 전개되는지 설명하시오. (15점) 2012 5급 행정

08 민간부문에서 활용되는 성과관리기법 중 하나인 균형성과표(BSC)를 정부부문에 적용할 경우 예상되는 효과와 문제점을 한국 정부 사례를 활용하여 논하시오. (30점) 2013 입법고시

제 7 장 조 직

01 정부가 정책을 수행하면서 심의 또는 자문기능을 하는 위원회를 설치 · 운영하는 경우가 많다. 이러한 위원회를 설치 · 운영하는 이유를 설명하고, 위원회의 부작용 현상과 이를 극복할 수 있는 방안에 대하여 논하시오. (30점) 2008 행정고시

02 다음을 읽고 물음에 답하시오. (총 40점) 2013 5급 행정

> 중앙정부나 지방자치단체는 수행하는 정책이나 사업들의 성과를 시민들의 입장이 아닌 자신들의 입장에서 이해하려는 경향을 보이는 경우가 많다.
> (가) 중앙정부나 지방자치단체들이 서로의 정책정보를 공유하여 협력하려 하지 않고 자신들의 목표만을 바라보고 가는 경향으로 인해 기관의 목표들이 서로 충돌하

> 거나 엇박자를 내는 경우를 보게 된다.
> (나) 역할을 부여받은 협력기관들 사이에서도 단순한 분업의 논리를 넘지 못하고 협력이 잘 이루어지지 않는 경우를 보게 된다.

1) 지문의 (가)와 같이 기관간 '칸막이 행정'이 극복되지 못하는 원인들과 이에 대한 해결방안을 조직구조와 관리, 행태의 측면에서 사례를 들어 설명하시오. (20점)
2) 지문의 (나)와 같이 복수의 기관들이 관여하는 사업에서 '책임 떠넘기기 행정'이 나타나는 원인들과 이에 대한 해결방안을 조직구조와 관리, 행태의 측면에서 사례를 들어 설명하시오. (20점)

03 다음을 읽고 물음에 답하시오. (총 15점)

2013 5급 행정

> ○○시청은 최근 근무성적평정, 역량평가 등을 기준으로 전 직원을 S, A, B, C 등급으로 나눠 성과급을 차등지급(기본급 기준 185%~0%)하였다. 그러나 성과급이 지급된 이후, 직원들은 성과급의 전체 평균을 계산하여 S 등급자가 B, C 등급자에게 평균 차액만큼을 돌려주는 사례가 발생하였다.

1) 동기이론 중 기대이론(expectancy theory)의 주요 내용을 기술하고, 이 이론의 관점에서 성과급제도가 성공적으로 작동하기 위한 요건을 설명하시오. (10점)
2) 정부 성과급제도의 한계를 민간부문과 대비되는 정부부문의 특성에 기초하여 설명하시오. (5점)

04 다음 제시문을 읽고 물음에 답하시오. (총 20점)

2016 5급 행정

> 관료제와 민주주의의 관계를 조화 가능하다고 보는 견해에서부터 양립 불가능하다고 보는 견해에 이르기까지 양자의 관계에 대하여 많은 논란이 있다. 즉 관료제와 민주주의는 딜레마 관계에 있다고 할 수 있다. 민주주의는 관료들이 정치적이어서는 안 된다는 규범을 내세우면서도, 다른 한편으로는 정치적이어야 한다는 상반되는 신호를 동시에 보낸다는 것이다.

1) 민주주의적 관점에서 관료제의 긍정적 측면과 부정적 측면에 대하여 설명하시오. (10점)
2) 공직자의 행정책임성을 민주주의적 관점에서 논하시오. (10점)

05 다음 제시문을 읽고 물음에 답하시오. (총 15점)

2017 5급 행정

> 새 정부가 들어서면서 일자리위원회가 설치되고, 앞으로도 여러 위원회의 설치가 예정되면서 과거 회자되던 '위원회 공화국'이 재현되는 것이 아니냐는 비판의 목소리가

있다. 그러나 '위원회 공화국'이라는 표현은 다양한 유형의 위원회가 존재함에도 불구하고 모든 위원회를 부정적으로만 보는 시각으로, 문제가 있다는 주장 또한 제기되고 있다.

1) 정부의 위원회조직에 대한 유형을 권한기준에 따라 분류하되, 구체적인 위원회의 예를 중심으로 설명하시오. (5점)
2) 위원회조직의 증가는 행정의 효율성과 민주성의 측면에서 어떠한 효과가 있는지에 대하여 서술하시오. (5점)
3) 위원회조직에 대한 부정적 시각을 극복하기 위한 방안에 대하여 서술하시오. (5점)

제 8 장 인 사

01 우리나라 고위공무원단제도의 개념과 특징을 기술하고, 직업공무원제 · 개방형 임용제와의 관계를 설명하시오. 나아가 고위공무원단제도의 성과와 한계를 논하고, 현행 고위공무원단제도를 보완할 수 있는 구체적인 방안을 제시하시오. (30점) 2009 행정고시

02 다음 지문을 읽고 물음에 답하시오. (총 50점) 2009 행정고시

<지문1>
'작은 정부'의 정책 기조도 유지돼 올해 국가공무원 정원은 지난해 말 60만 7,628명 수준으로 동결된다. 하지만 중앙정부 기능에 대한 '아웃소싱' 형태인 법인화와 지방이양이 이루어질 경우 국가공무원 정원은 상당 부분 줄어들 수 있다. … 우선 ○○의료원, ○○병원, ○○청 등을 법인화 우선추진 대상기관으로 선정했고, ○○부 산하 ○○본부와 ○○대학교 등에 대해서도 법인화 추진방안을 논의하기로 했다.

－○○신문, 2009. 1. 21－

<지문2>
최근에 중앙정부와 각 지방자치단체가 도입하고 있는 균형성과관리제도(BSC)는 기존 성과평가 방식에서 벗어나 고객관점 등 비재무적 활동을 평가한다는 점에서 새로운 평가시스템으로 주목되고 있다. 특히 지방자치단체의 체계적인 성과관리를 위해서는 '성과'와 '과제'를 통합 관리하는 시스템이 필요하다는 의견이 제시됐다. … ○○시는 통합 성과관리시스템을 통해 조직의 발전전략과 성과지표를 개발하고 부서 및 개인별로 목표를 설정한 뒤 달성정도를 체계적으로 관리하고 평가해 인사와 성과급 지급에 반영할 계획이다.

－○○신문, 2009. 2. 5.－

1) 신공공관리론의 관점에서 위 두 지문의 사례가 갖는 공통점과 차이점을 논하시오. (30점)
2) 위 두 지문에서 제시된 행정개혁 사례의 적실성과 한계에 관하여 다음 주장에 유의하면서 논하시오. (20점)

> "2008년 이후 세계적인 금융 및 경제위기로 인해 사회과학 전반 그리고 행정학에서도 정부와 시장의 역할 및 가치가 새롭게 조명되고 있다"

03 오늘날 인사행정에서 강조되고 있는 '전략적 인적자원관리(Strategic Human Resource Management)'에 관한 다음 질문에 답하시오. (총 20점) 2009 행정고시

1) 현대 인사행정의 패러다임 변화에 근거한 '전략적 인적자원관리'의 의의와 특징을 설명하시오. (10점)
2) '전략적 인적자원관리'의 개념이 인사행정의 하위활동과정(인적자원의 확보, 개발, 활용, 평가, 보상 등)에 적용된 대표적인 제도 또는 사례를 통해 '전략적 인적자원관리'의 적실성과 한계를 논하시오. (10점)

04 우리나라에서는 「공무원의노동조합설립및운영등에관한법률」이 2005년에 제정되었다. 공무원노동조합이 점차적으로 활성화되면 국민들의 관심이 더욱 커질 것으로 보인다. 다음의 물음에 답하시오. (총 30점) 2008 행정고시

1) 공무원노동조합의 개념과 기능을 설명하시오. (10점)
2) 공무원노동조합의 활동을 제한할 수 있는 근거들을 제시하시오. (10점)
3) 공무원노동조합의 정치적 중립성에 대해 논하시오. (10점)

05 정부혁신에서는 조직구조 차원의 변화 외에도 권위주의 조직문화의 개선을 강조하고 있다. 이와 관련하여 인사행정 분야에서는 학습동아리, 역량기반 교육훈련 등의 교육훈련제도를 활용해 왔다. (총 20점) 2011 5급 행정

1) 정부 내에서 권위주의 조직문화를 초래하는 요인을 인사행정의 맥락에서 설명하시오. (8점)
2) 위에 제시된 교육훈련제도가 조직문화 개선에 미치는 영향을 설명하시오. (12점)

06 1) 고위공무원단 제도의 도입 취지에 대해 설명하시오(단, 직업공무원제도 및 실적제와의 관계를 고려한 설명을 반드시 포함하시오). (10점) 2013 5급 행정

2) 고위공무원단 제도의 효과에 대해 논란이 일고 있는데, 그 운영상의 문제점에 대해 설명하시오. (10점)

3) 고위공무원단에 적용되는 직무성과급적 연봉제가 적절한 동기부여 방법인지의 여부에 대해 다양한 이론들을 이용하여 평가하시오. (30점)

07 다음은 정부조직에서 발생하는 '저(低)성과자'의 관리와 대책의 필요성을 보여 주고 있다. 물음에 답하시오. 2015 5급 행정

> 공직의 안정성과 지속성을 위해 공무원에게 신분을 보장하였지만, 일각에서는 '철밥통'이라는 비판이 제기되고 있다. 특정 기관에서는 '현장시정추진단'을 설치해서 능력이 떨어지거나 근무 태도가 불량한 공무원들을 재교육하는 시책을 도입한 바 있다. 1차로 000명을 선발하여 쓰레기를 줍거나 환경 감시와 같은 업무를 하면서 '반성의 시간'을 갖도록 하였다.

1) 정부조직에서 저성과자가 발생하는 일반적 배경과 원인을 설명하시오. (8점)

2) 저성과자 관리개선 방안과 쟁점을 제시하시오. (7점)

제 9 장 재 무

01 통제지향적 품목별예산제도와 달리 관리지향적 성과주의예산제도는 정부의 기능별 회계와 실적(성과)을 강조한다. 성과주의예산제도는 책임행정의 구현, 예산의 신축적 운영 등 다양한 장점이 있으나 공공부문에 적용하는 데 여전히 많은 문제점을 안고 있다. 성과주의예산제도를 간략히 기술하고, 우리나라에 도입하는 데 따른 한계를 중점적으로 설명하시오. (20점) 2009 행정고시

02 정부 예산의 기능이 변하면 이를 수행하는 데 적합한 새로운 예산제도가 등장하였다. 예산의 기능과 예산제도의 변화와 관련하여 다음 질문에 답하시오. (총 30점) 2009 행정고시

1) 예산이 수행하는 통제, 관리, 계획, 감축 기능 등을 중심으로 정부예산제도의 발전과정을 설명하시오. (10점)

2) 각 예산제도를 통해 특정의 예산기능이 어떻게 수행되고 있는가를 예산편성방식을 중심으로 설명하시오. (20점)

03 예산단일의 원칙에도 불구하고 우리나라에서는 일반회계뿐만 아니라 특별회계와 기금제도 등을 채택하고 있다. 일반회계, 특별회계 및 기금의 개념과 필요성을 각각 설명하고, 이들을 예산운영의 효율성과 투명성 및 규모의 적정성을 기준으로 비교-평가하시오. (30점) 2007 행정고시

04 예산집행에 있어서 신축성 확보가 중요한 이유와 신축성 확보를 위한 제도적 장치에 대해 설명하시오. (10점) 2006 행정고시

05 현금주의와 발생주의 회계제도를 비교하여 설명하시오. (20점) 2005 행정고시

06 최근 일부 지방자치단체에서 '주민참여예산제도'를 채택하고 있다. 주민참여예산제도의 필요성을 '사회적 자본(social capital)'의 관점에서 논하고, 이 제도의 성공적인 정착 방안을 제시하시오. (30점) 2010 행정고시

07 한국 재무행정의 개혁은 예산제도의 투명성과 건전성을 강화하는 데 초점을 두어 왔다. (총 20점) 2012 5급 행정

1) 예산제도의 건전성과 투명성을 설명하시오. (10점)
2) 예산제도의 건전성을 확보하기 위해 도입한 통합재정의 의미와 기본구조를 설명하시오. (10점)

08 다음 제시문을 읽고 물음에 답하시오. (총 10점) 2017 5급 행정

> 정부재정은 재정 건전성을 확보하는 것이 매우 중요하다. 재정 건전성을 확보하는 방법은 크게 ① 재정수입을 증대하거나, ② 재정지출을 절감하는 방법이 있다. 재정수입이 주로 조세수입에 의해서 충당되고 있는 상황에서 조세정책에 대한 국민의 동의를 확보할 필요가 있으며, 재정지출의 절감을 위해서는 사업의 타당성에 대한 검증 제도가 적절히 작동될 필요가 있다.

1) 증세의 기대 효과를 경제적 후생의 분배와 경제활동 기회의 균등을 중심으로, 그리고 증세의 기대 효과를 제약하는 요인을 누수효과와 조세저항 등을 중심으로 설명하시오. (5점)
2) 사업의 타당성을 확보하기 위한 제도로서 운용되고 있는 현행 재정사업자율 평가 제도의 문제점과 개선 방안을 설명하시오. (5점)

제10장 전자정부

01 신공공관리(NPM) 이론은 공공부문의 능률성과 효과성을 제고하기 위한 방안 중 하나로 정보통신기술(ICT)의 도입을 강조하고 있다. 업무재설계(BPR: Business Process Reengineering) 과정에 정보통신기술의 활용이 미치는 영향에 대해 설명하시오. (20점) 2008 행정고시

제12장 공공서비스

01 시민/고객 중심의 행정을 구현하기 위하여 총체적 품질관리(Total Quality Management), 복지서비스 바우처(voucher) 제도, 전자민원서비스 등 공공서비스의 품질 제고가 강조되고 있다. 2008 입법고시

1) 공공서비스의 특성을 기술하시오. (10점)
2) 서비스 품질관리의 이론을 설명하시오. (15점)
3) 공공서비스 품질 개선을 위한 제도에 대해 논하시오. (15점)

02 최근 정부관료제에 독점적 공공서비스 공급방식의 한계를 극복하기 위한 새로운 공급방식이 도입되고 있다. 그 대표적 사례로 민영화, 민간위탁, 공동생산, 공사협력(public-private partnership) 등이 있다. (총 40점) 2011 5급 행정

1) 최근 정부가 공공서비스 공급방식을 다원화하고 있는 배경과 목적을 구체적으로 설명하시오. (10점)
2) 새로운 공공서비스 공급방식이 도입되면, 공공서비스 공급을 위한 정부(공공)부문과 민간부문 간 역할분담체계가 변하게 된다. 현재 우리나라에서 활용되고 있는 수익형 민자사업(BTO)과 임대형 민자사업(BTL)을 대상으로 정부(공공)부문과 민간부문의 역할분담체계를 비교하고, 그 차이점을 설명하시오. (16점)
3) 공공서비스 공급방식의 다원화에 따른 책임성 확보 방안을, 위에서 예시한 새로운 공공서비스 공급방식 중 하나를 선택하여 이를 중심으로 제시하시오. (14점)

03 공공서비스의 생산과 제공은 정부의 기본적인 역할이다. 이와 관련하여 다음 물음에 답하시오. (총 20점) 2014 5급 행정

1) 공공서비스의 생산과 제공을 위해 정부조직, 준정부기관, 공기업이 수행하는 역할의 차이점을 기술하고, 최근의 공공서비스 전달체계 개혁 동향을 설명하시오. (8점)
2) 준정부기관과 공기업이 공공서비스를 생산·제공하는 과정에서 발생하는 문제점을 공공성과 책임성 관점에서 설명하고, 이를 해결하기 위한 방안을 제시하시오. (7점)
3) 수요자 중심의 공공서비스 제공을 위해 최근 새롭게 도입한 바우처 방식의 장단점을 설명하시오. (5점)

04
1) 공공서비스 민영화 시도가 유발하는 유용성과 부작용을 설명하시오. (20점)
2) 공공서비스 민영화의 부작용을 극복하기 위해 고안된 제도적 장치들을 국내외 행정현장의 실제사례를 활용하여 설명하시오. (20점) 2012 5급 행정

제13장 행정개혁: 미래의 청사진

01 행정개혁을 성공적으로 추진하기 위해서는 정부조직의 내부 및 외부 환경을 고려하여 환경변화에 효과적으로 대응할 수 있는 전략기획(strategic planning)의 수립이 필요하다. 현 정부의 성공적인 행정개혁(지방정부와 공공기관 제외) 추진을 위해, SWOT(Strenght-Weakness-Opportunity-Threat) 기법을 적용하여 행정환경을 진단하고 대응전략을 논하시오. (30점) 2008 행정고시

02 다음은 미국의 정부개혁에 관한 보고서 일부를 발췌하여 재구성한 것이다. 아래의 물음에 답하시오. (총 50점) 2007 행정고시

> 정부는 본질적으로 낭비적인 것인가? 절대 그렇지 않다. 정부는 무능한 공무원들로만 채워져 있는가? 그렇지 않다. 문제는 더 심각한 곳에 있다. 문제는 이 시대에 더 이상 존재하지도 않는 환경에 적합하도록 고안된 정부조직을 가지고 있다는 것이다. 또한 정부조직이 너무 비대하고 낭비가 심해 더 이상 국민들에게 봉사할 수 있는 조직이 되지 못한다는 것이다.
>
> 지금까지의 정부조직은 덩치가 크고 상의하달식 의사소통 구조와 집권적 의사결정 구조를 특징으로 하고 있다. 업무는 세분화되고, 책임과 역할이 분명하게 규정되어 있다. 이렇게 표준화된 업무수행방식이나 수직적인 명령체계 아래에서 조직은 안

> 정적이긴 하지만 경직적이고 업무처리가 지연될 수밖에 없다. 오늘날과 같이 급격히 변화하는 환경과 고도의 정보기술 그리고 국제경쟁의 심화, 나아가 국민의 요구가 복잡 다양화되어가는 시대에 이러한 정부조직은 더 이상 적응하지 못할 것이다.

1) 위의 정부조직개혁의 주장에 대한 본인의 의견을 찬성과 반대 중 택일하고, 그 논거를 제시하시오. (20점)
2) 위 1)에서 본인이 선택한 입장에서 우리나라 정부조직개편을 위한 방향 및 구체적인 대안들을 사례를 들어 제시하시오. (30점)

03 우리나라 행정혁신의 성공요인과 실패요인을 사례를 들어 논하시오. (50점) 2005 행정고시

04 행정개혁의 내용에는 서로 상충하는 다양한 방향들이 혼재되어 있다. 예컨대 시장주의적 방향이 주장되는가 하면, 공동체적 참여도 주장되고 있다. 이와 관련하여 다음 물음에 답하시오. (총 20점)

2015 5급 행정

1) 시장주의와 공동체적 참여의 원리가 등장하게 된 맥락을 신공공관리론과 뉴거버넌스의 관점에서 약술하고, 불확실성·위험성·복잡성이 증대하는 행정환경의 변화에 대응하기 위한 사회적 문제의 해결방안으로 시장주의와 공동체적 참여의 유용성을 비교하시오. (10점)
2) 최근 주목을 받고 있는 '사회적 기업'의 의의를 시장주의와 공동체적 참여의 관점에서 설명하시오. (10점)

05 다음 제시문을 읽고 물음에 답하시오. 2016 5급 행정

> 경제적·사회적 규제를 포함하는 행정규제는 정부의 기본적인 기능이라고 할 수 있다. 1997년 규제영향분석 등을 내용으로 하는 「행정규제기본법」이 제정된 이후 정부의 규제개혁은 더욱 가속화되고 있다.

1) 규제개혁의 의의를 설명하고, 규제개혁의 단계를 규제 완화, 규제품질관리, 규제관리로 구분하여 설명하시오. (6점)
2) 규제영향분석의 의의와 기능에 대하여 설명하시오. (9점)

사항색인

◀ ㅅ ▶

◂ ㅇ ▸

◀ ㅈ ▶

기타

인명색인

[저자 약력]

백 승 기(白承起)

서울대 졸업, 臺灣國立政治大 대학원 정치학과(政治研究所) 졸업
(박사학위논문: 中韓兩國農村發展政策之比較研究)
미국 U. C. Berkeley IGS visiting scholar(1998~1999)
행정고시위원 역임
한국연구재단 학술지 평가 심사위원(좌장)
현재 동의대학교 행정학과 교수

E-mail: skpaik@deu.ac.kr

주요 저서

「정책분석론」(공저). 시대고시기획. 2003.
「정책평가론」(공저). 시대고시기획. 2003.
「한국행정 60년」(공저). 법문사. 2008.
「정책학원론」(제4판). 대영문화사. 2016.
「행정학의 정석」. 대영문화사. 2019.

주요 논문

지역축제방문객의 만족도와 그 영향요인에 관한 연구: 가락문화제를 중심으로. 「지방정부연구」 10(2). 2006.
ACF(Advocacy Coalition Framework) 모형에 의한 정책변동 사례 연구: 출자총액제한제도를 중심으로. 「한국행정학보」 42(3). 2008.
옹호연합모형에 의한 의료보험 통합정책에 관한 비교 연구: 한국과 대만의 사례를 중심으로. 「한국행정학보」 44(4). 2010.
중국의 보장성 주택정책에 있어서 중앙정부와 지방정부의 대립에 관한 연구. 「지방정부연구」 18(4). 2014.
중국 지방정부 '토지재정의존행위(土地財政依賴行爲)'의 분석. 「지방정부연구」 19(2). 2015.

제 4 판
행정학원론

초 판발행 2009년 2월 16일
제2판발행 2010년 8월 20일
제3판발행 2015년 8월 31일
제4판인쇄 2019년 2월 20일
제4판발행 2019년 2월 28일

지은이 백승기
펴낸이 박노일

총괄기획 김중용 · 최준규
편 집 심성보 · 김인숙

펴낸곳 pnc publishing and culture 피앤씨미디어
경기도 고양시 일산동구 강송로 153 310-1501
등록 제396-2012-000203호
전 화 070)7550-3758 팩 스 02)718-8554
홈페이지 www.pncmedia.co.kr 이메일 pnc@pncmedia.co.kr
ISBN 979-11-5730-606-0 93350

정 가 27,000원